श्रीमद्भगवद्गीता

तात्त्विक भाव

मूल श्लोक, पदच्छेद अर्थ सहित
अनुवाद एवं भावार्थ

श्रीमद्भगवद्गीता

तात्त्विक भाव

मूल श्लोक, पदच्छेद अर्थ सहित, अनुवाद एवं भावार्थ

डॉ. उदय प्रताप सिंह

एम.एस-सी. (भौतिकी), पी-एच.डी.

पूर्व प्राचार्य, राजा हरपाल सिंह महाविद्यालय
सिंगरामऊ, जौनपुर, उ.प्र.

लोकभारती प्रकाशन

लोकभारती प्रकाशन
पहली मंजिल, दरबारी बिल्डिंग, महात्मा गांधी मार्ग
प्रयागराज-211 001

वेबसाइट : www.lokbhartiprakashan.com
ईमेल : info@lokbhartiprakashan.com

शाखाएँ : 1-बी, नेताजी सुभाष मार्ग, दरियागंज
नई दिल्ली-110 002
अशोक राजपथ, साइंस कॉलेज के सामने
पटना-800 006
1, अनमोल सोराबजी संतुक लेन, धोबी तलाव,
मरीन लाइंस, मुम्बई-400 002

पहला संस्करण : 2023

मूल्य : ₹600

बी.के. ऑफसेट
नवीन शाहदरा, दिल्ली-110 032 द्वारा मुद्रित

SHRIMADBHAGWADGITA
TATVIK BHAV
by Dr. Udai Pratap Singh

ISBN : 978-81-19133-55-0

ब्रह्मलीन सद्‌गुरुदेव परमपूज्य
स्वामी नारायण तीर्थ जी महाराज
एवं
पूज्य माँ स्वर्गीया कैलाशी देवी
को
सादर समर्पित

विषयसूची

शुभशंसा			९
प्राक्कथन			११
आभार ज्ञाप्ति			२३
अध्याय १	:	अर्जुनविषादयोग	२७
अध्याय २	:	सांख्ययोग	४७
अध्याय ३	:	कर्मयोग	९६
अध्याय ४	:	ज्ञानकर्मसंन्यासयोग	१२६
अध्याय ५	:	कर्मसंन्यासयोग	१५९
अध्याय ६	:	आत्मसंयमयोग	१७७
अध्याय ७	:	ज्ञानविज्ञानयोग	२०५
अध्याय ८	:	अक्षरब्रह्मयोग	२२६
अध्याय ९	:	राजविद्याराजगुह्ययोग	२४८
अध्याय १०	:	विभूतियोग	२७२
अध्याय ११	:	विश्वरूपदर्शनयोग	२९५
अध्याय १२	:	भक्तियोग	३३३
अध्याय १३	:	क्षेत्रक्षेत्रज्ञविभागयोग	३४७
अध्याय १४	:	गुणत्रयविभागयोग	३७२
अध्याय १५	:	पुरुषोत्तमयोग	३८९
अध्याय १६	:	दैवासुरसम्पद्विभागयोग	४०५
अध्याय १७	:	श्रद्धात्रयविभागयोग	४१८
अध्याय १८	:	मोक्षसंन्यासयोग	४३२
सन्दर्भ ग्रंथ			४७९
श्लोकानुक्रमणिका			४८३

प्रोफेसर डॉ. राम सेवक दुबे
कुलपति

जगद्गुरुरामानन्दाचार्यराजस्थानसंस्कृत विश्वविद्यालयः

॥ ॐ नमो भगवते वासुदेवाय ॥

शुभशंसा

श्रीमद्भगवद्गीता भारतीय अध्यात्म-चिन्तन का प्राणभूत एवं वैदिक संस्कृति का सारतत्त्व है, जिसके अध्ययन एवं अनुशीलन से मानव जीवन में सर्वांगीण विकास के साथ ही जीवन के सर्वोपरि लक्ष्य को प्राप्त करने की प्रेरणा एवं दिशा मिलती है। श्रीमद्भगवद्गीता में निर्दिष्ट दिव्य कर्म, दिव्य ज्ञान व दिव्य भक्ति योगमार्ग का अभ्यास करके नित्य नैमित्तिक कर्त्तव्यों का पालन करते हुए मनुष्य सन्तुष्ट रहकर एक असीम आध्यात्मिक सत्ता की अनुभूति करके एवं उससे ऐक्य स्थापित करके जीवन-मरण के बन्धन से मुक्त होकर अपने लक्ष्य 'मोक्ष' को पा लेता है।

इस क्रम में सभी प्राणियों में आत्मीय एकता एवं एकही परमसत्ता के अनुभव से सर्वकल्याण तथा विश्वबन्धुत्व के भाव को अभिप्रेरित करके श्रीमद्भगवद्गीता निश्चय ही एक सर्वग्राही व सार्वभौमिक व्यावहारिक योगशास्त्र है। श्रीमद्भगवद्गीता में जहाँ भक्ति की पर्याप्त महत्ता है वहीं ज्ञान की श्रेष्ठता बताकर ज्ञानवान महात्मा को दुर्लभ बताया है तथा यज्ञरूप कर्म द्वारा ईश्वर की आराधना करके भी सिद्धि की प्राप्ति कही गयी है। श्रीमद्भगवद्गीता के श्लोकों में सन्निहित गूढ़ तत्त्वों की सहज एवं बोधगम्य व्याख्या की आवश्यकता सदैव रहती ही है।

डॉ. उदय प्रताप सिंह, पूर्व प्राचार्य के द्वारा लिखित 'श्रीमद्भगवद्गीता : तात्त्विक भाव' पुस्तक उनकी गहन साधना और उनके जीवनभर के अनुभवों का निचोड़ है। भौतिक विज्ञान के शिक्षक के रूप में और गृहस्थ जीवन में रहते हुए उन्होंने जिस तरह अपनी आध्यात्मिक साधना की ऊँचाई तय की, उसमें श्रीमद्भगवद्गीता के तत्त्व का विशेष योग रहा है। सात्विक और सहज जीवन के पर्याय डॉ. उदय प्रताप सिंह की गहन साधना और मौन तपस्या का मूर्तरूप है यह पुस्तक। यह पुस्तक श्रीमद्भगवद्गीता को पढ़ने और उसे समझने की इच्छा रखने वाले हर व्यक्ति के

लिए उपयोगी और प्रासंगिक है। मैं परमपिता परमेश्वर महायोगेश्वर भगवान् श्रीकृष्ण से यह प्रार्थना करता हूँ कि वह डॉ. सिंह को इस प्रकार की विवेकवती बुद्धि और ज्ञान सामर्थ्य प्रदान करें कि उनके द्वारा मानव समाज के कल्याण हेतु इस प्रकार की रचनाएँ की जाती रहें।

दिनांक : 21-8-2023

प्रोफेसर राम सेवक दुबे
कुलपति

प्राक्कथन

श्रीमद्‌भगवद्‌गीता (गीता) स्वयं योगेश्वर भगवान् श्रीकृष्ण के श्रीमुख से निकली हुई वाणी है। अतएव *गीता* वेदतुल्य, सार्वभौमिक एवं सार्वकालिक शास्त्र है। *गीता* में सभी शास्त्रों का सार सन्निहित है। इसलिए यह सर्वशास्त्रमयी है। *गीता* आध्यात्मिक ऊर्जा से ओत-प्रोत है। देश, काल, धर्म, सम्प्रदाय व लिंगभेद से ऊपर उठकर इस शास्त्र के अनुसार जीवन में अभ्यास करने पर मनुष्य को उच्चतम आध्यात्मिक स्तर पर पहुँचने का मार्ग प्रशस्त होता है, साथ ही जीवन के उन्नयन हेतु पर्याप्त आधार भी मिलता है। प्रति क्षण हो रहे परिवर्तन और आवागमन के इस जगत् की परिधि में परम तत्त्व के साथ एकत्व की दिव्य अनुभूति प्राप्त करने के लिए *गीता* निर्देशित करती है। *गीता* का तत्त्व आज भी नूतन तथा सत्य बना हुआ है, क्योंकि *गीता* ब्रह्मविद्या के माध्यम से परम तत्त्व के साथ योग कराने का एक व्यावहारिक योगशास्त्र है, जो अध्यात्म ज्ञान की दृढ़ भूमि पर अवस्थित है और शास्त्रोचित कर्त्तव्य-कर्म का पालन करते हुए समचित्त, शान्त और तुष्ट होकर योगाभ्यास द्वारा व्यक्ति इस जीवन को दिव्य बनाते हुए परम पुरुषार्थ रूपी मोक्ष की प्राप्ति कर सकता है।

गीता का प्रभाव मानव-जीवन पर चिन्तन और कर्म दोनों स्तरों पर होता है। आध्यात्मिक दर्शन, जीवन-दर्शन और सामाजिक दर्शन पर *गीता* में दी गयी व्यावहारिक जानकारी अत्यन्त महत्त्व की है। महर्षि कृष्णद्वैपायन वेदव्यास जी द्वारा रचित *'महाभारत'* महाकाव्य के भीष्म पर्व के पचीसवें अध्याय से लेकर बयालीसवें अध्याय तक, कुल अठारह अध्यायों में *श्रीमद्‌भगवद्‌गीता* का वर्णन है।

गीता एवं वेद

वेद अपौरुषेय है, ईश्वर की वाणी है। वेद और इनके भाग 'श्रुतिग्रन्थ' के अन्तर्गत आते हैं। वेदों का अन्तिम भाग उपनिषद् कहा जाता है, अतएव उपनिषद् की गणना वेदान्त में की जाती है। वेदान्त के तीन प्रस्थानों-उपनिषद, *गीता* और ब्रह्मसूत्र में *गीता* का स्थान *स्मार्त प्रस्थान* के अन्तर्गत है, जबकि उपनिषद् *श्रुति* तथा ब्रह्मसूत्र *न्याय प्रस्थान* के अन्तर्गत है। ये तीनों ग्रन्थ *प्रस्थानत्रयी* कहलाते हैं और वेदान्त के मुख्य स्तम्भ हैं। हिन्दू धर्म में किसी मत या सिद्धान्त का प्रतिपादन

इन प्रस्थानत्रयी के आधार पर होता है, जिस पर अनेक विद्वानों ने अपने मतानुसार भाष्य लिखे हैं। श्रुति और स्मृति में विवाद की स्थिति में श्रुति को ही प्रामाणिक मानते हैं।

गीता में वेद को पूरा महत्त्व दिया गया है। वेदों के द्वारा जानने योग्य ओंकार और ऋक्, साम तथा यजुर्वेद को भगवान् स्वयं को बताते हैं (९।१७)। ॐ, तत्, सत् से ब्रह्म का ही निर्देश है और ब्रह्म से वेद की रचना हुई है (१७।२३)। वेद के यथार्थ पारमार्थिक तत्त्व को न समझकर वेद में वर्णित त्रिगुण (सत्त्व, रज व तम) के कार्यरूप एवं जन्म-मरणरूप सांसारिक व स्वर्गिक अनित्य सुख की ओर ही योगविषयक निश्चयात्मक बुद्धि के अभाव के कारण मनुष्य उन्मुख होते हैं (२।४२-४४), किन्तु *गीता* में सत्त्वगुण में स्थित रहकर एवं द्वन्द्वातीत होकर आत्मपरायण होने को कहते हैं (२।४५)। योगी पुरुष वेदों, तपों, यज्ञों तथा दानों में दर्शाये गये संसार के पुण्यफल को लाँघकर परम आदिस्थान प्राप्त करता है (८।२८)। इस तरह वेदों में वर्णित अनित्य सांसारिक फलों को ही पारलौकिक दृष्टि से *गीता* में अनासक्ति भाव रखने का निर्देश है। वेदों में तत्त्वज्ञान हेतु वर्णित विषयवस्तु तो नित्य अभ्यास के योग्य है। इससे वेदों का महत्त्व लौकिक व पारलौकिक हित में *श्रीमद्‌भगवद्‌गीता* की दृष्टि से बढ़ता ही है।

गीता एवं सांख्य दर्शन

सांख्य दर्शन के कुछ समानताओं के साथ ही *गीता* का सांख्य उससे भिन्न है। सांख्य दर्शन के अनुसार 'प्रकृति' और 'पुरुष' स्वतन्त्र सत्ता है, किन्तु *गीता* में इन दोनों से परे 'पुरुषोत्तम' हैं, जो अविनाशी परमात्मा हैं एवं तीनों लोकों के आधार हैं (१५।१७-१८) और सभी प्राणियों के हृदय में स्थित होकर अपनी माया से उनका नियमन करते हैं (१८।६१) तथा प्रकृति और पुरुष इनके अधीन हैं। सांख्य दर्शन में प्रकृति का अस्तित्व सत्त्व, रज व तम से है, जबकि *गीता* में प्रकृति से सत्त्व, रज व तम उत्पन्न होते हैं (१४।५)। *गीता* में पुरुष (आत्मा) एक ही है (१३।२२), जबकि सांख्य के अनुसार पुरुष अनेक हैं। सांख्य में प्रकृति को अनादि और नित्य कहा गया है, किन्तु *गीता* में यह अनादि तो है (१३।१९), नित्य नहीं है। सांख्य अनीश्वरवादी है, जबकि *गीता* ईश्वरवादी।

गीता एवं पतंजलि योग

गीता का योग महर्षि पतंजलि के योग से व्यापक एवं भिन्न है। यद्यपि वर्तमान काल में अधिकांश लोग, विशेषरूप से पाश्चात्य देशों में, पतंजलि के योगदर्शन में अष्टांगयोग अथवा हठयोग के बाह्य रूप को ही समझकर योग को सीमित अर्थ में

(शारीरिक व मानसिक स्वास्थ्य लाभ के अर्थ में) ले रहे हैं, तथापि पतंजलि द्वारा प्रतिपादित योग के अभ्यास से बाह्य एवं आन्तरिक अनुशासन में रहकर वैज्ञानिक ढंग से व्यवस्थित पद्धति द्वारा मन को संयमित करके क्रमश: समाधि प्राप्त किया जाता है (४।२८), जिससे आत्मज्ञान और फिर परमात्मज्ञान की शक्ति प्राप्त होती है। वहीं पर, *गीता* के योग का आयाम अत्यन्त व्यापक है, जिसमें सम्पूर्ण कर्म को योगरूप व यज्ञरूप से करते हुए कर्म के द्वारा, ज्ञान के द्वारा और भक्ति के द्वारा परमात्मा से ऐक्य (योग) प्राप्त किया जा सकता है। शारीरिक स्वास्थ्य और मानसिक आह्लाद जैसा अतिरिक्त लौकिक लाभ तो परमात्मा से इस ऐक्य के क्रम में होता ही है।

अस्तु, सांख्य दर्शन और पतंजलि के योगदर्शन से *गीता* के सांख्य और योग में उपर्युक्त विभिन्नता होने पर भी इनके सारभूत तत्त्वों की परस्पर स्वीकार्यता है।

गीता में 'परम तत्त्व' का स्वरूप

ईश्वर के सगुण, निर्गुण, साकार तथा निराकार ऐसे सभी स्वरूपों में एक ही परम तत्त्व *गीता* में लक्षित है। योगी पुरुष अपनी प्रवृत्ति-स्वभाव के अनुसार उस स्वरूप के बोध एवं योग हेतु साधनाभ्यास करता है और जो जैसे भजता है, वैसा पाता है (४।११)। अन्य देवताओं की पूजा को भी भगवान् अपनी ही पूजा मानते हैं (९।२३)। साधुओं के रक्षार्थ भगवान् सगुण-साकार रूप में प्रकट भी होते हैं (४।८)। सगुण-निराकार परमात्मा रूप से सूक्ष्मातिसूक्ष्म, अज्ञान से परे एवं प्रकाशमय, आदि गुणों से युक्त (८।९) तथा निर्गुण-निराकार ब्रह्म रूप से अक्षर, सर्वव्यापक व अचिन्त्य, आदि विशेषताओं से युक्त (१२।३) होकर वे सबके आराध्य हैं। इस प्रकार विभिन्न स्वभाववाले योगियों को *गीता* में प्राप्तिरूप से ईश्वर की प्राप्ति, ब्रह्म की प्राप्ति या ब्रह्मज्ञान की प्राप्ति, शाश्वत शान्ति पद अथवा शाश्वत शान्ति की प्राप्ति, आदि से एक ही परम तत्त्व की प्राप्ति को इंगित किया गया है। यह उस परमेश्वर के ऐश्वर्ययोग की ही महिमा है कि वह पुरुष के योगानुसार अपने को प्राप्त कराते हैं। इस तरह ईश्वर के रूप व गुण, आदि विभिन्न रूपों में उपासना को लेकर व्याप्त भ्रान्तियों का निवारण *गीता* के इस अभिप्राय से हो जाता है कि योगोपासना की अन्तिम प्राप्तिरूप एक ही 'परम' है। वह परम कौन है? वह ईश्वर है, भगवान् है, क्षर व अक्षर से परे पुरुषोत्तम है, ब्रह्म है, परमात्मा है, परब्रह्म है और परमेश्वर है—ऐसे सभी कल्याणकारी स्वरूपों में प्राप्तिरूप अन्ततः एक ही *'परम तत्त्व'* है। ऐसे सभी स्वरूपों में उस एक ही परम से योग एवं बोध हेतु मनुष्य के जीवन का अन्तिम ध्येय होना चाहिए। योगाभ्यास से मनुष्य द्वारा ऐसी प्राप्ति को *गीता* में परम पुरुष की प्राप्ति

(८।१०), परम की प्राप्ति (३।१९; १३।३४) एवं परम पद की प्राप्ति (८।२८) कहा गया है। पुनश्च, ऐसे भाव को अविनाशी परम भाव (७।२४), ईश्वर रूप परम भाव (९।११) तथा ऐसी परम गति के द्वारा प्राप्त धाम को परम धाम (८।२१; १५।६) बताया गया है।

गीता में कई भावार्थों में प्रयुक्त कतिपय शब्द

सामान्य रूप से प्रयुक्त हो रहे कतिपय शब्दों को *श्रीमद्‌भगवद्‌गीता* में कई भावार्थों में प्रयुक्त किया गया है। सुविधा की दृष्टि से इसे इंगित करना उपयुक्त है। *'पुरुष'* शब्द स्त्री-पुरुष के अर्थ में नहीं, अपितु मनुष्यमात्र के लिए (३।४), पराप्रकृति के लिए (७।५), अधिदैव के लिए (८।४), जीवात्मा के लिए (१३।२०-२१), क्षेत्रज्ञ के लिए (१३।१), आत्मा के लिए (१३।२२) और अक्षर अथवा कूटस्थ के लिए (१५।१६) प्रयुक्त हुआ है। *'आत्मा'* शब्द मन, इन्द्रिय व शरीर के लिए (६।५-६), अक्षर के लिए (१५।१६) और 'पुरुष' रूप से महेश्वर तथा परमात्मा तक के लिए (१३।२२) प्रयुक्त किया गया है। इसी प्रकार *'ज्ञान'* शब्द ज्ञानयोग के लिए प्रयोग होने के साथ आध्यात्मिक और तात्त्विक ज्ञान के अर्थ में (१३।११), शास्त्र ज्ञान के अर्थ में एवं विभिन्न साधन मार्गों के फलरूप से भी व्यक्त किया गया है। *गीता* में 'मन' व 'चित्त' को एक ही माना गया है।

गीता में योग के तीन स्वाभाविक मार्ग

मनुष्य का सबसे बड़ा पुरुषार्थ वस्तुत: 'परम' से 'योग' स्थापित कर उससे युक्त होकर एवं उसका प्रत्यक्ष बोध करके जन्म-बन्धन से मुक्त होकर परमप्राप्तिरूप मोक्ष को प्राप्त करना है। इस योग को प्राप्त करने के लिए ऊपर उठना तथा व्यक्तित्व को विकसित करना, साधना एवं भगवतोन्मुख भावना एवं कर्म का विषय है। इसके लिए *गीता* में तीन स्वाभाविक *'योगमार्ग'*-कर्मयोग, भक्तियोग तथा ज्ञानयोग मार्ग का वर्णन है। इन तीनों योगमार्गों के अतिरिक्त योग में सहायक रूप से ध्यान (६।१०; १३।२४), विभिन्न यज्ञरूप कर्म एवं प्राणायाम के साधनों का (४।२३-३०) भी वर्णन किया गया है। पुरुष अपनी प्रवृत्ति-स्वभाव के अनुसार किसी भी योगमार्ग का चयन करने और उसका अभ्यास करने के लिए स्वतन्त्र है। उपर्युक्त तीनों योगमार्ग परम तत्त्व का बोध कराने में स्वतन्त्र रूप से समर्थ हैं। परम तत्त्व के यथार्थ ज्ञान बोध से ही मोक्ष की प्राप्ति होती है। भगवान् ने ऐसे यथार्थ ज्ञान का उपदेश मानव जाति के कल्याण हेतु *गीता* में सर्वत्र दिया

है। उपर्युक्त किसी भी योगमार्ग के अभ्यास से पुरुष के योगयुक्त हो जाने पर परमार्थ जीवन की दिव्यता के साथ ही यह जीवन भी आनन्दमय हो जाता है और मोक्ष की प्राप्ति होती है एवं जीवनमुक्त की भी अवस्था प्राप्त हो जाती है।

गीता में कर्म का आशय शास्त्रविहित कर्म ही है। कार्य और अकार्य में शास्त्र ही प्रमाण है (१६।२४)। शास्त्रविधि का त्याग कर स्वेच्छानुसार बरतनेवाला सिद्धि, सुख और परम गति, इनमें से कुछ भी नहीं पाता है (१६।२३)। किसी भी मार्ग से परम तत्त्व की प्राप्ति हेतु योगारूढ़ की इच्छा रखनेवाले के लिए कर्म को कारण-कर्त्तव्य बताया गया है (६।३)। प्राणियों में मनुष्य को ही कर्म करने का अधिकार है (२।४७)। पुरुष क्षण भर भी बिना कर्म किये रह नहीं सकता है (३।५)। मनुष्य के जो कर्म उसे बन्धनमुक्त करके ईश्वर की ओर उन्मुख करे, वही वस्तुत: कर्त्तव्य-कर्म है, वही धर्म है। इसके विपरीत, फल की इच्छा से जगत् की वस्तुओं की प्राप्ति को ही अपना एकमात्र ध्येय मानकर मनुष्य द्वारा मोहवश किये गये जगत् के सम्पूर्ण कर्म स्वार्थ और अहं से प्रेरित रहते ही हैं, भले ही ऐसे कार्य लोकदृष्टि में परोपकार हेतु एवं सामाजिक अथवा मानवीय हित के लिए किये गये हुए क्यों न प्रतीत होते हों। फल की आसक्ति से युक्त ऐसे कर्म निश्चय ही जन्म-बन्धन के कारण होते हैं, परन्तु ईश्वर से सम्बन्ध जोड़कर उसे अपना परम ध्येय और सर्वस्व मानकर सभी कर्मों को उसकी इच्छारूप और निमित्तरूप से उसमें ही समर्पण करने के भाव से करने पर वे दिव्यकर्म निश्चय ही योगकर्म हो जाते हैं। इस तरह अनासक्त भाव से कर्म करता हुआ पुरुष आत्मस्वरूप का अभ्यास करते रहने से परम को प्राप्त होता है (३।१९)। अतएव जगत् के समस्त कर्मों को योगकर्म रूप से करना श्रेष्ठ है। कर्म के स्वरूप में सन्निहित इस रहस्य को मनुष्य को हृदयंगम करना चाहिए। कर्म की गति को *गीता* में गहन बताया गया है (४।१७)। इस गहन रहस्य को समझकर कर्म करनेवाला बुद्धिमान है तथा कर्म करते हुए आत्मस्वरूप के अनुसन्धान में लगे रहकर आत्मा के यथार्थ स्वरूप का अनुभव करता हुआ वह वस्तुत: 'योगी' है और मोक्ष का अधिकारी है (४।१८)।

शोक एवं मोहग्रस्त अर्जुन को सद्गुरु रूप भगवान् श्रीकृष्ण सर्वप्रथम आत्मा की अविनाशिता और शरीर, आदि जगत् के दृश्य पदार्थों की नश्वरता को विविध प्रकार से सांख्य की दृष्टि से प्रबोध करते हैं (२।१७-३०)। पुन: सांसारिक ऐश्वर्य और सम्बन्धों में आसक्ति का त्याग करके तथा सिद्धि और असिद्धि में सम होकर और अन्त:करण की शुद्धि के लिए योग में अवस्थित होकर निष्काम कर्म करने को कहते हैं, सिद्धि और असिद्धि में इस समत्व को योग कहते हैं (२।४८)। ऐसे

बुद्धियोग में स्थित होकर कर्माचरण करनेवाले पाप और पुण्य को यहीं त्याग देते हैं। अतएव, तू समत्वबुद्धिरूप योग की चेष्टा कर और ऐसा योग ही कर्मों में कुशलता है (२।५०)। समत्वबुद्धि से युक्त पुरुष कर्मों से उत्पन्न होनेवाले फल को यहीं, इसी जीवन में, त्याग देता है और कर्मबंधन से मुक्त होकर निरामय पद-मोक्ष को पा लेता है (२।५१)। इस प्रकार कर्मविषयक योग अर्थात् कर्मयोग का अभ्यास करते-करते तथा मोह को नाश करनेवाली और आत्मतत्त्व पर लक्षित आत्मविषयक ज्ञानबुद्धि जब आत्मा में निश्चल ठहर जाती है, तब यही स्थिति 'स्थितप्रज्ञता' की है, जिसे प्राप्त करके आत्मसाक्षात्कार रूप योग की प्राप्ति हो जाती है (२।५३)। स्थितप्रज्ञ पुरुष का लक्षण *गीता* में विस्तार से बताकर (२।५५-७१) ऐसे पुरुष की ब्राह्मी स्थिति का वर्णन भगवान् करते हैं (२।७२)।

गीता में भगवान् श्रीकृष्ण ने योग की दृष्टि से इस लोक में दो प्रकार की निष्ठा कही है—सांख्यों की निष्ठा ज्ञानयोग से और योगियों की निष्ठा कर्मयोग से (३।३)। एकमात्र आत्मविषयक बुद्धि से युक्त ज्ञानयोग में निष्ठा रखनेवाले मनुष्य सांख्य कहलाते हैं और जो ऐसे नहीं हैं वे कर्मयोग के अधिकारी हैं, वे योगी हैं। भक्तियोग भी इसी दूसरी श्रेणी में आता है। अब तीनों योगमार्गों के स्वरूप का संक्षिप्त विवरण दिया जा रहा है—

'**कर्मयोग**' मार्ग में अनासक्त होकर कर्मयोग का आचरण करनेवाले को *गीता* में श्रेष्ठ कहा गया है (३।७) और ऐसा कर्म अन्त:करण की शुद्धि के लिए होता है (५।११)। योगाभ्यासी साधक के लिए कामना नित्य वैरी रूप से मोह उत्पन्न करके संसारोन्मुख ही करता है, इसलिए इन्द्रियों का निग्रह करके इस वैरी का नाश करना होगा (३।३७-४१)। ईश्वर के लिए किया गया कर्म यज्ञरूप कर्म होता है, ऐसे कर्म के अतिरिक्त अन्य कर्म करने पर मनुष्य कर्म-बन्धन से बँध जाता है, अतएव कामना और आसक्ति को त्यागकर यज्ञरूप से कर्म करना चाहिए (३।९)। इस तरह से कर्म करने पर माया, मोह आदि यज्ञ की आहुति के सदृश नष्ट हो जाते हैं और इससे स्वार्थ भाव का अभाव होकर यज्ञ में प्रतिष्ठित सर्वगत परमात्मा में समर्पण का भाव कर्त्तव्य का रूप ले लेता है। आत्मा में रमण करनेवाले, आत्मा में तृप्त रहनेवाले और आत्मा में ही सन्तुष्ट रहनेवाले के लिए कोई कर्त्तव्य नहीं है (३।१७)।

अस्तु, उपर्युक्त प्रकार से आसक्तिरहित होकर कर्मयोग मार्ग में कर्त्तव्य-कर्म को भलीभाँति करता हुआ पुरुष मोक्षरूप परम पद को प्राप्त हो जाता है (३।१९)। इस तरह वेद में वर्णित यज्ञ की स्वीकार्यता के साथ एक नवीन स्वरूप में कर्मयोग मार्ग से परम की प्राप्ति हेतु कर्त्तव्य-कर्म को यज्ञरूप से करने की

गीता में महत्ता बताकर भगवान् ने जन-मानस के हित में सर्व स्वीकार्य दृष्टिकोण प्रस्तुत किया है।

'भक्तियोग' मार्ग का *गीता* में विशेष महत्त्व है। सभी योगियों में श्रद्धापूर्वक भगवान् को निरन्तर भजनेवाला योगी उनकी दृष्टि में श्रेष्ठतम है (६।४७)। इस अनित्य और सुखरहित मनुष्य के शरीर को प्राप्त करके *गीता* में भगवान् को ही भजने के लिए कहा गया है (९।३३) और भगवान् में ही सब कुछ अर्पण करने के लिए निर्देशित किया गया है (९।२७)। भक्तों के अन्त:करण में स्थित होकर भगवान् उनके मोहान्धकार को प्रकाशमय ज्ञानदीपक से नष्ट कर देते हैं (१०।११)। भक्तियोग में पुरुष अपने आराध्य भगवान् में श्रद्धा व विश्वास के साथ अनन्य भक्ति भाव से उनका सदैव भजन, पूजन, स्मरण व ध्यान करता है। ऐसे अनन्य भक्ति की महिमा *गीता* में विस्तार से वर्णित है—ऐसी भक्ति से भगवान् तत्त्वत: जाने, देखे व प्रवेश किये जा सकते हैं (११/५४), भक्ति से युक्त पुरुष अन्त के समय में भी स्मरण करता हुआ परम पुरुष को प्राप्त होता है (८।१०), ऐसे नित्ययुक्त योगी भक्त के लिए वे सुलभ हैं (८।१४), ऐसे भक्तों के योग व क्षेम को भगवान् वहन करते हैं (९।२२), भक्त उन्हें तत्त्वत: जानकर उनमें प्रवेश कर सकता है, अर्थात् प्राप्त कर सकता है (१८।५५) और भगवान् के परायण हुआ भक्त उन्हीं को प्राप्त होता है (९।३४; ११।५५)। भगवान् ने *गीता* में अपने अनन्य भक्तों की महिमा को बताया है (९।३०-३४) एवं उनके लक्षण का विस्तार से वर्णन भी किया है (१२।१३-२०)। भगवान् अपने भक्तों पर अहैतुकी कृपा करके दिव्यभाव रूपी दृष्टि प्रदान करते हैं, जिससे भक्त उनके ईश्वरीय योगशक्ति को देख सके (११।८) और ऐसा ही सद्‌गुरु करता है।

'ज्ञानयोग' मार्ग का अभ्यासी पुरुष सभी कर्मों को प्रकृति के गुणों (सत्त्व, रज व तम) द्वारा होता हुआ समझकर तथा गुण ही गुण में बरत रहे हैं और गुणों का संग ही जीवात्मा के विभिन्न योनियों में जन्म लेने का कारण है (१३।२०-२१), ऐसा जानकर अपने को (अपनी आत्मा को) अकर्त्ता समझता हुआ योगी पुरुष आसक्त नहीं होता है (३।२७-२८)। वह पुरुष मायामय दृश्य जगत् को अनित्य जानता हुआ एकमात्र ब्रह्म का ही अस्तित्व सर्वत्र है (१३।१५), ऐसी धारणा के साथ गुणातीत होकर ब्रह्म में अभिन्न भाव से मन व बुद्धि को एकीकार किये हुए दु:खों से मुक्त होकर ब्रह्मभाव को प्राप्त करके ज्ञानस्वरूप अमृतमय आत्मा का अनुभव करता है (१४।१९-२०)।

ज्ञान के उपायरूप धारण करने के योग्य विभिन्न गुणरूप साधनों का वर्णन *गीता* में किया गया है (१३।७-१२) और गुणातीत पुरुषों के आचरण का भी

वर्णन है (१४।२२-२५)। *गीता* में भगवान् ने ज्ञानयज्ञ की श्रेष्ठता बताकर सम्पूर्ण कर्म पूर्णतया ज्ञान में समाप्त होने को बतलाते हैं (४।३३)। ज्ञानी को भगवान् अपनी आत्मा कहते हैं (७।१८)। कर्मयोग से भी ज्ञान की प्राप्ति बतायी गई है (४।३८)। ज्ञानमार्ग में कर्म की महत्ता होते हुए भी, ज्ञानोपलब्धि के पश्चात् ज्ञानी पुरुष वस्तुतः 'कर्मसंन्यासी' ही है। ज्ञानाग्नि सम्पूर्ण कर्मों को भस्म कर देती है (४।३७)। ज्ञान मार्ग के साधक के लिए कर्म का महत्त्व उसके ज्ञान प्राप्त होने के पूर्व तक ही है। इस तरह *गीता* में कर्म की वृहद् भूमिका होने पर भी (३।४; ५।६) कर्मसंन्यास को नकारा नहीं गया है। ज्ञान का उपदेश पाने के लिए तत्त्वदर्शी महात्माओं के पास विनम्र भाव से शरणागत होने के लिए अर्जुन को भगवान् कहते हैं (४।३४)। तत्त्वदर्शियों से दीक्षा ग्रहण कर तदनुसार अनुगत होकर अभ्यास करने से योग के लक्ष्य की प्राप्ति सुगम हो जाती है (श्लोक ४।२८ का भावार्थ देखें)।

गीता में तीनों योगमार्गों का समन्वय

योगमार्गों के वर्णन में *गीता* में कहीं कर्म पर, कहीं ज्ञान पर और कहीं भक्ति पर उस समय के प्रसंग के अनुसार अलग-अलग बल दिया गया है। इन योगमार्गों में प्रगति हेतु और कहीं पर स्वतन्त्र रूप से भी 'ध्यान' की भूमिका का भी वर्णन किया गया है। उपर्युक्त सभी योगमार्गों के साधक ब्रह्मभाव-परमभाव को प्राप्त होते हैं। कर्ममार्ग के साधक ब्राह्मी स्थिति पाते हैं (२।७२), भक्ति मार्गी ब्रह्म को प्राप्त होने के योग्य होता है (१४।२६) तथा ज्ञानमार्गी ब्रह्म में अभिन्न भाव से स्थित होने का पात्र होता है (१८।५३)। ध्यान करनेवाला साधक भी आत्मदर्शन और ब्रह्म के साथ एकीभाव को पाकर उत्तम सुख (आनन्द) का अनुभव करता है (६।२७-२८) और ध्यान करनेवाला मोक्षपरायण मुनि सदा ही मुक्त है (५।२७-२८)।

अस्तु, उपर्युक्त सभी योगमार्ग ब्रह्मभाव-परमभाव-ईश्वरभाव की ओर ले जाने में स्वतन्त्र रूप से सक्षम होने पर भी *गीता* में इन तीनों मार्गों का समन्वयात्मक दृष्टिकोण प्रतीत होता है। योगसाधना के व्यवहार काल में यह समन्वय अनुभव में भी आता है। उस परम तत्त्व की प्राप्ति हेतु साधन में संलग्न पुरुष का उपर्युक्त तीन योगमार्गों (कर्म, भक्ति व ज्ञान) में स्वभावानुसार कोई एक प्रमुख मार्ग होता है और अन्य दो तथा ध्यान सहायक योगमार्ग की भूमिका में होते हैं। योगाभ्यास के क्रम में ये सहायक तत्त्व ईश्वर की कृपा से साधना के विभिन्न स्तर पर अपनी भूमिका में प्रकट होकर प्रमुख योगमार्ग की पूर्णता हेतु परम तत्त्व की प्राप्ति में समन्वयात्मक एवं पूरक रूप से निम्नवत् योगदान करते हैं—

कर्मयोग में नियत कर्म करने के साथ समबुद्धि से युक्त होकर और कामनाओं का त्याग करके अन्तरात्मा में ज्ञानवृत्ति के साथ आत्मा के स्वरूप का ध्यान करना होता है। इसके साथ ही इन्द्रियों के विषयों से मन को रोककर, क्योंकि विषयों के चिन्तन से आसक्ति आदि उत्पन्न होकर बुद्धिनाश होने से पतन हो जाता है (२।६२-६३), ईश्वर में श्रद्धा, प्रेम व भक्ति रखते हुए उनका चिन्तन-मनन करते रहकर योगस्थ रहना होता है (२।६१)। इस प्रकार कर्म के साथ-साथ ज्ञान, ध्यान और भक्ति सहायक हैं।

भक्तिमार्ग में योगी को ईश्वर की विभूतियों का ज्ञान उसकी भक्ति में विश्वास को दृढ़ करता है (१०।७)। पुनः कर्म-बन्धन से मुक्ति हेतु सम्पूर्ण कर्मों को भगवान् में अर्पण करना होता है (९।२७-२८) और उसकी पूजा तथा भक्ति पूर्ण श्रद्धा के साथ करना होता है। इस प्रकार सतत ध्यान व स्मरण करते हुए भगवान् के परायण होकर वह भगवान् को प्राप्त करता है (९।३४)। अतएव भक्ति में भी ज्ञान, कर्म तथा ध्यान सहायक हैं।

ज्ञानमार्ग के योगी द्वारा अकर्त्ता भाव से आत्म-अनात्म का विवेकपूर्वक अन्तर करके निरन्तर ध्यान करते हुए एकमात्र ब्रह्म ही सत्य है, इस धारणा के साथ कामनारहित और आसक्तिरहित होकर कर्म करते हुए गुणातीत होकर और साथ ही ईश्वर की भक्ति करते हुए ज्ञानोपलब्धि करके ब्रह्म के साथ अभिन्न ऐक्य स्थापित करना होता है (१४।२६-२७)। इस तरह से ज्ञान के साथ ध्यान, कर्म एवं भक्ति सहायक होते हैं।

कर्ममार्ग का सीधा सम्बन्ध प्रमुख रूप से इन्द्रियों से है, जिनसे करने की क्रिया होती है। ज्ञानमार्ग का सम्बन्ध मस्तिष्क से है, जिससे जानना होता है। भक्तिमार्ग का सम्बन्ध हृदय व अन्तःकरण से है, जिससे श्रद्धा व भक्ति के साथ मानना होता है। जिस प्रकार किसी लौकिक लक्ष्य की प्राप्ति में मस्तिष्क, अन्तःकरण और इन्द्रियों का परस्पर सहयोगात्मक क्रियाशीलता स्वाभाविक रूप से आवश्यक है, उसी प्रकार क्रमशः इनके कार्यरूप ज्ञान, भक्ति तथा कर्म का परस्पर सामंजस्यपूर्ण समन्वयात्मक सहयोग पूरक रूप से पारलौकिक परम लक्ष्य की प्राप्ति में उपयोगी है। *गीता* में बताये गये ये तीनों योग मार्ग निश्चय ही *स्वाभाविक* हैं।

श्रीमद्भगवद्गीता में ब्राह्मी स्थिति प्राप्त स्थितप्रज्ञ निष्काम *कर्मयोगी* पुरुष के लक्षण (२।५५-७२), भगवान् को प्रिय *भक्तयोगी* पुरुष के लक्षण (१२।१३-२०) एवं आत्मज्ञान के विभिन्न साधनों (१३।७-१२) से युक्त ब्रह्मभाव की प्राप्ति के योग्य गुणातीत *ज्ञानयोगी* संन्यासी के लक्षण (१४।२२-२५) विस्तार से वर्णित हैं।

इन सभी योगमार्गी पुरुषों के चित्त को निर्मल बनानेवाले लक्षणों एवं गुणों के उपर्युक्त वर्णन में *गीता* में प्रमुखत: समानता दिखती है, भले ही इन योगमार्गों के अभ्यास में विभिन्नता हो। इस प्रकार उपर्युक्त किसी भी योगमार्ग से परम तत्त्व की प्राप्ति हेतु चित्त की शुद्धि के लिए धारण करने योग्य आवश्यक आन्तरिक एवं मानवीय गुणों में मूलभूत समानता, समरसता एवं समन्वय *गीता* में मिलता है।

अस्तु, अन्य सहायक योगतत्त्वों के अभाव में एक ही योगमार्ग का आधार लेकर अभ्यास करनेवाले साधक द्वारा किये जा रहे प्रयास में नीरसता, अरुचि तथा अहं, आदि का प्रादुर्भाव होकर बाधक बन सकता है। अतएव, परम तत्त्व की प्राप्ति में ऊपर वर्णित तीनों स्वाभाविक योगमार्गों एवं ध्यानतत्त्व में परस्पर सहज एवं अन्योन्याश्रित सामंजस्य तथा समन्वय होने से उपर्युक्त बाधा की सम्भावना कम होती है, जिससे योग के परम उद्देश्य की प्राप्ति सरलता से हो सकती है। यह सामंजस्य और समन्वय योगसाधना के क्रम में अनुभव में आता है। इसकी *गीता* में स्वीकार्यता है, जिससे योगाभ्यासी मनुष्य लौकिक तथा पारलौकिक जीवन को दिव्य बना सकता है।

गीता में सामाजिक समन्वय

मनुष्य के जीवन का वास्तविक अर्थ ईश्वर का प्रत्यक्ष बोध करके उससे संयुक्त होकर वर्तमान जीवन को आनन्दमय बनाते हुए मोक्ष का लाभ प्राप्त करने में है। *गीता* में विविध तरह से यह दृष्टिकोण पोषित है। ऐसे में प्रश्न उठता है कि वह ईश्वर कैसा है, उसका स्वरूप क्या है एवं जड़-जीव जगत् में उसकी भूमिका क्या है? इसे जानने हेतु *गीता* में उपदेशित भगवान् श्रीकृष्ण के वचनों के कतिपय अंश को संक्षेप में दिया जा रहा है। वह ईश्वर जो क्षर से अतीत और अक्षर से भी उत्तम 'पुरुषोत्तम' है, जो परमात्मा कहलाता है और जो अविनाशी ईश्वर तीनों लोकों को धारण करता है (१५।१७-१८)। वह ईश्वर जो सभी प्राणियों के हित में रहता है (५।२५), वह जो सभी प्राणियों के हृदय में अवस्थित होकर नियन्त्रण करता है (१८।६१)। वह जो आराधकों के अन्त:करण में स्थित हुआ ज्ञान दीपक से उनके अज्ञान का नाश करता है (१०।११)। वह जगत् के क्रियाकलाप का संचालक, भरण-पोषण व हित करनेवाला, सबका आधार एवं जीवों का प्रियतम है (९।१८)। वह यज्ञ का भोक्ता व स्वामी है (९।२४)। वह सर्वात्मरूप नित्य तथा सर्वत्र है और अपने उत्कृष्ट गुणों के कारण समाज में सर्व स्वीकार्य तथा प्रिय है। *गीता* के अनुसार वह ईश्वर साकार-निराकार, सगुण-निर्गुण सभी रूपों में एक ही है और जो उन्हें जैसे भजता है, वे

भी उसे वैसे ही बोध कराते हैं (४।११)। सभी प्राणियों के कल्याण के लिए उस ईश्वर-परम की ऐसी मान्यता और स्वरूप निश्चय ही समाज में समन्वय करके उन्हें संगठित करने में सहायक हुआ, जो बहु-ईश्वरवाद और उसके विभिन्न रूपों के कारण भ्रमित तथा बँटा हुआ था।

गीता के अनुसार गुण-कर्म के विभाग से समाज चार ***वर्णों*** (ब्राह्मण, क्षत्रिय, वैश्य व शूद्र) में रचा गया है (४।१३)। समाज में इन वर्णों के कर्मों का विभाजन पूर्व जन्मों में अर्जित संस्कार-स्वभावजन्य गुणों के अनुसार है (१८।४१), यह जाति के आधार पर नहीं है। सामाजिक दायित्वों के समुचित निर्वहन हेतु वर्णधर्मों के अनुसार ही उनके स्वाभाविक कर्मों का विभाजन है (१८।४२-४४)। *गीता* में समाज की ऐसी वर्ण-व्यवस्था पर मनुष्य द्वारा अपने वर्णधर्म के पालन में स्वभावजन्य सरलता होने के कारण ही दूसरे वर्णधर्म को बलात् अथवा अनिच्छा से पालन करने की अपेक्षा स्ववर्णधर्म को *गीता* में श्रेष्ठ कहा गया है (१८।४७)। अपने वर्णधर्म के अनुसार दायित्त्वों का निर्वहन करते हुए और सर्वव्याप्त व सर्वनियन्ता परमेश्वर की पूजा अपने स्वाभाविक कर्मों द्वारा करके मनुष्य संसिद्धि अर्थात् मोक्ष की प्राप्ति करता है (१८।४५-४६)। भगवान् का आश्रय लेकर स्त्री, वैश्य और शूद्र अथवा जो कोई भी पाप योनि हों, वे भी परम गति को प्राप्त हो जाते हैं (९।३२-३३)। इस तरह संसिद्धि के प्राप्ति की दृष्टि से कर्म करने के प्रकार का महत्त्व नहीं है, अर्थात् ब्राह्मण, क्षत्रिय, वैश्य एवं शूद्र चाहे जिस वर्ण का कर्म है इसका महत्त्व नहीं है, अपितु अपने-अपने वर्णानुसार कर्म करने के भाव एवं प्रवृत्ति पर ही आध्यात्मिक प्रगति के निर्धारण की सुव्यवस्थित स्थिति है। समय के साथ समाज में आये जातिगत व्यवस्था के अन्तर्गत देखने में आता है कि उपर्युक्त चारों वर्णों के गुणोंवाले व्यक्ति सभी जातियों में रहते हैं। वर्तमान समाज की जातिगत विभिन्नता में भी इस अन्तर्निहित समानता को समझने में *गीता* में दी गयी वर्णव्यवस्था अत्यन्त सहायक है। अतएव, *गीता* में वर्णों के अनुसार रची गई व्यवस्था वैज्ञानिक दृष्टि से और सामाजिक समरसता की दृष्टि से भी अत्यन्त उपयोगी एवं महत्त्वपूर्ण है। यह व्यवस्था सभी वर्णों, स्त्री, पुरुष, देश और काल पर समान रूप से बिना किसी भेदभाव के लागू होती है। *गीता* में समाज की ऐसी व्यवस्थित स्थिति की सर्वत्र सहज स्वीकार्यता हुई और इस आधार पर वर्तमान में भी चिन्तन व विवेचन करने से परस्पर जातिगत द्वेषभाव में कमी और समरसता की सम्भावना बढ़ती है।

समाज की उपर्युक्त वर्ण-व्यवस्था और एक ईश्वर-परम की अवधारणा के साथ सभी प्राणियों में आत्मा की एकता को बताकर ***'वसुधैव कुटुम्बकम्'*** तथा

सर्वेभवन्तु सुखिनः ...' जैसे उपनिषदीय मन्त्रों के भाव को श्रीमद्भगवद्गीता में दृढ़ करके वैश्विक एकत्व, समत्व एवं कल्याण हेतु गीता का सन्देश सार्वभौमिक एवं सार्वकालिक रूप से अत्यन्त महत्त्वपूर्ण है।

गीता का परम वचन

मनुष्य को सम्पूर्ण पापों से मुक्त करने हेतु भगवान् श्रीकृष्ण *श्रीमद्भगवद्गीता* के अध्याय अठारह श्लोक छाछठ में अपने गुह्यतम परम वचन **'सर्वधर्मान्परित्यज्य.... मा शुचः'** को अर्जुन से उद्घोषित करते हैं, जिसके अनुसार पुरुष को सम्पूर्ण अन्तःकरण से भगवान् का आश्रय लेकर सम्पूर्ण कर्मों का, कर्मफल का और कर्तृत्व का, अर्थात् ज्ञान, कर्म व भक्ति से जो भी अभी तक अर्जन हुआ है, उन सब के साथ उनमें समर्पण करते हुए उन्हीं को अपना आराध्य, सर्वाधार, कर्त्ता और प्राप्तव्य-परम गति मानकर अपने सर्वभाव से और भगवान् में अनन्य भाव से शरणागत होना होता है—यही सब धर्मों का शास्त्रीय परित्याग है। ऐसे शरण में आए हुए पुरुष को शोकमुक्त करके उसके सम्पूर्ण पापों को, अर्थात् बन्धनरूप पूर्वकृत कर्मजन्य संस्कारों का भगवान् क्षय कर देते हैं। ऐसे सर्वभाव से भगवान् के शरणागत हुए को शाश्वत स्थान की प्राप्ति होती है (१८।६२)। भगवान् श्रीकृष्ण अर्जुन से कहते हैं कि सब तरह से मेरा हुआ तू मुझे ही प्राप्त होगा (१८।६५)।

—उदय प्रताप सिंह

आभार ज्ञाप्ति

व्यक्तिगत और सामाजिक स्तर पर स्वभावतः मैं संवेदनशील रहा हूँ। जन-मानस से सम्बन्धित विषय पर, ईश्वर की प्रेरणा मिलने पर ही, लिखने की दबी हुई इच्छा मन में रही है, किन्तु लिखना *श्रीमद्भगवद्गीता* जैसे गूढ़ विषय पर होगा, यह कल्पना में भी नहीं था। सहसा एक दिन (बुधवार, अक्टूबर ९, २०१९) सायंकालीन साधना-काल में *गीता* के श्लोक '**कर्मण्येवाधिकारस्ते .....**' का विचार एवं चिन्तन मन में उत्पन्न हुआ और उसी समय *गीता* पर लिखने के लिए दण्डी संन्यासी ब्रह्मलीन सदगुरुदेव पूज्य स्वामी नारायण तीर्थ जी महाराज द्वारा अन्तर्बोध, अन्तः प्रेरणा और अन्तर्निर्देश का कृपा प्रसाद प्राप्त हुआ। उसी समय से ही भगवत् इच्छा समझकर *श्रीमद्भगवद्गीता* जैसे महान ग्रन्थ के तत्त्व को एक पुस्तक के रूप में जन सामान्य के बोधगम्यता के स्तर पर यथासम्भव सीधे, सरल तथा संक्षिप्तरूप में अपनी अल्प बुद्धि से प्रस्तुत करने का यह एक भावप्रयास है। इस पुस्तक के विषयवस्तु के पूर्वाद्ध भाग का लेखन प्रारम्भ के छह माह में 'लखनऊ' (उत्तर प्रदेश, भारत) में और उत्तरार्ध भाग का लेखन उसके बाद के छह माह में 'केन्ट' (ओहायो, संयुक्त राज्य अमेरिका) में मेरे प्रवास के समय सम्पन्न हुआ।

अनेक सन्त-महात्माओं, आचार्यों एवं विद्वानों ने अपने-अपने सिद्धान्त, सम्प्रदाय और अनुभव के अनुसार *श्रीमद्भगवद्गीता* के सारतत्त्व का वर्णन करके भाष्य, टीकाएँ एवं व्याख्याएँ लिखी हैं, जिनमें कतिपय विभिन्नताएँ होना स्वाभाविक है। मेरी अभिरुचि इन विभिन्नताओं में नहीं है और न ही किसी प्रकार की टिप्पणी करने की मुझमें बौद्धिक योग्यता व क्षमता है। मैंने कक्षा दस तक संस्कृत विषय का अध्ययन किया है, किन्तु संस्कृत में मेरी प्रियता और रुचि सदैव बनी रही है। मूलतः मैं विज्ञान विषय का छात्र रहा हूँ, जो इस पुस्तक के संक्षिप्त एवं सीधी लेखन की शैली में सहजरूप से परिलक्षित होता है। शास्त्रों का विधिवत व वृहद् अध्ययन भी मेरा नहीं है, किन्तु जीवन में शास्त्रोचित चिन्तन का प्रयास रहा है। तत्कालीन मिडिल स्कूल स्तर तक की शिक्षा प्राप्त मेरी माँ स्वर्गीया

कैलाशी देवी की धार्मिक वृत्ति एवं मेरे बचपन में उनके द्वारा दी गई शिक्षा का भी मेरे जीवन पर गहरा प्रभाव रहा है।

श्रीमद्भगवद्गीता जैसे गहन एवं गूढ़ विषय के लेखन के क्रम में इस पर लिखे गए अपार भण्डार में से कतिपय भाष्यों, टीकाओं, सहायक ग्रन्थों व पुस्तकों के अध्ययन करने से *श्रीमद्भगवद्गीता* में भगवान् की अमृतमयी वाणी के भाव को यथासामर्थ्य समझने में भी सहायता मिली, जिससे आनन्द की अनुभूति हुई। इसके लिए सभी महात्माओं, विद्वानों एवं प्रबुद्ध ग्रन्थकारों का हृदय से आभारी हूँ। सद्गुरु शरण, जीवन में सद्मित्रों, सद्शिक्षकों, सत्संगति एवं सद्ग्रन्थों के अध्ययन से अर्जित चिन्तन, विचार एवं अन्तरतम के भाव को *गीता* के माध्यम से व्यक्त करने का यह सौभाग्य परमात्मा की महान कृपा प्रसाद है, जिससे अपार आत्मसुख एवं आत्मतृप्ति का अनुभव होता है।

श्रीमद्भगवद्गीता का विषय अत्यन्त व्यापक, गहन एवं गम्भीर है। मेरा प्रयास रहा है कि अभिव्यक्ति में कहीं पर अन्तर्विरोध न हो, तथापि विषय की व्यापकता के कारण ऐसा हो जाना स्वाभाविक है। विज्ञ पाठकों के किसी भी सुझाव का सदैव हृदय से स्वागत है। किसी भी सिद्धान्त का खण्डन व मण्डन भी नहीं किया गया है। *गीता* के कतिपय श्लोकों के भाव से गोस्वामी तुलसीदासजी कृत '*श्रीरामचरितमानस*' की कुछ चौपाइयों की समानता होने के कारण और स्पष्टता हेतु, अपनी प्रियतावश भी, पुस्तक में सम्बन्धित श्लोक की पाद-टिप्पणी में दिया गया है। आशा है पाठकगण इसे सकारात्मक रूप से लेंगे। पुस्तक के लेखन में जिन सहायक ग्रन्थों या पुस्तकों से मुझे प्रत्यक्ष या अप्रत्यक्ष रूप से सहायता प्राप्त हुई है, उन सबका सन्दर्भ अठारहवें अध्याय के पश्चात् पुस्तकक्रम में दिया गया है।

समग्रता एवं सुबोधता की दृष्टि से पुस्तक में **प्रत्येक अध्याय** के विषयवस्तु की प्रस्तुति इस प्रकार है—सर्वप्रथम अध्याय की संक्षिप्त *भूमिका,* उसके बाद अध्याय के विषयवस्तु का *सारांश* श्लोकानुक्रम से कोष्ठक में श्लोक की संख्या के साथ दिया गया है। पुन: अध्याय का पूर्व के अध्याय/अध्यायों से *सम्बन्ध (तिरछे अक्षर में)* दिया गया है। तत्पश्चात् **प्रत्येक श्लोक** के विवरण के क्रम में आनेवाले श्लोक का *सम्बन्ध (तिरछे अक्षर में)* देकर मूल *श्लोक,* फिर श्लोक का *पदच्छेद* (अर्थ सहित), श्लोक का *अनुवाद* और अन्त में उस श्लोक का **भावार्थ** दिया गया है। इसी प्रकार अध्याय के सभी श्लोकों का विवरण क्रम से दिया गया है। पुस्तक के अन्त में *श्लोकानुक्रमणिका* दी गयी है।

पुस्तक के 'प्राक्कथन' एवं विषयवस्तु में *गीता* के श्लोकों का उद्धरण कोष्ठक में 'अध्याय संख्या। श्लोक संख्या' के अनुसार है, किन्तु अन्य ग्रन्थों तथा पुस्तकों का उद्धरण उनके नाम के साथ दिया गया है। किसी अध्याय में उसी अध्याय के श्लोक का उद्धरण कोष्ठक में 'श्लोक संख्या' भी लिखकर दिया गया है। पुस्तक के विषयवस्तु में दिये गये किसी शब्द के बाद '–' चिह्न का प्रयोग उस शब्द से इस चिह्न के बाद आनेवाले शब्द के समान अर्थ में अथवा विपरीत अर्थ में अथवा संयुक्त करने के अर्थ में अथवा दिये गये शब्द के आशय को स्पष्ट करने के लिए प्रयुक्त हुआ है। आशा है कि प्रकरण और वाक्य के अनुसार इन्हें समझने में कठिनाई नहीं होगी।

स्नातक स्तर पर तिलकधारी महाविद्यालय, जौनपुर में भौतिक विज्ञान विषय के मेरे शिक्षक श्री तिलकधारी सिंह (सेवानिवृत्त) तथा आई०आई०टी०, बनारस हिन्दू विश्वविद्यालय, वाराणसी के प्रोफेसर धनञ्जय पाण्डेय (सेवानिवृत्त) का मैं हृदय से आभारी हूँ, जो समय-समय पर मेरे जीवन में आध्यात्मिक चेतना का सम्बल व दिशा देकर विभिन्न तरह से प्रबोध करते रहे हैं और जिनकी प्रेरणा से ही मुझे सद्‌गुरुदेव महाराज के शरण का सौभाग्य प्राप्त हुआ। इलाहाबाद विश्वविद्यालय के हिन्दी विभाग के डॉ० राकेश सिंह ने पुस्तक की तैयारी में कहीं भाषा सम्बन्धी, कहीं भाव की स्पष्टता सम्बन्धी तथा कहीं टंकण सम्बन्धी सुझाव व संशोधन करके अपना अथक एवं अमूल्य योगदान दिया है, जिससे इस रूप में यह पुस्तक छपने के योग्य हो पायी। इसी क्रम में डॉ० सर्वेन्द्र विक्रम बहादुर सिंह, शिक्षा निदेशक, बेसिक शिक्षा, उत्तर प्रदेश का योगदान उल्लेखनीय है, जो मेरे अमेरिका प्रवास में लेखन की अवधि में *गीता* से सम्बन्धित कतिपय सहायक सामग्री उपलब्ध कराते हुए *गीता* पर चर्चा करके मुझे प्रोत्साहित करते रहे हैं। राजा हरपाल सिंह महाविद्यालय सिंगरामऊ, जौनपुर में स्नातक स्तर पर मेरे अध्यापन करते समय के गणित विभाग के प्राध्यापक एवं मेरे सुहृद् डॉ० दानबहादुर सिंह (सेवानिवृत्त) द्वारा *गीता* विषय पर विभिन्न वार्ताओं से लाभान्वित करते रहने के लिए आभार। लखनऊ शहर के मेरी कॉलोनी के दो निकट सहयोगी श्री रतन कुमार श्रीवास्तव 'रतन' और श्री उमा शंकर अवस्थी का विशेष आभार, जिनका टीका लिखने में समय-समय पर विविध तरह से परामर्श एवं सहयोग मिलता रहा है। इसी के साथ ही अन्य सभी शुभेच्छुओं, सुहृदों एवं गुरुभाइयों का भी हार्दिक आभार, जिनके सद्‌भाव से इस कार्य को पूर्ण करने में उत्साह की वृद्धि हुई।

सद्गुरु कृपा प्राप्त मेरी धर्मपत्नी श्रीमती चन्द्रकान्ता सिंह और मैं पारिवारिक आवश्यकता से *श्रीमद्भगवद्गीता* पर इस विषयवस्तु को लिखने की एक वर्ष की अवधि में परस्पर अलग रहे – प्रथम छह माह मैं लखनऊ में छोटे पुत्र व उसके परिवार के साथ रहा और पत्नी अमेरिका में बड़े पुत्र व उसके परिवार के साथ रहीं। पुन: उसके बाद के छह माह में यह क्रम बदल गया। एक तरह से इस अवसर को मैं ईश्वर की कृपारूप व्यवस्था ही समझता हूँ, जो *गीता* पर इस पुस्तक के विषयवस्तु को पूर्ण करने में सहायक हुआ। इस एक वर्ष की अवधि में कोविद-१९ की वैश्विक विभीषिका का प्रथम चरण भी मेरे अमेरिका प्रवास की उपर्युक्त अवधि में रहा है। उम्र के इस पड़ाव पर परस्पर भौतिक दूरी से पत्नी को हुए किसी भावनात्मक कष्ट को उनके द्वारा सहज स्वीकार्यता के साथ मेरे लेखन में सहयोग के लिए उन्हें हृदय से आभार। इसके साथ ही मेरी पुत्री एवं मेरे पूरे परिवार का भी आभार जिन्होंने मेरा उत्साह बढ़ाते हुए हर परिस्थिति में मुझे लिखने का सुन्दर परिवेश अपने-अपने ढंग से निर्बाधरूप से उपलब्ध कराया।

पुन: अत्यन्त विनम्र भाव से एवं हृदय की गहराई से व्यक्त करना चाहता हूँ कि *श्रीमद्भगवद्गीता* जैसे गूढ़ एवं गम्भीर विषय पर लेखन का यह कार्य सद्गुरुरूप दैवीय कृपाजन्य भाव, ऊर्जा एवं प्रेरणा के अधीन ही पूर्ण हो सका है।

इस ग्रन्थ के प्रकाशन के लिए लोकभारती प्रकाशन के संरक्षक श्री रमेश ग्रोवर जी के प्रति हृदय से आभार व्यक्त करता हूँ तथा ग्रन्थ के शीघ्र प्रकाशन के लिए राजकमल प्रकाशन समूह के विशेष कार्याधिकारी आमोद महेश्वरी को धन्यवाद देता हूँ।

पुस्तक की मूल पाण्डुलिपि के टंकण का कार्य जनपद जौनपुर में श्री गौरीशंकर यादव द्वारा पूरी श्रद्धा एवं धैर्य के साथ यथासम्भव शुद्धता से सम्पन्न किया गया, जिसके लिए उन्हें साधुवाद।

पूरे प्रयास के पश्चात् भी पुस्तक में भाषा, भाव तथा मुद्रण की दृष्टि से त्रुटि होना सम्भव है। आशा है कि सुविज्ञ पाठकगण इस सम्बन्ध में अपना मूल्यवान सुझाव देकर भविष्य में त्रुटियों को सुधार करने का अवसर प्रदान करने की कृपा करेंगे।

—उदय प्रताप सिंह

महाशिवरात्रि, फाल्गुन मास, कृष्ण चतुर्दशी
विक्रम संवत् २०७८
सोमवार, ०१ मार्च, २०२२

॥ श्री श्री गुरवे नमः ॥

अध्याय १

महाभारत महायुद्ध के प्रारम्भ होने के पूर्व युद्धस्थल पर दोनों सेनाओं के मध्य भगवान् श्रीकृष्ण के साथ रथ पर उपस्थित अर्जुन अपने सम्मुख स्वजनों, मित्रों व सुहृदजनों को देखकर और उनके रक्तपात की आशंका से अत्यन्त मोह तथा विषाद से युक्त हो गया। अपने विषाद की अभिव्यक्ति भगवान् से करके बाण सहित धनुष को त्यागकर अर्जुन रथ के पृष्ठ भाग में बैठ गया और इस विषाद से मुक्त होने के लिए तथा अपने कल्याण के लिए भगवान् को गुरु रूप में मानकर उपदेश देने के लिए उनसे निवेदन किया। अर्जुन का यह विषाद ही उसे भगवान् की शरण में जाने का आधार बना और सद्गुरु रूप में भगवान् ने अपने प्रिय शिष्य के माध्यम से जगत् के कल्याणार्थ परमात्मा से योगरूप **श्रीमद्भगवद्गीता** का महान शाश्वत उपदेश दिया। अर्जुन के विषाद की स्थिति का वर्णन इस प्रथम अध्याय ***'अर्जुनविषादयोग'*** में वर्णित है। अब इस अध्याय का **'सारांश'** संक्षिप्तरूप में श्लोकानुसार उनकी संख्या के साथ दिया जाता है।

धृतराष्ट्र ने मन्त्री संजय से अपने और पाण्डु के पुत्रों के बीच चल रहे युद्ध के विषय में जानने की इच्छा प्रकट की (१)। संजय तब राजा धृतराष्ट्र से बताते हैं कि दुर्योधन गुरु द्रोण के पास जाकर दोनों पक्षों के शूरवीरों का व सेना के व्यूह रचना का वर्णन करके अपने सेनापति भीष्म की रक्षा करने को कहते हैं (२-११)। पुनः भीष्म तथा श्रीकृष्ण सहित दोनों पक्षों की ओर से शंख तथा ढोल आदि युद्ध के बाजे बज उठते हैं (११-१९)। तत्पश्चात् कौरव सेना की ओर से युद्ध करने के लिए आये हुए राजाओं और योद्धाओं को देखने की इच्छा से अर्जुन ने श्रीकृष्ण से रथ को दोनों पक्षों के मध्य में खड़ा करने को कहा (२०-२३)। दोनों सेनाओं के मध्य रथ को खड़ा करके भगवान् श्रीकृष्ण ने कौरवों को और गुरुओं, सगे सम्बन्धियों, मित्रों व सुहृदों को देखने के लिए अर्जुन से कहा (२४-२५)। दोनों सेनाओं में स्थित अपने सम्बन्धियों, परिवारीजनों, गुरुओं, मित्रों व सुहृदों को देखकर और रक्तरंजित युद्ध में उनके मारे जाने की आशंका से विषादग्रस्त अर्जुन करुणा और मोह से युक्त हो गया और वह श्रीकृष्ण से अपनी मनःस्थिति को व्यक्त करते हुए बाण सहित धनुष को रखकर रथ के पृष्ठ भाग में बैठ गया (२६-४७)।

*अब श्रीमद्भगवद्गीता जैसे महान ग्रन्थ के प्रारम्भ हेतु इस अध्याय के परिस्थितिगत '**सम्बन्ध**' का संक्षिप्त विवरण देना उपयुक्त होगा। हठी, दुराग्रही और अहंकारी दुर्योधन के समक्ष पाण्डवों और श्रीकृष्ण द्वारा समझौते का कोई विकल्प न पाकर महाभारत का धर्मयुद्ध अपरिहार्य हो जाता है। ऐसे समय में महर्षि वेदव्यास जी धृतराष्ट्र के समीप पहुँचते हैं और जन्मान्ध धृतराष्ट्र युद्ध का वृत्तान्त सुनने की इच्छा प्रकट करते हैं, तब धृतराष्ट्र के मन्त्री संजय को वेदव्यास जी दिव्यदृष्टि प्रदान करते हैं जिससे वह युद्ध को सम्पूर्णतः प्रत्यक्षदर्शी की भाँति धृतराष्ट्र को बताने में सक्षम हो जाता है। इस युद्ध के प्रारम्भिक दस दिनों तक कौरवों की ओर से सेनापति के रूप में भीष्म पितामह द्वारा युद्ध करते हुए रणभूमि में रथ से उनके गिर जाने के समाचार को संजय ने धृतराष्ट्र से बताया। तत्पश्चात् युद्ध के सम्पूर्ण वृत्तान्त को सुनने की इच्छा से धृतराष्ट्र द्वारा संजय से पूछे गये प्रश्न से श्रीमद्भगवद्गीता का प्रथम श्लोक प्रारम्भ होता है—*

धृतराष्ट्र उवाच

धर्मक्षेत्रे कुरुक्षेत्रे समवेता युयुत्सवः ।
मामकाः पाण्डवाश्चैव किमकुर्वत सञ्जय॥ १॥

धृतराष्ट्रः उवाच—धृतराष्ट्र बोले, **धर्मक्षेत्रे**—धर्मभूमि, **कुरुक्षेत्रे**—कुरुक्षेत्र में, **समवेता**—एकत्रित हुए, **युयुत्सवः**—युद्ध की इच्छा से, **मामकाः**—मेरे, **पाण्डवाः च**—और पाण्डु के पुत्रों ने, **एव**—भी, **किम्**—क्या, **अकुर्वत**—किया, **सञ्जय**—हे सञ्जय।

धृतराष्ट्र बोले—धर्मभूमि कुरुक्षेत्र में युद्ध की इच्छा से एकत्रित हुए मेरे और पाण्डु के पुत्रों ने क्या किया?

कुरुक्षेत्र में इन्द्र, आदि देवताओं ने और राजा कुरु ने तपस्या की थी तथा यहाँ शरीर त्याग से अच्छी गति प्राप्त होती है, इस कारण इसे धर्मक्षेत्र - धर्मभूमि कहा जाता है। कौरव और पाण्डवों के बीच सम्पन्न हुए महाभारत युद्ध में प्रारम्भ के दस दिनों तक कौरव पक्ष की ओर से सेनापति के रूप में पितामह भीष्म के नेतृत्व करने के बाद एवं रणभूमि में रथ से उनके गिरने के बाद और उनके पतन का समाचार संजय से सुनकर महाराज धृतराष्ट्र ने अपने और पाण्डुपुत्रों के बीच युद्ध का सम्पूर्ण वृत्तान्त सुनने की इच्छा को संजय से प्रकट किया। संजय को वेदव्यास जी द्वारा दिव्यदृष्टि प्रदान की गयी थी, जिससे वह महाभारत युद्ध का सम्पूर्ण वृत्तान्त धृतराष्ट्र की जिज्ञासा होने पर सुना सके।

कौरवों और पाण्डवों के बीच कुरुक्षेत्र में महाभारत युद्ध धर्म-अधर्म की परस्पर विपरीत प्रवृत्तियों का युद्ध था तथा अधर्म पर धर्म के विजय की स्थापना

हेतु था। धर्म-अधर्म, पुण्य-पाप और सद्-असद्, आदि प्रवृत्तियों का द्वन्द्व-युद्ध मनुष्य के अन्तर्मन में भी चलता रहता है। इसी पृष्ठभूमि में अज्ञान के कारण अर्जुन की मोहावस्था में भगवान् श्रीकृष्ण ने अर्जुन से संवाद करके लोक कल्याणार्थ *श्रीमद्भगवद्गीता* के माध्यम से जीव और जगत् में निहित महान आध्यात्मिक रहस्य का उद्घाटन किया॥ १ ॥

दुर्योधन का द्रोणाचार्य के पास जाकर दोनों पक्षों के शूरवीरों का वर्णन करना तथा दोनों सेनाओं की तुलना करके सब ओर से भीष्म की रक्षा करने को श्लोक ग्यारह तक कहना—

सञ्जय उवाच

दृष्ट्वा तु पाण्डवानीकं व्यूढं दुर्योधनस्तदा।
आचार्यमुपसङ्गम्य राजा वचनमब्रवीत्॥ २ ॥

सञ्जयः उवाच—संजय बोले, **दृष्ट्वा**—देखकर, **तु**—किन्तु, **पाण्डवानीकं**—पाण्डवों की सेना को, **व्यूढम्**—व्यूह रचना से युक्त, **दुर्योधनः**—दुर्योधन ने (यह), **तदा**—उस समय, **आचार्यम्**—आचार्य (द्रोणाचार्य) के, **उपसङ्गम्य**—पास जाकर, **राजा**—राजा, **वचनम्**—वचन, **अब्रवीत्**—कहा।

संजय बोले—उस समय पाण्डवों की सेना को व्यूहरचना से युक्त देखकर आचार्य द्रोणाचार्य के पास जाकर राजा दुर्योधन ने यह वचन कहा।

आचार्य द्रोणाचार्य के पास दुर्योधन का सर्वप्रथम जाने का रणनीतिक और कूटनीतिक कारण था। प्रथम तो द्रोणाचार्य शस्त्र विद्या का ज्ञान देनेवाले गुरु थे। इसके अतिरिक्त उनके वीर, बुद्धिमान्, युद्ध व शस्त्र विद्या में निपुण होने के कारण युद्ध में उनकी महत्त्वपूर्ण भूमिका का बोध स्वार्थी दुर्योधन के मन में था॥ २ ॥

पश्यैतां पाण्डुपुत्राणामाचार्य महतीं चमूम्।
व्यूढां द्रुपदपुत्रेण तव शिष्येण धीमता॥ ३ ॥

पश्य—देखिये, **एताम्**—इस, **पाण्डुपुत्राणाम्**—पाण्डवों की, **आचार्य**—हे आचार्य ! **महतीम्**—बड़ी भारी, **चमूम्**—सेना को, **व्यूढाम्**—व्यूह रचना से युक्त, **द्रुपदपुत्रेण**—द्रुपदपुत्र (धृष्टद्युम्न) द्वारा, **तव**—आपके, **शिष्येण**—शिष्य, **धीमता**—बुद्धिमान्।

हे आचार्य ! आपके बुद्धिमान शिष्य द्रुपदपुत्र धृष्टद्युम्न द्वारा व्यूह रचना से युक्त पाण्डवों की इस बड़ी भारी सेना को देखिए।

संख्याबल में पाण्डवों की सेना कम होने के बाद भी (कौरवों की सेना ग्यारह अक्षौहिणी (१ अक्षौहिणी = २१८७००) और पाण्डवों की सेना सात

अक्षौहिणी थी) उत्तम व्यूहरचना के कारण विशाल लग रही थी। धृष्टद्युम्न राजा द्रुपद के पुत्र थे। राजा द्रुपद द्वारा एक बार द्रोणाचार्य का तिरस्कार कर देने के कारण दोनों में द्वेषभाव था। धृष्टद्युम्न की उत्पत्ति भी द्रोणाचार्य के वध के उद्देश्य से यज्ञ पूजन के बाद हुआ था। एक कुशल राजनीतिज्ञ, रणनीतिज्ञ और कूटनीतिज्ञ की तरह दुर्योधन अपने गुरु द्रोण के समक्ष धृष्टद्युम्न का उल्लेख करके उनके मन में उपर्युक्त द्वेषभाव की पुरानी याद को ताजा करके अपने पक्ष में अत्यन्त प्रयास और शौर्य से खड़े होने के लिए उन्हें प्रेरित करने का यह दुर्योधन का प्रयास कहा जा सकता है॥ ३॥

अत्र शूरा महेष्वासा भीमार्जुनसमा युधि।
युयुधानो विराटश्च द्रुपदश्च महारथः॥ ४॥
धृष्टकेतुश्चेकितानः काशिराजश्च वीर्यवान्।
पुरुजित्कुन्तिभोजश्च शैब्यश्च नरपुङ्गवः॥ ५॥
युधामन्युश्च विक्रान्त उत्तमौजाश्च वीर्यवान्।
सौभद्रो द्रौपदेयाश्च सर्व एव महारथाः॥ ६॥

अत्र—इस सेना में, **शूराः**—शूरवीर, **महेष्वासाः**—बड़े-बड़े धनुर्धर, **भीमार्जुनसमाः**—भीम और अर्जुन के समान, **युधि**—युद्ध में, **युयुधानः**—सात्यकि, **विराटः**—विराट, **च**—और, **द्रुपदः**—द्रुपद, **च**—और, **महारथः**—महारथी। **धृष्टकेतुः**—धृष्टकेतु, **चेकितानः**—चेकितान, **काशिराजः**—काशिराज, **च**—तथा, **वीर्यवान्**—बलवान, **पुरुजित्**—पुरुजित्, **कुन्तिभोजः**—कुन्तिभोज, **च**—और, **शैब्यः**—शैब्य, **च**—और, **नरपुङ्गवः**—नरश्रेष्ठ। **युधामन्युः**—युधामन्यु, **च**—तथा, **विक्रान्तः**—पराक्रमी, **उत्तमौजाः**—उत्तमौजा, **च**—और, **वीर्यवान्**—बलवान, **सौभद्रः**—सुभद्रापुत्र (अभिमन्यु), **द्रौपदेयाः**—द्रौपदी के पाँचों पुत्र, **च**—और, **सर्वे एव**—ये सभी, **महारथाः**—महारथी हैं।

इस सेना में बड़े-बड़े धनुर्धर और युद्ध में भीम और अर्जुन के समान वीर सात्यकि, विराट् और महारथी द्रुपद, बलवान धृष्टकेतु, चेकितान तथा काशिराज और नरश्रेष्ठ पुरुजित्, कुन्तिभोज और शैव्य, पराक्रमी युधामन्यु, बलवान् उत्तमौजा, सुभद्रापुत्र अभिमन्यु और द्रौपदी के पाँचों पुत्र—ये सभी महारथी हैं।

पाण्डवों के उपर्युक्त सेना के महारथियों में अर्जुन के शिष्य सात्यकि का उपनाम युयुधान था। विराट मत्स्य देश के राजा थे, इन्हीं के राज्य में पाण्डवों ने एक वर्ष का अज्ञातवास बिताया था तथा इन्हीं की पुत्री उत्तरा के साथ अर्जुन के पुत्र अभिमन्यु का विवाह हुआ था। अर्जुन का विवाह स्वयं भगवान् श्रीकृष्ण की

बहन सुभद्रा से हुआ था। द्रुपद पाञ्चाल देश के राजा थे एवं इनकी पुत्री द्रौपदी से पाण्डवों (युधिष्ठिर, भीम, अर्जुन, नकुल व सहदेव) का विवाह अर्जुन द्वारा द्रौपदी को स्वयंवर में जीतकर हुआ था॥ ४॥

धृष्टकेतु श्रीकृष्ण के सम्बन्धी राजा शिशुपाल का पुत्र था। चेकितान वृष्णिवंशीय यादव योद्धा था। काशिराज काशी के राजा थे। पुरुजित् और कुन्तिभोज दोनों ही पाण्डवों की माता कुन्ती के भाई थे। शैब्य धर्मराज युधिष्ठिर के ससुर थे॥ ५॥

युधामन्यु और उत्तमौजा दोनों पाञ्चालदेशीय राजकुमार थे। इस तरह पाण्डव पक्ष में खड़े प्राय: ये सभी महारथी पाण्डवों के सम्बन्धी ही थे। यहाँ यह उल्लेख कर देना उचित प्रतीत होता है कि राजा परीक्षित अभिमन्यु के पुत्र थे एवं भगवान् श्रीकृष्ण के शरीर त्याग के पश्चात् कलियुग का पृथ्वी पर आगमन राजा परीक्षित के समय से माना जाता है॥ ६॥

अस्माकं तु विशिष्टा ये तान्निबोध द्विजोत्तम।
नायका मम सैन्यस्य सञ्ज्ञार्थं तान् ब्रवीमि ते॥ ७॥

अस्माकम्—हमारे पक्ष में, **तु**—भी (आप), **विशिष्टा**—प्रधान (हैं), **ये**—जो, **तान्**—उनको, **निबोध**—समझ लीजिए, **द्विजोत्तम**—हे ब्राह्मण श्रेष्ठ, **नायका:**—सेनापति (हैं), **मम**—मेरी, **सैन्यस्य**—सेना के (जो-जो), **सञ्ज्ञार्थम्**—जानकारी के लिए, **तान्**—उनको, **ब्रवीमि**—बतलाता हूँ, **ते**—आपकी।

हे ब्राह्मणश्रेष्ठ ! हमारे पक्ष में जो प्रधान हैं, उनको भी आप समझ लीजिए। आपकी जानकारी के लिए मेरी सेना के जो—जो सेनापति हैं, उनको बतलाता हूँ॥ ७॥

भवान्भीष्मश्च कर्णश्च कृपश्च समितिञ्जय:।
अश्वत्थामा विकर्णश्च सौमदत्तिस्तथैव च॥ ८॥

भवान्—आप (द्रोणाचार्य), **भीष्म:**—पितामह भीष्म, **च**—और, **कर्ण:**—कर्ण, **च**—तथा, **कृप:**—कृपाचार्य, **च**—और, **समितिञ्जय:**—संग्रामविजयी, **अश्वत्थामा**—अश्वत्थामा, **विकर्ण:**—विकर्ण, **च**—और, **सौमदत्ति:**—सोमदत्त का पुत्र (भूरिश्रवा), **तथा**—वैसे, **एव**—ही, **च**—तथा।

आप (द्रोणाचार्य) और पितामह भीष्म तथा कर्ण और संग्रामविजयी कृपाचार्य, वैसे ही अश्वत्थामा, विकर्ण और सोमदत्त का पुत्र भूरिश्रवा।

कौरव सेना के महारथियों में द्रोणाचार्य तो महर्षि भरद्वाज के पुत्र थे। भीष्म कौरव राजा शान्तनु के पुत्र थे तथा गंगा जी से उत्पन्न हुए थे एवं 'द्यो' नामक

नवम वसु के अवतार थे। भीष्म अपने पिता शान्तनु का विवाह निषादकन्या सत्यवती से कराने के लिए आजीवन अविवाहित रहे तथा राज्याधिकारी होने के बाद भी राज्यपद के त्याग की भीषण प्रतिज्ञा के कारण उनका मूल नाम देवव्रत से 'भीष्म' पड़ा। भीष्म के इस कठोर त्याग से प्रसन्न होकर शान्तनु ने उन्हें इच्छामृत्यु का वरदान दिया था। भीष्म ने महाभारत युद्ध में दस दिन तक कौरव पक्ष की ओर से सेनापति होकर घोर युद्ध किया और तदन्तर शर-शय्या पर पड़े रहकर उत्तरायण आने पर अपनी इच्छानुसार प्राणत्याग किया। कर्ण सूर्यदेव के प्रभाव से कुन्ती का कौमार्य अवस्था में उत्पन्न हुआ पुत्र था, जिसे शूद्र जाति का अधिरथ और उसकी पत्नी राधा ने पाला-पोषा था। बाद में दुर्योधन ने कर्ण को मित्र बनाकर अङ्गदेश का राजा बनाया। कृपाचार्य महर्षि शरद्वान के पुत्र थे और कृपाचार्य की बहन से द्रोणाचार्य का विवाह हुआ था। अश्वत्थामा आचार्य द्रोणाचार्य का पुत्र था। राजा शान्तनु के बड़े भाई बाह्लीक के पौत्र सौमदत्ति थे। महाराजा 'धृतराष्ट्र' दुर्योधन सहित उसके सौ भाइयों के पिता थे तथा पाण्डवों के पिता 'पाण्डु' थे। पाण्डु और धृतराष्ट्र भाई थे। इस प्रकार कौरव पक्ष के उपर्युक्त सभी महारथी कौरवों से सम्बन्धित थे ॥ ८ ॥

अन्ये च बहवः शूरा मदर्थे त्यक्तजीविताः ।
नानाशस्त्रप्रहरणाः सर्वे युद्धविशारदाः ॥ ९ ॥

अन्ये—अन्य, **च**—भी, **बहवः**—बहुत-से, **शूराः**—शूरवीर, **मदर्थे**—मेरे लिए, **त्यक्तजीविताः**—जीवन की आशा त्यागने को तैयार हैं, **नानाशस्त्रप्रहरणाः**—अनेक प्रकार के शस्त्रास्त्रों को धारण करनेवाले (और), **सर्वे**—सब-के-सब, **युद्धविशारदाः**—युद्ध विद्या में निपुण हैं।

इसके अतिरिक्त अन्य भी बहुत-से शूरवीर मेरे लिए जीवन की आशा त्यागने को तैयार हैं, जो अनेक प्रकार के शस्त्रास्त्रों को धारण करनेवाले और सब-के-सब युद्ध विद्या में निपुण हैं।

दुर्योधन ने गुरु द्रोण से बताया कि अन्य बहुत-से प्राणोत्सर्ग के लिए तैयार, शस्त्रास्त्रों से युक्त और युद्ध विद्या में निपुण वीर हमारे पक्ष में हैं ॥ ९ ॥

अपर्याप्तं तदस्माकं बलं भीष्माभिरक्षितम् ।
पर्याप्तं त्विदमेतेषां बलं भीमाभिरक्षितम् ॥ १० ॥

अपर्याप्तम्—सब प्रकार से अजेय है, **तत्**—वह, **अस्माकम्**—हमारी, **बलम्**—सेना, **भीष्माभिरक्षितम्**—भीष्म पितामह द्वारा रक्षित, **पर्याप्तम्**—जीतने में सुगम, **तु**—और, **इदम्**—यह, **एतेषाम्**—इन लोगों की, **बलम्**—सेना, **भीमाभिरक्षितम्**—भीम द्वारा रक्षित।

भीष्म पितामह द्वारा रक्षित हमारी सेना सब प्रकार से अजेय है और भीम द्वारा रक्षित इन लोगों की यह सेना जीतने में सुगम है।

दुर्योधन अपनी सेना को भीष्म द्वारा रक्षित, संख्या में अधिक और शस्त्रादि विद्या में निपुण महारथियों के होने से अजेय बताकर तथा भीम द्वारा रक्षित पाण्डु सेना को सहज ही विजय कर लेने के योग्य बताकर अपने सैन्य बल का प्रोत्साहन ही कर रहा है ॥ १० ॥

अयनेषु च सर्वेषु यथाभागमवस्थिताः ।
भीष्ममेवाभिरक्षन्तु भवन्तः सर्व एव हि ॥ ११ ॥

अयनेषु—मोर्चे पर, **च**—अतः, **सर्वेषु**—सब, **यथाभागम्**—अपनी-अपनी जगह पर, **अवस्थिताः**—डटे हुए, **भीष्मम्**—पितामह भीष्म की, **एव**—ही, **अभिरक्षन्तु**—सब ओर से रक्षा करें।

अतः सब मोर्चे पर अपनी-अपनी जगह डटे हुए पितामह भीष्म की ही सब ओर से रक्षा करें।

अपने सेनापति भीष्म की रक्षा के लिए द्रोणाचार्य सहित सभी लोगों को लगाने के पीछे दुर्योधन का यह विश्वास था कि भीष्म के रहते वह पाण्डु सेना को पराजित करने में समर्थ होगा ॥ ११ ॥

भीष्म और श्रीकृष्ण सहित दोनों पक्षों की तरफ से शंख तथा ढोल आदि युद्ध के बाजे बज उठे, जिसका वर्णन श्लोक उन्नीस तक—

तस्य सञ्जनयन् हर्षं कुरुवृद्धः पितामहः ।
सिंहनादं विनद्योच्चैः शङ्खं दध्मौ प्रतापवान् ॥ १२ ॥

तस्य—उस (दुर्योधन) के (मन में), **सञ्जनयन्**—उत्पन्न करते हुए, **हर्षम्**—हर्ष, **कुरुवृद्धः**—कौरवों में वृद्ध, **पितामहः**—पितामह भीष्म, **सिंहनादम्**—सिंह के समान, **विनद्य**—गरज कर, **उच्चैः**—उच्च स्वर से, **शङ्खम्**—शंख, **दध्मौ**—बजाया, **प्रतापवान्**—प्रतापी।

कौरवों में वृद्ध प्रतापी पितामह भीष्म ने उस दुर्योधन के मन में हर्ष उत्पन्न करते हुए उच्च स्वर से सिंह के समान गरज कर शंख बजाया।

अपनी अवस्था के प्रतिकूल पराक्रमी व प्रतापवान भीष्म ने दुर्योधन के उत्साह वर्द्धन हेतु सिंह गर्जना के साथ शंख बजाकर रणघोष किया ॥ १२ ॥

ततः शङ्खाश्च भेर्यश्च पणवानकगोमुखाः ।
सहसैवाभ्यहन्यन्त स शब्दस्तुमुलोऽभवत् ॥ १३ ॥

ततः—फिर, **शङ्खाः**—शंख, **च**—और, **भेर्यः**—नगाड़े, **च**—तथा, **पणवानकगोमुखाः**—ढोल, मृदंग और रणसिंघे आदि बाजे, **सहसा**—एक साथ, **एव**—ही, **अभ्यहन्यन्त**—बज उठे, **सः**—वह, **शब्दः**—शब्द, **तुमुलः**—बड़ा भयंकर, **अभवत्**—हुआ।

फिर एक साथ ही शंख, नगाड़े, ढोल, मृदंग और रणसिंघे, आदि बाजे बज उठे और वह शब्द बड़ा भयंकर हुआ।

भीष्म के शंख के साथ ही कौरव पक्ष के लोगों ने एक साथ ही शंख, नगाड़े, आदि बाजे बजाये और सबका मिला-जुला शब्द अति भयंकर था ॥ १३ ॥

ततः श्वेतैर्हयैर्युक्ते महति स्यन्दने स्थितौ ।
माधवः पाण्डवश्चैव दिव्यौ शङ्खौ प्रदध्मतुः ॥ १४ ॥

ततः—फिर, **श्वेतैः**—सफेद, **हयैः**—घोड़ों से, **युक्ते**—युक्त, **महति**—विशाल, **स्यन्दने**—रथ में, **स्थितौ**—बैठे हुए, **माधवः**—श्रीकृष्ण, पाण्**डवः**—अर्जुन ने, **च**—और, **एव**—भी, **दिव्यौ**—अलौकिक, **शङ्खौ**—शंख, **प्रदध्मतुः**—बजाये।

फिर सफेद घोड़ों से युक्त विशाल रथ में बैठे हुए श्रीकृष्ण और अर्जुन ने भी अपने अलौकिक शंख बजाये।

कौरव पक्ष द्वारा युद्ध के घोषणा सम्बन्धी घोष के पश्चात् अग्निदेव द्वारा अर्जुन को दिये गये विशाल रथ पर विराजमान श्रीभगवान् कृष्ण और अर्जुन ने अपने-अपने दिव्य शंख बजाये ॥ १४ ॥

पाञ्चजन्यं हृषीकेशो देवदत्तं धनञ्जयः ।
पौण्ड्रं दध्मौ महाशङ्खं भीमकर्मा वृकोदरः ॥ १५ ॥

पाञ्चजन्यम्--पांचजन्य नामक, **हृषीकेशः**—श्रीकृष्ण ने, **देवदत्तम्**—देवदत्त नामक (शंख), **धनञ्जयः**—अर्जुन ने, **पौण्ड्रम्**—पौण्ड्र नामक, **दध्मौ**--बजाया, **महाशङ्खम्**—महाशंख, **भीमकर्मा**—भयानक कर्मकारी, **वृकोदरः**—भीम ने।

हृषीकेश भगवान् श्रीकृष्ण ने पाञ्चजन्य नामक और अर्जुन ने देवदत्त नामक शंख बजाया। भयानक कर्मकारी भीम ने पौण्ड्र नामक महाशंख बजाया।

इन्द्रियों के स्वामी तथा हर्ष, सुख व ऐश्वर्य के निधान भगवान् श्रीकृष्ण का नाम 'हृषीकेश' है और राजाओं को विजित कर विपुल धन के अर्जित कर्त्ता अर्जुन का नाम 'धनंजय' है। भगवान् श्रीकृष्ण, अर्जुन एवं भीम ने क्रमशः पाञ्चजन्य, देवदत्त एवं पौण्ड्र नामक शंख बजाया और यह भयानक शंखध्वनि कौरव सेना को उद्विग्न करने के लिए पर्याप्त थी ॥ १५ ॥

अनन्तविजयं राजा कुन्तीपुत्रो युधिष्ठिरः ।
नकुलः सहदेवश्च सुघोषमणिपुष्पकौ ॥ १६ ॥

अनन्तविजयम्—अनन्तविजय, **राजा**—राजा, **कुन्तीपुत्रः**—कुन्तीपुत्र, **युधिष्ठिरः**—युधिष्ठिर ने, **नकुलः**—नकुल, **सहदेवः**—सहदेव ने, **च**—तथा, **सुघोषमणि–पुष्पकौ**—सुघोष और मणिपुष्पक नामक शंख (बजाये)।

कुन्तीपुत्र राजा युधिष्ठिर ने अनन्तविजय, नकुल तथा सहदेव ने सुघोष और मणिपुष्पक नामक शंख बजाये।

कुन्ती के पुत्र राजा युधिष्ठिर, नकुल और सहदेव ने अपने-अपने शंख बजाये ॥ १६ ॥

काश्यश्च परमेष्वासः शिखण्डी च महारथः ।
धृष्टद्युम्नो विराटश्च सात्यकिश्चापराजितः ॥ १७ ॥
द्रुपदो द्रौपदेयाश्च सर्वशः पृथिवीपते ।
सौभद्रश्च महाबाहुः शङ्खान्दध्मुः पृथक्पृथक् ॥ १८ ॥

काश्यः—काशिराज, **च**—और, **परमेष्वासः**—श्रेष्ठ धनुर्धारी, **शिखण्डी**—शिखण्डी, **च**—एवं, **महारथः**—महारथी, **धृष्टद्युम्नः**—धृष्टद्युम्न, **विराटः**—विराट, **च**—और, **सात्यकिः**—सात्यकि, **च**—एवं, **अपराजिताः**—अजेय। **द्रुपदः**—द्रुपद, **द्रौपदेयाः**—द्रौपदी के पाँचों पुत्र, **च**—और, **सर्वशः**—सब ओर से, **पृथिवीपते**—हे राजन् (ये सभी), **सौभद्रः**—सुभद्रापुत्र अभिमन्यु, **च**—तथा, **महाबाहुः**—बड़ी भुजावाले, **शङ्खान्**—शंख, **दध्मुः**—बजाये, **पृथक्-पृथक्**—अलग-अलग।

श्रेष्ठ धनुर्धारी काशिराज और महारथी शिखण्डी एवं धृष्टद्युम्न और विराट एवं अजेय सात्यकि। द्रुपद और द्रौपदी के पाँचों पुत्र तथा सुभद्रापुत्र महाबाहु अभिमन्यु—इन सभी ने, हे राजन्! सब ओर से अलग—अलग शंख बजाये।

द्रुपदपुत्र 'शिखण्डी' पहले स्त्री था, किन्तु भगवान् शंकर के आशीर्वाद से बाद में पुत्र में परिवर्तित हो गया। इस कारण शिखण्डी को पितामह भीष्म स्त्री ही समझते थे और स्त्री पर अस्त्र न चलाने के लिए वचनबद्ध थे। श्लोक ग्यारह में भीष्म की रक्षा करने का दुर्योधन द्वारा निर्देश शिखण्डी को भीष्म से दूर रखने के लिए भी रहा होगा। बाद में अर्जुन ने शिखण्डी की आड़ लेकर भीष्म को मारा है ॥ १७-१८ ॥

स घोषो धार्तराष्ट्राणां हृदयानि व्यदारयत् ।
नभश्च पृथिवीं चैव तुमुलो व्यनुनादयन् ॥ १९ ॥

सः—वह, **घोषः**—शब्द, **धार्तराष्ट्राणाम्**—धृतराष्ट्र पुत्रों का, **हृदयानि**—हृदय, **व्यदारयत्**—विदीर्ण करने लगा, **नभः**—आकाश, **च**—और, **पृथिवीम्**—पृथ्वी को, **च**—और, **एव**—भी, **तुमुलः**—भयानक, **व्यनुनादयन्**—गुँजाता हुआ।

वह भयानक शब्द आकाश और पृथ्वी को भी गुँजाता हुआ धृतराष्ट्र पुत्रों का हृदय विदीर्ण करने लगा।

आकाश और पृथ्वी को गुँजाता हुआ वह भयानक शब्द धृतराष्ट्र के पुत्रों का हृदय विदीर्ण करने लगा ॥ १९ ॥

कौरव सेना में युद्ध के लिए उद्यत वीर राजाओं को देखने की इच्छा से अर्जुन ने श्रीकृष्ण से रथ को दोनों सेनाओं के मध्य खड़ा करने को अगले चार श्लोकों में कहा—

अथ व्यवस्थितान्दृष्ट्वा धार्तराष्ट्रान कपिध्वजः ।
प्रवृत्ते शस्त्रसम्पाते धनुरुद्यम्य पाण्डवः ॥ २० ॥
हृषीकेशं तदा वाक्यमिदमाह महीपते ।

अर्जुन उवाच

सेनयोरुभयोर्मध्ये रथं स्थापय मेऽच्युत ॥ २१ ॥

अथ—फिर, **व्यवस्थितान्**—युद्ध के लिए सजकर डटे हुए, **दृष्ट्वा**—देखकर, **धार्तराष्ट्रान्**—धृतराष्ट्र के पुत्रों को, **कपिध्वजः**—कपिध्वज, **प्रवृत्ते**—समय, **शस्त्रसम्पाते**—शस्त्रपात की तैयारी के समय, **धनुः**—धनुष, **उद्यम्य**—उठाकर, **पाण्डवः**—अर्जुन ने। **हृषीकेशम्**—श्रीकृष्ण से, **तदा**—उस, **वाक्यम्**—वचन, **इदम्**—यह, **आह**—कहा, **महीपते**—हे राजन, **अर्जुनः उवाच**—अर्जुन बोले, **सेनयोः**—सेनाओं के, **उभयोः**—दोनों, **मध्ये**—बीच में, **रथम्**—रथ को, **स्थापय**—खड़ा कीजिए, **मे**—मेरे, **अच्युत**—हे अच्युत।

हे राजन् ! फिर उस शस्त्रपात की तैयारी के समय युद्ध के लिए सजकर डटे हुए धृतराष्ट्र के पुत्रों को देखकर कपिध्वज अर्जुन ने धनुष उठाकर श्रीकृष्ण से यह वचन कहा कि हे अच्युत ! मेरे रथ को दोनों सेनाओं के बीच में खड़ा कीजिए।

कपिवर हनुमान जी भीम को दिये गये वचनानुसार अर्जुन के रथ की पताका पर विराजमान रहते थे और यथासमय युद्ध में कौरव पक्ष के योद्धाओं का हृदय विदीर्ण करने हेतु भीषण गर्जना करते थे। श्रीकृष्ण को 'अच्युत' भी कहते हैं, जिसका आशय है कि जिसका पराभव न हो। गाण्डीव धनुर्धारी अर्जुन द्वारा भगवान् को अच्युत कहकर सम्बोधन भगवान् श्रीकृष्ण के परमेश्वर स्वरूप का भी बोधक है ॥ २०–२१ ॥

यावदेतान्निरीक्षेऽहं योद्धुकामानवस्थितान्।
कैर्मया सह योद्धव्यमस्मिन्रणसमुद्यमे॥ २२॥

यावत्—जब तक (कि), **एतान्**—इन सब, **निरीक्षे**—देख लूँ (कि), **अहम्**—मैं, **योद्धुकामान्**—युद्धाभिलाषियों को, **अवस्थितान्**—युद्धभूमि में एकत्रित हुए, **कैः**—किन-किन के, **मया**—मुझे, **सह**—साथ, **योद्धव्यम्**—युद्ध करना है, **अस्मिन्**—इस, **रण**—युद्धरूप, **समुद्यमे**—व्यापार में।

और जब तक कि मैं युद्धभूमि में एकत्रित हुए इन सब युद्धाभिलाषियों को देख लूँ कि इस युद्धरूप व्यापार में मुझे किन-किन के साथ युद्ध करना है।

अर्जुन के मन में जिज्ञासा उत्पन्न हुई कि युद्धक्षेत्र में उसे विपक्ष के किन योद्धाओं के साथ युद्ध करना है। इस जिज्ञासा से ही दोनों सेनाओं के मध्य में रथ खड़ा करने के लिए सारथी श्रीकृष्ण से अर्जुन ने कहा ॥ २२॥

योत्स्यमानानवेक्षेऽहं य एतेऽत्र समागताः।
धार्तराष्ट्रस्य दुर्बुद्धेर्युद्धे प्रियचिकीर्षवः॥ २३॥

योत्स्यमानान्—युद्ध करनेवालों को, **अवेक्षे**—देखूँगा, **अहम्**—मैं, **ये**—जो-जो, **एते**—ये सब, **अत्र**—यहाँ, **समागताः**—आये हैं, **धार्तराष्ट्रस्य**—दुर्योधन का, **दुर्बुद्धेः**—दुर्बुद्धि, **युद्धे**—युद्ध में, **प्रियचिकीर्षवः**—भला चाहनेवाले।

दुर्बुद्धि दुर्योधन का युद्ध में भला चाहनेवाले जो—जो ये सब यहाँ आये हैं, उन युद्ध करनेवालों को मैं देखूँगा।

दुर्योधन छद्मपूर्वक मामा शकुनी की सहायता से पाण्डवों को द्यूतक्रीड़ा में हराकर और उनके अंश का राज्य भी न देकर, यहाँ तक कि पाँच गाँव भी देने से इनकारते हुए सूई के नोक के बराबर भी जमीन न देने की बात कही। इसके अतिरिक्त भी लाक्षा-गृह में पाण्डवों को जलाकर मारने के षड्यन्त्र जैसे अन्यान्य अपराध किये, जिससे युद्ध की स्थिति उत्पन्न हुई। इन सब कारणों से दुर्योधन की एक अत्याचारी और दुर्बुद्धि राजा की ही छवि रही है। ऐसे में दुर्योधन का साथ देनेवाले राजाओं के बारे में अत्याचारी का ही साथ देने की बात आती है। ऐसे सभी अत्याचारी योद्धाओं और राजाओं को युद्ध के पूर्व देखने की इच्छा अर्जुन के मन में उत्पन्न हुई ॥ २३॥

रथ को दोनों सेनाओं के मध्य खड़ा करके कौरवों को देखने के लिए श्रीकृष्ण द्वारा आगे के दो श्लोकों में कहना—

सञ्जय उवाच

एवमुक्तो हृषीकेशो गुडाकेशेन भारत।
सेनयोरुभयोर्मध्ये स्थापयित्वा रथोत्तमम्॥ २४॥
भीष्मद्रोणप्रमुखतः सर्वेषां च महीक्षिताम्।
उवाच पार्थ पश्यैतान्समवेतान कुरूनिति॥ २५॥

सञ्जयः उवाच—संजय बोले, **एवम्**—इस प्रकार, **उक्तः**—कहने पर, **हृषीकेशः**—भगवान् श्रीकृष्ण ने, **गुडाकेशेन**—अर्जुन द्वारा, **भारत**—हे धृतराष्ट्र, **सेनयोः**—सेनाओं के, **उभयोः**—दोनों, **मध्ये**—बीच में, **स्थापयित्वा**—खड़ा करके, **रथोत्तमम्**—उत्तम रथ को। **भीष्मद्रोणप्रमुखतः**—भीष्म और द्रोणाचार्य के सामने, **सर्वेषाम्**—सम्पूर्ण, **च**—तथा, **महीक्षिताम्**—अन्य सब राजाओं के सामने, **उवाच**—बोले, **पार्थ**—हे पार्थ (युद्ध के लिए), **पश्य**—देख, **एतान्**—इन, **समवेतान्**—इकट्ठे हुए, **कुरून्**—कौरवों को, **इति**—इस प्रकार।

संजय बोले—हे भारत (धृतराष्ट्र)! अर्जुन द्वारा इस प्रकार कहने पर भगवान् श्रीकृष्ण उस उत्तम रथ को दोनों सेनाओं के बीच में भीष्म व द्रोणाचार्य तथा अन्य सब राजाओं के सामने खड़ा करके इस प्रकार बोले, हे पार्थ! युद्ध के लिए इकट्ठे हुए इन कौरवों को देख।

'गुडाकेश' निद्रा को जीते हुए अर्जुन का सम्बोधन है। कौरवों को देखने की बात कहकर सम्भवतः सर्वव्यापी, सर्वद्रष्टा और सर्वज्ञ भगवान् श्रीकृष्ण ने अर्जुन के मन में कुटुम्ब व स्वजन के प्रति स्नेह जागृत करके मोह उत्पन्न होने के भाव से ही कहा हो, जिससे मोह को दूर करने के लिए भगवान् की परमकल्याणकारी अमृततुल्य वाणी ही *गीता* रूप से जगत् के लिए अमृतमयी उपहार हो सके॥ २४-२५॥

दोनों सेनाओं में गुरुजनों तथा अपने सगे-सम्बन्धियों और श्रेष्ठ जनों को देखकर अर्जुन अपना शोक विभिन्न प्रकार से श्रीकृष्ण से व्यक्त करता हुआ धनुष रखकर रथ के पृष्ठ भाग में बैठ गया, इसका वर्णन आगे अध्याय के अन्त तक—

तत्रापश्यत्स्थितान्पार्थः पितृनथ पितामहान्।
आचार्यन्मातुलान्भ्रातृन्पुत्रान्पौत्रान्सखींस्तथा॥ २६॥
श्वशुरान्सुहृदश्चैव सेनयोरुभयोरपि।
तान्समीक्ष्य स कौन्तेयः सर्वान्बन्धूनवस्थितान्॥ २७॥
कृपया परयाविष्टो विषीदन्निदमब्रवीत्।

तत्र—फिर, **अपश्यत्**—देखा, **स्थितान्**—स्थित हुए, **पार्थः**—पृथापुत्र अर्जुन ने, **पितृन्**—ताऊ-चाचों को, **अथ**—तथा, **पितामहान्**—पितामहों को, **आचार्यान्**—आचार्यों को, **मातुलान्**—

मामाओं को, **भ्रातृन्**—भाइयों को, **पुत्रान्**—पुत्रों को, **पौत्रान्**—पौत्रों को, **सखीन्**—सखाओं को, **तथा**—और, **श्वशुरान्**—श्वसुरों को, **सुहृदः**—सुहृदों को, **च**—और, **एव**—भी, **सेनयोः**—सेनाओं में, **उभयोः**—दोनों, **अपि**—भी, **तान्**—उन, **समीक्ष्य**—देखकर, **सः**—वह, **कौन्तेय**—कुन्तीपुत्र अर्जुन, **सर्वान्**—सभी, **बन्धून्**—बन्धु-बान्धवों को, **अवस्थितान्**—खड़े हुए, **कृपया**—करुणा से, **परया**—अत्यन्त, **आविष्टः**—युक्त होकर, **विषीदन्**—शोक करता हुआ, **इदम्**—इस प्रकार, **अब्रवीत्**—बोला।

फिर वह पृथापुत्र अर्जुन वहाँ दोनों सेनाओं में खड़े हुए अपने ताऊ—चाचों को, पितामहों को, आचार्यों को, मामाओं को, भाइयों को, पुत्रों को, पौत्रों को, सखाओं को, श्वसुरों को और सुहृदों को देखा। उन सभी बन्धु-बान्धवों को खड़े हुए देखकर अत्यन्त करुणा से युक्त होकर कुन्तीपुत्र अर्जुन शोक करता हुआ इस प्रकार बोला।

इस प्रकार कौरवों और अपनी सेना में, दोनों ही सेनाओं में, युद्ध के लिए उद्यत पितृतुल्य पुरुषों को, पितामह-प्रपितामह को, गुरुजनों को, अपने व भाइयों के पुत्रों को, पौत्रों को, मित्रों को, सुहृद व सम्बन्धियों को अर्जुन ने देखा और युद्ध में होनेवाली भयंकर जनहानि की कल्पना करके अर्जुन का अन्तःकरण मोहवश अत्यन्त करुणा से व्याप्त हो गया।

अर्जुन की स्थिति शोक और करुणा युक्त हो गयी। यह भगवान् की महिमा भी थी, क्योंकि वह अपने और अर्जुन के सम्वाद के माध्यम से जगत् को *भगवद्गीता* के द्वारा दिव्य योग सन्देश भी देना चाहते थे। ॥ २६-२७॥

अर्जुन उवाच

दृष्ट्वेमं स्वजनं कृष्ण युयुत्सुं समुपस्थितम् ॥ २८ ॥
सीदन्ति मम गात्राणि मुखं च परिशुष्यति ।
वेपथुश्च शरीरे में रोमहर्षश्च जायते ॥ २९ ॥

अर्जुनः उवाच—अर्जुन बोले, **दृष्ट्वा**—देखकर, **इमम्**—इस, **स्वजनम्**—स्वजन समुदाय को, **कृष्ण**—हे कृष्ण, **युयुत्सुम्**—युद्ध की इच्छा से, **समुपस्थितम्**—खड़े हुए, **सीदन्ति**—शिथिल हो रहे हैं, **मम**—मेरे, **गात्राणि**—शरीर के अंग, **मुखम्**—मुख, **च**—भी, **परिशुष्यति**—सूख रहा है, **वेपथुः**—कम्प, **च**—तथा, **शरीरे**—शरीर में, **मे**—मेरे, **रोमहर्षः**—रोमांच, **च**—भी, **जायते**—हो रहा है।

अर्जुन बोले—हे कृष्ण ! युद्ध की इच्छा से खड़े हुए इस स्वजन् समुदाय को देखकर मेरे शरीर के अंग शिथिल हो रहे हैं, मुख भी सूख रहा है तथा मेरे शरीर में कम्प तथा रोमांच भी हो रहा है।

युद्ध की इच्छा से स्वजनों को रणक्षेत्र में उपस्थित देखकर और महाविनाश की कल्पना से अर्जुन के अंगों में शिथिलता, मुँह का सूखना, शरीर में कम्प और रोमांच—यह सब कुछ युद्ध में स्वजनों की होनेवाली प्राण हानि की सम्भावना से अन्त:करण में उत्पन्न शोक व करुणा का द्योतक है। यह अर्जुन के कोमल हृदय को दर्शाता है। वह महावीर है, यह उसकी युद्ध सम्बन्धी निर्बलता का द्योतक कदापि नहीं हो सकता है। अर्जुन के अन्त:करण की इस स्थिति में करुणापूर्ण मोह-अज्ञान की भूमिका परोक्षरूप से अवश्य है, जिसका बोध न होने के कारण अर्जुन अपनी उपर्युक्त दशा भगवान् से कह रहा है ॥ २८-२९ ॥

गाण्डीवं स्त्रंसते हस्तात्त्वक्चैव परिदह्यते ।
न च शक्नोम्यवस्थातुं भ्रमतीव च मे मनः ॥ ३० ॥

गाण्डीवम्—गाण्डीव धनुष, **स्त्रंसते**—गिर रहा है, **हस्तात्**—हाथ से, **त्वक च एव**—और त्वचा भी, **परिदह्यते**—जल रही है, **न च शक्नोमि**—और समर्थ नहीं हूँ, **अवस्थातुम्**—खड़ा रहने में (भी), **भ्रमति इव**—भ्रमित-सा हो रहा है, **च**—तथा, **मे**—मेरा, **मनः**—मन।

हाथ से गाँडीव धनुष गिर रहा है और त्वचा भी जल रही है तथा मेरा मन भ्रमित-सा हो रहा है और खड़ा रहने में भी समर्थ नहीं हूँ।

अर्जुन के अन्तर्मन की स्थिति युद्ध की भयावहता तथा स्वजनों की प्राणहानि से उत्पन्न महाभय एवं करुणाजनित मोह के कारण है। यहाँ तक कि गांडीव धनुष को हाथ से सँभालने की स्थिति में वह नहीं है। वह खड़ा होने में भी अपने को असमर्थ पा रहा है। अर्जुन ऐसे योद्धा के सन्दर्भ में यह अत्यन्त विषम स्थिति है ॥ ३० ॥

निमित्तानि च पश्यामि विपरीतानि केशव ।
न च श्रेयोऽनुपश्यामि हत्वा स्वजनमाहवे ॥ ३१ ॥

निमित्तानि—लक्षणों को, **च**—भी, **पश्यामि**—देख रहा हूँ, **विपरीतानि**—विपरीत ही, **केशव**—हे केशव, **न**—नहीं, **च**—भी, **श्रेयः**—कल्याण, **अनुपश्यामि**—देखता, **हत्वा**—मारकर, **स्वजनम्**—अपने कुल को, **आहवे**—युद्ध में।

हे केशव ! मैं लक्षणों को भी विपरीत ही देख रहा हूँ, युद्ध में अपने कुल को नष्ट करके मैं कल्याण नहीं देखता।

अर्जुन को युद्ध में कुल व स्वजन को मारने से पाप एवं दु:ख के प्राप्ति की स्थिति लग रही है। इस लोक और परलोक में भी अहित दिखाई पड़ रहा है ॥ ३१ ॥

न काङ्क्षे विजयं कृष्ण न च राज्यं सुखानि च ।
किं नो राज्येन गोविन्द किं भोगैर्जीवितेन वा॥ ३२॥

न—न (तो मैं), **काङ्क्षे**—चाहता हूँ, **विजयम्**—विजय, **कृष्ण**—हे कृष्ण, **न**—न, **च**—और, **राज्यम्**—राज्य, **सुखानि**—सुखों को (ही), **च**—तथा (न), **किम्**—क्या प्रयोजन है, **नः**—मुझे, **राज्येन**—राज्य से, **गोविन्द**—हे गोविन्द, **किम्**—क्या, **भोगैः**—भोगों से, **जीवितेन**—जीवन से, **वा**—अथवा।

हे कृष्ण ! न तो मैं विजय और न राज्य तथा न सुख को ही चाहता हूँ। हे गोविन्द ! मुझे राज्य से, भोगों से अथवा जीवित रहने से क्या प्रयोजन है?

करुणा और मोहवश अर्जुन की ऐसी स्थिति हो गयी है कि वह अपने कर्त्तव्य-कर्म अर्थात् क्षत्रिय-कर्म से विमुख हो रहा है। कर्म के प्रति वैराग्य एवं संन्यास जैसा भाव मन में उत्पन्न हो रहा है। विजय, राज्य, सुख और यहाँ तक कि उसे जीवन भी निष्प्रयोजन लग रहा है ॥ ३२॥

येषामर्थे काङ्क्षितं नो राज्यं भोगाः सुखानि च ।
त इमेऽवस्थिता युद्धे प्राणांस्त्यक्त्वा धनानि च॥ ३३॥
आचार्याः पितरः पुत्रास्तथैव च पितामहाः ।
मातुलाः श्वशुराः पौत्राः श्यालाः सम्बन्धिनस्तथा॥ ३४॥

येषाम्—जिनके, **अर्थे**—लिए, **काङ्क्षितम्**—अभीष्ट है, **नः**—हमें, **राज्यम्**—राज्य, **भोगाः**—भोग, **सुखानि**—सुखादि, **च**—और, **ते**—वे ही, **इमे**—ये सब, **अवस्थिताः**—खड़े हैं, **युद्धे**—युद्ध में, **प्राणान्**—जीवन की आशा को, **त्यक्त्वा**—त्यागकर, **धनानि**—धन, **च**—और। **आचार्याः**—गुरुजन, **पितरः**—ताऊ-चाचे, **पुत्राः**—लड़के, **तथा एव**—उसी प्रकार, **च**—और, **पितामहाः**—दादे, **मातुलाः**—मामे, **श्वशुराः**—श्वसुर, **पौत्राः**—पोते, **श्यालाः**—साले, **सम्बन्धिनः**—सगे-सम्बन्धी, **तथा**—तथा।

हमें जिनके लिए राज्य, भोग और सुख आदि अभीष्ट है, वे ही ये सब हमारे गुरुजन, ताऊ-चाचे, लड़के, दादे, मामे, श्वसुर, पोते, साले तथा अन्य सगे—सम्बन्धी लोग धन और जीवन की आशा को त्यागकर युद्ध में खड़े हैं।

मोहग्रस्त अर्जुन के अन्तःकरण में सांसारिक सुख की अनित्यता आ रही है और वह सोचता है कि जिन भाई, बन्धु, स्वजन आदि के लिए राज्य की इच्छा थी, उनके ही युद्ध में मृत्यु होने पर राज्य, आदि किस काम के होंगे ! अर्जुन किसी भी तरह से युद्ध के औचित्य को अब नहीं समझ पा रहा है। वह देखता है कि वे ही सब कुटुम्ब तथा अन्य सगे-सम्बन्धी, धन और जीवन की आशा त्यागकर युद्ध में उपस्थित हैं ॥ ३३-३४॥

एतान्न हन्तुमिच्छामि घ्नतोऽपि मधुसूदन।
अपि त्रैलोक्यराज्यस्य हेतोः किं नु महीकृते॥ ३५॥

एतान्—इन सबको, **न**—नहीं, **हन्तुम्**—मारना, **इच्छामि**—चाहता (फिर), **घ्नतः**—मारने पर, **अपि**—भी, **मधुसूदन**—हे मधुसूदन (मुझको), **अपि**—भी, **त्रैलोक्यराज्यस्य**—तीनों लोकों के राज्य के, **हेतोः**—लिए, **किम्**—क्या (है), **नु**—कहना (ही), **महीकृते**—पृथ्वी के लिए।

हे मधुसूदन ! मुझको मारने पर भी अथवा तीनों लोकों के राज्य के लिए भी मैं इन सबको मारना नहीं चाहता, फिर पृथ्वी के लिए कहना ही क्या है?

पृथ्वी के सुख भोग का अब अर्जुन के लिए कोई अर्थ नहीं है। तीनों लोकों के राज्य की प्राप्ति पर और यहाँ तक कि कौरवों द्वारा मारे जाने पर भी अर्जुन उन्हें मारना नहीं चाहता है ॥ ३५॥

निहत्य धार्तराष्ट्रान्नः का प्रीतिः स्याज्जनार्दन।
पापमेवाश्रयेदस्मान्हत्वैतानाततायिनः ॥ ३६॥

निहत्य—मारकर, **धार्तराष्ट्रान्**—धृतराष्ट्र के पुत्रों को, **नः**—हमें, **का**—क्या, **प्रीतिः**—प्रसन्नता, **स्यात्**—होगी, **जनार्दन**—हे जनार्दन, **पापम्**—पाप, **एव**—ही, **आश्रयेत्**—लगेगा, **अस्मान्**—हमें, **हत्वा**—मारकर, **एतान्**—इन, **आततायिनः**—आततायियों को।

हे जनार्दन ! धृतराष्ट्र के पुत्रों को मारकर हमें क्या प्रसन्नता होगी? इन आततायियों को मारकर हमें पाप ही लगेगा।

दुर्योधन आदि तो अर्जुन के मत में निश्चित ही आततायी हैं, किन्तु इनके मारे जाने पर कहीं-न-कहीं अर्जुन के हृदय की गहराई में कुलनाश के पाप का भय है और इसमें वह कोई प्रसन्नता नहीं समझ रहा है ॥ ३६॥

तस्मान्नार्हा वयं हन्तुं धार्तराष्ट्रान्स्वबान्धवान्।
स्वजनं हि कथं हत्वा सुखिनः स्याम माधव॥ ३७॥

तस्मात्—अतएव, **न अर्हाः**—योग्य नहीं हैं, **वयम्**—हम, **हन्तुम्**—मारने के लिए, **धार्तराष्ट्रान्**—धृतराष्ट्र के पुत्रों को, **स्वबान्धवान्**—अपने ही बान्धव, **स्वजनं**—अपने ही कुटुम्ब को, **हि**—क्योंकि, **कथम्**—कैसे, **हत्वा**—मारकर (हम), **सुखिनः**—सुखी, **स्याम**—होंगे, **माधव**—हे माधव !

अतएव हे माधव ! अपने ही बान्धव धृतराष्ट्र के पुत्रों को मारने के लिए हम योग्य नहीं हैं, क्योंकि अपने ही कुटुम्ब को मारकर हम कैसे सुखी होंगे?

अर्जुन का मन स्वीकार नहीं कर पा रहा है कि राज्य सुख हेतु अपने ही कुटुम्ब को मारकर कोई कैसे सुखी रह सकता है ! ॥ ३७॥

यद्यप्येते न पश्यन्ति लोभोपहतचेतसः ।
कुलक्षयकृतं दोषं मित्रद्रोहे च पातकम्॥ ३८॥
कथं न ज्ञेयमस्माभिः पापादस्मान्निवर्तितुम् ।
कुलक्षयकृतं दोषं प्रपश्यद्भिर्जनार्दन॥ ३९॥

यद्यपि—यद्यपि, **एते**—ये लोग, **न**—नहीं, **पश्यन्ति**—देखते हैं, **लोभोपहतचेतसः**—लोभ से भ्रष्ट चित्त हुए, **कुलक्षयकृतम्**—कुल के नाश से उत्पन्न, **दोषम्**—दोष को, **मित्रद्रोहे**—मित्रों के साथ वैर करने में, **च**—और, **पातकम्**—पाप को, **कथम्**—क्यों, **न**—नहीं, **ज्ञेयम्**—विचार करना चाहिए, **अस्माभिः**—हम लोगों को (इस), **पापात्**—पाप से, **अस्मात्**—इस, **निवर्तितुम्**—बचने के लिए, **कुलक्षयकृतम्**—कुल के नाश से होनेवाले, **दोषम्**—दोष को, **प्रपश्यद्भिः**—जाननेवाले, **जनार्दन**—हे जनार्दन।

यद्यपि लोभ से भ्रष्ट चित्त हुए ये लोग कुल के नाश से उत्पन्न दोष को और मित्रों के साथ वैर करने में पाप को नहीं देखते हैं। तो भी हे जनार्दन ! कुल के नाश से होनेवाले दोष को जाननेवाले हम लोगों को इस पाप से बचने के लिए क्यों नहीं विचार करना चाहिए?

अर्जुन तो कौरव पक्ष को लोभ से भ्रष्ट चित्तवाला समझता है तथा स्वयं अपने पक्ष को दोष का ज्ञाता जानकर कुल नाश के दोष और पाप से बचने के लिए विचार करने की बात कर रहा है ॥ ३८-३९ ॥

कुलक्षये प्रणश्यन्ति कुलधर्माः सनातनाः ।
धर्मे नष्टे कुलं कृत्स्नमधर्मोऽभिभवत्युत॥ ४०॥

कुलक्षये—कुल के नाश होने से, **प्रणश्यन्ति**—नष्ट हो जाते हैं (और), **कुलधर्माः**—कुलधर्म, **सनातनाः**—सनातन, **धर्मे**—धर्म के, **नष्टे**—नाश हो जाने पर, **कुलम्**—कुल में, **कृत्स्नम्**—सम्पूर्ण, **अधर्मः**—पाप, **अभिभवति**—बहुत फैल जाता है, **उत**—भी।

कुल का नाश होने से सनातन कुलधर्म नष्ट हो जाते हैं और धर्म के नाश हो जाने पर सम्पूर्ण कुल में पाप भी बहुत फैल जाता है।

अपने-अपने कुल में परम्परा से चली आ रही शुभ व श्रेष्ठ मर्यादाओं को 'सनातन कुलधर्म' कहते हैं एवं इसकी रक्षा से ही समाज में अनुशासन बना रहता है, जिससे सामाजिक व्यवस्था में स्वच्छन्दता, उच्छृंखलता तथा पाप का प्रवेश नहीं हो पाता है और समाज कल्याण मार्ग पर चलता रहता है। इसके विपरीत, कुलधर्म के नष्ट होने से सम्पूर्ण कुल में पाप की भी वृद्धि हो जाती है ॥ ४० ॥

अधर्माभिभवात्कृष्ण प्रदुष्यन्ति कुलस्त्रियः ।
स्त्रीषु दुष्टासु वार्ष्णेय जायते वर्णसङ्करः॥ ४१॥

अधर्माभिभवात्—पाप से घिर जाने पर, **कृष्ण**—हे कृष्ण, **प्रदुष्यन्ति**—अत्यन्त दूषित हो जाती हैं, **कुलस्त्रियः**—कुल की स्त्रियाँ, **स्त्रीषु**—स्त्रियों के, **दुष्टासु**—दूषित हो जाने पर (उस कुल में), **वार्ष्णेय**—हे वार्ष्णेय, **जायते**—आ जाता है, **वर्णसङ्करः**—वर्णसंकरता।

हे कृष्ण ! पाप से घिर जाने पर कुल की स्त्रियाँ अत्यन्त दूषित हो जाती हैं। हे वार्ष्णेय ! स्त्रियों के दूषित हो जाने पर उस कुल में वर्णसंकरता आ जाता है।

हे कृष्ण ! हे वार्ष्णेय ! कुलधर्म के नष्ट होने पर कुल और समाज में मर्यादा का ह्रास होकर स्वेच्छाचारिता के फलस्वरूप कुल में व्यभिचार का दोष आ जाने से वर्णसंकर की उत्पत्ति होगी और कुल की पवित्रता नष्ट हो जाएगी ॥ ४१ ॥

सङ्करो नरकायैव कुलघ्नानां कुलस्य च।
पतन्ति पितरो ह्येषां लुप्तपिण्डोदकक्रियाः ॥ ४२ ॥

सङ्करः—वर्णसंकरता (उन), **नरकाय**—नरक में ले जाने का कारण, **एव**—ही (बनता है क्योंकि), **कुलघ्नानाम्**—कुलघातियों को, **कुलस्य**—कुल को, **च**—और, **पतन्ति**—अधोगति को प्राप्त होते हैं, **पितरः**—पितर लोग, **हि**—भी, **एषाम्**—इनके, **लुप्तपिण्डोदकक्रियाः**—पिण्ड और जलक्रिया से वंचित होने के कारण।

वर्णसंकरता उन कुलघातियों को और कुल को नरक में ले जाने का कारण ही बनता है, क्योंकि इनके पितर लोग भी पिण्ड और जल क्रिया से वंचित होने के कारण अधोगति को प्राप्त होते हैं।

इस प्रकार उत्पन्न हुए वर्णसंकर पितरों की पिण्ड व जल क्रिया में श्रद्धा न रखते हुए उससे दूर हो जाते हैं अथवा अविधिपूर्वक करते हैं, जिससे पितरों का पतन होता है। यह कुल को नरक में ले जाने का कारण बनता है ॥ ४२ ॥

दोषैरेतैः कुलघ्नानां वर्णसङ्करकारकैः।
उत्साद्यन्ते जातिधर्माः कुलधर्माश्च शाश्वताः ॥ ४३ ॥

दोषैः—दोषों से, **एतैः**—इन, **कुलघ्नानाम्**—कुलघातियों के, **वर्णसङ्करकारकैः**—वर्णसङ्करता को उत्पन्न करनेवाले, **उत्साद्यन्ते**—नष्ट हो जाते हैं, **जातिधर्माः**—जातिधर्म, **कुलधर्माः**—कुलधर्म, **च**—और, **शाश्वताः**—सनातन।

वर्णसंकरता को उत्पन्न करनेवाले उपर्युक्त दोषों से इन कुलघातियों के सनातन कुलधर्म और जातिधर्म नष्ट हो जाते हैं।

वेदों व शास्त्रों के अनुसार वर्णधर्म का नाम 'जातिधर्म' है। वंशपरम्परानुसार सद्मर्यादाओं का नाम 'सनातन कुलधर्म' है। इन दोनों ही धर्मों का नाश वर्णसंकरता से हो जाता है, क्योंकि वर्णसंकरता कुल को नरक में ले जाने का तथा पितरों के पतन का कारण बनती है ॥ ४३ ॥

उत्सन्नकुलधर्माणां मनुष्याणां जनार्दन ।
नरकेऽनियतं वासो भवतीत्यनुशुश्रुम ॥ ४४ ॥

उत्सन्नकुलधर्माणां—कुलधर्म नष्ट हो गया है (ऐसे), **मनुष्याणाम्**—मनुष्यों का, **जनार्दन**—हे जनार्दन (जिनका), **नरके**—नरक में, **अनियतम्**—अनिश्चित काल तक, **वासः**—वास, **भवति**—होता है, **इति**—ऐसा (मैंने), **अनुशुश्रुम**—सुना है।

हे जनार्दन ! जिनका कुलधर्म नष्ट हो गया है, ऐसे मनुष्यों का अनिश्चित काल तक नरक में वास होता है, ऐसा मैंने सुना है।

कुलधर्म के नाश से मनुष्य नरकगामी होता है। यह सुनी हुई बात अर्जुन ने श्रीकृष्ण से बताया और अब नरक में जाने का भय भी अर्जुन के अन्तर्मन में आ रहा है ॥ ४४ ॥

अहो बत महत्पापं कर्तुं व्यवसिता वयम् ।
यद्राज्यसुखलोभेन हन्तुं स्वजनमुद्यताः ॥ ४५ ॥

अहो—अहो, **बत**—शोक है कि, **महत्**—महान, **पापम्**—पाप, **कर्तुम्**—करने को, **व्यवसिताः**—तैयार हो गये हैं (जो), **वयम्**—हम लोग, **यत्**—जो, **राज्यसुखलोभेन**—राज्य और सुख के लोभ से, **हन्तुम्**—मारने के लिए, **स्वजनम्**—स्वजनों को, **उद्यताः**—तैयार हो गये हैं।

अहो ! शोक है कि हम लोग महान पाप करने को तैयार हो गये हैं जो राज्य और सुख के लोभ से स्वजनों को मारने के लिए तैयार हो गये हैं।

यह शरीर स्वयं में क्षणभंगुर है, ऐसी स्थिति में इस शरीर के लिए क्या राज्य और सुख की इच्छा की जानी चाहिए? क्या ऐसे में स्वजनों को मारने के लिए युद्ध करना चाहिए? नहीं, कदापि नहीं, ऐसे भावों से अर्जुन का मन पाप के शोक से व्याप्त हो रहा है ॥ ४५ ॥

यदि मामप्रतीकारमशस्त्रं शस्त्रपाणयः ।
धार्तराष्ट्रा रणे हन्युस्तन्मे क्षेमतरं भवेत् ॥ ४६ ॥

यदि—यदि, **माम्**—मुझ, **अप्रतीकारम्**—सामना न करनेवाले को (ये), **अशस्त्रम्**—शस्त्ररहित, **शस्त्रपाणयः**—शस्त्रधारी, **धार्तराष्ट्राः**—धृतराष्ट्र के पुत्र, **रणे**—युद्ध में, **हन्युः**—मार डालें (तो), **तत्**—वह, **मे**—मेरे लिए, **क्षेमतरम्**—अधिक अच्छा, **भवेत्**—होगा।

यदि मुझ शस्त्ररहित और सामना न करनेवाले को ये शस्त्रधारी धृतराष्ट्र के पुत्र युद्ध में मार डालें तो वह मेरे लिए अधिक अच्छा होगा।

अब अर्जुन के मन में शस्त्रत्याग का भाव घर कर रहा हैं और यहाँ तक कि निःशस्त्र होकर दुर्योधन, आदि धृतराष्ट्र के पुत्रों के हाथ मरना भी उचित समझ रहा है। उसके इस मनोभाव के मूल में करुणायुक्त मोहजनित कुलनाश का भय, कुलधर्म का नाश, महान जनहानि, आदि विचार हैं। अर्जुन इस मनोभाव में आ गया कि यदि मुझ निःशस्त्र को धृतराष्ट्र के पुत्र रणभूमि में मार भी डालें तो वह उसके लिए अच्छा है। मोहजन्य कायरतापूर्ण करुणा भाव की यह पराकाष्ठा की स्थिति है। मोहान्धकार में डूबे हुए पुरुष का ऐसा भाव, जिसमें अर्जुन है, समझा जा सकता है। यह अप्रत्याशित नहीं है ॥ ४६ ॥

सञ्जय उवाच

एवमुक्त्वार्जुनः सङ्ख्ये रथोपस्थ उपाविशत् ।
विसृज्य सशरं चापं शोकसंविग्नमानसः ॥ ४७ ॥

सञ्जयः उवाच—संजय बोले, **एवम्**—इस प्रकार, **उक्त्वा**—कहकर, **अर्जुनः**—अर्जुन, **सङ्ख्ये**—रणभूमि में, **रथोपस्थे**—रथ के पिछले भाग में, **उपाविशत्**—बैठ गया, **विसृज्य**—त्यागकर, **सशरम्**—बाणसहित, **चापम्**—धनुष को, **शोकसंविग्नमानसः**—शोक से उद्विग्न मनवाला।

संजय बोले— रणभूमि में शोक से उद्विग्न मनवाला अर्जुन इस प्रकार कहकर, बाणसहित धनुष को त्यागकर रथ के पिछले भाग में बैठ गया।

इस प्रकार महापराक्रमी गाण्डीवधारी अर्जुन करुणायुक्त मोह से पूर्णतया आक्रान्त, विचलित तथा उद्विग्न मनवाला होकर चिन्तामग्न होकर धनुष व बाण त्यागकर कर्त्तव्यकर्महीन की स्थिति में किंकर्तव्यविमूढ हुआ रथ के पिछले हिस्से में बैठ गया ॥ ४७ ॥

इति श्रीकृष्णार्जुनसंवादे अर्जुनविषादयोगो नाम प्रथमोऽध्यायः ॥ १ ॥

अध्याय २

मोहित, शोकाकुल तथा उद्विग्न मनवाले अर्जुन के विवेक बुद्धि का उदय बिना आत्मतत्त्व के ज्ञान के न होता देख भगवान् श्रीकृष्ण इस अध्याय के पूर्वार्द्ध में प्राणियों के शरीर में स्थित आत्मा के स्वरूप के यथार्थ ज्ञान का उपदेश अर्जुन को देते हैं। पुनः क्षात्रधर्म को बताकर अध्याय के उत्तरार्ध में कर्मयोग का संक्षिप्त वर्णन करके स्थितप्रज्ञ पुरुष के लक्षण का विवरण देकर ब्राह्मी स्थिति प्राप्त पुरुष को ब्रह्म निर्वाण की प्राप्ति बताकर ऐसे पुरुष की प्रशंसा करते हैं। सांख्ययोग में आत्मतत्त्व के ज्ञान की प्रधानता होती है और इस अध्याय ***'सांख्ययोग'*** में इसी विषय पर प्रमुखता से वर्णन किया गया है।

संजय अब अर्जुन के विषाद का वर्णन करता है (१)। भगवान् श्रीकृष्ण अर्जुन के विषाद को अनुचित कहकर उसे युद्ध के लिए खड़े हो जाने को कहते हैं (२-३)। गुरुजनों और पितामह आदि को मारने की अपेक्षा अर्जुन भिक्षा के अन्न से जीवन निर्वाह करना श्रेयस्कर कहता है (४-५)। युद्ध करने या न करने में श्रेष्ठ क्या है तथा हार व जीत किसकी होगी, इस पर अपने मन का संशय अर्जुन व्यक्त करता है (६)। मोहासक्त अर्जुन भगवान् के समक्ष अपने को शिष्यरूप में प्रस्तुत करके कल्याण का साधन बताने और शिक्षा देने की प्रार्थना करता है (७) और कहता है कि वह अपना शोक दूर करने का कोई उपाय नहीं देख रहा है (८)। धृतराष्ट्र से संजय कहता है कि अर्जुन युद्ध न करने की बात कहकर चुप हो गया, जिस पर भगवान् हँसते हुए-से अर्जुन से कहते हैं (९-१०)। भगवान् अब अर्जुन के विवेक की जागृति हेतु आत्मज्ञान का उपदेश देने की प्रस्तावना करते हुए कहते हैं कि प्राणहीन और प्राणवान के लिए पण्डितजन शोक नहीं करते हैं (११)। भगवान् अपने को, अर्जुन को और अन्य राजाओं को हर काल में रहना कहकर आत्मरूप से नित्यता का संकेत करते हैं (१२)। शरीरान्तर होने पर भी भगवान् जीवात्मा की नित्यता बताते हैं (१३) और शीतोष्ण आदि द्वन्द्वों को सहन करने को कहते हैं (१४)। द्वन्द्वों को सहनेवाले को अमृत तत्त्व के योग्य कहते हैं (१५)। द्वन्द्वों को सहन करने का अन्य कारण भी बताते हैं (१६)। सदैव रहनेवाला निश्चित सत् क्या है, वह बताते हैं (१७)। अब असत् पदार्थ को बताते हैं (१८)। अर्जुन की इस समझ को कि जीवात्मा मरने व

मारनेवाला है, भगवान् इसे मिथ्या बुद्धि कहते हैं (१९)। आत्मा निर्विकार कैसे है? सो बताते हैं (२०)। अब आत्मा के विषय में उपर्युक्त कथन का उपसंहार करते हैं (२१)। शरीरान्तर पर जीवात्मा की अविनाशिता की स्थिति बताते हैं (२२)। आत्मा की निर्विकारता का कारण बताते हैं (२३) और इसे पुनः दृढ़ करते हैं (२४-२५)। आत्मा को अनित्य मानने पर भी शोक करने का निषेध करते हैं (२६-२७)। शरीर की अनित्यता के कारण भी शोक करना योग्य नहीं है (२८)। अब आत्मतत्त्व की दुर्विज्ञेयता बताते हैं (२९)। आत्मा को अवध्य समझकर प्राणियों के लिए शोक न करने को कहकर सांख्ययोग का उपसंहार करते हैं (३०)। अब क्षात्रधर्म के अनुसार भी युद्ध को स्वधर्म कहकर युद्ध में जीवित या मृत दोनों ही स्थितियों में हित का निर्णय करके भगवान् युद्ध हेतु अर्जुन को खड़े हो जाने के लिए कहते हैं (३१-३७)। स्वधर्म मानकर युद्ध करनेवाला पाप का भागी नहीं होता है (३८)। सांख्ययोग और स्वधर्म के प्रतिपादन के बाद भगवान् अब कर्म-बन्धन से मुक्ति दिलानेवाली कर्मयोग विषयक बुद्धि को कहकर कर्मयोग के उपदेश देने की प्रस्तावना करते हैं (३९)। अब कर्मयोग की महिमा बताते हैं (४०)। अब तक जो बुद्धि सांख्य के विषय में कही गयी है, उसे अब वह कर्मयोग के विषय में कहते हैं (४१)। निश्चयात्मिका बुद्धि से रहित सकामी पुरुषों की स्थिति का वर्णन करते हैं (४२-४४)। अब विवेक बुद्धि से रहित सकामी पुरुषों के लिए उपदेश करते हुए अर्जुन को भी त्रिगुणातीत और आत्मपरायण होने को कहते हैं (४५-४६)। ज्ञाननिष्ठा प्राप्ति के पूर्व कर्म कैसे करना चाहिए, सो बताते हैं (४७-४८)। समत्व बुद्धि से ईश्वर आराधनरूप किये गये कर्मों की अपेक्षा सकाम कर्मों को निकृष्ट कहते हैं (४९)। समत्व बुद्धि से युक्त पुरुष को प्राप्त फल बताते हैं तथा **'योगः कर्मसु कौशलम्'** अर्थात् योग को ही कर्मों में कुशलता कहते हैं (५०-५१)। योग से बुद्धि कब शुद्ध होती है, सो बतलाते हैं (५२)। योग से शुद्ध हुई बुद्धि द्वारा तत्त्वज्ञान की प्राप्ति बताते हैं (५३)। अर्जुन भगवान् से स्थितप्रज्ञ पुरुष का लक्षण पूछता है (५४) और भगवान् ऐसे पुरुष का लक्षण व माहात्म्य बतलाते हैं (५५-५८)। देहाभिमानियों में विषय का राग कैसे जाता है, सो बताते हैं (५९)। इन्द्रियों को वश में न होने से दोष बताते हैं (६०) और इन्हें वश में करने का उपाय बतलाते हैं (६१)। पतन की ओर उन्मुख पुरुष के अनर्थों का मूल कारण **'ध्यायतो विषयान्पुंसः..'** से लेकर दो श्लोकों में बताते हैं (६२-६३)। राग-द्वेष से रहित इन्द्रियों को वश में करनेवाला अन्तःकरण की निर्मलता पाता है (६४) और फिर वह आत्मरूप से स्थिर हो जाता है (६५)। इन्द्रियों को संयम में न रखनेवाले में

सुख, शान्ति और बुद्धि का अभाव होता है (६६-६७)। इन्द्रियों को वश में करनेवाले पुरुष की ही बुद्धि स्थिर होती है, यह कहकर इस विषय का भगवान् उपसंहार करते हैं (६८)। ऐसे स्थितप्रज्ञ पुरुष में अविद्या की और फलतः लौकिक और वैदिक व्यवहार की भी निवृत्ति हो जाती है, ऐसा कहते हैं (६९)। ऐसे पुरुष को शान्ति अर्थात् मोक्ष की प्राप्ति उदाहरण देकर बताते हैं (७०-७१)। अब श्लोक (७२) में उपसंहाररूप से उस स्थितप्रज्ञ पुरुष की **'एषा ब्राह्मी स्थितिः ...'** कहकर स्तुति करते हैं।

करुणा, मोह तथा विषाद से अश्रुपूरित नेत्रोंवाले अर्जुन को भगवान् श्रीकृष्ण द्वारा प्रबोध करने की पृष्ठभूमि को संजय अगले दस श्लोकों में धृतराष्ट्र से कहता है—

सञ्जय उवाच

तं तथा कृपयाविष्टमश्रुपूर्णाकुलेक्षणम् ।
विषीदन्तमिदं वाक्यमुवाच मधुसूदनः ॥ १ ॥

सञ्जयः उवाच—संजय बोले, **तम्**—उस (अर्जुन से), **तथा**—इस प्रकार, **कृपया**—करुणा से, **आविष्टम्**—व्याप्त, **अश्रुपूर्णाकुलेक्षणम्**—अश्रुपूर्ण व्याकुल नेत्रोंवाले, **विषीदन्तम्**—शोकयुक्त, **इदम्**—यह, **वाक्यम्**—बात, **उवाच**—कही, **मधुसूदनः**—भगवान् मधुसूदन ने।

संजय बोले—इस प्रकार करुणा से व्याप्त, अश्रुपूर्ण व्याकुल नेत्रोंवाले तथा शोकयुक्त उस अर्जुन से भगवान् मधुसूदन ने यह बात कही।

युद्धस्थल में अपने सम्मुख युद्ध के लिए उद्यत गुरु द्रोण, पितामह भीष्म, बन्धु-बान्धव व सगे-सम्बन्धियों आदि को देखकर एवं उनके नाश की आशंका से अश्रुपूरित, करुणायुक्त एवं शोक से व्याकुल अर्जुन से 'मधु' नामक दैत्य को मारनेवाले भगवान् मधुसूदन (श्रीकृष्ण जी) ने यह वचन कहा ॥ १ ॥

श्रीभगवानुवाच

कुतस्त्वा कश्मलमिदं विषमे समुपस्थितम् ।
अनार्यजुष्टमस्वर्ग्यमकीर्तिकरमर्जुन ॥ २ ॥

श्रीभगवान् उवाच—श्रीभगवान् बोले, **कुतः**—किस हेतु, **त्वा**—तुझे, **कश्मलम्**—मोह, **इदम्**—यह, **विषमे**—असमय में, **समुपस्थितम्**—प्राप्त हुआ, **अनार्यजुष्टम्**—अनार्यों के द्वारा आचरित, **अस्वर्ग्यम्**—स्वर्ग को न देनेवाला, **अकीर्तिकरम्**—न कीर्ति को देनेवाला है, **अर्जुन**—हे अर्जुन।

श्रीभगवान् बोले—हे अर्जुन ! किस हेतु तुम्हें इस असमय में यह मोह प्राप्त हुआ, क्योंकि यह अनार्यों के द्वारा आचरित स्वर्ग और कीर्ति को न देनेवाला है।

हे अर्जुन ! ऐसे असमय में, क्योंकि सम्मुख उपस्थित युद्ध में वीरतापूर्वक युद्ध करने का समय है, तुम्हें मोहग्रस्त कायरता किस कारण से प्राप्त हुआ है? तुम्हारी यह स्थिति एवं आचरण श्रेष्ठ पुरुषों द्वारा आचरित नहीं है। न यह स्वर्ग को देनेवाला है और न ही यह कीर्ति को करनेवाला है, अर्थात् यह न तो कल्याण का विषय है, न तो पुण्य से स्वर्ग प्राप्ति का विषय है और न ही इस संसार में रहते हुए यश आदि आदर देनेवाला है ॥ २ ॥

क्लैब्यं मा स्म गमः पार्थ नैतत्त्वय्युपपद्यते ।
क्षुद्रं हृदयदौर्बल्यं त्यक्त्वोत्तिष्ठ परन्तप॥ ३ ॥

क्लैब्यम्—नपुंसकता को, **मा स्म गमः**—मत प्राप्त हो, **पार्थ**—हे पार्थ, **न**—नहीं, **एतत्**—यह, **त्वयि**—तेरे, **उपपद्यते**—योग्य है, **क्षुद्रम्**—तुच्छ, **हृदय**—हृदय की, **दौर्बल्यम्**—दुर्बलता को, **त्यक्त्वा**—त्यागकर (तू युद्ध के लिए), **उत्तिष्ठ**—ख़ड़ा हो जा, **परन्तप**—शत्रुओं को ताप पहुँचानेवाजे अर्जुन।

हे पार्थ ! तुम नपुंसकता को मत प्राप्त हो, यह तेरे योग्य नहीं है। हे परन्तप ! हृदय की तुच्छ दुर्बलता को त्यागकर तू युद्ध के लिए खड़ा हो जा।

तुम महान योद्धा और वीर हो, इसलिए हे पार्थ (अर्जुन की माता कुन्ती का एक और नाम 'पृथा' था, जिसके कारण 'पार्थ' सम्बोधन है) ! तुम युद्ध के समय नपुंसकता को मत प्राप्त हो, यह तुम जैसे शूरवीर क्षत्रिय के लिए उचित नहीं है। इसलिए हे परंतप (जो शत्रुओं को ताप पहुँचाये वह परंतप है) ! हृदय की तुच्छ दुर्बलता को त्यागकर युद्ध के लिए खड़ा हो जा ॥ ३ ॥

अर्जुन उवाच

कथं भीष्ममहं सङ्ख्ये द्रोणं च मधुसूदन ।
इषुभिः प्रतियोत्स्यामि पूजार्हावरिसूदन॥ ४ ॥

अर्जुनः उवाच—अर्जुन बोले, **कथम्**—कैसे, **भीष्मम्**—भीष्म, **अहम्**—मैं, **सङ्ख्ये**—युद्ध में, **द्रोणम्**—द्रोण के (साथ), **च**—तथा, **मधुसूदन**—हे मधुसूदन, **इषुभिः**—बाणों से, **प्रतियोत्स्यामि**—विरुद्ध लड़ूँगा, **पूजार्हौ**—पूजा के योग्य, **अरिसूदन**—हे अरिसूदन।

अर्जुन बोले—हे मधुसूदन ! मैं युद्ध में पूजा के योग्य भीष्म तथा द्रोण के साथ हे अरिसूदन ! बाणों से मैं कैसे लड़ूँगा?

हे मधुसूदन! यहाँ तो पितामह भीष्म मेरे कुल के श्रेष्ठ तथा आचार्य द्रोण मुझे शस्त्रास्त्र में निपुण बनानेवाले मेरे गुरु हैं। अर्जुन का आशय है कि यहाँ कोई मेरा शत्रु नहीं है, अपितु मेरे मान्य व पूज्य हैं। ऐसे में हे अरिसूदन (जो शत्रुओं का नाश करे वह अरिसूदन है)! इन दोनों के विरुद्ध मैं बाणों से कैसे युद्ध करूँगा, क्योंकि दोनों ही पूजनीय हैं ॥ ४॥

गुरूनहत्वा हि महानुभावान्
श्रेयो भोक्तुं भैक्ष्यमपीह लोके ।
हत्वार्थकामांस्तु गुरूनिहैव
भुञ्जीय भोगान्रुधिरप्रदिग्धान् ॥ ५ ॥

गुरुन्—गुरुजन को, **अहत्वा**—न मारकर, **हि**—क्योंकि, **महानुभावान्**—महानुभाव, **श्रेयः**—श्रेयस्कर है, **भोक्तुम्**—खाना, **भैक्ष्यम्**—भिक्षा का अन्न, **अपि**—भी, **इह**—इस, **लोके**—लोक में, **हत्वा**—मारकर, **अर्थकामान्**—अर्थ और कामरूप, **तु**—तो, **गुरुन्**—गुरुजनों को, **इह**—इस लोक में, **एव**—ही, **भुञ्जीय**—भोगूँगा, **भोगान्**—भोगों को, **रुधिरप्रदिग्धान**—रुधिर से सने हुए।

महानुभाव गुरुजन को न मारकर इस लोक में भिक्षा का अन्न खाना श्रेयस्कर है, क्योंकि गुरुजन को मारकर इस लोक में रुधिर से सने हुए अर्थ और कामरूप भोगों को ही तो भोगूँगा।

ऐसे महानुभाव गुरुजन को न मारकर इस लोक में भिक्षा का अन्न ग्रहण करना श्रेयस्कर समझता हूँ, क्योंकि गुरुजन को मारकर रुधिर से सने हुए अर्थ और कामरूप भोगों को ही इस लोक में भोगूँगा। जगत् में भोग और राज्य के सुखमात्र के लिए ऐसा जघन्य कार्य किसी भी प्रकार अर्जुन के मन में नहीं समा रहा है। युद्ध से विमुख होना तथा भिक्षावृत्ति से जीवन निर्वहन करना, दोनों ही, क्षत्रिय धर्म के विरुद्ध है, फिर भी भिक्षावृत्ति अर्जुन को श्रेयस्कर समझ में आ रहा है ॥ ५॥

न चैतद्विद्मः कतरन्नो गरीयो -
यद्वा जयेम यदि वा नो जयेयुः ।
यानेव हत्वा न जिजीविषाम -
स्तेऽवस्थिताः प्रमुखे धार्तराष्ट्राः ॥ ६ ॥

न—नहीं, **च**—भी (हम), **एतत्**—यह, **विद्मः**—जानते (कि युद्ध करने व न करने में), **कतरम्**—क्या, **नः**—हमारे लिए, **गरीयः**—श्रेष्ठ है, **यत्**—जो, **वा**—या, **जयेम**—हम जीतेंगे, **यदि वा**—अथवा, **नः**—हमको, **जयेयुः**—(वे) जीतेंगे, **यान्**—जिनको, **एव**—ही, **हत्वा**—मार कर

(हम), **न**—नहीं, **जिजीविषामः**—जीना चाहते, **ते**—वे, **अवस्थिताः**—खड़े हैं, **प्रमुखे**—सम्मुख, **धार्तराष्ट्राः**—धृतराष्ट्र के पुत्र।

यह भी हम नहीं जानते कि युद्ध करने व न करने में हमारे लिए क्या श्रेष्ठ है अथवा हम जीतेंगे या हमको वे जीतेंगे। जिनको मारकर हम नहीं जीना चाहते, वे ही धृतराष्ट्र के पुत्र सम्मुख खड़े हैं।

भगवान् श्रीकृष्ण युद्ध को श्रेष्ठ बता रहे हैं और स्वयं अर्जुन युद्ध में प्रिय व मान्य जनों को मारना पापयुक्त देखते हैं। ऐसी स्थिति में अर्जुन की बुद्धि भ्रमित हो गयी है। अर्जुन व्यक्त करता हैं कि उसे यह भी नहीं पता है कि युद्ध करना श्रेष्ठ है अथवा न करना। वह यह भी नहीं जानता कि दोनों पक्षों में विजय किसकी होगी एवं हार किसकी होगी, क्योंकि यह भविष्य का विषय है। जिन्हें मारकर अर्जुन को जीने की इच्छा नहीं है, वे ही धृतराष्ट्र के पुत्र युद्ध के लिए सम्मुख उपस्थित हैं ॥ ६ ॥

कार्पण्यदोषोपहतस्वभावः
पृच्छामि त्वां धर्मसम्मूढचेताः ।
यच्छ्रेयः स्यान्निश्चितं ब्रूहि तन्मे
शिष्यस्तेऽहं शाधि मां त्वां प्रपन्नम् ॥ ७ ॥

कार्पण्य—कायरतारूप, **दोष**—दोष से, **उपहत**—दबा हुआ, **स्वभावः**—स्वभाववाला, **पृच्छामि**—पूछता हूँ, **त्वाम्**—आपसे, **धर्म**—धर्म के विषय में, **सम्मूढचेताः**—मोहितचित्त हुआ (मैं), **यत्**—जो, **श्रेयः**—कल्याण का साधन, **स्यात्**—हो, **निश्चितम्**—निश्चित, **ब्रूहि**—बताइए, **तत्**—वह, **मे**—मुझे, **शिष्यः**—शिष्य, **ते**—आपका, **अहम्**—मैं, **शाधि**—शिक्षा दीजिए, **माम्**—मुझको, **त्वाम्**—आपके, **प्रपन्नम्**—शरण हुए।

कायरतारूप दोष से दबा हुआ धर्म के विषय में मोहितचित्त हुए स्वभाववाला मैं आपसे पूछता हूँ कि मेरे लिए कल्याण का जो निश्चित साधन हो, वह मुझे बताइए मैं आपका शिष्य हूँ, आपके शरण हुए मुझको शिक्षा दीजिए।

सम्मुख आये युद्ध के परिणाम की विभीषिका से करुणा युक्त कायरता के दोष से नष्ट स्वभाववाला तथा धर्म-अधर्म एवं कर्त्तव्य-अकर्त्तव्य का निर्णय करने में असमर्थ, मोहितचित्त एवं किंकर्त्तव्यविमूढ अर्जुन भगवान् श्रीकृष्ण को गुरु रूप में स्वीकार करके समर्पण भाव से शरणागत होकर अपने लिए निश्चित कल्याणकारक साधन जानने के लिए उपदेश देने का निवेदन करता है।

श्रद्धा व विश्वासपूर्वक शिष्य जब गुरु के शरणागत होता है तभी गुरु के मुख से यथार्थ ज्ञान का उपदेश निकलता है और ऐसे ही शिष्य में उस उपदेश के प्रति सुग्राह्यता आती है। अर्जुन एवं भगवान् श्रीकृष्ण के बीच ऐसी आदर्श स्थिति उपस्थित हो गयी है ॥ ७॥

न हि प्रपश्यामि ममापनुद्याद्
द्यच्छोकमुच्छोषणमिन्द्रियाणाम् ।
अवाप्य भूमावसपत्नमृद्धं -
राज्यं सुराणामपि चाधिपत्यम् ॥ ८ ॥

न—नहीं, **हि**—क्योंकि, **प्रपश्यामि**—देखता हूँ, **मम**—मेरे, **अपनुद्यात्**—दूर कर सके, **यत्**—जो, **शोकम्**—शोक, **उच्छोषणम्**—सुखानेवाले, **इन्द्रियाणाम्**—इन्द्रियों को, **अवाप्य**—प्राप्त करके, **भूमौ**—पृथ्वी का, **असपत्नम्**—निष्कंटक, **ऋद्धम्**—समृद्ध, **राज्यम्**—राज्य, **सुराणाम्**—देवताओं का, **अपि**—भी, **च**—और, **अधिपत्यम्**—आधिपत्य प्राप्त करके।

क्योंकि पृथ्वी का समृद्ध निष्कंटक राज्य और देवताओं का आधिपत्य प्राप्त करके भी मैं उस उपाय को नहीं देखता हूँ, जो इन्द्रियों को सुखानेवाले मेरे शोक को दूर कर सके।

युद्ध में विजय से प्राप्त होनेवाले राज्य आदि सुख भी, प्रियजनों के युद्ध में मरने की आशका से, अर्जुन के मन में उत्पन्न शोक के निवारण का कारण नहीं है। अर्जुन कहते हैं कि पृथ्वी पर धन-धान्य सम्पन्न निष्कंटक राज्य और स्वर्ग में देवताओं का आधिपत्य प्राप्त होकर भी मेरे इन्द्रियों को सुखानेवाले शोक को दूर करने का कोई उपाय नहीं देखता हूँ। प्रबल शोकाग्नि से अर्जुन की इन्द्रियजन्य समरसता, भौतिक या आध्यात्मिक, नष्टप्राय हो गयी है और वह ऐसे अनिर्णय की स्थिति में है कि इसके निवारण का कोई उपाय दिखाई नहीं दे रहा है ॥ ८॥

सञ्जय उवाच

एवमुक्त्वा हृषीकेशं गुडाकेशः परन्तप ।
न योत्स्य इति गोविन्दमुक्त्वा तूष्णीं बभूव ह ॥ ९ ॥

सञ्जयः उवाच—संजय बोले, **एवम्**—इस प्रकार, **उक्त्वा**—कहकर (फिर), **हृषीकेशं**—हृषीकेश भगवान श्रीकृष्ण, **गुडाकेशः**—निद्राजयी अर्जुन, **परन्तप**—हे राजन्, **न योत्स्य**—युद्ध नहीं करूँगा, **इति**—यह, **गोविन्दम्**—गोविन्द से (यह), **उक्त्वा**—कहकर (कि), **तूष्णीम्**—चुप, **बभूव**—हो गया, **ह**—स्पष्ट।

संजय बोले—हे राजन् ! निद्राजयी अर्जुन हृषीकेश भगवान् श्रीकृष्ण से इस प्रकार कहकर फिर गोविन्द से यह स्पष्ट कहकर कि 'मैं युद्ध नहीं करूँगा' चुप हो गया।

हे राजन् ! यद्यपि भगवान् श्रीकृष्ण ने शोक मोह तप्त अर्जुन से युद्ध के लिए उद्यत होने को कहा है, तथापि निद्राजयी अर्जुन अपने शोक दूर होने का कोई उपाय न पाकर अन्तर्यामी भगवान् गोविन्द से 'युद्ध नहीं करूँगा' ऐसा स्पष्ट कहकर चुप हो गया ॥ ९ ॥

तमुवाच हृषीकेशः प्रहसन्निव भारत ।
सेनयोरुभयोर्मध्ये विषीदन्तमिदं वचः ॥ १० ॥

तम्—उस अर्जुन से, **उवाच**—कहा, **हृषीकेशः**—श्रीकृष्ण ने, **प्रहसन् इव**—हँसते हुए-से, **भारत**—हे भरतवंशी धृतराष्ट्र, **सेनयोः**—सेनाओं के, **उभयोः**—दोनों, **मध्ये**—मध्य में, **विषीदन्तम्**—शोकातुर, **इदम्**—यह, **वचः**—वचन।

हे भरतवंशी धृतराष्ट्र ! दोनों सेनाओं के मध्य शोकातुर अर्जुन से श्रीकृष्ण ने हँसते हुए-से यह वचन कहा ॥ १० ॥

युद्ध की इच्छा से दोनों सेनाओं के मध्य उपस्थित अर्जुन के मन में अप्रत्याशित मोह व शोक व्याप्त हो गया। 'युद्ध नहीं करूँगा' के निर्णय के साथ शिष्य रूप में शरणागत होकर भगवान् श्रीकृष्ण से कल्याणमार्ग का उपदेश देने का निवेदन श्लोक छह में अर्जुन पहले ही कर चुके हैं।

हे भरतवंशी धृतराष्ट्र ! ऐसे विषादग्रस्त अर्जुन की उस विषम मनोदशा में अन्तर्यामी भगवान् श्रीकृष्ण हँसते हुए-से कृपापूर्वक यह वचन बोले। यहाँ पर 'हँसते हुए-से' इसलिए प्रयुक्त हुआ क्योंकि श्रीकृष्ण की दृष्टि में कहाँ युद्ध की स्थिति और कहाँ मोह तथा कहाँ अर्जुन का 'युद्ध नहीं करूँगा' का पहले ही स्वयं का निर्णय कर लेना और कहाँ कल्याण मार्ग के लिए मेरे गुरु रूप में उपदेश देने का निवेदन जैसी परस्पर विपरीत तथा हास्यास्पद मनःस्थिति अर्जुन में दृष्टिगोचर हो रही है।

मोह-शोक से व्याप्त विषादयुक्त अर्जुन को यह भी बोध नहीं रहा कि युद्ध न करने का बड़ा निर्णय भगवान् श्रीकृष्ण को पहले ही सुना दिया है क्योंकि युद्ध में वह कल्याण नहीं देख रहा है, तो फिर शिष्यभाव से किस कल्याण के उपदेश हेतु वह निवेदन कर रहा है! अर्जुन के मन की ऐसी विषम स्थिति मोह के ही कारण है ॥ १० ॥

भगवान् श्रीकृष्ण अब अपने शिष्य अर्जुन के प्रति उपदेश प्रारम्भ करते हैं—

श्रीभगवानुवाच

अशोच्यानन्वशोचस्त्वं प्रज्ञावादांश्च भाषसे ।
गतासूनगतासूंश्च नानुशोचन्ति पण्डिताः ॥ ११ ॥

श्रीभगवान् उवाच—श्रीभगवान् बोले, **अशोच्यान्**—जिनके लिए सोच नहीं करना चाहिए, **अन्वशोचः**—शोक करता है, **त्वम्**—तू (उनके लिए), **प्रज्ञावादान्**—पण्डितों जैसी बातें, **च**—और, **भाषसे**—कह रहा है, **गतासून्**—प्राणहीन, **अगतासून च**—और प्राणवान के लिए, **न अनुशोचन्ति**—शोक नहीं करते, **पण्डिताः**—पण्डितलोग।

श्रीभगवान् बोले—जिनके लिए शोक नहीं करना चाहिए, तू उनके लिए शोक करता है और पण्डितों जैसी बातें भी कह रहा है। किन्तु पण्डितलोग प्राणहीन और प्राणवान के लिए शोक नहीं करते हैं।

मोहादि के फलस्वरूप उत्पन्न देहात्मबोधरूपी अविवेक से शोकाकुल एवं युद्ध से विमुख अर्जुन के ज्ञानबोध के लिए भगवान् श्रीकृष्ण ने अर्जुन से कहा कि तुम्हारे मन का यह भाव कि गुरु द्रोण, पितामह भीष्म व अन्य सम्बन्धियों से निर्णायक युद्ध करने से जीवन-मृत्यु का कारण बनेगा, यह शोक करने का विषय नहीं है। तुम एक तरफ ऐसे अशोच्य विषय के लिए शोक करता है तथा दूसरी तरफ विद्वत्ता की बातें भी करता है कि इस युद्ध के उपरान्त प्राप्त राज्य व सुख का क्या प्रयोजन! ऐसी अन्यान्य विद्वत्ता की तुम्हारी बातें तथा मोहयुक्त होकर युद्ध न करने का निर्णय अज्ञान के कारण है एवं परस्पर विरोधी भी है, किन्तु जिनके प्राण चले गये हैं और जिनके प्राण नहीं गये हैं, उनके लिए भी पण्डित अर्थात् आत्मविषयक बुद्धि रखनेवाला किसी तरह का शोक नहीं करता है।

अर्जुन के लिए भगवान् श्रीकृष्ण का उपदेश इसी श्लोक से प्रारम्भ होकर इसका उपसंहार *गीता* के अन्तिम अध्याय के श्लोक छाछठ में होता है। पितामह भीष्म, आदि के विषय में शोक न करने को कहकर भगवान् वस्तुतः जीवात्मा की नित्यता ही कहते हैं ॥ ११ ॥

अगले श्लोक में आत्मा को अविनाशी बतलाते हैं—

न त्वेवाहं जातु नासं न त्वं नेमे जनाधिपाः ।
न चैव न भविष्यामः सर्वे वयमतः परम् ॥ १२ ॥

न—नहीं, **तु**—तो, **एव**—ही, **अहम्**—मैं, **जातु**—किसी काल में, **न**—नहीं, **आसम्**—था (अथवा), **न**—नहीं (था), **त्वम्**—तू, **न**—नहीं (था), **इमे**—ये, **जनाधिपाः**—राजा लोग, **न**—नहीं, **च**—और, **एव**—ही, **न**—नहीं, **भविष्यामः**—रहेंगे, **सर्वे**—सब, **वयम्**—हम, **अतः**—इससे, **परम्**—आगे।

क्योंकि न तो ऐसा है कि मैं किसी काल में नहीं था अथवा तू नहीं था अथवा ये राजा लोग नहीं थे और न ऐसा ही है कि इससे आगे हम सब नहीं रहेंगे।

इस श्लोक में शरीर को असत् व नाशवान बताया गया है, किन्तु शरीरस्थ जीवात्मा को सत् व अविनाशी कहा गया है। शरीर के नाश होने पर भी जीवात्मा का नाश नहीं होता है। इसलिए भगवान् श्रीकृष्ण कहते हैं कि पूर्व के किसी काल में मैं नहीं था, तू नहीं था या ये राजा-लोग नहीं थे, ऐसी बात नहीं है अर्थात् अवश्य थे। अथवा वर्तमान शरीर के नाश होने पर भविष्य में हम सब नहीं रहेंगे, यह बात भी नहीं है, अर्थात् अवश्य रहेंगे। वर्तमान में तो प्रत्यक्ष ही हैं। अतएव तीनों काल भूत, भविष्य तथा वर्तमान में सभी जीवात्मा रूप से नित्य रहेंगे।

नश्वर शरीरों के नाश अथवा परिवर्तन से इस जीवात्मा की नित्यता पर कोई अन्तर नहीं पड़ता है—यह नित्य सत् विद्यमान ही रहता है। अतएव नाशवान शरीर और अविनाशी जीवात्मा दोनों ही अपने-अपने कारणों से पूर्व श्लोक में प्रयुक्त 'अशोच्यान्' पद से व्यक्त किया गया है, अर्थात् जिस शरीर का विनाश निश्चित है एवं जिस जीवात्मा की नित्यता निश्चित है, ये दोनों ही सोच के विषय नहीं है। इस विनाश एवं नित्यता के 'निश्चित' स्वरूप के विषय में सोच नहीं करना चाहिए, जो निश्चित है उसके विषय में शोक कैसा? इन दोनों निश्चित सत्य स्थिति को यथावत् सहज रूप से स्वीकार करके अभ्यास द्वारा अपने अनुभव में मनुष्य को दृढ़ करना चाहिए। इस निश्चित सत्यता के सहज स्वीकार्यता मात्र से ही संसार में जीवन अत्यन्त सहज और सुखमय हो जाता है ॥ १२ ॥

जीवात्मा नित्य है, शरीरान्तर से जीवात्मा में परिवर्तन नहीं होता, इसे आगे कहते हैं—

देहिनोऽस्मिन्यथा देहे कौमारं यौवनं जरा ।
तथा देहान्तरप्राप्तिर्धीरस्तत्र न मुह्यति ॥ १३ ॥

देहिनः—जीवात्मा की, **अस्मिन्**—इस, **यथा**—जैसे, **देहे**—देह में, **कौमारम्**—कुमार, **यौवनम्**—युवा (और), **जरा**—वृद्धावस्था (होती है), **तथा**—वैसे ही, **देहान्तर**—शरीरान्तर की, **प्राप्तिः**—प्राप्ति होती है, **धीरः**—धीर पुरुष, **तत्र**—उस विषय में, **न**—नहीं, **मुह्यति**—मोहित होता।

इस देह में जैसे जीवात्मा की क्रमशः कुमार, युवा और वृद्धावस्था होती है, वैसे ही उसे शरीरान्तर की भी प्राप्ति होती है। उस विषय में धीर पुरुष मोहित नहीं होता।

शरीर (देह) धारी जीवात्मा की इस शरीर में बाल्यावस्था, युवावस्था एवं वृद्धावस्था होता हुआ दिखायी पड़ता है, किन्तु तीनों अवस्थाओं में आत्मा में किसी प्रकार का परिवर्तन नहीं होता है। उसी प्रकार से निर्विकार आत्मा कर्म संस्कारों से युक्त होकर जीव भाव में अर्थात् जीवात्मा रूप में शरीरान्तर की (दूसरे शरीर की) प्राप्ति भी करता है। वस्तुतः उपर्युक्त सभी प्रकार की परिवर्तनशीलता से सर्वथा अप्रभावित आत्मा तो नित्य, निर्विकार एवं अपरिवर्तनशील ही रहता है, जिसे समझकर बुद्धिमान पुरुष इस जन्म-मरण के विषय में मोह को नहीं प्राप्त होता (१५।१०) है ॥ १३ ॥

शीत-उष्ण व सुख-दुःख, आदि होनेवाले द्वन्द्व सहन करने के लिए कहते हैं—

मात्रास्पर्शास्तु कौन्तेय शीतोष्णसुखदुःखदाः ।
आगमापायिनोऽनित्यास्तांस्तितिक्षस्व भारत ॥ १४ ॥

मात्रास्पर्शाः—इन्द्रियों की वृत्ति के साथ विषयों के संयोग से, **तु**—तो, **कौन्तेय**—हे कौन्तेय, **शीत**—सर्दी, **उष्ण**—गर्मी, **सुख**—सुख, **दुःखदा**—दुःख प्राप्त होते हैं, **आगम**—उत्पत्ति, **अपायिनः**—विनाशशील, **अनित्याः**—अनित्य, **तान्**—उनको (तू), **तितिक्षस्व**—सहन कर, **भारत**—हे भारत।

हे कौन्तेय ! इन्द्रियों की वृत्ति के साथ विषयों के संयोग से सर्दी-गर्मी, सुख और दुःख प्राप्त होते हैं, वे उत्पत्ति, विनाशशील और अनित्य हैं। हे भारत ! उनको तू सहन कर।

यहाँ 'मात्रा' अन्तःकरण एवं इन्द्रियों के लिए प्रयुक्त है, जिनके द्वारा ही माप अर्थात् विषय एवं स्वरूप का ज्ञान प्राप्त होता है। 'स्पर्श' का आशय अन्तःकरण एवं इन्द्रियों की वृत्ति के साथ विषयों के संयोग से है तथा इस सम्बन्ध का वाचक 'मात्रास्पर्श' पद से है।

हे कौन्तेय ! अन्तःकरण सहित इन्द्रियों का विषयों के साथ सम्बन्ध तो स्वभावतः शीत-उष्ण अर्थात् अनुकूल-प्रतिकूल एवं सुख-दुःख देनेवाले होते हैं, देते ही हैं। उपर्युक्त सम्बन्ध से प्राप्त स्थिति उत्पत्ति-विनाशशील है, अर्थात् आने-जानेवाली है, अतएव अनित्य है, चिरकाल तक रहनेवाली नहीं है। इसलिए हे भारतवंशी ! तुम इनको सहज ढंग से सहन करो।

इन सुख-दु:खादि द्वन्द्वों की अनित्यता एवं अस्थायित्व को समझकर मनुष्य को हर्ष और शोक नहीं करना चाहिए। इसे हर्ष-विषाद का विषय न बनाकर, ये हर्ष-विषाद के विषय हैं भी नहीं, लक्ष्य आत्मतत्त्व की ओर ही रखना चाहिए ॥ १४ ॥

उपर्युक्त द्वन्द्वों के सहन का लाभ आगे कहते हैं—

यं हि न व्यथयन्त्येते पुरुषं पुरुषर्षभ ।
समदुःखसुखं धीरं सोऽमृतत्वाय कल्पते ॥ १५ ॥

यम्—जिस, **हि**—क्योंकि, **न व्यथयन्ति**—व्यथित नहीं करते, **एते**—ये (इन्द्रिय और विषय के संयोग), **पुरुषम्**—पुरुष को, **पुरुषर्षभ**—हे पुरुषश्रेष्ठ, **सम**—समान समझनेवाला, **दुःख**—दु:ख, **सुखम्**—सुख को, **धीरम्**—धीर, **सः**—वह, **अमृतत्वाय**—अमृतत्व के, **कल्पते**—योग्य होता है।

क्योंकि हे पुरुषश्रेष्ठ ! दुःख-सुख को समान समझनेवाले जिस धीर पुरुष को ये इन्द्रिय और विषय के संयोग व्यथित नहीं करते, वही अमृतत्व के योग्य होता है।

अन्त:करण तथा इन्द्रियों के साथ विषयों के संयोग से उत्पन्न सुख-दु:ख अर्थात् मात्रास्पर्श जिस बुद्धिमान आत्मरत पुरुष को विचलित नहीं करते और वह सुख-दु:ख में समभाव से रहकर नित्य सहज जीवनयापन करता है, वही पुरुष अमृतत्व अर्थात् मोक्ष पाने में समर्थ होता है, उसे अमृतरूपी मोक्ष प्राप्त हो जाता है ॥ १५ ॥

तात्त्विक ज्ञान हेतु सत्-असत् का विवेचन अगले श्लोक से आरम्भ करते हैं—

नासतो विद्यते भावो नाभावो विद्यते सतः ।
उभयोरपि दृष्टोऽन्तस्त्वनयोस्तत्त्वदर्शिभिः ॥ १६ ॥

न—नहीं, **असतः**—असत् का, **विद्यते**—है, **भावः**—भाव (सत्ता), **न**—नहीं, **अभावः**—अभाव, **विद्यते**—है, **सतः**—सत् का, **उभयोः**—दोनों के, **अपि**—ही, **दृष्टः**—देखा गया है, **अन्तः**—तत्त्व, **तु**—और, **अनयोः**—इन, **तत्त्वदर्शिभिः**—तत्त्वदर्शी पुरुषों द्वारा।

असत् का भाव नहीं है और सत् का अभाव नहीं है। तत्त्वदर्शी पुरुषों द्वारा इन दोनों के ही तत्त्व को देखा गया है।

यह दृश्य जड़ जगत्, शरीरादि एवं शीतोष्णादि सभी परिवर्तनशील एवं नाशवान हैं, सदैव नहीं रहते हैं—अनित्य हैं, विकारवान् हैं, अतएव असत् हैं।

कोई भी परिवर्तनशील एवं नाशवान वस्तु जिस समय वह प्रतीत होती है, उसके पूर्व भी एवं बाद में भी वही नहीं रहती है, अतएव प्रतीति के समय भी वह वास्तव में नहीं है। जो वस्तु आदि और अन्त में नहीं है वह मध्य में भी नहीं है अर्थात् उसका अस्तित्व नहीं है। ऐसी सभी वस्तुएँ असत् हैं, अनात्म हैं। अस्तु, असत् वस्तु का भाव अर्थात् अस्तित्व नहीं होता है—यह एक सत्य है, परन्तु आत्मतत्त्व तो नित्य, निर्विकार, एकरस एवं अखण्डरूप से सर्वव्यापक है, उसमें परिवर्तन व नाश नहीं होता तथा सदैव विद्यमान रहता है—यह भी एक सत्य है। सत्-असत् अर्थात् आत्म-अनात्म का, इन दोनों का ही, नीर-क्षीर के विवेक का निर्णय परमात्मतत्त्व-ब्रह्मतत्त्व को देखनेवाले तत्त्वदर्शियों द्वारा किया गया है, अर्थात् सत् को सत् ही एवं असत् को असत् ही प्रत्यक्ष अनुभव किया गया है।

इस जगत् में सत्-असत् का विवेक द्वारा प्रत्यक्षीकरण और उसकी सहज स्वीकार्यता लौकिक व पारलौकिक दोनों जीवन को सुन्दर तथा सफल बनाने का सरल उपाय है। इसलिए साधक को तत्त्वदर्शी पुरुषों की भाँति इस सत्य का सहज भाव से स्वीकार करके तथा शोक व मोह का त्याग करके एवं शीतोष्ण, आदि द्वन्द्वों को सहन करते हुए तत्त्व ज्ञान के अभ्यास में दृढ़ता से अवस्थित होना चाहिए। सत्य को स्वीकारना सत्रूप ईश्वर में स्थित होने जैसा-ही है, परन्तु मिथ्या की स्वीकार्यता एवं उसका अभ्यास ईश्वर से विमुखता का लक्षण है ॥ १६ ॥

सदैव रहनेवाले निश्चित सत् के विषय में अगले श्लोक में कहते हैं—

अविनाशि तु तद्विद्धि येन सर्वमिदं ततम् ।
विनाशमव्ययस्यास्य न कश्चित्कर्तुमर्हति ॥ १७ ॥

अविनाशि—नाशरहित, **तु**—तो (तू), **तत्**—उसे, **विद्धि**—जान, **येन**—जिससे, **सर्वम्**—सम्पूर्ण जगत् (जड़-जगत्), **इदम्**—यह, **ततम्**—व्याप्त है, **विनाशम्**—विनाश, **अव्ययस्य**—अविनाशी का, **अस्य**—इस, **न कश्चित्**—कोई भी नहीं, **कर्तुम्**—करने में, **अर्हति**—समर्थ है।

जिससे यह सम्पूर्ण जड़-जगत् व्याप्त है, उसे तो तू अविनाशी जान। इस अविनाशी का विनाश करने में कोई भी समर्थ नहीं है।

यह तुम्हारे जानने का विषय है कि इस सम्पूर्ण विश्व में चेतन सत् ब्रह्म ही सर्वत्र व्याप्त है। विश्व असत् व विनाशशील है, शरीर भी असत् व विनाशशील है, किन्तु सर्वव्याप्त ब्रह्म सत् व अविनाशी है। इन्द्रिय व अन्त:करण द्वारा प्रत्यक्ष अनुभव में आने के कारण इस दृश्य जगत् की स्वीकार्यता सहज है, किन्तु इन्द्रिय व अन्त:करण द्वारा ब्रह्म का प्रत्यक्ष ज्ञान नहीं होता है, अत: इसकी स्वीकार्यता

सहज नहीं है, परन्तु अप्रत्यक्ष रूप से ही सर्वत्र व्याप्त ब्रह्म को तुम अविनाशी जानो। इस अव्यय अर्थात् जिसका व्यय न हो, जो घट-बढ़ न सके, ऐसे सर्वव्यापक परब्रह्म का कोई विनाश नहीं कर सकता है। अतएव नश्वर शरीर के नाश के विषय में तुम्हारा शोक उचित नहीं है ॥ १७॥

अब अगले श्लोक में असत् पदार्थ को बताते हैं—

अन्तवन्त इमे देहा नित्यस्योक्ताः शरीरिणः ।
अनाशिनोऽप्रमेयस्य तस्माद्युध्यस्व भारत॥ १८॥

अन्तवन्तः—नाशवान, **इमे**—ये सब, **देहाः**—शरीर, **नित्यस्य**—नित्यस्वरूप, **उक्ताः**—कहे गये हैं, **शरीरिणः**—जीवात्मा के, **अनाशिनः**—अविनाशी, **अप्रमेयस्य**—अप्रमेय, **तस्मात्**—इसलिए, **युध्यस्व**—युद्ध कर, **भारत**—हे भारत (तू)।

नित्य, अविनाशी और अप्रमेय जीवात्मा के ये सब शरीर नाशवान कहे गये हैं। इसलिए हे भारत ! तू युद्ध कर।

इन सब शरीर (देह) का प्रतिक्षण परिवर्तन हो रहा है। फलतः विनाश हो रहा है, अतएव ये अन्तवाले हैं। ये शरीर स्वप्न में दिखनेवाले आभासी शरीर अथवा मृगतृष्णा के जल की भाँति होने के समान हैं, किन्तु मनुष्य अज्ञान के कारण ही इन्हें नित्य व सत्य समझ बैठे हैं, ऐसा वास्तव में है नहीं। इन जड़ शरीरों में एक ही आत्मा स्थित है जो नित्य, नाशरहित तथा अप्रमेय है। अप्रमेय का अर्थ है जो प्रमाण का विषय न हो अर्थात् जो इन्द्रियों व अन्तःकरण द्वारा प्रमाण रूप में देखा या अनुभव न किया जा सके। ज्ञानोपलब्धि के फलस्वरूप सत् तत्त्व के जान लेने पर उपर्युक्त असत् तत्त्व का स्वतः लोप हो जाता है। अतएव सभी स्थिति में 'मैं' और 'मेरेपन' का भाव सब में स्थित जीवभाव रूप आत्मा के ही कारण है। अतएव स्वतःसिद्ध आत्मा को निर्विकार व नित्य समझकर अन्तवान शरीर के विषय में बिना शोक किये तू युद्ध कर।

शरीरस्थ वह चेतन जीवात्मा ही है जो संसार से 'मैं' और 'मेरेपन' का सम्बन्ध जोड़े है, अन्यथा इस नश्वर अचेतन शरीर से संसार का क्या सम्बन्ध है? कहीं कोई अचेतन किसी से सम्बन्ध का अनुभव कर सकता है अथवा किसी से सम्बन्ध जोड़ सकता है? क्या मृत शरीर से सम्बन्ध जोड़कर कोई उसे अपने पास रोकता है? ॥ १८॥

जो तू आत्मा को मरने व मारनेवाला समझता है तो यह तेरी मिथ्या बुद्धि है, इसे अगले श्लोक में—

य एनं वेत्ति हन्तारं यश्चैनं मन्यते हतम्।
उभौ तौ न विजानीतो नायं हन्ति न हन्यते॥ १९॥

यः—जो, **एनम्**—इस (आत्मा को), **वेत्ति**—जानता है, **हन्तारम्**—मारनेवाला, **यः**—जो, **च**—तथा, **एनम्**—इसे, **मन्यते**—मानता है, **हतम्**—मरा हुआ, **उभौ**—दोनों ही, **तौ**—वे, **न**—नहीं, **विजानीतः**—जानते (क्योंकि), **न**—न (तो), **अयम्**—यह, **हन्ति**—मारता है (और), **न**—नहीं, **हन्यते**—मारा जाता है।

जो इस आत्मा को मारनेवाला जानता है तथा जो इसे मरा हुआ मानता है, वे दोनों ही नहीं जानते, क्योंकि यह न तो मारता है और न मारा जाता है।

अज्ञान के मूल में विद्यमान 'अहं' तत्त्व अत्यन्त प्रबल होता है। इस अहं भाव के रहते आत्मतत्त्व का यथार्थ ज्ञान नहीं होता है। ऐसे अज्ञानी लोग आत्मा से शरीर का तादात्म्य स्थापित कर शरीर द्वारा की गयी क्रिया को आत्मा द्वारा ही किया मान लेते हैं और अज्ञान से आत्मा को ही मारनेवाला कर्त्ता समझ लेते हैं (३।२७)। वास्तव में आत्मा कर्त्ता नहीं है। यह आत्मा अपरिवर्तनीय तथा विकारहीन है। अतः यह मरता भी नहीं है। जो इस आत्मा को मारनेवाला तथा जो इसे मरनेवाला मानते हैं, वे दोनों ही उस आत्मा को तत्त्व से नहीं जानते हैं, क्योंकि यह मारने और मारा जानेवाला नहीं है, अपितु अविनाशी, निर्विकार, नित्य सर्वत्र व्याप्त है॥ १९॥

आत्मा निर्विकार कैसे है? इसका निरूपण अगले श्लोक में—

न जायते म्रियते वा कदाचि-
न्नायं भूत्वा भविता वा न भूयः।
अजो नित्यः शाश्वतोऽयं पुराणो-
न हन्यते हन्यमाने शरीरे॥ २०॥

न—न (तो), **जायते**—जन्मता है, **म्रियते**—मरता है, **वा**—और, **कदाचित्**—कभी भी, **न**—न (ही), **अयम्**—यह आत्मा, **भूत्वा**—उत्पन्न होकर, **भविता**—होनेवाला है, **वा**—अथवा, **न**—न (यह), **भूयः**—फिर, **अजः**—अजन्मा, **नित्यः**—नित्य, **शाश्वतः**—सनातन, **अयम्**—यह, **पुराणः**—पुरातन (है), **न**—नहीं, **हन्यते**—मारा जाता, **हन्यमाने**—मारे जाने पर भी (यह), **शरीरे**—शरीर के।

यह आत्मा कभी भी न तो जन्मता है और न ही मरता है अथवा न यह उत्पन्न होकर फिर होनेवाला है। यह अजन्मा, नित्य, सनातन और पुरातन है। अतः शरीर के मारे जाने पर भी यह नहीं मारा जाता।

सांसारिक जड़ वस्तुओं सहित शरीरादि में छह प्रकार के विकार बताये गये हैं[१]—१-उत्पत्ति (जन्मना), २-अस्तित्व (उत्पन्न होकर सत्तावाला होना), (३) विपरिणाम (बदलना या रूपान्तर होना), ४-वृद्धि (बढ़ना), ५-अपक्षय (क्षय होना या घटना), ६-विनाश (मर जाना या नष्ट होना)। इस क्रम में प्रारम्भिक (आदि) विकार 'उत्पत्ति' है एवं अन्तिम विकार 'विनाश' है। आत्मा में आदि विकार और अन्तिम विकार, उत्पत्ति और विनाश, का न होना बताकर सभी विकारों से शून्य बताया गया। किसी भी काल में जन्म व मरण न होनेवाले इस चेतन आत्मा को सभी उपर्युक्त षट्विकारों से शून्य अर्थात् निर्विकार बताकर इसे विकारयुक्त शरीर से पृथक् दिखाया गया है—

इस आत्मा को यह कहकर कि यह 'अजः' अर्थात् अजन्मा है, इसलिए यह उत्पन्न होकर पुनः अस्तित्व को प्राप्त नहीं होता है, अर्थात् स्वतःसिद्ध, सत्स्वरूप एवं निर्विकार है। यह 'नित्यः'-सदैव एकरूप है। यह 'पुराणः'-अनादि है। यह 'शाश्वतः'-सदैव से है तथा शरीर के नाश होने से इसका विनाश नहीं होता है। ऐसा बताकर क्रमशः उपर्युक्त छह विकारों उत्पत्ति, अस्तित्व, विपरिणाम, वृद्धि, अपक्षय तथा विनाश का आत्मा में निषेध किया गया है। विकारवान ही नश्वर होता है। अतएव निर्विकार शरीरस्थ आत्मा (जीवात्मा) तो विकारयुक्त नश्वर शरीर के मारे जाने पर भी नहीं मारा जाता है। अतः ऐसे विषय में शोक करना उचित नहीं है ॥ २० ॥

आत्मा को यथार्थ जाननेवाला किसी को मारता मरवाता नहीं, यह अगले श्लोक में कहते हैं—

वेदाविनाशिनं नित्यं य एनमजमव्ययम् ।
कथं स पुरुषः पार्थ कं घातयति हन्ति कम् ॥ २१ ॥

वेद—जानता है, **अविनाशिनम्**—अविनाशी, **नित्यम्**—नित्य, **यः**—जो, **एनम्**—इस आत्मा को, **अजम्**—अजन्मा (और), **अव्ययम्**—अव्यय, **कथम्**—कैसे, **सः**—वह, **पुरुषः**—पुरुष, **पार्थ**—हे पार्थ, **कम्**—किसको, **घातयति**—मरवाता है (और कैसे), **हन्ति**—मारता है, **कम्**—किसको।

जो इस आत्मा को अविनाशी, नित्य, अजन्मा और अव्यय जानता है, हे पार्थ ! वह पुरुष कैसे किसको मरवाता है और कैसे किसको मारता है?

यह आत्मा निर्विकार है। जो इस आत्मा को अविनाशी, नित्य, अजन्मा और अव्यय इस तरह से इन चारों लक्षणों में सन्निहित निर्विकारत्व से युक्त जानता है,

---

१. जायतेऽस्ति विपरिणमते वर्धतेऽपक्षीयते विनश्यति (निरुक्त १।१।२)

वह किस तरह से किसे मार सकता है और कैसे किसे मरवा सकता है! आत्मा को यथार्थ रूप से जाननेवाला दूसरे को मारनेवाला और मरवानेवाला नहीं होता है। आत्मवेत्ता व्यक्ति किसी भी कर्म को करनेवाला तथा करवानेवाला नहीं होता है ॥ २१ ॥

शरीरान्तर पर जीवात्मा की अविनाशिता की स्थिति बताते हैं—

वासांसि जीर्णानि यथा विहाय
नवानि गृह्णाति नरोऽपराणि ।
तथा शरीराणि विहाय जीर्णा-
न्यन्यानि संयाति नवानि देही ॥ २२ ॥

वासांसि—वस्त्रों को, **जीर्णानि**—पुराने, **यथा**—जैसे, **विहाय**—त्यागकर, **नवानि**—नये वस्त्रों को, **गृþाति**—ग्रहण करता है, **नरः**—मनुष्य, **अपराणि**—दूसरे, **तथा**—वैसे ही, **शरीराणि**—शरीरों को, **विहाय**—त्यागकर, **जीर्णानि**—पुराने, **अन्यानि**—दूसरे, **संयाति**—प्राप्त होता है, **नवानि**—नये (शरीरों को), **देही**—जीवात्मा।

जैसे मनुष्य पुराने वस्त्रों को त्यागकर दूसरे नये वस्त्रों को ग्रहण करता है, वैसे ही जीवात्मा पुराने शरीरों को त्यागकर दूसरे नये शरीरों को प्राप्त होता है।

मनुष्य का पुराने वस्त्रों का त्याग तथा नये वस्त्रों का ग्रहण करना स्वाभाविक है। वस्त्र भले ही नया हो, किन्तु मनुष्य वही रहता है। इसी तरह से जीर्ण शरीर की आयु समाप्त होने पर उस शरीर को त्यागकर देही अर्थात् जीवात्मा *कारण शरीर* एवं *सूक्ष्म शरीर* के साथ दूसरे नवीन भोगायतन रूप *स्थूल शरीर*[१] में चला जाता है। इस शरीरान्तर के क्रम में पूर्वजन्मों में और वर्तमान जन्म में भी किये गये सद्-असद् व पाप-पुण्य संस्कारों के साथ सूक्ष्म शरीर ही सुख-दुःख भोगों का साधन अर्थात उपकरण होता है ॥ २२ ॥

आत्मा की निर्विकारता का कारण कहते हैं—

---

१. **स्थूल शरीर-**पंचीकृत पंचमहाभूतों से निर्मित, सत्कर्मों से उत्पन्न, सुख दु:ख आदि भोगों के भोगने का स्थान और अस्ति, जन्म, वृद्धि, परिवर्तन, क्षय तथा विनाश इन छह विकारों से युक्त 'स्थूल' शरीर है। जाग्रत अवस्था इसकी अभिव्यक्ति की अवस्था प्रत्यक्ष है। **सूक्ष्म शरीर-**अपंचीकृत पंचमहाभूतों से निर्मित, सत्कर्म से उत्पन्न, सुख दु:ख के भोगों का साधन; तथा पाँच ज्ञानेन्द्रियाँ, पाँच कर्मेन्द्रिय, पाँच प्राण और मन एवं बुद्धि इन सत्रह कलाओं (अंगों) से युक्त 'सूक्ष्म' शरीर है। स्वप्नावस्था इसकी अभिव्यक्ति की अवस्था है। **कारण शरीर-**अनिर्वाच्य, अनादि, अविद्यारूप, दो शरीरों का कारण मात्र, सत्स्वरूप का अज्ञान और निर्विकल्प रूप जो है उसे 'कारण' शरीर कहते हैं। सुषुप्ति अवस्था इसकी अभिव्यक्ति की अवस्था है।

नैनं छिन्दन्ति शस्त्राणि नैनं दहति पावकः।
न चैनं क्लेदयन्त्यापो न शोषयति मारुतः॥ २३॥

न—नहीं, **एनम्**—इस आत्मा को, **छिन्दन्ति**—काट सकते हैं, **शस्त्राणि**—शस्त्र, **न**—नहीं, **एनम्**—इसको, **दहति**—जला सकती है, **पावकः**—आग, **न**—नहीं, **च**—तथा, **एनम्**—इसे, **क्लेदयन्ति**—गला सकता है, **आपः**—जल, **न**—नहीं, **शोषयति**—सुखा सकता है, **मारुतः**—वायु।

इस आत्मा को शस्त्र नहीं काट सकते हैं, इसको आग नहीं जला सकती है, इसको जल नहीं गला सकता है और वायु नहीं सुखा सकता है।

अवयवरहित आत्मा को शस्त्रादि साधनों से काटा नहीं जा सकता है। अग्नि इसे दग्ध नहीं कर सकती है। जल इसे गीला करके गला नहीं सकता है और वायु इसे सुखाकर नष्ट नहीं कर सकता है। अस्त्र-शस्त्र तो पृथ्वी तत्त्व से ही पैदा होते हैं। किसी भी वस्तु को विनष्ट करने के कारण रूप से प्रकृति के तत्त्व पृथ्वी, अग्नि, जल व वायु की पहुँच प्रकृति से अतीत निर्विकार आत्मा तक नहीं है। अत: अविनाशी आत्मा के नाश करने का किसी में भी सामर्थ्य नहीं है, नाश का प्रश्न ही नहीं है। अतएव नश्वर शरीर के विनाश के लिए शोक का कोई कारण नहीं है ॥ २३ ॥

आत्मा की अविनाशिता का दृढ़ता से वर्णन अगले दो श्लोकों में—

अच्छेद्योऽयमदाह्योऽयमक्लेद्योऽशोष्य एव च।
नित्यः सर्वगतः स्थाणुरचलोऽयं सनातनः॥ २४॥

अच्छेद्यः—काटा नहीं जा सकता, **अयम्**—यह आत्मा, **अदाह्यः**—जल नहीं सकता, **अयम्**—यह आत्मा, **अक्लेद्यः**—जल से नष्ट नहीं होता, **अशोष्यः**—सुखाया नहीं जा सकता, **एव**—निःसन्देह, **च**—तथा, **नित्यः**—नित्य, **सर्वगतः**—सर्वव्यापक, **स्थाणुः**—स्थायी, **अचलः**—स्थिर, **अयम्**—यह, **सनातनः**—सनातन है।

यह आत्मा अच्छेद्य, अदाह्य, अक्लेद्य तथा निःसन्देह अशोष्य है। यह नित्य, सर्वव्यापक, स्थायी, अचल और सनातन है।

इस गहन व दुर्बोध आत्मतत्त्व का संसारी जन को बोध कराने के लिए भगवान् श्रीकृष्ण पुनः आत्मा के अविनाशत्त्व पर जोर देते हुए इसे अच्छेद्य, अदाह्य तथा अशोष्य कहते हैं। अविनाशी तत्त्व सदैव ही रहता है, अत: आत्मा नित्य है। जो नित्य है वह सर्वव्यापी है। सर्वव्यापी होने से वह स्थिर है और स्थिर होने से अचल है। अतएव इन लक्षणों से युक्त आत्मतत्त्व सनातन है, नवीन नहीं

है। यह आत्मतत्त्व सम्पूर्ण ब्रह्माण्ड में एकरस व्याप्त है, इसके अतिरिक्त और कुछ है ही नहीं ॥ २४॥

अव्यक्तोऽयमचिन्त्योऽयमविकार्योऽयमुच्यते ।
तस्मादेवं विदित्वैनं नानुशोचितुमर्हसि ॥ २५ ॥

अव्यक्तः—अव्यक्त (इन्द्रियों से अतीत), **अयम्**—यह आत्मा, **अचिन्त्यः**—चिन्तनशक्ति से परे (और), **अयम्**—यह आत्मा, **अविकार्यः**—निर्विकार, **अयम्**—यह आत्मा, **उच्यते**—कहा जाता है, **तस्मात्**—अतएव, **एवम्**—ऐसा, **विदित्वा**—भलीभाँति जानकर, **एनम्**—इसे, **न**—नहीं, **अनुशोचितुम्**—शोक करने के, **अर्हसि**—योग्य हो।

यह आत्मा अव्यक्त, अचिन्त्य और निर्विकार कहा जाता है, अतएव इसे ऐसा भलीभाँति जानकर तुम शोक करने के योग्य नहीं हो।

मन, बुद्धि व इन्द्रियाँ जड़ प्रकृति के हैं। इनके द्वारा चेतन आत्मा का बोध नहीं हो सकता है, जड़ से चेतन का बोध सम्भव नहीं है। इन्द्रियों द्वारा न देखे जाने के कारण यह आत्मा अव्यक्त है। मन व बुद्धि के द्वारा बोध का विषय न होने से यह अचिन्त्य है। यह निराकार आत्मा निर्विकार है। विकार युक्त प्रकृति से यह भिन्न है। इसलिए हे अर्जुन ! इस आत्मा को भलीभाँति जान लेने पर तुम शोक करने के योग्य नहीं हो, तुम्हें शोक नहीं करना चाहिए ॥ २५ ॥

आत्मा को अनित्य मानने पर भी शोक का निषेध अगले दो श्लोकों में करते हैं—

अथ चैनं नित्यजातं नित्यं वा मन्यसे मृतम् ।
तथापि त्वं महाबाहो नैवं शोचितुमर्हसि ॥ २६ ॥

अथ—किन्तु, **च**—यदि, **एनम्**—इस आत्मा को, **नित्यजातम्**—नित्य जन्मनेवाला, **नित्यम्**—नित्य, **वा**—अथवा, **मन्यसे**—मानता है, **मृतम्**—मरनेवाला, **तथापि**—तो भी, **त्वम्**—तुम, **महाबाहो**—हे महाबाहो, **न**—नहीं, **एवम्**—इस प्रकार, **शोचितुम्**—शोक करने के, **अर्हसि**—योग्य हो।

किन्तु यदि तू इस आत्मा को नित्य जन्मने तथा नित्य मरनेवाला मानता है, तो भी हे महाबाहो ! तुम इस प्रकार शोक करने के योग्य नहीं हो।

भगवान् श्रीकृष्ण अर्जुन से कहते हैं कि हे महाबाहो ! यदि तुम आत्मा के विषय में जैसा मैंने बताया वैसा नहीं मानते हो, अपितु इस आत्मा को नित्य जन्मनेवाला तथा नित्य मरनेवाला मानते हो, तो भी नित्य जन्मने व मरनेवाले

आत्मा के बारे में तुम्हारा शोक करना उचित नहीं है, क्योंकि मृतक का जन्मना तथा जन्म लिए हुए का मरना प्रकृति का नियम है। प्रकृति के नियम के लिए शोक किस बात का? ॥ २६ ॥

जातस्य हि ध्रुवो मृत्युर्ध्रुवं जन्म मृतस्य च ।
तस्मादपरिहार्येऽर्थे न त्वं शोचितुमर्हसि ॥ २७ ॥

जातस्य—जन्मे हुए की, **हि**—क्योंकि, **ध्रुवः**—निश्चित है, **मृत्युः**—मृत्यु, **ध्रुवम्**—निश्चित है, **जन्म**—जन्म, **मृतस्य**—मरे हुए का, **च**—तथा, **तस्मात्**—इससे भी, **अपरिहार्ये**—अवश्यम्भावी, **अर्थे**—विषय में, **न**—नहीं, **त्वम्**—तुम्हारा, **शोचितुम्**—शोक करना, **अर्हसि**—योग्य है।

क्योंकि जन्मे हुए की मृत्यु निश्चित है तथा मरे हुए का जन्म निश्चित है। इससे भी इस अवश्यम्भावी विषय में तुम्हारा शोक करना योग्य नहीं है।

आत्मा को जन्मने तथा मरनेवाला यदि मान ही लिया जाय तो इस मान्यता के अनुसार कोई विषम स्थिति नहीं है, क्योंकि जिसने जन्म लिया उसकी मृत्यु तथा जिसकी मृत्यु हुई उसका जन्म निश्चित है (८।१६), यह अवश्यम्भावी है, इसे टाला नहीं जा सकता है। इसलिए ऐसे निश्चित अपरिहार्य विषय में, जिसका कोई प्रतिकार न हो, तुम्हें शोक नहीं करना चाहिए ॥ २७ ॥

शरीर की अनित्यता के कारण भी शोक करना योग्य नहीं है—

अव्यक्तादीनि भूतानि व्यक्तमध्यानि भारत ।
अव्यक्तनिधनान्येव तत्र का परिदेवना ॥ २८ ॥

अव्यक्तादीनि—जन्म से पूर्व अव्यक्त, **भूतानि**—सभी प्राणी, **व्यक्त**—व्यक्त होते हैं, **मध्यानि**—मध्यावस्था में, **भारत**—हे भारत, **अव्यक्त**—अव्यक्त होते हैं, **निधनानि**—मृत्यूपरान्त, **एव**—अतः, **तत्र**—ऐसे में, **का**—क्या, **परिदेवना**—शोक करना।

हे भारत ! सभी प्राणी जन्म से पूर्व अव्यक्त होते हैं, मध्यावस्था में व्यक्त होते हैं और मृत्यूपरान्त पुनः अव्यक्त हो जाते हैं, अतः ऐसे में क्या शोक करना?

हे अर्जुन ! सम्पूर्ण प्राणी जन्म के पहले अप्रकट थे, अर्थात् जिस शरीर से वे वर्तमान जन्म में दिखाई पड़ रहे हैं वह शरीर जन्म के पहले नहीं था, अव्यक्त था। ऐसे ही मृत्यु के पश्चात् भी यह शरीर नहीं रहेगा, अव्यक्त हो जाएगा। केवल वर्तमान जन्म के समय ही इस शरीर का अस्तित्व है, पूर्व व बाद के शरीरों से

इसका कोई सम्बन्ध नहीं है। जो शरीर वर्तमान में प्रकट होने के पूर्व नहीं था एवं नष्ट होने के बाद भी नहीं होगा, वह शरीर मध्यकाल (वर्तमान) में प्रकट होने पर भी स्वप्निल शरीर एवं मृग मरीचिका के जल की भाँति आभासी ही है, नाशवान है। अतएव सम्बन्धहीन अर्थात् जिन शरीरों का परस्पर कोई सम्बन्ध ही न हो, ऐसे भ्रामक विषय में शोक ही क्या? ॥ २८ ॥

अब आत्मतत्त्व की दुर्विज्ञेयता अर्थात् कठिनता से जानने योग्य कहते हैं—

आश्चर्यवत्पश्यति कश्चिदेन-
माश्चर्यवद्वदति तथैव चान्यः ।
आश्चर्यवच्चैनमन्यः शृणोति
श्रुत्वाप्येनं वेद न चैव कश्चित् ॥ २९ ॥

आश्चर्यवत्—आश्चर्य की भाँति, **पश्यति**—देखता है, **कश्चित्**—कोई, **एनम्**—इस (आत्मा को), **आश्चर्यवत्**—आश्चर्य की भाँति, **वदति**—कहता है, **तथा**—वैसे, **एव**—ही, **च**—तथा, **अन्यः**—दूसरा, **आश्चर्यवत्**—आश्चर्य की भाँति, **च**—तथा, **एनम्**—इस आत्मा को, **अन्यः**—दूसरा कोई, **शृणोति**—सुनता है, **श्रुत्वा**—सुनकर, **अपि**—भी, **एनम्**—इसे, **वेद न**—नहीं जानता, **च**—तथा, **एव**—ही, **कश्चित्**—कोई-कोई तो।

कोई इस आत्मा को आश्चर्य की भाँति देखता है तथा वैसे ही कोई आश्चर्य की भाँति कहता है। इसी तरह दूसरा कोई आश्चर्य की भाँति इस आत्मा को सुनता है और कोई-कोई तो सुनकर भी इसे नहीं जानता।

लौकिक वस्तुओं को नेत्र इन्द्रिय से देखा जाता है। वस्तुओं को देखने के लिए द्रष्टा (देखने वाला), दृश्य (वस्तु जिसे देखना है) और दर्शन (देखने की नेत्र में शक्ति) इस 'त्रिपुटी' की आवश्यकता होती है। आत्मा पारलौकिक है, स्वयं प्रकाशमान है, उसे देखने तथा जानने के लिए उपर्युक्त त्रिपुटी का लोप होता है। जब भगवत् कृपा से और सद्‌गुरु के प्रसाद से आत्मानुसन्धान में संलग्न कोई श्रद्धावान व्यक्ति स्वयं प्रकाशित दिव्यप्रकाशरूप आत्मा का दर्शन स्वयं के द्वारा पाता है (७।३),तब वह अलौकिक दर्शन निश्चय ही अद्‌भुत होता है और वह व्यक्ति आश्चर्य की भाँति आनन्दमय होकर देखता है। उस समय भीतर-बाहर सर्वत्र एकसमान परम शान्तिदायक एकमात्र आत्मप्रकाश का विस्तार समझ में आता है एवं ***'सर्वंखल्विदं ब्रह्म'*** (छान्दो०उ० ३।१४।१) का भाव अवश्य ही स्वयमेव प्रत्यक्ष अनुभव में आकर दृढ़ हो जाता है। यह रहस्यमयी गूढ़ आत्मदर्शन किसे आश्चर्य की अनुभूति नहीं करा देगा? इन आत्मदर्शियों में कोई ही आत्मा

का यथार्थ वर्णन कर सकता है और यह वर्णन भी आश्चर्य की भाँति होगा। इस दर्शन का वर्णन सम्पूर्णता से नहीं किया जा सकता है, क्योंकि दिव्य आत्मदर्शन और उसका यथार्थ वर्णन इन्द्रियातीत है।

दूसरा कोई श्रद्धायुक्त शुद्धचित्त जिज्ञासु पुरुष आत्मा के वर्णन को आश्चर्य की तरह सुनता है। आश्चर्य इसलिए कि अभी तक वह इन्द्रिय, मन व बुद्धि से जानने योग्य शरीरादि लौकिक जड़ वस्तुओं का ही वर्णन सुनता आया है, किन्तु इन्द्रिय, मन व बुद्धि से परे एवं इनके प्रकाशक आत्मा का एकदम भिन्न व अद्भुत वर्णन सुनकर विलक्षण लगता है।

इस आत्मा का अलौकिक वर्णन सुनकर भी कोई-कोई नहीं जानता है। आशय यह है कि अश्रद्धापूर्वक बिना जिज्ञासा के सुनने मात्र से ही आत्मा का ज्ञान नहीं हो सकता है। इसके लिए श्रद्धा, विश्वास और भक्ति के साथ गुरुशरण में जाकर उनके उपदेश और उनकी शक्ति के सहारे वैराग्य भाव से साधनाभ्यास में लगना होगा जिसके बिना आत्मतत्त्व ज्ञान कठिन है, किन्तु उपर्युक्त प्रकार से योग साधना में लग जाने पर मनुष्य के लिए उतना ही सरल भी है ॥ २९ ॥

आत्मा को अवध्य बताकर भगवान् अर्जुन को प्राणियों के लिए शोक न करने के लिए कहकर सांख्ययोग का उपसंहार करते हैं—

देही नित्यमवध्योऽयं देहे सर्वस्य भारत ।
तस्मात्सर्वाणि भूतानि न त्वं शोचितुमर्हसि ॥ ३० ॥

देही—आत्मा, **नित्यम्**—सदा ही, **अवध्यः**—अवध्य है, **अयम्**—यह, **देहे**—देह में, **सर्वस्य**—सबके, **भारत**—हे भारत, **तस्मात्**—इस कारण, **सर्वाणि**—सम्पूर्ण, **भूतानि**—प्राणियों के लिए, **न**—नहीं, **त्वम्**—तू, **शोचितुम्**—शोक करने के, **अर्हसि**—योग्य हो।

हे भारत ! यह आत्मा सबके देह में सदा ही अवध्य है, इस कारण सम्पूर्ण प्राणियों के लिए तू शोक करने के योग्य नहीं है।

सम्पूर्ण प्राणियों के शरीरों में यह जीवात्मा अवध्य है। शरीरों के नाश होने पर अविनाशी जीवात्मा को किसी भी तरह से किसी भी स्थिति में नाश नहीं किया जा सकता है। शरीर के भेद से आत्मा में स्वरूपतः किसी तरह का परिवर्तन नहीं होता है, वह एक सा सदैव बना रहता है। इसलिए हे भारत ! सभी प्राणियों के लिए तुम्हें शोक नहीं करना चाहिए।

प्राणियों का केवल देहान्तर होता है, किन्तु आत्मा नित्य, अवध्य, अपरिवर्तनशील और निर्विकार रहता है। अतएव देहभाव को त्यागकर आत्मभाव का वरण करना श्रेयस्कर है। देहभाव तो सम्पूर्ण आसक्तियों के मूल में है, जो आत्मभाव की प्राप्ति में महान बाधक है ॥ ३० ॥

क्षत्रियधर्म के अनुसार भी अगले आठ श्लोकों में युद्ध को स्वधर्म कहकर युद्ध की प्रेरणा देना—

स्वधर्ममपि चावेक्ष्य न विकम्पितुमर्हसि ।
धर्म्याद्धि युद्धाच्छ्रेयोऽन्यत्क्षत्रियस्य न विद्यते॥ ३१ ॥

स्वधर्मम्—अपने धर्म को, **अपि**—भी, **च**—तथा, **अवेक्ष्य**—देखकर, **न**—नहीं, **विकम्पितुम्**—घबड़ाने के लिए, **अर्हसि**—(तू) योग्य है, **धर्म्यात्**—धर्मरूप, **हि**—निश्चय ही, **युद्धात्**—युद्ध से बढ़कर, **श्रेयः**—कल्याणकारक साधन, **अन्यत्**—दूसरा, **क्षत्रियस्य**—क्षत्रिय के लिए, **न**—नहीं, **विद्यते**—है।

तथा अपने धर्म को भी देखकर तू घबड़ाने के योग्य नहीं है, क्योंकि क्षत्रिय के लिए निश्चय ही धर्मरूप युद्ध से बढ़कर दूसरा कुछ भी कल्याणकारक साधन नहीं है।

आत्मा की नित्यता और शरीर की अनित्यता को बताने के बाद अब भगवान् श्रीकृष्ण अर्जुन को स्वधर्मानुसार अर्थात् क्षत्रियधर्म के अनुसार कर्त्तव्य-कर्म रूप युद्ध से किसी तरह का भय होने से मना कर रहे हैं। जो युद्ध धर्म के लिए, जन कल्याण के लिए और अन्याय के विरुद्ध हो, ऐसे धर्मयुद्ध से बढ़कर क्षत्रिय के लिए अन्य कोई कल्याणकारी कर्त्तव्य नहीं हो सकता (१८।४३) है ॥ ३१ ॥

यदृच्छया चोपपन्नं स्वर्गद्वारमपावृतम् ।
सुखिनः क्षत्रियाः पार्थ लभन्ते युद्धमीदृशम् ॥ ३२ ॥

यदृच्छया—अपने-आप, **च**—और, **उपपन्नम्**—प्राप्त हुए, **स्वर्ग**—स्वर्ग के, **द्वारम्**—द्वाररूप, **अपावृतम्**—खुले हुए, **सुखिनः**—भाग्यवान्, **क्षत्रियाः**—क्षत्रिय लोग, **पार्थ**—हे पार्थ, **लभन्ते**—पाते हैं, **युद्धम्**—युद्ध को, **ईदृशम्**—इस प्रकार के।

हे पार्थ ! अपने-आप प्राप्त हुए और खुले हुए स्वर्ग के द्वाररूप इस प्रकार के युद्ध को भाग्यवान क्षत्रिय लोग पाते हैं।

द्यूत क्रीड़ा में पाण्डवों के हार जाने पर शर्तानुसार बारह वर्ष का बनवास और एक वर्ष का अज्ञातवास पूरा होने के बाद भी दुर्योधन पाण्डवों को सूई के

नोंक के बराबर भी जमीन देने को तैयार नहीं हुआ, राज्य में हिस्सा देने की बात ही क्या है? ऐसी स्थिति में यह युद्ध अनिच्छा से अपने-आप अपरिहार्य हो गया।

हे पार्थ ! ऐसा स्वत: प्राप्त धर्मयुद्ध, जो खुले हुए स्वर्गद्वार के रूप में है, भाग्यवान क्षत्रिय लोग ही पाते हैं। अतएव शोकरहित होकर तुम इस युद्ध को स्वीकार करो, अन्य कोई रास्ता नहीं है ॥ ३२ ॥

अथ चेत्त्वमिमं धर्म्यं सङ्ग्रामं न करिष्यसि ।
ततः स्वधर्मं कीर्तिं च हित्वा पापमवाप्स्यसि ॥ ३३ ॥

अथ—किन्तु, **चेत्**—यदि, **त्वम्**—तू, **इमम्**—इस, **धर्म्यम्**—धर्मयुक्त, **सङ्ग्रामं**—युद्ध को, **न**—नहीं, **करिष्यसि**—करेगा, **ततः**—तो, **स्वधर्मम्**—स्वधर्म को, **कीर्तिम् च**—और कीर्ति को, **हित्वा**—खोकर, **पापम्**—पाप को, **अवाप्स्यसि**—प्राप्त होगा।

किन्तु यदि तू इस धर्मयुक्त युद्ध को नहीं करेगा तो स्वधर्म और कीर्ति को खोकर पाप को प्राप्त होगा।

यदि तू अपने-आप प्राप्त इस धर्मयुद्ध को नहीं करेगा तो इससे तू अपने क्षत्रिय धर्मरूपी स्वधर्म को खोकर तथा जगत् में प्राप्त महान धनुर्धर और महान शूरवीर की कीर्ति को नष्टकर पाप को प्राप्त होगा ॥ ३३ ॥

अकीर्तिं चापि भूतानि कथयिष्यन्ति तेऽव्ययाम् ।
सम्भावितस्य चाकीर्तिर्मरणादतिरिच्यते ॥ ३४ ॥

अकीर्तिम्—अकीर्ति को, **च**—तथा, **अपि**—भी, **भूतानि**—सब लोग, **कथयिष्यन्ति**—कहेंगे, **ते**—तेरी, **अव्ययाम्**—सदा रहनेवाली, **सम्भावितस्य**—प्रतिष्ठित पुरुष के लिए, **च**—और, **अपकीर्तिः**—अकीर्ति, **मरणात्**—मरने से भी, **अतिरिच्यते**—बढ़कर है।

तथा सब लोग तेरी सदा रहनेवाली अपकीर्ति को भी कहेंगे। प्रतिष्ठित पुरुष के लिए अपकीर्ति मरण से भी बढ़कर है।

युद्ध से विरत होकर क्षत्रिय धर्म का पालन न करने से तुम्हें भीरू समझकर तुम्हारी सदा रहनेवाली अपकीर्ति को सब लोग कहकर तुम्हारी निन्दा करेंगे। लोक एवं समाज की दृष्टि से प्रतिष्ठित पुरुषों की अपकीर्ति उनके लिए अत्यन्त दु:खदायी होती है, यहाँ तक कि यह मृत्यु से भी बढ़कर होती है, क्योंकि मृत्यु में तो एक ही बार कष्ट है, अपकीर्ति जीवन में हर पल कष्ट एवं लज्जा का कारण बनता है ॥ ३४ ॥

भयाद्रणादुपरतं मंस्यन्ते त्वां महारथाः ।
येषां च त्वं बहुमतो भूत्वा यास्यसि लाघवम् ॥ ३५ ॥

भयात्—भय के कारण, **रणात्**—युद्ध से, **उपरतम्**—विरत हुआ, **मंस्यन्ते**—मानेंगे, **त्वाम्**—तुझे, **महारथाः**—महारथी, **येषाम्**—जिनका, **च**—और, **त्वम्**—तू, **बहुमतः**—अत्यन्त सम्मानित, **भूत्वा**—होकर (अब), **यास्यसि**—प्राप्त होगा, **लाघवम्**—लघुता को।

जिनका तू अत्यन्त सम्मानित होकर अब लघुता को प्राप्त होगा, वे महारथी तुझे भय के कारण युद्ध से विरत हुआ मानेंगे।

प्रतिपक्ष के महारथियों में तुम्हारे शौर्य आदि गुणों के कारण अत्यन्त सम्मान है, उन्हीं महारथियों की दृष्टि में तुम अब लघुता को प्राप्त होगा तथा वे तुम्हें भय व कायरता के कारण युद्ध से हटा हुआ मानेंगे। तुम किस भावना से युद्ध से विरत हो रहे हो, यह उनके विचार का विषय नहीं होगा ॥ ३५ ॥

अवाच्यवादांश्च बहून्वदिष्यन्ति तवाहिताः ।
निन्दन्तस्तव सामर्थ्यं ततो दुःखतरं नु किम् ॥ ३६ ॥

अवाच्यवादान्—न कहने योग्य दुर्वचन, **च**—भी, **बहून्**—अनेक, **वदिष्यन्ति**—कहेंगे, **तव**—तेरे, **अहिताः**—वैरी, **निन्दन्तः**—निन्दा करते हुए, **तव**—तेरी, **सामर्थ्यम्**—सामर्थ्य की, **ततः**—उससे, **दुःखतरं**—बढ़कर दुःख, **नु**—निश्चय ही, **किम्**—क्या होगा?

तेरे वैरी तेरी सामर्थ्य की निन्दा करते हुए अनेक न कहने योग्य दुर्वचन भी कहेंगे। उससे बढ़कर दुःख निश्चय ही क्या होगा?

दुर्योधन आदि कौरव पक्ष के तुम्हारे शत्रु लोग तुम्हारे युद्ध सामर्थ्य की निन्दा करेंगे एवं तुम्हें पीड़ा पहुँचाने के उद्देश्य से बहुत-से न कहने योग्य दुर्वचन भी कहेंगे। इससे बढ़कर दूसरा दुःख नहीं हो सकता है। इसलिए युद्ध से विरत होना अधिक कष्टकर है ॥ ३६ ॥

हतो वा प्राप्स्यसि स्वर्गं जित्वा वा भोक्ष्यसे महीम् ।
तस्मादुत्तिष्ठ कौन्तेय युद्धाय कृतनिश्चयः ॥ ३७ ॥

हतः—मारा गया, **वा**—यदि (तू युद्ध में), **प्राप्स्यसि**—प्राप्त होगा, **स्वर्गम्**—स्वर्ग को, **जित्वा**—जीतकर, **वा**—नहीं तो (शत्रुओं को), **भोक्ष्यसे**—भोगेगा, **महीम्**—पृथ्वी को, **तस्मात्**—अतः, **उत्तिष्ठ**—खड़ा हो जा, **कौन्तेय**—हे कौन्तेय, **युद्धाय**—युद्ध के लिए, **कृतनिश्चयः**—निश्चय करके।

हे कौन्तेय ! यदि तू युद्ध में मारा गया तो स्वर्ग को प्राप्त होगा, नहीं तो शत्रुओं को जीतकर पृथ्वी को भोगेगा। अतः निश्चय करके युद्ध के लिए खड़ा हो जा।

इस अध्याय के श्लोक छह में अर्जुन के द्वारा युद्ध में हार-जीत के अनिश्चय की अभिव्यक्ति का निराकरण करते हुए भगवान् श्रीकृष्ण कहते हैं कि या तू मारा जाकर स्वर्ग प्राप्त करेगा अथवा जीतकर पृथ्वी का राज्य भोगेगा। आशय यह है कि दोनों ही स्थितियाँ युद्ध करने के लिए श्रेष्ठ हैं। इसलिए हे कौन्तेय ! तू युद्ध करने का निश्चय करके खड़ा हो जा अर्थात् तैयार हो जा ॥ ३७ ॥

सुखदुःखे समे कृत्वा लाभालाभौ जयाजयौ ।
ततो युद्धाय युज्यस्व नैवं पापमवाप्स्यसि ॥ ३८ ॥

सुख—सुख, **दुःखे**—दुःख में, **समे**—समान, **कृत्वा**—समझकर, **लाभालाभौ**—लाभ-हानि (और), **जयाजयौ**—जय-पराजय को, **ततः**—फिर, **युद्धाय**—युद्ध के लिए, **युज्यस्व**—तैयार हो जा, **न**—नहीं, **एवम्**—इस प्रकार (युद्ध करने से तू), **पापम्**—पाप को, **अवाप्स्यसि**—प्राप्त होगा।

सुख-दुःख, लाभ-हानि और जय-पराजय को समान समझकर फिर युद्ध के लिए तैयार हो जा, इस प्रकार युद्ध करने से तू पाप को नहीं प्राप्त होगा।

इस अपरिहार्य धर्मयुद्ध के लिए कर्त्तव्यबोध से युक्त होकर समता के भाव से सामना करने पर तेरे लिए बन्धनकारक नहीं होगा एवं हर स्थिति में कल्याण ही होगा। अतएव भगवान् श्रीकृष्ण अर्जुन से कहते हैं कि जय-पराजय, लाभ-हानि तथा इनसे प्राप्त सुख-दुःख को समान समझकर राग-द्वेषादि द्वन्द्वों को मन में न लाकर समत्व भाव से युद्ध के लिए तैयार हो जा। इस भाव से सामने आये हुए धर्मयुद्ध को करने से तुम पाप-पुण्य को नहीं प्राप्त होगा। स्वजन को मारकर पाप प्राप्त होने के अर्जुन की धारणा (१।३६,४५) को भगवान् यहाँ निर्मूल कर रहे हैं ॥ ३८ ॥

सांख्ययोग और स्वधर्म के प्रतिपादन के बाद अब भगवान् कर्मयोग का आरम्भ करते हैं—

एषा तेऽभिहिता साङ्ख्ये बुद्धिर्योगे त्विमां शृणु ।
बुद्ध्या युक्तो यया पार्थ कर्मबन्धं प्रहास्यसि ॥ ३९ ॥

एषा—यह, **ते**—तेरे लिए, **अभिहिता**—कही गयी, **साङ्ख्ये**—सांख्ययोग के विषय में, **बुद्धिः**—बुद्धि, **योगे**—कर्मयोग के विषय में, **तु**—और, **इमाम्**—इसे, **शृणु**—सुन, **बुद्ध्या**—बुद्धि से, **युक्तः**—युक्त हुआ, **यया**—जिस, **पार्थ**—हे पार्थ, **कर्मबन्धम्**—कर्म-बन्धन का, **प्रहास्यसि**—भलीभाँति त्याग कर सकेगा।

यह बुद्धि तेरे लिए सांख्ययोग के विषय में कही गयी और हे पार्थ ! अब कर्मयोग के विषय में उसे सुन, जिस बुद्धि से युक्त हुआ तू कर्म-बन्धन का भलीभाँति त्याग कर सकेगा।

इस अध्याय के श्लोक ग्यारह से तीस तक भगवान् ने अर्जुन को तत्त्वबोध या परमार्थ बोध की दृष्टि से सांख्ययोग अर्थात् ज्ञानयोग का उपदेश देकर बताया कि नाशवान देह के देहान्तर के बाद भी देही अर्थात् जीवात्मा का नाश न होने के कारण शोक का विषय नहीं है। अत: युद्ध के लिए तैयार हो जाओ। पुन: लौकिक दृष्टि से भी स्वधर्म अर्थात् क्षत्रिय धर्म के अनुसार युद्ध को श्रेष्ठ बताकर द्वन्द्वातीत होते हुए समत्व बुद्धि से युक्त होकर युद्ध के लिए उठ खड़े होने को भगवान् कहते हैं और इस भाव से युद्ध करने पर तू पाप को नहीं प्राप्त होगा।

इस तरह परमार्थ को केन्द्र में रखकर सांख्ययोग के विषय में जिस बुद्धि या ज्ञान के बारे में भगवान् ने अर्जुन को इस अध्याय के श्लोक ग्यारह से तीस तक बताया था, अब उसी बुद्धि को योग अर्थात् कर्मयोग के विषय में अर्जुन को सुनने को कहते हैं, जिससे युक्त हुआ वह अनासक्त होकर सुख दु:खादि द्वन्द्वों को त्यागकर ईश्वर अर्पण भाव से निष्काम कर्म करता हुआ जन्म-मरण रूप कर्मजन्य बन्धन से भलीभाँति मुक्त हो जाएगा ॥ ३९ ॥

और भी, कर्मयोगरूप मोक्षमार्ग में प्रारम्भ का नाश नहीं होता, सो बताते हैं—

नेहाभिक्रमनाशोऽस्ति प्रत्यवायो न विद्यते ।
स्वल्पमप्यस्य धर्मस्य त्रायते महतो भयात् ॥ ४० ॥

न—नहीं, **इह**—इस कर्मयोग में, **अभिक्रम**—आरम्भ किये गये प्रयास का, **नाश:**—नाश, **अस्ति**—होता, **प्रत्यवाय:**—दोष, **न**—नहीं, **विद्यते**—होता, **स्वल्पम्**—थोड़ा-सा भी अंश, **अपि**—भी, **अस्य**—इस, **धर्मस्य**—धर्म का, **त्रायते**—रक्षा कर लेता है, **महतो**—महान, **भयात्**—भय से।

इस कर्मयोग में आरम्भ किये गये प्रयास का नाश नहीं होता तथा प्रत्यवाय (दोष) भी नहीं होता है। इस धर्म का थोड़ा-सा भी अंश महान भय से रक्षा कर लेता है।

जिज्ञासु को सांख्ययोग अर्थात् ज्ञानयोग मार्ग से आत्मतत्त्व का ज्ञान न हो पाने की स्थिति में भगवान् श्रीकृष्ण कर्मयोग द्वारा इस आत्मज्ञान की प्राप्ति हेतु जिस बुद्धि या ज्ञान की आवश्यकता है, उसे अर्जुन को प्रकट करते हैं। ऐसी समबुद्धि से युक्त होकर परमात्मा को अर्पित निष्काम कर्मयोग मार्ग के अभ्यासक्रम में प्रारम्भ का कभी नाश नहीं होता है तथा इसमें कोई विपरीत परिणाम भी नहीं होता

(६।४०), जैसा कि यज्ञादि में मन्त्रों की त्रुटि से होने की सम्भावना रहती है। मोक्षमार्ग के साधनरूप इस कर्मयोग रूपी धर्म का थोड़ा भी साधन करने पर अन्त:करण की शुद्धि होकर सांसारिक महाभय से अर्थात् कर्मजनित बन्धनरूप जन्म-मरण से रक्षा होती है ।

आत्म-परमात्म के बोध हेतु जिस किसी के लिए जो भी साधन या योगमार्ग सहायक हो वही उसके लिए परम धर्म है ॥ ४० ॥

अब उसी बुद्धि को कर्मयोग के सम्बन्ध में निश्चयात्मिका बुद्धि कहकर वर्णन करते हैं—

व्यवसायात्मिका बुद्धिरेकेह कुरुनन्दन।
बहुशाखा ह्यनन्ताश्च बुद्धयोऽव्यवसायिनाम्॥ ४१ ॥

व्यवसायात्मिका—निश्चयात्मिका, **बुद्धिः**—बुद्धि, **एका**—एक ही (होती है), **इह**—इस कर्मयोग में, **कुरुनन्दन**—हे कुरुनन्दन, **बहुशाखाः**—बहुत शाखाओंवाली, **हि**—निश्चय ही, **अनन्ताः**—अनन्त, **च**—और **बुद्धयः**—बुद्धि, **अव्यवसायिनाम्**—निश्चयहीन (विवेकहीन) मनुष्यों की।

हे कुरुनन्दन ! इस कर्मयोग में निश्चयात्मिका बुद्धि एक ही होती है, किन्तु निश्चयहीन (विवेकहीन) मनुष्यों की बुद्धियाँ निश्चय ही अनन्त एवं बहुत शाखाओंवाली होती हैं।

हे कुरुनन्दन ! इस निष्काम कर्मयोग में कर्म के फलाफल को परमात्मा में निष्कामभाव से समर्पित करते हुए उनकी आराधना में संलग्न पुरुष की व्यवसायात्मिका बुद्धि अर्थात् निश्चयात्मक स्वभाववाली बुद्धि एक ही होती है, अर्थात् कर्मयोग में उसकी बुद्धि जगत् के विषयों की ओर न होकर एकनिष्ठ - एकमात्र ईश्वर की ओर ही लक्षित होती है। इसके विपरीत, परमात्मा के विरुद्ध एवं विषयोन्मुख पुरुषों की विवेकहीन बुद्धि अव्यावसायिक अर्थात् बहुत विषयोंवाली शाखा-प्रशाखा युक्त अनन्त होती है। अतएव सांसारिक कामभाव से एवं ईश्वरीय निष्काम भाव से कर्म करनेवाले पुरुषों की बुद्धि में कोई साम्य न होकर वैषम्य ही होता है ॥ ४१ ॥

निश्चयात्मिका बुद्धि से रहित सकामी पुरुषों का वर्णन अगले तीन श्लोकों में—

यामिमां पुष्पितां वाचं प्रवदन्त्यविपश्चितः।
वेदवादरताः पार्थ नान्यदस्तीति वादिनः॥ ४२ ॥

याम्—जिस, **इमाम्**—इस प्रकार की, **पुष्पिताम्**—पुष्पित अर्थात् आलंकारिक, **वाचम्**—वाणी को, **प्रवदन्ति**—कहते हैं, **अविपश्चितः**—अविवेकीजन, **वेदवादरताः**—अर्थ और कर्मफल के प्रशंसक वेद में वर्णित ऐसे ही वाक्यों में रत रहनेवाले, **पार्थ**—हे पार्थ, **न**—नहीं, **अन्यत्**—अन्य कुछ, **अस्ति**—है, **इति**—यह, **वादिनः**—कहनेवाले हैं।

अर्थ और कर्मफल के प्रशंसक वेदों में वर्णित ऐसे ही वाक्यों में रत रहनेवाले अविवेकीजन इस प्रकार की पुष्पित अर्थात् आलंकारिक वाणी कहते हैं। हे पार्थ ! उनके लिए इसके अतिरिक्त अन्य कुछ है ही नहीं, ऐसा वे कहनेवाले हैं।

हे पार्थ! कामासक्त अविवेकी जन अर्थात् अज्ञानी पुरुष 'वेद' के उन्हीं वाक्यों व कर्मकाण्डों में रत हैं अर्थात् अवलम्ब करते हैं, जिनमें अर्थ और फल प्राप्ति को बताया गया है और वे ऐसा भी कहा करते हैं कि इस तरह से प्राप्त स्वर्गादि फल के अतिरिक्त अन्य प्राप्य वस्तु या ईश्वर तत्त्व जैसी चीज संसार में कुछ नहीं है। इस तरह की पुष्पित अर्थात् सांसारिक दृष्टि से ऊपर से सुनने में सुन्दर व रमणीय लगनेवाली, परन्तु वास्तव में विषतुल्य, मोहयुक्त, अनात्म व अतार्किक बातों को जनसामान्य के बीच वे कहा करते हैं ॥ ४२ ॥

कामात्मानः स्वर्गपरा जन्मकर्मफलप्रदाम् ।
क्रियाविशेषबहुलां भोगैश्वर्यगतिं प्रति ॥ ४३ ॥

कामात्मानः—भोगपरायण, **स्वर्गपराः**—स्वर्ग को ही परम समझनेवाले, **जन्मकर्मफलप्रदाम्**—जन्मरूप कर्मफल देनेवाली (तथा), **क्रियाविशेषबहुलाम्**—बहुत-सी विशेष क्रियाओं और उनके भेदों को (पुष्पित वाणी से कहते हैं), **भोगैश्वर्यगतिं प्रति**—भोग और ऐश्वर्य प्रदान करनेवाली।

ऐसे भोगपरायण, स्वर्ग को ही परम समझनेवाले, जन्मरूप कर्मफल देनेवाली तथा भोग और ऐश्वर्य प्रदान करनेवाली बहुत-सी विशेष क्रियाओं और उनके भेदों को पुष्पित वाणी से कहते हैं।

ऐसे पुरुष भोगपरायण स्वभाव या चित्तवाले होते हैं तथा स्वर्ग को ही परम पुरुषार्थ मानते हैं एवं जन्मरूप कर्मफल प्रदान करनेवाली पुष्पित वाणी कहा करते हैं। ऐसे अविवेकी पुरुष सांसारिक भोग एवं ऐश्वर्य प्रदान करनेवाली बहुत-सी क्रियाओं को और उनके भेदों को बढ़ा चढ़ाकर अधिकता से बताते रहते हैं एवं अपनी बातों पर बल देने के लिए अनर्गल व्याख्या भी करते हैं। इस तरह के स्वभाववाले तथा ऐसी बात करनेवाले लोग जन्म-मरण रूपी संसार-चक्र में ही फँसे रहते हैं ॥ ४३ ॥

भोगैश्वर्यप्रसक्तानां तयापहृतचेतसाम्।
व्यवसायात्मिका बुद्धिः समाधौ न विधीयते॥ ४४॥

भोग—भोग (तथा), **ऐश्वर्य**—ऐश्वर्य में, **प्रसक्तानाम्**—अत्यन्त आसक्त पुरुषों की, **तया**—उस वाणी के द्वारा, **अपहृतचेतसाम्**—अपहृत चित्तवाले, **व्यवसायात्मिका**—निश्चयात्मिका, **बुद्धिः**—बुद्धि, **समाधौ**—समाधि में, **न**—नहीं, **विधीयते**—होती।

उस वाणी के द्वारा अपहृत चित्तवाले, भोग तथा ऐश्वर्य में अत्यन्त आसक्त पुरुषों की समाधि में निश्चयात्मिका बुद्धि नहीं होती।

जो पुरुष भोग एवं ऐश्वर्य में आसक्त हैं, उसी में लिप्त हैं तथा जिनका चित्त इन सांसारिक भोगैश्वर्य की प्राप्ति हेतु अनेक प्रकार की क्रियाओं का वर्णन करनेवाली व प्रिय लगनेवाली पुष्पित वाणी ने हर लिया है, मोहित कर दिया है, ऐसे पुरुष की सांख्य या योगविषयक समाधि में निश्चयात्मिका बुद्धि नहीं होती, उनकी बुद्धि चित्त की एकाग्रता में स्थिर नहीं होती है। फलतः उनकी बुद्धि में परमात्म भाव आता ही नहीं है ॥ ४४॥

विवेक बुद्धि से रहित ऐसे पुरुषों के लिए सकामभाव को त्यागकर त्रिगुणातीत और आत्मपरायण होने को कहकर अर्जुन से भी भगवान् दो श्लोकों में वैसा ही होने को कहते हैं—

त्रैगुण्यविषया वेदा निस्त्रैगुण्यो भवार्जुन।
निर्द्वन्द्वो नित्यसत्त्वस्थो निर्योगक्षेम आत्मवान्॥ ४५॥

त्रैगुण्यविषयाः—तीन गुणों को विषय करनेवाले अर्थात् त्रिगुणात्मक हैं, **वेदाः**—तीनों वेद, **निस्त्रैगुण्यः**—तीनों गुणों से रहित (त्रिगुणातीत), **भव**—हो, **अर्जुन**—हे अर्जुन, **निर्द्वन्द्वः**—द्वन्द्वों से रहित, **नित्यसत्त्वस्थः**—नित्य सत्त्वगुण में स्थित (तथा), **निर्योगक्षेमः**—योग-क्षेम को न चाहनेवाला, **आत्मवान्**—आत्मपरायण।

हे अर्जुन ! तीनों वेद त्रिगुणात्मक हैं, तुम तीनों गुणों से रहित (त्रिगुणातीत) हो। तू द्वन्द्वों से रहित, नित्य सत्त्वगुण में स्थित तथा योग—क्षेम को न चाहनेवाला आत्मपरायण हो।

वेदों में सत्त्व, रज व तम तीनों गुणों एवं उनके कार्य रूप स्वर्गादि सांसारिक भोगों का भी वर्णन है जिससे ये तीनों गुणों को विषय करनेवाले हैं। अतएव वेद को यहाँ त्रैगुण्यविषयक भी कहा गया है। हे अर्जुन ! तुम 'निस्त्रैगुण्यः' अर्थात् उपर्युक्त तीनों गुणों से रहित होकर, उससे अतीत होकर निष्कामी हो, असंसारी हो एवं परमात्माभिमुख हो । इसके लिए 'निर्द्वन्द्वः' बनो, अर्थात् सुख-दुःख, शीत-

उष्ण, राग-द्वेष, आदि द्वन्द्व-भाव से रहित हो। तुम नित्य 'सत्त्वस्थ' अर्थात् सत्त्वगुण के आश्रित रहकर आत्मपरायण होकर परमात्मा के ही चिन्तन में अवस्थित हो।

अप्राप्त वस्तु को प्राप्त करने को 'योग' तथा प्राप्त वस्तु की रक्षा करने को 'क्षेम' कहते हैं। तुम 'निर्योगक्षेम' अर्थात् योगक्षेम से रहित होकर भगवत् इच्छा को समझ करके सांसारिक वस्तु की प्राप्ति हेतु सकाम प्रयत्न न कर तथा प्राप्त वस्तु की रक्षा में भी प्रयत्नशील न हो। केवल निष्कामभाव से कार्य करते हुए फलाफल को ईश्वरार्पण करके कर्त्तव्य-कर्म करो। तुम आत्मवान बनो अर्थात् आत्मप्राप्तिवाले विषयों में प्रमादरहित होकर आत्मपरायण बनो। एकमात्र योगक्षेम में ही रत रहनेवाले मनुष्य के लिए निस्त्रैगुण होना तथा भगवत्परायण होना सम्भव नहीं है ॥ ४५ ॥

यावानर्थ उदपाने सर्वतः सम्प्लुतोदके ।
तावान्सर्वेषु वेदेषु ब्राह्मणस्य विजानतः ॥ ४६ ॥

यावान्—जितना, **अर्थः**—प्रयोजन, **उदपाने**—छोटे जलाशय में (रहता है), **सर्वतः**—सब ओर से, **सम्प्लुतोदके**—परिपूर्ण जलाशय के (प्राप्त हो जाने पर), **तावान्**—उतना ही (प्रयोजन), **सर्वेषु**—समस्त, **वेदेषु**—वेदों में (रह जाता है), **ब्राह्मणस्य**—ब्राह्मण का, **विजानतः**—तत्त्वज्ञ।

सब ओर से परिपूर्ण जलाशय के प्राप्त हो जाने पर जितना प्रयोजन छोटे जलाशय में रहता है, तत्त्वज्ञ ब्राह्मण का उतना ही प्रयोजन समस्त वेदों में रह जाता है।

जिस तरह से जगत् में कूप, वापी, तड़ाग, आदि छोटे-छोटे जलाशयों का उपयोग जल पीने व स्नान आदि में किया जाता है, किन्तु सब तरह से परिपूर्ण वृहद जलाशय में वे सभी प्रयोजन अनायास ही एक ही में सिद्ध हो जाते हैं, विभिन्न स्थानों पर परिभ्रमण नहीं करना पड़ता है। उसी तरह से सम्पूर्ण वेदों में नाना प्रकार के कर्म से जो प्रयोजन सिद्ध होता है, कर्मफल की प्राप्ति होती है, उन समस्त प्रयोजनों की सिद्धि परमात्मा के परायण तत्त्वज्ञानी ब्राह्मण को हो जाता है, उसे वेदोक्त नाना प्रकार के कर्मों का प्रयोजन नहीं रह जाता है (३।१८)। ब्रह्मानन्द रूपी रस में सभी छोटे बड़े सुखानन्दों का अन्तर्भाव, वृहद जलाशय में छोटे जलाशय की भाँति, होकर परमानन्द की प्राप्ति हो जाती है, तथापि इस स्थिति की प्राप्ति के पूर्व तक आत्मपरायणरूप शास्त्रीय कार्यों को करते रहना धर्म है ॥ ४६ ॥

ज्ञाननिष्ठा का अधिकार मिलने के पहले कर्म करना चाहिए, वह किस प्रकार करना चाहिए यह अगले दो श्लोकों में—

कर्मण्येवाधिकारस्ते मा फलेषु कदाचन।
मा कर्मफलहेतुर्भूर्मा ते सङ्गोऽस्त्वकर्मणि॥ ४७॥

कर्मणि—कर्मों में, **एव**—ही, **अधिकारः**—अधिकार है, **ते**—तेरा, **मा**—नहीं, **फलेषु**—उनके फलों में, **कदाचन**—कभी, **मा**—नहीं, **कर्मफल**—कर्मफल का, **हेतुः**—कारण, **भूः**—हो, **मा**—न, **ते**—तेरी, **सङ्गः**—आसक्ति, **अस्तु**—हो, **अकर्मणि**—कर्म न करने में।

तेरा कर्मों में ही अधिकार है, उनके फलों में कभी नहीं। अतः तू कर्मफल का कारण मत हो तथा कर्म न करने में भी तेरी आसक्ति न हो।

तुम्हारा अर्थात् मनुष्यों का कर्म में ही अधिकार है। कर्म से आशय शास्त्रविहित कर्मों से ही है। कर्म के फल में तुम्हारा अधिकार नहीं है, इसकी इच्छा भी मत कर। कर्मफल ईश्वराधीन या प्रारब्धानुसार होता है।

कर्म के फल का तू कारण भी मत बनो, अर्थात् कर्मों के फलों को कर्मों का उद्देश्य न बना, क्योंकि ऐसा होने से तुम्हें कर्मफल की इच्छा करनी होगी जो बन्धनकारक होगा। प्रश्न यह भी है कि यदि कर्मफल की इच्छा मन में न लायी जाय तो अकर्मण्य की स्थिति हो सकती है, किन्तु ऐसी स्थिति में भगवान् सावधान करते हैं कि अकर्मण्यता नहीं होनी चाहिए, अर्थात् कर्म न करने में भी तुम्हारी आसक्ति नहीं होनी चाहिए। अकर्मण्यता मनुष्य के जन्मसिद्ध अधिकार, कर्म के अधिकार, के भी विरुद्ध है। अकर्मण्य स्थिति में मनुष्य रह भी नहीं सकता है, शरीर-धर्म निर्वहन हेतु कर्म करना ही पड़ता है, प्रकृति कर्म करवा भी लेती है (१८।५९), श्वास-प्रश्वास भी कर्म की ही श्रेणी में है। कर्मफल की इच्छा अथवा आसक्ति से कृत कर्म निश्चय ही बन्धनकारक होता है, किन्तु कर्मफल की आसक्ति के बिना कर्म करने से लौकिक व पारलौकिक जीवन की सफलता का मार्ग प्रशस्त होकर आनन्द की प्राप्ति होती है॥ ४७॥

योगस्थः कुरु कर्माणि सङ्गं त्यक्त्वा धनञ्जय।
सिद्ध्यसिद्ध्योः समो भूत्वा समत्वं योग उच्यते॥ ४८॥

योगस्थः—योग में स्थित हुआ, **कुरु**—कर, **कर्माणि**—कर्मों को, **सङ्गं**—आसक्ति को, **त्यक्त्वा**—त्यागकर, **धनञ्जय**—हे धनंजय, **सिद्ध्यसिद्ध्योः**—सिद्धि और असिद्धि में, **समः**—सम, **भूत्वा**—होकर, **समत्वम्**—समता को, **योगः**—योग, **उच्यते**—कहते हैं।

हे धनंजय ! योग में स्थित हुआ आसक्ति को त्यागकर तथा सिद्धि और असिद्धि में सम होकर तू कर्मों को कर। इस समता को योग कहते हैं।

हे धनंजय ! कर्म-बन्धन से मुक्त होने के लिए सिद्धि व असिद्धि में सम होकर आसक्ति का त्याग करते हुए योग में अवस्थित होकर ईश्वर के लिए कर्म कर। यह कर्म ईश्वर की प्रसन्नता के लिए हो, न कि इस उद्देश्य से कि ईश्वर प्रसन्न होकर तुम्हारा सांसारिक हित करेगा।

इस तरह कर्मफलासक्ति को त्यागकर किया गया कर्म अन्त:करण को शुद्ध करके ज्ञान देनेवाला होता है, जिसे 'सिद्धि' कहते हैं। इसके विपरीत आसक्ति से युक्त होकर किया गया कर्म अज्ञान देनेवाला होता है एवं बन्धनकारक है, जिसे 'असिद्धि' कहते हैं। इन दोनों ही अवस्थाओं, सिद्धि व असिद्धि, में सम बुद्धि रखते हुए कर्म कर। ऐसा समत्व भाव सब प्रकार से सर्वत्र समता का जनक होगा, जो क्रमश: समरूप से स्थित परमात्मा का योग-बोध करा देगा। सिद्धि और असिद्धि में इसी समत्व को 'योग' कहते हैं ॥ ४८ ॥

समत्व बुद्धि से ईश्वर आराधनरूप किये गये कर्मों की अपेक्षा सकाम कर्मों को निकृष्ट कहते हैं—

दूरेण ह्यवरं कर्म बुद्धियोगाद्धनञ्जय ।
बुद्धौ शरणमन्विच्छ कृपणाः फलहेतवः ॥ ४९ ॥

दूरेण—अत्यन्त, **हि**—नि:सन्देह, **अवरम्**—तुच्छ, **कर्म**—सकाम कर्म, **बुद्धियोगात्**—बुद्धियोग से (किये गये कर्मों की अपेक्षा), **धनञ्जय**—हे धनंजय, **बुद्धौ**—बुद्धियोग के, **शरणम्**—आश्रय की, **अन्विच्छ**—इच्छा कर, **कृपणाः**—दीन हैं, **फलहेतवः**—फल हेतु कर्म करनेवाले।

हे धनंजय ! बुद्धियोग से किये गये कर्मों की अपेक्षा सकाम कर्म नि:सन्देह अत्यन्त तुच्छ है, अतः तू बुद्धियोग के आश्रय की इच्छा कर। फल हेतु कर्म करनेवाले दीन होते हैं।

अन्य (सकाम) कर्म राग, द्वेष और आसक्ति को बढ़ाते हैं और जन्म-मरणरूप बन्धन के कारण बनते हैं। अतएव 'बुद्धियोगात्' अर्थात् समबुद्धि से युक्त होकर किये गये कर्म, जो भव-बन्धन से मुक्ति के हेतु बनकर ईश्वरोन्मुखी प्रवृत्ति करते हैं, की तुलना में सकाम कर्म अत्यन्त निकृष्ट होते हैं। अतएव समबुद्धि से परमात्म विषयक ज्ञान-साधन रूप कर्म करते हुए उपर्युक्त बुद्धियोग के आश्रित होकर ईश्वर के शरण की इच्छा कर। जो मनुष्य फलासक्ति के कारण सकाम कर्म में प्रेरित होते हैं और कर्मफल प्राप्ति के कारण बनते हैं, वे अत्यन्त दीन

होते हैं अर्थात् वे राग-द्वेष, विषय-वासना आदि में ही उलझे हुए वास्तविक सुख से वंचित रहकर मनुष्य जन्म की महत्ता को न समझते हुए दीनतापूर्वक जीवन यापन करते रहते हैं एवं दिव्य आत्म-परमात्म ज्ञान के बिना ही इस लोक से कष्टपूर्वक प्रयाण कर जाते हैं।

परमात्मा से ऐक्य में ही लौकिक जीवन की भी दिव्यता है एवं इस ऐक्य में ही कर्म-बन्धन रूप जन्म-मरण से मुक्ति का मूल रहस्य छिपा हुआ है, जिसका बोध अज्ञानता के कारण नहीं हो पाता है। इस रहस्य का अन्वेषण श्रेयस्कर है, यह अन्वेषण ही मनुष्य जन्म का मूल उद्देश्य एवं इस जन्म की सार्थकता भी है ॥ ४९ ॥

कर्मों में योग ही को कुशलता कहते हैं, यह तथा समत्व बुद्धि से युक्त पुरुष को प्राप्त होनेवाले फल अगले दो श्लोकों में बताते हैं—

बुद्धियुक्तो जहातीह उभे सुकृतदुष्कृते ।
तस्माद्योगाय युज्यस्व योगः कर्मसु कौशलम् ॥ ५० ॥

बुद्धियुक्तः—समत्व बुद्धि से युक्त पुरुष, **जहाति**—त्याग देता है, **इह**—इसी जीवन में, **उभे**—दोनों, **सुकृतदुष्कृते**—पुण्य और पाप को, **तस्मात्**—अतः (तू), **योगाय**—कर्मयोग के लिए, **युज्यस्व**—चेष्टा कर, **योगः**—योग ही, **कर्मसु**—कर्मों में, **कौशलम्**—कुशलता है।

समत्व बुद्धि से युक्त पुरुष पुण्य और पाप दोनों को इसी जीवन में त्याग देता है। अतः तू कर्मयोग के लिए चेष्टा कर, कर्मों में योग ही कुशलता है।

समत्व बुद्धि से युक्त पुरुष का अन्तःकरण शुद्ध हो जाता है और सम्यक् ज्ञान की प्राप्ति हो जाती है। ऐसा पुरुष स्वर्ग आदि प्रदान करनेवाले सुकृत अर्थात् पुण्य को एवं नरक आदि प्रदान करनेवाले दुष्कृत अर्थात् पाप को, दोनों को ही, इस जन्म में परमात्मा की कृपा से त्याग देता है। इसलिए तुम समत्वबुद्धि रूप योग की प्राप्ति के लिए प्रयत्न करो, क्योंकि योग ही तो कर्मों में कुशलता है। फलाफल की आसक्ति से किया गया कर्म बन्धनकारक होते हैं—यह *गीता* का योगकर्म नहीं है, किन्तु इसके विपरीत ईश्वरार्पित समत्व भाव से किया गया कर्म दिव्य कर्म है और यह मुक्तिकारक होता है—यही *गीता* का योगकर्म है, जो उस परम तत्त्व से 'योग' कराता है।

'**योगः कर्मसु कौशलम्**' का अर्थ 'योग ही कर्मों में कुशलता है', अर्थात् यदि कर्मों द्वारा परमात्मा से युक्तता न हुई तो वह पारमार्थिक दृष्टि से कुशल कर्मों की श्रेणी में नहीं है—ऐसा ही *गीता* का यथार्थ भाव है। 'कर्मों में कुशलता ही योग है', इस अर्थ को लेकर लोक व्यवहार में देखा गया है कि बहुत-से मनुष्य फल की इच्छा के साथ परोपकार करते हुए एवं ईमानदारी तथा परिश्रम, आदि

तरह से किये गये कर्मों को कर्मों में कुशलता की श्रेणी में रखकर इसे ही 'योग' में अवस्थित होने के अहंभावरूप अज्ञान के साथ वास्तविक योग से विमुख रहकर जीवन-यात्रा पूरी करते हैं। इसके विपरीत, शास्त्रसम्मत कर्त्तव्य-कर्म करते-करते और आत्मस्वरूप का चिन्तन व अभ्यास करते हुए भगवत् आराधना से 'योगयुक्त' हो जाने पर पुरुष लौकिक तथा पारमार्थिक जीवन की पूर्णता को प्राप्त कर दिव्यानन्द के साथ जीवन व्यतीत करते हुए मोक्ष लाभ कर लेता है। जब तक आत्मा का परमात्मा से अथवा भक्त का भगवान् से सम्बन्ध न स्थापित हो, जुड़ाव न हो, तब तक ज्ञान, कर्म या भक्ति मार्ग में 'योग' की संज्ञा नहीं दी जा सकती है। संसार के विषयों से विरति भाव और भगवान् से रति भाव 'योग' की प्राप्ति में सहायक होता है ॥ ५० ॥

कर्मजं बुद्धियुक्ता हि फलं त्यक्त्वा मनीषिणः ।
जन्मबन्धविनिर्मुक्ताः पदं गच्छन्त्यनामयम् ॥ ५१ ॥

कर्मजम्—कर्मजन्य, **बुद्धियुक्ताः**—बुद्धियोग से युक्त, **हि**—निश्चित रूप से, **फलम्**—फल को, **त्यक्त्वा**-त्यागकर, **मनीषिणः**—विवेकी पुरुष, **जन्मबन्ध**—जन्मरूप बन्धन से, **विनिर्मुक्ताः**—मुक्त होकर, **पदम्**—पद को, **गच्छन्ति**—प्राप्त करते हैं, **अनामयम्**—निरामय पद (मोक्ष) को।

क्योंकि बुद्धियोग से युक्त हुआ विवेकी पुरुष कर्मजन्य फल को त्यागकर जन्मरूप बन्धन से मुक्त होकर निरामय पद (मोक्ष) को प्राप्त करते हैं।

क्योंकि समत्व बुद्धि से युक्त हुआ विवेकी मनुष्य ज्ञानोपलब्धि करके सकाम कर्मजन्य फल, सांसारिक सुख-दुःख, देहादि की कामना, ममता व आसक्ति, आदि का त्यागकर जीवित अवस्था में ही जन्मरूप बन्धन से मुक्त होकर मोक्ष रूपी अनामय पद अर्थात् निर्विघ्न, निरामय पद (मोक्ष) को प्राप्त करता है। वास्तव में यह जीवन्मुक्त की अवस्था है और यह पद तो स्वयं स्वस्वरूप या परमात्मतत्त्व में प्रतिष्ठित होने जैसा ही है ॥ ५१ ॥

योग से शुद्ध बुद्धि कब प्राप्त होती है? वह कहते हैं—

यदा ते मोहकलिलं बुद्धिर्व्यतितरिष्यति ।
तदा गन्तासि निर्वेदं श्रोतव्यस्य श्रुतस्य च ॥ ५२ ॥

यदा—जब, **ते**—तेरी, **मोह**—मोहरूप, **कलिलम्**—दलदल को, **बुद्धिः**—बुद्धि, **व्यतितरिष्यति**—भलीभाँति पार कर जाएगी, **तदा**—तब (तू पहले), **गन्तासि**—हो जाएगा, **निर्वेदम्**—विरक्त, **श्रोतव्यस्य**—सुनने योग्य (फलभोगों से), **श्रुतस्य**—सुने हुए (भविष्य में), **च**—और।

जब तेरी बुद्धि मोहरूप दलदल को भलीभाँति पार कर जाएगी, तब तू पहले सुने हुए और भविष्य में सुनने योग्य फलभोगों से विरक्त हो जाएगा।

मोह के फलस्वरूप आत्म-अनात्म का विवेक ज्ञान नहीं रह जाता है एवं तब यह अविवेक उस व्यक्ति को सांसारिक विषयों के गहन दलदल में फँसा देता है, प्रवृत्त कर देता है—इसे ही 'मोहकलिलम्' कहा गया है। इहलोक व परलोक के जो भी भोग व ऐश्वर्य आदि भविष्य में देखे सुने व अनुभव किये जा सकते हैं, वे 'श्रोतव्यस्य' अर्थात् सुनने योग्य कहे जाते हैं तथा आज तक जो देखने, सुनने व अनुभव में आ चुके हैं, उन्हें 'श्रुतस्य' अर्थात् सुने हुए कहते हैं। जब तुम्हारी बुद्धि ईश्वर आराधना से उपर्युक्त मोहकलिल को पार कर जाएगी, शुद्ध हो जाएगी, तब तुम्हें सुनने योग्य व सुने हुए विषयों से निर्वेद अर्थात् वैराग्य हो जाएगा, ऐसे विषयों से तुम राग मुक्त हो जाओगे। उस स्थिति में इन विषयों का कोई अर्थ नहीं रह जाएगा ॥ ५२ ॥

योग से शुद्ध हुई बुद्धि द्वारा समाधि में तत्त्वज्ञानरूपी योग की कब प्राप्ति होगी? सो कहते हैं—

श्रुतिविप्रतिपन्ना ते यदा स्थास्यति निश्चला ।
समाधावचला बुद्धिस्तदा योगमवाप्स्यसि ॥ ५३ ॥

श्रुतिविप्रतिपन्ना—तात्त्विक विषयों के साधन आदि के सम्बन्ध में विभिन्न वचनों को सुनकर विक्षिप्त हुई, **ते**—तेरी, **यदा**—जब, **स्थास्यति**—हो जाएगी, **निश्चला**—अचल, **समाधौ**—समाधि में (आत्मा में), **अचला**—स्थिर, **बुद्धिः**—बुद्धि, **तदा**—तब (तू), **योगम्**—योग को, **अवाप्स्यसि**—प्राप्त होगा।

तात्त्विक विषयों के साधन आदि के सम्बन्ध में विभिन्न वचनों को सुनकर विक्षिप्त हुई तेरी बुद्धि जब समाधि में (आत्मा में) अचल स्थिर हो जाएगी, तब तू योग को प्राप्त होगा।

लौकिक तथा पारलौकिक विभिन्न विषयों के प्राप्ति-अप्राप्ति के सम्बन्ध में श्रुतियों द्वारा बताये गये विभिन्न वचनों व उपाय से बुद्धि 'विप्रतिपन्नता' अर्थात् विक्षिप्तता या विचलन को प्राप्त होती है और वह विभिन्न प्रकार के बताये गये वचनों से युक्त होकर अनिश्चयात्मक स्थिति में आ जाती है कि किसे किया जाय किसे न किया जाय, क्या श्रेष्ठ है और क्या श्रेष्ठ नहीं है? इस तरह से विप्रतिपन्न हुई तेरी बुद्धि जब ऐसे विभिन्न विषयभावों से आकृष्ट न होकर एकमात्र समाधि में अर्थात् आत्मा में अचल व दृढ़ हो जाएगी, तब तुम्हें योग अर्थात् आत्मदर्शनरूप तत्त्वज्ञान की प्राप्ति होगी ॥ ५३ ॥

अब समाधि में स्थित स्थितप्रज्ञ पुरुष के लक्षण जानने की जिज्ञासा अर्जुन प्रकट करते हैं—

अर्जुन उवाच

स्थितप्रज्ञस्य का भाषा समाधिस्थस्य केशव।
स्थितधीः किं प्रभाषेत किमासीत व्रजेत किम्॥ ५४॥

अर्जुनः उवाच-अर्जुन ने पूछा, **स्थितप्रज्ञस्य**-समाधि में स्थित स्थिरबुद्धि पुरुष का, **का**-क्या, **भाषा**-लक्षण है (वह), **समाधिस्थस्य**-समाधि में स्थित, **केशव**-हे केशव, **स्थितधीः**-स्थिरबुद्धि पुरुष, **किम्**-कैसे, **प्रभाषेत**-बोलता है, **किम्**-कैसे, **आसीत्**-बैठता है (और), **व्रजेत**-चलता है, **किम्**-कैसे।

अर्जुन ने पूछा-हे केशव ! समाधि में स्थित स्थितप्रज्ञ पुरुष का क्या लक्षण है? वह स्थिरबुद्धि पुरुष कैसे बोलता है, कैसे बैठता है और कैसे चलता है?

अब अर्जुन समाधिस्थ तथा समाधि से उठे हुए स्थितप्रज्ञ पुरुष के वचन व आचार-व्यवहार को जानने की जिज्ञासा से पूछते हैं कि हे केशव ! समाधिस्थ स्थितप्रज्ञ अर्थात् जिसकी बुद्धि परब्रह्म में प्रतिष्ठित हो गयी है, ऐसा स्थितप्रज्ञ पुरुष जो समाधि में स्थित है, उसके सम्बन्ध में अन्य लोग किन लक्षण-विशेष से बताते हैं? उन स्थितप्रज्ञ पुरुष के वचन में किन भावों की अभिव्यक्ति होती है? वह कैसे बैठता है, अर्थात् व्यवहार काल में उसकी स्थिति कैसी होती है? वह कैसे चलता है, अर्थात् उसका आचरण कैसा होता है? अब अर्जुन के मन में स्थितप्रज्ञ पुरुष को सम्पूर्णता से जानने की जिज्ञासा उत्पन्न होती है॥ ५४॥

अर्जुन के ऐसा पूछने पर भगवान् स्थितप्रज्ञ पुरुष के लक्षण और माहात्म्य अगले चार श्लोकों में कहते हैं—

श्रीभगवानुवाच

प्रजहाति यदा कामान्सर्वान्पार्थ मनोगतान्।
आत्मन्येवात्मना तुष्टः स्थितप्रज्ञस्तदोच्यते॥ ५५॥

श्रीभगवान् उवाच—श्रीभगवान् बोले, **प्रजहाति**—त्याग कर देता है (तथा), **यदा**—जब (पुरुष), **कामान्**—कामनाओं का, **सर्वान्**—सम्पूर्ण, **पार्थ**—हे पार्थ, **मनोगतान्**—मन की, **आत्मनि**—आत्मा में, **एव**—ही, **आत्मना**—आत्मा से अर्थात् स्वयं से आत्मस्थ होकर, **तुष्टः**—सन्तुष्ट रहता है, **स्थितप्रज्ञः**—स्थिर मतिवाला, **तदा**—तब (वह), **उच्यते**—कहा जाता है।

श्रीभगवान् बोले—हे पार्थ ! जब पुरुष मन की सम्पूर्ण कामनाओं का त्याग कर देता है तथा स्वयं से आत्मस्थ होकर आत्मा में ही सन्तुष्ट रहता है, तब वह स्थितप्रज्ञ कहा जाता है।

हे पार्थ ! जब मनुष्य अपने मन में स्थित सम्पूर्ण कामनाओं का समूल त्याग कर देता है, तब उसकी तुष्टि के बाह्य कारण यथा पुत्र, धन, मर्यादा व लोक की अन्यान्य तृष्णाएँ समाप्त हो जाती हैं। ऐसी स्थिति को प्राप्त मनुष्य अपने-आपसे अपने-आपमें ही, स्वयं से स्वयं की आत्मा में स्थिर होकर - आत्मस्थ होकर, सन्तुष्ट रहता है (३।१७)। ऐसे मनुष्य की बुद्धि आत्मतत्त्व को भलीभाँति विवेकपूर्वक समझकर स्थिर हो जाती है और वह स्थितप्रज्ञ कहा जाता है ॥ ५५ ॥

दुःखेष्वनुद्विग्नमनाः सुखेषु विगतस्पृहः ।
वीतरागभयक्रोधः स्थितधीर्मुनिरुच्यते ॥ ५६ ॥

दुःखेषु—सभी प्रकार के दुःखों की प्राप्ति में, **अनुद्विग्नमनाः**—मन में उद्वेगरहित, **सुखेषु**—सुख में, **विगतस्पृहः**—जो स्पृहारहित है, **वीत**—मुक्त, **राग**—आसक्ति, **भय**—भय, **क्रोधः**—क्रोध से, **स्थितधीः**—स्थिर बुद्धि, **मुनिः**—मुनि, **उच्यते**—कहा जाता है।

तथा सभी प्रकार के दुःख में उद्वेगरहित, सुख में स्पृहारहित तथा राग, भय और क्रोध से रहित मुनि स्थिरबुद्धि कहा जाता है।

सभी प्रकार के दुःखों के अर्थात् दैहिक, दैविक और भौतिक दुःखों के प्राप्त होने पर जिसके मन में क्षोभ, उद्वेग नहीं होता वह 'अनुद्विग्नमनाः' है तथा सुखों की प्राप्ति में जिसकी स्पृहा-तृष्णा नष्ट हो गयी है, वह 'विगतस्पृहः' है। राग, भय और क्रोध से जो रहित है, वह 'वीतरागभयक्रोधः' वाला है। ऐसे गुणों से युक्त तत्त्ववेत्ता व्यक्ति को स्थितप्रज्ञ एवं मुनि कहा जाता है। ऐसे मुनि के मन में आत्मबोध की मूलबाधा अर्थात् विषयचिन्तन की उत्पत्ति होती ही नहीं है ॥ ५६ ॥

यः सर्वत्रानभिस्नेहस्तत्तत्प्राप्य शुभाशुभम् ।
नाभिनन्दति न द्वेष्टि तस्य प्रज्ञा प्रतिष्ठिता ॥ ५७ ॥

यः-जो (पुरुष), **सर्वत्र**-सर्वत्र, **अनभिस्नेहः**-स्नेहरहित हुआ, **तत् तत्**-उस-उस, **प्राप्य**-प्राप्त होकर, **शुभ**-शुभ (या), **अशुभम्**-अशुभ को, **न**-न, **अभिनन्दति**-प्रसन्न होता है (और), **न**-न, **द्वेष्टि**-द्वेष करता है, **तस्य**-उसकी, **प्रज्ञा**-बुद्धि, **प्रतिष्ठिता**-स्थिर है।

जो पुरुष सर्वत्र स्नेहरहित हुआ उस-उस शुभ या अशुभ को प्राप्त होकर न प्रसन्न होता है और न द्वेष करता है, उसकी बुद्धि स्थिर है।

जो सर्वत्र अर्थात् सांसारिक सम्बन्धों, विषय-वस्तुओं एवं यहाँ तक कि अपने शरीर एवं जीवन तक में भी, स्नेह व आसक्ति से रहित हो गया है तथा शुभ अर्थात् अनुकूल वस्तु पाने पर अभिनन्दन नहीं करता या प्रसन्न नहीं होता है एवं

अशुभ अर्थात् प्रतिकूल वस्तु पाकर द्वेष या निन्दा नहीं करता है, ऐसे मुनि की विवेकजनित बुद्धि प्रतिष्ठित है (५।२०)। ऐसे उदासीन व्यक्ति के लिए एकमात्र अन्तरात्मा ही स्नेह का विषय है और वे सर्वकल्याण *'सर्वे भवन्तु सुखिनः, सर्वे सन्तु निरामया'* के भाव से युक्त होते हैं। ऐसा उनमें सभी प्राणियों के आत्मा की एकता के भाव के कारण होता है ॥ ५७ ॥

यदा संहरते चायं कूर्मोऽङ्गानीव सर्वशः।
इन्द्रियाणीन्द्रियार्थेभ्यस्तस्य प्रज्ञा प्रतिष्ठिता ॥ ५८ ॥

यदा—जब, **संहरते**—समेट लेता है (वैसे ही), **च**—तथा, **अयम्**—यह (पुरुष), **कूर्मः**—कछुआ, **अङ्गानि**—अपने अंगों को, **इव**—जैसे, **सर्वशः**—सब ओर से, **इन्द्रियाणि**—अपनी इन्द्रियों को, **इन्द्रिय—अर्थेभ्यः**—इन्द्रियों के विषयों से (समेट लेता है, तब), **तस्य**—उसकी, **प्रज्ञा**—बुद्धि, **प्रतिष्ठिता**—स्थिर होती है।

जैसे कछुआ अपने अंगों को समेट लेता है वैसे ही यह पुरुष जब सब ओर से अपनी इन्द्रियों को इन्द्रियों के विषयों से समेट लेता है, तब उसकी बुद्धि स्थिर होती है।

जिस तरह कछुआ किसी बाह्य विघ्न व भय के आभास होने पर सुरक्षार्थ अपने हाथ पैर व अन्यान्य इन्द्रिय अंगों को स्वभावतः अपने में संकुचित, आकर्षित कर लेता है, उसी प्रकार शब्दादि बाह्य विषयों से जब योगी अपनी इन्द्रियों को अनायास समेट लेता है, प्रत्याहार करता है, तब उसकी प्रज्ञा प्रतिष्ठित होती है।

भाव यह है कि इन्द्रियों को उनके बाह्य विषयों में न लगाकर, प्रत्युत बाह्य विषयों को बाहर छोड़कर इन्द्रियों को भीतर की ओर मोड़कर आत्म साधना में लगाने से ही कल्याण मार्ग प्रशस्त होगा। ऐसी स्थिति पाकर ही पुरुष की बुद्धि स्थिर होती है ॥ ५८ ॥

किन्तु देहाभिमानियों में विषय का राग कैसे जाता है? वह बताते हैं—

विषया विनिवर्तन्ते निराहारस्य देहिनः ।
रसवर्जं रसोऽप्यस्य परं दृष्ट्वा निवर्तते ॥ ५९ ॥

विषयाः—विषयसमूह (तो), **विनिवर्तन्ते**—निवृत्त हो जाते हैं (किन्तु विषयों के प्रति), **निराहारस्य**—(इन्द्रियों के द्वारा) विषयों को ग्रहण न करनेवाले, **देहिनः**—देहाभिमानी पुरुष के, **रसवर्जम्**—राग की निवृत्ति नहीं होती है, **रसः**—राग, **अपि**—भी, **अस्य**—इस पुरुष का, **परम्**—परमात्मा के, **दृष्ट्वा**—दर्शन से (विषयों का), **निवर्तते**—निवृत्त हो जाता है।

इन्द्रियों के द्वारा विषयों को ग्रहण न करनेवाले देहाभिमानी पुरुष के विषयसमूह तो निवृत्त हो जाते हैं, किन्तु विषयों के प्रति राग की निवृत्ति नहीं होती है। दूसरी ओर परमात्मा के दर्शन से इस पुरुष का विषयों का राग भी निवृत्त हो जाता है।

इन्द्रियों के द्वारा विषयों का ग्रहण ही 'आहार' एवं विषयों का ग्रहण न करना 'निराहार' है। देहाभिमानी अज्ञानी पुरुष प्रयासपूर्वक तप करके विषयों के ग्रहण से तो प्रायः निवृत्त हो जाते हैं—उन्हें विषयानुभव नहीं होता, किन्तु विषयों में सन्निहित रस या आसक्ति से, विषयवासना से, उनकी निवृत्ति नहीं होती है (३।६)।

विषयों में रहनेवाला यह रस जीव के लिए अत्यन्त सूक्ष्म तथा प्रबल है। इसका कारण यह है कि जन्म-जन्मान्तर से जीव इन्हीं विषय-रस का आस्वादन करते हुए अज्ञानवश सुख का अनुभव करता आया है और इस सुखानुभूति का संस्कार दृढ़ हो गया है। मनुष्य ने इसी अनित्य विषयासक्ति को नित्य सारतत्त्व समझकर वास्तविक सारतत्त्व-परमात्मतत्त्व को, पुनः अज्ञान के कारण ही, विस्मृत कर दिया है।

ऐसे पुरुष की विषयों में राग की आसक्ति से निवृत्ति एकमात्र परमात्मा के साक्षात्कार से हो जाती है। अतएव स्थितप्रज्ञ पुरुष के विषय एवं आसक्ति, दोनों ही का, परमात्मा के साक्षात्काररूपी यथार्थ ज्ञान की प्राप्ति से समूल निवृत्ति हो जाती है। ऐसे स्थितप्रज्ञ पुरुष अन्य लोगों की दृष्टि में विषयों को ग्रहण करते प्रतीत होते हुए भी विषयों से निर्लिप्त हैं, अनासक्त हैं ॥ ५९ ॥

इन्द्रियों के वश में न होने से दोष बताते हैं—

यततो ह्यपि कौन्तेय पुरुषस्य विपश्चितः ।
इन्द्रियाणि प्रमाथीनि हरन्ति प्रसभं मनः ॥ ६० ॥

यततः—यत्न करते हुए, **हि**—निःसन्देह, **अपि**—भी, **कौन्तेय**—हे अर्जुन, **पुरुषस्य**—पुरुष के, **विपश्चितः**—बुद्धिमान, **इन्द्रियाणि**—इन्द्रियाँ, **प्रमाथीनि**—ये प्रमथन स्वभाववाली, **हरन्ति**—हर लेती हैं, **प्रसभम्**—बलपूर्वक, **मनः**—मन को ।

हे अर्जुन ! ये प्रमथन स्वभाववाली इन्द्रियाँ तो यत्न करते हुए बुद्धिमान पुरुष के भी मन को निःसन्देह बलपूर्वक हर लेती हैं।

विषयरस के प्रति आसक्ति बने रहने पर इन्द्रियाँ विषयों का चिन्तन करते-करते पुरुष को पुनः उसमें प्रवृत्त कर देती हैं, क्योंकि इन्द्रियाँ स्वभावतः विषयों

के चिन्तन से क्षोभ पैदा करनेवाली-प्रमथन स्वभाववाली होती हैं। अतएव हे कौन्तेय! प्रयत्नशील विद्वान-विचारवान-बुद्धिमान पुरुष के भी मन में ये प्रमथन स्वभाववाली इन्द्रियाँ उसे विषयाभिमुख करके क्षोभ उत्पन्न कर देती हैं, व्याकुल कर देती है एवं बलपूर्वक उसके मन को भी हर लेती हैं, अर्थात् संसाररस की ओर आकर्षित करके दिव्य परमात्मरस से वंचित कर देती हैं।

इसलिए सावधानीपूर्वक साधक को हर प्रकार से इन्द्रिय संयम करना चाहिए एवं विषयरस की इच्छा का त्याग कर देना चाहिए। इन्द्रिय संयम और विषयरस की इच्छा दोनों दोनों ही आत्मचिंतन में साथ-साथ नहीं चल सकते हैं—परस्पर विरोधी हैं, यह निरन्तर स्मरण रखना चाहिए ॥ ६० ॥

अतएव इन्द्रियों को वश में करके भगवान् के परायण होकर ध्यान करने का अभ्यास करने को कहते हैं—

तानि सर्वाणि संयम्य युक्त आसीत मत्परः ।
वशे हि यस्येन्द्रियाणि तस्य प्रज्ञा प्रतिष्ठिता ॥ ६१ ॥

तानि—उन, **सर्वाणि**—सब इन्द्रियों का, **संयम्य**—संयम करके, **युक्तः**—तत्पर हुआ (योगी), **आसीत**—(ध्यान में) बैठे, **मत्परः**—मेरे परायण होकर, **वशे**—वश में हैं, **हि**—क्योंकि, **यस्य**—जिसकी, **इन्द्रियाणि**—इन्द्रियाँ, **तस्य**—उसकी, **प्रज्ञा**—बुद्धि, **प्रतिष्ठिता**—स्थिर है।

अतः उन सब इन्द्रियों का संयम करके तत्पर हुआ योगी मेरे परायण होकर ध्यान में बैठे, क्योंकि जिसकी इन्द्रियाँ वश में हैं उसकी बुद्धि स्थिर है।

हठपूर्वक इन्द्रियों का संयम करनेवाले साधक में अहंभाव की प्रबल सम्भावना होती है, जो पतन का कारण बनकर योगमार्ग से विमुख होने की स्थिति उत्पन्न कर सकता है। ऐसे योगी साधक को योगेश्वर भगवान् श्रीकृष्ण कहते हैं कि वह विवेकपूर्वक इन्द्रियों का संयम करके चित्त को मुझमें लगाकर मेरे परायण होकर ध्यान में बैठे (६।१४)। इस प्रकार ध्यान में बैठने पर अभ्यास द्वारा क्रमशः जिस साधक की मनसहित सम्पूर्ण इन्द्रियाँ वश में होती हैं, उसकी बुद्धि स्थिर है।

उपर्युक्त युक्ति से ध्यान का अभ्यास करते रहने से स्वयं की आत्मा की परमात्मा से अभिन्नता प्राप्त होती है। सम्पूर्ण कर्मों को एवं उसके फल को भगवान् में अर्पित करके भगवत् परायण भाव से युक्त होने पर ही अहं का नाश होता है एवं भगवान् से योग की स्थिति प्राप्त होती है। अहं तत्त्व के रंचमात्र भी विद्यमान रहने पर परमात्मज्ञान की पूर्णता सम्भव नहीं है। अतएव अहं के समूल नाश हेतु पुरुष को यत्नपूर्वक अभ्यास करना चाहिए ॥ ६१ ॥

भगवान् अब इन्द्रिय संयम न करनेवाले पतन की ओर उन्मुख पुरुष के अनर्थों का मूल कारण अगले दो श्लोकों में बताते हैं—

ध्यायतो विषयान्पुंसः सङ्गस्तेषूपजायते ।
सङ्गात्सञ्जायते कामः कामात्क्रोधोऽभिजायते ॥ ६२ ॥

ध्यायतः—चिन्तन करनेवाले, **विषयान्**—विषयों का, **पुंसः**—पुरुष की (उन), **सङ्गः**—आसक्ति, **तेषु**—उन विषयों में, **उपजायते**—हो जाती है, **सङ्गात्**—आसक्ति से, **सञ्जायते**—उत्पन्न हो जाती है (आसक्ति से), **कामः**—काम, **कामात्**—काम से, **क्रोधः**—क्रोध (की उत्पत्ति होती है), **अभिजायते**—उत्पन्न होता है (और)।

विषयों का चिन्तन करनेवाले पुरुष की उन विषयों में आसक्ति हो जाती है, आसक्ति से काम उत्पन्न होता है और काम से क्रोध की उत्पत्ति होती है।

मन में भगवत् चिन्तन न होने से संसार में 'विषय' का ही चिन्तन होता है। ऐसी स्थिति में विषयों में राग होने के कारण उनके चिन्तन से प्राप्त अनित्य सुख में मन के रमण करने से मन में उन विषयों के प्रति 'सङ्गः' अर्थात् आसक्ति हो जाती है। इस आसक्ति से नाना प्रकार की प्रबल भोगेच्छा अर्थात् काम की उत्पत्ति होती है। इस कामना की पूर्ति में विघ्न पड़ने पर क्रोध उत्पन्न होता है ॥ ६२ ॥

क्रोधाद्भवति सम्मोहः सम्मोहात्स्मृतिविभ्रमः ।
स्मृतिभ्रंशाद् बुद्धिनाशो बुद्धिनाशात्प्रणश्यति ॥ ६३ ॥

क्रोधात्—क्रोध से, **भवति**—होती है, **सम्मोहः**—विवेकशून्यता, **सम्मोहात्**—सम्मोह से अर्थात् अविवेक से, **स्मृतिविभ्रमः**—स्मृति का भ्रंश (और), **स्मृतिभ्रंशात्**—स्मृति के भ्रंश से, **बुद्धिनाशः**—बुद्धि का नाश (होता है तथा), **बुद्धिनाशात्**—बुद्धि के नाश से (पुरुष का), **प्रणश्यति**—पतन हो जाता है।

क्रोध से विवेकशून्यता होती है, अविवेक से स्मृति का भ्रंश और स्मृतिभ्रंश से बुद्धि का नाश होता है तथा बुद्धि के नाश से पुरुष का पतन हो जाता है।

क्रोध से 'सम्मोहः'-विवेकशून्यता होती है, अर्थात् कार्य-अकार्य, कर्त्तव्य-अकर्त्तव्य के विवेक का अभाव हो जाता है। सम्मोह से 'स्मृतिविभ्रमः' अर्थात् शास्त्र और आचार्य द्वारा उपदिष्ट विषयों में स्मृति का विचलन या भ्रंश हो जाता है। स्मृतिभ्रंश से 'बुद्धिनाशः' अर्थात् बुद्धि में कार्याकार्य में भेद करने की योग्यता नहीं रह जाती है। बुद्धि के नाश होने से मनुष्य नष्टप्राय हो जाता है, उसका पतन हो जाता है, वह पुरुषार्थ के अयोग्य हो जाता है। अस्तु, मनुष्य के अधः पतन के मूल में संसार के विषयों का चिन्तन है, जिससे दूर ही रहना चाहिए ॥ ६३ ॥

अब इन्द्रिय संयमी पुरुषों के अन्तःकरण की निर्मलता का कारण बताते हैं—

रागद्वेषवियुक्तैस्तु विषयानिन्द्रियैश्चरन् ।
आत्मवश्यैर्विधेयात्मा प्रसादमधिगच्छति ॥ ६४ ॥

रागद्वेषवियुक्तैः—राग-द्वेष से रहित, **तु**—परन्तु, **विषयान्**—विषयों को, **इन्द्रियैः**—इन्द्रियों के द्वारा, **चरन्**—भोगता हुआ भी, **आत्मवश्यैः**—अपने वश में की हुई, **विधेयात्मा**—मन को वश में रखनेवाला मुमुक्षु, **प्रसादम्**—प्रसाद अर्थात् अन्तःकरण की निर्मलता को, **अधिगच्छति**—प्राप्त होता है।

मन को वश में रखनेवाला मुमुक्षु राग-द्वेष से रहित और अपने वश में की हुई इन्द्रियों के द्वारा विषयों को भोगता हुआ भी अन्तःकरण की निर्मलता को प्राप्त होता है।

इन्द्रियों की प्रवृत्ति विषयों में राग-द्वेष के कारण होती है, किन्तु मन को अपनी इच्छा के अनुसार वश में करनेवाला मुमुक्षु राग-द्वेष से रहित हुआ एवं अपने वश में की हुई इन्द्रियों के द्वारा आवश्यक विषयों का सेवन करता हुआ भी 'प्रसादम्' अर्थात् अन्तःकरण की निर्मलता, शान्ति व प्रसन्नता को प्राप्त करता है। आशय यह है कि विषय त्याग तथा इन्द्रिय के संयम से भी श्रेष्ठतर तो मन या बुद्धि में सूक्ष्मरूप से विद्यमान राग-द्वेष से रहित होना है ॥ ६४ ॥

उपर्युक्त निर्मलता के होने से क्या होता है, सो कहते हैं—

प्रसादे सर्वदुःखानां हानिरस्योपजायते ।
प्रसन्नचेतसो ह्याशु बुद्धिः पर्यवतिष्ठते ॥ ६५ ॥

प्रसादे—अन्तःकरण की निर्मलता से, **सर्वदुःखानाम्**—समस्त दुःखों का, **हानिः**—नाश, **अस्य**—इसके, **उपजायते**—हो जाता है, **प्रसन्नचेतसः**—प्रसन्नचित्तवाले पुरुष की, **हि**—क्योंकि, **आशु**—शीघ्र ही, **बुद्धिः**—बुद्धि, **परि**—भलीभाँति, **अवतिष्ठते**—स्थिर हो जाती है।

अन्तःकरण की निर्मलता से इसके समस्त दुःखों का नाश हो जाता है, क्योंकि प्रसन्नचित्तवाले पुरुष की बुद्धि शीघ्र ही भलीभाँति स्थिर हो जाती है।

प्रसाद के प्राप्त होने पर कर्मयोगी साधक की दैहिक, दैविक तथा भौतिक सभी दुःखों का नाश हो जाता है एवं ऐसे प्रसन्नचित्त साधक की बुद्धि निःसन्देह शीघ्र ही आत्मरूप से स्थिर हो जाती है ॥ ६५ ॥

किन्तु इन्द्रिय संयम न करनेवाले अयुक्त पुरुष में सुख शान्ति तथा बुद्धि का अभाव अगले दो श्लोकों में कहते हैं—

नास्ति बुद्धिरयुक्तस्य न चायुक्तस्य भावना।
न चाभावयतः शान्तिरशान्तस्य कुतः सुखम्॥ ६६॥

न अस्ति—नहीं होती, **बुद्धिः**—बुद्धि, **अयुक्तस्य**—अयुक्त पुरुष की, **न**—न (ही), **च**—और, **अयुक्तस्य**—अयुक्त पुरुष की, **भावना**—आत्मविषयक भावना (ही होती है), **न**—नहीं, **च**—और, **अभावयतः**—भावनारहित पुरुष की, **शान्तिः**—शान्ति, **अशान्तस्य**—शान्तिरहित को, **कुतः**—कहाँ, **सुखम्**—सुख।

अयुक्त पुरुष की बुद्धि नहीं होती और न ही अयुक्त पुरुष की आत्मविषयक भावना ही होती है। भावनारहित पुरुष को शान्ति नहीं और शान्तिरहित को सुख कहाँ?

अयुक्त पुरुष अर्थात् मुझमें मन को समाहित न करनेवाले पुरुष की मन व इन्द्रियाँ संयमित नहीं होती हैं और इन्द्रियों के विषयानुरागी होने के कारण आत्म विषयक निश्चयात्मिका अर्थात् व्यवसायात्मिका बुद्धि नहीं होती है, अर्थात् ऐसे पुरुष के मन के विषयावृत्त होने के कारण उसकी बुद्धि में परमात्मज्ञान सम्बन्धी चिन्तन का भाव या प्रीति उत्पन्न भी नहीं होता। भावना के द्वारा ही बुद्धि की आत्म-परमात्म में प्रतिष्ठा होती है और अयुक्त को आत्मविषयक भावना नहीं होती है तथा इस तरह की भावना न करनेवाले को शान्ति नहीं मिलती है। शान्तिरहित पुरुष को सुख कैसे मिल सकता है? अस्तु, इन्द्रियों का विषय से निवृत्ति ही सुख का एवं विषय में प्रवृत्ति ही दुःख का कारण है ॥ ६६॥

इन्द्रियाणां हि चरतां यन्मनोऽनुविधीयते।
तदस्य हरति प्रज्ञां वायुर्नावमिवाम्भसि॥ ६७॥

इन्द्रियाणाम्—इन्द्रियों में, **हि**—क्योंकि (विषयों में), **चरताम्**—विचरनेवाली, **यत्**—जिस इन्द्रिय के पीछे, **मनः**—मन, **अनुविधीयते**—जाता है, **तत्**—वह (एक ही इन्द्रिय), **अस्य**—इस पुरुष की, **हरति**—हर लेता है, **प्रज्ञाम्**—बुद्धि को (वैसे ही), **वायुः**—वायु, **नावम्**—नौका को, **इव**—जैसे, **अम्भसि**—जल में।

क्योंकि विषयों में विचरनेवाली इन्द्रियों में जिस इन्द्रिय के पीछे मन जाता है, वह एक ही इन्द्रिय इस पुरुष की बुद्धि को वैसे ही हर लेता है, जैसे जल में नौका को वायु।

मनुष्य की इन्द्रियाँ अपने-अपने विषयों में प्रवृत्त रहती हैं। मन जिस भी इन्द्रिय के पीछे चला जाता है, उस इन्द्रिय के विषय में वह प्रवृत्त होकर उस विषय को ग्रहण कर उस विषयरस का सुख लेने लग जाता है। इन्द्रिय के

विषयरस को ग्रहण करता हुआ ऐसा मन साधक को विषय में फँसाकर उसकी बुद्धि को हर लेता है, अर्थात् उसे आत्म विषयक पथ से भटकाकर विषयोन्मुख कर देता है। यह ठीक वैसे ही है जैसे सागर के जल में गन्तव्य की ओर अग्रसर नौका को प्रबल वायु अपने रास्ते से भटकाकर दूसरे मार्ग से ले जाकर अन्यत्र पहुँचा देती है। यहाँ इस उदाहरण में सागर की उपमा संसार से, जल की विषय समुदाय से, नौका की बुद्धि से तथा वायु की इन्द्रिय-विषय में लगे मन से दी गयी है।

इन्द्रिय की यह विषय संलिप्तता तथा मन की उस इन्द्रिय-विषय में आसक्ति पूर्व जन्मों के संस्कारों से अत्यन्त प्रबल होता है। एक भी इन्द्रिय के विषय में मनुष्य के मन की संलिप्तता, प्रवृत्ति, आसक्ति होने से ही मनुष्य श्रेयमार्ग-परमात्ममार्ग से प्रेयमार्ग-संसारमार्ग की ओर उन्मुख हो जाता है। इस प्रकार से सभी इन्द्रियों की स्वेच्छाचारिता की स्थिति में बुद्धि के हरण के विषय में क्या कहना है !

इन्द्रियों की विषय प्रबलता, प्राणान्त का कारण होने पर भी, व्यवहार में प्रकृति में देखने में आता है। एक ही चक्षु इन्द्रिय के वश में होकर पतंगा, रसनेन्द्रिय के वश में होकर मछली, कर्णेन्द्रिय के वश में होकर मृग, घ्राणेन्द्रिय के वश में होकर भ्रमर तथा स्पर्शेन्द्रिय के वश में होकर हाथी को अपना-अपना प्राण तक गँवाना पड़ जाता है। अत: सभी इन्द्रियों का संयम साधक के लिए नितान्त आवश्यक है। ॥ ६७ ॥

अब उपसंहार रूप से भगवान् कहते हैं कि इन्द्रियों को वश में किये गये पुरुष की ही बुद्धि स्थिर होती है—

तस्माद्यस्य महाबाहो निगृहीतानि सर्वशः ।
इन्द्रियाणीन्द्रियार्थेभ्यस्तस्य प्रज्ञा प्रतिष्ठिता ॥ ६८ ॥

तस्मात्—इसलिए, **यस्य**—जिसकी, **महाबाहो**—हे महाबाहो, **निगृहीतानि**—वश में की हुई हैं, **सर्वशः**—सब प्रकार से, **इन्द्रियाणि**—इन्द्रियाँ, **इन्द्रियार्थेभ्यः**—इन्द्रियों के विषयों में, **तस्य**—उसकी, **प्रज्ञा**—बुद्धि, **प्रतिष्ठिता**—स्थिर है।

इसलिए हे महाबाहो ! जिसकी इन्द्रियाँ इन्द्रियों के विषयों में सब प्रकार से वश में की हुई हैं, उसकी बुद्धि स्थिर है ।

अतएव हे महाबाहो ! जिस साधक की इन्द्रियाँ इन्द्रियों के विषयों में सब प्रकार से, लौकिक व्यवहार में तथा एकान्त चिन्तन में भी, वश में कर ली गयी हैं

उनकी बुद्धि स्थिर है। ऐसे साधक की इन्द्रियाँ किसी भी अवस्था में विषयों में प्रवृत्त नहीं होती हैं और उनका मन भी इन्द्रियों के साथ तादात्म्य करते हुए बुद्धि को विचलित नहीं करता है।

ऐसी अवस्था प्राप्त करके स्थिर बुद्धि साधक की इन्द्रियाँ व मन, दोनों ही, विषयों की ओर से सब प्रकार से विमुख होकर परमात्मा की प्राप्ति के लक्ष्य में ही निरन्तर प्रयत्नशील रहती है ॥ ६८ ॥

अब विवेक ज्ञान प्राप्त स्थितप्रज्ञ पुरुष में अविद्या की निवृत्ति और परिणामस्वरूप अविद्यारूप लौकिक व वैदिक व्यवहार की भी निवृत्ति को कहते हैं—

या निशा सर्वभूतानां तस्यां जागर्ति संयमी ।
यस्यां जाग्रति भूतानि सा निशा पश्यतो मुनेः ॥ ६९ ॥

या—जो, **निशाः**—रात्रि है, **सर्व**—सभी, **भूतानाम्**—प्राणियों की, **तस्याम्**—उसमें, **जागर्ति**—जागता है (और), **संयमी**—संयमी, **यस्याम्**—जिसमें, **जाग्रति**—जागते हैं, **भूतानि**—समस्त भूतप्राणी, **सा**—वह, **निशा**—रात्रि है, **पश्यतः**—तत्त्वदर्शी, **मुनेः**—मुनि की।

जो सभी प्राणियों की रात्रि है, उसमें संयमी जागता है और जिसमें समस्त भूतप्राणी जागते हैं वह तत्त्वदर्शी मुनि की रात्रि है।

अनात्म विषयक बुद्धिवाले अज्ञानीजन आत्मनिष्ठा के लिए अर्थात् आत्मचिन्तन के लिए कोई प्रयास नहीं करते हैं, जागृत नहीं रहते हैं, उसकी बुद्धि में वस्तुतः आत्मतत्त्व तो रात्रि-निशा के समान है और रात्रि की भाँति तत्त्वज्ञान अप्रकाशित ही रहता है, किन्तु इसके विपरीत आत्मविषयक बुद्धिवाले संयमीजन तो उन अज्ञानियों के लिए आत्मविषयक अज्ञानरूपी ऐसी रात्रि में तत्त्वज्ञान के प्रकाशार्थ जागृत रहते हैं और आत्मिक अभ्यास से आनन्दित रहते हैं।

परन्तु अज्ञानीजन अपनी उपर्युक्त अनात्म-विषयक बुद्धि के कारण ही सांसारिक भोग-विलास तथा मोह शोकादि देनेवाली बन्धनकारक अनात्म वस्तुओं की प्राप्ति में सक्रिय रहते हैं, जागते हैं और उनकी यह स्थिति उनके लिए दिन के सदृश है, क्योंकि अनात्म वस्तुओं का प्रकाशित रूप ही उन्हें साररूप लगता है। तत्त्वदर्शी मुनि तो इन सारहीन अनात्म-विषयक वस्तुओं में आसक्ति नहीं करते, उनको तो सभी अज्ञानी प्राणियों को प्रिय लगनेवाली विषयात्मक प्रकाशित हुई वस्तुएँ निशारूप लगती हैं, तत्त्वज्ञान को आच्छादित करनेवाली होती हैं। वे इन सुख-दु:ख प्रदायक बन्धनरूप विषयों को उदासीन भाव से देखते हैं, इनसे विरत रहते हैं।

आशय यह है कि सामान्यत: संसारी प्राणियों की बुद्धि अनात्मविषयक और संयमी प्राणियों की बुद्धि आत्मविषयक होती है। जिसकी जैसी बुद्धि होती है, उसका वैसा ही निश्चय और प्रयास होता है। अनात्मविषयक पदार्थों की प्राप्ति का चिन्तन व प्रयास अज्ञान-रात्रि-अन्धकार का द्योतक है और आत्मविषयक अन्वेषण तो ज्ञान-दिन- प्रकाश का द्योतक है और अविद्या का नाशक है। ये दो श्रेणी के लोग परस्पर विपरीत स्वभाव के होते हैं, इनमें सार व असार तत्त्व की अवधारणा भी विपरीत होती है। बुद्धिभाव तथा रात-दिन का उपर्युक्त तात्त्विक भाव भी भिन्न होता है। एक श्रेणी का व्यक्ति संसार में विषयोन्मुख होता है और दूसरे श्रेणी का भगवतोन्मुख होता है। अहो ! सभी मनुष्यों को भगवान् की ओर से जीवन सुधार हेतु समान अधिकार व अवसर प्राप्त होने पर भी विषयोन्मुख पुरुष की अविद्या-अज्ञान की स्थिति कितनी दु:खद है! ॥ ६९ ॥

अब स्थितप्रज्ञ ज्ञानी को शान्ति-मोक्ष की प्राप्ति अगले दो श्लोकों में सोदाहरण बताते हैं—

आपूर्यमाणमचलप्रतिष्ठं-
समुद्रमापः प्रविशन्ति यद्वत्।
तद्वत्कामा यं प्रविशन्ति सर्वे
स शान्तिमाप्नोति न कामकामी ॥ ७० ॥

आपूर्यमाणम्—सब ओर से परिपूर्ण, **अचलप्रतिष्ठम्**—अचल प्रतिष्ठा वाले, **समुद्रम्**—समुद्र में (नदियों के), **आप:**—जल (बिना क्षोभ पैदा किये), **प्रविशन्ति**—समा जाते हैं, **यद्वत्**—जैसे, **तद्वत्**—वैसे ही, **कामा:**—भोग, **यम्**—जिस पुरुष में (बिना विकार उत्पन्न किये), **प्रविशन्ति**—समा जाते हैं, **सर्वे**—सारे (भोग), **स:**—वही पुरुष, **शान्तिम्**—शान्ति को, **आप्नोति**—प्राप्त होता है, **न**—नहीं, **कामकामी**—भोगों की कामना वाला।

जैसे सब ओर से परिपूर्ण अचल प्रतिष्ठावाले समुद्र में नदियों के जल (बिना क्षोभ पैदा किये) समा जाते हैं, वैसे ही जिस पुरुष में बिना विकार उत्पन्न किये ही सारे भोग समा जाते हैं, वही पुरुष शान्ति को प्राप्त होता है, भोगों की कामनावाला नहीं।

जिस तरह से सब ओर से जल से परिपूर्ण समुद्र में नदियों के जल आकर मिलने से उसके जल के स्तर में कोई परिवर्तन नहीं होता और न ही कोई क्षोभ होता है, अपितु वह अपनी मर्यादा में पूर्ववत स्थित रहता है, उसी प्रकार स्थितप्रज्ञ पुरुष को प्रारब्धानुसार प्राप्त भोग-पदार्थ का संग होने पर या प्राप्त होने पर भी समस्त कामनाएँ उसके भीतर ही विलीन रहती हैं, किसी प्रकार का विकार उत्पन्न

नहीं करती हैं। ऐसा आप्तकाम स्थितप्रज्ञ ज्ञानी पुरुष शान्ति को प्राप्त करता है एवं परमात्मा में अचलरूप से स्थित रहता है (१५।५)। इसके विपरीत भोग एवं कामना से युक्त अज्ञानी पुरुष शान्ति नहीं प्राप्त कर सकते हैं ॥ ७० ॥

विहाय कामान्यः सर्वान्पुमांश्चरति निःस्पृहः ।
निर्ममो निरहङ्कारः स शान्तिमधिगच्छति ॥ ७१ ॥

विहाय—छोड़कर, **कामान्**—कामनाओं को, **यः**—जो, **सर्वान्**—सम्पूर्ण, **पुमान्**—पुरुष, **चरति**—विचरता है, **निःस्पृहः**—स्पृहारहित हुआ, **निर्ममः**—ममतारहित, **निरहङ्कारः**—अहंकाररहित अर्थात् निरहंकार होकर, **सः**—वही, **शान्तिम्**—शान्ति को, **अधिगच्छति**—प्राप्त होता है।

जो पुरुष सम्पूर्ण कामनाओं को छोड़कर निःस्पृह, निर्मम और निरहंकार होकर विचरता है, वही शान्ति को प्राप्त होता है।

क्योंकि जो पुरुष सम्पूर्ण 'कामान्'- कामनाओं को अर्थात् प्राप्त व अप्राप्त वस्तु की इच्छा को छोड़कर 'निःस्पृहः'- जीवन निर्वाह के लिए भी आवश्यक प्राप्त व अप्राप्त वस्तु की अपेक्षा से दूर रहकर, 'निर्ममः'- समस्त पदार्थों एवं सम्बन्धों में आत्मभाव से रहित होकर और 'निरहंकारः'-अपने शरीर को भी स्वरूप से अभिन्न समझनेवाले भाव से रहित होकर जीवनमात्र के लिए आचरण करता हुआ विचरण करता है, वह मोक्षरूपी परम शान्ति को प्राप्त करता है ॥ ७१ ॥

उपसंहाररूप से उस स्थितप्रज्ञ पुरुष की स्तुति करते हैं—

एषा ब्राह्मी स्थितिः पार्थ नैनां प्राप्य विमुह्यति ।
स्थित्वास्यामन्तकालेऽपि ब्रह्मनिर्वाणमृच्छति ॥ ७२ ॥

एषा—यह, **ब्राह्मी**—ब्राह्मी, **स्थितिः**—स्थिति है, **पार्थ**—हे पार्थ, **न**—नहीं, **एनाम्**—इसको, **प्राप्य**—पाकर (मनुष्य), **विमुह्यति**—मोहित होता है, **स्थित्त्वा**—स्थित होकर, **अस्याम्**—इस स्थिति में, **अन्तकाले**—अन्तकाल में, **अपि**—भी, **ब्रह्मनिर्वाणम्**—ब्रह्मनिर्वाण को, **ऋच्छति**—प्राप्त हो जाता है।

हे पार्थ ! यह ब्राह्मी स्थिति है। इसको पाकर मनुष्य मोहित नहीं होता, अन्तकाल में भी इस स्थिति में स्थित होकर ब्रह्मनिर्वाण को प्राप्त हो जाता है।

हे पार्थ ! यह ब्राह्मी स्थिति है, अर्थात् ब्रह्म को प्राप्त या ब्रह्म में स्थित होनेवाले पुरुष की स्थिति है। इस स्थिति में निरहंकार हुआ मनुष्य मोह को प्राप्त नहीं होता है, अर्थात् यथार्थ ज्ञान प्राप्तकर संसारचक्र से छूट जाता है (४।३५)।

अन्तकाल में अर्थात् मृत्यु के समय में भी क्षणमात्र के लिए भी मनुष्य इस ब्रह्मज्ञान में स्थित हो जाने पर ब्रह्मनिर्वाण या ब्रह्म में लय को प्राप्त होता है (८।५)।

अन्त समय में यदि क्षणिक ब्रह्मध्यान होने पर ऐसा पुण्य लाभ है, तो यह विचार का विषय है कि बाल्यकाल से ही ब्रह्मनिष्ठा होने पर परिणामस्वरूप ब्रह्म में स्थिति रहते हुए मनुष्य को ब्रह्मनिर्वाण अवश्य ही प्राप्त होगा ॥ ७२ ॥

इति श्रीकृष्णार्जुनसंवादे सांङ्ख्ययोगो नाम द्वितीयोऽध्यायः ॥ २ ॥

अध्याय ३

कामना को वश में करके राग-द्वेष आदि से रहित होकर अनासक्त भाव से नियत कर्म करने की प्रेरणा एवं उसकी उपादेयता बताते हुए ***'कर्मयोग'*** नाम के इस अध्याय में यज्ञादि कर्मों की आवश्यकता, ज्ञानी तथा अज्ञानी पुरुष के लक्षण एवं कामना के निरोध जैसे कर्मयोग विषयक वर्णन प्रमुखता से किया गया है।

भगवान् श्रीकृष्ण की वाणी से अर्जुन को लगा कि भगवान् को कर्म की अपेक्षा ज्ञान श्रेष्ठ मान्य है, ऐसे में वह भगवान् से पूछता है कि वे युद्धरूप भयंकर कर्म में उसे क्यों लगाते हैं (१)? पुनः वह अपने कल्याण हेतु एक निश्चित बात कहने की भगवान् से प्रार्थना करता है (२)। भगवान् ने तब दो प्रकार की निष्ठा (नित्यस्थिति) बताया- सांख्ययोगियों की निष्ठा ज्ञानयोग से एवं योगियों की निष्ठा कर्मयोग से (३)। कर्मों के आरम्भ न करने से निष्कर्मतारूपी ज्ञाननिष्ठा का प्राप्त न होना एवं कर्मों के त्याग से सिद्धि का भी न मिलना बताते हैं (४)। बिना ज्ञान के केवल कर्मसंन्यास से निष्कर्मतारूपी सिद्धि अर्थात् ज्ञानयोग से प्राप्त होनेवाली स्थिति नहीं मिलती, उसका कारण बताते हैं (५)। हठात् कर्म रोककर इन्द्रियजन्य विषयों का चिन्तन मिथ्याचार कहते हैं (६), परन्तु इन्द्रियों को वश में करके अनासक्त हुए कर्मयोग का आचरण करनेवाला पुरुष श्रेष्ठ होता है (७)। इसलिए शास्त्रविहित कर्म करने का निर्देश देते हैं (८)। अब कर्त्तव्यरूप यज्ञकर्म करने को कहते हैं (९) और ऐसे कर्मों की उपादेयता का वर्णन करते हैं (१०-१६)। आत्मज्ञानियों के लिए कर्म को प्रयोजनहीन बताते हैं (१७-१८)। अनासक्त होकर कर्त्तव्य-कर्म की प्रेरणा देते हैं (१९-२०)। श्रेष्ठजनों का आचरण प्रमाणस्वरूप कहकर भगवान् स्वयं कर्म में बरतने को बताते हैं (२१-२३)। पुनः श्रेष्ठजनों द्वारा कर्म न करने से समाज में होनेवाली हानि बताते हैं (२४)। आत्मज्ञानियों द्वारा लोकसंग्रहार्थ कर्म करना चाहिए (२५-२६)। मूढ पुरुषों के अहंकार के कारण कर्मों में आसक्ति का होना (२७), किन्तु तत्त्वज्ञानियों में अनासक्ति का होना बताते हैं (२८)। ज्ञानियों को कर्त्तव्य-कर्म की प्रेरणा अल्पज्ञों को देना चाहिए (२९)। मोक्ष को चाहनेवाला अज्ञानी पुरुष कैसे कार्य करे, यह बताकर अर्जुन को युद्ध करने का आदेश भगवान् देते हैं (३०)। सभी प्राणियों का अपनी-अपनी

प्रवृत्ति के अनुसार चेष्टा करने को बताकर (३१-३३) कल्याण के मार्ग में बाधक शत्रुरूप राग-द्वेष के वश में न होने को कहते हैं (३४)। अब परधर्म की अपेक्षा स्वधर्म को श्रेष्ठ कहते हैं (३५)। अर्जुन अब मनुष्य के द्वारा पाप के आचरण का कारण भगवान् से पूछता है (३६)। रजोगुण से उत्पन्न 'काम' को ही क्रोध तथा बैरी भगवान् कहते हैं (३७)। काम का वैरी होना उदाहरण देकर बताते हैं (३८)। ज्ञानियों का ज्ञान कामरूप बैरी से ढका होना बताते हैं (३९)। काम के वासस्थानरूप इन्द्रियाँ, मन और बुद्धि हैं, जिनके द्वारा वह काम ज्ञान को ढककर जीवात्मा को मोहित करता है (४०)। अतएव इन्द्रियों को वश में करके काम को मारने को कहते हैं (४१)। अब आत्मा को बुद्धि से श्रेष्ठ बताकर (४२) अन्तिम श्लोक (४३) में बुद्धि द्वारा मन को वश में करके दुर्जय शत्रु काम को मारने को कहकर उपसंहार करते हैं।

अध्याय दो में सांख्यमार्ग - ज्ञानमार्ग का वर्णन श्लोक ग्यारह से तीस तक किया गया। फिर छात्रधर्म के अनुसार और कर्त्तव्य-कर्म के अनुसार श्लोक इकतीस से अड़तीस तक भगवान् ने अर्जुन को युद्ध करने के लिए प्रेरित किया और तब कर्ममार्ग-कर्मयोग मार्ग का वर्णन श्लोक उनतालीस से तिरपन तक किया गया। अन्त में श्लोक चौवन से इकहत्तर तक स्थितप्रज्ञ पुरुष के लक्षण बताया गया एवं सब कामनाओं का त्याग करना बताकर ब्राह्मी स्थिति प्राप्त पुरुष की प्रशंसा अन्तिम श्लोक बहत्तर में भगवान् ने किया है। इसी अध्याय दो के उपर्युक्त वर्णन के क्रम में श्लोक उनचास में भगवान् ने बुद्धियोग से किये गये कर्मों की अपेक्षा अन्य कर्म को तुच्छ कहकर अर्जुन को बुद्धियोग के आश्रय की इच्छा करने को कहा। बुद्धियोग का आशय सम्भवतः ज्ञानयोग समझकर एवं ज्ञान को कर्म की तुलना में श्रेष्ठ समझकर अर्जुन को भ्रम हो गया कि भगवान् फिर उसे ज्ञाननिष्ठा में न लगाकर युद्धरूप घोर कर्म में क्यों लगा रहे हैं? इस भ्रम के निवारणार्थ वह भगवान् से अगले दो श्लोकों में प्रश्न करता है—

अर्जुन उवाच

ज्यायसी चेत्कर्मणस्ते मता बुद्धिर्जनार्दन।
तत्किं कर्मणि घोरे मां नियोजयसि केशव॥ १॥

अर्जुनः उवाच—अर्जुन बोले, **ज्यायसी**—श्रेष्ठ, **चेत्**—यदि, **कर्मणः**—कर्म की अपेक्षा, **ते**—आपको, **मता**—मान्य है, **बुद्धिः**—ज्ञान, **जनार्दन**—हे जनार्दन, **तत्**—तो फिर, **किम्**—क्यों, **कर्मणि**—कर्म में, **घोरे**—भयंकर, **माम्**—मुझे, **नियोजयसि**—लगाते हैं, **केशव**—हे केशव।

अर्जुन बोले—हे जनार्दन ! यदि आपको कर्म की अपेक्षा ज्ञान श्रेष्ठ मान्य है तो फिर हे केशव ! मुझे भयंकर कर्म में क्यों लगाते हैं?

कुरुक्षेत्र में धर्मयुद्ध के लिए दोनों सेनाओं के मध्य अर्जुन स्थित होकर प्रतिपक्ष में गुरु द्रोण, श्रेष्ठ पितामह तथा सगे-सम्बन्धियों आदि को देखकर युद्ध की विभीषिका की आशंका से मोहग्रस्त हो गया। अध्याय दो में भगवान् द्वारा उपदेशित ज्ञानयोग तथा कर्मयोग के तात्त्विक रहस्य को ठीक से समझ न पाने के कारण मोहग्रस्त अर्जुन के मन में भ्रम उत्पन्न हो गया कि युद्ध से विरत होकर ज्ञानयोग का अभ्यास उपयुक्त है जो कि शान्ति का मार्ग होगा अथवा युद्धरूप घोर कर्म में संलग्न होना उचित होगा जो पापयुक्त एवं अशान्तिदायक होगा। अध्याय दो के श्लोक उनचास में भगवान् द्वारा प्रयुक्त 'बुद्धियोगात्' के वास्तविक आशय—समत्व बुद्धि से योग अर्थात् कर्मयोग को न समझकर अर्जुन ने ज्ञान समझा एवं ज्ञान की अपेक्षा कर्म को भगवान् द्वारा निम्न श्रेणी का बताया जाना समझ लिया। इस भ्रम की मानसिकता में अर्जुन भगवान् से कहते हैं कि हे जनार्दन ! यदि आप बुद्धि अर्थात् ज्ञान को कर्म से श्रेष्ठ मानते हैं तो फिर हे केशव ! युद्ध रूपी घोर हिंसक पाप कर्म में मुझे क्यों प्रेरित कर रहे हैं? ॥ १ ॥

व्यामिश्रेणेव वाक्येन बुद्धिं मोहयसीव मे ।
तदेकं वद निश्चित्य येन श्रेयोऽहमाप्नुयाम्॥ २ ॥

व्यामिश्रेण—मिले हुए, **इव**—से, **वाक्येन**—वचनों से, **बुद्धिम्**—बुद्धि को, **मोहयसि इव**—मोहित-सी कर रहे हैं, **मे**—मेरी, **तत्**—अतएव, **एकम्**—एक, **वद**—कहिए, **निश्चित्य**—निश्चित बात, **येन**—जिससे, **श्रेयः**—कल्याण को, **अहम्**—मैं, **आप्नुयाम्**—प्राप्त होऊँ।

आप इन मिले हुए से वचनों से मेरी बुद्धि को मोहित-सी कर रहे हैं। अतएव एक निश्चित बात कहिए जिससे मैं कल्याण को प्राप्त होऊँ ।

भगवान् श्रीकृष्ण के प्रति मोहग्रस्त अर्जुन ने शिष्य रूप में शरणागत होकर उनसे अपने हित के लिए श्रेष्ठ साधन बताने की प्रार्थना पूर्व में किया था (२।७) एवं भगवान् से उस श्रेष्ठ साधन सुनने की अपेक्षा मन में रखा था, किन्तु अर्जुन को मोहभ्रम के कारण ऐसा लग रहा है कि भगवान् अपने मिले हुए अस्पष्ट वचनों से उसकी बुद्धि को मोहित-सी कर रहे हैं। अतएव वह भगवान् से कहता है कि वे निश्चय करके ज्ञान या कर्म में से वह एक बात कहें जिससे उसका कल्याण हो सके अर्थात् मोह व शोक दूर हो सके तथा उसके भ्रमित एवं व्याकुल मन को नित्य शान्ति एवं आनन्द प्राप्त हो सके ॥ २ ॥

अब ज्ञान और कर्म के अधिकारी भेद से दो प्रकार की निष्ठा एवं इस सम्बन्ध में कर्म का स्वरूप अगले दो श्लोकों में भगवान् बताते हैं—

श्रीभगवानुवाच

लोकेऽस्मिन्द्विविधा निष्ठा पुरा प्रोक्ता मयानघ ।
ज्ञानयोगेन साङ्ख्यानां कर्मयोगेन योगिनाम्॥ ३ ॥

श्रीभगवान् उवाच—श्रीभगवान् बोले, **लोके**—लोक में, **अस्मिन्**—इस, **द्विविधा**—दो प्रकार की, **निष्ठा**—निष्ठा, **पुरा**—पहले, **प्रोक्ता**—कही गयी है, **मया**—मेरे द्वारा, **अनघ**—हे निष्पाप अर्जुन, **ज्ञानयोगेन**—ज्ञानयोग से, **साङ्ख्यानाम्**—सांख्यों की, **कर्मयोगेन**—कर्मयोग से, **योगिनाम्**—योगियों की।

श्रीभगवान् बोले— हे निष्पाप अर्जुन ! इस लोक में दो प्रकार की निष्ठा पहले मेरे द्वारा कही गयी है। सांख्यों की ज्ञानयोग से और योगियों की कर्मयोग से।

मेरे द्वारा इस मनुष्य लोक में दो प्रकार की निष्ठा या स्थिति सृष्टि के आदिकाल में कही गयी है। एक जो ज्ञान के अधिकारी हैं अर्थात् सांख्ययोगियों की निष्ठा ज्ञानरूप योग से (५।२४) तथा दूसरे जो कर्म के अधिकारी हैं अर्थात् कर्मयोगियों की निष्ठा कर्मयोग से होती है (६।४)।

ज्ञानरूप योग में आत्म-अनात्म ज्ञान से युक्त होकर सर्वव्यापक ब्रह्म को अपने से अभिन्न समझकर सभी कर्मों को प्रकृति के गुणों द्वारा होता हुआ जानकर (३।२७) कर्तापन के अहंता से रहित होकर आसक्ति को त्यागकर उसी के स्वरूप में स्थित होना होता है। कर्मयोग में समबुद्धि से युक्त होकर, कर्म व उसके फल की आसक्ति को त्यागकर संकल्प (कामना) हीन होकर उसे भगवान् में अर्पण करके एवं साथ-साथ आत्मा के यथार्थ स्वरूप का अनुभव करते हुए निष्काम भाव से कर्त्तव्य-कर्म करना होता है (२।४७-४८; ३।३०)। दोनों ही निष्ठाओं में परमात्मा की प्राप्ति हो जाती है, किन्तु कर्म के त्याग की बात दोनों ही निष्ठाओं में नहीं कही गयी है ॥ ३ ॥

न कर्मणामनारम्भान्नैष्कर्म्यं पुरुषोऽश्नुते ।
न च सन्न्यसनादेव सिद्धिं समधिगच्छति॥ ४ ॥

न—न, **कर्मणाम्**—कर्मों के, **अनारम्भात्**—आरम्भ न करने से, **नैष्कर्म्यम्**—निष्कर्मतारूपी ज्ञाननिष्ठा, **पुरुषः**—पुरुष, **अश्नुते**—प्राप्त होता है, **न**—नहीं, **च**—तथा, **सन्न्यसनात्**—कर्मों के त्यागमात्र से, **एव**—भी, **सिद्धिम्**—सिद्धि, **समधिगच्छति**—प्राप्त होती है।

कर्मों के आरम्भ न करने से पुरुष को निष्कर्मतारूपी ज्ञाननिष्ठा नहीं प्राप्त होती है और कर्मों के त्यागमात्र से भी सिद्धि नहीं प्राप्त होती है।

शास्त्रविहित यज्ञादि कर्त्तव्य-कर्म अनासक्तभाव से करने पर जन्म-जन्मान्तर के पापों का क्षय होता है और इससे अन्त:करण की शुद्धि होती है। इस शुद्धि से ज्ञान उत्पन्न होता है। अत: ऐसे कर्म परिणाम में इन्द्रिय विषयों की उपरामता होने से अन्त:करण की शुद्धि के साथ ज्ञान उत्पन्न करने का भी कारण हैं। इसलिए समस्त इन्द्रियों द्वारा किये गये कर्मों से उपरामता का अर्थात् निष्कर्मतारूप ज्ञाननिष्ठा का उपायरूप तो कर्म ही है। यदि कर्मों का आरम्भ ही न किया गया तो ऐसी स्थिति कैसे आएगी? अर्थात् कर्मों का आरम्भ किये बिना निष्कर्मतारूप आत्मस्वरूप में स्थिति की ज्ञाननिष्ठा नहीं प्राप्त होती है। हाँ, यदि कर्मों को उपर्युक्त तरह से न करके आसक्ति से किया जाता है, तो वह निश्चय ही अज्ञान तथा बन्धन का कारण होगा।

पुनश्च, कर्मयोग के बिना संन्यास की प्राप्ति कठिन है (५।६) तथा अन्त:करण की शुद्धि हेतु योगी अनासक्त हुए कर्म करते हैं (५।११)। अतएव शास्त्रविहित आत्मआराधनरूप किये जा रहे कर्मों को ज्ञान प्राप्ति के पूर्व त्याग देने से भी ज्ञान नहीं प्राप्त होता है, क्योंकि ऐसे शास्त्रोक्त कर्मों के करने से ही आत्मनिष्ठा आती है। आशय यह है कि बिना ज्ञान के प्राप्त हुए ही कर्मों के संन्यासमात्र से अर्थात् कर्मों को स्वरूपमात्र से त्याग कर देने पर भी निष्कर्मतारूप सिद्धि अर्थात् ज्ञानोपलब्धि से प्राप्त होनेवाली सिद्धि-मोक्ष की प्राप्ति नहीं होती है।

अत: अन्त:करण की शुद्धि होने तक और निवृत्तिपरक संन्यासरूप ज्ञाननिष्ठा की प्राप्ति तक शास्त्रविहित कर्म करते रहना चाहिए। इस प्रकार कर्मशीलता की भूमिका योगमार्ग में अन्तर्निहित रूप से अत्यन्त महत्त्वपूर्ण है ॥ ४॥

किसी पुरुष द्वारा कर्मों का सर्वदा त्याग सम्भव न होने का कारण भगवान् बतलाते हैं—

न हि कश्चित्क्षणमपि जातु तिष्ठत्यकर्मकृत् ।
कार्यते ह्यवशः कर्म सर्वः प्रकृतिजैर्गुणैः ॥ ५ ॥

न—नहीं, **हि**—नि:सन्देह, **कश्चित्**—कोई (पुरुष), **क्षणम्**—क्षणमात्र, **अपि**—भी, **जातु**—किसी काल में, **तिष्ठति**—रह सकता है, **अकर्मकृत्**—बिना कर्म किये, **कार्यते**—करना पड़ता है, **हि**—क्योंकि, **अवशः**—विवश होकर, **कर्म**—कर्म, **सर्वः**—मनुष्यमात्र को, **प्रकृतिजैः**—प्रकृति से उत्पन्न, **गुणैः**—गुणों से।

नि:सन्देह कोई पुरुष किसी काल में क्षणमात्र भी बिना कर्म किये नहीं रह सकता, क्योंकि मनुष्यमात्र को प्रकृति से उत्पन्न गुणों से विवश होकर कर्म करना पड़ता है।

कोई भी मनुष्य किसी भी अवस्था में क्षणमात्र के लिए भी बिना कर्म किये नहीं रह सकता है। किसी भी अवस्था में कर्म से आशय *जाग्रत अवस्था*[1] में स्थूल शरीर की क्रियाएँ यथा खाना, सोना, बैठना आदि; *स्वप्नावस्था*[2] में नींद, आदि सूक्ष्म शरीर की क्रियाएँ तथा *सुषुप्ति अवस्था*[3] में समाधि, आदि कारण शरीर (श्लोक २।२२ की पाद- टिप्पणी देखें) की क्रियाओं से है। शरीर के साथ जब मनुष्य अज्ञानवश स्वयं का (आत्मा का) सम्बन्ध बना लेता है तो बुद्धि और मन के भाव तथा श्वास-प्रश्वास जैसे कर्म की स्थिति सदैव रहती ही है।

'सर्वः'-सभी प्राणी को यहाँ मनुष्य अर्थ में ही लेना ठीक है, क्योंकि कर्म का अधिकार सभी प्राणियों में मनुष्यमात्र को ही है। समस्त मनुष्य समुदाय को प्रकृति से उत्पन्न सत्त्व, रज व तम इन तीनों गुणों द्वारा परवश हुआ कर्मों में प्रवृत्त कर दिया जाता है (३।३३)। यह बात गुणातीत एवं शरीरातीत ज्ञानियों पर नहीं लागू होता है, अपितु सभी अज्ञानी जनों के लिए ही है ॥ ५ ॥

हठात् कर्म रोककर इन्द्रिय-विषयों का चिन्तन मिथ्याचार कहते हैं—

कर्मेन्द्रियाणि संयम्य य आस्ते मनसा स्मरन् ।
इन्द्रियार्थान्विमूढात्मा मिथ्याचारः स उच्यते ॥ ६ ॥

कर्मेन्द्रियाणि—कर्मेन्द्रियों को, **संयम्य**—हठ से रोककर, **यः**—जो, **आस्ते**—रहता है, **मनसा**—मन से, **स्मरन्**—चिन्तन करता रहता है, **इन्द्रियार्थान्**—इन्द्रियों के विषयों का, **विमूढ**—मूढ, **आत्मा**—पुरुष, **मिथ्याचारः**—मिथ्याचारी, **सः**—वह, **उच्यते**—कहलाता है।

जो मूढ पुरुष अपने कर्मेन्द्रियों को हठ से रोककर मन से इन्द्रियों के विषयों का चिन्तन करता रहता है, वह मिथ्याचारी कहलाता है।

कर्मेन्द्रियों के अन्तर्गत गीता में यहाँ पाँचों कर्मेन्द्रियाँ (वाक्, हस्त, पाद, उपस्थ एवं गुदा) तथा पाँचों ज्ञानेन्द्रियाँ (श्रोत्र, त्वचा, नेत्र, रसना एवं घ्राण)

---

१. **जाग्रत अवस्थ** श्रोत्र आदि ज्ञान इन्द्रियाँ जिस अवस्था में शब्द, आदि विषयों को ग्रहण करती हैं, उसे जाग्रत अवस्था कहते हैं। इस अवस्था में आत्मा विश्व से सम्पर्क करके उसका ज्ञान प्राप्त करता है।

२. **स्वप्नावस्था-**जाग्रत अवस्था में जो कुछ देखा या जो कुछ सुना जाता है उससे निर्मित वासना से निद्रा के समय जो प्रपंच प्रतीत होता है, उसे स्वप्नावस्था कहते हैं। निद्रा के समय स्वप्नावस्था में सारा प्रपंच आत्मा के प्रकाश से ही प्रतीत होता है, क्योंकि उस समय सूर्य के प्रकाश का अभाव रहता है।

३. **सुषुप्ति अवस्था-** मैंने सुख से निद्रा का अनुभव किया'- यह सुषुप्ति अवस्था है। सुषुप्ति अवस्था में आत्मा का सम्बन्ध कारण शरीर से ही रहता है।

आती हैं। बहुत-से अज्ञानी मनुष्य बाहर से हठपूर्वक इन्द्रियों को रोक लेते हैं और इन्द्रिय निग्रह के अहं भाव से भर जाते हैं, किन्तु वे मन से इन्द्रियजन्य विषयों का चिन्तन नित्य करते ही रहते हैं, ऐसे मनुष्य मिथ्याचारी व ढोंगी होते हैं (२।५९)। उनका परमार्थ कल्याण नहीं हो सकता है। कब तक? जब तक कि उनको इन्द्रिय व विषय निग्रह, दोनों ही, नहीं होता है ॥ ६ ॥

अब श्रेष्ठ कर्म का स्वरूप अगले श्लोक में बताते हैं—

यस्त्विन्द्रियाणि मनसा नियम्यारभतेऽर्जुन ।
कर्मेन्द्रियैः कर्मयोगमसक्तः स विशिष्यते ॥ ७ ॥

यः—जो, **तु**—किन्तु, **इन्द्रियाणि**—इन्द्रियों को, **मनसा**—मन के द्वारा, **नियम्य**—वश में करके, **आरभते**—आचरण करता है, **अर्जुन**—हे अर्जुन, **कर्मेन्द्रियैः**—कर्मेन्द्रियों के द्वारा, **कर्मयोगम्**—कर्मयोग का, **असक्तः**—अनासक्त हुआ, **सः**—वही, **विशिष्यते**—श्रेष्ठ है।

किन्तु हे अर्जुन ! जो पुरुष मन के द्वारा इन्द्रियों को वश में करके अनासक्त हुआ कर्मेन्द्रियों के द्वारा कर्मयोग का आचरण करता है, वही श्रेष्ठ है।

परन्तु हे अर्जुन ! जो मनुष्य 'इन्द्रियाणि' अर्थात् सभी ज्ञानेन्द्रियों को 'मनसा' अर्थात् मन से नियंत्रित करके निष्काम भाव से आसक्तिरहित होकर 'कर्मेन्द्रियैः' अर्थात् समस्त कर्मेन्द्रियों द्वारा कर्मयोग का आचरण करता है, वही श्रेष्ठ है।

दूसरे के हित के लिए किया गया कर्म योगरूप ही होता है, क्योंकि अपने हित में किया गया कर्म बन्धनरूप होता है। अतः कर्म दूसरे के हित के लिए ही होना चाहिए, उसमें अपना स्वार्थभाव नहीं रखना चाहिए। एकमात्र आत्मोपलब्धि में सहायक कर्म ही ध्येय हो। यदि मनुष्य अपने लौकिक स्वार्थ साधन के लिए कर्म करता है तो कामासक्ति का कोई अन्त नहीं होता है, अपितु बढ़ता ही जाता है (३।३९) और बन्धनकारक ही होता है। ऐसे स्वार्थी मनुष्य द्वारा स्वयं की आत्मा व परमात्मा का योग सम्भव नहीं है, अर्थात् कर्मयोग का सम्पादन नहीं हो सकता है। श्रेष्ठता की प्राप्ति हेतु बुद्धि द्वारा मन को समझाकर सर्वेन्द्रियों द्वारा भगवतोन्मुखी कर्मों को ही करना होगा ॥ ७ ॥

नियतकर्म करने का निर्देश—

नियतं कुरु कर्म त्वं कर्म ज्यायो ह्यकर्मणः ।
शरीरयात्रापि च ते न प्रसिद्ध्येदकर्मणः ॥ ८ ॥

नियतम्—नियत, **कुरु**—कर, **कर्म**—कर्म, **त्वम्**—तू, **कर्म**—कर्म करना, **ज्यायः**—श्रेष्ठ है, **हि**—क्योंकि, **अकर्मणः**—कर्म न करने से, **शरीरयात्रा**—शरीर-निर्वाह, **अपि**—भी, **च**—तथा, **ते**—तेरा, **न**—नहीं, **प्रसिद्ध्येत्**—सिद्ध होगा, **अकर्मणः**—कर्म न करने से।

तू नियतकर्म कर, क्योंकि कर्म न करने से कर्म करना श्रेष्ठ है तथा कर्म न करने से तेरा शरीर-निर्वाह भी सिद्ध नहीं होगा।

वर्ण, आश्रम, स्वभाव एवं परिस्थिति के अनुसार जिनके लिए जो निर्धारित नित्यकर्म हैं, वे 'नियतकर्म' कहे जाते हैं। हे अर्जुन ! तू नियतकर्म को कर क्योंकि कर्म न करने की अपेक्षा कर्म करना परिणाम में श्रेष्ठ है। कर्म न करने से तो तेरे शरीर का निर्वाह भी नहीं हो पाएगा, क्योंकि शरीर निर्वाह के लिए कुछ न कुछ कर्म तो अवश्य करना पड़ता है।

भगवान् इस तरह से अर्जुन को नियतकर्म करने के माध्यम से युद्ध के लिए भी तैयार हो जाने के लिए इंगित कर रहे हैं तथा उनके युद्ध से विरत होने जैसे अकर्मण्यता के भाव को भी मानो अनुचित कह रहे हैं। ऐसे में यदि कर्म करना ही नियति है तो निष्कामभाव से किये गये कर्म की उत्तमता के विषय में कहना ही क्या? ॥ ८ ॥

यज्ञरूप से कर्म करने को कहते हैं—

यज्ञार्थात्कर्मणोऽन्यत्र लोकोऽयं कर्मबन्धनः ।
तदर्थं कर्म कौन्तेय मुक्तसङ्गः समाचर ॥ ९ ॥

यज्ञार्थात्—यज्ञ के निमित्त किए जानेवाले, **कर्मणः**—कर्म के अतिरिक्त, **अन्यत्र**—अन्य कर्म (करने पर), **लोकः**—मनुष्य, **अयम्**—यह, **कर्मबन्धनः**—कर्म-बन्धन से बँध जाता है, **तत अर्थम्**—उस यज्ञ के लिए, **कर्म**—कर्म का (भलीभाँति), **कौन्तेय**—हे अर्जुन, **मुक्तसङ्गः**—आसक्तिरहित होकर, **समाचर**—आचरण कर।

यज्ञ के निमित्त किये जानेवाले कर्म के अतिरिक्त अन्य कर्म करने पर यह मनुष्य कर्म-बन्धन से बँध जाता है। इसलिए हे अर्जुन ! आसक्तिरहित होकर उस यज्ञ के लिए कर्म का भलीभाँति आचरण कर।

गीता के अनुसार ईश्वर के लिए किया गया कर्म यज्ञरूप कर्म है। निष्कामभाव से किये गये कर्म को *स्वधर्म* तथा स्वहित में किये गये सकाम व निषिद्ध कर्म को *अन्यकर्म* कहते हैं। यज्ञ सकाम व निष्काम दोनों भाव एवं कारण से होता है, किन्तु निष्काम भाव से किया गया यज्ञरूप कर्म ही परमार्थ की दृष्टि से श्रेष्ठ होता है। इस तरह से किये गये कर्म से आसक्ति, माया व मोह, आदि यज्ञ की आहुति के सदृश नष्ट हो जाते हैं। वे मनुष्य जो यज्ञ के लिए कर्म न करके अन्य कर्मों में ही संलग्न हैं, वे *सभी* कर्म-बन्धन रूप जन्म-मरण के चक्र में फँसते हैं। इसलिए हे कौन्तेय ! तू आसक्ति को त्यागकर निष्कामभाव से यज्ञ के

लिए ही अपना स्वधर्मरूपी कर्त्तव्य-कर्म कर, तू कर्म को यज्ञरूप समझकर और मेरी प्रसन्नता के लिए कर ॥ ९ ॥

यज्ञकर्म की उपादेयता अगले सात श्लोकों में कहते हैं—

सहयज्ञाः प्रजाः सृष्ट्वा पुरोवाच प्रजापतिः ।
अनेन प्रसविष्यध्वमेष वोऽस्त्विष्टकामधुक् ॥ १० ॥

सहयज्ञाः—यज्ञ सहित, **प्रजाः**—प्रजा को, **सृष्ट्वा**—रचकर, **पुरा**—सृष्टि के आदिकाल में, **उवाच**—कहा (कि तुम लोग), **प्रजापतिः**—प्रजापति ब्रह्मा ने, **अनेन**—इस यज्ञ के द्वारा, **प्रसविष्यध्वम्**—वृद्धि को प्राप्त होओ, **एषः**—यह यज्ञ, **वः**—तुम लोगों की, **अस्तु**—हो, **इष्ट**—अभीष्ट, **कामधुक्**—कामनाओं को देनेवाला (हो)।

सृष्टि के आदिकाल में यज्ञसहित प्रजा को रचकर प्रजापति ब्रह्मा ने कहा कि तुम लोग इस यज्ञ के द्वारा वृद्धि को प्राप्त होओ और यह यज्ञ तुम लोगों की अभीष्ट कामनाओं को देनेवाला हो।

सृष्टि के आदिकाल में जगत् के रचनाकार प्रजापति ब्रह्मा ने यज्ञसहित अर्थात् कर्त्तव्य-कर्म के विधान के साथ प्रजा की रचना करके कहा कि इस यज्ञ के द्वारा तुम लोग सर्वांगीण वृद्धि को प्राप्त होओ। यह यज्ञ तुम लोगों की समस्त आवश्यकताओं की पूर्ति करनेवाला हो।

यहाँ पर प्रजा का आशय देवगण, ऋषिगण, पितृगण, मनुष्य व पशु-पक्षी, आदि सभी प्राणियों से है। इनमें मनुष्य को कार्य करने का अधिकार ईश्वर कृपा से प्राप्त है तथा मनुष्य को प्राप्त विवेक के अनुसार कर्त्तव्य-कर्म का पालन करते हुए अन्य सभी प्राणियों के हित संरक्षण का दायित्व भी मनुष्य पर ही है। मनुष्य द्वारा अनासक्ति भाव से कर्त्तव्य-कर्म करते रहने से जगत् में सभी प्राणियों का भी कल्याण स्वतः होता ही रहता है। इस प्रकार भगवान् अपने द्वारा रचित जगत् के प्राणियों के कल्याण हेतु मनुष्य के दायित्व को इंगित कर रहे हैं ॥ १० ॥

देवान्भावयतानेन ते देवा भावयन्तु वः ।
परस्परं भावयन्तः श्रेयः परमवाप्स्यथ ॥ ११ ॥

देवान्—देवताओं की, **भावयत**—आराधना करो (और), **अनेन**—इस यज्ञ के द्वारा, **ते**—वे, **देवाः**—देवतागण, **भावयन्तु**—पोषण करें, **वः**—तुम्हारा, **परस्परम्**—इस प्रकार एक-दूसरे को, **भावयन्तः**—पुष्टि प्रदान करते हुए (तुम लोग), **श्रेयः**—कल्याण को, **परम्**—परम, **अवाप्स्यथ**—प्राप्त होओगे।

इस यज्ञ के द्वारा देवताओं की आराधना करो और वे देवतागण तुम्हारा पोषण करें। इस प्रकार एक-दूसरे को पुष्टि प्रदान करते हुए तुम लोग परम कल्याण को प्राप्त होओगे।

इस यज्ञ रूपी कर्त्तव्य-कर्म के द्वारा 'देवान्' अर्थात् देवताओं की आराधना करने से वे भी तुम लोगों को पुष्टि देंगे। इस प्रकार के भाव से परस्पर आवश्यकताओं को पूरा करते हुए लौकिक कल्याण के साथ क्रमशः पारमार्थिक कल्याण को प्राप्त हो जाओगे ॥ ११ ॥

इष्टान्भोगान्हि वो देवा दास्यन्ते यज्ञभाविताः ।
तैर्दत्तानप्रदायैभ्यो यो भुङ्क्ते स्तेन एव सः ॥ १२ ॥

इष्टान्—अभीष्ट, **भोगान्**—भोग, **हि**—अवश्य ही, **वः**—तुम्हें, **देवाः**—देवतागण, **दास्यन्ते**—देंगे, **यज्ञाभाविताः**—यज्ञ के द्वारा पुष्ट हुए, **तैः**—उनके, **दत्तान्**—दिये हुए भोगों को, **अप्रदाय**—बिना अर्पण किये हुए, **एभ्यः**—इनको, **यः**—जो पुरुष (उन्हें), **भुङ्क्ते**—भोगता है, **स्तेन**—चोर, **एव**—ही है, **सः**—वह ॥ १२ ॥

यज्ञ के द्वारा पुष्ट हुए देवतागण तुम्हें अवश्य ही अभीष्ट भोग देंगे। उनके दिये हुए भोगों को जो पुरुष उन्हें बिना अर्पण किये हुए भोगता है, वह चोर ही है।

यज्ञ से पुष्ट हुए देवतागण प्रसन्न होकर अपना कर्त्तव्य समझकर तुम लोगों को बिना माँगे ही इच्छित भोग को, अर्थात् जीवन निर्वाह सम्बन्धी आवश्यक भोग सामग्री को निश्चय ही देते रहेंगे। जीवन में अत्यधिक भोग की कामना नहीं करना चाहिए, सत्प्रयास से ईश्वर कृपा से जो भी प्राप्त हो उसी में सन्तुष्ट होना चाहिए। इस प्रकार देवताओं द्वारा दी गयी भोग सामग्री का उचित अंश उन्हें वापस अर्पण करना चाहिए। जो पुरुष ऐसा न करके अपने हित साधन में ही लगा रहता है, वह कृतघ्न है, चोर है ॥ १२ ॥

यज्ञशिष्टाशिनः सन्तो मुच्यन्ते सर्वकिल्बिषैः ।
भुञ्जते ते त्वघं पापा ये पचन्त्यात्मकारणात ॥ १३ ॥

यज्ञशिष्ट—यज्ञ से बचे हुए अन्न को, **आशिनः**—खानेवाले, **सन्तः**—सन्त पुरुष, **मुच्यन्ते**—छूट जाते हैं, **सर्वकिल्बिषैः**—सब पापों से, **भुञ्जते**—खाते हैं, **ते**—वे, **तु**—तो, **अघम्**—पाप ही, **पापाः**—पापी, **ये**—जो, **पचन्ति**—पकाते हैं, **आत्मकारणात्**—केवल अपने लिए ही।

यज्ञ से बचे हुए अन्न को खानेवाले सन्त पुरुष सब पापों से छूट जाते हैं; परन्तु जो केवल अपने लिए ही पकाते हैं, वे पापी तो पाप ही खाते हैं।

सन्त पुरुषों अर्थात् साधक या श्रेष्ठ पुरुषों द्वारा एवं गृहस्थों के द्वारा भी जीवन निर्वाह के कार्यों यथा चूल्हा, चाकी, भोजनादि में न चाहते हुए भी एवं प्रमाद से भी सूक्ष्म जीवों की हत्या होती ही है, जिससे उन्हें पाप लगता है। अतएव सन्त पुरुष यज्ञ से बचे हुए अन्न को खाकर ईमानदारी से अपने कमाये हुए धन का कुछ अंश अन्य प्राणियों के हित में यथायोग्य सेवारूप यज्ञ में खर्च करके शेष बचे हुए धन को यज्ञशिष्ट समझकर जीवन निर्वाह करता है, तो वह सभी भूत व वर्तमान पापों से मुक्त हो जाता है (४।३१)। इसके विपरीत जो पुरुष यज्ञरूप कर्त्तव्य-कर्म से भिन्न अर्थात अनुचित कर्मों द्वारा भोग सामग्री उपार्जन करता है तथा उसमें से अन्य प्राणियों को यथायोग्य न्यायपूर्वक उनका अंश भी नहीं देता है, अपने स्वयं के ही उपयोग में लाता है, वह पाप ही खाता है और पाप को ही कमाता है। ऐसे लोगों का उद्धार नहीं हो सकता है ॥ १३ ॥

अन्नाद्भवन्ति भूतानि पर्जन्यादन्नसम्भवः ।
यज्ञाद्भवति पर्जन्यो यज्ञः कर्मसमुद्भवः ॥ १४ ॥

अन्नात्—अन्न से, **भवन्ति**—होते हैं, **भूतानि**—सब प्राणी, **पर्जन्यात्**—जल-वृष्टि से (होती है), **अन्नसम्भवः**—अन्न की उत्पत्ति, **यज्ञात्**—यज्ञ से, **भवति**—होती है (और), **पर्जन्यः**—वृष्टि, **यज्ञः**—यज्ञ, **कर्मसमुद्भवः**—कर्म से उत्पन्न होता है।

अन्न से सब प्राणी होते हैं, अन्न की उत्पत्ति जल—वृष्टि से होती हे, वृष्टि यज्ञ से होती है और यज्ञ कर्म से उत्पन्न होता है।

सम्पूर्ण प्राणियों द्वारा अन्न अर्थात् खाद्य पदार्थों के सेवन से रक्त, रज और वीर्य का निर्माण होता है एवं रज व वीर्य के संयोग से प्राणियों की उत्पत्ति होती है। ऐसे अन्न की उत्पत्ति का हेतु जल-वृष्टि है। मनुष्यों द्वारा लोकहितार्थ किये गये कर्त्तव्य-कर्म रूप यज्ञ (वृक्षारोपण, पर्यावरण व जल संरक्षण, आदि का आशय लगता है) से जल-वृष्टि होती है तथा यज्ञ तो शरीर, मन, इन्द्रियों द्वारा किये गये शास्त्रविहित कर्मों से ही होता है ॥ १४ ॥

कर्म ब्रह्मोद्भवं विद्धि ब्रह्माक्षरसमुद्भवम् ।
तस्मात्सर्वगतं ब्रह्म नित्यं यज्ञे प्रतिष्ठितम् ॥ १५ ॥

कर्म—कर्म को, **ब्रह्मोद्भवम्**—तू वेद से उत्पन्न, **विद्धि**—जान (और), **ब्रह्म**—वेद को, **अक्षरसमुद्भवम्**—अविनाशी (परमात्मा) से उत्पन्न, **तस्मात्**—अतएव, **सर्वगतम्**—सर्वव्यापी, **ब्रह्म**—ब्रह्म, **नित्यम्**—सदा ही, **यज्ञे**—यज्ञ में, **प्रतिष्ठितम्**—प्रतिष्ठित है।

कर्म को तू वेद से उत्पन्न जान और वेद को अक्षर (परमात्मा) से उत्पन्न जान। अतएव सर्वव्यापी ब्रह्म सदा ही यज्ञ में प्रतिष्ठित है।

विहित कर्मों का ज्ञान ब्रह्म से होता है। यहाँ ब्रह्म का अर्थ वेद से है। वेद अपौरुषेय है अर्थात् इसकी रचना किसी पुरुष के द्वारा नहीं हुई है। वेद अक्षर अविनाशी परमात्मा से उत्पन्न हुआ है। इसलिए वेद में वर्णित यज्ञ में सदैव सर्वगत अक्षर परमात्मा प्रतिष्ठित है। इसलिए कर्म के अधिकार से युक्त मनुष्ययोनि में प्रत्येक मनुष्य को कर्त्तव्य-कर्म रूप यज्ञ को प्राणिमात्र के लिए अवश्य करना चाहिए ॥ १५ ॥

एवं प्रवर्तितं चक्रं नानुवर्तयतीह यः ।
अघायुरिन्द्रियारामो मोघं पार्थ स जीवति ॥ १६ ॥

एवम्—इस प्रकार, **प्रवर्तितम्**—प्रचलित, **चक्रम्**—सृष्टि-चक्र के, **न अनुवर्तयति**—अनुकूल नहीं बरतता है, **इह**—इस लोक में, **यः**—जो, **अघायुः**—पापायु पुरुष, **इन्द्रियारामः**—इन्द्रियों में रमण करनेवाला, **मोघम्**—व्यर्थ ही, **पार्थ**—हे पार्थ, **सः**—वह, **जीवति**—जीता है।

हे पार्थ ! जो इस प्रकार इस लोक में प्रचलित चक्र के अनुकूल नहीं बरतता, वह इन्द्रियों में रमण करनेवाला पापायु पुरुष व्यर्थ ही जीता है।

इस तरह से परम्परा से यह सृष्टि-चक्र परमात्मा की व्यवस्था के अनुसार चलता चला आ रहा है। कर्त्तव्य का अधिकार प्राप्त मनुष्य को अपने वर्णाश्रम, स्वभाव व परिस्थिति के अनुसार अपने कर्त्तव्य-कर्म रूप यज्ञ को करते रहने से यह सृष्टि-चक्र सुचारु रूप से चलता रहता है और प्राणियों का कल्याण होता रहता है। हे पार्थ ! इस तरह से परम्परा से चले आ रहे सृष्टि-चक्र में जो पुरुष इस लोक में अपने कर्त्तव्ययज्ञ का पालन नहीं करता है, अपितु अपने इन्द्रिय विषयों की तृप्ति में ही संलग्न रहता है, वह पापायु पुरुष व्यर्थ ही जीता है अर्थात् उसके मनुष्य जीवन का कोई अर्थ नहीं है। इसलिए अज्ञानी पुरुष को शास्त्रविहित कर्म अवश्य करना चाहिए और योगमार्ग प्राप्त करने का प्रयास करना चाहिए ॥ १६ ॥

अगले दो श्लोकों में आत्मज्ञानी मनुष्य के लिए कर्म को प्रयोजनहीन बताते हैं—

यस्त्वात्मरतिरेव स्यादात्मतृप्तश्च मानवः ।
आत्मन्येव च सन्तुष्टस्तस्य कार्यं न विद्यते ॥ १७ ॥

यः—जो, **तु**—परन्तु, **आत्मरतिः एव**—आत्मा में ही रमण करनेवाला, **स्यात्**—हो, **आत्मतृप्तः**—आत्मा में ही तृप्त, **च**—और, **मानवः**—मनुष्य, **आत्मनि एव**—आत्मा में ही, **च**—तथा, **सन्तुष्टः**—सन्तुष्ट, **तस्य**—उसके लिए, **कार्यम्**—कोई कर्त्तव्य, **न**—नहीं, **विद्यते**—है।

परन्तु जो मनुष्य आत्मा में ही रमण करनेवाला, आत्मा में ही तृप्त तथा आत्मा में ही सन्तुष्ट हो, उसके लिए कोई कर्त्तव्य नहीं है।

जिस मनुष्य की ईश्वर और सद्गुरु की कृपा से सांसारिक विषयों में रति नहीं रह गयी है तथा अभ्यास व वैराग्य से आत्मा में ही रमण करता है, आत्मा द्वारा आत्मा में ही तृप्त तथा सन्तुष्ट है (२।५५), उसके लिए कोई कार्य नहीं बनता है, उसके लिए कर्म अकर्म ही हैं (४।२०) और वह कर्म संस्कारों से मुक्त हो जाता है।

परमात्मा ने मनुष्य योनि आत्म-परमात्म ज्ञान के लिए ही दिया है और यह उसकी महान कृपा है। ऐसी स्थिति में उससे अन्य सांसारिक वस्तु की प्राप्ति की आकांक्षा घोर अज्ञान है और मनुष्य जन्म के मूल उद्देश्य-भगवत् प्राप्ति से भटक जाना है ॥ १७ ॥

नैव तस्य कृतेनार्थो नाकृतेनेह कश्चन ।
न चास्य सर्वभूतेषु कश्चिदर्थव्यपाश्रयः ॥ १८ ॥

न—न (तो), **एव**—ही, **तस्य**—उसका, **कृतेन**—कर्म करने से, **अर्थः**—प्रयोजन रहता है (और), **न**—न, **अकृतेन**—कर्म न करने से, **इह**—इस लोक में, **कश्चन**—कोई, **न**—नहीं (रहता), **च**—तथा, **अस्य**—उसका, **सर्वभूतेषु**—समस्त भूतों से, **कश्चित्**—किसी प्रकार के, **अर्थः**—स्वार्थ का, **व्यपाश्रयः**—सम्बन्ध।

उसका इस लोक में न तो कर्म करने से कोई प्रयोजन रहता है और न ही कर्म न करने से तथा उसका समस्त भूतों से भी किसी प्रकार के स्वार्थ का सम्बन्ध नहीं रहता।

ऐसे आत्मस्थ महापुरुष की इस जगत् के कर्म में प्रवृत्ति अथवा निवृत्ति से, इन दोनों ही क्रियाओं से कोई प्रयोजन नहीं रह जाता है (२।४६)। ऐसे महापुरुष का सम्पूर्ण प्राणियों से थोड़ा भी स्वार्थ का सम्बन्ध नहीं रहता है, जिससे उसको कोई आसक्ति हो और उसे कोई क्रिया करना पड़े। उसकी सम्पूर्ण इन्द्रियाँ व मन सहित अन्तःकरण आत्म-परमात्म चिन्तन में ही नित्य तृप्त रहता है तथा प्रारब्धानुसार जीवन निर्वहन चलता है ॥ १८ ॥

अनासक्त रहकर कर्त्तव्य-कर्म की प्रेरणा अगले दो श्लोकों में कहते हैं—

तस्मादसक्तः सततं कार्यं कर्म समाचर ।
असक्तो ह्याचरन्कर्म परमाप्नोति पूरुषः ॥ १९ ॥

तस्मात्—अतएव (तू), **असक्तः**—अनासक्त होकर, **सततम्**—निरन्तर, **कार्यम् कर्म**—कर्त्तव्य-कर्म का, **समाचर**—भलीभाँति आचरण करता रह, **असक्तः**—आसक्तिरहित होकर, **हि**—क्योंकि, **आचरन्**—करता हुआ, **कर्म**—कर्म, **परम्**—परम पद को, **आप्नोति**—प्राप्त हो जाता है, **पूरुषः**—पुरुष।

अतएव तू अनासक्त होकर निरन्तर कर्त्तव्य-कर्म का भलीभाँति आचरण करता रह, क्योंकि आसक्तिरहित होकर कर्म करता हुआ पुरुष परम पद को प्राप्त हो जाता है।

इसलिए तू निरन्तर आसक्ति से रहित होकर अर्थात् जड़ जगत् में किसी भी वस्तु के प्रति, शरीर के प्रति भी, आकर्षण न रखकर निरन्तर कर्त्तव्य का भलीभाँति आचरण करता रह, क्योंकि अनासक्त होकर ईश्वर के लिए कर्म करता हुआ मनुष्य अन्तःकरण की शुद्धि से मोक्षरूप परम पद को प्राप्त कर लेता है। इसके विपरीत, विषयों के चिन्तन से उत्पन्न आसक्ति (२।६२-६३) मनुष्य के नष्टप्राय होने का मूल कारण होता है ॥ १९ ॥

कर्मणैव हि संसिद्धिमास्थिता जनकादयः ।
लोकसङ्ग्रहमेवापि सम्पश्यन्कर्तुमर्हसि ॥ २० ॥

कर्मणा—कर्म से, **एव**—ही, **हि**—इसलिए, **संसिद्धिम्**—परम सिद्धि को, **आस्थिताः**—प्राप्त हुए थे, **जनकादयः**—जनक आदि राजा, **लोकसङ्ग्रहम्**—लोकसंग्रह को, **एव**—ही, **अपि**—भी, **सम्पश्यन्**—देखते हुए, **कर्तुम्**—तुझे कर्म करना, **अर्हसि**—चाहिए ॥ २० ॥

जनक आदि राजा कर्म से ही परम सिद्धि को प्राप्त हुए थे। इसलिए लोकसंग्रह को देखते हुए भी तुझे कर्म करना ही चाहिए।

भगवान् श्रीकृष्ण जगत् में मनुष्य द्वारा कर्म करते रहने के औचित्य को बताने के लिए जनक, आदि ज्ञानीजनों का उदाहरण देते हैं जिन्होंने निष्काम भाव से अन्तःकरण की शुद्धि के लिए कर्म करके गृहस्थ आश्रम में रहते हुए भी परम सिद्धि को प्राप्त किया था (५।६)। इसलिए लोकसंग्रहार्थ तुम्हें भी कर्म करना चाहिए। 'लोकसंग्रह' का आशय है—लोगों को असत् से सत् प्रवृत्ति की ओर प्रेरित करना, स्वधर्म में प्रवर्तित करना और लोकमर्यादा को तथा सृष्टि संचालन को सुरक्षित बनाये रखना ॥ २० ॥

समाज में श्रेष्ठ जनों का आचरण प्रमाण होता है, सो कहते हैं—

यद्यदाचरति श्रेष्ठस्तत्तदेवेतरो जनः ।
स यत्प्रमाणं कुरुते लोकस्तदनुवर्तते ॥ २१ ॥

यत् यत्—जो-जो, **आचरति**—आचरण करता है, **श्रेष्ठः**—श्रेष्ठ पुरुष, **तत् तत्**—वैसा-वैसा, **एव**—ही (आचरण करता है), **इतरः**—दूसरा, **जनः**—पुरुष, **सः**—वह, **यत्**—जो, **प्रमाणम्**—प्रमाणित, **कुरुते**—करता है, **लोकः**—सभी लोग, **तत्**—वही, **अनुवर्तते**—बरतते हैं।

श्रेष्ठ पुरुष जो-जो आचरण करता है, दूसरा पुरुष भी वैसा-वैसा ही आचरण करता है। वह जो प्रमाणित करता है, सभी लोग वही बरतते हैं।

समाज में श्रेष्ठ पुरुष जिस-जिस कर्म का आचरण करता है, अन्य लोग भी उसी का अनुसरण करके वैसा ही आचरण किया करते हैं। वह श्रेष्ठ पुरुष जिस-जिस लौकिक या शास्त्रीय प्रथा को प्रामाणिक मानता है, समस्त मनुष्य लोग उसी को प्रमाण मानकर उसी के अनुसार बरतने लगते हैं ॥ २१ ॥

भगवान् स्वयं कर्म में बरतने का उदाहरण अगले दो श्लोकों में देते हैं—

न मे पार्थास्ति कर्तव्यं त्रिषु लोकेषु किञ्चन ।
नानवाप्तमवाप्तव्यं वर्त एव च कर्मणि ॥ २२ ॥

न—नहीं (है), **मे**—मेरे लिए, **पार्थ**—हे पार्थ, **अस्ति**—है, **कर्तव्यम्**—कर्त्तव्य, **त्रिषु**—तीनों, **लोकेषु**—लोकों में, **किञ्चन**—कुछ भी, **न**—नहीं (है), **अनवाप्तम्**—अप्राप्त है, **अवाप्तव्यम्**—प्राप्त करने योग्य (वस्तु), **वर्त**—बरतता हूँ, **एव**—ही, **च**—फिर भी, **कर्मणि**—कर्म में।

हे पार्थ ! तीनों लोकों में मेरे लिए कुछ भी कर्त्तव्य नहीं है और कोई भी प्राप्त करने योग्य वस्तु अप्राप्त नहीं है, फिर भी मैं कर्म में ही बरतता हूँ।

परमात्मा नित्य है। कर्म तथा कर्मफल अनित्य हैं। नित्य का अनित्य से न कोई समानता है और न ही सम्बन्ध। फिर भी, नित्य स्थित रहनेवाले भगवान् श्रीकृष्ण अर्जुन से कहते हैं कि हे पार्थ ! मुझे देख, मुझे तीनों लोकों में न तो कुछ कर्त्तव्य करना बनता है और न ही कोई ऐसी प्राप्त करनेवाली वस्तु है जो मुझे प्राप्त न हो, तो भी मैं कर्म में ही बरतता हूँ, अर्थात् कर्म करता हूँ। इसलिए मनुष्य मात्र को लोक कल्याण हेतु कर्म करना चाहिए ॥ २२ ॥

यदि ह्यहं न वर्तेयं जातु कर्मण्यतन्द्रितः ।
मम वर्त्मानुवर्तन्ते मनुष्याः पार्थ सर्वशः ॥ २३ ॥

यदि—यदि, **हि**—क्योंकि, **अहम्**—मैं, **न**—नहीं, **वर्तेयम्**—प्रवृत्त होऊँ (तो), **जातु**—कदाचित, **कर्मणि**—कर्मों में, **अतन्द्रितः**—सावधानीपूर्वक, **मम**—मेरे (ही), **वर्त्म**—मार्ग का, **अनुवर्तन्ते**—अनुसरण करते हैं, **मनुष्याः**—सब मनुष्य, **पार्थ**—हे पार्थ, **सर्वशः**—सब प्रकार से॥

यदि मैं कदाचित सावधानीपूर्वक कर्मों में प्रवृत्त न होऊँ तो हे पार्थ ! सब मनुष्य सब प्रकार से मेरे ही मार्ग का अनुसरण करते हैं।

क्योंकि हे पार्थ ! यदि मैं कदाचित् सावधान होकर कर्मों में न बरतूँ, यद्यपि ऐसा है नहीं, किन्तु थोड़ी देर के लिए यह मान भी लिया जाय तो इससे समाज

में बड़ी हानि हो जाएगी, क्योंकि मनुष्य मुझे आदर्श समझकर हर प्रकार से मेरे ही मार्ग का अनुसरण करता है ॥ २३ ॥

श्रेष्ठ लोगों द्वारा, यहाँ स्वयं भगवान् के द्वारा, कर्म में न बरतने से समाज में होनेवाली हानि बताते हैं—

उत्सीदेयुरिमे लोका न कुर्यां कर्म चेदहम् ।
सङ्करस्य च कर्ता स्यामुपहन्यामिमाः प्रजाः ॥ २४ ॥

उत्सीदेयुः—नष्ट हो जायँ, **इमे**—ये सब, **लोकाः**—लोक, **न**—नहीं, **कुर्याम्**—करूँ (तो), **कर्म**—कर्म, **चेत्**—यदि, **अहम्**—मैं, **सङ्करस्य**—वर्णसंकरता का, **च**—और, **कर्ता**—करनेवाला, **स्याम्**—बनूँ (तथा), **उपहन्याम्**—नाश करनेवाला, **इमाः**—इन, **प्रजाः**—प्रजाओं का।

यदि मैं कर्म न करूँ तो ये सब लोक नष्ट हो जायँ और मैं वर्णसंकरता का करनेवाला बनूँ तथा इन प्रजाओं का नाश करनेवाला होऊँ।

यदि मैं कर्म न करूँ तो मेरा अनुसरण करनेवाले मनुष्य गण भी आलस्य व प्रमाद में आकर अपने कर्त्तव्य-कर्म का पालन नहीं करेंगे, जिसके परिणामस्वरूप लोकस्थिति के लिए किये जानेवाले कर्मों का अभाव हो जायगा और सब लोक नष्ट-भ्रष्ट हो जायेंगे तथा वर्णसंकरता की स्थिति आ जाएगी। कर्म करना लोक हित में है तथा कर्म न करना लोक अहित में है, इस तरह के दो परस्पर-विरोधी भावों के मिलने को संकरता कहते हैं। इस तरह कर्म न करने से मैं ही वर्णसंकरता को करनेवाला तथा समस्त प्रजा को नष्ट करने में मूल कारण बन जाऊँगा और यह स्थिति मुझ ईश्वर की मर्यादा के अनुरूप नहीं होगी ॥ २४ ॥

लोकसंग्रहार्थ ज्ञानी द्वारा करणीय कर्म अगले दो श्लोकों में बतलाते हैं—

सक्ताः कर्मण्यविद्वांसो यथा कुर्वन्ति भारत ।
कुर्याद्विद्वांस्तथासक्तश्चिकीर्षुर्लोकसङ्ग्रहम् ॥ २५ ॥

सक्ताः—आसक्त हुए, **कर्मणि**—कर्म में, **अविद्वांसः**—अज्ञानीजन, **यथा**—जैसे, **कुर्वन्ति**—कर्म करते हैं, **भारत**—हे भारत, **कुर्यात्**—करना चाहिए, **विद्वान्**—ज्ञानी को भी, **तथा**—वैसे ही, **असक्तः**—अनासक्त होकर, **चिकीर्षुः**—चाहते हुए, **लोकसङ्ग्रहम्**—लोकसंग्रह।

हे भारत ! कर्म में आसक्त हुए अज्ञानीजन जैसे कर्म करते हैं, वैसे ही ज्ञानी को भी अनासक्त होकर लोकसंग्रह चाहते हुए कर्म करना चाहिए।

हे भरतवंशी अर्जुन ! श्रद्धा व विश्वास से युक्त, किन्तु कर्मों में आसक्ति रखनेवाले अज्ञानीजन लोक में जिस तरह से कर्म करते हैं उसी तरह से

आसक्तिरहित आत्मवेत्ता विद्वान को भी लोकसंग्रह की इच्छा रखते हुए लोक हित में कर्म करना चाहिए ॥ २५ ॥

न बुद्धिभेदं जनयेदज्ञानां कर्मसङ्गिनाम्।
जोषयेत्सर्वकर्माणि विद्वान्युक्तः समाचरन्॥ २६ ॥

न—नहीं, **बुद्धिभेदम्**—बुद्धि में कर्म के प्रति भेद, **जनयेत्**—उत्पन्न करे, **अज्ञानाम्**—अज्ञानियों की, **कर्मसङ्गिनाम्**—कर्मों में आसक्त, **जोषयेत्**—करावे, **सर्व**—सब, **कर्माणि**—कर्म, **विद्वान्**—ज्ञानी पुरुष को (चाहिए कि वह), **युक्तः**—स्वयं योगयुक्त होकर, **समाचरन्**—शास्त्रानुकूल कर्म करता हुआ (उनसे भी)।

ज्ञानी पुरुष को चाहिए कि वह कर्मों में आसक्त अज्ञानियों की बुद्धि में कर्म के प्रति भेद न उत्पन्न करे, अपितु स्वयं योगयुक्त होकर शास्त्रानुकूल कर्म करता हुआ उनसे भी सब कर्म करावे।

कर्मों में आसक्तिवाले विवेकरहित अज्ञानियों की बुद्धि में सामान्यतया यह भाव रहता है कि उनके द्वारा किये गये कर्म का फल उन्हें अवश्य मिलेगा—'*अवश्यमेव भोक्तव्यं कृतं कर्म शुभाशुभम्*'। परमात्मा के स्वरूप में स्थित ज्ञानी पुरुष को चाहिए कि वे ऐसे कर्मासक्त विवेकरहित अज्ञानियों की बुद्धि में कर्म के प्रति उनके मन में भ्रम अथवा अश्रद्धा न उत्पन्न करें, अपितु स्वयं योगयुक्त होकर शास्त्रविहित सभी कर्मों का भलीभाँति आचरण करते हुए उनको भी इसी तरह कर्म करने की प्रेरणा दें ॥ २६ ॥

मूढ पुरुषों में कर्तापन के अहंभाव का एवं तत्त्वज्ञानियों में इसके अभाव का वर्णन अगले दो श्लोकों में—

प्रकृतेः क्रियमाणानि गुणैः कर्माणि सर्वशः।
अहङ्कारविमूढात्मा कर्ताहमिति मन्यते ॥ २७ ॥

प्रकृतेः—प्रकृति के, **क्रियमाणानि**—किये जाते हैं (फिर भी), **गुणैः**—गुणों द्वारा, **कर्माणि**—सभी कर्म, **सर्वशः**—सब प्रकार से, **अहङ्कारविमूढात्मा**—अहंकार से मोहित अन्तःकरणवाला, **कर्ता अहम्**—'मैं कर्त्ता हूँ', **इति**—ऐसा, **मन्यते**—मानता है।

सभी कर्म सब प्रकार से प्रकृति के गुणों द्वारा किये जाते हैं, फिर भी अहंकार से मोहित अन्तःकरणवाला ऐसा मानता है कि 'मैं कर्त्ता हूँ'।

जगत् का उपादान कारण ईश्वर है और उनकी इच्छा ***'एकोऽहं बहुस्याम्'*** से जगत् की उत्पत्ति एवं विस्तार हुआ है। जगत् की उत्पत्ति के लिए ईश्वर ने स्वयं

पर आश्रित एवं स्वयं की रहस्यमयी परा शक्ति 'माया' की रचना की। माया त्रिगुणात्मिका—सत्त्व, रज व तम से युक्त है। इस माया ने जगत् की रचना[1] की है। यह जगत् आकाश, आदि चौबीस तत्त्वों[2] का संघात है। इन सभी २४ तत्त्वों में सत्त्व, रज व तम तो विभिन्न मिश्रण में विद्यमान हैं। अतएव बाह्य जगत् एवं प्राणी के अन्दर सूक्ष्म जगत् में भी माया की शक्ति से सत्व, रज व तम का ही विस्तार है, अर्थात् आकाश से पृथ्वी तक सम्पूर्ण जगत् में सत्व, आदि तीनों गुण उपादान रूप से विद्यमान हैं। यह सम्पूर्ण जगत अनात्मा है और आत्मा इस जगत् का प्रकाशक एवं ज्ञाता है।

अस्तु, इन्द्रियों एवं अन्तःकरण द्वारा विषयों का ग्रहण करना तथा जगत् की अन्यान्य क्रियाएँ भी उपर्युक्त सत्त्व, रज और तम प्रकृति के इन तीन गुणों द्वारा ही होती हैं। निर्विकार आत्मा का इनसे कोई सम्बन्ध नहीं रहता है।

जगत् में यह शरीर भी उपर्युक्त तत्त्वों[3] का संघात रूप ही है (१३।२०)। इस अनात्म विषयक जड़ शरीर में अनादि काल से चले आ रहे आत्मभाव की प्रतीति ही *'अहंकार'* है। इस शरीर में मिथ्या आत्मभाव से ही अनात्म वस्तु में 'मैं' और 'मेरे-पन' से कर्त्तापन का अभिमान करता हुआ अनात्म वस्तु को आत्मवस्तु मान लेने से मनुष्य का अन्तःकरण अत्यन्त मोहित हो गया है[4] और आत्म-अनात्म का विवेक लुप्त-सा हो गया है—ऐसे अज्ञानी मनुष्य को 'अहंकारविमूढात्मा'

---

१. **जगत् की रचना-** आत्मज्ञान के विषय में जगत् की रचना की जानकारी सहायक हो सकती है। ब्रह्म द्वारा रचित माया तीन गुणों से विभक्त होकर उन्हीं गुणों से जगत् की रचना व विस्तार करती है। सर्वप्रथम सत्त्व, रज और तम के विभिन्न मिश्रण से 'सूक्ष्म पंचभूत'-आकाश, वायु, अग्नि, जल और पृथ्वी की उत्पत्ति हुई। इनकी सम्बन्धित तन्मायें क्रमशः शब्द, स्पर्श, रूप, रस और गन्ध हैं। ये पंचभूत एवं उनकी तन्मात्राएँ सूक्ष्म होने के कारण हम जगत् में बाहर अपनी आँखों से देख नहीं सकते हैं। जगत् में दिखनेवाले स्थूल पंचभूत की उत्पत्ति इन सूक्ष्म पंचभूतों के निश्चित अनुपात में मिश्रण से, जिसे 'पंचीकरण' की प्रक्रिया कहते हैं, हुआ है। इस कारण से स्थूल पंचभूत को पंचीकृत पंचभूत भी कहते हैं। इन्द्रियाँ, प्राण और अन्तः करण की उत्पत्ति भी उन्हीं सूक्ष्म पंचभूतों के मिश्रण से हुआ है। ये सूक्ष्म पंचभूत त्रिगुणात्मक- सत्त्व, रज, तम युक्त एवं मायिक हैं।

२. **चौबीस तत्त्व-** जगत् चौबीस तत्त्वों का संघात है। ये २४ तत्त्व हैं- पाँच सूक्ष्म पंचभूत (आकाश, वायु, अग्नि, जल और पृथ्वी); पाँच तन्मात्राएँ (क्रमशः शब्द, स्पर्श, रूप, रस और गन्ध), पाँच ज्ञानेन्द्रिय (क्रमशः कर्ण, त्वग, नेत्र, रसना व घ्राण), पाँच कर्मेन्द्रिय (वाक्, पाणि, पाद, गुदा और उपस्थ) और चार अन्तः करण (मन, बुद्धि, चित्त और अहंकार)। ये तत्त्व असत् हैं और इनकी रचना के मूल में माया ही है और माया स्वयं ब्रह्म की रचना है तथा त्रिगुणात्मक (सत्त्व, रज, तम युक्त) है। इस तरह सम्पूर्ण सृष्टि की रचना में सत्व, रज व तम की विद्यमानता अन्तर्निहित है।

३. गीता में मन तथा चित्त को एक ही माना गया है। अतः कुल २४ तत्त्व के स्थान पर २३ तत्त्व ही समझना चाहिए ।

४. मैं अरु मोर तोर तैं माया । जेहिं बस कीन्हे जीव निकाया ॥ (श्रीरामचरितमानस ३।१४।१)

कहा गया है, किन्तु विवेकशील साधक इस श्रेणी में नहीं है। देह, इन्द्रिय, आदि से सम्पन्न होनेवाले कार्य यद्यपि प्रकृति के तीनों गुणों द्वारा ही किये जाते हैं तथापि अहंकारविमूढात्मा मनुष्य उसमें अहंभाव करके अविद्या से 'मैं कर्त्ता हूँ' ऐसा मान लेता है ॥ २७॥

तत्त्ववित्तु महाबाहो गुणकर्मविभागयोः ।
गुणा गुणेषु वर्तन्त इति मत्वा न सज्जते॥ २८ ॥

तत्त्ववित्—तत्त्व से जाननेवाला पुरुष, **तु**—परन्तु, **महाबाहो**—हे महाबाहो, **गुणकर्मविभागयोः**—गुणविभाग और कर्मविभाग को, **गुणाः**—सम्पूर्ण गुण (ही), **गुणेषु**—गुण में, **वर्तन्ते**—बरत रहे हैं, **इति**—ऐसा, **मत्वा**—मानकर, **न सज्जते**—आसक्त नहीं होता।

परन्तु हे महाबाहो ! गुणविभाग और कर्मविभाग को तत्त्व से जाननेवाला पुरुष सम्पूर्ण गुण ही गुण में बरत रहे हैं, ऐसा मानकर आसक्त नहीं होता।

पूर्व श्लोक में वर्णित त्रिगुणात्मक माया के कार्यरूप २४ तत्त्व - ५ सूक्ष्म पञ्चभूत, ५ तन्मात्रायें, ५ कर्मेन्द्रिय, ५ ज्ञानेन्द्रिय, ४ अन्तःकरण—इन सब के समुदाय का नाम *'गुण विभाग'* तथा इनकी परस्पर चेष्टाओं का नाम *'कर्मविभाग'* है। मनुष्य में सात्त्विक, राजस व तामस वृत्तियाँ भी गुणविभाग के ही अन्तर्गत हैं। सम्पूर्ण जगत् की रचना, विस्तार व क्रियाओं में इन्हीं गुणविभाग व कर्मविभाग की भूमिका है और ये सभी जड़ व विकारवान हैं। चेतन व अविनाशी नित्यात्मा का इनसे कोई सम्बन्ध नहीं है और इस समझ को ही गुणविभाग व कर्मविभाग (४।१३) को तत्त्व से जानना कहते हैं।

हे महाबाहो ! गुणविभाग व कर्मविभाग को तत्त्व से जाननेवाले तत्त्ववेत्ता ऐसा समझते हैं कि इन्द्रियादिरूप गुण ही विषयरूप गुणों में बरत रहे हैं, आत्मा नहीं बरत रहा है, आत्मा का इस बर्ताव से कोई सम्बन्ध ही नहीं है (१४।२३)। इस तरह से जानकर तत्त्ववेत्ता ज्ञानी पुरुष कर्म व कर्मफल में अनासक्त रहता है, उसमें उसकी कोई प्रियता नहीं होती है।

यहाँ यह उल्लेख स्पष्टता के लिए उचित प्रतीत होता है कि ५ सूक्ष्म पञ्चभूत हैं—आकाश, वायु, अग्नि, जल व पृथ्वी और इनकी तन्मात्राएँ हैं क्रमशः - शब्द, स्पर्श, रूप, रस व गन्ध। इन तन्मात्राओं को विषय रूप में ग्रहण करनेवाली ज्ञानेन्द्रियाँ हैं—क्रमशः कर्ण, त्वक्, नेत्र, रसना व घ्राण। इन्द्रियों के द्वारा तन्मात्राओं के सहारे हम जगत् का अनुभव करते हैं। इस तरह आकाश, शब्द और कर्ण की एक तिकड़ी (त्रय समूह) हुई अर्थात् आकाश की तन्मात्रा शब्द है

और शब्द को ग्रहण करने की इन्द्रिय कर्ण है। इसी प्रकार क्रमशः अन्य पञ्चभूत के लिए त्रय समूह समझना चाहिए। सुविधा की दृष्टि से इसे सारणी रूप में दिया जाता है[1] ॥ २८ ॥

ज्ञानियों को चाहिए कि अल्पज्ञ को क्रमशः कर्त्तव्य-कर्म के लिए प्रेरित करते रहें, सो कहते हैं—

प्रकृतेर्गुणसम्मूढाः सज्जन्ते गुणकर्मसु ।
तानकृत्स्नविदो मन्दान्कृत्स्नविन्न विचालयेत्॥ २९ ॥

प्रकृतेः—प्रकृति के, **गुणसम्मूढाः**—गुणों से मोहित हुए पुरुष, **सज्जन्ते**—आसक्त होते हैं, **गुणकर्मसु**—गुणों में और कर्मों में, **तान्**—उन, **अकृत्स्नविदः**—अल्पज्ञ, **मन्दान्**—मन्दबुद्धि पुरुषों को, **कृत्स्नवित्**—पूर्ण जाननेवाले ज्ञानी, **न विचालयेत्**—विचलित न करें।

प्रकृति के गुणों से मोहित हुए पुरुष गुणों में और कर्मों में आसक्त होते हैं, उन अल्पज्ञ मन्दबुद्धि पुरुषों को पूर्ण जाननेवाले ज्ञानी विचलित न करें।

प्रकृतिजन्य तीनों गुण—सत्त्व, रज और तम मनुष्य के लिए बन्धन कारक होते हैं। रजोगुण विक्षेपशक्ति स्वरूपा है, जिसके द्वारा सदा ही समस्त क्रियाएँ होती आयी हैं एवं जिससे राग व दुःख आदि उत्पन्न होते हैं। प्रकृति, जिसे माया कहते हैं, के रजोगुण के कारण जीव कर्मों में प्रवृत्त होता है और पुनः कर्मों में आसक्ति हो जाने से वही रजोगुण ही मनुष्य के बन्धन का कारण भी बनता है, रजोगुण का यह रहस्य अद्‌भुत है। तमोगुण तो आवरणशक्ति स्वरूपा है और इस शक्ति द्वारा वस्तु कुछ की कुछ, सत् का असत् और असत् का सत् प्रतीत होने लगता है और आलस्य, निद्रा, प्रमाद, अज्ञान तथा मूढ़ता, आदि इसके गुण हैं। सुख, प्रसन्नता, शान्ति, तृप्ति, आनन्द और आत्मानुभव विशुद्ध सत्त्वगुण के धर्म हैं, जिससे साधक की परमात्मा में स्थिति होती है, किन्तु शुद्ध सत्त्व में रज व तम के मिश्रण से अर्थात् मलिन सत्त्व से सुखादि में आसक्ति होने पर सत्त्व भी बन्धनकारक होता है। अतः आत्म-परमात्म का ज्ञान गुणातीत स्थिति में ही सम्भव है।

१.

सूक्ष्म पंचभूत	तन्मात्रा/विषय	ज्ञानेन्द्रिय
आकाश	शब्द	कर्ण
वायु	स्पर्श	त्वक्
अग्नि	रूप	नेत्र
जल	रस	रसना
पृथ्वी	गन्ध	घ्राण

वे पुरुष जो प्रकृति के गुणों से अत्यन्त मोहित हैं तथा फल प्राप्ति के लिए ही कार्य करते हैं, वे गुणों तथा गुणों के कर्मों में आसक्त रहते हैं। ऐसे पुरुष सांसारिक भोगों के सुख को ही एकमात्र सुख समझकर आत्मज्ञान की दिशा में कोई प्रयास नहीं करते, वे मन्द बुद्धिवाले होते हैं और पूर्णतया न समझनेवाले अज्ञानी होते हैं, किन्तु प्राय: वे शास्त्रोक्त कर्मों एवं उनके फल में श्रद्धा रखनेवाले होते हैं। गुणविभाग तथा कर्मविभाग (३।२८) का ज्ञान रखनेवाले तत्त्व ज्ञानियों को चाहिए कि वे ऐसे लोगों की श्रद्धा को बनाये रखते हुए उन्हें उनके कर्ममार्ग से विचलित न करें, क्योंकि ऐसा करने से हानि होगी। अतएव उन्हें आसक्तिरहित कर्म करने के लिए प्रेरित करते रहें जो समाज के ही हित में है और इस प्रेरणा एवं भगवतकृपा से उन्हें सत्-असत् विवेक की प्राप्ति हो सकती है। सत्त्व, रज व तम गुणों को तुलना की दृष्टि से सारणी रूप में दिया जा रहा है[१] ॥ २९ ॥

अज्ञानी मुमुक्षु कैसे कार्य करे, सो बताकर अर्जुन को युद्ध करने का आदेश अगले श्लोक में—

मयि सर्वाणि कर्माणि सन्न्यस्याध्यात्मचेतसा ।
निराशीर्निर्ममो भूत्वा युध्यस्व विगतज्वरः ॥ ३० ॥

१.

सत्त्व	रज	तम
• निर्मल, प्रकाश व विकाररहित होता है।	क्रियारूप विक्षेपशक्ति है।	आवरणशक्ति है तथा ज्ञान को ढंकता है।
• सुख व ज्ञान के सम्बन्ध से अर्थात् उसके अभिमान से बाँधता है।	कर्मों व उनके फल के सम्बन्ध से बाँधता है।	प्रमाद, आलस्य व निद्रा से बाँधता है।
• सुख में लगाता है।	कर्म में लगाता है।	ज्ञान को ढंककर प्रमाद में लगाता है।
• रज व तम के दबने से बढ़ता है।	सत्त्व व तम के दबने से बढता है।	सत्त्व व रज के दबने से बढ़ता है।
• अन्त: करण व इन्द्रियों में चेतना तथा विवेक शक्ति की वृद्धि होती है।	लोभ, प्रवृत्ति, स्वार्थ, सकाम भाव, अशान्ति व विषय भोग की वृद्धि होती है।	अप्रकाश, कर्त्तव्य कर्मों में अप्रवृत्ति, प्रमाद, निद्रा व मोहिनी वृत्ति की वृद्धि।
• सत्त्व वृद्धि के समय मृत्यु पर दिव्य स्वर्गादि लोक की प्राप्ति।	रजोवृद्धि के समय मृत्यु पर कर्मों में आसक्तिवाले मनुष्य योनि में उत्पन्न।	कीट व पशु, आदि मूढ़ योनियों में उत्पत्ति।
• सात्त्विक कर्म का फल सुख, ज्ञान, वैराग्य व निर्मलता, आदि।	राजस कर्म का फल दु:ख, लोभ व आसक्ति, आदि।	तामस कर्म का फल मोह व अज्ञान, आदि।
• प्रसन्नता, शान्ति, तृप्ति, आनन्द, आत्मानुभव और परमात्मा में स्थिति सत्त्वगुण के धर्म हैं।	काम, क्रोध, लोभ, दम्भ, असूया, अभिमान, ईर्ष्या और मत्सर रजोगुण के धर्म हैं।	अज्ञान, आलस्य, जड़ता, निद्रा, प्रमाद व मूढता, आदि तमोगुण के धर्म हैं।

मयि—मुझमें, **सर्वाणि**—सभी, **कर्माणि**—कर्मों को, **सन्नस्य**—अर्पण करके, **अध्यात्मचेतसा**—आत्मनिष्ठ चित्त से, **निराशीः**—आशारहित, **निर्ममः**—ममतारहित, **भूत्वा**—होकर, **युध्यस्व**—युद्ध कर, **विगतज्वरः**—सन्ताप से रहित ॥ ३० ॥

आत्मनिष्ठ चित्त से सभी कर्मों को मुझमें अर्पण करके आशा, ममता और सन्ताप से रहित होकर युद्ध कर।

जगत् की उत्पत्ति ईश्वर से है, अतएव जगत् के सभी पदार्थ ईश्वर के हैं। जगत् के सभी पदार्थ नष्ट होकर ईश्वर में ही मिलते हैं। जगत् के पदार्थों में अपना कुछ भी नहीं है, यहाँ तक कि अपना कहा जानेवाला शरीर भी नहीं। एकमात्र आत्मा ही अपना है। इसलिए जगत् के सम्पूर्ण कर्म तथा कर्मफल में आसक्ति न रखते हुए, आसक्ति का औचित्य भी नहीं दिखता, ईश्वर के निमित्त ही ईश्वर की प्रसन्नता के लिए ईश्वर में अर्पण करने का भाव ***'त्वदीय' वस्तु गोविन्दं त्वमेव समर्पयामि'*** चित्त में धारण करना चाहिए।

इसलिए हे अर्जुन ! सर्वव्यापी, सर्वज्ञ, सर्वाधार मुझ परमेश्वर वासुदेव में उपर्युक्त भाव से युक्त चित्त से सम्पूर्ण कर्मों को मुझमें अर्पण करके आशा, ममता और सन्ताप से रहित होकर कर्त्तव्य-कर्म रूप आसन्न युद्ध को कर। ऐसे भगवत् चित्तार्पण भाव से युद्ध करने पर तुम्हे राग-द्वेष एवं हर्ष-विषाद, आदि से होनेवाला सन्ताप नहीं होगा ॥ ३० ॥

भगवान् में श्रद्धा व दोषरहित भाव से अनुसरण करने पर बन्धन से मुक्ति होने को, किन्तु अन्यथा की स्थिति में बन्धनयुक्त होने को अगले दो श्लोकों में बताते हैं—

ये मे मतमिदं नित्यमनुतिष्ठन्ति मानवाः ।
श्रद्धावन्तोऽनसूयन्तो मुच्यन्ते तेऽपि कर्मभिः ॥ ३१ ॥

ये—जो, **मे**—मेरे, **मतम्**—मत का, **इदम्**—इस, **नित्यम्**—नित्य, **अनुतिष्ठन्ति**—अनुसरण करते हैं, **मानवाः**—मनुष्य, **श्रद्धावन्तः**—श्रद्धावान, **अनसूयन्तः**—दोषदृष्टि से रहित, **मुच्यन्ते**—छूट जाते हैं, **ते**—वे, **अपि**—भी, **कर्मभिः**—कर्मों से।

जो श्रद्धावान और दोषदृष्टि से रहित मनुष्य मेरे इस मत का नित्य अनुसरण करते हैं, वे भी कर्मों से छूट जाते हैं।

जो मनुष्य श्रद्धायुक्त होकर मुझ भगवान् वासुदेव में किसी तरह की दोषदृष्टि न रखते हुए मेरे इस मत के अनुसार सदैव चलते हैं, वे भी पाप-पुण्य रूप कर्मों से मुक्त हो जाते हैं। इस तरह जन्म-मरण रूप कर्म-बन्धन से मुक्त होकर वे परमात्मा को ही प्राप्त होते हैं।

इस मत से बरतने में वर्ण, आश्रम, जाति या समाज का कोई विभेद कर्म के अधिकारी मनुष्य में नहीं किया गया है अर्थात् सभी मनुष्य को इस मतानुसार आचरण करने का समान अधिकार प्राप्त है ॥ ३१ ॥

ये त्वेतदभ्यसूयन्तो नानुतिष्ठन्ति मे मतम् ।
सर्वज्ञानविमूढांस्तान्विद्धि नष्टानचेतसः ॥ ३२ ॥

ये—जो, **तु**—परन्तु, **एतत्**—इस, **अभ्यसूयन्तः**—दोष देखते हुए, **न अनुतिष्ठन्ति**—अनुसरण नहीं करते हैं, **मे मतम्**—मेरे मत में, **सर्वज्ञान**—सर्वज्ञान से, **विमढान्**—मोहित, **तान**—उनको, **विद्धि**—समझ, **नष्टान्**—नष्ट हुए (और), **अचेतसः**—चेतनारहित।

परन्तु जो मेरे इस मत में दोष देखते हुए इसका अनुसरण नहीं करते हैं, उनको सर्वज्ञान से विमूढ, नष्ट हुए और चेतनारहित समझ।

इसके विपरीत जो मनुष्य मुझमें दोषदृष्टि रखते हुए मेरे मत के अनुसार अनुसरण नहीं करते हैं, वे विवेकशून्य तथा सम्पूर्ण कर्मों एवं ब्रह्मविषयक ज्ञान में विमूढ हैं तथा उन्हें नष्ट ही समझ। ऐसे मनुष्य जन्म-मृत्युरूप संसार-चक्र में घूमते रहते हैं (९।३) ॥ ३२ ॥

सभी प्राणी अपनी प्रकृति के अनुसार चेष्टा करते हैं, सो कहते हैं—

सदृशं चेष्टते स्वस्याः प्रकृतेर्ज्ञानवानपि ।
प्रकृतिं यान्ति भूतानि निग्रहः किं करिष्यति ॥ ३३ ॥

सदृशम्—अनुसार, **चेष्टते**—चेष्टा करता है, **स्वस्याः**—अपनी, **प्रकृतेः**—प्रकृति के, **ज्ञानवान्**—ज्ञानवान, **अपि**—भी, **प्रकृतिम्**—प्रकृति की ओर, **यान्ति**—जा रहे हैं, **भूतानि**—सभी प्राणी (अपनी), **निग्रहः**—हठ, **किम्**—क्या, **करिष्यति**—करेगा।

ज्ञानवान भी अपनी प्रकृति के अनुसार चेष्टा करता है। सभी प्राणी अपनी प्रकृति की ओर जा रहे हैं, फिर हठ क्या करेगा?

पूर्व जन्मों में किये हुए कर्मों का संस्कार वर्तमान जन्म में स्वभाव रूप से प्रकट होते हैं, इसी स्वभाव को प्राणी की 'प्रकृति' कहते हैं। सभी प्राणी प्रकृति को प्राप्त होते हैं, अर्थात् अपने-अपने स्वभावानुसार परवश हुए कर्म करते हैं (३।५;१८।५९)। तत्त्वज्ञानी की भी अपनी प्रकृति के अनुसार कर्म में स्वतः चेष्टा होती है। वस्तुतः तत्वज्ञानी प्रयासपूर्वक संकल्प-विकल्प के आधार पर कर्म नहीं करता और अनासक्त भाव से चेष्टामात्र से किये गये कर्म का संस्कार भी उस पर नहीं पड़ता है। ऐसी स्थिति में यह स्वाभाविक प्रश्न उठता है कि यदि कार्य

निर्धारण में प्रकृति ही बलवती है तो शास्त्र सम्मत इन्द्रिय निग्रह आदि संयम हठपूर्वक कैसे हो पायगा? ॥ ३३ ॥

अतएव, कल्याण हेतु मनुष्य को राग-द्वेष के वश में न होने को कहते हैं—

इन्द्रियस्येन्द्रियस्यार्थे रागद्वेषौ व्यवस्थितौ ।
तयोर्न वशमागच्छेत्तौ ह्यस्य परिपन्थिनौ ॥ ३४ ॥

इन्द्रियस्य इन्द्रियस्य—इन्द्रिय-इन्द्रिय के, **अर्थे**—विषय में (जो), **रागद्वेषौ**—राग-द्वेष, **व्यवस्थितौ**—स्थित हैं, **तयोः**—उनके, **न**—नहीं, **वशम्**—वश में, **आगच्छेत्**—होना चाहिए, **तौ**—वे (दोनों ही), **हि**—क्योंकि, **अस्य**—इसके (कल्याणमार्ग में), **परिपन्थिनौ**—विघ्न करनेवाले महान शत्रु हैं।

इन्द्रिय-इन्द्रिय के विषय में जो राग-द्वेष स्थित हैं, उनके वश में नहीं होना चाहिए, क्योंकि वे दोनों ही कल्याणमार्ग में विघ्न करनेवाले महान शत्रु हैं।

प्रत्येक इन्द्रिय के अपने-अपने विषय में अनुकूलता होने पर 'राग' तथा प्रतिकूलता होने पर 'द्वेष' छिपा हुआ स्थित है, यह अवश्य ही रहता है, तथापि मनुष्य को इन दोनों अर्थात् राग व द्वेष के वश में नहीं होना चाहिए। यह शास्त्रों का अनुशासन है। ऐसा इसलिए है कि ये दोनों ही मुमुक्ष चाहनेवाले के मार्ग में विघ्न उत्पन्न करके महान शत्रु रूप में बाधक हैं।

आशय यह है कि यद्यपि मनुष्य की राग-द्वेष में स्वाभाविक प्रकृति होती है जिसके फलस्वरूप स्वधर्म का त्याग और परधर्म का पालन होते पाया जाता है, परन्तु शास्त्रानुसार चलने पर राग-द्वेष का संयम हो जाने पर मनुष्य प्रकृति के वश में न होकर कल्याण के मार्ग का गामी हो जाता है ॥ ३४ ॥

परधर्म से स्वधर्म श्रेष्ठ बताते हैं—

श्रेयान्स्वधर्मो विगुणः परधर्मात्स्वनुष्ठितात् ।
स्वधर्मे निधनं श्रेयः परधर्मो भयावहः ॥ ३५ ॥

श्रेयान्—श्रेष्ठ है, **स्वधर्मः**—अपना धर्म, **विगुणः**—गुणरहित (भी), **परधर्मात्**—दूसरे के धर्म से, **स्वनुष्ठितात्**—अच्छी तरह से आचरण किये हुए, **स्वधर्मे**—अपने धर्म में, **निधनम्**—मरना भी, **श्रेयः**—श्रेष्ठ है (परन्तु), **परधर्मः**—दूसरे का धर्म, **भयावहः**—भयकारक है।

अच्छी तरह से आचरण किये हुए दूसरे के धर्म से गुणरहित भी अपना धर्म श्रेष्ठ है। अपने धर्म में मरना भी श्रेष्ठ है, परन्तु दूसरे का धर्म भयकारक है।

अपने वर्ण व आश्रम के अनुसार आचरण करते हुए आत्मभाव की ओर ले जानेवाला अपना-अपना कर्त्तव्य ही 'स्वधर्म' है, जिसका पालन करना कल्याणप्रद

होता है। अच्छी प्रकार से त्रुटिरहित सांगोपांग किये गये परधर्म, प्राणियों के हित के विरुद्ध एवं अनात्मभावोत्पाक आचरण ही 'परधर्म' है, की अपेक्षा गुणरहित अपूर्ण रूप से भी किया गया स्वधर्म श्रेष्ठ है, कल्याणकारी है (१८।४७)। स्वधर्म में स्थित रहकर उसके अनुसार कार्य करता हुआ मरण भी श्रेष्ठ है, कष्ट आदि की बात ही क्या? परधर्म में स्थित रहकर उसके अनुसार कर्म का आचरणमात्र करना फलमें अकल्याणकारी एवं भयदायक है।

इस श्लोक के माध्यम से भगवान् द्वारा क्षत्रियधर्म रूप स्वधर्म को श्रेष्ठ तथा जीवन निर्वाह हेतु अर्जुन के भिक्षाटन के विचार को (२।५) अप्रत्यक्ष रूप से परधर्म इंगित करना अर्जुन के लिए ज्ञानबोध के साथ युद्ध करने की प्रेरणा के रूप में भी हो सकता है ॥ ३५ ॥

तो फिर मनुष्य क्यों पापाचरण करता है? ऐसा अर्जुन प्रश्न करता है—

अर्जुन उवाच

अथ केन प्रयुक्तोऽयं पापं चरति पूरुषः ।
अनिच्छन्नपि वार्ष्णेय बलादिव नियोजितः ॥ ३६ ॥

अर्जुनः उवाच—अर्जुन बोले, **अथ**—फिर, **केन**—किससे, **प्रयुक्तः**—प्रेरित होकर, **अयम्**—यह, **पापम्**—पाप, **चरति**—करता है, **पूरुषः**—मनुष्य, **अनिच्छन्**—न चाहता हुआ, **अपि**—भी, **वार्ष्णेय**—हे कृष्ण, **बलात् इव**—जैसे बलपूर्वक, **नियोजितः**—लगा दिया गया हो।

अर्जुन बोले—हे कृष्ण ! फिर यह मनुष्य न चाहता हुआ भी किससे प्रेरित होकर पाप करता है, जैसे बलपूर्वक लगा दिया गया हो।

बुद्धिमान मनुष्य पाप का आचरण नहीं करना चाहता, क्योंकि इसके दुष्परिणाम को वह लोक में देखता व समझता है। फिर भी ऐसा देखने में आता है कि ऐसा मनुष्य भी जैसे बलात् पाप कर्म का आचरण किया करता है। ऐसी स्थिति में अर्जुन अपने मन में उठे स्वाभाविक प्रश्न को श्रीकृष्ण से पूछता है कि हे कृष्ण ! किससे प्रेरित होकर वह मनुष्य न चाहता हुआ भी पाप कर्म में लग जाता है? ॥ ३६ ॥

भगवान् श्रीकृष्ण द्वारा सभी अनर्थों का हेतु काम को ही क्रोध एवं वैरी बतलाना—

श्रीभगवानुवाच

काम एष क्रोध एष रजोगुणसमुद्भवः ।
महाशनो महापाप्मा विद्ध्येनमिह वैरिणम् ॥ ३७ ॥

श्रीभगवान् उवाच—श्रीभगवान् बोले, **कामः**—काम ही, **एषः**—यह, **क्रोधः**—क्रोध है, **एषः**—यह, **रजोगुणसमुद्भवः**—रजोगुण से उत्पन्न, **महाशनः**—बहुत खानेवाला (और), **महापाप्मा**—महापापी है, **विद्धि**—जान, **एनम्**—यहाँ, **इह**—इसको ही, **वैरिणम्**—वैरी।

श्रीभगवान् बोले—रजोगुण से उत्पन्न यह काम ही क्रोध है, यह बहुत खानेवाला और महापापी है, यहाँ इसको ही वैरी जान।

रजोगुण से राग, द्वेष एवं दु:खादि मन के विकार सदैव उत्पन्न होते हैं। राग व द्वेष का स्थूल रूप काम व क्रोध है। इन्द्रिय विषय में अनुकूलता से राग एवं प्रतिकूलता से द्वेष की उत्पत्ति होती है। इन सबका मूल उद्‌भव रजोगुण है, जो क्रियारूप विक्षेपशक्ति है (१४।७)। ऐसा भी कहा जा सकता है कि रजोगुण से उत्पन्न काम या इच्छा रजोगुण को प्रकट करके मनुष्य को कर्म में लगाता है। यह काम (कामना) कभी तृप्त होनेवाला नहीं है, अपितु भोगों के मिलने के साथ बढ़ता ही जाता है (३।३९)। इसलिए इसे 'महाशन:' अर्थात् बहुत खानेवाला कहा गया है। कामनाके कारण ही जगत् में सम्पूर्ण पापों में मनुष्य संलग्न होता है। इसलिए इसे 'महापाप्मा' कहा गया है। असत् वस्तु की कामना ही दु:ख का कारण है और साथ ही परमात्मा से भी विमुख होने का कारण है, किन्तु संसारी मनुष्य कामना को हितैषी मानकर एवं तदनुसार फलासक्ति से कर्म में प्रवृत्त होकर दु:ख भोगता है और यह कामना विवेक को ढंककर पापों में प्रवृत्त कराता हुआ परमात्मा के सुख से उस मनुष्य को बहुत दूर कर देता है। इसलिए हे अर्जुन ! कामना को तुम अपना वैरी समझ ॥ ३७ ॥

काम कैसे वैरी है, उसे उदाहरण से समझाते हैं—

धूमेनाव्रियते वह्निर्यथादर्शो मलेन च ।
यथोल्बेनावृतो गर्भस्तथा तेनेदमावृतम् ॥ ३८ ॥

धूमेन—धुएँ से, **आव्रियते**—ढक जाता है, **वह्निः**—अग्नि; **यथा**—जैसे, **आदर्शः**—दर्पण, **मलेन**—मैल से, **च**—तथा, **यथा**—जैसे, **उल्बेन**—जेर से, **आवृतः**—ढका रहता है, **गर्भः**—गर्भ, **तथा**—वैसे ही, **तेन**—उस काम से, **इदम्**—यह ज्ञान, **आवृतम्**—ढका रहता है।

जैसे धुएँ से अग्नि तथा मैल से दर्पण ढक जाता है तथा जैसे जेर से गर्भ ढका रहता है, वैसे ही उस काम से यह ज्ञान ढका रहता है।

शास्त्र के अनुसार परमात्मा की प्राप्ति में बाधक दोष तीन हैं—*मल, विक्षेप* तथा *आवरण*। मनुष्य में सत्त्व के आधिक्य एवं रज व तम की क्षीणता की अवस्था में ज्ञान प्रकट ही रहता है। इस सत्त्व के आधिक्य में कमी होने पर ज्ञान

मलिन होना शुरू होता है। कामना अर्थात् रजोगुण की अधिकता होने तथा सत्त्व व तम की क्षीणता में रजोगुण की क्रियारूपा विक्षेपशक्ति प्रभावी होकर रागादि एवं दु:खादि उत्पन्न कर काम व क्रोध, आदि द्वारा ज्ञान में विक्षेप दोष पैदा करते हैं। इसी तरह तम के आधिक्य एवं सत्त्व व रज के क्षीण होने पर तमोगुण की प्रबल आवरण शक्ति ज्ञान को पूरी तरह से ढक लेता है और वह मनुष्य जगत् के जड़ पदार्थों में उत्पन्न आसक्ति से ही भ्रमवश उसे सत्य समझकर परमात्मा से विमुख होने लगता है। अस्तु, जिस तरह से धुएँ से अग्नि, मैल से दर्पण तथा जेर (झिल्ली) से गर्भ ढक जाता है, उसी तरह से रजोगुण, सतोगुण तथा तमोगुण के मिश्रण से युक्त कामासक्त पुरुष में कामना से ज्ञान ढक जाता है।

यहाँ पर चंचल स्वरूप धुएँ का सम्बन्ध रजोगुण में विद्यमान विक्षेपशक्ति से, मल का सम्बन्ध सतोगुण में आयी किसी तरह की मलिनता अर्थात् मलिन सत्त्व से और जेर का सम्बन्ध तमोगुण की आवरणशक्ति से है। अतएव ज्ञान में आयी मलिनता का आभास होते ही आसक्तिरहित होकर भगवत् अर्पण भाव से कर्म करने पर कामना का नाश होता है और परमात्म ज्ञान की प्राप्ति में सहायक होता है। ॥ ३८ ॥

ज्ञानियों का ज्ञान कामरूप वैरी से ढका रहना बताते हैं—

आवृतं ज्ञानमेतेन ज्ञानिनो नित्यवैरिणा ।
कामरूपेण कौन्तेय दुष्पूरेणानलेन च ॥ ३९ ॥

आवृतम्—ढका हुआ है, **ज्ञानम्**—ज्ञान, **एतेन**—इस, **ज्ञानिनः**—ज्ञानी का, **नित्यवैरिणा**—चिरशत्रु से, **कामरूपेण**—कामरूप, **कौन्तेय**—हे कौन्तेय, **दुष्पूरेण**—कभी पूर्ण न होनेवाले, **अनलेन**—अग्नि के समान, **च**—और।

हे कौन्तेय ! कभी पूर्ण न होनेवाले अग्नि के समान इस कामरूप चिरशत्रु से ज्ञानी का ज्ञान ढका हुआ है।

हे कौन्तेय ! 'ज्ञानिन:' अर्थात् ज्ञानियों का ज्ञान कामरूप नित्य वैरी से ढका हुआ है। यहाँ ज्ञानिन: शब्द विवेकशील साधक के अर्थ में प्रयुक्त है। सांसारिक मनुष्य काम अर्थात् कामना को अपना मित्र समझकर कामासक्त होकर किये गये कर्मों से प्राप्त भोगों में अल्पकालिक सुख का अनुभव करता है, भले ही अन्त में वह दु:ख का कारण बने (१६।२१;१८।३८), किन्तु इसके विपरीत ज्ञान तो प्रारम्भ से ही भोगकाल में भोगों को दु:ख का कारण मानता है जिससे ज्ञानी के लिए ही, अज्ञानी के लिए नहीं, काम नित्य वैरी है। यह काम विषयों द्वारा परिपूरित होने पर

भी कभी पूरा नहीं होता, इस कारण यह 'दुष्पूरेण' है और अग्नि के समान कभी तृप्त नहीं होता, इसलिए यह 'अनलेन' है। अग्नि में जितना भी घृत व हवन सामग्री डाली जाय, उतना ही वह प्रदीप्त होता है, उसमें तृप्ति होते नहीं देखा गया है। ऐसा ही स्वरूप काम का भी है, जो कभी तृप्त नहीं होता है[१] ॥ ३९ ॥

अब 'काम' का वासस्थान बताते हैं—

इन्द्रियाणि मनो बुद्धिरस्याधिष्ठानमुच्यते ।
एतैर्विमोहयत्येष ज्ञानमावृत्य देहिनम् ॥ ४० ॥

इन्द्रियाणि—इन्द्रियाँ, **मनः**—मन (और), **बुद्धिः**—बुद्धि, **अस्य**—इस काम के, **अधिष्ठानम्**—वासस्थान, **उच्यते**—कहे जाते हैं, **एतैः**—इन तीनों के द्वारा, **विमोहयति**—मोहित करता है, **एषः**—वह काम, **ज्ञानम्**—ज्ञान को, **आवृत्य**—ढककर, **देहिनम्**—जीवात्मा को।

इन्द्रियाँ, मन और बुद्धि इस काम के वासस्थान कहे जाते हैं। इन तीनों के द्वारा वह काम ज्ञान को ढककर जीवात्मा को मोहित करता है।

इस नित्य वैरी काम के रहने का स्थान कहाँ है? इस स्वाभाविक जिज्ञासा के लिए कहते हैं कि इन्द्रियाँ, मन व बुद्धि इस काम के वासस्थान कहलाते हैं। यह काम इन मन, बुद्धि और इन्द्रियों का आश्रय लेकर इन्हीं के द्वारा ज्ञान को आच्छादित करके जीवात्मा को अनेक प्रकार से मोहित किया करता है और अनित्य विषय-सुख एवं लोभ में लगाकर ईश्वर के नित्यस्वरूप-आनन्द से वंचित कर देता है ॥ ४० ॥

अब इन्द्रियों को वश में करने को कहते हैं—

तस्मात्त्वमिन्द्रियाण्यादौ नियम्य भरतर्षभ ।
पाप्मानं प्रजहि ह्येनं ज्ञानविज्ञाननाशनम् ॥ ४१ ॥

तस्मात्—इसलिए, **त्वम्**—तू, **इन्द्रियाणि**—इन्द्रियों को, **आदौ**—सर्वप्रथम, **नियम्य**—वश में करके, **भरतर्षभ**—हे भरतश्रेष्ठ, **पाप्मानम्**—पापरूप काम को, **प्रजहि**—मार, **हि**—अवश्य ही, **एनम्**—इस, **ज्ञान**—ज्ञान, **विज्ञान**—विज्ञान को, **नाशनम्**—नाश करनेवाले।

इसलिए हे भरतश्रेष्ठ ! तू सर्वप्रथम इन्द्रियों को वश में करके ज्ञान और विज्ञान को नाश करनेवाले पापरूप इस काम को अवश्य ही मार।

---

१. न जातु कामः कामानां उपभोगेन शाम्यति।
हविषा कृष्णवर्त्मेव भूय एवाभिवर्धते ॥ (श्रीमद्भा० ९।१९।१४)

इसलिए हे भरतश्रेष्ठ ! इन्द्रियाँ तुम्हें मोहित करें इसके पहले ही तुम इन्द्रियों को संयमित करके महान पापी काम का विनाश करो। यह काम ज्ञान व विज्ञान का नाशक है।

सद्‌गुरु के उपदेश और शास्त्र अध्ययन से आत्म-अनात्म के बोध को 'ज्ञान' तथा नित्य अभ्यास से उसके विशेष अनुभव को 'विज्ञान' कहते हैं। काम की अतृप्तता और उससे संसार में लिप्तता ही मोह-अज्ञान की प्रबलता का कारण है। काम की इस प्रबलता को बताकर भगवान् ने सदैव इससे सचेष्ट रहने का संकेत किया है। ईश्वर की कृपा से प्राप्त यह मानव शरीर इन्द्रिय विषय भोग के लिए नहीं है।[१] ऐसे प्रबल शत्रु काम का परित्याग करो ॥ ४१ ॥

किसका आश्रय लेकर 'काम' को त्यागा जाय, सो कहते हैं—

इन्द्रियाणि पराण्याहुरिन्द्रियेभ्यः परं मनः ।
मनसस्तु परा बुद्धिर्यो बुद्धेः परतस्तु सः ॥ ४२ ॥

इन्द्रियाणि—इन्द्रियों को, **पराणि**—श्रेष्ठ, **आहुः**—कहते हैं, **इन्द्रियेभ्यः**—इन्द्रियों से, **परम्**—श्रेष्ठ, **मनः**—मन (है), **मनसः**—मन से, **तु**—भी, **परा**—श्रेष्ठ, **बुद्धिः**—बुद्धि है, **यः**—जो, **बुद्धेः**—बुद्धि से भी, **परतः**—अत्यन्त श्रेष्ठ, **तु**—एवं, **सः**—वह (आत्मा) है।

इन्द्रियों को श्रेष्ठ कहते हैं, इन्द्रियों से श्रेष्ठ मन है, मन से भी श्रेष्ठ बुद्धि है एवं जो बुद्धि से भी अत्यन्त श्रेष्ठ है, वह आत्मा है।

स्थूल शरीर की अपेक्षा इन्द्रियाँ 'पराणि' हैं, अर्थात् श्रेष्ठ, बलवान व सूक्ष्म हैं। इन्द्रियों से मन श्रेष्ठ है, क्योंकि मन इन्द्रियों का प्रवर्तक और संकल्पात्मक है। मन से भी श्रेष्ठ बुद्धि है, जो निश्चयात्मिका है और संकल्प से अवश्य ही श्रेष्ठ है। जो बुद्धि से भी अत्यन्त श्रेष्ठ साक्षीस्वरूप सर्वत्र बाहर और भीतर अवस्थित है, वह आत्मा है।

यद्यपि श्रेष्ठता का उपर्युक्त क्रम है, किन्तु जन्म-जन्मान्तर से बाह्य जगत् को सत् मानने का संस्कार चित्त में रहने से इन्द्रियों का जगत् के विषयों में आकर्षण दुर्भाग्य से अत्यन्त प्रबल होता है और असावधान साधक को इन्द्रियाँ बलात् ही विषयों में प्रवृत्त कर देती हैं। इसलिए चित्त या मन को एकमात्र सर्वश्रेष्ठ आत्मा में लगाने पर इन्द्रियाँ अपने विषयों से विमुख होकर संयम में रहेंगी। इन्द्रियों को वश में करने का यह उपाय अत्यन्त प्रभावी होता है ॥ ४२ ॥

---

१. एहि तन कर फल विषय न भाई ।
स्वर्गउ स्वल्प अंत दुखदायी ॥ (श्रीरामचरितमानस ७।४३।१)

बुद्धि के द्वारा मन को वश में करके कामरूप शत्रु को नाश करना बताते हैं—

एवं बुद्धेः परं बुद्ध्वा संस्तभ्यात्मानमात्मना ।
जहि शत्रुं महाबाहो कामरूपं दुरासदम्॥ ४३ ॥

एवम्—इस प्रकार (आत्मा को), **बुद्धेः**—बुद्धि से, **परम्**—श्रेष्ठ, **बुद्ध्वा**—समझकर, **संस्तभ्य**—वश में करके, **आत्मानम्**—मन को, **आत्मना**—बुद्धि के द्वारा, **जहि**—मार, **शत्रुम्**—शत्रु को, **महाबाहो**—हे महाबाहो, **कामरूपम्**—कामरूप, **दुरासदम्**—दुर्जय।

इस प्रकार आत्मा को बुद्धि से श्रेष्ठ समझकर और बुद्धि के द्वारा मन को वश में करके हे महाबाहो ! इस कामरूप दुर्जय शत्रु को मार।

इस प्रकार बुद्धि का साक्षी निर्विकार आत्मा को बुद्धि की अपेक्षा श्रेष्ठ, सूक्ष्म व बलवान जानकर 'आत्मना' अर्थात् निश्चयात्मक बुद्धि द्वारा 'आत्मानम्' अर्थात् मन को वश में करके हे महाबाहो अर्जुन ! इस दुर्जेय कामरूप शत्रु का नाश कर दो।

भगवान् ने इस चंचल और दुर्निग्रह मन को वश में करने का उपाय अभ्यास और वैराग्य बताया है (६।३५)। विवेक बुद्धि के प्रयोग से मन के वश में होने पर मन का संकल्प-विकल्प स्वरूप भी क्षीणता को प्राप्त होता है। पुनः मन से कामनाओं का परित्याग कर परमात्म चिन्तन में लगाने पर मन के अधीन इन्द्रियाँ भी मन का सहयोग करने लगती हैं और बाह्य विषयों की कामना और उसके राग में कमी आकर अन्तरात्मा के अभ्यास में सुख मिलने लगता है। पूर्व में शत्रुवत् व्यवहार करता हुआ वही मन मित्रवत् हो जाता है। बस एक बार बुद्धि से मन को समझा लेने पर कि यह सांसारिक सुख अनित्य है और इससे प्राप्त सुख का स्वरूप भी अतृप्तदायक ही है, किन्तु परमात्म चिन्तन का सुख नित्य तथा तृप्तिदायक है और अन्ततः मोक्षप्रदायक है। ऐसी समझ हो जाने पर पुरुष का मन स्वयमेव पुरुष का मित्ररूप हुआ परमार्थ मार्ग पर लगाकर अभ्यास और वैराग्य से जीवन को कृतकृत्य कर देगा। बात बस इतनी सी है ॥ ४३ ॥

इति श्रीकृष्णार्जुनसंवादे कर्मयोगो नाम तृतीयोऽध्यायः ॥ ३ ॥

अध्याय ४

अज्ञान की अवस्था में यज्ञरूप कर्म (कर्मयोग) करते हुए और सब कर्मों में संन्यास भाव रखते रहने से क्रमश: 'ज्ञानरूप' योग की प्राप्ति हो जाती है। ज्ञान प्राप्त हो जाने पर वह ज्ञानी तो संन्यासी ही होता है, उसके सारे कर्म निश्चय ही अकर्म हो जाते हैं। इस अध्याय ***'ज्ञानकर्मसंन्यासयोग'*** में इसी विषय के साथ कर्म के प्रकार, यज्ञों का स्वरूप तथा ज्ञानयज्ञ का विस्तार से वर्णन किया गया है।

श्रीभगवान् ने अर्जुन से इस अविनाशी योग की परम्परा को बताया (१-२)। भगवान् ने इस योग को पुरातन तथा उत्तम रहस्य कहकर प्रशंसा की (३)। मनुष्य रूप में प्रत्यक्ष उपस्थित भगवान् श्रीकृष्ण ने कैसे आदिकाल में इस योग को कहा होगा ! इस पर अर्जुन के प्रश्न करने पर भगवान् ने दोनों के अनेक जन्म होने की बात कहकर अपने को अजन्मा, अविनाशी और सबका ईश्वर कहा (४-६)। संसार में स्वयं के प्रकट होने का कारण भगवान् बताते हैं (७-८)। भगवान् के जन्म और कर्म को तत्त्वत: जाननेवाले को मिलनेवाला फल बताते हैं (९)। पहले भी भगवान् का आश्रय लेकर अनेक पुरुष फल प्राप्त कर चुके हैं (१०)। भगवान् को भजने के भाव के अनुसार पुरुष को फल की प्राप्ति होती है (११)। देवताओं की पूजा से होनेवाले फल की प्राप्ति बताते हैं (१२)। गुण-कर्म के विभाग से चारों वर्ण (क्षत्रिय, ब्राह्मण, वैश्य व शूद्र) की रचना करने पर भी भगवान् अकर्त्ता ही हैं (१३) और अकर्त्ता होने का कारण बताते हैं (१४)। इसलिए पूर्वकाल के मुमुक्षुओं की तरह तुम भी कर्म कर (१५)। कर्म का विषय गहन है, इसे तुम मेरे द्वारा तत्त्वत: जानकर अशुभ से मुक्त हो जाएगा (१६)। कर्म के रहस्य को भगवान् अर्जुन से कहते हैं (१७-१८)। जिसके कर्म कामना और संकल्प से रहित हो, वह पण्डित है (१९) और ज्ञानी कर्म करता हुआ भी अकर्मी है (२०)। मात्र शरीर रक्षा के लिए कर्म करनेवाला ज्ञाननिष्ठ पुरुष मुक्त हो जाता है (२१)। स्वत: प्राप्त द्रव्य से सन्तुष्ट रहनेवाला कर्म करते हुए भी नहीं बँधता (२२)। यथार्थ कर्म करनेवाले के कर्म विलीन हो जाते हैं (२३)। ब्रह्मरूप यज्ञकर्म करनेवाले पुरुष को ब्रह्म की प्राप्ति बताते हैं (२४)। अब अन्य यज्ञ-देवयज्ञ, ज्ञानयज्ञ, आदि यज्ञ का वर्णन करते हैं (२५-२७)। पुन: श्लोक (२८)

में कुछ अन्य यज्ञों के साथ योगयज्ञ तथा श्लोक (२९-३०) में प्राण व अपान की आहुति सम्बन्धी प्राणायामरूपी यज्ञ को बताते हैं। यज्ञयुक्त पुरुष ब्रह्म को प्राप्त होते हैं और यज्ञरहित तो इस लोक (मनुष्य लोक) को ही नहीं पाते (३१)। वेद के मुख से वर्णित सभी यज्ञ कर्मजन्य हैं (३२)। अब भगवान् ज्ञानयज्ञ को श्रेष्ठ बताकर तत्त्वज्ञान प्राप्त करने हेतु अर्जुन को तत्त्वदर्शियों की शरण में जाने को प्रेरित करते हैं (३३-३४)। ऐसे तत्त्वज्ञान की विविध प्रकार से प्रशंसा करते हैं (३५-३७)। ऐसे ज्ञान को कर्मयोग से भी प्राप्त होने को बताते हैं (३८)। अब ज्ञान प्राप्ति का अधिकारी एवं उस ज्ञान का फल बताते हैं (३९)। ज्ञान के विषय में संशय करनेवाले और संशयरहित पुरुष की स्थिति बताते हैं (४०-४१)। अन्त में अज्ञानजनित संशय से रहित होकर कर्मयोग के आश्रय से अर्जुन को युद्ध के लिए खड़े हो जाने का निर्देश देते हैं (४२)।

दूसरे तथा तीसरे अध्याय में ज्ञानरूप योग को विविध तरह से इंगित किया गया है जिसके लिए अकर्त्ता भाव से कर्मयोग का सम्पादन करना होता है। पुन: उसी अविनाशी योग की परम्परा और अनादिता को अगले दो श्लोकों में बताते हुए विस्तृत वर्णन के उद्देश्य से इस चौथे अध्याय का प्रारम्भ करते हैं—

श्रीभगवानुवाच

इमं विवस्वते योगं प्रोक्तवानहमव्ययम्।
विवस्वान्मनवे प्राह मनुरिक्ष्वाकवेऽब्रवीत्॥ १ ॥

श्रीभगवान् उवाच—श्रीभगवान् बोले, **इमम्**—इस, **विवस्वते**—सूर्य से, **योगम्**—योग को, **प्रोक्तवान**—कहा था, **अहम्**—मैंने, **अव्ययम्**—अविनाशी, **विवस्वान्**—सूर्य ने (अपने पुत्र), **मनवे**—मनु से, **प्राह**—कहा (और) , **मनुः**—मनु ने (अपने पुत्र), **इक्ष्वाकवे**—राजा इक्ष्वाकु से, **अब्रवीत्**—कहा।

श्रीभगवान् बोले—मैंने इस अविनाशी योग को सूर्य से कहा था, सूर्य ने अपने पुत्र मनु से कहा और मनु ने अपने पुत्र राजा इक्ष्वाकु से कहा।

भगवान् अब अर्जुन से कहते हैं कि उन्होंने इस अविनाशी योग को आदिकाल में सूर्य से कहा था। पुन: सूर्य ने अपने पुत्र मनु से और मनु ने अपने पुत्र इक्ष्वाकु से कहा था, इस प्रकार इसे वंशानुगत कहना है। उपर्युक्त सूर्य, मनु तथा इक्ष्वाकु आदि सभी राजा थे तथा गृहस्थाश्रम में रहकर राजकार्य करते हुए योग से संसिद्धि पायी थी। अतएव यहाँ प्रयुक्त योग का आशय कर्त्तव्य-कर्म करते हुए ज्ञानरूप योग से मोक्ष की प्राप्ति प्रतीत होता है।

इस माध्यम से भगवान् ने अर्जुन सहित सभी गृहस्थों को गृहस्थाश्रम में कर्तव्य-कर्म करते हुए चित्त शुद्ध करके ज्ञानोपलब्धि होने की बात बताते हैं। पुनः अपनी स्थिति व परिस्थिति में रहते हुए उपर्युक्त प्रकार से कर्म करने के साथ ज्ञानलाभ करते हुए उन्हें श्रद्धा से भजनेवाले योगी को भगवान् अध्याय छह के अन्तिम श्लोक में श्रेष्ठतर कह रहे हैं। इस प्रकार *गीता* में कर्म, ज्ञान और भक्ति का परस्पर अन्योन्याश्रित समन्वयात्मक सहयोग का भाव प्रतीत होता है। अस्तु, किसी भी वर्ण, आश्रम, सम्प्रदाय, देश व काल आदि में अनादि काल से चले आ रहे इस योग का पालन करके परम कल्याणकारी परमात्मा को प्राप्त किया जा सकता है ॥ १ ॥

एवं परम्पराप्राप्तमिमं राजर्षयो विदुः ।
स कालेनेह महता योगो नष्टः परन्तप ॥ २ ॥

एवम्—इस प्रकार, **परम्परा**—परम्परा से, **प्राप्तम्**—प्राप्त हुए, **इमम्**—इस योग को, **राजर्षयः**—राजर्षियों ने, **विदुः**—जाना (परन्तु), **सः**—वह, **कालेन**—काल से, **इह**—इस लोक में, **महता**—बहुत, **योगः**—योग, **नष्टः**—प्रायः लुप्त-सा, **परन्तप**—हे परंतप अर्जुन।

हे परन्तप अर्जुन ! इस प्रकार परम्परा से प्राप्त हुए इस योग को राजर्षियों ने जाना, परन्तु वह योग बहुत काल से इस लोक में प्रायः लुप्त—सा हो गया।

इस प्रकार आदिकाल से परम्परा से प्राप्त, यहाँ गुरु परम्परा का महत्त्व दर्शित होता है, इस योग को राजर्षियों ने जाना। हे परन्तप- शत्रुओं को तपानेवाले अर्जुन ! कालान्तर से मनुष्य लोक में लोगों में भोग-वासना की वृद्धि के साथ इस योग के प्रति अभिरुचि घटती गयी और यह अविनाशी योग बहुत काल से लुप्तप्राय, अप्रकट-सा हो गया । इससे यह नहीं समझना चाहिए कि इस योग का अभाव हो गया, क्योंकि सत् वस्तु का, जैसा कि यह योग है, अभाव नहीं देखा गया है ॥ २ ॥

उसी पुरातन योग की पुनः प्रतिष्ठा हेतु भगवान् अपने सखा अर्जुन से कहते हैं—

स एवायं मया तेऽद्य योगः प्रोक्तः पुरातनः ।
भक्तोऽसि मे सखा चेति रहस्यं ह्येतदुत्तमम् ॥ ३ ॥

सः एव—वही, **अयम्**—यह, **मया**—मैंने, **ते**—तुझसे, **अद्य**—आज, **योगः**—योग, **प्रोक्तः**—कहा है, **पुरातनः**—पुरातन, **भक्तः**—भक्त, **असि**—है, **मे**—मेरा, **सखा**—सखा, **च**—और, **इति**—इसलिए, **रहस्यम्**—रहस्य है, **हि**—क्योंकि, **एतद्**—यह, **उत्तमम्**—उत्तम।

तू मेरा भक्त और सखा है, इसलिए वही यह पुरातन योग आज मैंने तुझको कहा है, क्योंकि यह अति उत्तम रहस्य है।

अजातशत्रु अर्जुन ने प्रबल मोहावस्था में भगवान् के प्रति शरणागत होकर शिष्य रूप में अपने को समर्पित कर श्रेय-मार्ग का उपदेश देने के लिए पूर्व में भगवान् से प्रार्थना किया था। भगवान् का सखा और सम्बन्धी तो वह पहले से ही था। आदिगुरु भगवान् ने अपने शरण में आये हुए अर्जुन को शिष्य रूप में स्वीकार कर उसी पुराने योग को, जिसे आदिकाल में उन्होंने सूर्य से कहा था उसे ही पुनः कहा है, क्योंकि यज्ञरूप और योगरूप कर्म करते हुए ज्ञानरूप योग देनेवाला यह पुरातन योग अत्यन्त उत्तम रहस्यवाला है। इस योग में कर्म की पूर्णता ज्ञान में होती है और पुनः सम्पूर्ण समर्पण भगवान् में होता है। ये दिव्यकर्म और दिव्यज्ञान परस्पर दिव्यरूप से जुड़े हैं। इस कालातीत रहस्योद्घाटन से मानवरूप श्रीकृष्ण स्वयं अपने को मानो भगवान् के अवताररूप में प्रकट कर रहे हों ॥ ३ ॥

मनुष्य रूप में हाल ही में जन्मे श्रीकृष्ण को और योग की प्राचीनता को समझते हुए अर्जुन का प्रश्न करना—

अर्जुन उवाच

अपरं भवतो जन्म परं जन्म विवस्वतः ।
कथमेतद्विजानीयां त्वमादौ प्रोक्तवानिति ॥ ४ ॥

अर्जुनः उवाच—अर्जुन बोले, **अपरम्**—अभी हाल का है (और), **भवतः**—आपका, **जन्म**—जन्म, **परम्**—बहुत पहले का है, **जन्म**—जन्म, **विवस्वतः**—सूर्य का, **कथम्**—कैसे, **एतत्**—इस योग को, **विजानीयाम्**—मैं समझूँ (कि), **त्वम्**—आपने, **आदौ**—आदिकाल में, **प्रोक्तवान्**—कहा था, **इति**—इसको।

अर्जुन बोले—आपका जन्म अभी हाल का है और सूर्य का जन्म बहुत पहले का है, अतः मैं कैसे समझूँ कि इस योग को आपने आदिकाल में कहा था।

श्रीकृष्ण के मुख से ही उनके जन्म सम्बन्धी जानकारी को सुनने की जिज्ञासा से एवं स्वाभाविक जन शंकाओं के समाधान हेतु भी अर्जुन श्रीकृष्ण से कहते हैं कि आपका जन्म अर्वाचीन अर्थात् अभी हाल का है और सूर्य का जन्म अति प्राचीन काल का है। ऐसे में मैं इस बात को कैसे समझूँ कि शरीर रूप में मेरे सम्मुख उपस्थित आप ही ने आदिकाल में सूर्य से यह योग कहा था? ॥ ४ ॥

भगवान् द्वारा अर्जुन की शंका का निवारण करना—

श्रीभगवानुवाच

बहूनि मे व्यतीतानि जन्मानि तव चार्जुन ।
तान्यहं वेद सर्वाणि न त्वं वेत्थ परन्तप ॥ ५ ॥

श्रीभगवान् उवाच—श्रीभगवान् बोले, **बहूनि**—बहुत-से, **मे**—मेरे, **व्यतीतानि**—बीत चुके हैं, **जन्मानि**—जन्म, **तव**—तेरे, **च**—भी, **अर्जुन**—हे अर्जुन, **तानि**—उन, **अहम्**—मैं, **वेद**—जानता हूँ, **सर्वाणि**—सबको, **न**—नहीं, **त्वम्**—तू, **वेत्थ**—जानता है, **परन्तप**—हे अर्जुन।

हे अर्जुन ! मेरे और तेरे बहुत—से जन्म बीत चुके हैं, उन सबको मैं जानता हूँ, परन्तु परन्तप ! तू नहीं जानता।

भगवान् कहते हैं कि हे अर्जुन ! मेरे और तुम्हारे बहुत-से जन्म पहले हो चुके हैं, किन्तु उन सबको मैं जानता हूँ, तू नहीं जानता है (७।२६)। यह कहकर भगवान् श्रीकृष्ण मानो स्वयं को सर्वज्ञ होने का आभास करा रहे हों। निश्चित रूप से अर्जुन घोर अज्ञान में है और भगवान् तो सर्वज्ञ ही हैं ॥ ५ ॥

भगवान् अपने जन्म की दिव्यता प्रकट करते हैं—

अजोऽपि सन्नव्ययात्मा भूतानामीश्वरोऽपि सन् ।
प्रकृतिं स्वामधिष्ठाय सम्भवाम्यात्ममायया ॥ ६ ॥

अजः—मैं अजन्मा, **अपि**—भी, **सन्**—होते हुए, **अव्ययात्मा**—अविनाशीस्वरूप, **भूतानाम्**—भूतप्राणियों का, **ईश्वरः**—ईश्वरः, **अपि**—भी, **सन्**—होते हुए, **प्रकृतिम्**—स्वभाव को, **स्वाम्**—अपने, **अधिष्ठाय**—अधीन करके, **सम्भवामि**—प्रकट होता हूँ, **आत्ममायया**—अपनी माया से।

मैं अजन्मा, अविनाशीस्वरूप और भूतप्राणियों का ईश्वर होते हुए भी अपने स्वभाव को अधीन करके अपनी माया से प्रकट होता हूँ।

भगवान् कहते हैं कि मेरा जन्म एवं मरण साधारण मनुष्य की तरह नहीं होता है। अजन्मा और अविनाशी होते हुए तथा सम्पूर्ण प्राणियों का ईश्वर होते हुए भी मैं अपनी ही त्रिगुणात्मिका प्रकृति को, जिससे मोहित होकर मनुष्य सांसारिक भोग-विषय में आसक्त हुआ आत्मबोध से वंचित रहता है, अधीन करके अपनी योगमाया से प्रकट होता हूँ और इसी तरह से अन्तर्ध्यान भी होता हूँ (१०।३)। मुझ सर्वज्ञ को, जो जगत् के कल्याण हेतु प्रकट हुआ हूँ, अज्ञानी मनुष्य ऐसा न समझकर अवज्ञापूर्वक साधारण मनुष्य रूप में देखते हैं (९।११) ॥ ६ ॥

संसार में स्वयं के प्रकट होने का कारण भगवान् अगले दो श्लोकों में बताते हैं—

यदा यदा हि धर्मस्य ग्लानिर्भवति भारत ।
अभ्युत्थानमधर्मस्य तदात्मानं सृजाम्यहम् ॥ ७ ॥

यदा—यदा—जब-जब, **हि**—ही, **धर्मस्य**—धर्म की, **ग्लानिः**—हानि (और), **भवति**—होती है, **भारत**—हे भारत, **अभ्युत्थानम्**—वृद्धि, **अधर्मस्य**—अधर्म की, **तदा**—तब-तब, **आत्मानम्**—अपने को, **सृजामि**—रच लेता हूँ, **अहम्**—मैं ।

हे भारत ! जब—जब धर्म की हानि और अधर्म की वृद्धि होती है, तब—तब ही मैं अपने को रच लेता हूँ।

हे भारत ! जब-जब धर्म की हानि होती है, अर्थात् दुष्ट और दुराचारी प्रकृति के अधिसंख्य व बलवान लोगों द्वारा सदाचारी साधुप्रकृति के लोगों पर अत्याचार होता है और दुर्गुण तथा दुराचार की समाज में वृद्धि होती है, तब-तब ही मैं साकार रूप से अपने रूप को रचता हूँ, अर्थात् प्रकट होता हूँ। ॥ ७ ॥

परित्राणाय साधूनां विनाशाय च दुष्कृताम् ।
धर्मसंस्थापनार्थाय सम्भवामि युगे युगे ॥ ८ ॥

परित्राणाय—उद्धार करने के लिए, **साधूनाम्**—साधुओं का, **विनाशाय**—विनाश करने के लिए, **च**—और, **दुष्कृताम्**—दुष्टों का, **धर्म**—धर्म को, **संस्थापनार्थाय**—सुस्थापित करने के लिए, **सम्भवामि**—मैं प्रकट होता हूँ, **युगे युगे**—युग-युग में।

साधुओं का उद्धार करने के लिए, दुष्टों का विनाश करने के लिए और धर्म को सुस्थापित करने के लिए मैं युग—युग में प्रकट होता हूँ।

दूसरे के हित का भाव रखनेवाले एवं ईश्वर की प्राप्ति के लिए ध्यान, भजन, कीर्तन व मनन आदि में संलग्न पुरुष का वाचक शब्द 'साधु' है। साधु पुरुषों की रक्षा करने के लिए तथा पापात्मा व दुराचारियों का नाश करने के लिए और धर्म की अच्छी प्रकार स्थापना करने के लिए मैं प्रत्येक युग में प्रकट होता हूँ ॥ ८ ॥

भगवान् के जन्म व कर्म को तत्त्वतः जाननेवाले को फल की प्राप्ति बताते हैं—

जन्म कर्म च मे दिव्यमेवं यो वेत्ति तत्त्वतः ।
त्यक्त्वा देहं पुनर्जन्म नैति मामेति सोऽर्जुन ॥ ९ ॥

जन्म—जन्म, **कर्म**—कर्म, **च**—और, **मे**—मेरा, **दिव्यम्**—दिव्य है, **एवम्**—इस प्रकार, **यः**—जो, **वेत्ति**—जानता है, **तत्त्वतः**—तत्त्व से, **त्यक्त्वा**—त्यागकर, **देहम्**—शरीर को, **पुनः**—पुनः, **जन्म**—जन्म को, **न**—नहीं, **एति**—प्राप्त होता, **माम्**—मुझको ही, **एति**—प्राप्त होता है, **सः**—वह, **अर्जुन**—हे अर्जुन।

मेरा जन्म और कर्म दिव्य है, इस प्रकार जो तत्त्व से जानता है, हे अर्जुन ! वह शरीर को त्यागकर पुनः जन्म को नहीं प्राप्त होता, मुझको ही प्राप्त होता है।

प्रकृति के प्रभाव में जन्मनेवाले मनुष्य की तरह भगवान् जन्म नहीं लेते हैं, अपितु प्रकृति को अधीन करके अपनी योगमाया से प्रकट होते हैं। उनका प्रकट होना भी कारण से होता है—यथा साधुओं की रक्षा, दुष्टों का संहार और धर्म की स्थापना हेतु। इस तरह से उनका जन्म और कर्म दोनों ही दिव्य होता है। मनुष्य शरीर धारण करने पर भी वे सर्वज्ञ, सर्वेश्वर, सर्वशक्तिमान साक्षात् परमेश्वर ही हैं। भगवान् कहते हैं कि हे अर्जुन ! वह मनुष्य जो मुझको इस प्रकार तत्त्व से जानता है, वह शरीर को त्यागकर कर्म-बन्धन रूप जन्म को न प्राप्त कर मुझ ईश्वर को ही प्राप्त होता है अर्थात् वह मुक्त हो जाता है ॥ ९ ॥

भगवान् अपने आश्रय लेने का फल बताते हैं—

वीतरागभयक्रोधा मन्मया मामुपाश्रिताः ।
बहवो ज्ञानतपसा पूता मद्भावमागताः ॥ १० ॥

वीत—रहित, **राग**—राग, **भय**—भय (और), **क्रोधाः**—क्रोध से, **मन्मया**—मुझमें ही एकाग्रचित्त हुआ, **माम्**—मेरे ही, **उपाश्रिताः**—आश्रित होकर, **बहवः**—अनेक पुरुष, **ज्ञान**—ज्ञानरूपी, **तपसा**—तपस्या से, **पूताः**—पवित्र होकर, **मद्भावम्**—मेरे भाव को, **आगताः**—प्राप्त हो चुके हैं।

राग, भय और क्रोध से रहित, मुझमें ही एकाग्रचित्त हुआ, मेरे ही आश्रित होकर ज्ञानरूपी तपस्या से पवित्र होकर अनेक पुरुष मेरे भाव को प्राप्त हो चुके हैं।

जो मनुष्य मेरे जन्म और कर्म की दिव्यता को तत्त्व से जान लेता है, वह *'वीतरागभयक्रोधाः'* है, अर्थात् राग, भय और क्रोध जैसे विकारों से सर्वथा रहित हो जाता है। इस मर्म को न समझने पर तथा सांसारिक पदार्थों में राग होने पर यह राग ही उन पदार्थों को स्वहित में प्राप्त करने के लिए मनुष्य को सकाम कर्मों में फँसा देता है। उन प्रिय अथवा रागवाले पदार्थों की प्राप्ति में किसी कारण से बाधा पहुँचने पर अथवा किसी के द्वारा बाधा पहुँचाने पर क्रोध की उत्पत्ति होती है और उसकी प्राप्ति के मार्ग में आनेवाले अन्यान्य दुःख से भय की स्थिति बनती है। इस तरह ऐसा व्यक्ति राग-द्वेष के कारण परमात्म मार्ग से वंचित ही रह जाता है। इसके विपरीत उपर्युक्त 'वीतरागभयक्रोधाः' वाले व्यक्ति के मन में मेरे प्रति प्रियता होने लगती है, वह 'मन्मया' अर्थात् मुझमें तन्मय हुआ भगवन्मय हो जाता है, सर्वत्र भगवान् का ही अनुभव करता है और मेरे ऊपर आश्रित हो जाता है। ऐसे बहुत-से मनुष्य 'ज्ञानतपसा' अर्थात् परमात्म विषयक ज्ञानरूप तप द्वारा सभी विकारों से मुक्त होकर पवित्रता को प्राप्त करके मुझ ईश्वर के भाव को अर्थात् मोक्ष को प्राप्त हुए हैं ॥ १० ॥

पुरुष को फल की प्राप्ति भगवान् को भजने के भावानुसार होती है, सो कहते हैं—

ये यथा मां प्रपद्यन्ते तांस्तथैव भजाम्यहम् ।
मम वर्त्मानुवर्तन्ते मनुष्याः पार्थ हसर्वशः॥ ११ ॥

ये—जो, **यथा**—जैसे, **माम्**—मुझको, **प्रपद्यन्ते**—भजते हैं, **तान्**—उनको, **तथा**—वैसे, **एव**—ही, **भजामि**—भजता हूँ, **अहम्**—मैं, **मम**—मेरे ही, **वर्त्म**—मार्ग का, **अनुवर्तन्ते**—अनुसरण करते हैं, **मनुष्याः**—सभी मनुष्य, **पार्थ**—हे अर्जुन, **सर्वशः**—सब प्रकार से।

जो मुझको जैसे भजते हैं उनको मैं वैसे ही भजता हूँ। हे अर्जुन ! सभी मनुष्य सब प्रकार से मेरे ही मार्ग का अनुसरण करते हैं।

सकाम या निष्काम जिस किसी भाव से जो भी भक्त मुझे भजते हैं, मैं उन्हें वैसा ही फल प्रदान करता हूँ। सकाम भक्त सांसारिक भोगफल की इच्छा रखते हैं और उन्हें मैं उनकी कामना के अनुसार फल देता हूँ। वहीं पर ज्ञान तथा मोक्ष चाहनेवाले भक्तों को मोक्ष देता हूँ। मैं कभी भी किसी के भी साथ राग, द्वेष या मोह के कारण नहीं बरतता हूँ, मैं इनसे अतीत हूँ। यह बात अवश्य है कि मुमुक्षत्व और फलेच्छा एक साथ सम्भव नहीं है, क्योंकि ये परस्पर विरुद्ध भाववाले हैं।

हे पार्थ ! मनुष्य सब तरह से बरतते हुए मुझ सर्वव्यापी ईश्वर के मार्ग का ही सब प्रकार से अनुसरण करते हैं। सकाम भक्त फल की इच्छा से मुझे छोड़कर इन्द्रादि देवताओं को भजते हैं। उनकी उपेक्षा न करके उन्हें भी मैं ही देवताओं के माध्यम से फल देता हूँ और ऐसे भक्त इन देवताओं के रूप में मेरे ही मार्ग का अनुसरण करते हुए मेरी सेवा करते हैं ॥ ११ ॥

मनुष्य को देवताओं की पूजा से होनेवाले फल की प्राप्ति बताते हैं—

काङ्क्षन्तः कर्मणां सिद्धिं यजन्त इह देवताः ।
क्षिप्रं हि मानुषे लोके सिद्धिर्भवति कर्मजा॥ १२ ॥

काङ्क्षन्तः—चाहते हुए, **कर्मणाम्**—कर्मों की, **सिद्धिम्**—सिद्धि, **यजत**—पूजते हैं, **इह**—इस, **देवताः**—देवताओं की, **क्षिप्रम्**—शीघ्र, **हि**—क्योंकि, **मानुषे लोके**—मनुष्यलोक में, **सिद्धिः**—सिद्धि, **भवति**—होती है, **कर्मजा**—कर्मों से उत्पन्न हुई।

इस मनुष्यलोक में कर्मों की सिद्धि चाहते हुए लोग देवताओं को पूजते हैं, क्योंकि कर्मों से उत्पन्न हुई सिद्धि शीघ्र होती है।

जिन मनुष्यों की सांसारिक भोग पदार्थों में आसक्ति रहती है, वे उन्हें प्राप्त करने के लिए फलाकांक्षा से सकाम कर्म में प्रवृत्त होते हैं और उसकी प्राप्ति के लिए भगवान् की उपासना न करके इन्द्र, अग्नि आदि देवों की पूजा किया करते हैं (७।२०-२१)। ऐसे उपासक की उपासना के फल से होनेवाले हिताहित का बिना विचार किये उनकी कामना और अनुष्ठान के अनुसार इस मनुष्य लोक में उनके कर्म से उत्पन्न होनेवाली सिद्धि अर्थात् कर्मफल देवताओं द्वारा शीघ्र दे दिया जाता है (७।२२), किन्तु वास्तव में यह उनके कर्मों का ही फल होता है। इस प्रकार फलाकांक्षा से देवताओं का पूजन करनेवाले वे उपासक अपनी कामनाओं के अनुसार प्राप्त भोगों में ही आसक्त व लिप्त होकर कल्याण मार्ग से विमुख हो जाते हैं और ईश्वर को नहीं प्राप्त कर पाते हैं।

उपर्युक्त के विपरीत भगवान् अपने भक्तों को, चाहे वे सकामी हों या निष्कामी, उनके परम हित को ध्यान में रखते हुए वही और उतना ही पदार्थ उपलब्ध कराते हैं, जो जीवनयापन या लोकसंग्रह के लिए आवश्यक हो और जिससे भगवान् में उनकी श्रद्धा व प्रेम दृढ़तर होकर उनकी प्राप्ति का मार्ग प्रशस्त हो। इस प्रसंग में मोहग्रस्त नारद ऋषि के परम हित के लिए 'श्रीरामचरितमानस' में भगवान् की व्यवस्था का वृत्तान्त उल्लेखनीय है। जगत् में यह देखा गया है कि भगवान् द्वारा आवश्यकता की पूर्ति हेतु यथासमय उपलब्ध कराये गये पदार्थों से सकामी और अज्ञानी उपासक की तुष्टि नहीं होती है, अपितु उसकी कामना हवन की अग्नि के सदृश बढ़ती व बलवती होती जाती है, जिसकी पूर्ति हेतु वह देवताओं की ओर उन्मुख होता है और फलतः जीवन-मरणरूप बन्धन में फँसा ही रहता है ॥ १२ ॥

भगवान् द्वारा चातुर्वर्ण्य की रचना करने पर भी वे अकर्त्ता हैं, सो कहते हैं—

चातुर्वर्ण्यं मया सृष्टं गुणकर्मविभागशः ।
तस्य कर्तारमपि मां विद्ध्यकर्तारमव्ययम् ॥ १३ ॥

चातुर्वर्ण्यम्—चारों वर्ण, **मया**—मेरे द्वारा, **सृष्टम्**—रचे गये हैं, **गुणकर्मविभागशः**—गुण-कर्म के विभाग से, **तस्य**—उनका, **कर्तारम्**—कर्त्ता होने पर, **अपि**—भी, **माम्**—मुझ, **विद्धि**—जान, **अकर्तारम्**—अकर्त्ता ही, **अव्ययम्**—अविनाशी को।

गुण—कर्म के विभाग से चारों वर्ण (ब्राह्मण, क्षत्रिय, वैश्य व शूद्र) मेरे द्वारा रचे गये हैं। उनका कर्त्ता होने पर भी मुझ अविनाशी को अकर्त्ता ही जान।

पूर्व जन्मों में किये गये कर्मों के अनुसार जन्म लिए मनुष्यों में सत्त्व, रज व तम - ये तीनों गुण न्यूनाधिक मात्रा में रहते हैं। इन गुणों व कर्मों के विभाग से

(३।२८) ब्राह्मण, क्षत्रिय, वैश्य और शूद्र—इन चार वर्णों 'चातुर्वर्ण्य' की मेरे द्वारा तटस्थ भाव से रचना-उत्पत्ति की गयी है। ब्राह्मण सत्त्वगुण प्रधान, क्षत्रिय सत्त्वरज:प्रधान अर्थात् सत्त्वगुण गौण व रजोगुण प्रधान तथा तमोगुण क्षीण, इसी प्रकार वैश्य तमस्रज:प्रधान एवं शूद्र रजस्तम:प्रधान होते हैं। ब्राह्मण के कर्म तो शम व दम आदि, क्षत्रिय के शूरवीरता व तेज आदि, वैश्य के कृषि आदि और शूद्र के सेवा आदि हैं (१८।४१-४४)।

वर्ण व्यवस्था हेतु चारों वर्णों की रचना में भगवान यद्यपि मायिक दृष्टि से कर्त्ता हैं, किन्तु वस्तुत: आसक्तिरहित होने के कारण उन्हें अकर्त्ता ही समझना चाहिए (५।१४), वे अविनाशी परमेश्वर सर्वदा अकर्त्ता ही हैं ॥ १३ ॥

भगवान् कर्म में अकर्त्ता क्यों हैं, सो कहते हैं—

न मां कर्माणि लिम्पन्ति न मे कर्मफले स्पृहा ।
इति मां योऽभिजानाति कर्मभिर्न स बध्यते ॥ १४ ॥

न—नहीं, **माम्**—मुझे, **कर्माणि**—कर्म, **लिम्पन्ति**—लिप्त करते हैं, **न**—न, **मे**—मेरी, **कर्मफले**—कर्मफल में, **स्पृहा**—कामना (है), **इति**—इस प्रकार, **माम्**—मुझको, **यः**—जो, **अभिजानाति**—तत्त्व से जानता है, **कर्मभिः**—कर्मों से, **न**—नहीं, **सः**—वह, **बध्यते**—बँधता।

मुझे कर्म नहीं लिप्त करते हैं और न मेरी कर्मफल में कामना है, इस प्रकार जो मुझको तत्त्व से जानता है वह कर्मों से नहीं बँधता।

भगवान् सृष्टि रचना में उपादान कारण हैं, फिर भी उनमें कर्तृत्वाभिमान नहीं होता है और इसलिए कर्म उन्हें लिप्त नहीं करते हैं। कर्मों के फल में भी उनकी स्पृहा अर्थात् तृष्णा नहीं रहती है। भगवान् को जो इस प्रकार तत्त्व से अर्थात् आत्मरूप से जान लेता है तो उसके लिए कर्म भी बन्धनस्वरूप नहीं होते हैं।

आशय यह है कि मनुष्य सांसारिक अनित्य पदार्थों में कामना, ममता, आसक्ति, आदि के कारण कर्म में बँधता है, इसके विपरीत तत्त्व का जिज्ञासु इन अनित्य पदार्थों को महत्त्व न देकर परमात्मा के प्रति समर्पण करके निष्कामभाव से कर्म करता हुआ आत्मरूप से परमात्मा के बोध हेतु साधनाभ्यास में संलग्न रहता है। जब ऐसा जिज्ञासु आत्मरूप से परमात्मा को जान लेता है कि वह कर्मों का न तो कर्त्ता है और न ही कर्मफल में उसकी स्पृहा है तो वह स्वयं भी भगवत् प्रेरणा से उपर्युक्त तरह से कर्म करता हुआ एवं भगवत् उपासना का अभ्यास करता हुआ स्वयं को भी अकर्त्ता जानकर और कर्मफल में स्पृहारहित होकर कर्म-बन्धन में नहीं बँधता है और परमात्मा के बोध हो जाने से जन्म-मरण रूप चक्र से मुक्त हो जाता है ॥ १४ ॥

पूर्वकाल में मुमुक्षुओं की भाँति अर्जुन को कर्म करने का परामर्श भगवान् देते हैं—

एवं ज्ञात्वा कृतं कर्म पूर्वैरपि मुमुक्षुभिः ।
कुरु कर्मैव तस्मात्त्वं पूर्वैः पूर्वतरं कृतम्॥ १५ ॥

एवं—इस प्रकार, **ज्ञात्वा**—जानकर, **कृतम्**—किये हैं, **कर्म**—कर्म, **पूर्वैः**—पूर्वकाल के, **अपि**—भी, **मुमुक्षिभिः**—मुमुक्षुओं ने, **कुरु**—कर, **कर्म**—कर्म को, **एव**—ही, **तस्मात्**—इसलिए, **त्वम्**—तू, **पूर्वैः**—पूर्वजों द्वारा, **पूर्वतरम्**—पूर्वकाल में, **कृतम्**—किये हुए।

पूर्वकाल के मुमुक्षुओं ने भी इस प्रकार जानकर कर्म किये हैं। इसलिए तू पूर्वजों द्वारा पूर्वकाल में किये हुए कर्म को ही कर।

पूर्वकाल के राजा जनक आदि मुमुक्षुओं ने यह जानकर कि आसक्ति, अहंकार आदि से रहित होकर कर्म करने पर कर्म-बन्धन नहीं होता और परमात्मा का मूल स्वरूप ज्ञात हो जाता है, संसार में अपना कर्त्तव्य-कर्म किये हैं। मुमुक्षु उसे कहेंगे जो सांसारिक अनित्य भोगों में विरक्ति तथा नित्य-परमात्मा की प्राप्ति में रति रखता हो। हे अर्जुन ! तू भी मुमुक्षु पूर्वजों द्वारा कर्म-बन्धन से मुक्ति के लिए सदा से ही किये जानेवाले कर्मों को उसी तरह से कर्त्तव्य-कर्म समझ करके कर, क्योंकि कर्त्तव्य का त्याग सर्वथा अनुचित है ॥ १५ ॥

कर्म तत्त्व को जानने से अशुभ से मुक्ति होती है, सो कहते हैं—

किं कर्म किमकर्मेति कवयोऽप्यत्र मोहिताः ।
तत्ते कर्म प्रवक्ष्यामि यज्ज्ञात्वा मोक्ष्यसेऽशुभात्॥ १६ ॥

किम्—क्या है (और), **कर्म**—कर्म, **किम्**—क्या है, **अकर्म**—अकर्म, **इति**—इस, **कवयः**—विद्वान पुरुष, **अपि**—भी, **अत्र**—इस विषय में, **मोहिताः**—मोहित हैं (इसलिए), **तत्**—वह, **ते**—तुझे, **कर्म**—कर्म-तत्त्व, **प्रवक्ष्यामि**—कहूँगा, **यत्**—जिसे, **ज्ञात्वा**—जानकर, **मोक्ष्यसे**—मुक्त हो जाएगा, **अशुभात्**—अशुभ (कर्म-बन्धन) से।

कर्म क्या है और अकर्म क्या है, इस विषय में विद्वान पुरुष भी मोहित हैं, इसलिए तुझे वह कर्म—तत्त्व कहूँगा जिसे जानकर अशुभ (कर्म-बन्धन) से मुक्त हो जाएगा।

कर्म क्या है और अकर्म क्या है, इस विषय में विद्वान भी मोहित हो जाते हैं, अर्थात् उन्हें भी सही समझ नहीं होती है तो साधारण मनुष्यों की क्या बात है? इसलिए इस कर्माकर्म के तत्त्व को मैं तुम्हें भलीभाँति समझाकर कहूँगा, जिससे

तुम संसार में विषय-भोग की ओर आसक्ति को बढ़ानेवाले अशुभ कर्मों से मुक्त होकर कर्म-बन्धन रूप जन्म-मरण के चक्र से छूट जाएगा ॥ १६ ॥

कर्म के गहन तत्त्व को समझने की प्रेरणा देते हैं—

कर्मणो ह्यपि बोद्धव्यं बोद्धव्यं च विकर्मणः ।
अकर्मणश्च बोद्धव्यं गहना कर्मणो गतिः ॥ १७ ॥

कर्मणः—कर्म के रहस्य को, **हि**—क्योंकि, **अपि**—भी, **बोद्धव्यम्**—जानना चाहिए, **बोद्धव्यम्**—जानना चाहिए, **च**—और, **विकर्मणः**—विकर्म के रहस्य को भी, **अकर्मणः**—अकर्म के रहस्य को भी, **च**—तथा, **बोद्धव्यम्**—जानना चाहिए, **गहना**—गहन है, **कर्मणः**—कर्म की, **गतिः**—गति।

कर्म के रहस्य को जानना चाहिए और अकर्म के रहस्य को भी जानना चाहिए तथा विकर्म के रहस्य को भी जानना चाहिए, क्योंकि कर्म की गति गहन है।

शास्त्र विहित क्रिया को 'कर्म' और शास्त्र वर्जित क्रिया को 'विकर्म' कहते हैं। कर्म और विकर्म दोनों का रहस्य जानना चाहिए और 'अकर्म' अर्थात् कर्म के अभाव या बिना कार्य चुपचाप बैठे रहने का भी रहस्य जानना चाहिए, क्योंकि कर्मों का रहस्य अत्यन्त गूढ़ व दुरूह है ॥ १७ ॥

अब कर्म के तत्त्व को भगवान् अपने शिष्य अर्जुन से उद्घाटित करते हैं—

कर्मण्यकर्म यः पश्येदकर्मणि च कर्म यः ।
स बुद्धिमान्मनुष्येषु स युक्तः कृत्स्नकर्मकृत् ॥ १८ ॥

कर्मणि—कर्म में, **अकर्म**—अकर्म, **यः**—जो पुरुष, **पश्येत**—देखता है, **अकर्मणि च**—और अकर्म में, **कर्म**—कर्म, **यः**—जो, **सः**—वह, **बुद्धिमान**—बुद्धिमान है (और), **मनुष्येषु**—मनुष्यों में, **सः**—वह, **युक्तः**—युक्त (योगी) है, **कृत्स्नकर्मकृत्**—सब कर्मों को करनेवाला है।

जो पुरुष कर्म में अकर्म और अकर्म में कर्म देखता है, वह मनुष्यों में बुद्धिमान है और वह युक्त (योगी) है और सब कर्मों को करनेवाला है।

सामान्यतया मनुष्य के शरीर और कर्मेन्द्रियों द्वारा होनेवाली क्रियाओं को कर्म मान लिया जाता है, किन्तु भगवान् ने शरीर, वाणी और मन के द्वारा होनेवाली शास्त्र विहित क्रियाओं को 'कर्म' माना है (१८।१५)। शान्त और निष्क्रिय होकर कुछ न किये जाने से हुए क्रिया के अभाव को 'अकर्म' कहते हैं। कर्मों का करना

और न करना दोनों ही कर्त्ता के अधीन है। कर्त्ता के अधीन होने के कारण क्रिया में प्रवृत्ति हो या निवृत्ति, दोनों ही कर्म हैं। स्वार्थ जैसे किसी भी उद्देश्य से अथवा अहंकारपूर्वक किया गया कर्मत्याग अर्थात अकर्म भी वास्तव में कर्म ही हैं।

जगत् में कर्म करता हुआ मनुष्य अज्ञानता के कारण निष्क्रिय व निर्विकार आत्मा में ही यह अध्यारोपित करके कि 'मैं कर्म का कर्त्ता हूँ', 'मुझे अमुक कर्म का फल मिलेगा' ऐसा मान लेता है, किन्तु इसके विपरीत यदि कर्म को ममता, कामना, आसक्ति व अहंकाररहित तथा परमात्मार्पण भाव से मनुष्य करे तथा सर्वव्यापक निर्विकार आत्मतत्त्व के अभ्यास में लगा रहे तो यह समझ में आ जाएगा कि देहेन्द्रियादि द्वारा किया गया कर्म वस्तुतः आत्मा द्वारा नहीं किया जा रहा है और इसलिए आत्मरूप अपने स्वयं के द्वारा भी नहीं किया जा रहा है। इस प्रकार वह किये गये कर्म को अकर्म ही देखेगा।

इसी तरह से शरीरादि की निष्क्रियता रूप अकर्म में अर्थात् क्रिया के त्याग करने में भी आत्मा में आरोपित करके अहंकारवश पुरुष यह मानता है कि 'मैं शान्त निष्क्रिय सुखपूर्वक स्थित हूँ।' इस तरह अकर्म की स्थिति में होते हुए भी ज्ञान के अभाव में ऐसे लोग कर्मत्याग रूप अकर्म को भी निष्क्रियरूप कर्म समझते हैं। वस्तुतः शरीर इन्द्रिय आदि के कर्म व अकर्म से आत्मा का कोई सम्बन्ध ही नहीं है। आत्मतत्त्व के बोध से कर्म व अकर्म का यह रहस्य समझ में आ जाता है। इस प्रकार कर्म व अकर्म के स्वरूप को तत्त्व से जाननेवाला मनुष्य बुद्धिमान या पण्डित है। बोध के साथ सम्पूर्ण कर्मों को करता हुआ, आत्मा को अकर्त्ता देखता हुआ और आत्मज्ञान से युक्त हुआ ऐसा पुरुष 'योगी' ही है और वह पाप-पुण्य से मुक्त होकर कृतार्थ हुआ रहता है। ऐसा योगी अपने को निमित्त मानकर सम्पूर्ण कर्मों को करनेवाला होता है ॥ १८ ॥

कर्म को तत्त्वतः जानकर तदनुसार कर्म करनेवाले पुरुष की प्रशंसा करना—

यस्य सर्वे समारम्भाः कामसङ्कल्पवर्जिताः ।
ज्ञानाग्निदग्धकर्माणं तमाहुः पण्डितं बुधाः ॥ १९ ॥

यस्य—जिसके, **सर्वे**—सम्पूर्ण, **समारम्भाः**—कर्म, **कामसङ्कल्पवर्जिताः**—कामना और संकल्प से रहित हैं, **ज्ञानाग्निदग्धकर्माणम्**—ज्ञानाग्नि के द्वारा दग्ध हुए कर्मोंवाले, **तम्**—उस पुरुष को, **आहुः**—कहते हैं, **पण्डितम्**—पण्डित, **बुधाः**—बुद्धिमान लोग।

जिसके सम्पूर्ण कर्म कामना और संकल्प से रहित हैं, उस ज्ञानाग्नि के द्वारा दग्ध हुए कर्मोंवाले पुरुष को बुद्धिमान लोग पण्डित कहते हैं।

किसी भी कार्य को तो पहले प्रारम्भ ही किया जाता है। अत: सम्पूर्ण कर्मों का नाम 'समारम्भा:' है। विषयों के चिन्तन से हुई आसक्ति से विषय के प्राप्ति की इच्छा होती है और फिर उसे प्राप्त करने का संकल्प अथवा आसक्ति हो जाती है जिससे कामना की उत्पत्ति होती है। जिस पुरुष के समस्त समारम्भ अर्थात् समस्त कर्म बिना कामना और संकल्प के होते हैं, आशय यह है कि जिसके द्वारा बिना अपने प्रयोजनके मात्र लोकसंग्रहार्थ अथवा जीवन निर्वाह के लिए केवल चेष्टामात्र ही क्रिया होती है तथा कर्माकर्म के तत्त्व के ज्ञान से उत्पन्न ज्ञानाग्नि से सम्पूर्ण कर्म के संस्कार जिसके दग्ध हो गये हैं (४।३७), ऐसे पुरुष को ब्रह्मज्ञानी लोग पण्डित अर्थात् तत्त्वज्ञान रखनेवाला महात्मा कहते हैं ॥ १९ ॥

ज्ञानी कर्म करता हुआ भी अकर्मी कैसे है? सो कहते हैं—

त्यक्त्वा कर्मफलासङ्गं नित्यतृप्तो निराश्रयः ।
कर्मण्यभिप्रवृत्तोऽपि नैव किञ्चित्करोति सः ॥ २० ॥

त्यक्त्वा—त्यागकर, **कर्मफलासङ्गम्**—कर्म और फल की आसक्ति को, **नित्यतृप्तः**—नित्य निजानन्द में तृप्त है और, **निराश्रयः**—योगक्षेम के आश्रय के लिए चेष्टारहित है, **कर्मणि**—कर्मों में, **अभिप्रवृत्तः**—भलीभाँति प्रवृत्त हुआ, **अपि**—भी, **न**—नहीं, **एव**—भी, **किञ्चित्**—कुछ भी, **करोति**—करता है, **सः**—वह।

जो कर्म और फल के आसक्ति को त्यागकर नित्य निजानन्द में तृप्त है और योगक्षेम के आश्रय के लिए चेष्टारहित है, वह कर्मों में भलीभाँति प्रवृत्त हुआ भी कुछ भी नहीं करता है।

उपर्युक्त ज्ञान से युक्त हुआ पुरुष समस्त कर्मों में तथा उनके फलों में आसक्ति को त्यागकर निजानन्द-आत्मानन्द में सदा तृप्त है और वह योग अर्थात् अप्राप्त विषय की प्राप्ति के लिए चेष्टा और क्षेम अर्थात् प्राप्त विषय की रक्षा के लिए भी किसी का आश्रय नहीं रखता है, नित्य तृप्तता के कारण भला उसको आश्रय की क्या आवश्यकता? ऐसा ज्ञानी पुरुष संसार के कर्मों में भलीभाँति प्रवृत्त हुआ भी कामना, आसक्ति और अहंकार आदि से रहित हुआ कुछ भी नहीं करता है, अर्थात् उसके कर्म निश्चय ही अकर्मता को प्राप्त हो जाते हैं (३।१७), क्योंकि वह आत्मज्ञान से सम्पन्न है ॥ २० ॥

शरीरमात्र की रक्षा के लिए कर्म करनेवाला ज्ञानी पापग्रस्त नहीं होता, सो बताते हैं—

निराशीर्यतचित्तात्मा त्यक्तसर्वपरिग्रहः ।
शारीरं केवलं कर्म कुर्वन्नाप्नोति किल्बिषम् ॥ २१ ॥

निराशीः—जो कामनाशून्य हैं (और), **यतचित्तात्मा**—जिनके चित्त और देह संयत हैं (जिन्होंने), **त्यक्त**—त्याग कर दिया है (ऐसे पुरुष), **सर्वपरिग्रहः**—सभी भोग्सामग्रियों का, **शारीरम्**—शरीर रक्षा के लिए, **केवलम्**—केवल, **कर्म**—कर्म, **कुर्वन्**—करते हुए (भी), **न**—नहीं, **आप्नोति**—होते, **किल्बिषम्**—पापग्रस्त।

जो कामनाशून्य हैं और जिनके चित्त और देह संयत हैं, जिन्होंने सभी भोग सामग्रियों का त्याग कर दिया है, ऐसे पुरुष केवल शरीर रक्षा के लिए कर्म करते हुए भी पापग्रस्त नहीं होते।

'यतचित्तात्मा' अर्थात् जिसने अपना चित्त यानी अन्त:करण को और इन्द्रियों सहित शरीर को वश में कर लिया हो और जो 'त्यक्तसर्वपरिग्रहः' हो अर्थात् समस्त परिग्रह अर्थात् भोगों की सामग्री को सर्वथा त्याग दिया हो, ऐसा वह 'निराशी:' अर्थात् कामनारहित होकर बाहर व भीतर से भोग सामग्री की इच्छा व आशा को त्याग देनेवाला कर्मयोगी-साधक शरीर निर्वाह मात्र के लिए अहंकाररहित होकर कर्म करता हुआ अनिष्टकारक पाप-पुण्य रूपी संसार को प्राप्त नहीं होता है।

ज्ञानाग्नि द्वारा उसके कर्मों के नाश हो जाने से कर्मों में अपना कोई प्रयोजन न देखता हुआ कर्मों और उसके साधनों को त्यागकर वह संसार-बन्धन को न प्राप्त कर मुक्त हो जाता है ॥ २१ ॥

स्वत: प्राप्त पदार्थों से सन्तुष्ट रहनेवाला समभाव पुरुष कर्म में नहीं बँधता है—

यदृच्छालाभसन्तुष्टो द्वन्द्वातीतो विमत्सरः ।
समः सिद्धावसिद्धौ च कृत्वापि न निबध्यते ॥ २२ ॥

यदृच्छालाभसन्तुष्टः—बिना इच्छा के प्राप्त द्रव्य से सन्तुष्ट, **द्वन्द्वातीतः**—हर्ष-शोकादि द्वन्द्वों से रहित अर्थात् द्वन्द्वातीत (एवं), **विमत्सरः**—मत्सरता (ईर्ष्या) से रहित, **समः**—समभाववाला पुरुष, **सिद्धौ**—सिद्धि, **असिद्धौ**—असिद्धि में, **च**—और, **कृत्वा**—कर्म करके, **अपि**—भी, **न**—नहीं, **निबध्यते**—बँधता।

बिना इच्छा के प्राप्त द्रव्य से सन्तुष्ट, द्वन्द्वातीत एवं मत्सरता से रहित और सिद्धि—असिद्धि में समभाव वाला पुरुष कर्म करके भी नहीं बँधता।

जो 'यदृच्छालाभसन्तुष्टः' है अर्थात् जो बिना इच्छा के बिना माँगे अपने-आप प्राप्त पदार्थों से सन्तुष्ट है, शीतोष्णादि द्वन्द्वों से सर्वथा परे हो, 'विमत्सर:' हो अर्थात् जिसमें ईर्ष्या का सर्वथा अभाव हो तथा सिद्धि-असिद्धि में जो सम हो,

अर्थात् हर्ष-विषाद रहित हो ऐसा योगारूढ द्रष्टा पुरुष शरीर स्थितिमात्र के लिए स्वाभाविक रूप से किये गये कर्मों में तथा योगारूढ़ के पूर्व भी निरहंकार होकर कर्म व फल की आसक्ति से सर्वथा अतीत होकर शास्त्रानुसार किये गये कर्मों में भी संसार-बन्धन को प्राप्त नहीं होता है, क्योंकि ज्ञानरूप अग्नि से उसके सम्पूर्ण बन्धनकारक कर्म भस्मीभूत हो गये रहते हैं ॥ २२ ॥

यज्ञार्थ कर्म करनेवाले के कर्म विलीन हो जाते हैं, सो कहते हैं—

गतसङ्गस्य मुक्तस्य ज्ञानावस्थितचेतसः ।
यज्ञायाचरतः कर्म समग्रं प्रविलीयते ॥ २३ ॥

गतसङ्गस्य—आसक्तिरहित, **मुक्तस्य**—मुक्त के, **ज्ञानावस्थित**—ज्ञान में स्थित, **चेतसः**—चित्तवाले (और), **यज्ञाय**—यज्ञ के लिए (कर्म का), **आचरतः**—आचरण करनेवाले पुरुष के, **कर्म**—कर्म, **समग्रम्**—पूर्णतः, **प्रविलीयते**—विलीन हो जाते हैं ।

आसक्तिरहित, मुक्त, ज्ञान में स्थित चित्तवाले और यज्ञ के लिए कर्म का आचरण करनेवाले पुरुष के कर्म पूर्णतः विलीन हो जाते हैं।

जिसकी संसार के भोगों में आसक्ति सर्वथा नष्ट हो गयी है, जो देहाभिमान से सर्वथा मुक्त हो गया है, जिसका चित्त निरन्तर आत्मविषयक ज्ञान में ही स्थित है तथा जो केवल यज्ञ के लिए अर्थात् केवल ईश्वर के लिए कार्य करनेवाला हो ऐसे पुरुष के समग्र कर्म विलीन हो जाते हैं, अर्थात् फलासक्ति सहित उसके सम्पूर्ण कर्म नष्ट हो जाते हैं ॥ २३ ॥

ब्रह्मरूप यज्ञकर्म करनेवाले पुरुष ब्रह्म को प्राप्त होते हैं, ऐसा कहते हैं—

ब्रह्मार्पणं ब्रह्म हविर्ब्रह्माग्नौ ब्रह्मणा हुतम् ।
ब्रह्मैव तेन गन्तव्यं ब्रह्मकर्मसमाधिना ॥ २४ ॥

ब्रह्म—ब्रह्म है, **अर्पणम्**—(जिस यज्ञ में) अर्पण अर्थात् स्त्रुवादि, **ब्रह्म**—ब्रह्म है (और), **हविः**—हवि अर्थात् हवन किये जानेवाले द्रव्य, **ब्रह्माग्नौ**—ब्रह्मरूप अग्नि में, **ब्रह्मणा**—ब्रह्मरूप कर्त्ता के द्वारा, **हुतम्**—आहुतिरूपी क्रिया भी, **ब्रह्म**—ब्रह्म, **एव**—ही है, **तेन**—इस प्रकार, **गन्तव्यम्**—प्राप्तव्य फल भी, **ब्रह्मकर्म**—ब्रह्मरूप कर्म में, **समाधिना**—एकाग्रचित्त पुरुष को।

जिस यज्ञ में अर्पण अर्थात् स्त्रुवादि ब्रह्म हैं, हवि ब्रह्म है, और ब्रह्मरूप अग्नि में ब्रह्मरूप कर्त्ता के द्वारा आहुतिरूपी क्रिया भी ब्रह्म है। इस प्रकार ब्रह्मरूप कर्म में एकाग्रचित्त पुरुष को प्राप्तव्य फल भी ब्रह्म ही है।

ब्रह्मज्ञानी पुरुष की दृष्टि में यज्ञाग्नि में अर्पण या आहुति देनेवाला पात्र स्त्रुक व स्त्रुवा, आदि ब्रह्म ही हैं। उसी तरह से हवन किये जानेवाले द्रव्य, तिल व घी,

आदि उसकी दृष्टि में ब्रह्म ही होता है। यज्ञ में आहुति देनेवाला कर्त्ता भी ब्रह्म ही है एवं जिस अग्नि में हवन किया जा रहा है, वह अग्नि भी ब्रह्म ही है और जो हवन रूप क्रिया की जा रही है, वह क्रिया भी ब्रह्म ही है। इसी तरह से प्रत्येक कर्म में करण, पदार्थ, कर्त्ता और कर्म इन सबको जो पुरुष ब्रह्मरूप अनुभव करता है, जिसकी भेदबुद्धि नष्ट हो जाती है और जिसके कर्म भी अकर्म हो जाते हैं, ऐसे उस ब्रह्मकर्म में स्थित पुरुष द्वारा प्राप्त करने योग्य फल भी ब्रह्म ही है। अतएव ब्रह्मरूप कर्म में जिसके चित्त का समाधान हो चुका है, उन सम्पूर्ण कर्मों में ब्रह्मबुद्धिवाले पुरुष द्वारा प्राप्त करने योग्य फल भी ब्रह्म है।

आशय यह है कि कामना, ममता, आसक्ति व अहंकार से रहित होकर ब्रह्मभाव से किये जानेवाले कर्म ब्रह्म ही हैं, वे ब्रह्मकर्म ही हैं। ब्रह्मज्ञानी सिद्धगुरुपदिष्ट चेतन मन्त्र के जपादि करने से तथा योगाग्नि में मन के साथ अज्ञान की आहुति देते हुए योगाभ्यास करते रहने से ऐसे सिद्धयोगमार्गी कर्मयोगी साधक को सुगमता से ब्रह्म के साथ योगरूपी फल की प्राप्ति हो जाती है ॥ २४॥

अब देवयज्ञ और ज्ञानयज्ञ तथा अन्य प्रकार के यज्ञ के विषय में श्लोक तीस तक कहते हैं—

दैवमेवापरे यज्ञं योगिनः पर्युपासते ।
ब्रह्माग्नावपरे यज्ञं यज्ञेनैवोपजुह्वति॥ २५ ॥

दैवम्—देवपूजन रूप, **एव**—ही, **अपरे**—अन्य, **यज्ञम्**—यज्ञ का, **योगिनः**—कर्मयोगी, **पर्युपासते**—विधिवत अनुष्ठान करते हैं और, **ब्रह्म**—ब्रह्म, **ब्रह्माग्नौ**—ब्रह्मरूप अग्नि में, **अपरे**—दूसरे, **यज्ञम्**—यज्ञ का, **यज्ञेन**—यज्ञ से, **एव**—ही, **उपजुह्वति**—हवन करते हैं।

अन्य कर्मयोगी देवपूजन रूप यज्ञ का ही विधिवत् अनुष्ठान करते हैं और दूसरे ब्रह्मरूप अग्नि में यज्ञ से ही यज्ञ का हवन करते हैं।

दूसरे कर्मयोगीजन आसक्ति, कामना और ममता को त्यागकर शास्त्रविहित यज्ञादि कर्म के द्वारा शास्त्रसम्मत देवताओं यथा शिव, गणेश, आदि में ईश्वर भाव से पूजा, हवन, जप व दान, आदि 'दैवयज्ञ' का ही भलीभाँति अनुष्ठान करते हैं। इस प्रकार उनकी उपासना कर्मरूप यज्ञ है। दूसरे अन्य ब्रह्मवेत्ता-ब्रह्मज्ञानी तो ब्रह्मरूप यज्ञाग्नि में आहुतिरूप आत्मा को आत्मा के द्वारा ही हवन करते हैं। ऐसे ज्ञानीजन उपाधियुक्त आत्मा का परमात्मा से साक्षात करने के लिए, आत्मा और परमात्मा की एकात्मकता के लिए ऐसा ज्ञानयज्ञ किया करते हैं ॥ २५॥

श्रोत्रादीनीन्द्रियाण्यन्ये संयमाग्निषु जुह्वति ।
शब्दादीन्विषयानन्य इन्द्रियाग्निषु जुह्वति॥ २६ ॥

श्रोत्रादीनि—श्रोत्र आदि, **इन्द्रियाणि**—इन्द्रियों को, **अन्ये**—अन्य योगीजन, **संयम**—संयमरूप, **अग्निषु**—अग्नियों में, **जुह्वति**—हवन करते हैं, **शब्दादीन्**—शब्दादि, **विषयान्**—विषयों का, **अन्ये**—दूसरे, **इन्द्रिय**—इन्द्रियरूपी, **अग्निषु**—अग्नियों में, **जुह्वति**—हवन करते हैं।

अन्य योगीजन श्रोत्र, आदि इन्द्रियों को संयमरूप अग्नियों में हवन करते हैं, दूसरे शब्दादि विषयों का इन्द्रियरूपी अग्नियों में हवन करते हैं।

अन्य योगीजन श्रोत्र आदि समस्त इन्द्रियों को मन के संयमरूप अग्नियों में हवन करते हैं, अर्थात् इन्द्रियों का संयम करते हैं और दूसरे योगीजन शब्दादि समस्त विषयों को इन्द्रियरूप अग्नियों में राग-द्वेषरहित इन्द्रियों द्वारा शास्त्रसम्मत विषयों का ग्रहण करते हुए हवन करते हैं (२।६४)। आशय यह है कि योगी चाहे मन के संयमरूप अग्नियों में इन्द्रियों का हवन करे अथवा इन्द्रिरूप अग्नियों में विषयों का हवन करे, ऐसे दोनों ही तरह के हवन से सांसारिक भोग-विषयों का नाश होकर शास्त्रसम्मत पारमार्थिक विषयों का ही ग्रहण इन्द्रियों द्वारा होना होता है। एक तरह से इन्द्रियों की बहिर्जगत के विषयों की अग्राह्यता एवं भगवदर्थ विषयों की ग्राह्यता की स्थिति उपर्युक्त दोनों तरह के हवनों का परिणाम होता है। ऐसी सहज स्थिति के अभ्यास से आत्मज्ञान की प्राप्ति हो जाती है।

संयम की दृष्टि से आशय यह है कि कितने कर्मयोगी मन का संयम करके उस शुद्ध हुए मन में इन्द्रियों को लीन करते हैं और दूसरे गृहस्थलोग शब्दादि विषयों को ही इन्द्रियों में लीन करते हैं। इस तरह इन्द्रियों द्वारा बाहर के विषयों के नाश से अथवा उन विषयों को ग्रहण न करते हुए योगी लोग केवल पारमार्थिक विषयों का ही ग्रहण करते हैं। ऐसे कर्मयोगियों को ही आत्मज्ञान की प्राप्ति होती है ॥ २६ ॥

सर्वाणीन्द्रियकर्माणि प्राणकर्माणि चापरे ।
आत्मसंयमयोगाग्नौ जुह्वति ज्ञानदीपिते ॥ २७ ॥

सर्वाणि—समस्त, **इन्द्रिय**—इन्द्रियों की, **कर्माणि**—क्रियाओं को, **प्राणकर्माणि**—प्राणों की क्रियाओं को, **च**—और, **अपरे**—अन्य (योगीजन), **आत्मसंयम**—आत्मसंयमरूपी, **योगाग्नौ**—योगाग्नि में, **जुह्वति**—हवन करते हैं, **ज्ञानदीपिते**—ज्ञान से प्रकाशित।

अन्य योगीजन समस्त इन्द्रियों की क्रियाओं को और प्राणों की क्रियाओं को ज्ञान से प्रकाशित आत्मसंयमरूपी योगाग्नि में हवन करते हैं।

मनुष्य में ज्ञान के उदय होने से और मन, इन्द्रियों तथा प्राण के संयम का अभ्यास करने से शनैः-शनैः संयम होने लगता है। इस आत्मविषयक संयम को

'आत्मसंयम' कहते हैं। यह आत्मसंयम तो योगरूप अग्नि ही है और इस अग्नि में अहंकार तथा कामासक्ति आदि दोष भस्म हो जाते हैं। इस तरह दूसरे योगीजन शरीरस्थ इन्द्रियों और प्राणों की सम्पूर्ण क्रियाओं को आत्मसंयमरूप योगाग्नि में अर्थात् अन्तरात्मा में हवन करके और उन क्रियाओं को विलीन करते हुए समाधि को प्राप्त होते हैं ॥ २७ ॥

द्रव्ययज्ञास्तपोयज्ञा योगयज्ञास्तथापरे ।
स्वाध्यायज्ञानयज्ञाश्च यतयः संशितव्रताः ॥ २८ ॥

द्रव्ययज्ञाः—द्रव्यदानरूप यज्ञ करनेवाले हैं, **तपोयज्ञाः**—तपस्यारूप यज्ञ करनेवाले, **योगयज्ञाः**—योगरूप यज्ञ करनेवाले, **तथा**—और, **अपरे**—कितने पुरुष, **स्वाध्याय**—स्वाध्यायरूप (यज्ञ), **ज्ञानयज्ञाः**—ज्ञानरूप यज्ञ को करनेवाले हैं, **च**—और कितने, **यतयः**—(ये सभी) प्रयत्नशील (और), **संशितव्रताः**—तीक्ष्ण व्रत करनेवाले हैं।

कितने पुरुष द्रव्यदानरूप यज्ञ करनेवाले, कितने तपस्यारूप यज्ञ करनेवाले, कितने योगरूप यज्ञ करनेवाले और कितने स्वाध्यायरूप यज्ञ तथा ज्ञानरूप यज्ञ को करनेवाले हैं। ये सभी प्रयत्नशील और तीक्ष्ण व्रत करनेवाले हैं।

कई कर्मयोगी पुरुष अन्य प्राणियों की सेवा में निःस्वार्थ भाव से द्रव्य दान सम्बन्धी यज्ञ--द्रव्ययज्ञ करनेवाले हैं, कितने ही कर्तव्य पालन में शीतोष्णादि दुःखों को प्रसन्नतापूर्वक सहते हुए व्रत आदि रूप तप सम्बन्धी यज्ञ–तपोयज्ञ तथा दूसरे कितने ही समबुद्धि से युक्त होकर आत्मा और परमात्मा के योग सम्बन्धी प्राणायाम आदिरूप यज्ञ – **योगयज्ञ** करनेवाले हैं।

अन्य कितने ही वेदादि सत्शास्त्रों के अध्ययन सम्बन्धी स्वाध्यायरूप यज्ञ और कितने ही वेदार्थ का तत्त्वत: निश्चय करनेवाले विचारक ज्ञानयज्ञ करनेवाले हैं। ऐसे सभी याज्ञिक अहिंसा आदि भावों से मुक्त होकर प्रयत्नशील और तीक्ष्ण व्रत करनेवाले हैं।

इस श्लोक में योगयज्ञ से भगवान् का आशय पुरुष द्वारा बाह्य नैतिक आचार–विचार का पालन करते हुए और भीतर इन्द्रिय, अन्त:करण और प्राण का संयम करके प्राणायाम ध्यानादि के अभ्यास से आत्मा का बोध तथा उसका परमात्मा से योग करना लगता है। इस हेतु महर्षि पतंजलि द्वारा प्रतिपादित अष्टांगयोग और अन्य योग जैसे—सिद्धयोग, मन्त्रयोग, क्रियायोग, हठयोग, लययोग, राजयोग एवं अन्यान्य योग हैं। आत्मबोध और आत्मा के परमात्मा से योग सम्बन्धी ये सभी योग 'योगयज्ञ' के ही स्वरूप हैं। अतएव इन सब आत्मपरमात्मयोगरूप यज्ञ का संक्षिप्त विवरण देना उपयुक्त लगता है।

आत्मा और परमात्मा के बोध तथा इनके एकीभावरूप योग की अनुभूति हेतु *महर्षि पतंजलि* ने अपने *'योगसूत्र'* ग्रन्थ में योग के आठ अंगों का क्रमबद्ध विवरण दिया है, जिनका पालन करता हुआ पुरुष प्राप्तव्य तक पहुँचता है। इस ग्रन्थ के सूत्र (२।२९) में बताये गये अष्टांगयोग के क्रमशः आठ अंग निम्नलिखित हैं—

यम, नियम, आसन, प्राणायाम, प्रत्याहार, धारणा, ध्यान और समाधि।

योगसूत्र के सूत्र (२।३०) में यम के पाँच प्रकार और सूत्र (२।३२) में नियम के पाँच प्रकार बताये गये हैं—

यम – अहिंसा, सत्य, अस्तेय, ब्रह्मचर्य और अपरिग्रह।

नियम – शौच, सन्तोष, तपस्या, स्वाध्याय और ईश्वर प्रणिधान।

यम व नियम के इन उप अंगों एवं अष्टांगयोग के उपर्युक्त अन्य अंगों का संक्षिप्त आशय सुविधा हेतु नीचे दिया जाता है—

अहिंसा – शरीर, मन व वाणी से किसी को कष्ट न देना।

सत्य – वाणी और मन का एक होना।

अस्तेय – मन, वाणी और शरीर से दूसरे के द्रव्य की इच्छा न करना।

ब्रह्मचर्य – मन, वाणी और शरीर से मैथुन का त्याग।

अपरिग्रह – विषय भोग सामग्री का संग्रह न करना।

शौच – बाह्य और भीतर की पवित्रता।

सन्तोष – ईश्वर इच्छा से प्राप्त वस्तु में सन्तुष्ट रहना।

तपस्या – द्वन्द्व सहन करना।

स्वाध्याय – मोक्षदायक शास्त्रों का अध्ययन तथा ईश्वर आराधनारूप जपकर्म।

ईश्वर प्रणिधान – ईश्वर या सद्गुरु में समस्त कर्मों का अर्पण।

आसन – सुखपूर्वक योग में बैठना।

प्राणायाम – प्राण का नियमन।

प्रत्याहार – इन्द्रियों को बाह्य विषयों से विमुख कर अन्तर्मुख करना।

धारणा – चित्त को ध्येयाकार करना।

समाधि – जिसमें चित्त का समाधान किया जाय, अर्थात् आत्मा।

स्पष्टतः 'यम' का सम्बन्ध नैतिक आचार-विचार से है तथा 'नियम' का सम्बन्ध आत्मसंयम से है। अतएव इस योग के प्रारम्भिक साधक के लिए यम और नियम का पालन उपयोगी है।

'हठयोग' मार्ग भी अष्टांगयोग का एक रूप है, जिससे सम्बन्धित *'नाथ सम्प्रदाय'* के प्रथम गुरु आदिनाथ (भगवान् शिव) हैं। पुनः योगी श्री मत्स्येन्द्रनाथ से होता हुआ योगी श्री गोरखनाथ से विस्तार पाकर यह सम्प्रदाय अब तक चला आ रहा है। *'क्रियायोग'* का वर्णन पतंजलि के सूत्र (२।१) में है, जिसमें तप, स्वाध्याय और ईश्वर प्रणिधान इन तीनों को क्रियायोग कहा गया है।

अष्टांगयोग के साधक को यम तथा नियम के पश्चात स्थिर सुखासन में बैठकर प्राणायाम का अभ्यास करना चाहिए। प्राणायाम तथा इनके तीन प्रकार- रेचक, पूरक एवं कुम्भक का आधारभूत विवरण अगले दो श्लोकों में दिया जाएगा, पुनरावृत्ति का यहाँ औचित्य नहीं प्रतीत होता है। प्राण के नियमन को 'प्राणायाम' कहते हैं। बिना कुम्भक के प्राण का नियमन नहीं होता है और बिना कुम्भक के प्राणायाम की संज्ञा भी नहीं है। अतएव साधक को चाहिए कि शनैः-शनैः कुम्भक के समय में वृद्धि करे। श्वास की क्रियाएँ नासिका से होती हैं। नासिका के बायें छिद्र से इड़ा नाड़ी (चन्द्र नाड़ी) तथा दाहिने छिद्र से पिंगला नाड़ी (सूर्य नाड़ी) का सम्बन्ध है। एक तीसरी सुषुम्ना नाड़ी (ब्रह्म नाड़ी) है। इड़ा शीत प्रकृति की तमोगुण प्रधान, पिंगला उष्ण प्रकृति की रजोगुण प्रधान तथा सुषुम्ना अग्नि प्रकृति की सत्वगुण प्रधान है।

अष्टांगयोगरूपी योगयज्ञ में प्राणायाम का अभ्यास और इसकी सिद्धि ही योग के चरम लाभ की प्राप्ति के मूल में है। इस क्रम में *'हठयोगप्रदीपिका'* में विभिन्न प्राणायाम के नामों के पूर्व कुम्भक शब्द का प्रयोग कुम्भक की महत्ता के कारण ही किया गया लगता है। *'योगचिन्तामणि'* में अभ्यासपूर्वक बढ़ता हुआ प्राणायाम ही प्रत्याहार, ध्यान, धारणा व समाधि शब्द से कहा गया है। अस्तु, प्राणायाम की सिद्धि में ही समाधि तक के अंग सन्निहित हैं। अतएव योगी को चाहिए कि कुम्भक प्राणायाम के समय में अधिकाधिक वृद्धि करके 'बन्ध' (मूलबन्ध, उड्डीयान बन्ध व जालघर बन्ध) तथा 'मुद्राओं' के अभ्यास से प्राण को सुषुम्ना नाड़ी मार्ग में पहुँचाये। इसी सुषुम्ना नाड़ी के ही माध्यम से तब योगशक्तिरूपा कुण्डलिनी शक्ति अपने मूलस्थान में सुप्तावस्था से जागकर ऊर्ध्व गमन कर मस्तक में स्थित सहस्रार में, जो शिव का स्थान है, पहुँचकर शिव-शक्ति के मिलन से ब्रह्म-जीव के एकीकरण अर्थात् ब्रह्म की प्राप्ति का अनुभव साधक को कराती है।

उपर्युक्त के क्रम में योगयज्ञरूप एक अन्य योग, जो सामान्यतया कम प्रचारित किन्तु अत्यन्त सरल, स्वाभाविक, सभी आयु, लिंग व वर्ग के लिए उपयुक्त है, का विशेष उल्लेख अभीष्ट है और वह है '**सिद्धयोग**'। इस योगमार्ग में सिद्धयोगी महात्माओं द्वारा सिद्धयोग की दीक्षा या '**शक्तिपात**' दीक्षा प्राप्त शिष्यों में दीक्षा मन्त्र का जाप करते-करते चित्तशुद्ध होकर गुरुकृपा से शक्ति संचार होने पर उपर्युक्त अष्टांग या हठयोग सम्बन्धी सभी क्रियाएँ यथा आसन, मुद्रा, प्राणायाम, प्रत्याहार, बन्ध, धारणा, ध्यान आदि सम्पूर्ण योगांग स्वयमेव बिना किसी प्रयास या पूर्वज्ञान के बिना कष्ट के स्वाभाविक रूप से स्वत: सहज ही होने लग जाता है (सन्दर्भ ग्रन्थ-११)। इस तरह से होनेवाले प्राणायाम में हाथ से नाक आदि दबाने की आवश्यकता नहीं होती है और न ही यह सोचने की आवश्यकता होती है कि कब कौन-सा आसन या प्राणायाम, आदि करना है। यह शरीरतंत्र की स्वत: प्रतिक्रिया है, ठीक वैसे ही जैसे अत्यन्त कष्ट में रोना, अत्यन्त सुख में हँसना और अत्यन्त कामासक्त में काम भाव स्वयं उत्पन्न होता है। ऐसा होने में सद्गुरु द्वारा प्रदत्त चेतन मन्त्र का श्रद्धा व विश्वास के साथ जाप, सद्गुरु द्वारा शिष्य में शक्ति का संचार और शिष्य का सद्गुरु में निरन्तर ब्रह्मवत् प्रेम ही मूल कारण है। यह शिष्य के समर्पण, प्रेम और भक्ति के उच्चतर भावावस्था की साधना है, जिस स्थिति में पहुँचे हुए शिष्य में ब्रह्मज्ञानी सद्गुरु शक्ति संचारित करता है और ऐसी स्थिति में वह शिष्य उस शक्ति के धारण करने में समर्थ भी होता है।

इस सिद्धमार्ग का योगाभ्यासी साधक सद्गुरु और मन्त्र में भक्ति रखते हुए, मन्त्र का जाप व साधनाभ्यास करता हुआ सद्गुरु द्वारा शक्ति के संचार से उपर्युक्त स्थिति यथासमय प्राप्त करता है, जिसमें महाशक्ति कुण्डलिनी पूर्वोक्तानुसार ऊर्ध्वमुखी गति करके सुषुम्ना नाड़ी मार्ग से विभिन्न शक्ति चक्रों के भेदन के क्रम में नाभि में ब्रह्मग्रन्थि, हृदय में विष्णुग्रन्थि और भ्रूमध्य में रुद्रग्रन्थि का भेदन करते हुए सहस्रार में शिव से मिलन करती है (८।१०,१२)। ऐसी अवस्था में परमात्मरूप आत्मा का दिव्य प्रकाश शरीर के अन्दर और बाहर सर्वत्र व्याप्त होकर उस परमात्मा का *'सर्वं खल्विदं ब्रह्म'* जैसा भावरूप बोध करा देता है। इसमें किसी तरह का सन्देह नहीं है।

प्राणायाम आदि यौगिक क्रियाएँ इस सिद्धमार्गी सभी साधकों में समानरूप से हो, यह आवश्यक नहीं है। वस्तुत: ये क्रियाएँ कुण्डलिनी शक्ति को सुषुम्ना नाड़ी से निर्बाध ऊर्ध्व गति हेतु ही नाड़ी मार्ग के अवरोध के समाप्त करने के लिए होती हैं। जिन अभ्यासियों के पूर्व जन्म के संस्कार पुण्य कार्यों और योगाभ्यास से युक्त होते हैं, उनमें दीक्षा मन्त्र के जाप करते रहने से गुरु कृपा से योग की

पूर्णावस्था बिना उपर्युक्त क्रियाओं के अथवा अल्प क्रियाओं के हुए ही प्राप्त होती है। यह योग सद्गुरु की कृपारूपी शक्ति और योगाभ्यासी शिष्य में ब्रह्म गुरु के प्रति समर्पण तथा श्रद्धा-प्रेम भाव से साधना में रत रहने की स्थिति के परिणाम से शरीर तन्त्र में स्वत: प्रकट हुई योगरूप प्रतिक्रिया के फलस्वरूप होता है। अत: स्वाभाविक - 'सहजयोग' होने के कारण जिस पुरुष में जैसी आवश्यकता अभ्यास एवं पूर्व संस्कारों के कारण होती है, वैसी ही सब क्रियाएँ होती हैं। ऐसे सहजयोग से प्राप्त शारीरिक, मानसिक तथा आत्मिक सुखानन्द की अनुभूति भी अद्भुत, अतुलनीय व अवर्णनीय है।

ब्रह्मज्ञानी सिद्धयोगी सद्गुरु द्वारा शक्तिपात दीक्षा प्राप्त शिष्य में शक्ति संचार होने पर प्रथमत: मन्त्रयोग-मन्त्र का जप आदि, पुन: हठयोग-आसन, मुद्रा और प्राणायाम आदि, पुन: लययोग-प्रत्याहार, धारणा और ध्यान तथा अन्त में राजयोग - समाधि (सविकल्प तथा निर्विकल्प) होता है। इस प्रकार सिद्धयोग मार्ग में उपर्युक्त चारों योग-मन्त्र, हठ, लय और राज, जो एक ही योग की अन्तर्भूमिकाएँ हैं, का समावेश होता है और इस कारण इसे *'महायोग'* भी कहते हैं। उपर्युक्त चारों योगों के एक ही योग की अन्तर्भूमिका के सम्बन्ध में योगोपनिषद् में वर्णन किया गया है—

मन्त्रो लयो हठो राजयोगोऽन्तर्भूमिका: क्रमात् ।
एक एव चतुर्धाऽय महायोगोऽभिधीयते ॥ (योगशिखो० १।१२९)

यह भी उल्लेखनीय है कि अष्टांगयोग अथवा हठयोग का साधक योग्य गुरु के निर्देशन में पूरे मनोयोग और समर्पण भाव से यदि अहंरहित होकर लम्बी अवधि तक साधन करता रहे तो उसे भी प्राणायामादि क्रियाओं की उपर्युक्त सहजावस्था कालान्तर में प्राप्त हो सकती है। कर्त्ताभाव के कारण साधारणत: अहंकाररहित स्थिति और पूर्ण समर्पण तथा प्रेमभाव की कमी से उपर्युक्त सहजावस्था ऐसे अष्टांगयोगी अथवा हठयोगी साधकों में कम देखी गयी है (१२।५), किन्तु योग की दृष्टि से अहं के निर्मूल होने पर यह सहजावस्था सम्भव है।

आजकल, पाश्चात्य देशों में विशेष रूप से, 'योग' को शारीरिक तथा मानसिक स्वास्थ्य लाभ की दृष्टि से देखा व लिखा जा रहा है, जो योग का वस्तुत: गौण किन्तु लौकिक दृष्टि से महत्त्वपूर्ण लाभ है। योग का अन्तिम पारलौकिक लक्ष्य समाधि ही है, जिसमें पहुँचकर आत्मा व परमात्मा के एकीभाव का बोध होता है। वस्तुत: बिना इस एकीभाव की स्थिति की प्राप्ति के 'योग' की

संज्ञा नहीं दी जा सकती है, योग परमात्मा से उपर्युक्त एकीकरण की स्थिति को कहते हैं ॥ २८ ॥

अपाने जुह्वति प्राणं प्राणेऽपानं तथापरे ।
प्राणापानगती रुद्ध्वा प्राणायामपरायणाः ॥ २९ ॥

अपाने—अपान वायु में (कोई), **जुह्वति**—आहुति करते हैं, **प्राणम्**—प्राण वायु का, **प्राणे**—प्राण वायु में, **अपानम्**—अपान वायु का, **तथा**—वैसे ही, **अपरे**—कोई अन्य, **प्राण**—प्राण (और), **अपान**—अपान की, **गती**—गति को, **रुद्ध्वा**—रोककर, **प्राणायाम**—प्राणायाम के, **परायणाः**—परायण (होते हैं)।

अपान वायु में कोई प्राण वायु का एवं प्राण वायु में अपान वायु का आहुति करते हैं। वैसे ही कोई अन्य प्राण और अपान की गति को रोककर प्राणायाम के परायण होते हैं।

नासिका द्वारा श्वसन क्रिया की दो गति है—एक में बाहर की वायु नासिका द्वारा खींचकर अन्दर ले जाना होता है, जो अपान की गति है। यह अधोवृत्ति की अर्थात् अधोगमनवाली होती है और इस क्रिया को *'पूरक'* या श्वास कहते हैं। दूसरे में नासिका द्वारा अन्दर की वायु को बाहर निकालना होता है, जो प्राण की गति है। यह ऊर्ध्ववृत्ति की अर्थात् ऊर्ध्वगामिनी होती है और इस क्रिया को *'रेचक'* या प्रश्वास या निःश्वास कहते हैं।

पूरक क्रिया में अपान वायु में प्राण वायु की तथा रेचक क्रिया में प्राण वायु में अपान वायु की आहुति (हवन) होती है। सामान्य स्थिति में प्राणियों में पूरक व रेचक क्रिया अर्थात् श्वास व प्रश्वास की क्रिया चलती ही रहती है। इन क्रियाओं को विशेष प्रकार से करने पर प्राणायाम की संज्ञा दी जाती है।

श्वास की क्रिया के माध्यम से प्राण को अर्थात् जीवनी शक्ति को संयमित करना *'प्राणायाम'* कहलाता है। कोई बाहर की वायु को निर्धारित समयानुसार विशेष प्रकार से नासिका द्वारा भीतर खींचकर अर्थात् पूरक करके और फिर श्वास को यथासम्भव रोकर सम्पूर्ण नाड़ियों को इस वायु से पूर्ण करता है, इसे पूरक प्राणायाम कहते हैं, जिसमें अपान वायु में प्राण वायु की आहुति होती है। इसी प्रकार कोई रेचक करके श्वास को रोककर देह को प्राण वायु से शून्य-सा करता है, इसे रेचक प्राणायाम कहते हैं। यह अलग-अलग पूरक तथा रेचक प्राणायाम है। पूरक प्राणायाम अथवा रेचक प्राणायाम में जो श्वास रोकने की क्रिया है वह *'कुम्भक'* कही जाती है। इस तरह कुम्भक दो प्रकार का होता है—पूरक कुम्भक अथवा अभ्यन्तर कुम्भक तथा रेचक कुम्भक अथवा बहिकुम्भक।

एक अन्य कुम्भक – 'केवल कुम्भक' का विवरण अगले श्लोक में दिया जाता है।

पूरक कुम्भक के बाद रेचक क्रिया अथवा रेचक कुम्भक के बाद पूरक क्रिया का अभ्यास होता है। ऐसा करने में कुम्भक के समय प्राण और अपान की गति रुकी रहती है। दो लगातार रेचक व पूरक 'क्रिया' के बीच कुम्भक होता है। कुम्भक के समय पूरक (अपान) तथा रेचक (प्राण) क्रिया की गति को रोककर और इस स्थिति को क्रमशः बढ़ाता हुआ प्राणायाम के परायण हुआ योगी प्राणायाम का अभ्यास करता है ॥ २९ ॥

अपरे नियताहाराः प्राणान्प्राणेषु जुह्वति ।
सर्वेऽप्येते यज्ञविदो यज्ञक्षपितकल्मषाः ॥ ३० ॥

अपरे—अन्य (कितने), **नियत**—परिमित, **आहाराः**—आहार करनेवाले, **प्राणान्**—प्राणों का, **प्राणेषु**—प्राणों में ही, **जुह्वति**—आहुति करते हैं, **सर्वे अपि**—सभी, **एते**—ये, **यज्ञविदः**—यज्ञ को जाननेवाले हैं (और), **यज्ञ**—यज्ञों द्वारा, **क्षपित**—नाश करनेवाले हैं, **कल्मषाः**—पापों का।

अन्य कितने नियत अर्थात् परिमित आहार करनेवाले प्राणों का प्राणों में ही आहुति करते हैं। ये सभी यज्ञ को जाननेवाले हैं और यज्ञों द्वारा पापों का नाश करनेवाले हैं।

प्राण की साधना करनेवाले कर्मयोगी के लिए परिमित और पौष्टिक आहार का संयमित सेवन करना आवश्यक होता है (६।१६-१७)। ऐसे संयमपूर्वक आहार-विहार करनेवाले अन्य कितने साधक प्राणों का प्राणों में ही आहुति करते हैं। ऐसे साधक रेचक या पूरक न करके नासिका पुट में स्थित वायु का ही धारणा करके स्थित होते हैं; ऐसी धारणा के साथ बिना रेचक व पूरक क्रिया के किया हुआ कुम्भक 'केवल कुम्भक' कहा जाता है। प्रारम्भिक कुछ दिनों के अभ्यास से यह सिद्ध होता है।

केवल कुम्भक की अवधि धीरे-धीरे बढ़ाने का अभ्यास करना चाहिए। इसके अभ्यास से पुरुष की प्राणवायु इड़ा व पिंगला नाड़ी को छोड़कर सुषुम्ना नाड़ी, जो सत्वोगुणस्वरूपा है, में प्रवेश कर जाती है और अभ्यास के क्रम में इन्द्रिय-वृत्तियों का नाश होकर चेतनशक्तिरूप कुण्डलिनी का जागरण होकर समाधि के प्राप्त होने पर परम पद की प्राप्तिरूप मोक्ष को प्राप्त हो जाता है।

इस अध्याय के श्लोक चौबीस में द्रव्ययज्ञ से लेकर वर्तमान श्लोक तक अर्थात् प्राणायामपर्यन्त लगे हुए कर्मयोगी कर्मरूप यज्ञ के तत्त्व को जाननेवाले हैं और इसलिए इन यज्ञों के द्वारा वे पाप को नाश करनेवाले हैं ॥ ३० ॥

यज्ञयुक्त और यज्ञरहित पुरुष की क्या गति होती है, सो कहते हैं—

यज्ञशिष्टामृतभुजो यान्ति ब्रह्म सनातनम्।
नायं लोकोऽस्त्ययज्ञस्य कुतोऽन्यः कुरुसत्तम॥ ३१ ॥

यज्ञशिष्ट अमृतभुजः—यज्ञ से बचे हुए अमृत को खानेवाले कर्मयोगी, **यान्ति**—प्राप्त होते हैं, **ब्रह्म**—ब्रह्म (को), **सनातनम्**—सनातन, **न**—नहीं, **अयम्**—यह, **लोकः**—लोक (मनुष्यलोक), **अस्ति**—है (तब), **अयज्ञस्य**—यज्ञरहित पुरुष का, **कुतः**—बात ही कहाँ, **अन्यः**—दूसरे लोक (की), **कुरुसत्तम**—हे कुरुश्रेष्ठ।

यज्ञ से बचे हुए अमृत को खानेवाले कर्मयोगी सनातन ब्रह्म को प्राप्त होते हैं। हे कुरुश्रेष्ठ ! यज्ञरहित पुरुष का तो यह लोक नहीं है, तब दूसरे लोक की बात ही कहाँ?

उपर्युक्त ब्रह्मयज्ञ से लेकर प्राणायामपर्यन्त अर्थात् इस अध्याय के श्लोक चौबीस से तीस तक योगरूप कर्मयज्ञ को करते हुए कर्मयोगीजन यज्ञकर्म पूर्ण होने के पश्चात् यज्ञ से बचे हुए यज्ञशिष्टरूप ऐश्वर्य, सिद्धि, चित्त की प्रसन्नता, आदि अमृतरूप फल का सेवन करते हैं। यह फल तो गौण ही है, किन्तु यदि ऐसा याज्ञिक (यज्ञ करनेवाला) मुमुक्षु भी हो, जैसा कि प्रायः ऐसे योगी में पाया जाता है, तो वह कालक्रम से बाद के जन्मों में श्रेष्ठ लोकों को प्राप्त हुआ अन्तःकरण की निर्मलता के लिए प्रयास करता हुआ ब्रह्मआराधनारूप विशेष यज्ञ करके यज्ञशिष्ट के मुख्य फल अर्थात् ब्रह्म को प्राप्त (३।१३) हो जाता है।

अब यज्ञ न करने के दोष को बताते हैं। यज्ञ न करनेवाले को यह मनुष्यलोक भी नहीं प्राप्त होता है, जहाँ वह अपने कर्माधिकार का प्रयोग करके परमात्मा की आराधना का अवसर भी पा सके, तो परलोक कैसे प्राप्त होगा ! परलोक की प्राप्ति का प्रश्न ही उसके लिए नहीं है।

आशय यह है कि यज्ञरूप कर्म ही कर्त्तव्य-कर्म है। इस जगत् में यज्ञरूप कर्म के अतिरिक्त कर्म का कोई दूसरा स्वरूप ही नहीं है जिसे किया जाय। एकमात्र यज्ञकर्म ही ब्रह्मप्राप्ति का साधन है। अन्य सकाम कर्म जन्म-मरणरूप बन्धन होने के कारण हैं, इसलिए सकाम भाव त्याज्य हैं। मनुष्य को अपने जीवन में निष्काम और आसक्तिरहित होकर सम्पूर्ण कर्मों को यज्ञरूप समझकर ब्रह्मभाव से करना चाहिए। ऐसा करने से ब्रह्म की ही प्राप्ति होती है ॥ ३१ ॥

वेद के मुख में वर्णित सभी यज्ञ कर्मजन्य होते हैं, ऐसा कहते हैं—

एवं बहुविधा यज्ञा वितता ब्रह्मणो मुखे।
कर्मजान्विद्धि तान्सर्वानेवं ज्ञात्वा विमोक्ष्यसे॥ ३२ ॥

एवम्—इस तरह, **बहुविधाः**—बहुत तरह के, **यज्ञाः**—यज्ञ, **वितताः**—विस्तृत हैं, **ब्रह्मणः**—ब्रह्म (वेदों) के, **मुखे**—मुख में, **कर्मजान्**—कर्मजन्य, **विद्धि**—जान, **तान्**—उन, **सर्वान्**—सबको, **एवम्**—ऐसे, **ज्ञात्वा**—जानकर (तू), **विमोक्ष्यसे**—मुक्त हो जाएगा।

इस तरह बहुत तरह के यज्ञ ब्रह्म के मुख में विस्तृत हैं, उन सबको कर्मजन्य जान, ऐसे जानकर तू मुक्त हो जाएगा।

इसी प्रकार उपर्युक्त बहुत तरह के यज्ञ ब्रह्म के मुख में विस्तृत हैं। यज्ञों का विधान वेदों में ही है और वेद ब्रह्म से प्रकट हुए हैं। इसलिए वेदयज्ञों को ब्रह्ममुख में विस्तृत कहा गया है। ये सारे वेद में वर्णित यज्ञ तो कर्मजन्य हैं, अर्थात् मन, वाणी और शरीर से होनेवाले हैं, इसे यथार्थ रूप से समझकर तुम संसार-बन्धन से मुक्त हो जाएगा।

कर्मजन्य वेदयज्ञों को यथार्थ से समझना क्या है? इसका आशय यह है कि इन वेदकर्मों का आत्मस्वरूप से कोई सम्बन्ध नहीं है। आत्मा इन कर्मों से सर्वथा उदासीन, निर्विकार, निर्लिप्त है। आत्मा कार्य को नहीं सम्पादित करता है—अकर्त्ता है। आत्मा के विषय में ऐसा जानकर, इस तरह के यथार्थ ज्ञान द्वारा तू संसार-बन्धन से मुक्त हो जाएगा ॥ ३२ ॥

अब ज्ञानयज्ञ को श्रेष्ठतर कहते हैं—

श्रेयान्द्रव्यमयाद्यज्ञाज्ज्ञानयज्ञः परन्तप।
सर्वं कर्माखिलं पार्थ ज्ञाने परिसमाप्यते ॥ ३३ ॥

श्रेयान्—श्रेष्ठ है, **द्रव्यमयात्**—द्रव्यमय यज्ञ की अपेक्षा, **यज्ञात्**—यज्ञ की अपेक्षा, **ज्ञानयज्ञः**—ज्ञानयज्ञ, **परन्तप**—हे परन्तप, **सर्वम्**—सभी, **कर्म**—कर्म, **अखिलम्**—पूर्णतया, **पार्थ**—हे पार्थ, **ज्ञाने**—ज्ञान में, **परिसमाप्यते**—समाप्त होते हैं।

हे परन्तप ! द्रव्यमय यज्ञ की अपेक्षा ज्ञानयज्ञ श्रेष्ठ है। हे पार्थ ! सभी कर्म पूर्णतया ज्ञान में समाप्त होते हैं।

सांसारिक पदार्थों से सम्बन्धित द्रव्ययज्ञ की तुलना में तत्त्व का विचार करनेवाले ज्ञानयज्ञ अत्यन्त श्रेष्ठ है, क्योंकि द्रव्ययज्ञ यदि ममता, आसक्ति और फलेच्छा त्यागकर निःस्वार्थ भाव से न किया जाय तो परमार्थरूपी फल देनेवाला नहीं है, किन्तु ज्ञानयज्ञ में सारे कर्म तो ज्ञान में भस्मीभूत होकर अकर्म ही बन जाते हैं और परमात्मा की प्राप्ति होती है ॥ ३३ ॥

अर्जुन को तत्त्वज्ञान हेतु तत्त्वदर्शियों की शरण में जाने की प्रेरणा देते हैं—

तद्विद्धि प्रणिपातेन परिप्रश्नेन सेवया।
उपदेक्ष्यन्ति ते ज्ञानं ज्ञानिनस्तत्त्वदर्शिनः॥ ३४॥

तत्—उस ज्ञान को (तू तत्त्वदर्शी ज्ञानियों से), **विद्धि**—समझ (वे), **प्रणिपातेन**—दण्डवत प्रणाम करने से, **परिप्रश्नेन**—जिज्ञासु भाव से प्रश्न करने से, **सेवया**—सेवा करने से, **उपदेक्ष्यन्ति**—उपदेश करेंगे, **ते**—तुझे (उस), **ज्ञानम्**—तत्त्वज्ञान का, **ज्ञानिनः**—ज्ञानी, **तत्त्वदर्शिनः**—तत्त्वदर्शी।

उस ज्ञान को तू तत्त्वदर्शी ज्ञानियों से समझ। वे तत्त्वदर्शी ज्ञानी दण्डवत प्रणाम करने से, सेवा करने से और जिज्ञासु भाव से प्रश्न करने से तुझे उस तत्त्वज्ञान का उपदेश करेंगे।

उस परमात्म ज्ञान को प्राप्त करने के लिए तत्त्वदर्शी ज्ञानियों के पास जाकर शिष्य भाव से साष्टांग दण्डवत प्रणाम करके निष्कपट होकर श्रद्धा और विश्वासपूर्वक सरल व सहज भाव से बोधोपलब्धि की इच्छा से आत्मा, परमात्मा, विद्या, अविद्या, बन्धन व मोक्ष, आदि के विषय में जिज्ञासा प्रकट करने पर वे मर्म को जाननेवाले तत्त्वज्ञानी महात्मा तुम्हें परमात्म तत्त्व का उपदेश करेंगे।[1]

परब्रह्म परमेश्वर निर्मल, शुद्ध-बुद्ध व चेतन है एवं ब्रह्मद्रष्टा महात्मा भी ब्रह्मस्वरूप ही है। इन दोनों की प्रियता भी साधक-शिष्य के हृदय का भाव और निर्मलता ही है। शिष्य के हृदय के भाव का आशय यह है कि शिष्य ब्रह्मद्रष्टा गुरु को ब्रह्मस्वरूप ही माने, एकमात्र आत्मज्ञान प्राप्ति की ही इच्छा रखे, मन में निष्कपट और निर्मल रहे, गुरुपदिष्ट मन्त्र अथवा निर्देश को पूरी श्रद्धा, विश्वास एवं प्रेमभाव से ले तथा तदनुसार आचरण भी करे। एक तत्त्वदर्शी अथवा ब्रह्मज्ञानी गुरु तो शिष्य में इन्हीं गुणों को वह शिष्य की योग्यता समझता है। ऐसे योग्य भाव से भावित शिष्य द्वारा वह अपनी शारीरिक अथवा आर्थिक सेवा का भाव कदापि नहीं रखता। वस्तुतः सद्गुरु द्वारा दी गयी विद्या (मन्त्र) का शिष्य में चैतन्यरूप से प्रस्फुटन एवं विकास ही गुरु की एकमात्र एवं वास्तविक प्रसन्नता है। शिष्य द्वारा भौतिक रूप से सेवा आदि का महत्त्व गुरु की दृष्टि में गौण होता है। ऐसा स्वयं सद्गुरु के मुख से ब्रह्मभाव में कहते हुए सुना और जाना गया है। गुरुकृपा से आत्मबोध होने पर शिष्य में सद्गुरु के प्रति इस सहज भाव का उदय होता है कि—***'गुरुर्ब्रह्मा गुरुर्विष्णु गुरुर्देवो महेश्वरः। गुरुर्साक्षात् परं ब्रह्म तस्मै श्री गुरवे नमः॥ '***॥ ३४॥

---

१. बिनु गुर होइ कि ग्यान ग्यान कि होइ बिराग बिनु। (श्रीरामचरितमानस ७।८९(क)।०)

ज्ञान से मोह का नाश और जीवात्मा तथा परमात्मा की एकता का ज्ञान होना कहते हैं—

यज्ज्ञात्वा न पुनर्मोहमेवं यास्यसि पाण्डव।
येन भूतान्यशेषेण द्रक्ष्यस्यात्मन्यथो मयि॥ ३५॥

यत्—जिस ज्ञान को, **ज्ञात्वा**—जानकर (तू), **न**—नहीं, **पुनः**—पुनः, **मोहम्**—मोह को, **एवम्**—इस प्रकार, **यास्यसि**—प्राप्त होगा (तथा), **पाण्डव**—हे पाण्डव, **येन**—जिससे, **भूतानि**—सम्पूर्ण भूतप्राणियों को (पहले), **अशेषेण**—सम्पूर्णता से, **द्रक्ष्यसि**—देखेगा, **आत्मनि**—अपनी आत्मा में (और), **अथो**—फिर, **मयि**—मुझमें।

हे पाण्डव ! जिस ज्ञान को जानकर तू पुनः इस प्रकार मोह को नहीं प्राप्त होगा तथा जिससे सम्पूर्ण भूतप्राणियों को पहले अपनी आत्मा में और फिर मुझमें सम्पूर्णता से देखेगा।

हे पाण्डव ! सिद्धगुरु के उपदेश से प्राप्त ज्ञान को जानकर तुम फिर इस तरह से मोह को नहीं प्राप्त होओगे जैसा इस समय हो रहे हो। गुरुपलब्ध ज्ञान के द्वारा तुम सम्पूर्ण प्राणियों को अभिन्न रूप से अपनी आत्मा में स्थित देखेगा और मुझ सच्चिदानन्द परमात्मा में इन सब भूतों को देखेगा (६।२९)। इस तरह से आत्मा और परमात्मा के एकत्व का बोध सम्पूर्णता से प्रत्यक्ष अनुभव में आ जाएगा।

ऐसे ज्ञान के प्रत्यक्ष अनुभव के बाद साधक की सांसारिक विषयों में प्रवृत्ति समाप्त हो जाती है, संसार ही मानो विलीन हो जाता है। एक अकथनीय, अद्‌भुत एवं अपार आत्मानन्द की प्राप्ति होती है। साधक का मानो पुनर्जन्म होकर अन्तःकरण का सम्पूर्ण परिवर्तन हो गया हो ! ऐसा साधक जन्म-मरणरूप बन्धन से मुक्त हो जाता है (२।७२) और जीवन रहते आत्मानन्द की स्थिति में रहता है ॥ ३५॥

ज्ञान से सभी पापों के नाश होने को कहते हैं—

अपि चेदसि पापेभ्यः सर्वेभ्यः पापकृत्तमः।
सर्वं ज्ञानप्लवेनैव वृजिनं सन्तरिष्यसि॥ ३६ ॥

अपि—भी, **चेत्**—यदि (तू), **असि**—है, **पापेभ्यः**—पापियों से, **सर्वेभ्यः**—सब, **पापकृत्तमः**—बढ़कर पाप करनेवाला है (तो भी इस), **सर्वम्**—समस्त, **ज्ञानप्लवेन**—ज्ञानरूपी नौका द्वारा, **एव**—निःसन्देह, **वृजिनम्**—पाप-समुद्र को, **सन्तरिष्यसि**—तर जाएगा।

यदि तू सब पापियों से भी बढ़कर पाप करनेवाला है, तो भी इस ज्ञानरूपी नौका द्वारा समस्त पाप—समुद्र को निःसन्देह तर जायेगा।

यदि तू अन्य पापियों से भी अधिक पापाचारी है तो भी जिस तरह से नौका द्वारा अथाह जल राशि को पार कर लिया जाता है, वैसे ही गुरुप्रदत्त ज्ञानरूपी नौका से पापरूपी अथाह संसार समुद्र से निःसन्देह पार उतर जाएगा एवं निर्विकार हुआ कर्म-बन्धनों से मुक्त हो जाएगा ॥ ३६ ॥

पाप कर्मों को ज्ञान कैसे नष्ट कर देता है, इसे सोदाहरण कहते हैं—

यथैधांसि समिद्धोऽग्निर्भस्मसात्कुरुतेऽर्जुन ।
ज्ञानाग्निः सर्वकर्माणि भस्मसात्कुरुते तथा ॥ ३७ ॥

यथा—जैसे, **एधांसि**—ईंधन को, **समिद्धः**—प्रज्वलित, **अग्निः**—अग्नि, **भस्मसात्**—भस्ममय, **कुरुते**—कर देती है, **अर्जुन**—हे अर्जुन, **ज्ञानाग्निः**—ज्ञानाग्नि, **सर्वकर्माणि**—सम्पूर्ण कर्मों को, **भस्मसात्**—भस्ममय, **कुरुते**—कर देता है, **तथा**—वैसे ही।

हे अर्जुन ! जैसे प्रज्वलित अग्नि ईंधन को भस्ममय कर देती है, वैसे ही ज्ञानाग्नि सम्पूर्ण कर्मों को भस्ममय कर देता है।

हे अर्जुन ! प्रदीप्त अग्नि जिस प्रकार से काष्ठ समूह को भस्म कर देती है, उसी प्रकार से आत्मज्ञानरूपी ज्ञानाग्नि प्रारब्ध फलकर्म के अतिरिक्त सभी अन्य कर्मों अर्थात् संचित तथा आगामी या क्रियमाण कर्मों को भस्मरूप कर देता है (४।१९)। आशय यह है कि यथार्थ ज्ञान ऐसे कर्मों को निर्बीज कर देता है।

अनन्त जन्मों में किये हुए कर्म जो बीज रूप बन गये हैं और अभी विद्यमान हैं, उन्हें *'संचित'* कर्म कहते हैं। इन संचित कर्मों में से वे कर्म जो पूर्व जीव के त्याग के समय अधिक सशक्त थे तथा इस शरीर को इस लोक में उत्पन्न होने का कारण बनकर सुख-दुःख, आदि फल प्रदान करनेवाले हैं, *'प्रारब्ध'* कर्म कहे जाते हैं। ये कर्म केवल भोग से क्षीण होते हैं। ज्ञान प्राप्त होने के बाद ज्ञानी के शरीर से होनेवाले पाप-पुण्यरूप आगामी या *'क्रियमाण'* कर्म कहलाते हैं। ज्ञानोपलब्धि के बाद किये गये आगामी कर्म बन्धन रूप में नहीं होते हैं, क्योंकि ज्ञानी पुरुष द्वारा अपने आत्मभाव में स्थित रहता हुआ शरीर, मन, बुद्धि आदि के द्वारा बिना संकल्प के आवश्यक कर्ममात्र होते हैं और ये कर्म संस्कार नहीं छोड़ते हैं ॥ ३७ ॥

ऐसे पवित्र ज्ञान को कर्मयोग से भी प्राप्त होना बताते हैं—

न हि ज्ञानेन सदृशं पवित्रमिह विद्यते।
तत्स्वयं योगसंसिद्धः कालेनात्मनि विन्दति॥ ३८॥

न—नहीं, **हि**—निःसन्देह, **ज्ञानेन**—ज्ञान के, **सदृशम्**—समान, **पवित्रम्**—पवित्र (अन्य कुछ भी), **इह**—इस संसार में, **विद्यते**—है, **तत्**—उस ज्ञान को, **स्वयम्**—स्वयं, **योग**—कर्मयोग द्वारा, **संसिद्धः**—सम्यक संसिद्धि प्राप्त कर पुरुष, **कालेन**—कालक्रम से, **आत्मनि**—आत्मा में ही, **विन्दति**—पा लेता है।

इस संसार में निःसन्देह ज्ञान के समान पवित्र अन्य कुछ भी नहीं है। उस ज्ञान को कर्मयोग द्वारा सम्यक संसिद्धि प्राप्त कर पुरुष कालक्रम से स्वयं आत्मा में ही पा लेता है।

इस संसार में ज्ञान के समान पवित्र करनेवाला जप, तप व दान, आदि कोई भी दूसरा साधन नहीं है। कर्मयोग का बहुत काल तक शुद्ध अन्तःकरण से आचरण करनेवाला योगसिद्ध पुरुष स्वयं अपने आत्मा में उस ज्ञान को अपने वर्णाश्रमधर्म में व्यवहार करता हुआ ही भगवत कृपा से प्राप्त कर लेता है॥ ३८॥

ज्ञान प्राप्ति का अधिकारी एवं ज्ञान का फल बताते हैं—

श्रद्धावाँल्लभते ज्ञानं तत्परः संयतेन्द्रियः।
ज्ञानं लब्ध्वा परां शान्तिमचिरेणाधिगच्छति॥ ३९॥

श्रद्धावान्—श्रद्धावान, **लभते**—पाता है (और फिर), **ज्ञानम्**—ज्ञान को, **तत्परः**—साधनपरायण, **संयतेन्द्रियः**—जितेन्द्रिय पुरुष, **ज्ञानम्**—ज्ञान को, **लब्ध्वा**—प्राप्त कर, **पराम्**—परम, **शान्तिम्**—शान्ति को, **अचिरेण**—तत्काल, **अधिगच्छति**—प्राप्त हो जाता है।

श्रद्धावान, साधनपरायण एवं जितेन्द्रिय पुरुष ज्ञान को पाता है और फिर ज्ञान को प्राप्त कर तत्काल परम शान्ति को प्राप्त हो जाता है।

वेदादि शास्त्रों, ईश्वर की सत्ता एवं उसकी जगत् की व्यवस्था में श्रद्धा रखनेवाला, भगवत्प्राप्ति के निमित्त गुरु की सेवा करनेवाला तथा साधनाभ्यास में बिना आलस्य के तत्पर रहनेवाला एवं 'संयतेन्द्रियः' अर्थात् वश में की हुई व विषयों से निवृत्त हुई इन्द्रियों वाला पुरुष ज्ञान को प्राप्त करता है। ज्ञान प्राप्ति के पश्चात् शीघ्र ही तत्काल भगवत्प्राप्तिरूप परम शान्ति को पुरुष प्राप्त करता है (५।१६)।

यहाँ ज्ञान प्राप्ति की तीन मूलभूत आवश्यकताएँ बतायी गयी हैं—*श्रद्धा, तत्परता* और *संयतेन्द्रियता*। ज्ञानोपलब्धि के पश्चात् भी साधन में रत साधक के लिए इन तीनों का सदैव निरन्तर महत्त्व रहता है, अन्यथा तीनों में से किसी एक में भी चूक होने पर योगपथ से विचलित होने की सम्भावना होती है, किन्तु

भगवत्परायण होने पर और साधनाभ्यास में निरन्तर तैलधारावत रत रहने पर प्रारब्ध भोगों को सहज में ही भोग करके उससे पार होता हुआ मुमुक्षु परम धाम रूपी मोक्ष को प्राप्त होता है ॥ ३९ ॥

ज्ञान के विषय में संशय करनेवाले की स्थिति कहते हैं—

अज्ञश्चाश्रद्दधानश्च संशयात्मा विनश्यति ।
नायं लोकोऽस्ति न परो न सुखं संशयात्मनः ॥ ४० ॥

अज्ञः—अज्ञानी, **च**—और, **अश्रद्दधानः**—अश्रद्धालु, **च**—और, **संशयात्मा**—संशययुक्त मनुष्य, **विनश्यति**—नष्ट हो जाता है, **न**—न, **अयम्**—यह, **लोकः**—लोक, **अस्ति**—है, **न**—न, **परः**—परलोक है, **न**—न (ही), **सुखम्**—सुख (है), **संशय आत्मनः**—उस संशययुक्त मनुष्य के लिए।

अज्ञानी और अश्रद्धालु संशययुक्त मनुष्य नष्ट हो जाता है, उस संशययुक्त मनुष्य के लिए न यह लोक है, न परलोक है और न ही सुख है।

जो पुरुष 'अज्ञ' है, अर्थात् जो सत्-असत् व आत्म-अनात्म के विवेक ज्ञान से रहित है, श्रद्धावान नहीं है और जो संशययुक्त आत्मावाला है, वह परमार्थ से भ्रष्ट हो जाता है। इनमें से तो संशययुक्त मनुष्य को न तो यह मनुष्यलोक मिलता है, न परलोक मिलता है और न सुख ही मिलता है।

संशययुक्त मनुष्य किसी भी विषय में निश्चय नहीं कर पाता है। बिना निश्चय के किसी भी लौकिक कर्म या भगवान् की आराधना में दृढ़ता से आगे नहीं बढ़ा जा सकता है, क्योंकि निश्चय से ही कर्म में प्रवृत्त होने की प्रेरणा मिलती है और निश्चय न हो पाने की स्थिति में कर्म में प्रमाद तथा आलस्य आ जाता है ॥ ४० ॥

किन्तु संशयरहित कर्मयोगी को कर्म नहीं बाँधते हैं, सो बताते हैं—

योगसन्न्यस्तकर्माणं ज्ञानसञ्छिन्नसंशयम् ।
आत्मवन्तं न कर्माणि निबध्नन्ति धनञ्जय ॥ ४१ ॥

योग—कर्मयोग के द्वारा, **सन्न्यस्त कर्माणम्**—जिसके कर्म त्यागस्वरूप हो गये हैं, **ज्ञान**—ज्ञान के द्वारा (जिनके), **सञ्छिन्न**—नष्ट हो गये हैं (और), **संशयम्**—संशय, **आत्मवन्तम्**—आत्मस्वरूप प्राप्त हो गया है (ऐसे पुरुष को), **न**—नहीं, **कर्माणि**—कर्म, **निबध्नन्ति**—बाँधते, **धनञ्जय**—हे धनंजय।

हे धनंजय ! कर्मयोग के द्वारा जिसके कर्म त्यागस्वरूप हो गये हैं, ज्ञान के द्वारा जिनके संशय नष्ट हो गये हैं और आत्मस्वरूप प्राप्त हो गया है, ऐसे पुरुष को कर्म नहीं बाँधते।

हे धनंजय ! जिसने भगवान् का ज्ञान प्राप्त करने हेतु उनकी आराधना रूप योग द्वारा, यहाँ ऐसे योग से कर्मयोग का आशय है, पाप-पुण्य रूप सम्पूर्ण कर्मों को ईश्वर में समर्पित कर दिया है, जिससे वे कर्म त्यागस्वरूप हो गये हैं अर्थात् अकर्म हो गये हैं और विवेक ज्ञान द्वारा प्राप्त ईश्वर की एकात्मता बोध से जिसका आत्म-अनात्म सम्बन्धी सभी संशय नष्ट हो गये हों, ऐसे आत्मबल से युक्त प्रमादरहित आत्मस्वरूप को प्राप्त हुए पुरुष को कर्म नहीं बाँध सकते हैं (५।१०) और उसके सम्पूर्ण कर्म फलसहित नष्ट हो जाते हैं ॥ ४१ ॥

अज्ञानजनित संशय से रहित होकर कर्मयोग के आश्रय से युद्ध की प्रेरणा देते हैं—

तस्मादज्ञानसम्भूतं हृत्स्थं ज्ञानासिनात्मनः ।
छित्त्वैनं संशयं योगमातिष्ठोत्तिष्ठ भारत ॥ ४२ ॥

तस्मात्—अतएव, **अज्ञानसम्भूतम्**—अज्ञानजनित, **हृत्स्थम्**—हृदय में स्थित, **ज्ञान**—ज्ञानरूपी, **असिना**—तलवार से, **आत्मनः**—अपने, **छित्त्वा**—काटकर, **एनम्**—इस, **संशयम्**—संशय को, **योगम्**—कर्मयोग का, **आतिष्ठ**—आश्रय करके (युद्ध के लिए), **उत्तिष्ठ**—खड़ा हो जा, **भारत**—हे भारत।

अतएव हे भारत ! तुम अपने हृदय में स्थित इस अज्ञानजनित संशय को ज्ञानरूपी तलवार से काटकर कर्मयोग का आश्रय करके युद्ध के लिए खड़ा हो जा।

अर्जुन की मनःस्थिति अज्ञान के कारण संशयात्मक बनी हुई है, वह अनिश्चय की स्थिति में है। वह निश्चय नहीं कर पा रहा है कि युद्ध करना श्रेय है अथवा युद्ध न करना। यह समझकर भगवान् कहते हैं कि हे भरतवंशी अर्जुन ! तू आत्मविषयक अज्ञान से उत्पन्न और हृदय में स्थित मोह शोक आदि के कारणरूप इस संशय को आत्म-अनात्म विवेकरूपी ज्ञानखड्ग द्वारा छेदन करके आत्मज्ञान के उपायरूप कर्मयोग में स्थित हो अर्थात् आश्रय लो और क्षत्रिय धर्म का पालन करते हुए सम्मुख उपस्थित युद्ध के लिए उठ खड़े हो। भगवान् श्रीकृष्ण गीता में समय-समय पर कर्त्तव्य-कर्म रूप धर्मयुद्ध के लिए अर्जुन को प्रेरणा देते रहे हैं (२।३,३१-३२;१८।४३) और कई बार युद्ध करने के लिए (२।१८, ३७-३८; ८।७) स्पष्ट रूप से कहे हैं ॥ ४२ ॥

इति श्रीकृष्णार्जुनसंवादे ज्ञानकर्मसन्यासयोगो नाम चतुर्थोऽध्यायः ॥ ४ ॥

अध्याय ५

परमात्मा के आराधनरूप कर्त्तव्य-कर्म से अर्थात् कर्मयोग से तथा सांख्ययोग से अर्थात् ज्ञानियों के कर्मसंन्यास से, दोनों से ही, एक ही परमात्म तत्त्व की प्राप्ति होती है। इसी विषय पर इस अध्याय ***'कर्मसंन्यासयोग'*** में वर्णन किया गया है।

भगवान् श्रीकृष्ण द्वारा कभी कर्मों के संन्यास (सांख्ययोग-ज्ञानयोग) की और फिर कर्मयोग की प्रशंसा करने पर अर्जुन दोनों में से एक की श्रेष्ठता जानने के लिए भगवान् से कहता है (१)। दोनों को कल्याणकारी बताकर कर्मसंन्यास (ज्ञानयोग) की अपेक्षा कर्मयोग को भगवान् श्रेष्ठ कहते हैं (२) और इस श्रेष्ठता का कारण बतलाते हैं (३)। सांख्य (सांख्ययोग) तथा योग (कर्मयोग) दोनों में से एक में भी स्थित पुरुष दोनों के फल को प्राप्त कर लेता है (४)। ऐसा कैसे पाता है? वह बताते हैं (५)। कर्मयोग के बिना संन्यास की प्राप्ति कठिन कहते हैं (६)। ज्ञानप्राप्ति के उपायरूप योग से युक्त कर्मयोगी पुरुष कर्म करता हुआ भी लिप्त नहीं होता है (७)। वस्तुत: वह कुछ भी नहीं करता है, ऐसा समझे (८-९), किन्तु जो तत्त्वज्ञानी नहीं हैं वे कर्मयोगी आत्मशुद्धि के लिए कर्म करते हैं (१०-११)। ऐसा वह कर्मयोगी कर्मफल को त्यागकर शान्ति को प्राप्त होता है (१२), किन्तु यथार्थ ज्ञानी तो आत्मा को न करनेवाला और न ही करवानेवाला समझता हुआ सुखपूर्वक आत्मस्वरूप में स्थित रहता है (१३)। वस्तुत: 'स्वभाव' ही कर्त्तापन, कर्म और कर्मफल में प्रवृत्त होता है (१४)। अज्ञान से ज्ञान ढँके होने के कारण 'जीव' मोहित होता है (१५)। अब भगवान् श्रीकृष्ण ज्ञान की महिमा बताते हैं—ज्ञान परम तत्त्व को प्रकाशित कर देता है (१६); ज्ञान से पापरहित होकर पुरुष अपुनरावृत्ति को प्राप्त होते हैं (१७); ज्ञानी समस्त प्राणियों में समदर्शी होता है (१८); वह ब्रह्म में स्थित रहता है (१९); ऐसा वह ब्रह्मवेत्ता प्रिय व अप्रिय वस्तु की प्राप्ति में सम रहता है (२०) और बाहर के विषयों से आसक्तिरहित हुआ वह अक्षय ब्रह्मानुभवरूप सुख भोगता है (२१)। अब इन्द्रिय-विषय भोग की निन्दा करते हैं (२२) तथा काम व क्रोध को कल्याणमार्ग का विरोधी होने से इनके वेग को सहन करनेवाले पुरुष को युक्त (योगी) और सुखी कहते हैं (२३)। ब्रह्म में स्थित हुआ कैसा सांख्ययोगी ब्रह्म को प्राप्त होता है?

वह बताते हैं (२४-२६) । अब ज्ञान के अन्तरंग साधनरूप ध्यान और उसके फल को भगवान् कहते हैं (२७-२८)। इस प्रकार समाहित चित्त हुआ पुरुष मुझ सर्वलोकेश्वर को जानकर शान्ति को प्राप्त होता है (२९), ऐसा बताकर भगवान् अध्याय का उपसंहार करते हैं।

चतुर्थ अध्याय में श्लोक अट्ठारह से चौबीस तक और पुन: श्लोक तैंतीस से इकतालीस तक कर्मों के संन्यास और उसके महत्त्व का वर्णन किया गया है तथा तीसरे अध्याय में कर्मयोग की प्रशंसा करते हुए अध्याय के अन्तिम श्लोक में अर्जुन को योग (कर्मयोग) में स्थित रहकर कर्मरूप से युद्ध करने को भगवान् ने कहा है। कर्मसंन्यास और कर्मयोग में श्रेष्ठतर साधन को न समझ पाने के कारण अर्जुन दोनों में से एक जो श्रेष्ठ हो उसे बताने के लिए भगवान् से कहता है—

अर्जुन उवाच

सन्न्यासं कर्मणां कृष्ण पुनर्योगं च शंससि ।

यच्छ्रेय एतयोरेकं तन्मे ब्रूहि सुनिश्चितम्॥ १ ॥

अर्जुनः उवाच—अर्जुन बोले, **सन्न्यासम्**—संन्यास (ज्ञानयोग) की, **कर्मणाम्**—कर्मों के, **कृष्ण**—हे कृष्ण, **पुनः**—फिर (आप कभी), **योगम्**—कर्मयोग की, **च**—और, **शंससि**—प्रशंसा करते हैं, **यत्**—जो, **श्रेयः**—श्रेष्ठ, **एतयोः**—इन दोनों में, **एकम्**—एक, **तत्**—उसको, **मे**—मुझसे, **ब्रूहि**—कहिए, **सुनिश्चितम्**—सुनिश्चित।

अर्जुन बोले—हे कृष्ण ! कर्मों के संन्यास (ज्ञानयोग) की और फिर आप कभी कर्मयोग की प्रशंसा करते हैं। इन दोनों में जो एक सुनिश्चित श्रेष्ठ हो, उसको मुझसे कहिए।

अर्जुन अज्ञान की स्थिति में है। उसके मन में विचार उठता है कि भगवान् एक तरफ कर्मसंन्यास को श्रेष्ठ बता रहे हैं और कहते हैं कि सारे कर्म ज्ञान में समाप्त हो जाते हैं (४।३३) और दूसरी तरफ कर्मयोग की प्रशंसा कर रहे हैं तथा कर्मयोग में स्थित होकर युद्ध के लिए उठ खड़े होने को कह रहे हैं (४।४२)। ये दोनों, कर्मसंन्यास और कर्मयोग, परस्पर विपरीत प्रकृति के कारण एक साथ एक समय में एक ही व्यक्ति द्वारा नहीं किया जा सकता है। हाँ, ज्ञान प्राप्त पुरुष के लिए तो यह सम्भव है एवं ज्ञानी के लिए साथ में कर्म का भी विधान है, क्योंकि ज्ञानी तो संन्यासी ही है तथा शरीर निर्वाह के लिए किया गया उसका कर्म तो अकर्म ही है। अर्जुन की स्थिति भिन्न है, वह अज्ञान में है और उसकी शंका स्वाभाविक है कि उस जैसे मोहग्रस्त व्यक्ति के लिए यह निर्णय करना कठिन है कि कर्मसंन्यास और कर्मयोग (३।३) में कौन-सा मार्ग कल्याणकारी है।

अज्ञानावस्था के कारण उससे दोनों एक साथ नहीं हो सकता है। उपर्युक्त अज्ञान की मन:स्थिति में अर्जुन श्रीकृष्ण से उचित ही पूछता है कि हे कृष्ण! कर्मसंन्यास और कर्मयोग में से एक जो सुनिश्चित श्रेष्ठ हो वह मुझसे कहिए ॥ १ ॥

अर्जुन के प्रश्न के उत्तर में भगवान् अपना दृष्टिकोण बतला रहे हैं—

श्रीभगवानुवाच

सन्न्यासः कर्मयोगश्च निःश्रेयसकरावुभौ ।
तयोस्तु कर्मसन्न्यासात्कर्मयोगो विशिष्यते॥ २ ॥

श्रीभगवान् उवाच—श्रीभगवान् बोले, **सन्न्यासः**—कर्मसंन्यास (ज्ञानयोग), **कर्मयोगः**—कर्मयोग, **च**—और, **निःश्रेयसकरौ**—कल्याण करनेवाले हैं, **उभौ**—दोनों ही, **तयोः**—उन दोनों में, **तु**—किन्तु, **कर्मसन्न्यासात्**—कर्मसंन्यास की अपेक्षा, **कर्मयोगः**—कर्मयोग, **विशिष्यते**—श्रेष्ठ है।

श्रीभगवान् बोले—कर्मसंन्यास (ज्ञानयोग) और कर्मयोग दोनों ही कल्याण करनेवाले हैं, किन्तु उन दोनों में कर्मसंन्यास की अपेक्षा कर्मयोग श्रेष्ठ है।

कर्मसंन्यास अर्थात् सांख्ययोग या ज्ञानयोग का साधक पुरुष यह समझकर कि प्रकृति के कार्यरूप गुण ही गुणों में बरतते हैं (३।२८), वह कर्त्तापन के अहं से सर्वथा रहित होकर (५।८-९) एकमात्र सर्वव्यापी परब्रह्म में एकीभाव से नित्य स्थित रहता है (१३।३०)। कर्मयोग का साधक पुरुष कर्म व कर्मफल में आसक्ति का त्यागकर (३।३०;५।१०) परमात्मा में अर्पण के भाव से सम्पूर्ण कर्मों को निष्काम व समबुद्धि से करता हुआ, अपने को कर्मों का कर्त्ता समझकर नित्य परमात्मा के आराधनारूप आत्मस्वरूप के अनुभव के अभ्यास में संलग्न रहता है। ये दोनों ही साधनमार्ग अर्थात् कर्मसंन्यास और कर्मयोग भगवान् श्रीकृष्ण के अनुसार कल्याण करनेवाले हैं, किन्तु देह के अहंकार, आदि कारणों से कर्मसंन्यास व्यवहार में अपेक्षतया कठिन है और अहं के नाश हेतु इस साधन में कर्म की आवश्यकता होती ही है। इसके विपरीत कर्मयोग साधक अपने वर्णाश्रम धर्म में रहते हुए सुगम और स्वतन्त्र रूप से साधन कर सकता है। अत: कर्मसंन्यास की तुलना में कर्मयोग श्रेष्ठ है। आदि शंकराचार्य जी के अनुसार ज्ञानरहित केवल संन्यास की अपेक्षा कर्मयोग श्रेष्ठ है ॥ २ ॥

स्वरूप से भिन्न कर्मसंन्यास और कर्मयोग के फल एक होने पर होनेवाली किसी शंका पर कहते हैं—

ज्ञेयः स नित्यसन्न्यासी यो न द्वेष्टि न काङ्क्षति ।
निर्द्वन्द्वो हि महाबाहो सुखं बन्धात्प्रमुच्यते॥ ३ ॥

ज्ञेयः—समझने योग्य है, **सः**—वह, **नित्य**—सदा, **सन्न्यासी**—संन्यासी, **यः**—जो, **न**—न, **द्वेष्टि**—द्वेष करता है (और), **न**—न, **काङ्क्षति**—आकांक्षा करता है, **निर्द्वन्द्वः**—राग-द्वेष आदि द्वन्द्व से रहित पुरुष, **हि**—क्योंकि, **महाबाहो**—हे महाबाहु अर्जुन, **सुखम्**—सुखपूर्वक, **बन्धात्**—बन्धन से, **प्रमुच्यते**—छूट जाता है।

हे महाबाहु अर्जुन ! जो न द्वेष करता है और न आकांक्षा करता है, वह नित्य संन्यासी ही समझने योग्य है; क्योंकि राग—द्वेष आदि द्वन्द्व से रहित पुरुष सुखपूर्वक बन्धन से छूट जाता है।

जो कर्मयोगी पुरुष किसी से द्वेष नहीं करता और न ही किसी वस्तु की आकांक्षा करता है तथा आकांक्षा न करने से उसमें वस्तु के प्रति राग नहीं उत्पन्न होता और इस प्रकार राग-द्वेष से रहित है, ऐसे उस पुरुष को सदैव संन्यासी ही समझना चाहिए, क्योंकि हे महाबाहो ! राग द्वेषादि द्वन्द्वों से रहित पुरुष सुखपूर्वक जन्म-मरणरूप संसार-बन्धन से सरलता से मुक्त हो जाता है ॥ ३ ॥

कर्मसंन्यास और कर्मयोग स्वरूप से भिन्न हैं, फिर भी उनके फल एक होने पर होनेवाली किसी शंका पर पुनः कहते हैं—

साङ्ख्ययोगौ पृथग्बालाः प्रवदन्ति न पण्डिताः ।
एकमप्यास्थितः सम्यगुभयोर्विन्दते फलम्॥ ४ ॥

साङ्ख्य—संन्यास (और), **योगौ**—योग (कर्मयोग) को, **पृथक्**—(फलभेद से) पृथक्-पृथक्, **बालाः**—बालक लोग (अल्पज्ञ), **प्रवदन्ति**—बताते हैं, **न**—न (कि), **पण्डिताः**—पण्डित जन (विद्वान्), **एकम्**—एक में, **अपि**—भी, **आस्थितः**—स्थित (पुरुष), **सम्यक्**—भली प्रकार से, **उभयोः**—दोनों के, **विन्दते**—पा लेता है, **फलम्**—फल को।

बालक लोग (अल्पज्ञ) सांख्य (संन्यास) और योग (कर्मयोग) को फलभेद से पृथक्—पृथक् बताते हैं, न कि पण्डित जन। वस्तुतः एक में भी भली प्रकार से स्थित पुरुष दोनों के फल को पा लेता है।

सांख्ययोग और कर्मयोग को पृथक्-पृथक् फल देनेवाला जो लोग कहते हैं, वे बालक हैं, उनमें ज्ञान नहीं है, बालबुद्धि है। ज्ञानी पण्डित जन ऐसा नहीं बताते हैं, अपितु वे दोनों का एक ही फल बताते हैं। इन दोनों योगमार्गों में से एक में भी भली प्रकार से स्थित हुआ पुरुष दोनों से प्राप्त होनेवाले एक ही कल्याणप्रद फल- परमात्म फल को प्राप्त करता है ॥ ४ ॥

सांख्ययोग और कर्मयोग में से एक के भी अनुष्ठान से दोनों का फल कैसे पाता है? सो कहते हैं—

यत्साङ्ख्यैः प्राप्यते स्थानं तद्योगैरपि गम्यते ।
एकं साङ्ख्यं च योगं च यः पश्यति स पश्यति ॥ ५ ॥

यत्—जो, **साङ्ख्यैः**—सांख्ययोगियों के द्वारा, **प्राप्यते**—प्राप्त किया जाता है, **स्थानम्**—स्थान, **तत्**—वही, **योगैः**—कर्मयोगियों के द्वारा, **अपि**—भी, **गम्यते**—प्राप्त किया जाता है, **एकम्**—एक, **साङ्ख्यम्**—सांख्य, **च**—और, **योगम्**—योग को, **च**—और, **यः**—जो, **पश्यति**—देखता है, **सः**—वही, **पश्यति**—यथार्थ देखता है।

सांख्ययोगियों के द्वारा जो स्थान प्राप्त किया जाता है, कर्मयोगियों के द्वारा भी वही प्राप्त किया जाता है। सांख्य और योग को जो एक देखता है, वही यथार्थ देखता है।

सांख्ययोगियों-ज्ञानयोगियों द्वारा जो परमात्म तत्त्व प्राप्त किया जाता है, वही परमात्म तत्त्व कर्मयोगियों द्वारा भी प्राप्त किया जाता है। दोनों योगमार्गों के फल में एकता होने के कारण सांख्य और योग को फल की दृष्टि से एक देखने वाला ही यथार्थ देखता है ॥ ५ ॥

कर्मयोग के बिना संन्यास की प्राप्ति कठिन बताते हैं—

सन्न्यासस्तु महाबाहो दुःखमाप्तुमयोगतः ।
योगयुक्तो मुनिर्ब्रह्म नचिरेणाधिगच्छति ॥ ६ ॥

सन्न्यासः—संन्यास (की), **तु**—परन्तु, **महाबाहो**—हे महाबाहु, **दुःखम्**—कठिन है (और), **आप्तुम्**—प्राप्ति, **अयोगतः**—कर्मयोग के बिना, **योगयुक्तः**—कर्मयोगयुक्त, **मुनिः**—मुनि, **ब्रह्म**—ब्रह्म को, **न चिरेण**—शीघ्र, **अधिगच्छति**—प्राप्त हो जाता है।

परन्तु हे महाबाहु ! कर्मयोग के बिना संन्यास की प्राप्ति कठिन है और कर्मयोगयुक्त मुनि ब्रह्म को शीघ्र प्राप्त हो जाता है।

सांख्ययोग अर्थात् ज्ञाननिष्ठा में संलग्न संन्यासी तो प्रकृति के गुण ही गुण में बरत रहे हैं, यह समझते हुए स्वयं को अकर्त्ता समझता है। वह अहंकाररहित होकर एकमात्र ब्रह्म से एकीभाव होने का नित्य अभ्यास करता है। इस अभ्यासक्रम में उसके अन्त:करण में स्थित रागादि दोष विक्षेप का कार्य करते हैं और साधन में शुष्कता एवं कठिनाई उत्पन्न करते हैं। इसके साथ ही देहाभिमान के रहने पर पूर्ण अकर्त्ता भाव आना भी कठिन होता है। इन दोषों को दूर करने के लिए सांख्ययोगी को कर्मयोग की आवश्यकता होती है। अतएव हे महाबाहो !

बिना कर्मयोग के सांख्ययोग की सिद्धि कठिन है (३।४)। वहीं पर कर्म एवं कर्मफल में आसक्तिरहित होकर राग-द्वेषादि द्वन्द्वों में समत्वबुद्धि से युक्त हुआ भगवदअर्पण भाव से भगवत आराधना में संलग्न मननशील कर्मयोगी शीघ्र ही ब्रह्म को प्राप्त हो जाता है (३।२०) ॥ ६ ॥

इस प्रकार कर्मयोग से प्राप्त ज्ञान से पुरुष कर्मों को करता हुआ भी लिप्त नहीं होता—

योगयुक्तो विशुद्धात्मा विजितात्मा जितेन्द्रियः ।
सर्वभूतात्मभूतात्मा कुर्वन्नपि न लिप्यते ॥ ७ ॥

योगयुक्तः—कर्मयोग से युक्त, **विशुद्धात्मा**—विशुद्ध अन्तःकरणवाला, **विजित आत्मा**—मन पर विजय पाया हुआ, **जितेन्द्रियः**—इन्द्रियविजयी, **सर्वभूत आत्मभूत आत्मा**—सम्पूर्ण भूतप्राणियों को आत्मरूप समझनेवाला पुरुष, **कुर्वन् अपि**—कर्म करता हुआ भी, **न लिप्यते**—लिप्त नहीं होता।

कर्मयोग से युक्त विशुद्ध अन्तःकरणवाला, मन पर विजय पाया हुआ, इन्द्रियविजयी, सम्पूर्ण भूतप्राणियों को आत्मरूप समझनेवाला पुरुष कर्म करता हुआ भी लिप्त नहीं होता।

जिस मनुष्य का अन्तःकरण निर्मल हो, शरीर और इन्द्रियाँ अपने वश में हों और आत्मा के यथार्थ स्वरूप के अनुभव के कारण सब भूतों में अपने आत्मा को देखने वाला हो, अर्थात् जिसकी आत्मा देवादि समस्त भूतप्राणियों का आत्मरूप हो गया है, ऐसा कर्मयोगी लोकसंग्रह के लिए कर्म करता हुआ भी उनसे लिप्त नहीं होता है, अर्थात् उन कर्मों से वह कभी बँधता नहीं है ॥ ७ ॥

तत्त्वज्ञ कर्मयोगी कैसे समझे कि वह कुछ भी नहीं करता, सो कहते हैं—

नैव किञ्चित्करोमीति युक्तो मन्येत तत्त्ववित् ।
पश्यञ्शृण्वन्स्पृशञ्जिघ्रन्नश्नन्गच्छन्स्वपञ्श्वसन् ॥ ८ ॥
प्रलपन्विसृजन्गृह्णन्नुन्मिषन्निमिषन्नपि ।
इन्द्रियाणीन्द्रियार्थेषु वर्तन्त इति धारयन् ॥ ९ ॥

न—नहीं, **एव**—निःसन्देह, **किञ्चित्**—कुछ भी, **करोमि**—मैं करता हूँ, **इति**—ऐसा, **युक्तः**—पुरुष (सांख्ययोगी), **मन्येत**—समझे (कि मैं), **तत्त्ववित्**—तत्त्व को जाननेवाला, **पश्यन्**—देखता हुआ, **शृण्वन्**—सुनता हुआ, **स्पृशन्**—स्पर्श करता हुआ, **जिघ्रन्**—सूँघता हुआ, **अश्नन्**—खाता हुआ, **गच्छन्**—चलता हुआ, **स्वपन्**—सोता हुआ, **श्वसन्**—श्वास लेता हुआ,

प्रलपन्—बोलता हुआ, **विसृजन्**—त्यागता हुआ, **गृह्णन्**—ग्रहण करता हुआ, **उन्मिषन्**—आँखे खोलता हुआ, **निमिषन्**—मूँदता हुआ, **अपि**—भी, **इन्द्रियाणि**—इन्द्रियाँ ही, **इन्द्रियार्थेषु**—इन्द्रियों के विषयों में, **वर्तन्त**—बरत रही हैं, **इति**—ऐसा, **धारयन्**—निश्चय करके।

तत्त्व को जाननेवाला पुरुष देखता, सुनता, स्पर्श करता, सूँघता, खाता, चलता, सोता, श्वास लेता, बोलता, त्यागता, ग्रहण करता, आँखें खोलता और मूँदता हुआ भी ऐसा निश्चय करके कि 'इन्द्रियाँ ही इन्द्रियों के विषयों में बरत रही हैं' ऐसा निःसन्देह समझे कि मैं कुछ भी नहीं करता हूँ।

परमात्मा में एकीभाव से नित्य स्थित तत्त्ववेत्ता सांख्ययोगी यह समझते हुए कि श्रोत्रादि सभी पाँच ज्ञानेन्द्रियाँ, वागादि सभी पाँच कर्मेन्द्रियाँ, प्राण के कार्य श्वसन, आँखों को खोलना व मूँदना, ये सभी अपने-अपने विषयों में बरत रहे हैं—इस ज्ञान के साथ ऐसा निःसन्देह माने कि मैं कुछ भी नहीं कर रहा हूँ, मैं आत्मरूप से अकर्त्ता हूँ, मैं सर्वकर्मसंन्यासी हूँ ॥ ८-९ ॥

तत्त्व से अज्ञान कर्मयोगी आत्मशुद्धि के लिए कर्म करते हैं, सो अगले तीन श्लोकों में कहते हैं—

ब्रह्मण्याधाय कर्माणि सङ्गं त्यक्त्वा करोति यः ।
लिप्यते न स पापेन पद्मपत्रमिवाम्भसा ॥ १० ॥

ब्रह्मणि—ब्रह्म में, **आधाय**—अर्पण कर (और), **कर्माणि**—कर्मों को, **सङ्गम्**—आसक्ति को, **त्यक्त्वा**-त्यागकर (कर्म), **करोति**—करता है, **यः**—जो पुरुष, **न लिप्यते**—लिप्त नहीं होता, **सः**—वह, **पापेन**—पाप से, **पद्मपत्रम्**—कमल के पत्ते के, **इव**—समान, **अम्भसा**—जल से।

जो पुरुष कर्मों को ब्रह्म में अर्पण कर और आसक्ति को त्यागकर कर्म करता है, वह जल से कमल के पत्ते के समान पाप से लिप्त नहीं होता।

जो पुरुष परमात्मा में अर्पण करके और कामना तथा आसक्ति को त्यागकर जीवन के यावदर्थ सम्पूर्ण विहित कर्मों को करता है, वह पाप से (यदि कोई होता है) उसी प्रकार लिप्त नहीं होता जैसे जल में रहते हुए कमल के पत्ते पर जल का प्रभाव नहीं पड़ता है (४।४१)। ॥ १० ॥

कायेन मनसा बुद्ध्या केवलैरिन्द्रियैरपि ।
योगिनः कर्म कुर्वन्ति सङ्गं त्यक्त्वात्मशुद्धये ॥ ११ ॥

कायेन—शरीर, **मनसा**—मन, **बुद्ध्या**—बुद्धि (और), **केवलैः**—केवल, **इन्द्रियैः**—इन्द्रियों से, **अपि**—भी, **योगिनः**—कर्मयोगी, **कर्म**—कर्म, **कुर्वन्ति**—करते हैं, **सङ्गम्**—आसक्ति को, **त्यक्त्वा**—त्यागकर, **आत्म**—अन्तःकरण की, **शुद्धये**—शुद्धि के लिए।

शरीर, मन, बुद्धि और इन्द्रियों से भी आसक्ति को त्यागकर केवल अन्तःकरण की शुद्धि के लिए कर्मयोगी कर्म करते हैं।

कर्मयोगी लोग ममतारहित होकर शरीर द्वारा स्नान आदि, मन द्वारा ध्यान मनन आदि, बुद्धि द्वारा तात्त्विक विषय का निश्चय आदि और इन्द्रियों द्वारा श्रवण, कीर्तन, आदि सभी कर्मों में फलासक्ति को त्यागकर ईश्वर के निमित्त और ईश्वर को अर्पण करके अन्तःकरण की शुद्धि के लिए कर्म करते हैं (३।४)। अर्जुन के लिए यह उपदेश कर्मयोगी की तरह से कर्म करने के लिए प्रेरणास्वरूप है ॥ ११ ॥

युक्तः कर्मफलं त्यक्त्वा शान्तिमाप्नोति नैष्ठिकीम्।
अयुक्तः कामकारेण फले सक्तो निबध्यते ॥ १२ ॥

युक्तः—कर्मयोगी, **कर्मफलम्**—कर्मफल को, **त्यक्त्वा**—त्यागकर, **शान्तिम्**—शान्ति को, **आप्नोति**—प्राप्त होता है, **नैष्ठिकीम्**—निष्ठाप्राप्त, **अयुक्तः**—सकाम पुरुष, **कामकारेण**—कामना के द्वारा, **फले**—फल में, **सक्तः**—आसक्त होकर, **निबध्यते**—बँध जाता है।

कर्मयोगी कर्मफल को त्यागकर निष्ठाप्राप्त शान्ति को प्राप्त होता है और अयुक्त पुरुष कामना के द्वारा फल में आसक्त होकर बँध जाता है।

ईश्वर के निमित्त कर्म करते हुए और स्वयं के लिए कर्मफल का त्याग करते हुए ईश्वर में एकनिष्ठ भाव से युक्त निश्चयात्मक बुद्धिवाला कर्मयोगी पुरुष ज्ञाननिष्ठा से प्राप्त होनेवाली निष्ठाप्राप्त शान्ति अर्थात् मोक्षरूप शान्ति को प्राप्त करता है, किन्तु 'अयुक्त' पुरुष अर्थात् बहिर्मुख सकामी पुरुष कर्मफल में आसक्ति के कारण कर्म करता हुआ जन्म-मरणरूप बन्धन को प्राप्त होता है ॥ १२ ॥

अब ज्ञानी की स्थिति बताते हैं—

सर्वकर्माणि मनसा सन्न्यस्यास्ते सुखं वशी।
नवद्वारे पुरे देही नैव कुर्वन्न कारयन् ॥ १३ ॥

सर्वकर्माणि—सब कर्मों को, **मनसा**—मन से, **सन्न्यस्य**—त्यागकर, **आस्ते**—रहता है, **सुखम्**—सुखपूर्वक, **वशी**—अपने को वश में रखनेवाला, **नवद्वारे**—नौ द्वारवाले, **पुरे**—शरीर में, **देही**—देही (पुरुष, जीवात्मा), **न**—न, **एव**—ही, **कुर्वन्**—कुछ करता हुआ, **न**—न, **कारयन्**—कराता हुआ।

अपने को वश में रखनेवाला देही (पुरुष) मन से सब कर्मों को नौ द्वार वाले शरीर में त्यागकर स्वयं न कुछ करता हुआ, न कराता हुआ सुखपूर्वक रहता है।

आत्मा में स्वयं से कर्तृत्व (करनेवाला) और कारयित्व (करवानेवाला) जैसा कोई कार्य-सम्बन्ध स्वरूपतः नहीं है, ऐसा सम्बन्ध केवल कर्ममूलक देहसम्बन्ध के हो जाने से ही प्रतीत होता है। इस विवेक के साथ अन्तःकरण सहित सभी इन्द्रियों को वश में करनेवाला जितेन्द्रिय सांख्ययोगी साधक पुरुष (वशी) नौ द्वार- दो कान, दो नेत्र, दो नासिका, एक मुख, मल व मूत्र त्याग के दो अंग वाले शरीर में अपने को शरीर से भिन्न आत्मरूप समझकर, न कुछ करनेवाला और न करवाने वाला जानते हुए सभी कर्मों को मन से अकर्मरूप देखता हुआ और विवेक बुद्धि से उन कर्मों को भावरूप से त्यागकर सुखपूर्वक आत्मस्वरूप में स्थित रहता है ॥ १३ ॥

जीव की वासना के कारण मायाजनित अज्ञान को अगले दो श्लोकों में कहते हैं—

न कर्तृत्वं न कर्माणि लोकस्य सृजति प्रभुः ।
न कर्मफलसंयोगं स्वभावस्तु प्रवर्तते ॥ १४ ॥

न—न (तो), **कर्तृत्वम्**—कर्त्तापन को, **न**—न, **कर्माणि**—कर्मों को, **लोकस्य**—मनुष्यों के, **सृजति**—रचता है, **प्रभुः**— प्रभु (आत्मा), **न**—न, **कर्मफल संयोगम्**—कर्मफल के संयोग को (ही), **स्वभावः**—स्वभाव (ही), **तु**—किन्तु, **प्रवर्तते**—प्रवृत्त होता है।

प्रभु (आत्मा) न तो मनुष्यों के कर्त्तापन को, न कर्मों को, और न कर्मफल के संयोग को ही रचता है, किन्तु स्वभाव ही प्रवृत्त होता है।

मनुष्य सहित सम्पूर्ण जगत् की रचना, स्थिति और संहार करनेवाले परमेश्वर (४।१३) हैं। इस जगत् में अनेक योनियों के जीवों की रचना में भाग्यशाली एवं पुण्यशील मानवयोनि में जन्म लिए मनुष्य मात्र को ही कर्म करने का अधिकार है और उच्चतर विवेकशीलता प्राप्त है, जिसका प्रयोग करके वह प्रकृति के वश में रहकर या तो जीवन मरणरूप बन्धन में फँसा रहे अथवा प्रकृति के गुणों के आश्रय से रहित होकर परमेश्वर से तादाम्य स्थापित कर उसकी आराधना से इस बन्धन से मुक्त हो जाय (४।२०)।[1]

मनुष्य को परमेश्वर की ओर से प्रदान की गयी उपर्युक्त विशेष स्थिति के कारण ही परमात्मरूपसे अन्तःस्थित देहादि का प्रभु अर्थात् आत्मा न तो मनुष्यों को कर्त्ता बनाता है, न कर्मों की रचना करता है और न ही कर्मों का उनके फलों के साथ संयोग की ही रचना करता है। ऐसे में प्रश्न उठता है कि यह सब कैसे

१. बड़े भाग मानुष तनु पावा। सुर दुर्लभ सब ग्रंथन्हि गावा ॥
साधन धाम मोच्छ कर द्वारा। पाइ न जेहिं परलोक सँवारा॥ (श्रीरामचरितमानस ७।४२।४)

हो रहा है और कौन करा रहा है? यह जो कुछ हो रहा है वह सब कुछ सत्त्व, रज व तम गुणों से युक्त अनादि अविद्यारूप 'माया' या 'प्रकृति' के कारण है, जो परमात्मा की अद्‌भुत एवं अनिर्वचनीय पराशक्ति है। अस्तु, जीव की अनादि वासना के ही कारण अविद्यारूप बना हुआ उसका भाव-स्वभाव, जिसके मूल में ईश्वर की माया शक्ति है, से ही जीव के सब कर्मादि संचालित होते हैं। इस दैवी माया से ही जीव में कर्तृत्व आदि अहं की प्रवृत्ति अविद्याजनित स्वभाव के कारण है ॥ १४॥

नादत्ते कस्यचित्पापं न चैव सुकृतं विभुः।
अज्ञानेनावृतं ज्ञानं तेन मुह्यन्ति जन्तवः॥ १५ ॥

न—न (तो), **आदत्ते**—ग्रहण करता है, **कस्यचित्**—किसी के, **पापम्**—पाप को, **न**—न, **च**—और, **एव**—ही, **सुकृतम्**—पुण्य को, **विभुः**—विभु (आत्मा), **अज्ञानेन**—अज्ञान से, **आवृतम्**—ढका हुआ है, **ज्ञानम्**—ज्ञान, **तेन**—उसी से, **मुह्यन्ति**—मोहित हो रहे हैं, **जन्तवः**—जीव।

यह विभु (आत्मा) न तो किसी के पाप को ग्रहण करता है और न पुण्य को ही। अज्ञान से ज्ञान ढका हुआ है, उसी से जीव मोहित हो रहे हैं।

'विभुः' अर्थात् सर्वव्यापीरूप आत्मा न तो किसी के पाप कर्म को और न ही किसी के शुभ कर्म को ग्रहण करता है। किसी के हर्ष-शोक, सफलता-असफलता आदि से वह अछूता और उदासीन रहता है। तो फिर ऐसी स्थिति में श्रद्धावान पुरुषों द्वारा पूजा, यज्ञ, दान आदि अर्पण करने का हेतु क्या है? इसे बताने के लिए कहते हैं कि अनादि काल से कर्म में आसक्ति से उत्पन्न अज्ञान के द्वारा जीव का आत्म-अनात्म सम्बन्धी विवेकज्ञान ढक गया है, जिससे मोह एवं अहं की उत्पत्ति होकर कर्त्ताभिमानी मोहग्रस्त जीव ही आत्मतत्त्व को न जानकर देहासक्ति के कारण कर्म-बन्धन से बँध करके सब कर करा रहा है। इस तरह जीव मोह को अर्थात् अज्ञानता को प्राप्त हो रहा है ॥ १५॥

ज्ञानी की महिमा अगले छह श्लोकों में कहते हैं—

ज्ञानेन तु तदज्ञानं येषां नाशितमात्मनः।
तेषामादित्यवज्ज्ञानं प्रकाशयति तत्परम्॥ १६ ॥

ज्ञानेन—ज्ञान से, **तु**—परन्तु, **तत्**—वह, **अज्ञानम्**—अज्ञान, **येषाम्**—जिनका, **नाशितम्**—नष्ट हो गया है, **आत्मनः**—आत्मा के, **तेषाम्**—उनका (वह), **आदित्यवत्**—सूर्य के प्रकाश के समान, **ज्ञानम्**—ज्ञान (ही), **प्रकाशयति**—प्रकाशित कर देता है, **तत्परम्**—परम तत्त्व को।

परन्तु जिनका वह अज्ञान आत्मा के ज्ञान से नष्ट हो गया है, उनका वह ज्ञान ही सूर्य के प्रकाश के समान परम तत्त्व को प्रकाशित कर देता है।

जिनका मोहरूप अज्ञान आत्मविषयक ज्ञान द्वारा नष्ट हो जाता है, उनका वह ज्ञान परम तत्त्व को उसी प्रकार प्रकाशित कर देता है जिस तरह से सूर्य का प्रकाश अन्धकार को दूर कर सभी वस्तुओं को प्रकाशित कर देता है। आशय यह है उस ज्ञान के द्वारा परमात्मा का साक्षात्कार हो जाता है और उसके बाद अन्य ज्ञान का कोई विषय नहीं रह जाता है, मोह समूल नष्ट हो जाता है (४।३९) ॥ १६ ॥

तद्बुद्धयस्तदात्मानस्तन्निष्ठास्तत्परायणाः ।
गच्छन्त्यपुनरावृत्तिं ज्ञाननिर्धूतकल्मषाः ॥ १७ ॥

तत् बुद्धयः—उस परमात्मा में बुद्धिवाले, **तत् आत्मानः**—उसी में मनवाले, **तन् निष्ठाः**—उसी में निष्ठावाले (और), **तत् परायणाः**—उसी के परायण रहनेवाले, **गच्छन्ति**—प्राप्त होते हैं, **अपुनरावृत्तिम्**—अपुनरावृत्ति को, **ज्ञान**—ज्ञान के द्वारा, **निर्धूत कल्मषाः**—पापरहित होकर।

उस परमात्मा में बुद्धिवाले, उसी में मनवाले, उसी में निष्ठावाले और उसी के परायण रहनेवाले ज्ञान के द्वारा पापरहित होकर अपुनरावृत्ति को प्राप्त होते हैं।

ज्ञानयोग में चिन्तनरत जिन साधकों की निश्चयात्मिका बुद्धि सर्वव्याप्त परमात्म तत्त्व में निश्चल स्थिर है वे 'तद्बुद्धयः' हैं, फलतः जिनका मननशील मन एकमात्र परमात्मा में ही लगा रहता है वे 'तदात्मानः' हैं। जो निरन्तर एकीभाव से परमात्मा में सम्पूर्णता से स्थित हैं वे 'तन्निष्ठाः' हैं तथा केवल परमात्मा ही जिसका परम आश्रय हो वह 'तत्परायणाः' है। इस प्रकार से अभ्यासरत जिन साधकों के अन्तःकरण का अज्ञान ज्ञान के द्वारा नष्ट हो गया हो और जीवात्मा को कर्म-बन्धन में डालने वाले पापादि दोष उस ज्ञान द्वारा मिट गये हों, ऐसे वे 'ज्ञाननिर्धूतकल्मषाः' ऐसी अवस्था को प्राप्त होते हैं जिससे उनकी संसार में पुनरावृत्ति नहीं होती है, अर्थात् वे परमात्मस्वरूप हो जाते हैं और मोक्ष को प्राप्त होते हैं ॥ १७ ॥

विद्याविनयसम्पन्ने ब्राह्मणे गवि हस्तिनि ।
शुनि चैव श्वपाके च पण्डिताः समदर्शिनः ॥ १८ ॥

विद्याविनय-सम्पन्ने—विद्या-विनय से सम्पन्न, **ब्राह्मणे**—ब्राह्मण में, **गवि**—गाय में, **हस्तिनि**—हाथी में, **शुनि**—कुत्ते में, **च**—और, **एव**—भी, **श्वपाके**-चाण्डाल में, **च**—तथा, **पण्डिताः**—ज्ञानीगण, **समदर्शिनः**—समदर्शी होते हैं।

ज्ञानीगण विद्या–विनय से सम्पन्न ब्राह्मण में, गौ, हाथी और कुत्ते तथा चाण्डाल में भी समदर्शी होते हैं।

तत्त्वदर्शी पुरुष विद्या व विनय सम्पन्न ब्राह्मण में, गौ में, हाथी में, कुत्ते में और चाण्डाल में समभाव से देखनेवाले होते हैं। आत्मा–परमात्मा का ऐक्य बोध हो जाने के कारण ऐसे तत्त्वज्ञानी के लिए सम्पूर्ण जगत् सर्वत्र परमात्ममय हो जाता है, उनके अन्तःकरण में उत्तम पुरुष व नीच चाण्डाल में तथा उत्तम पशु व नीच पशु में एवं सभी जीव में एक ही परमात्मतत्त्व स्थित होता है। इस तरह से जगत् के विभिन्न प्राणी भले ही सात्त्विक, राजस व तामस गुणों के विभिन्न मिश्रण से युक्त होकर स्वभाव, व्यवहार, ज्ञान व संरचना में भिन्न-भिन्न हों, किन्तु तत्त्वदर्शी तो माला के धागे की तरह सभी प्राणियों में एक परमात्मा को ही स्थित देखता है ॥ १८ ॥

इहैव तैर्जितः सर्गो येषां साम्ये स्थितं मनः ।
निर्दोषं हि समं ब्रह्म तस्माद् ब्रह्मणि ते स्थिताः ॥ १९ ॥

इह—यहीं जीवित अवस्था में, **एव**—ही, **तैः**—उनके द्वारा, **जितः**—जीत लिया गया है, **सर्गः**—संसार, **येषाम्**—जिनका, **साम्ये**—समता में, **स्थितम्**—स्थित है, **मनः**—मन, **निर्दोषम्**—निर्दोष, **हि**—क्योंकि, **समम्**—सम है, **ब्रह्म**—ब्रह्म, **तस्मात्**—इसलिए, **ब्रह्मणि**—ब्रह्म में, **ते**—वे, **स्थिताः**—स्थित हैं।

जिनका मन समता में स्थित है उनके द्वारा यहीं जीवित अवस्था में ही संसार जीत लिया गया है; क्योंकि निर्दोष ब्रह्म सम है, इसलिए वे ब्रह्म में स्थित हैं।

जिस पुरुष का अन्तःकरण स्वयं में और सभी प्राणियों में स्थित ब्रह्म को देखता है, वह 'समता' में स्थित हो जाता है और वह यहीं जीवित अवस्था में ही संसार को जीत लेता है, अर्थात् जन्म-मरणरूप बन्धन से छूटकर *'जीवन मुक्त'* हो जाता है। सत्त्व, रज व तम युक्त प्राणियों में इन त्रिगुणों के अनुसार दोष व गुण स्वाभाविक रूप से विद्यमान रहते हैं, किन्तु ब्रह्म निर्विकार तथा सम है और समता में स्थित त्रिगुणातीत ज्ञानी भी ब्रह्म में ही स्थित रहता हुआ ब्रह्मस्वरूप हो जाता है।

आत्मा द्वारा परमात्मा के साथ एकीभाव को स्वयं प्रत्यक्ष अनुभव कर लेने के बाद ही जगत् में सर्वव्यापक ब्रह्मरूप समदृष्टि आती है, जो अक्षुण्ण रहती है। किसी अन्य अप्रत्यक्ष बोध के कारण से यह समदृष्टि मन में दृढ़ता से नहीं आ सकती है ॥ १९ ॥

न प्रहृष्येत्प्रियं प्राप्य नोद्विजेत्प्राप्य चाप्रियम्।
स्थिरबुद्धिरसम्मूढो ब्रह्मविद् ब्रह्मणि स्थितः॥ २० ॥

न प्रहृष्येत्—हर्षित नहीं होते हैं, **प्रियम्**—प्रिय वस्तु को, **प्राप्य**—प्राप्त कर, **न उद्विजेत्**—उद्विग्न नहीं होते, **प्राप्य**—प्राप्त कर, **च**—भी, **अप्रियम्**—अप्रिय वस्तु को, **स्थिरबुद्धिः**—स्थिर बुद्धिवाले (और), **असम्मूढः**—मोहरहित होते हैं (वे), **ब्रह्मवित्**—ब्रह्मवेत्ता पुरुष, **ब्रह्मणि**—ब्रह्म में, **स्थितः**—अवस्थित।

ब्रह्म में अवस्थित ब्रह्मवेत्ता पुरुष स्थिर बुद्धिवाले और मोहरहित होते हैं। वे प्रिय वस्तु को प्राप्त कर हर्षित नहीं होते हैं और अप्रिय वस्तु को प्राप्त कर उद्विग्न भी नहीं होते हैं।

प्रकृतिजन्य सभी पदार्थ नाशवान हैं, अनित्य हैं। आत्मज्ञ पुरुष ऐसे पदार्थों को, चाहे वे अनुकूल हों या प्रतिकूल हों, पाकर हर्ष या द्वेष भाव को नहीं प्राप्त होते हैं। ऐसे भाव से युक्त ब्रह्मवेत्ता पुरुष स्थिरबुद्धिवाले और मोहरहित होते हैं तथा ब्रह्म में एकीभाव से नित्य स्थित रहते (२।५७) हैं। ऐसे पुरुष की ब्रह्म के अतिरिक्त सांसारिक अनित्य पदार्थों में अभिरुचि सदा के लिए समाप्त हो जाती है। इस तरह से सर्वत्र एकमात्र ब्रह्म-दृष्टि होने से हर्ष और विषाद किसके लिए और किस बात के लिए होगा ! ॥ २० ॥

बाह्यस्पर्शेष्वसक्तात्मा विन्दत्यात्मनि यत्सुखम्।
स ब्रह्मयोगयुक्तात्मा सुखमक्षयमश्नुते॥ २१ ॥

बाह्यस्पर्शेषु—बाहर के विषयों में, **असक्तात्मा**—आसक्तिरहित अन्तःकरणवाला पुरुष, **विन्दति**—पाता है (तब), **आत्मनि**—आत्मा में ही, **यत्**—जब, **सुखम्**—सुख, **सः**—वह, **ब्रह्मयोगयुक्तात्मा**—ब्रह्मयोगयुक्त मनवाला होकर, **सुखम्**—सुख को, **अक्षयम्**—अक्षय ब्रह्मानुभवरूप, **अश्नुते**—भोगता है।

बाहर के विषयों में आसक्तिरहित अन्तःकरणवाला पुरुष जब आत्मा में ही सुख पाता है, तब वह ब्रह्मयोगयुक्त मनवाला होकर अक्षय ब्रह्मानुभवरूप सुख को भोगता है।

इन्द्रियों के शब्दादि विषयों को 'स्पर्श' कहते हैं और ये विषय अपने भीतर न होकर बाहर ही हैं, इसलिए इन्हें 'बाह्यस्पर्शेषु' कहा गया। जिसका अन्तःकरण इन बाह्यस्पर्शों में आसक्त नहीं है, ऐसे विषयरस से रहित पुरुष अन्तःस्थल में स्थित आत्मा में सुख को प्राप्त करता है। तदनन्तर अन्तःकरण में ब्रह्म के ध्यान में स्थित रहकर समाहित चित्त हुए 'ब्रह्मयोगयुक्तात्मा' अर्थात् ब्रह्म के योग से युक्त मनवाला पुरुष अक्षय ब्रह्मानुभवरूप चिर आनन्द को प्राप्त करता हैं।

ब्रह्मभाव में युक्त रहने का आनन्द तो साक्षात् सच्चिदानन्द परब्रह्म का ही नित्य आनन्द है और यह आनन्द अक्षय है। इसके विपरीत सांसारिक सुख अनित्य व क्षणभंगुर हैं, निरन्तर परिवर्तनशील हैं और कभी भी तृप्तिदायक नहीं होते हैं तथा जन्म-मरण के कारण भी होते हैं। अतएव मनुष्य को बाह्य विषतुल्य विषयरस के आस्वादन से इन्द्रियों को विमुख कर नित्यानन्दरूपी ब्रह्मानन्दरस में लगाना चाहिए ॥ २१ ॥

इन्द्रिय विषय-भोग की अगले दो श्लोकों में निन्दा करते हैं—

ये हि संस्पर्शजा भोगा दुःखयोनय एव ते ।
आद्यन्तवन्तः कौन्तेय न तेषु रमते बुधः ॥ २२ ॥

ये—जो, **हि**—निःसन्देह, **संस्पर्शजाः**—इन्द्रियों तथा विषय के सम्बन्ध से उत्पन्न होनेवाले, **भोगाः**—भोग हैं, **दुःख**—दुःख के, **योनयः**—हेतु, **एव**—ही (हैं और), **ते**—वे, **आदि**—आदि, **अन्तवन्तः**—अन्तवाले हैं, **कौन्तेय**—हे कौन्तेय, **न**—नहीं, **तेषु**—उनमें, **रमते**—रमता, **बुधः**—बुद्धिमान पुरुष।

इन्द्रियों तथा विषय के सम्बन्ध से उत्पन्न होनेवाले जो भोग हैं वे निःसन्देह दुःख के हेतु ही हैं और आदि—अन्तवाले हैं, इसलिए हे कौन्तेय ! बुद्धिमान पुरुष उनमें नहीं रमता।

इन्द्रियों व विषय के सम्बन्ध से प्राप्त सभी भोग अविद्याजन्य हैं और वे निश्चय ही अनित्य हैं और दुःख देनेवाले हैं। अज्ञान के कारण मनुष्य को ये इन्द्रियजन्य सांसारिक भोग नित्य एवं सुखरूप भासते हैं। वास्तव में तो ये विषयभोग निःसन्देह दुःख के ही हेतु हैं और आदि-अन्तवाले ही हैं। इसलिए हे कौन्तेय! बुद्धिमान विवेकी पुरुष ऐसे क्षणभंगुर विषय-भोगों में नहीं रमते हैं ॥ २२ ॥

शक्नोतीहैव यः सोढुं प्राक्शरीरविमोक्षणात् ।
कामक्रोधोद्भवं वेगं स युक्तः स सुखी नरः ॥ २३ ॥

शक्नोति—समर्थ होता है, **इह एव**—यहाँ ही, **यः**—जो, **सोढुम्**—सहन करने में, **प्राक्**—पहले, **शरीर**—शरीर, **विमोक्षणात्**—छूटने के, **काम**—काम, **क्रोध**—क्रोध से, **उद्भवम्**—उत्पन्न होनेवाले, **वेगम्**—वेग को, **सः**—वह, **युक्तः**—युक्त (योगी) है (और), **सः**—वह ही, **सुखी**—सुखी है; **नरः**—मनुष्य।

जो शरीर छूटने के पहले यहाँ ही काम—क्रोध से उत्पन्न होनेवाले वेग को सहन करने में समर्थ होता है, वह मनुष्य युक्त (योगी) है और वही सुखी है।

अनुकूल विषयवस्तु के प्राप्ति की इच्छा 'काम' तथा प्रतिकूल विषयवस्तु की उपस्थिति से उत्पन्न भाव 'क्रोध' कहलाता है। इन दोनों की प्रबलता से मनुष्य के

अन्तःकरण और शरीर में नाना प्रकार के क्षोभ व दुःखोत्पादक क्रियाओं का वेग उत्पन्न होता है। ये काम और क्रोध मनुष्य में शरीर रहते कम या ज्यादा रहते हैं और संसार में ये दुःख और आरोग्यहानि के कारण हैं। काम और क्रोध के रहते तो जन्म-मरणरूप बन्धन से मुक्ति भी नहीं हो सकती है, किन्तु इनके त्याग से परम गति की प्राप्ति होती है (१६।२१-२२)। इसलिए जो साधक मनुष्य शरीर के छूटने के पूर्व तक अर्थात् मरणपर्यन्त काम और क्रोध से उत्पन्न होनेवाले वेग को सहन करने में समर्थ होता है, वही पुरुष युक्त अर्थात् योगी है, वही सुखी है ॥ २३ ॥

ब्रह्म में स्थित सांख्ययोगी की स्थिति अगले तीन श्लोकों में बताते हैं—

योऽन्तःसुखोऽन्तरारामस्तथान्तर्ज्योतिरेव यः ।
स योगी ब्रह्मनिर्वाणं ब्रह्मभूतोऽधिगच्छति ॥ २४ ॥

यः—जो, **अन्तःसुखः**—अन्तरात्मा में सुखवाला, **अन्तरारामः**—अन्तरात्मा में ही रमण करनेवाला, **तथा**—तथा, **अन्तः ज्योतिः**—अन्तरात्मा में ज्योतिवाला है, **एव**—ही, **यः**—जो, **सः**—वह, **योगी**—योगी, **ब्रह्मनिर्वाणम्**—आत्मानुभव रूप सुख को, **ब्रह्मभूतः**—ब्रह्मस्वरूप, **अधिगच्छति**—प्राप्त करता है।

जो अन्तरात्मा में सुखवाला, अन्तरात्मा में ही रमण करनेवाला तथा अन्तरात्मा में ज्योतिवाला है, वह ब्रह्मस्वरूप योगी आत्मानुभव रूप सुख को प्राप्त करता है।

बाह्य जगत् के विषयभोग में सुखासक्ति, जगत् के क्रियाकलापों में रमणीयता की अनुभूति एवं इन्द्रियों का बहिर्विषय में दृष्टि की इच्छा तो मनुष्य को दुःख देकर परब्रह्म परमात्मा की अनुभूति व प्राप्ति से दूर करता है। इसलिए काम व क्रोध के वेगनाश के साथ जो योगी अन्तरात्मा में ही सुखवाला हो, अन्तरात्मा में ही रमण करनेवाला हो और अन्तरात्मा में ही दृष्टि रखनेवाला एवं ज्ञानप्रकाश प्राप्त करनेवाला हो (१३।१७), वह ब्रह्म में एकीभाव अवस्थित हुआ ब्रह्मस्वरूप योगी आत्मा के अनुभवरूप सुख को प्राप्त होता है ॥ २४ ॥

लभन्ते ब्रह्मनिर्वाणमृषयः क्षीणकल्मषाः ।
छिन्नद्वैधा यतात्मानः सर्वभूतहिते रताः ॥ २५ ॥

लभन्ते—प्राप्त करते हैं, **ब्रह्मनिर्वाणम्**—ब्रह्मनिर्वाण, **ऋषयः**—ऋषिगण, **क्षीणकल्मषाः**—निष्पाप, **छिन्नद्वैधाः**—निःसंशय, **यतात्मानः**—संयतचित्त, **सर्वभूत**—सभी प्राणियों के, **हिते**—हित में, **रताः**—रत हैं।

निष्पाप, निःसंशय, संयतचित्त और सभी प्राणियों के हित में रत ऋषिगण ब्रह्मनिर्वाण प्राप्त करते हैं।

जिनके सब संशय ज्ञान के द्वारा क्षीण हो गये हैं, जो आत्मा में ही निश्चल भाव से मन को लगानेवाला हो, जो सब भूतों के हित में रत हो और जिसके आत्मप्राप्ति के विरोधी सम्पूर्ण पाप क्षीण हो गये हों, ऐसा आत्मद्रष्टा ब्रह्मवेत्ता ऋषि ब्रह्मनिर्वाण रूपी मोक्ष को प्राप्त होता है ॥ २५ ॥

कामक्रोधवियुक्तानां यतीनां यतचेतसाम् ।
अभितो ब्रह्मनिर्वाणं वर्तते विदितात्मनाम् ॥ २६ ॥

काम क्रोध वियुक्तानाम्—काम-क्रोध से रहित, **यतीनाम्**—यतिगण, **यतचेतसाम्**—जीते हुए चित्तवाले अर्थात् संयतचित्त वाले, **अभितः**—सब ओर से, **ब्रह्मनिर्वाणम्**—ब्रह्मनिर्वाण (ही), **वर्तते**—प्राप्त रहता है, **विदितात्मनाम्**—आत्मतत्त्वज्ञ।

काम—क्रोध से रहित, संयतचित्त वाले आत्मतत्त्वज्ञ यतिगण के लिए सब ओर से ब्रह्मनिर्वाण ही प्राप्त रहता है।

जो काम और क्रोध से भलीभाँति रहित हो गये हैं, जो अपने चित्त को संयत कर लिए हैं अर्थात् जीत लिए हैं, जिन्होंने आत्मा को जान लिया है एवं परिणामस्वरूप परमात्मा का अनुभव किये हुए ऐसे आत्मतत्त्वज्ञ यतीगण-संन्यासियों के लिए सब ओर से अर्थात् देह में रहते हुए और देहान्तर के बाद भी, दोनों अवस्थाओं में, ब्रह्मनिर्वाण अर्थात् मोक्ष प्राप्त रहता है ॥ २६ ॥

ज्ञान के साधनरूप 'ध्यान' और उसके फल को अगले दो श्लोकों में कहते हैं—

स्पर्शान्कृत्वा बहिर्बाह्यांश्चक्षुश्चैवान्तरे भ्रुवोः ।
प्राणापानौ समौ कृत्वा नासाभ्यन्तरचारिणौ ॥ २७ ॥

स्पर्शान्—विषयों को, **कृत्वा**—करके, **बहिः**—बाहर, **बाह्यान्**—बाहर के, **चक्षुः**-नेत्रों को, **च**—और, **एव**—ही, **अन्तरे**—मध्य में (स्थित करके), **भ्रुवोः**—भृकुटी के, **प्राणापानौ**—प्राण और अपान को, **समौ**—सम, **कृत्वा**—करके, **नासाभ्यन्तर**—नासिका के भीतर, **चारिणौ**—विचरनेवाले।

जो बाहर के विषयों को बाहर करके, नेत्रों को भ्रुवों के मध्य में स्थित करके नासिका के भीतर विचरनेवाले प्राण और अपान को सम करके।

शब्दादि बाहर के विषय जो श्रोत्रादि इन्द्रियों द्वारा अन्त:करण में कर्म संस्कारों के कारण गहराई से पैठ गये हैं, उनका चिन्तन न करते हुए इन बाह्य विषय-भोगों को बाहर ही निकालकर और दोनों नेत्रों की दृष्टि को भौंहों के बीच स्थित करके नासिका और कण्ठ, आदि आन्तरिक भागों में विचरनेवाले प्राण वायु और अपान वायु को सम करके।

ऐसी स्थिति में प्राण सुषुम्ना में चलता है और प्राणवायु नाक के भीतर ही अवस्थित रहता है। नाक के भीतर ही सूक्ष्मरूप में प्राण व अपान सम होकर सुषुम्ना के माध्यम से चलता है। इससे मन व इन्द्रिय संयमित तथा शान्त होकर आत्मा व परमात्मा के स्वरूप के ध्यान एवं चिन्तन से युक्त हो जाता है ॥ २७॥

यतेन्द्रियमनोबुद्धिर्मुनिर्मोक्षपरायणः ।
विगतेच्छाभयक्रोधो यः सदा मुक्त एव सः ॥ २८ ॥

यत्—वश में करनेवाला, **इन्द्रिय**—इन्द्रिय, **मनः**—मन (व), **बुद्धिः**—बुद्धि, **मुनिः**—मुनि, **मोक्षपरायणः**—मोक्षपरायण, **विगत**—रहित (है), **इच्छा**—इच्छा, **भय**—भय (और), **क्रोधः**—क्रोध से, **यः**—जो, **सदा**—सदा, **मुक्तः एव**—मुक्त ही है, **सः**—वह।

इन्द्रिय, मन व बुद्धि को वश में करनेवाला मोक्षपरायण मुनि इच्छा, भय और क्रोध से जो रहित है, वह सदा मुक्त ही है।

जिसके इन्द्रिय, मन व बुद्धि वश में हो गये हैं, अर्थात् बाह्य विषय से हटकर परमात्मा के चिन्तन व ध्यान में अन्तर्मुख हो गये हों, मोक्ष को परम गति समझनेवाला एवं परमात्मस्वरूप का मनन करनेवाला मुनि जो इच्छा, भय और क्रोध से रहित हो गया है, ऐसा वह सदैव मुक्त ही है।

परमात्मा का निरन्तर चिन्तन, मनन व ध्यान करनेवाले पुरुष द्वारा आत्मसाक्षात्कार कर लेने पर परमात्मा से एकता और प्रियता हो जाती है। ऐसी स्थिति प्राप्त हो जाने पर उस सर्वव्याप्त परमात्मा में कोई अभाव न होने के कारण पुरुष के मन में किसी अन्य वस्तु की 'इच्छा' का उदय नहीं होता है। परमात्मा के नित्य, सर्वशक्तिमान, सर्वाधारस्वरूप होने से किसी अनिष्ट की आशंका निर्मूल होकर 'भय' की कोई बात नहीं होती है। परमात्मा के आनन्दस्वरूप, आप्तकाम, पूर्णकाम होने से सुख के लिए उनके अतिरिक्त किसी अन्य सांसारिक भोग पदार्थों की कामना का अभाव होकर 'क्रोध' की स्थिति ही नहीं होती है, क्योंकि क्रोध की उत्पत्ति तो कामना की पूर्ति न होने पर ही होती है (२।६२)। अतएव परमात्मा में प्रेम व ध्यान करनेवाला पुरुष हृदयस्थ परमात्मा के परमदिव्य प्रकाश के अनुभव से स्वतः ही इच्छा, भय व क्रोध से रहित मोक्षपरायण हुआ अन्तर्मुख होकर आत्मानन्द में स्थित होकर सदैव मुक्त ही है। ॥ २८॥

समाहित चित्त हुआ पुरुष परमेश्वर को जानकर परम शान्ति को प्राप्त होता है—

भोक्तारं यज्ञतपसां सर्वलोकमहेश्वरम् ।
सुहृदं सर्वभूतानां ज्ञात्वा मां शान्तिमृच्छति ॥ २९ ॥

भोक्तारम्—भोक्ता, **यज्ञ**—यज्ञ (और), **तपसाम्**—तपों का, **सर्वलोक**—सब लोकों का, **महेश्वरम्**—महान ईश्वर (और), **सुहृदम्**—सुहृद, **सर्व**—सब, **भूतानाम्**—प्राणियों का, **ज्ञात्वा**—जानकर, **माम्**—मुझको, **शान्तिम्**—शान्ति को, **ऋच्छति**—प्राप्त होता है।

मुझको यज्ञ और तपों का भोक्ता, सब लोकों का महान ईश्वर और सब प्राणियों का सुहृद जानकर शान्ति को प्राप्त होता है।

जो मनुष्य मुझे सब यज्ञों और तपों का भोक्ता (९।२४), सम्पूर्ण लोकों के ईश्वरों का भी ईश्वर 'सर्वलोकमहेश्वरम्' तथा सम्पूर्ण भूतप्राणियों का सुहृद अर्थात् बिना कारण एवं बिना स्वार्थ के अहैतुक उपकार करनेवाला जान लेता है, वह शान्ति को प्राप्त करता (१८।४६) है।

इस श्लोक में भगवान् ने स्वयं को यथार्थतः जाननेवाले को प्राप्त उत्तम फल का उद्‌घाटन अर्जुन के समक्ष किया है। वे सर्वेश्वर, सर्वव्यापक, सर्वशक्तिमान सबके हृदयस्थ हैं एवं जगत् के सभी जड़ पदार्थों एवं सभी जीवों में व्याप्त हैं—सब कुछ वही हैं। इस कारण सम्पूर्ण शुभ कर्मों, यज्ञ, दानादि के वे भोक्ता हैं। वे सम्पूर्ण प्राणियों पर अहैतुकी कृपा करते हैं। ऐसे सर्वनियन्ता सुहृद को जो जान लेगा अर्थात् अनुभव कर लेगा, वह सम्पूर्ण जगत् को ईश्वरमय अनुभव करता हुआ अपना कर्त्तव्य-कर्म, यज्ञ और तप भगवान् को अर्पण करते हुए सभी जीवों की सेवा ईश्वररूप से ही करेगा तथा सुख-दुःख, राग-द्वेष, आदि द्वन्द्वों से अतीत हुआ संसार के विषयों से उपरम होकर परम शान्ति को प्राप्त होगा। ऐसा पुरुष समत्व बुद्धियोग से युक्त होकर सम्पूर्ण जगत् को ईश्वरमय अनुभव करता हुआ किसी अन्य सांसारिक सुख व शान्ति की आकांक्षा से रहित होकर पूर्ण तृप्त रहेगा। यह नित्य अभ्यास से निश्चय ही प्रत्यक्ष अनुभव करने का विषय है ॥ २९ ॥

इति श्रीकृष्णार्जुनसंवादे कर्मसंन्यासयोगो नाम पञ्चमोऽध्यायः ॥ ५ ॥

अध्याय ६

तत्त्वज्ञान के लिए ध्यानयोग के अभ्यास की उपयोगिता है जिसके लिए आत्मरूप से माने गये शरीर, इन्द्रिय, मन व बुद्धि का संयम, जिसे 'आत्मसंयम' कहते हैं, करना होता है। इस संयम में इन्द्रिय विषयों का 'अन्तरंग' संयम और कर्मरूप 'बहिरंग' संयम सन्निहित है। इस अध्याय ***'आत्मसंयमयोग'*** में इसी विषय पर मुख्य रूप से वर्णन किया गया है।

भगवान् कहते हैं कि कर्मफल का आश्रय न लेकर जो पुरुष कर्त्तव्य-कर्म करता है, वह संन्यासी है और योगी भी है (१)। संन्यास और योग में फलविषयक संकल्पत्याग की एकता कहते हैं (२)। ध्यानयोग के लिए कर्मयोग करणीय बतलाते हैं (३)। कर्मयोगी साधक कब योगारूढ़ कहा जाता है, वह कहते हैं (४)। योगारूढ़ साधक संसार के अनर्थों से स्वयं अपना उद्धार कर लेता है (५)। कौन साधक शत्रु और कौन मित्र होता है, सो कहते हैं (६)। मन तथा इन्द्रियों आदि को जीतनेवाले पुरुष को प्राप्त फल बतलाते हैं (७-९)। ऐसे उत्तम फल की प्राप्ति हेतु योगी किस तरह से ध्यान का अभ्यास करे, वह कहते हैं (१०-१४)। अब योग का फल बतलाते हैं (१५)। योगी का आहार बताते हैं (१६)। योग कैसे सिद्ध होता है, सो कहते हैं (१७)। साधक पुरुष कब योगयुक्त कहा जाता है, वह बतलाते हैं (१८)। ऐसे योगी के समाधिस्थ चित्त की स्थिति वायुरहित स्थान में रखे दीपक से दी गयी है (१९)। अब ऐसे एकाग्र चित्त किये हुए योगी की स्थिति बतलाते हैं—वह आत्मा में ही सन्तुष्ट हो जाता है (२०), वह आत्मस्वरूप से विचलित नहीं होता (२१) और बड़े भारी दुःख से चलायमान नहीं किया जा सकता है (२२)। उपर्युक्त श्लोक बीस से बाईस तक में कहे गये चित्तात्मा की स्थिति-विशेष से योगी द्वारा प्राप्त ऐसा योग करणीय बताकर उसे कैसे किया जाय, सो कहते हैं (२३-२८)। योगयुक्त ऐसा योगी समस्त प्राणियों को आत्मा में एकता को प्राप्त किए हुए देखता है (२९)। अब योगी द्वारा आत्मा की एकता के दर्शन का फल बताते हैं—योगी और भगवान् एक-दूसरे के लिए अदृश्य नहीं होते हैं (३०), योगी सब प्रकार से बरतता हुआ भगवान् में ही बरतता है, अर्थात् मोक्ष को प्राप्त होता है (३१) और ऐसा योगी परम माना गया है (३२)। अर्जुन मन की चंचलता के कारण भगवान् द्वारा उपदेशित समतारूप योग के स्थिर स्थिति को नहीं देख रहा है और इसे दुष्कर समझकर भगवान् से उसके निराकरण का उपाय जानने की इच्छा प्रकट करता है

(३३-३४)। भगवान् कहते हैं कि अभ्यास और वैराग्य से मन को वश में किया जाता है (३५) तथा मन को वश में न करनेवाले को यह योग पाना कठिन है, किन्तु वश में किये हुए मनवाले पुरुष द्वारा प्राप्त होना सम्भव है (३६)। योगमार्ग से विचलित हुए योगीपुरुष के नाश की आशंका से ऐसे पुरुष की होनेवाली गति के विषय में अपने संशय को दूर करने के लिए अर्जुन अपने भगवान् गुरु से जानने की जिज्ञासा प्रकट करता है (३७-३९)। तब भगवान् कहते हैं—ऐसे पुरुष का न तो इस लोक में और न परलोक में ही विनाश होता है (४०), वह योगभ्रष्ट पुरुष श्रीमानों के घर जन्म लेता है (४१), अथवा बुद्धिमान् योगियों के कुल में जन्म लेता है (४२)। फिर वहाँ पर पूर्व शरीर में अभ्यास किये हुए बुद्धिसंयोग को पाकर योग की पूर्ण सिद्धि हेतु प्रयत्न करता है (४३) और ऐसा पूर्वकृत योगाभ्यास के कारण होता है (४४)। योगी के परम गति को प्राप्त होने का कारण पूर्व जन्म और वर्तमान जन्म में किया गया योगाभ्यास बताते हैं (४५)। योगी को तपस्वियों, शास्त्रज्ञानियों और सकाम कर्मियों से श्रेष्ठ बताकर अर्जुन को योगी होने के लिए कहते हैं (४६)। सम्पूर्ण योगियों में भगवान् को भजनेवाले श्रद्धावान् योगी को भगवान् श्रेष्ठतम बतलाते हैं (४७)।

पाँचवें अध्याय के श्लोक सत्ताईस तथा अट्ठाईस में तत्त्वज्ञान प्राप्ति के अन्तरंग साधनरूप ध्यानयोग का संक्षिप्त वर्णन किया गया है। अब उसकी विस्तृत व्याख्या हेतु यह छठाँ अध्याय शुरू करते हुए भगवान् सर्वप्रथम अन्तःकरण की शुद्धि के लिए फल की आकांक्षा से रहित होकर कर्म करने की (कर्मयोग की) प्रशंसा करते हैं—

श्रीभगवानुवाच

अनाश्रितः कर्मफलं कार्यं कर्म करोति यः ।
स सन्न्यासी च योगी च न निरग्निर्न चाक्रियः ॥ १ ॥

श्रीभगवान् उवाच—श्रीभगवान् बोले, **अनाश्रितः**—आश्रय न लेनेवाला, **कर्मफलम्**—कर्मफल का, **कार्यम्**—कर्तव्य, **कर्म**—कर्म, **करोति**—करता है, **यः**—जो पुरुष, **सः**—वह, **सन्न्यासी**—संन्यासी है, **च**—और, **योगी**—योगी है, **च**—भी, **न**—न कि, **निरग्निः**—(वह पुरुष जो) अग्निरहित है, **न**—न (वह जो), **च**—और, **अक्रियः**—क्रियारहित है।

श्रीभगवान् बोले—कर्मफल का आश्रय न लेनेवाला जो पुरुष कर्त्तव्य-कर्म करता है, वह संन्यासी है और योगी भी है, न कि वह पुरुष जो अग्निरहित है और न वह जो क्रियारहित है।

कर्मफल का आश्रय लेनेवाला पुरुष कर्मफल की तृष्णा रखता है और ऐसे पुरुष की कर्म में आसक्ति, वासना, कामना तथा अहं बना रहता है जो बन्धन का

कारण होता है। भगवान् कहते हैं कि जो 'अनाश्रितः कर्मफलम्' है, अर्थात् जो कर्मफल की तृष्णा तथा कर्मफल के आश्रय से रहित है ऐसा वह लोकहित में लोक मर्यादा के अनुसार निष्कामभाव से कर्त्तव्य-कर्म रूप अनुष्ठान करता है वह अन्य कर्मियों से श्रेष्ठ है, इसलिए वह संन्यासी भी है और योगी भी है। ऐसा वह पुरुष निर्लिप्त एवं सर्वसंकल्पों का त्यागी होता है (२।५१; १८।११)। केवल अग्नि को त्यागने वाला 'निरग्निः' और क्रियाओं से रहित 'अक्रियः' अर्थात् शास्त्रोक्त यज्ञादि कर्मों को न करनेवाला ही संन्यासी और योगी है, ऐसा नहीं समझना चाहिए।

तात्पर्य यह है कि केवल अग्नि को त्यागकर पुरुष तो संन्यास ग्रहण कर लेता है किन्तु उसके मन में त्याग के कर्तृत्व का अहं और ममता आदि बना रहता है और इसी तरह से अक्रिय रहकर मन में कर्म व कर्मफल के प्रति कामना, वासना, आसक्ति, राग व द्वेष आदि बने रहने पर वह पुरुष संन्यासी और योगी नहीं हो सकता है। संन्यासी सर्वसंकल्पों का त्यागी होता है और योगी चित्त को समाधान करनेवाला अर्थात् परमात्मा की ओर लगानेवाला होता है। कर्मयोगी इन दोनों गुणों से सम्पन्न माना जा सकता है ॥ १ ॥

संन्यास और योग की फलविषयक संकल्पत्याग की एकता बतलाते हैं—

यं सन्न्यासमिति प्राहुर्योगं तं विद्धि पाण्डव ।
न ह्यसन्न्यस्तसङ्कल्पो योगी भवति कश्चन ॥ २ ॥

यम्—जिसको, **सन्न्यासम्**—संन्यास, **इति**—ऐसा, **प्राहुः**—कहते हैं, **योगम्**—योग, **तम्**—उसी को (तू), **विद्धि**—जान, **पाण्डव**—हे पाण्डुनन्दन, **न**—न, **हि**—क्योंकि, **असन्न्यस्त**—त्याग न करनेवाला, **सङ्कल्पः**—संकल्पों का, **योगी**—योगी, **भवति**—होता, **कश्चन**—कोई।

हे पाण्डुनन्दन ! जिसको संन्यास कहते हैं, उसी को तू योग जान, क्योंकि संकल्पों का त्याग न करनेवाला कोई योगी नहीं होता।

संन्यास मार्ग में सम्पूर्ण क्रियाओं में कर्तृत्वाभिमान से रहित हुआ, स्वयं को अकर्त्ता समझकर सब कर्मों का एवं उसके फल विषयक संकल्पों का त्याग करता हुआ संन्यासी को ब्रह्म में एकीभाव से स्थित होना होता है। योगमार्ग में भी कामना व आसक्ति आदि से रहित होकर फलविषयक संकल्पों का त्यागकर निष्कामभाव से कर्म करता हुआ एवं कर्मों को ईश्वर को अर्पित करते हुए परमात्मा के साथ युक्त होना होता है। दोनों ही मार्गों से परमात्मब्रह्म की प्राप्ति होती है और दोनों में कर्तृत्वविषयक फल और संकल्पों का त्याग होता है।

इसलिए हे अर्जुन ! फलसंकल्प के त्याग से चित्त में विक्षेप का अभाव होता है और इस स्थिति को 'संन्यास' कहते हैं। कर्मयोग में भी फल के संकल्प का त्याग होता है। अतएव दोनों में फलविषयक संकल्प के त्याग की समानता होने से तू संन्यास को योग-कर्मयोग ही जान, क्योंकि अनात्म पदार्थों के संकल्पों का त्याग न करनेवाला कोई पुरुष योगी नहीं होता है ॥ २॥

ध्यानयोग की प्राप्ति हेतु कर्मयोग करणीय है—

आरुरुक्षोर्मुनेर्योगं कर्म कारणमुच्यते ।
योगारूढस्य तस्यैव शमः कारणमुच्यते॥ ३ ॥

आरुरुक्षोः—आरूढ़ होने की इच्छा वाले, **मुनेः**—मुनि के लिए, **योगम्**—योग में, **कर्म**—कर्म, **कारणम्**—हेतु, **उच्यते**—कहा जाता है, **योग**—योग में, **आरूढस्य**—आरूढ़ पुरुष के लिए, **तस्य**—इस, **एव**—ही, **शमः**—कर्म की निवृत्ति, **कारणम्**—हेतु, **उच्यते**—कहा जाता है।

योग में आरूढ़ होने की इच्छावाले मुनि के लिए कर्म को कारण (हेतु) कहा जाता है और उस योग में आरूढ़ पुरुष के लिए शम (कर्म की निवृत्ति) ही कारण कहा जाता है।

आत्मसाक्षात्कार प्राप्ति के लिए ध्यानयोग में आरूढ़ होने की इच्छा रखनेवाले मननशील पुरुष के लिए कर्म (निष्काम भाव से फलेच्छा से रहित कर्म करना) ही कारण अर्थात् कर्त्तव्य बताया गया है जिससे कामना व आसक्ति, आदि पर विजय प्राप्त हो सके। उसी पुरुष के योगारूढ़ हो जाने पर आत्मस्वरूप में स्थित रहने के लिए 'शम' अर्थात् कर्म की निवृत्ति से प्राप्त होनेवाली शान्ति ही कर्त्तव्य कहा गया है। इस तरह के अभ्यास से क्रमशः कर्मों से उपरत हुए योगी का चित्त समाहित होकर योग में स्थित हो जाता है, किन्तु आत्मसाक्षात्कार के पूर्व तक तो कर्म करना ही कर्त्तव्य है ॥ ३ ॥

साधक कब योगारूढ़ कहलाता है, वह बताते हैं—

यदा हि नेन्द्रियार्थेषु न कर्मस्वनुषज्जते ।
सर्वसङ्कल्पसन्न्यासी योगारूढस्तदोच्यते॥ ४ ॥

यदा—जिस काल में (योगी), **हि**—ही, **न**—न (तो), **इन्द्रियार्थेषु**—इन्द्रियों के भोगों में, **न**—न (ही), **कर्मसु**—कर्मों में, **अनुषज्जते**—आसक्त होता है, **सर्वसङ्कल्प**—सर्वसंकल्पों का, **सन्न्यासी**—त्यागी, **योगारुढः**—योगारूढ़, **तदा**—उस काल में, **उच्यते**—कहा जाता है।

जिस काल में योगी न तो इन्द्रियों के भोगों में और न ही कर्मों में आसक्त होता है, उस काल में सर्वसंकल्पों का त्यागी योगारूढ़ कहा जाता है।

जिस काल में योगी अनात्म विषयों की ओर ले जानेवाले इन्द्रियों के भोगों एवं ऐसे समस्त कर्मों में आसक्त नहीं होता है, अर्थात ऐसे कर्मों को न करने की बुद्धि से युक्त हो जाता है, उस काल में वह सम्पूर्ण कामनाओं के कारणरूप सब संकल्पों के त्याग और फलतः सब कर्मों के त्याग के स्वभाववाला होकर योग को प्राप्त हुआ योगारूढ़ कहलाता है।

संकल्प से कामना, कामना से निश्चय तथा पुनः निश्चय से वैसा ही कर्म होता है। इस तरह कर्मों के होने के मूल में संकल्प ही है। अतएव 'सर्वसङ्कल्पसन्न्यासी' अर्थात् सभी कामनाओं में और सभी कर्मों में आसक्ति के त्याग की बात योगारूढ योगी के लिए ही कहा गया है ॥ ४॥

योगारूढ़ साधक स्वयं अपना उद्धारक होता है—

उद्धरेदात्मनात्मानं नात्मानमवसादयेत् ।
आत्मैव ह्यात्मनो बन्धुरात्मैव रिपुरात्मनः ॥ ५ ॥

उद्धरेत्—उद्धार करे, **आत्मना**—आत्मा से (मन से), **आत्मानम्**—आत्मा का, **न**—न, **आत्मानम्**—आत्मा को, **अवसादयेत्**—नीचे गिराए, **आत्मा**—आत्मा (मन), **एव**—ही, **हि**—क्योंकि, **आत्मनः**—आत्मा का, **बन्धुः**—बन्धु (मित्र) है, **आत्मा**—मन, **एव**—ही, **रिपुः**—शत्रु, **आत्मनः**—आत्मा का।

मनुष्य आत्मा से (मन से) आत्मा का उद्धार करे, आत्मा को नीचे न गिरावे, क्योंकि आत्मा (मन) ही आत्मा का बन्धु है और आत्मा (मन) ही आत्मा का शत्रु है।

परब्रह्म परमात्मा का अंश आत्मा है। अतएव आत्मा शुद्ध-बुद्ध, निर्विकार, नित्यचेतन, अविनाशी व अकर्त्ता है। अन्तःकरण के सम्बन्ध से यह आत्मा जीवभाव अर्थात् जीवात्मा रूप में लौकिक पदार्थों का अनुभव करता है और अनादि कर्म संस्कारों एवं इन्द्रिय, शरीर, आदि तथा कारण शरीर के सम्बन्ध से जीवात्मा को अज्ञानतावश कर्त्ता मान लिया जाता है। स्वरूपतः यह कर्त्ता नहीं है। जीवात्मा फल भोगने में प्रारब्ध के अधीन है, किन्तु नये कर्मों के करने में वह स्वतन्त्र है। अनादि काल से संचित कर्मों के अनुसार जीवात्मा का जो स्वभाव बना हुआ है, उस स्वभाव के अधीन नये कर्म करने में जीवात्मा की प्रवृत्ति होती है (५।१४)। एकमात्र मनुष्य में आत्म-अनात्म विवेकज्ञान परमात्मा की कृपा से प्राप्त है और मनुष्य में अन्तर्निहित है। इस विवेकज्ञान के प्रयोग की मनुष्यमात्र को ही पूर्ण स्वतन्त्रता है। इस विवेक का प्रयोग कर, परमात्मा की शरण में रहकर, सद्कर्मों एवं आत्मा के स्वरूपबोध के अभ्यास द्वारा मनुष्य अपने पूर्व के अनेक

जन्मों में जीवभाव के कारण प्राप्त स्वभाव से मुक्त होकर, आत्मसाक्षात्कार करके, परमात्मा से युक्त होकर एवं जीवन-मरणरूप बन्धन को छोड़कर मोक्ष प्राप्त कर सकता है।[१]

भगवान् कहते हैं कि मनुष्य को चाहिए कि आत्मा के बल से योगारूढ़ होकर अब तक के कर्मसंस्कारों के अधीन माया के प्रभाव से मोहित-सा हुए जीवात्मा का दु:खरूपी इस संसार-समुद्र से वह उद्धार करे। अनात्म पदार्थों एवं विषयों में अपने अन्त:करण को आसक्त करके इस जीवात्मा का अध:पतन न करे। क्योंकि जब यह मनुष्य आत्मबल व आत्मस्वरूप को जानकर आत्मा को अर्थात् मन को परमार्थ मार्ग में लगाता है, तब वह मन स्वयं ही अपना अर्थात् जीवात्मा का बन्धुरूप होता है। इसके विपरीत, मन के अनात्म विषयों में आसक्त कर लेने पर वह मन स्वयं ही अपना अर्थात् जीवात्मा का शत्रुरूप होता है। मन के मित्रवत् होने पर पुरुष को आत्मसाक्षात्काररूप मोक्ष प्राप्त होता है और शत्रुवत् बरतने पर अधोगति होकर जन्म-मरणरूप बन्धन का चक्र चलता है ॥ ५ ॥

किन लक्षणोंवाला साधक अपना शत्रु होता है और कौन मित्र होता है? सो कहते हैं—

बन्धुरात्मात्मनस्तस्य येनात्मैवात्मना जितः ।
अनात्मनस्तु शत्रुत्वे वर्तेतात्मैव शत्रुवत् ॥ ६ ॥

बन्धुः—बन्धु है, **आत्मा**—मन, **आत्मनः**—आत्मा का, **तस्य**—उसका, **येन**—जिसने, **आत्मा**—मन को, **एव**—ही, **आत्मना**—आत्मा के द्वारा, **जितः**—जीत लिया है, **अनात्मनः**—जिसने अपने मन को नहीं जीता है (उसका), **तु**—किन्तु, **शत्रुत्वे**—शत्रुता में, **वर्तेत**—बरतता है, **आत्मा एव**—वही मन, **शत्रुवत्**—शत्रु की भाँति।

जिसने आत्मा के द्वारा मन को जीत लिया है उसका मन आत्मा का बन्धु है, किन्तु जिसने अपने मन को नहीं जीता है उसका वही मन शत्रु की भाँति शत्रुता में ही बरतता है।

जो मनुष्य 'आत्मना' अर्थात् आत्मा द्वारा आत्मा की शक्ति और प्रकाश से ही प्राप्त विवेक बुद्धि द्वारा सांसारिक विषयों से विमुख होने का निश्चय करके 'आत्मा जितः' अर्थात् मन और इन्द्रियों सहित शरीर को विजित कर लिया है, उसका मन, इन्द्रिय व शरीर एकमात्र आत्मतत्त्व के चिन्तन-मनन, ग्रहण व उसकी प्राप्तिरूप कर्म में ही संलग्न रहता है। जिस मनुष्य की आत्मा पूर्वजन्मों एवं

---

१. नर तन सम नहिं कवनिउ देही । जीव चराचर जाचत तेही॥
नरक स्वर्ग अपबर्ग निसेनी । ग्यान बिराग भगति सुभ देनी॥ (श्रीरामचरितमानस ७।१२०।५)

वर्तमान के कर्म संस्कारों से 'जीवभाव' को प्राप्त है, वह उपर्युक्त प्रकार से निरन्तर अभ्यास करता हुआ जीवभाव से मुक्त होकर आत्मस्वरूप बोध में प्रतिष्ठित हो जाता है। इस तरह से विषयसंग से उपरत मन (आत्मा) स्वयं ही अपना बन्धु है। इसके विपरीत जिस मनुष्य का मन, इन्द्रिय व शरीर अविजित हैं, वे विषयरूपी अनात्म तत्त्व के ही चिन्तन-मनन, ग्रहण व तद्‌रूप कर्म में रत हैं और इस कारण उनका जीवात्मा जन्म-मरणरूपी संसार-चक्र में फँसा रहता है। इस प्रकार विषयासक्त जीवात्मा स्वयं ही शत्रु की तरह शत्रुता में ही बरतता है।

वस्तुत: अपनी आन्तरिक सत्ता अर्थात् आत्मा तो चेतन शुद्ध-बुद्ध एवं ईश्वर का अंश है और सदैव मित्र है। उसका स्वरूप ही नित्य आनन्दमय है, किन्तु जड़रूप मन व इन्द्रियों के द्वारा अज्ञानजनित माया के प्रभाव में सांसारिक विषयों के संयोग से जीवभाव को प्राप्त आत्मा अर्थात् जीवात्मा की शरीर के सम्बन्ध से मिथ्यारूप से बँधकर अधोगति की स्थित होती है।[१] अत: मनुष्य को चाहिए कि वह बुद्धि की सहायता से मन व इन्द्रियों को विषयों से हटाकर आत्मतत्त्व के विषय में ही लगावे और जो भी योगमार्ग उसके स्वभाव के अनुकूल हो उसी योगमार्ग का अभ्यास करता हुआ नित्य मुक्तात्मा से युक्त होवे और परमात्मा को प्राप्त कर जन्म-मरण से मुक्तिरूपी मोक्ष को प्राप्त करे ॥ ६ ॥

मन व इन्द्रिय आदि को जीतने का फल अगले तीन श्लोकों में बतलाते हैं—

जितात्मनः प्रशान्तस्य परमात्मा समाहितः ।
शीतोष्णसुखदुःखेषु तथा मानापमानयोः ॥ ७ ॥

जित आत्मनः—जिसका मन जीता हुआ है, **प्रशान्तस्य**—उस प्रशान्त पुरुष के मन में, **परमात्मा समाहितः**—परमात्मा समाहित रहता है, **शीतोष्णसुखदुःखेषु**—शीत-उष्ण और सुख-दुःख में, **तथा**—तथा, **मान**—मान, **अपमानयोः**—अपमान में।

शीत—उष्ण, सुख—दुःख तथा मान—अपमान में जिसका आत्मा (मन) जीता हुआ है, उस प्रशान्त पुरुष के मन में परमात्मा समाहित रहता है।

जिसने अपनी आत्मा को जीत लिया है, अर्थात् मन, इन्द्रिय व शरीर को जीत लिया है और इन्हें अनात्मविषयक पदार्थों से विमुख कर आत्मसाक्षात्कार में लगा दिया है, ऐसे प्रसन्न अन्त:करणवाले पुरुष का मन परमात्मा में समाहित हुआ आत्मभाव में ही रहता है।

---

१. ईस्वर अंस जीव अबिनासी । चेतन अमल सहज सुखरासी॥
सो मायाबस भयउ गोसाईं । बँध्यो कीर मरकट की नाईं॥
जड़ चेतनहि ग्रंथि परि गई । जदपि मृषा छूटत कठिनई॥
तब ते जीव भयउ संसारी । छूट न ग्रंथि न होइ सुखारी॥ (श्रीरामचरितमानस ७।११६।१-३)

ऐसा पुरुष शीत-उष्ण अर्थात् प्रारब्धवशात् प्राप्त अनुकूल-प्रतिकूल परिस्थिति में स्वयं द्वारा किये गये कर्मों से प्राप्त बाह्य व भीतर के सुख-दु:ख में तथा दूसरे द्वारा किये गये अपने मान-अपमान में भी साम्यावस्था में ही रहता है। उसे परमात्मा के योग से प्राप्त नित्य आत्मानन्द के अतिरिक्त अन्य किसी बाह्य स्थिति-परिस्थिति से कोई अन्तर नहीं पड़ता है ॥ ७ ॥

ज्ञानविज्ञानतृप्तात्मा कूटस्थो विजितेन्द्रियः ।
युक्त इत्युच्यते योगी समलोष्टाश्मकाञ्चनः ॥ ८ ॥

ज्ञान विज्ञान तृप्त आत्मा—जिसका आत्मा (अन्त:करण) ज्ञान-विज्ञान से तृप्त है, **कूटस्थः**—जो कूटस्थ है, **विजितेन्द्रियः**—विजितेन्द्रिय है (और), **युक्तः**—युक्त, **इति**—ऐसा, **उच्यते**—कहा जाता है, **योगी**—योगी, **सम**—समान समझनेवाला, **लोष्ट**—मिट्‌टी, **अश्म**—पत्थर (तथा), **काञ्चनः**—सुवर्ण को।

जिसका आत्मा (अन्तःकरण) ज्ञान—विज्ञान से तृप्त है, जो कूटस्थ है, विजितेन्द्रिय है और मिट्‌टी, पत्थर तथा सुवर्ण को समान समझनेवाला है, ऐसा योगी युक्त कहा जाता है।

शास्त्रोक्त अथवा गुरु द्वारा उपदेशजन्य तत्त्व को समझने को 'ज्ञान' और ऐसी समझ को स्वयं के अन्त:करण में प्रत्यक्ष अनुभव करने को 'विज्ञान' कहते हैं। तात्त्विक विषयों में शास्त्रोक्त वाणी, सद्‌गुरु द्वारा उपदेशित वचन और प्रत्यक्षानुभूति, इन तीनों ही तरह से समानता होने पर पुरुष की प्रतीति दृढ़ होती है। उपर्युक्त 'ज्ञानविज्ञानतृप्तात्मा' अर्थात् ज्ञान और विज्ञान से जिसका अन्त:करण अन्य किसी ज्ञान की अपेक्षा न करके पूरी दृढ़ता से तृप्त है और जो 'कूटस्थ' है, अर्थात् आत्मा में अविचल निर्विकार स्थित है तथा भोग्य वस्तु के आकर्षण से जिसकी इन्द्रियाँ जीती हुई हैं, अर्थात् जो विजितेन्द्रिय है और जो 'समलोष्टाश्मकाञ्चन:' है, अर्थात् जिसकी दृष्टि में मिट्‌टी, पत्थर और सुवर्ण समान हैं—इन सब में हर प्रकार से ब्रह्मदृष्टि है, ऐसे योगी को युक्त अर्थात् आत्मसाक्षात्कार में योगारूढ़ कहा जाता है ॥ ८ ॥

सुहृन्मित्रार्युदासीनमध्यस्थद्वेष्यबन्धुषु ।
साधुष्वपि च पापेषु समबुद्धिर्विशिष्यते ॥ ९ ॥

सुहृद्— (जो पुरुष) सुहृद, **मित्र**—मित्र, **अरि**—शत्रु, **उदासीन**—उदासीन, **मध्यस्थ**—मध्यस्थ, **द्वेष्य**—द्वेष्य (और), **बन्धुषु**—बन्धुओं में (तथा), **साधुषु**—साधुओं में, **अपि**—भी, **च**—और, **पापेषु**—पापियों में, **समबुद्धिः**—समबुद्धि है, **विशिष्यते**—(वह) अत्यन्त श्रेष्ठ है।

जो पुरुष सुहृद, मित्र, शत्रु, उदासीन, मध्यस्थ, द्वेष्य और बन्धुओं में तथा साधुओं और पापियों में भी समबुद्धि है, वह अत्यन्त श्रेष्ठ है।

सुहृद् अर्थात् प्रत्युपकार की चाह न रखकर हित करनेवाला, मित्र, वैरी, पक्षपातरहित-उदासीन, दोनों पक्षों का हितैषी-मध्यस्थ, जन्म से ही अनिष्ट चाहनेवाले-द्वेष्य, जन्म से ही हित चाहनेवाले-बन्धु तथा धर्मशील-साधु और पापियों में भी, इन सब में आत्मरूप से समबुद्धि हो जाने पर जो पुरुष समभाव रखता है, वह अत्यन्त श्रेष्ठ है। अतएव निश्चित रूप से परमात्म शक्ति 'समता' में प्रतिष्ठित है और आध्यात्मिक श्रेष्ठता भी समता में ही है ॥ ९ ॥

उपर्युक्त उत्तम फलों की प्राप्ति हेतु योगाभ्यासी पुरुष कैसे ध्यान में अभ्यासरत हो? सो अगले पाँच श्लोकों में बताते हैं—

योगी युञ्जीत सततमात्मानं रहसि स्थितः ।
एकाकी यतचित्तात्मा निराशीरपरिग्रहः ॥ १० ॥

योगी—योगी, **युञ्जीत**—लगावे (आत्मा में), **सततम्**—निरन्तर, **आत्मानम्**—अपने-आपको, **रहसि**—एकान्त स्थान में, **स्थितः**—स्थित होकर, **एकाकी**—अकेला ही, **यतचित्तात्मा**—अन्तःकरण सहित शरीर को वश में रखनेवाला, **निराशीः**—आशारहित, **अपरिग्रहः**—संग्रहरहित।

अन्तःकरण सहित शरीर को वश में रखनेवाला, आशारहित, संग्रहरहित योगी अकेला ही एकान्त स्थान में स्थित होकर अपने-आपको निरन्तर आत्मा में लगावे।

ध्यान करनेवाला योगी 'अपरिग्रही' हो, अर्थात् भोगबुद्धि से बाह्य पदार्थों का संग्रह करनेवाला न हो और 'निराशीः' हो, अर्थात् अन्तःकरण से भोग की इच्छा न रखे। इस प्रकार बाहर और भीतर से भोग पदार्थों और उसकी इच्छा का भी त्याग करके 'यतचित्तात्मा' होकर, अर्थात् अन्तःकरण सहित शरीर को वश में करनेवाला होकर अकेला एकान्त स्थान में स्थित होकर मन को निरन्तर आत्मदर्शन में लगावे ॥ १० ॥

शुचौ देशे प्रतिष्ठाप्य स्थिरमासनमात्मनः ।
नात्युच्छ्रितं नातिनीचं चैलाजिनकुशोत्तरम् ॥ ११ ॥

शुचौ—शुद्ध, **देशे**—स्थान में, **प्रतिष्ठाप्य**—स्थापित करके (उस पर), **स्थिरम्**—स्थिर, **आसनम्**—आसन को, **आत्मनः**—अपने, **न**—न, **अति**—अधिक, **उच्छ्रितम्**—ऊँचा (और), **न**—न, **अति**—अधिक, **नीचम्**—नीचा, **चैलाजिन**—वस्त्र, मृगछाला (और), **कुशोत्तरम**—कुश एक के ऊपर एक बिछाकर।

शुद्ध स्थान में न अधिक ऊँचा और न अधिक नीचा अपने आसन को स्थिर स्थापित करके उस पर वस्त्र, मृगछाला और कुश एक के ऊपर एक बिछाकर।

शुद्ध भूमि पर क्रमशः कुशा, मृगछाला तथा वस्त्र (सुविधा की दृष्टि से पाठ्यक्रम के विपरीत है) बिछाकर न अधिक ऊँचा और न अधिक नीचा अपने आसन को स्थिर स्थापित करे ॥ ११ ॥

तत्रैकाग्रं मनः कृत्वा यतचित्तेन्द्रियक्रियः ।
उपविश्यासने युञ्ज्याद्योगमात्मविशुद्धये ॥ १२ ॥

तत्र—उस, **एकाग्रम्**—एकाग्र, **मनः**—मन को, **कृत्वा**—करके, **यतचित्तेन्द्रियक्रियः**—चित्त और इन्द्रियों की क्रियाओं को रोककर, **उपविश्य**—बैठकर, **आसने**—आसन पर, **युञ्ज्यात्**—अभ्यास करे, **योगम्**—योग का, **आत्मविशुद्धये**—अन्तःकरण की शुद्धि के लिए।

उस आसन पर सुखपूर्वक बैठकर, चित्त और इन्द्रियों की क्रियाओं को रोककर मन को एकाग्र करके अन्तःकरण की शुद्धि के लिए योग का अभ्यास करे।

उस आसन पर सुखपूर्वक बैठकर, चित्त और इन्द्रियों की बहिर्मुखी क्रियाओं को वश में करते हुए मन को एकाग्र करके और बाह्य विषय से मोड़कर केवल हृदयस्थ आत्मा में एकाग्र करके अन्तःकरण की शुद्धि के लिए ध्यान का अभ्यास करे ॥ १२ ॥

समं कायशिरोग्रीवं धारयन्नचलं स्थिरः ।
सम्प्रेक्ष्य नासिकाग्रं स्वं दिशश्चानवलोकयन् ॥ १३ ॥

समम्—सम (सीधा), **कायशिरोग्रीवम्**—काया, शिर और गले को, **धारयन्**—धारण करके, **अचलम्**—अचल, **स्थिरः**—स्थिरतापूर्वक, **सम्प्रेक्ष्य**—देखकर, **नासिका**—नासिका के, **अग्रम्**—अग्रभाग को, **स्वम्**—अपनी, **दिशः**—(अन्य) दिशाओं को, **च**—तथा, **अनवलोकयन्**—न देखता हुआ।

काया, शिर और गले को सम, अचल और स्थिरतापूर्वक धारण करके, अन्य दिशाओं को न देखता हुआ अपनी नासिका के अग्रभाग को देखकर।

काया, शिर और गर्दन को सीधा अचल रखकर तथा अन्य दिशाओं को न देखकर केवल अपनी नासिका के अग्रभाग को देखते हुए स्थिर होकर बैठे ॥ १३ ॥

प्रशान्तात्मा विगतभीर्ब्रह्मचारिव्रते स्थितः ।
मनः संयम्य मच्चित्तो युक्त आसीत मत्परः ॥ १४ ॥

प्रशान्तात्मा—प्रशान्त अन्त:करणवाला, **विगतभी:**—भयरहित (और), **ब्रह्मचारिव्रते**—ब्रह्मचर्य व्रत में, **स्थित:**—स्थित होकर, **मन:**—मन को, **संयम्य**—रोककर, **मत्**—मुझमें, **चित्त:**—चित्त लगाकर, **युक्त:**—सावधान (एवं), **आसीत्**—बैठे, **मत्पर:**—मेरे परायण होकर।

प्रशान्त अन्त:करणवाला, भयरहित और ब्रह्मचर्य व्रत में स्थिर होकर, मन को रोककर, मुझमें चित्त लगाकर सावधान एवं मेरे परायण होकर बैठे।

राग द्वेषादि द्वन्द्वों तथा रिद्धि-सिद्धि, आदि सांसारिक प्राप्तियों की अनिच्छा से जिसका अन्त:करण शान्त है, जो 'मैं और मेरेपन' की अनुकूलता के प्रतिकूल परिस्थिति में आनेवाले दु:ख, मृत्यु आदि भय से रहित हो तथा ब्रह्मचर्य, गुरु सेवा और भिक्षावृत्ति जैसे ब्रह्मचारी व्रत में स्थित हो, ऐसा सावधान योगी अपने मन को जगत् के अनित्य व नश्वर पदार्थों से मन को हटाकर केवल मेरे में चित्त को एकाग्र करता हुआ मुझे सर्वस्व मानकर एकमात्र मेरे परायण होकर मेरा ही चिन्तन ध्यान करता हुआ स्थित होवे ॥ १४ ॥

अब ध्यान-योग का फल बताते हैं—

युञ्जन्नेवं सदात्मानं योगी नियतमानस: ।
शान्तिं निर्वाणपरमां मत्संस्थामधिगच्छति ॥ १५ ॥

युञ्जन्—लगाता हुआ, **एवम्**—इस प्रकार, **सदा**—सदैव, **आत्मानम्**—मन को (मुझमें), **योगी**—योगी, **नियतमानस:**—मन को वश में करनेवाला, **शान्तिम्**—शान्ति को, **निर्वाणपरमाम्**—निर्वाण की पराकाष्ठारूप, **मत्संस्थाम्**—मुझमें रहनेवाली, **अधिगच्छति**—प्राप्त होता है।

इस प्रकार सदैव आत्मा (मन) को मुझमें लगाता हुआ मन को वश में करनेवाला योगी मुझमें रहनेवाली निर्वाण की पराकाष्ठारूप शान्ति को प्राप्त होता है।

जिस योगी का मन वश में हो गया है, वह उपर्युक्त प्रकार से आत्मा (मन) को निरन्तर मुझ परमात्मा के स्वरूप में लगाता हुआ मुझमें रहनेवाली और मेरे ही अधीन परमानन्द की पराकाष्ठारूप निर्वाणदायिनी शान्ति-मोक्ष को प्राप्त होता है (१८।६२) ॥ १५ ॥

योगी का आहार बताते हैं—

नात्यश्नतस्तु योगोऽस्ति न चैकान्तमनश्नत: ।
न चाति स्वप्नशीलस्य जाग्रतो नैव चार्जुन ॥ १६ ॥

न—न, **अति**—अधिक, **अश्नतः**—खानेवाले का, **तु**—तो, **योगः**—योग, **अस्ति**—होता है, **न**—नहीं, **च**—तथा, **एकान्तम्**—बिलकुल, **अनश्नतः**-न खानेवाला का, **न**—न, **च**—तथा, **अति**—अत्यधिक, **स्वप्नशीलस्य**—सोने के स्वभाववाले का, **जाग्रतः**—अधिक जागनेवाले का (सिद्ध होता है), **न**—न, **एव**—ही, **च**—और, **अर्जुन**—हे अर्जुन।

हे अर्जुन ! यह योग न तो अधिक खानेवाले का तथा न ही बिलकुल न खानेवाले का तथा न अति सोने के स्वभाववाले का और न अधिक जागनेवाले का ही सिद्ध होता है।

हे अर्जुन ! यह योग न तो अधिक खानेवाले का और न ही बिलकुल न खानेवाले का सिद्ध होता है। अधिक खाने से पाचनादि क्रिया के बिगड़ने से शरीर को कष्ट होता है और स्वास्थ्य भी खराब होता है तथा बिलकुल न खानेवाले के शरीर की रक्षा नहीं हो पाती है। इसके अतिरिक्त न तो अधिक सोनेवाले का और न ही अधिक जागनेवाले का यह योग सिद्ध होता है। अधिक सोने से तमोगुण की वृद्धि से आलस्य आ घेरता है और अधिक जागने से थकान व रोग का आक्रमण होता है ॥ १६ ॥

योग कैसे सिद्ध होता है? सो कहते हैं—

युक्ताहारविहारस्य युक्तचेष्टस्य कर्मसु ।
युक्तस्वप्नावबोधस्य योगो भवति दुःखहा ॥ १७ ॥

युक्ताहारविहारस्य—यथायोग्य आहार-विहारवाले का, **युक्तचेष्टस्य**—यथायोग्य चेष्टा करनेवाले का, **कर्मसु**—कर्मों में, **युक्त स्वप्न अवबोधस्य**—यथायोग्य सोने तथा जागनेवाले का, **योगः**—योग, **भवति**—सिद्ध होता है, **दुःखहा**—यह दुःखनाशक।

यथायोग्य आहार—विहारवाले का, कर्मों में यथायोग्य चेष्टा करनेवाले का और यथायोग्य सोने तथा जागनेवाले का यह दुःखनाशक योग सिद्ध होता है।

खाये हुए अन्न को 'आहार' और पैरों द्वारा चलने फिरने की क्रिया को 'विहार' कहते हैं। जिसका आहार, विहार, कर्म, सोना और जागना यह सब कुछ शास्त्र, वर्णाश्रम धर्म और प्रकृति के अनुकूल हो और उचित परिमाण में हो तथा सतोगुण में वृद्धि करनेवाला हो, उसी योगी का संसाररूप दुःखों का नाश करनेवाला योग सिद्ध होता है ॥ १७ ॥

साधक को योगयुक्त कब कहते हैं, सो बताते हैं—

यदा विनियतं चित्तमात्मन्येवावतिष्ठते ।
निःस्पृहः सर्वकामेभ्यो युक्त इत्युच्यते तदा ॥ १८ ॥

यदा—जिस काल में, **विनियतम्**—अच्छी तरह वश में किया हुआ, **चित्तम्**—चित्त, **आत्मनि**—आत्मा में (ही), **एव**—ही, **अवतिष्ठते**—स्थित होता है, **निःस्पृहः**—स्पृहारहित (साधक), **सर्व**—सम्पूर्ण, **कामेभ्यः**—भोगों से, **युक्तः**—योगयुक्त है, **इति**—ऐसा, **उच्यते**—कहा जाता है, **तदा**—उस काल में।

जिस काल में अच्छी तरह वश में किया हुआ चित्त आत्मा में ही स्थित होता है, उस काल में सम्पूर्ण भोगों से स्पृहारहित साधक योगयुक्त है, ऐसा कहा जाता है।

अत्यन्त वश में किया हुआ चित्त जिस काल में सांसारिक कामना और चिन्तन से विमुख होकर आत्मस्वरूप में स्थित होता है, उस काल में सम्पूर्ण पदार्थों एवं भोगों से स्पृहा अर्थात् तृष्णा रहित साधक पुरुष योगयुक्त कहा जाता है ॥ १८ ॥

ऐसे समाधिस्थ चित्तवाले योगी की उपमा वायुरहित स्थान में रखे दीपक से दी जाती है—

यदा दीपो निवातस्थो नेङ्गते सोपमा स्मृता ।
योगिनो यतचित्तस्य युञ्जतो योगमात्मनः ॥ १९ ॥

यथा—जैसे, **दीपः**—दीपक, **निवातस्थः**—वायुरहित स्थान में स्थित, **न**—नहीं, **इङ्गते**—हिलता-डुलता नहीं (है), **सा उपमा स्मृता**—वही उपमा कही गयी है, **योगिनः**—योगी के, **यतचित्तस्य**—जीते हुए चित्त की, **युञ्जतः**—लगे हुए, **योगमात्मनः**—आत्मयोग में।

जैसे वायुरहित स्थान में स्थित दीपक हिलता—डुलता नहीं है, वही उपमा आत्मयोग में लगे हुए योगी के जीते हुए चित्त की कही गयी है।

जिस प्रकार से स्पन्दनरहित वायु के स्थान में दीपक की लौ चेष्टारहित ही स्थिर होकर प्रकाशमान होती है, उसी तरह की स्थिति योगाभ्यास में रत वश में किये हुए चित्तवाले योगी के चित्त की होती है। दीपक के लौ की उपमा चित्त से देकर यह बताया गया कि संयतचित्त योगी का चित्त आत्मस्वरूप में अविचल स्थिर रहता है ॥ १९ ॥

ऐसे एकाग्र चित्त योगी की स्थिति अगले तीन श्लोकों में कहते हैं—

यत्रोपरमते चित्तं निरुद्धं योगसेवया ।
यत्र चैवात्मनात्मानं पश्यन्नात्मनि तुष्यति ॥ २० ॥

यत्र—जिस अवस्था में, **उपरमते**—उपराम हो जाता है, **चित्तम्**—चित्त, **निरुद्धम्**—निरुद्ध, **योगसेवया**—योग के अभ्यास से, **यत्र**—जिस अवस्था में, **च**—और, **एव**—ही, **आत्मना**—

अन्तःकरण में, **आत्मानम्**—आत्मा को, **पश्यन्**—देखता हुआ, **आत्मनि**—आत्मा में, **तुष्यति**—सन्तुष्ट हो जाता है।

योग के अभ्यास से निरुद्ध चित्त जिस अवस्था में उपराम हो जाता है और जिस अवस्था में अन्तःकरण में आत्मा को देखता हुआ आत्मा में ही सन्तुष्ट हो जाता है।

योग साधन के अभ्यास से निरुद्ध चित्त जिस अवस्था में शान्त व निश्चल होकर सांसारिक विषयों से विराग या निवृत्ति को प्राप्त होता है और जिस अवस्था में ध्यानसमाधि द्वारा निर्मल हुए अन्तःकरण से ज्योतिर्मय आत्मा का दर्शन व अनुभव करता हुआ स्वयं में अर्थात् आत्मा में ही सन्तुष्ट हो जाता है ॥ २० ॥

सुखमात्यन्तिकं यत्तद्बुद्धिग्राह्यमतीन्द्रियम् ।
वेत्ति यत्र न चैवायं स्थितश्चलति तत्त्वतः ॥ २१ ॥

सुखम्—सुख (है), **आत्यन्तिकम्**—अनन्त, **यत्**—ऐसा जो, **तत्**—उसको, **बुद्धि**—बुद्धि, **ग्राह्यम्**—ग्राह्य, **अतीन्द्रियम्**—इन्द्रियातीत, **वेत्ति**—जानता है, **यत्र**—जिस अवस्था में, **न**—नहीं, **च**—और, **एव**—ही, **अयम्**—यह (योगी), **स्थितः**—स्थित हुआ, **चलति**—विचलित होता है, **तत्त्वतः**—आत्मस्वरूप से।

ऐसा जो इन्द्रियातीत और बुद्धिग्राह्य अनन्त सुख है, उसको जिस अवस्था में वह जानता है और जिस अवस्था में स्थित हुआ यह योगी आत्मस्वरूप से विचलित नहीं होता।

जिस अवस्था में आत्मदर्शन से प्राप्त अनन्त आनन्द का अपने अन्तःकरण में योगी अनुभव करता है, ऐसा आनन्द जो इन्द्रियातीत है एवं केवल आत्मपरायण सूक्ष्म बुद्धि से ही ग्रहण करने योग्य है और जिस अवस्था में आत्मस्वरूप में स्थित योगी उस स्वरूप से विचलित नहीं होता ॥ २१ ॥

यं लब्ध्वा चापरं लाभं मन्यते नाधिकं ततः।
यस्मिन्स्थितो न दुःखेन गुरुणापि विचाल्यते ॥ २२ ॥

यम्—जिस, **लब्ध्वा**—प्राप्त कर, **च**—और, **अपरम्**—दूसरा (लाभ), **लाभम्**—लाभ को, **न मन्यते**—नहीं मानता, **अधिकम्**—अधिक, **ततः**—उससे, **यस्मिन्**—जिस अवस्था में, **स्थितः**—स्थित (योगी), **न**—नहीं, **दुःखेन**—दुःख से, **गुरुणा**—बड़े भारी, **अपि**—भी, **विचाल्यते**—विचलित होता है।

और जिस लाभ को प्राप्त कर उससे अधिक दूसरा लाभ नहीं मानता और जिस अवस्था में स्थित योगी बड़े भारी दुःख से भी विचलित नहीं होता है।

जिस आत्मप्राप्तिरूप लाभ को प्राप्त करने के बाद उसी-ही लाभ की इच्छा करता है और उससे बढ़कर किसी अन्य लाभ को नहीं मानता तथा जिस आत्मतत्त्व में अचल स्थित योगी पुत्रादि वियोग जैसे बड़े भारी दु:ख से भी विचलित नहीं होता है ॥ २२ ॥

श्लोक बीस से बाइस तक में कहे गये चित्तात्मा की स्थिति-विशेष से प्राप्त 'योग' किस तरह करणीय है, इसे अगले छह श्लोकों में बताते हैं—

तं विद्याद्दुःखसंयोगवियोगं योगसञ्ज्ञितम् ।
स निश्चयेन योक्तव्यो योगोऽनिर्विण्णचेतसा ॥ २३ ॥

तम्—उस, **विद्यात्**—जाने, **दुःखसंयोग**—दु:ख-संयोग के, **वियोगम्**—वियोग को, **योगसञ्ज्ञितम्**—'योग' नाम से, **सः**—वह, **निश्चयेन**—निश्चयपूर्वक, **योक्तव्यः**—किये जाने योग्य है, **योगः**—योग, **अनिर्विण्णचेतसा**—धैर्ययुक्त चित्त से।

उस दु:ख-संयोग के वियोग को 'योग' नाम से जाने। वह योग धैर्ययुक्त चित्त से निश्चयपूर्वक किये जाने योग्य है।

'दु:ख-संयोग' को संसार में दु:खों के साथ संयोग या सम्बद्धता को कहते हैं और 'दु:ख-संयोग वियोग' को दु:खों के संयोग से वियोग या विच्छिन्नता को कहते हैं। दु:ख-संयोग के वियोग की अवस्था को 'योग' नाम से समझना चाहिए। आशय यह है कि संसार के अनित्य दृश्य प्रपञ्च से द्रष्टा आत्मा का अज्ञानजनित संयोग सर्वथा दु:खमूलक है। इस दु:ख के नाश या वियोग के लिए अर्थात् दु:ख-संयोग वियोग हेतु किये गये योग के अभ्यास के परिणामस्वरूप अनित्य एवं जड़ लौकिक दृश्य जगत् के साथ नित्य चेतन द्रष्टा-आत्मा के अज्ञानमूलक परस्पर संयोग का भी अभाव हो जाता है, जिससे दु:खों के संस्पर्शमात्र होते ही दु:ख का वियोग हो जाता है अर्थात् दु:ख स्पर्श करते ही नहीं। ऐसे महाफलदायी योग को जानकर 'अनिर्विण्णचेतसा' अर्थात् बिना उकताये हुए धैर्ययुक्त चित्त से निश्चयपूर्वक ही श्रद्धा व विश्वास के साथ पूरे यत्न से उस योग का अभ्यास करना चाहिए ॥ २३ ॥

सङ्कल्पप्रभवान्कामांस्त्यक्त्वा सर्वानशेषतः ।
मनसैवेन्द्रियग्रामं विनियम्य समन्ततः ॥ २४ ॥

सङ्कल्प—संकल्प से, **प्रभवान्**—उत्पन्न होनेवाली, **कामान्**—कामनाओं को, **त्यक्त्वा**—त्यागकर के, **सर्वान्**—सम्पूर्ण, **अशेषतः**—नि:शेषता से, **मनसा**—मन के द्वारा, **एव**—भी, **इन्द्रियग्रामम्**—इन्द्रिय समूह को, **विनियम्य**—भलीभाँति रोक करके, **समन्ततः**—सब ओर से।

संकल्प से उत्पन्न होनेवाली सम्पूर्ण कामनाओं को नि:शेषता से त्याग करके, मन के द्वारा इन्द्रियसमूह को सब ओर से भलीभाँति रोक करके।

किसी वस्तु के लिए मन में संकल्प होने पर उस वस्तु की प्राप्ति हेतु कामना उत्पन्न होती है। अत: संकल्प से उत्पन्न होनेवाली ऐसी सम्पूर्ण कामनाओं को सर्वथा नि:शेषत: अर्थात् सूक्ष्मातिसूक्ष्म अंश को भी त्याग करके और मन के द्वारा इन्द्रियों के समूह को सभी ओर से विधिवत रोक करके अर्थात् उन्हें संयत करके ॥ २४॥

शनैः शनैरुपरमेद्बुद्ध्या धृतिगृहीतया ।
आत्मसंस्थं मनः कृत्वा न किञ्चिदपि चिन्तयेत्॥ २५ ॥

शनैः शनैः—क्रम-क्रम से, **उपरमेत्**—उपरामता को प्राप्त हो (और), **बुद्ध्या**—बुद्धि से, **धृतिगृहीतया**—धैर्ययुक्त बुद्धि से, **आत्मसंस्थम्**—आत्मा में स्थित, **मनः**—मन को, **कृत्वा**—करके, **न**—न, **किञ्चित्**—कुछ, **अपि**—भी, **चिन्तयेत्**—चिन्तन करे।

धैर्ययुक्त बुद्धि से क्रम—क्रम से उपरामता को प्राप्त हो और मन को आत्मा में स्थित करके कुछ भी चिन्तन न करे।

इसी तरह आत्मतत्त्व की नित्यता को बुद्धि द्वारा निश्चय करके धैर्यपूर्वक मन को अनात्मरूप भोगविषयों से क्रमश: शनैः-शनैः उपरामता को प्राप्त करे, यह किसी शीघ्रता का विषय नहीं है। इस प्रकार बाह्य विषयों के चिन्तन से उपरत हुए मन को बुद्धि से यह विचार कर आत्मा में लगाये कि आत्मा के अतिरिक्त संसार में और कुछ भी नित्य व सत्य नहीं है, अन्य सब कुछ परिवर्तनशील है ॥ २५॥

यतो यतो निश्चरति मनश्चञ्चलमस्थिरम् ।
ततस्ततो नियम्यैतदात्मन्येव वशं नयेत्॥ २६ ॥

यतः यतः—जिस-जिस सांसारिक विषयों की ओर, **निश्चरति**—विचरण करे (जाय), **मनः**—मन, **चञ्चलम्**—चंचल (और), **अस्थिरम्**—अस्थिर (यह), **ततः ततः**—उस-उस से, **नियम्य**—हटाकर, **एतत्**—इसे, **आत्मनि**—आत्मा में, **एव**—ही, **वशम्**—निरुद्ध, **नयेत्**—करे।

चंचल और अस्थिर यह मन जिस—जिस सांसारिक विषयों की ओर जाय, उस—उस से हटाकर इसे आत्मा में ही निरुद्ध करे।

पूर्व जन्मों से ही, वर्तमान जन्म में भी, शब्दादि विषयों के अनुशीलन एवं अभ्यास के कारण सांसारिक असत् व अनात्म भोग पदार्थों को मन अज्ञानवश सत् व आत्मवत् मानता आया है, जिससे मन उन भोगविषयों में ही चंचल व अस्थिर होकर विचरण करता रहता है। इसलिए उन-उन विषयों से मन को हटाकर, विषयों के प्रति मन में वैराग्यभाव उत्पन्न करके, मन को आत्मा में ही निरुद्ध करे,

अर्थात् मन को आत्मा के ही वश में करे। इस प्रकार अभ्यास से मन शान्त हो जाता है ॥ २६ ॥

प्रशान्तमनसं ह्येनं योगिनं सुखमुत्तमम् ।
उपैति शान्तरजसं ब्रह्मभूतमकल्मषम् ॥ २७ ॥

प्रशान्तमनसम्—प्रशान्त मनवाले, **हि**—क्योंकि, **एनम्**—इस, **योगिनम्**—योगी को, **सुखम्**—सुख, **उत्तमम्**—उत्तम, **उपैति**—प्राप्त होता है, **शान्तरजसम्**—जिस शान्त रजोगुणवाले अर्थात् रजोगुणरहित, **ब्रह्मभूतम्**—ब्रह्मभाव को प्राप्त, **अकल्मषम्**—जो पाप से रहित है (निष्पाप)।

क्योंकि प्रशान्त मनवाले रजोगुणरहित, निष्पाप और ब्रह्मभाव को प्राप्त योगी को उत्तम सुख प्राप्त होता है।

उपर्युक्त प्रकार से जो मन से भलीभाँति शान्त है, जिसका लोभ व मोह, आदि कष्टदायक रजोगुण शान्त हो गया है, जो ब्रह्मभाव को प्राप्त है और जो अधोगति को ले जानेवाले पाप से रहित है, उस योगी को परम सुख प्राप्त होता है, अर्थात् वह जीवन से मुक्त हो जाता है ॥ २७ ॥

युञ्जन्नेवं सदात्मानं योगी विगतकल्मषः ।
सुखेन ब्रह्मसंस्पर्शमत्यन्तं सुखमश्नुते ॥ २८ ॥

युञ्जन्—लगाता हुआ, **एवम्**—इस प्रकार, **सदा**—सदैव, **आत्मानम्**—मन को (आत्मा में), **योगी**—योगी, **विगत कल्मषः**—पापरहित, **सुखेन**—सुखपूर्वक, **ब्रह्मसंस्पर्शम्**—ब्रह्मानुभव स्वरूप, **अत्यन्तम्**—अनन्त, **सुखम्**—सुख को, **अश्नुते**—भोगता है।

पापरहित योगी इस प्रकार मन को सदैव आत्मा में लगाता हुआ सुखपूर्वक ब्रह्मानुभवस्वरूप अनन्त सुख को भोगता है।

इस तरह से मन के संयमित और शान्त होने से एवं उसे वश में करके, अर्थात् संसार से रागात्मक सम्बन्ध विच्छेद करके निष्पाप होकर मन को स्वरूप ध्यान में लगाता हुआ योगी अनायास ही ब्रह्मसाक्षात्काररूप आत्यन्तिक अनन्त सुख को प्राप्त होता है ॥ २८ ॥

योगयुक्त योगी समस्त प्राणियों को आत्मा में एकता को प्राप्त किये हुए देखता है—

सर्वभूतस्थमात्मानं सर्वभूतानि चात्मनि ।
ईक्षते योगयुक्तात्मा सर्वत्र समदर्शनः ॥ २९ ॥

सर्वभूतस्थम्—सब भूतों में स्थित, **आत्मानम्**—आत्मा को, **सर्वभूतानि**—सब भूतों को, **च**—और, **आत्मनि**—आत्मा में (कल्पित), **ईक्षते**—देखता है, **योगयुक्तात्मा**—ब्रह्म में एकीभाव से स्थित अन्त:करणवाला, **सर्वत्र**—सर्वत्र, **समदर्शनः**—समदृष्टि रखनेवाला (वह) पुरुष।

ब्रह्म में एकीभाव से स्थित अन्तःकरणवाला सर्वत्र समदृष्टि रखनेवाला वह पुरुष आत्मा को सब भूतों में स्थित और सब भूतों को आत्मा में कल्पित देखता है।

ब्रह्म में तथा स्वरूप में एकत्व भाव से निर्विकार रूप से अवस्थित अन्त:करणवाला योगी पूरे ब्रह्माण्ड में ब्रह्म भाव के कारण सर्वत्र समान दृष्टिवाला है। ऐसा वह योगी पुरुष अपने शरीर के अन्दर स्थित आत्मा को सभी प्राणियों में स्थित देखता है। यद्यपि अन्य प्राणी शारीरिक रचना, आदि प्रकृतिजन्य कारणों से बाह्य रूप से भिन्न-भिन्न हैं, तथापि सभी प्राणियों को वह अपनी आत्मा में कल्पित देखता है, अर्थात् वह सभी प्राणियों में अपने ही आत्मरूप से (४।३५) आत्मा की एकता को देखता है। इससे '**वसुधैव कुटुम्बकम**' के भाव का उदय होता है ॥ २९॥

योगी को आत्मैकता दर्शन का फल अगले तीन श्लोकों में बतलाते हैं—

यो मां पश्यति सर्वत्र सर्वं च मयि पश्यति ।
तस्याहं न प्रणश्यामि स च मे न प्रणश्यति॥ ३०॥

यः—जो, **माम्**—मुझको, **पश्यति**—देखता है, **सर्वत्र**—सर्वत्र, **सर्वम्**—सबको, **च**—और, **मयि**—मुझमें, **पश्यति**—देखता है, **तस्य**—उसके लिए, **अहम्**—मैं, **न**—नहीं, **प्रणश्यामि**—अदृश्य होता, **सः**—वह, **च**—और, **मे**—मेरे लिए, **न**—नहीं, **प्रणश्यति**—अदृश्य होता।

जो सर्वत्र मुझको और सबको मुझमें देखता है उसके लिए मैं अदृश्य नहीं होता और वह मेरे लिए अदृश्य नहीं होता।

जो मुझ वासुदेव को समस्त चराचर जगत् के सभी प्राणियों में आत्मरूप से देखता है क्योंकि मैं सबका आत्मरूप हूँ एवं सम्पूर्ण भूतों को मुझ वासुदेव में देखता है (९।६)। इस प्रकार वह सर्वत्र आत्मा की एकता देखता है। ऐसी स्थिति में वह ज्ञानी और मैं परस्पर एक-दूसरे से अदृश्य नहीं होते हैं, क्योंकि वह मुझे आत्मभाव से सर्वत्र पाता है और मैं भी उसके भाव के वश में होकर उसे आत्मरूप में सर्वत्र देखता हूँ। दोनों का पूर्ण आत्मिक तादात्म्य सदैव रहता है, दोनों स्वरूपतः एक ही हो जाते हैं ॥ ३०॥

सर्वभूतस्थितं यो मां भजत्येकत्वमास्थितः ।
सर्वथा वर्तमानोऽपि स योगी मयि वर्तते॥ ३१॥

सर्वभूतस्थितम्—सब भूतप्राणियों में स्थित, **यः**—जो, **माम्**—मुझको, **भजति**—भजता है, **एकत्वम्**—एकत्व भाव में, **आस्थितः**—स्थित होकर, **सर्वथा**—सब प्रकार से, **वर्तमानः**—बरतता हुआ, **अपि**—भी, **सः**—वह, **योगी**—योगी, **मयि**—मुझमें ही, **वर्तते**—बरतता है।

जो योगी एकत्व भाव में स्थित होकर सब भूतप्राणियों में स्थित मुझको भजता है, वह सब प्रकार से बरतता हुआ भी मुझमें ही बरतता है।

सभी भूतों में आत्मरूप से प्रतिष्ठित मुझको ही जो योगी एकत्व भाव में स्थित हुआ भजता है, वह मेरे अतिरिक्त अन्य किसी का अस्तित्व तात्त्विक रूप से नहीं समझता। इस प्रकार वह हर तरह से बरतता हुआ कर्माकर्म के बन्धन से मुक्त हुआ मुझ परमेश्वर में ही बरतता है और एकमात्र मुझमें बरतनेवाला वह मोक्ष को प्राप्त है ॥ ३१ ॥

आत्मौपम्येन सर्वत्र समं पश्यति योऽर्जुन ।
सुखं वा यदि वा दुःखं स योगी परमो मतः ॥ ३२ ॥

आत्म औपम्येन—आत्मा की उपमा से, **सर्वत्र**—सर्वत्र, **समम्**—समान, **पश्यति**—देखता है, **यः**—जो, **अर्जुन**—हे अर्जुन, **सुखम्**—सुख, **वा**—अथवा, **यदि**—यदि, **दुःखम्**—दुःख को (अपनी तरह से), **सः**—वह, **योगी**—योगी, **परमः**—परम, **मतः**—माना गया है।

हे अर्जुन ! जो योगी आत्मा की उपमा से सर्वत्र सुख अथवा दुःख को अपनी तरह से समान देखता है, वह योगी परम माना गया है।

स्वयं से सभी भूतों में आत्मा की एकता के कारण वह अपने जैसा अपने समान ही सभी भूतों को देखता है। ऐसी स्थिति में सुख और दुःखरूपी जो अनुकूलता और प्रतिकूलता स्वयं को होता है, वैसे ही दूसरे प्राणियों को भी होता हुआ वह देखता है। अतएव कोई ऐसा आचरण जो उसके स्वयं के प्रतिकूल हो, वैसा दूसरे के प्रति वह नहीं करता है। कहा भी गया है कि ***'आत्मनः प्रतिकूलानि परेषां न समाचरेत्'***। इस वाक्य में सभी प्राणियों में आत्मा की एकता का भाव अप्रत्यक्ष रूप से सन्निहित है। ऐसे ज्ञान से युक्त आचरणवाला योगी सभी योगियों में परम (श्रेष्ठ) है ॥ ३२ ॥

अब अर्जुन मन की चंचलता के कारण समतारूप योग की प्राप्ति में कठिनाई समझकर उसकी प्राप्ति हेतु उपाय के लिए भगवान् से अगले दो श्लोकों में जिज्ञासा व्यक्त करता हैं—

अर्जुन उवाच

योऽयं योगस्त्वया प्रोक्तः साम्येन मधुसूदन ।
एतस्याहं न पश्यामि चञ्चलत्वात्स्थितिं स्थिराम् ॥ ३३ ॥

अर्जुनः उवाच—अर्जुन बोले, **यः**—जो, **अयम्**—यह, **योगः**—योग, **त्वया**—आपके द्वारा, **प्रोक्तः**—कहा गया है, **साम्येन**—समतारूप से, **मधुसूदन**—हे मधुसूदन, **एतस्य**—इस योग की, **अहम्**—मैं (मन की), **न**—नहीं, **पश्यामि**—देख पा रहा हूँ, **चञ्चलत्वात्**—चंचलता के कारण, **स्थितिम्**—स्थिति, **स्थिराम्**—स्थिर।

अर्जुन बोले—हे मधुसूदन ! जो यह योग समतारूप से आपके द्वारा कहा गया है, मैं मन की चंचलता के कारण इस योग की स्थिर स्थिति नहीं देख पा रहा हूँ।

हे मधुसूदन ! सभी प्राणियों में स्थित आत्मा की एकता के फलस्वरूप सबको अपने समान तथा सभी प्राणियों में आत्मरूप से प्रतिष्ठित स्वयं आपको एकत्वभाव से भजने सम्बन्धी जिस समतारूप योग को आपने कहा है, मन की चंचलता के कारण सांसारिक विषयों में लिप्त मन द्वारा उस ऐसे योग में अचल स्थिति नहीं देखता हूँ ॥ ३३ ॥

चञ्चलं हि मनः कृष्ण प्रमाथि बलवद्दृढम् ।
तस्याहं निग्रहं मन्ये वायोरिव सुदुष्करम् ॥ ३४ ॥

चञ्चलम्—चंचल, **हि**—क्योंकि, **मनः**—मन, **कृष्ण**—हे कृष्ण, **प्रमाथि**—प्रमथन स्वभाववाला, **बलवत्**—बलवान (है), **दृढम्**—दृढ़ (और), **तस्य**—उसको, **अहम्**—मैं, **निग्रहम्**—रोकना, **मन्ये**—मानता हूँ, **वायोः**—वायु को रोकने के, **इव**—समान, **सुदुष्करम्**—अत्यन्त दुष्कर।

क्योंकि हे श्रीकृष्ण ! मन चंचल, प्रमथन स्वभाववाला, दृढ़ और बलवान है, उसको रोकना मैं वायु को रोकने के समान अत्यन्त दुष्कर मानता हूँ।

क्योंकि हे श्रीकृष्ण! यह मन अत्यन्त चंचल है और प्रमथन स्वभाववाला है, अर्थात् शरीर और मन में विक्षोभ उत्पन्न कर स्थिति से विचलित कर देनेवाला है। विषयों के प्रति मन का आकर्षण अत्यन्त दृढ़ है तथा इतना बलवान है कि विषय में लगा देता है। अतएव मैं इस मन का निग्रह करना उसी तरह से कठिन समझता हूँ (२।६७), जैसे वायु का रोकना कठिन है ॥ ३४॥

अभ्यास और वैराग्य से मन के वश में होने का भगवान् द्वारा कथन—

श्रीभगवानुवाच

असंशयं महाबाहो मनो दुर्निग्रहं चलम् ।
अभ्यासेन तु कौन्तेय वैराग्येण च गृह्यते ॥ ३५ ॥

श्रीभगवान् उवाच—श्रीभगवान् बोले, **असंशयम्**—निःसन्देह, **महाबाहो**—हे महाबाहो, **मनः**—मन, **दुर्निग्रहम्**—कठिनता से वश में होनेवाला है (और), **चलम्**—चंचल है,

अभ्यासेन—अभ्यास, **तु**—परन्तु, **कौन्तेय**—हे कौन्तेय, **वैराग्येण**—वैराग्य से (यह), **च**—और, **गृह्यते**—वश में किया जाता है।

श्रीभगवान् बोले—हे महाबाहो ! निःसन्देह मन कठिनता से वश में होनेवाला और चंचल है। परन्तु हे कौन्तेय ! अभ्यास और वैराग्य से यह वश में किया जाता है।

हे महाबाहो ! यह मन कठिनता से वश में होनेवाला है और चंचल है, इसमें कोई सन्देह नहीं है, यह निःसन्देह है। किन्तु हे कौन्तेय! *'अभ्यास'* अर्थात् भगवत् चिन्तन, ध्यान, आदि बारम्बार करते रहने से तथा सांसारिक अनित्य व अनात्म पदार्थों की प्रियता में दोषदृष्टि रखते हुए उन वस्तुओं में दोषदृष्टि से उत्पन्न अनिच्छारूप *'वैराग्य'* से यह मन वश में किया जा सकता है (३।४३), इसका निरोध हो सकता है ॥ ३५ ॥

मन को वश में न करनेवाले और वश में करनेवाले पुरुष की स्थिति का कथन—

असंयतात्मना योगो दुष्प्राप इति मे मतिः ।
वश्यात्मना तु यतता शक्योऽवाप्तुमुपायतः ॥ ३६ ॥

असंयत आत्मना—मन को वश में न करनेवाले पुरुष के द्वारा (इस), **योगः**—योग का, **दुष्प्रापः**—पाना कठिन है, **इति मे मतिः**—यह मेरा मत है, **वश्यात्मना**—वश में किये हुए मनवाले, **तु**—परन्तु, **यतता**—प्रयत्नशील पुरुष द्वारा, **शक्यः**—सम्भव है, **अवाप्तुम्**—प्राप्त होना, **उपायतः**—उपाय से।

मन को वश में न करनेवाले पुरुष के द्वारा इस योग का पाना कठिन है, परन्तु वश में किये हुए मनवाले प्रयत्नशील पुरुष द्वारा उपाय से प्राप्त होना सम्भव है, यह मेरा मत है।

जिस पुरुष का मन उपर्युक्त अभ्यास व वैराग्य से वश में नहीं किया हुआ है उसके लिए योग प्राप्त करना कठिन है, किन्तु जिसका मन अभ्यास व वैराग्य से वश में है और वह अपने योग साधन में बारम्बार प्रयास करनेवाला है उसके लिए इस योग की प्राप्ति सम्भव है, ऐसा मेरा मत है ॥ ३६ ॥

योगमार्ग से विचलित हुए पुरुष के नाश की आशंका से अगले तीन श्लोकों में अर्जुन का प्रश्न—

अर्जुन उवाच

अयतिः श्रद्धयोपेतो योगाच्चलितमानसः ।
अप्राप्य योगसंसिद्धिं कां गतिं कृष्ण गच्छति ॥ ३७ ॥

अर्जुनः उवाच—अर्जुन बोले, **अयतिः**—असंयमित चित्तवाले पुरुष, **श्रद्धया**—श्रद्धापूर्वक, **उपेतः**—योग में प्रवृत्त (किन्तु), **योगात्**—योग से, **चलितमानसः**—विचलित मन के हो जाने पर, **अप्राप्य**—न प्राप्त कर, **योगसंसिद्धिम्**—योगसिद्धि को, **काम्**—कौन सी, **गतिम्**—गति को, **कृष्ण**—हे कृष्ण, **गच्छति**—प्राप्त होते हैं।

अर्जुन बोले—हे श्रीकृष्ण ! श्रद्धापूर्वक योग में प्रवृत्त किन्तु असंयमित चित्तवाले पुरुष योग से विचलित मन के हो जाने पर योगसिद्धि को न प्राप्त कर कौन सी गति को प्राप्त होते हैं?

हे श्रीकृष्ण ! जो पुरुष आस्तिक बुद्धि से श्रद्धापूर्वक योगसाधन में अर्थात् अभ्यास एवं वैराग्यरूप योगसाधन में प्रवृत्त होता है, किन्तु वह अन्तःकरण में दृढ़ता की कमी के कारण अधिक प्रयत्नशील नहीं है, अर्थात् अभ्यास में शिथिलता बरतता है तथा अन्तकाल के समय सांसारिक राग व विषय के चिन्तन होने से वैराग्य के अभाव के कारण चित्त की चंचलता से जिसका चित्त योग से विचलित हो गया है, अर्थात् परमात्मा का स्मरण नहीं रहता है, ऐसा पुरुष योग की सिद्धिरूप ज्ञान को न प्राप्त कर किस गति को प्राप्त होता है? ॥ ३७ ॥

कच्चिन्नोभयविभ्रष्टश्छिन्नाभ्रमिव नश्यति ।
अप्रतिष्ठो महाबाहो विमूढो ब्रह्मणः पथि॥ ३८ ॥

कच्चित्—क्या, **न**—नहीं, **उभय**—दोनों ओर से, **विभ्रष्टः**—भ्रष्ट होकर, **छिन्न**—छिन्न-भिन्न, **अभ्रम्**—बादल की, **इव**—भाँति, **नश्यति**—नष्ट हो जाता, **अप्रतिष्ठः**—आश्रयरहित (पुरुष), **महाबाहो**—हे महाबाहो (वह), **विमूढः**—मोहित हुआ, **ब्रह्मणः**—ब्रह्म के, **पथि**—मार्ग में।

हे महाबाहो ! वह ब्रह्म के मार्ग में मोहित हुआ आश्रयरहित पुरुष क्या छिन्न—भिन्न बादल की भाँति दोनों ओर से भ्रष्ट होकर नष्ट तो नहीं हो जाता?

सांसारिक तथा स्वर्गादिक सुख की प्राप्ति हेतु मनुष्य सकाम कर्मानुष्ठान करता है। जो पुरुष ब्रह्म की प्राप्ति की इच्छा रखता है, वह सभी कर्मों को ब्रह्मार्पण भाव से कर्मयोगरूप कर्मानुष्ठान करता हुआ स्वयं ही सांसारिक व स्वर्गिक, आदि सुख की कामना त्यागकर ईश्वर आराधना में यत्न करता है। अतः वह स्वर्गादि फल से प्रारम्भ से ही भावरूप से त्याग के कारण वंचित रहता है, परिणामतः वह संसार के आश्रय से रहित 'अप्रतिष्ठः' रहता है। दूसरी तरफ ब्रह्मप्राप्ति मार्ग- ज्ञानमार्ग में पूरी प्रगति न प्राप्त कर पाने से मोहित हुआ वह पुरुष भ्रष्ट हो जाता है। इस तरह वह पुरुष संसार और परमार्थ अर्थात् इहलोक और परलोक के लाभ से वंचित होकर दोनों ओर से भ्रष्ट हुआ निराश्रय होकर क्या छिन्न-भिन्न बादल की तरह

नष्ट तो नहीं हो जाता? ऐसे कर्म और ज्ञान मार्ग के अभ्यासी की गति जानने की जिज्ञासा अर्जुन के मन में उत्पन्न होती है ॥ ३८ ॥

एतन्मे संशयं कृष्ण छेत्तुमर्हस्यशेषतः ।
त्वदन्यः संशयस्यास्य छेत्ता न ह्युपपद्यते ॥ ३९ ॥

एतत्—इस, **मे**—मेरे, **संशयम्**—संशय को, **कृष्ण**—हे कृष्ण, **छेत्तुम्**—काटने के, **अर्हसि**—योग्य (आप ही) हैं, **अशेषतः**—सम्पूर्णता से, **त्वत्**—आपके (बिना), **अन्यः**—दूसरा, **संशयस्य**—संशय को, **अस्य**—इस, **छेत्ता**—काटनेवाला, **न हि उपपद्यते**—मिल ही नहीं सकता।

हे श्रीकृष्ण ! मेरे इस संशय को सम्पूर्णता से काटने के योग्य आप ही हैं। आपके बिना दूसरा इस संशय को काटनेवाला मिल ही नहीं सकता।

हे श्रीकृष्ण ! मेरे इस संशय को सर्वथा, निःशेषता से दूर करने में आप ही योग्य और समर्थ हैं, क्योंकि आप सर्वव्याप्त, सर्वज्ञ और योगेश्वर हैं। योग और योगी के विषय में हुए मेरे इस संशय को आपके अतिरिक्त दूसरा कोई भी नाश नहीं कर सकता है ॥ ३९ ॥

योगभ्रष्ट पुरुष की गति क्या होती है, सो भगवान् द्वारा अगले चार श्लोकों में बतलाना—

श्रीभगवानुवाच

पार्थ नैवेह नामुत्र विनाशस्तस्य विद्यते ।
न हि कल्याणकृत्कश्चिद्दुर्गतिं तात गच्छति ॥ ४० ॥

श्रीभगवान् उवाच—श्रीभगवान् बोले, **पार्थ**—हे पार्थ, **न**—न (तो), **एव**—ही, **इह**—इस लोक में (और), **न**—न, **अमुत्र**—परलोक में, **विनाशः**—विनाश, **तस्य**—उस पुरुष का, **विद्यते**—होता है, **न**—नहीं, **हि**—क्योंकि, **कल्याणकृत्**—कल्याण करनेवाला, **कश्चित्**—कभी, **दुर्गतिम्**—दुर्गति को, **तात**—हे तात, **गच्छति**—प्राप्त होता।

श्रीभगवान् बोले—हे पार्थ ! उस पुरुष का न तो इस लोक में और न परलोक में ही विनाश होता है, क्योंकि हे तात ! कल्याण करनेवाला कभी दुर्गति को नहीं प्राप्त होता।

हे पार्थ ! ऐसे योगभ्रष्ट पुरुष का न तो इस लोक में और न ही परलोक में विनाश होता है, अर्थात् इस लोक में अपने से निम्न योनि में वह जन्म नहीं लेता जिससे उसका पतन नहीं होता और परलोक में भी नरक प्राप्त न होने से भी पतन नहीं होता है।

भगवान् श्रीकृष्ण अब अर्जुन को शिष्यरूप में प्रेमपूर्वक वात्सल्य भाव से 'तात' शब्द के सम्बोधन से कहते हैं कि हे तात! आत्मोद्धार के लिए 'कल्याण' मार्ग में प्रवृत्त हुआ कोई भी मनुष्य कभी भी दुर्गति को नहीं प्राप्त होता है (२।४०)।

भगवान् का यह वचन किसी भी साधक शिष्य के लिए आश्वासन है कि मानो वे स्वयं उसको किसी भावी दुर्गति से बचाकर योग व क्षेम का दायित्व अपने ऊपर ले रहे हों और यह आश्वस्त कर रहे हों कि वे अन्ततः किसी आगे के जन्म में योग में पूर्ण प्रतिष्ठित करके ऐसे साधक शिष्य को अवश्य ही ब्रह्म की प्राप्तिरूप मोक्ष प्रदान करा देंगे। ऐसा महान आश्वासन जगत् में ब्रह्मज्ञानी गुरु ही दे सकता है। यहाँ तो गुरुरूप में ब्रह्मस्वरूप भगवान् श्रीकृष्ण स्वयं हैं, तो फिर कहना ही क्या है! ॥ ४० ॥

प्राप्य पुण्यकृतां लोकानुषित्वा शाश्वतीः समाः ।
शुचीनां श्रीमतां गेहे योगभ्रष्टोऽभिजायते ॥ ४१ ॥

प्राप्य—प्राप्त होकर (वहाँ), **पुण्यकृताम् लोकान्**—पुण्यकर्मा पुरुषों को प्राप्त होनेवाले लोकों को, **उषित्वा**—निवास करके (फिर), **शाश्वतीः**—बहुत, **समाः**—वर्षों तक, **शुचीनाम्**—शुद्ध, **श्रीमताम्**—श्रीमानों के, **गेहे**—घर में, **योगभ्रष्टः**—योगभ्रष्ट पुरुष (तो), **अभिजायते**—जन्म लेता है।

योगभ्रष्ट पुरुष तो पुण्यकर्मा पुरुषों को प्राप्त होनेवाले लोकों को प्राप्त होकर, वहाँ बहुत वर्षों तक निवास करके फिर शुद्ध और श्रीमानों के घर जन्म लेता है।

ब्रह्म के ज्ञान हेतु योग में लगा हुआ योगभ्रष्ट पुरुष, योग के माहात्म्य से ही, देहान्तर के पश्चात् पुण्य कर्म करनेवालों को मिलनेवाले लोकों को प्राप्त होकर पहले जिन भोगेच्छाओं के कारण वह योग से भ्रष्ट हुआ है, उसी प्रकार के तथा अन्य कल्याणप्रद भोगों को बहुत काल तक भोगता है। इस प्रकार पूर्व में सूक्ष्म रूप से विद्यमान सारी इच्छाओं व तृष्णाओं के भोग के क्षय हो जाने पर वह योगी, पुनः पूर्व के योगाभ्यास के माहात्म्य से ही, शुद्ध आचरणवाले श्रीमानों के घर में आध्यात्मिक वृत्ति की पूर्ति में सहायक सारी सुविधाओं से युक्त स्थिति में जन्म लेता है। यहाँ पूर्व जन्मों में किये गये योग का अत्यन्त माहात्म्य बताया गया है, जिसका प्रभाव बाद के जन्म में भी रहता है ॥ ४१ ॥

अथवा योगिनामेव कुले भवति धीमताम् ।
एतद्धि दुर्लभतरं लोके जन्म यदीदृशम् ॥ ४२ ॥

अथवा—अथवा, **योगिनाम्**—योगियों के, **एव**—ही, **कुले**—कुल में, **भवति**—जन्म लेता है, **धीमताम्**—बुद्धिमान, **एतत्**—यह (जन्म), **हि**—निःसन्देह, **दुर्लभतरम्**—अत्यन्त दुर्लभ है, **लोके**—संसार में, **जन्म**—जन्म (है), **यत्**—जो, **ईदृशम्**—इस प्रकार का।

अथवा बुद्धिमान योगियों के कुल में जन्म लेता है, परन्तु इस प्रकार का जो यह जन्म है वह संसार में निःसन्देह अत्यन्त दुर्लभ है।

अथवा यदि कोई पुरुष योग की परिपक्वता या पूर्णता की स्थिति के नजदीक पहुँचकर मोहादि कारणों से योग से विचलित हो जाय तो वह बुद्धिमान योगियों के कुल में जन्म लेता है, किन्तु ऐसे योगियों के कुल में जन्म लेना संसार में सामान्य मनुष्यों के लिए निःसन्देह दुर्लभ है। ऐसा जन्म तो पूर्व जन्मों के योग के माहात्म्य से मोक्ष प्राप्ति के लिए ही होता है ॥ ४२ ॥

तत्र तं बुद्धिसंयोगं लभते पौर्वदेहिकम् ।
यतते च ततो भूयः संसिद्धौ कुरुनन्दन ॥ ४३ ॥

तत्र—वहाँ, **तम्**—उस, **बुद्धिसंयोगम्**—बुद्धि के संयोग को (सहज ही), **लभते**—पा जाता है, **पौर्व देहिकम्**—पूर्व शरीर में अभ्यास किये हुए, **यतते**—प्रयत्न करता है, **च**—और, **ततः**—उससे, **भूयः**—फिर, **संसिद्धौ**—योग की पूर्ण सिद्धि के लिए, **कुरुनन्दन**—हे कुरुनन्दन।

वहाँ वह उस पूर्व शरीर में अभ्यास किये हुए बुद्धि के संयोग को सहज ही पा जाता है और हे कुरुनन्दन ! उससे फिर योग की पूर्ण सिद्धि के लिए प्रयत्न करता है।

योगियों के कुल में जन्म लेकर वह पूर्व शरीर में अभ्यास किये हुए योगविषयक बुद्धि के संयोग को पा जाता है, अर्थात् जन्म लेते ही उसका पूर्व जन्म में प्राप्त हुई बुद्धि से संयोग हो जाता है और हे कुरुनन्दन! वह पहले किये गये योगाभ्यास के संस्कार के प्रभाव से पूर्ण सिद्धि के लिए पुनः पहले से भी अधिक प्रयत्न करता है ॥ ४३ ॥

पूर्व शरीर की बुद्धि से संयोग कैसे होता है, सो कहते हैं—

पूर्वाभ्यासेन तेनैव ह्रियते ह्यवशोऽपि सः ।
जिज्ञासुरपि योगस्य शब्दब्रह्मातिवर्तते ॥ ४४ ॥

पूर्व अभ्यासेन—पूर्वकृत अभ्यास के द्वारा, **तेन एवं ह्रियते**—उसी योग की ओर आकर्षित किया जाता है, **हि**—निःसन्देह, **अवशः अपि**—अवश होने पर भी, **सः**—वह (पुरुष), **जिज्ञासुः**—जिज्ञासु, **अपि**—भी, **योगस्य**—योग का, **शब्दब्रह्म**—शब्दब्रह्म को (ब्रह्मलोक को), **अतिवर्तते**—लाँघ जाता है।

वह पुरुष अवश होने पर भी उस पूर्वकृत अभ्यास के द्वारा निःसन्देह उसी योग की ओर आकर्षित किया जाता है। इतना ही नहीं, योग का जिज्ञासु भी शब्दब्रह्म को लाँघ जाता है।

योगियों के कुल में योगभ्रष्ट पुरुष के जन्मने पर तो शुद्ध आध्यात्मिक वातावरण स्वतः मिल जाता है, किन्तु उनके श्रीमानों के घर में जन्म लेने पर सम्पन्नता के कारण भोगों की भी बहुलता होती है जिसके आकर्षण से बार-बार आकृष्ट होता हुआ भी वह योगभ्रष्ट पुरुष पहले जन्म में किये हुए योगविषयक अभ्यास के दृढ संस्कार और योग के माहात्म्य से ही योग की तरफ खींचकर प्रवृत्त कर दिया जाता है। वह उन भोगों के लौकिक आकर्षण से अन्ततः मुक्त हो जाता है, क्योंकि योगसंस्कार का बहुत काल तक दबे रहने पर भी उसका नाश नहीं होता है (२।४०), वह अपना प्रभाव दिखाता है।

जो पुरुष योग में न तो आरूढ़ हुआ है और न ही अभ्यास में प्रवृत्त हुआ है, किन्तु उसकी योग में जिज्ञासा है, योग के स्वरूप को जानने की इच्छा है। उसकी इस इच्छा के समक्ष सांसारिक सभी भोग-विषय उसकी दृष्टि में गौण हैं। ऐसा वह योग जिज्ञासु भी योगमार्ग में लगकर वेदों में वर्णित सकाम कर्म व उनके फल से ऊँचा उठकर शब्दब्रह्म से पार होकर मुक्त हो जाता है (६।४०)। योग का जिज्ञासु भी जब योग में लगकर मुक्ति पा जाता है तो योग की ऐसी महिमा होने पर उस योगभ्रष्ट पुरुष का कहना ही क्या है ! अर्थात् वह शब्दब्रह्म को लाँघकर मुक्त ही हो जाता है। यहाँ 'शब्दब्रह्म' का अभिप्राय देव, मनुष्य, अन्तरिक्ष, स्वर्ग आदि शब्दों से वर्णित काल के अन्तर्गत ब्रह्मरूप-प्रकृति या ब्रह्मलोक से है ॥ ४४॥

योगी के श्रेष्ठ होने का कारण अगले दो श्लोकों में बताते हैं—

प्रयत्नाद्यतमानस्तु योगी संशुद्धकिल्बिषः ।
अनेकजन्मसंसिद्धस्ततो याति परां गतिम॥ ४५॥

प्रयत्नात्—अभ्यास से, **यतमानः**—इस जन्म में प्रयत्नपूर्वक साधन करके, **तु**—परन्तु, **योगी**—योगी, **संशुद्ध**—विशुद्ध हुआ, **किल्बिषः**—सम्पूर्ण पापों से, **अनेक जन्म**—अनेक जन्मों के, **संसिद्धः**—संसिद्ध (और), **ततः**—फिर, **याति**—प्राप्त हो जाता है, **पराम् गतिम्**—परम गति को।

अनेक जन्मों के अभ्यास से संसिद्ध और सम्पूर्ण पापों से विशुद्ध हुआ योगी इस जन्म में प्रयत्नपूर्वक साधन करके फिर परम गति को प्राप्त हो जाता है।

परन्तु जो योगी प्रयत्नपूर्वक योग साधन में अधिक अभ्यास करनेवाला है वह पिछले अनेक जन्मों के योगाभ्यास के संचित संस्कारों से पापमुक्त होकर इस

जन्म में सिद्धावस्था को प्राप्त हुआ शीघ्र ही परम गति अर्थात् मोक्ष को प्राप्त हो जाता है ॥ ४५ ॥

तपस्विभ्योऽधिको योगी ज्ञानिभ्योऽपि मतोऽधिकः ।
कर्मिभ्यश्चाधिको योगी तस्माद्योगी भवार्जुन ॥ ४६ ॥

तपस्विभ्यः—तपस्वियों से, **अधिकः**—श्रेष्ठ है, **योगी**—योगी, **ज्ञानिभ्यः**—शास्त्रज्ञानियों से, **अपि**—भी, **मतः**—माना गया है, **अधिकः**—श्रेष्ठ, **कर्मिभ्यः**—सकाम कर्मियों से (भी), **च**—और, **अधिकः**—श्रेष्ठ है, **योगी**—योगी, **तस्मात्**—इसलिए, **योगी**—योगी, **भव**—हो, **अर्जुन**—हे अर्जुन।

योगी तपस्वियों से श्रेष्ठ है, शास्त्रज्ञानियों से भी श्रेष्ठ माना गया है और सकाम कर्मियों से भी योगी श्रेष्ठ है, इसलिए हे अर्जुन ! तू योगी हो।

योगी द्वारा उपर्युक्त स्थिति प्राप्त करने के कारण ही योगी की श्रेष्ठता कही गयी है। इन्द्रियों का संयम करके एवं शीतोष्णादि शारीरिक कष्टों को सहन करते हुए तप करनेवाले सकाम भाव के तपस्वियों की तुलना में परमात्माभिमुख निष्काम योगी श्रेष्ठ है। शास्त्रज्ञ ज्ञानियों से भी योगी श्रेष्ठ है। सांसारिक व स्वर्ग आदि के सुख की प्राप्ति हेतु सकाम भाव से यज्ञ, दान, आदि कर्म करनेवाले कर्मियों से भी योगी श्रेष्ठ है। इसलिए हे अर्जुन! तू 'योगी' बन ॥ ४६ ॥

श्रद्धावान योगी को सभी योगियों में श्रेष्ठतम बतलाना—

योगिनामपि सर्वेषां मद्‌गतेनान्तरात्मना ।
श्रद्धावान्भजते यो मां स मे युक्ततमो मतः ॥ ४७ ॥

योगिनाम्—योगियों में, **अपि**—भी, **सर्वेषाम्**—सम्पूर्ण, **मद्‌गतेन**—मुझमें लगे हुए, **अन्तरात्मा**—मन से, **श्रद्धावान्**—श्रद्धावान योगी, **भजते**—भजता है, **यः**—जो, **माम्**—मुझको, **सः**—वह, **मे**—मेरे, **युक्ततमः**—श्रेष्ठतम, **मतः**—मत में।

सम्पूर्ण योगियों में जो भी श्रद्धावान योगी मुझमें लगे हुए मन से मुझको भजता है, वह मेरे मत में श्रेष्ठतम है।

आत्मा और परमात्मा की प्राप्तिरूपी योग के लिए कर्म, तप एवं यज्ञ आदि करनेवाले और अष्टांगयोग, हठयोग, मन्त्रयोग, सिद्धयोग, लययोग एवं क्रियायोग आदि योगयज्ञरूप उपायों के अभ्यास में संलग्न सभी पुरुष 'योगी' हैं (४।२४-३०)। सभी योगियों की अपेक्षा से वह योगी जो मेरी सत्ता व महत्ता को समझनेवाला, मेरे में पूरे विश्वास से श्रद्धा रखनेवाला 'श्रद्धावान' है, मेरे में

अनन्यभाव से स्थित अन्तःकरणवाला है तथा जो मुझ परमेश्वर को सगुण या निर्गुणरूप में प्रेमपूर्वक मन-बुद्धि से निरन्तर भजता है, वह मेरे मत में श्रेष्ठतम योगी है (७।१७;१८।५५)।

आशय यह लगता है कि परमात्मा से युक्त होने के लिए चाहे जिस उपाय का चाहे जिस योगमार्ग का आश्रय ले, उसमें साधक द्वारा भक्तिभाव से भगवान् का भजन सहायक होता है। इससे योग के फल की प्राप्ति आसान हो जाती है। योग में पूर्णता और तृप्तता प्राप्त हो जाती है। इस प्रकार किसी भी योगमार्ग में भक्ति का महत्त्व इस श्लोक में परोक्ष रूप से प्रतीत होता है ॥ ४७॥

इति श्रीकृष्णार्जुनसंवादे आत्मसंयमयोगो नाम षष्ठोऽध्यायः ॥ ६॥

अध्याय ७

श्रीमद्‌भगवद्‌गीता के कुल अट्‌ठारह अध्याय तीन षष्टक में विभक्त हैं। प्रथम षष्टक अध्याय एक से छह तक, द्वितीय षष्टक अध्याय सात से बारह तक और तृतीय षष्टक अध्याय तेरह से अट्‌ठारह तक है। यद्यपि तीनों षष्टकों में कर्म, ज्ञान व भक्तियोग का वर्णन न्यूनाधिक हुआ है, किन्तु प्रमुखता से प्रथम षष्टक में कर्मयोग का, द्वितीय में भक्तियोग का तथा तृतीय में ज्ञानयोग का वर्णन है और इसलिए इन तीनों षष्टकों को क्रमशः कर्मयोग प्रधान, भक्तियोग प्रधान तथा ज्ञानयोग प्रधान षष्टक कहा गया। इस अध्याय ***'ज्ञानविज्ञानयोग'*** में ज्ञान को अर्थात् तत्त्वज्ञान को भगवान् विज्ञान के सहित अर्थात् अपने अनुभव के सहित सम्पूर्णता से अर्जुन को कहने की बात कह रहे हैं, जिसे जान लेने पर और कुछ जानना शेष नहीं बचता। इस अध्याय में भगवान् के स्वरूप का, जीवों में प्रकृति के तीन गुणों से होनेवाले मोह का, इसकी निवृत्ति हेतु भगवान् में शरण लेने का, उपासकों के भेद का और ज्ञानी की प्रशंसा का वर्णन किया गया है।

भगवान् को जिस ज्ञान से सम्पूर्णता से अर्जुन जानेगा, उसे सुनने के लिए भगवान् कहते हैं, जिसे जानकर और कुछ जानने योग्य शेष नहीं रहता (१-२)। ऐसा उत्तम ज्ञान दुर्लभ कैसे है, वह कहते हैं (३)। भगवान् अपनी अपरा और परा प्रकृति का वर्णन करते हैं (४-५)। भूतों की उत्पत्ति का कारण दोनों प्रकृतियाँ हैं तथा जगत् की उत्पत्ति एवं प्रलय का कारण स्वयं भगवान् हैं, सो बताते हैं (६)। ऐसा होने से सम्पूर्ण जगत् एवं प्राणी सूत्र की मणियों के समान भगवान् में गुँथे हुए-से हैं (७)। यह समस्त जगत् किस-किस धर्म से युक्त हुआ भगवान् में पिरोया है, सो बताते हैं (८-१२)। तीनों गुणों से मोहित होने के कारण लोग ऐसे सर्वेश्वर को नहीं जानते, सो बतलाते हैं (१३)। तो फिर इस त्रिगुणात्मक माया से तरने हेतु भगवान् की शरण ही है, सो बताते हैं (१४)। यदि ऐसी बात है तो सभी भगवान् की शरण क्यों नहीं लेते, इस पर कहते हैं (१५)। आर्त, अर्थार्थी, जिज्ञासु और ज्ञानी ऐसे पुण्यकर्मा मनुष्य भगवान् को भजते हैं, सो बतलाते हैं (१६)। अब उन भक्तों में ज्ञानी भक्त की प्रशंसा करते हैं—ज्ञानी अत्यन्त श्रेष्ठ है (१७), ज्ञानी मेरी आत्मा है (१८) एवं 'यह सब वासुदेव ही हैं'

ऐसा समझनेवाला वह महात्मा अत्यन्त दुर्लभ है (१९)। अब परमेश्वर को न भजनेवाले सकामी भक्तों की स्थिति बतलाते हैं—वे अन्य देवताओं की शरण में जाते हैं (२०), उनकी श्रद्धा को मैं उन्हीं देवता के प्रति स्थिर करता हूँ (२१), वह मेरे द्वारा ही विधान किये हुए इच्छित भोगों को उस देवता से पाता है (२२), परन्तु ऐसा फल नाशवान होता है और मेरे भक्त तो मुझे ही पाते हैं (२३)। भगवान् का भजन लोग अज्ञान के कारण नहीं करते हैं, इसे बताते हैं (२४)। मनुष्य के अज्ञान का कारण माया बताते हैं (२५), किन्तु भगवान् के ज्ञान को माया प्रभावित नहीं करती (२६)। सभी भूत प्राणियों में भगवान् के प्रति मूढ़भाव होने का कारण उनमें जन्मकाल से ही इच्छा और द्वेष से उत्पन्न द्वन्द्वरूप मोह बताते हैं (२७)। तब कोई-कोई द्वन्द्वमोह से छूटे हुए भगवान् को भजते हैं, सो कहते हैं (२८)। भगवान् को भजनेवाले ब्रह्म को, सम्पूर्ण अध्यात्म को तथा सम्पूर्ण कर्म को जानते हैं (२९)। इसी तरह जो भगवान् को अधिभूत, अधिदैव और अधियज्ञ के सहित जानते हैं वे मरणकाल में उन्हें ही जानते हैं, अर्थात् उन्हें ही प्राप्त हो जाते हैं, इस प्रकार श्लोक (३०) से अध्याय का उपसंहार होता है।

अध्याय छह के अन्तिम श्लोक में सम्पूर्ण योगियों में भगवान् में श्रद्धावान् और उन्हें भजनेवाले योगी को श्रेष्ठतम कहा गया। भगवान् को भजने में उनके गुण, प्रभाव तथा स्वरूप को जानना सहायक होता है। अतएव मनुष्यों में भक्तिभाव उत्पन्न करने के लिए भगवान् अपने स्वरूप आदि का वर्णन अर्जुन को सुनने के लिए कहते हैं—

श्रीभगवानुवाच

मय्यासक्तमनाः पार्थ योगं युञ्जन्मदाश्रयः ।

असंशयं समग्रं मां यथा ज्ञास्यसि तच्छृणु ॥ १ ॥

श्रीभगवान् उवाच—श्रीभगवान् बोले, **मयि**—मुझमें, **आसक्तमनाः**—आसक्त हुए मनवाला, **पार्थ**—हे पार्थ, **योगम् युञ्जन्**—योग में लगा हुआ, **मदाश्रयः**—मेरे ही आश्रित होकर (मेरी प्राप्तिरूप), **असंशयम्**—बिना संशय के, **समग्रम्**—सम्पूर्णता से, **माम्**—मुझे, **यथा**—जैसे, **ज्ञास्यसि**—जानेगा, **तत्**—उसे, **शृणु**—सुन।

श्रीभगवान् बोले—हे पार्थ ! मुझमें आसक्त हुए मनवाला मेरे ही आश्रित होकर मेरी प्राप्ति रूप योग में लगा हुआ बिना संशय के जैसे सम्पूर्णता से मुझे जानेगा, उसे सुन।

हे पार्थ ! 'मय्यासक्तमनाः' अर्थात् मुझ परमेश्वर में मन को आसक्त करके एवं मेरे अतिरिक्त अन्य सांसारिक अनित्य व अनात्म विषयक पदार्थों में किसी

तरह की कोई आसक्ति न रखकर, 'मदाश्रय:' अर्थात् एकमात्र मुझमें ही आश्रय लेकर तथा जगत् में अन्य किसी भी आश्रय का अवलम्ब न लेकर, मेरी प्राप्तिरूप योगध्यान में अपने मन को लगाता हुआ जिस प्रकार से विभूति, बल, ऐश्वर्य आदि गुणों से युक्त मुझ परमेश्वर को संशयरहित होकर जानेगा, उसको तुम मुझसे सुन ॥ १ ॥

ज्ञानं तेऽहं सविज्ञानमिदं वक्ष्याम्यशेषतः ।
यज्ज्ञात्वा नेह भूयोऽन्यज्ज्ञातव्यमवशिष्यते ॥ २ ॥

ज्ञानम्–ज्ञान, **ते**–तेरे लिये, **अहम्**–मैं, **सविज्ञानम्**–विज्ञान के सहित, **इदम्**–यह, **वक्ष्यामि**–कहूँगा, **अशेषतः**–सम्पूर्णता से, **यत्**–जिसको, **ज्ञात्वा**–जानकर, **न**–नहीं, **इह**–यहाँ, **भूयः**–फिर, **अन्यत्**–और कुछ भी, **ज्ञातव्यम्**–जानने योग्य, **अवशिष्यते**–शेष बचेगा।

विज्ञान के सहित मैं तेरे लिए यह ज्ञान सम्पूर्णता से कहूँगा, जिसको जानकर फिर यहाँ और कुछ भी जानने योग्य शेष नहीं बचेगा।

मैं तुम्हारे लिए इस ज्ञान को अर्थात् तत्त्वज्ञान को विज्ञान के सहित अर्थात् अपने अनुभव के सहित सम्पूर्णता-नि:शेषता से कहूँगा, जिसे जानकर इस जगत् के वास्तविक अनित्य स्वरूप का भी बोध हो जाता है और तब अन्य किसी साधन-पुरुषार्थ को जानना शेष नहीं रहता।

इस तरह योगेश्वर कृष्ण स्वयं ऐसे उत्तम फलदायी दिव्य ज्ञान देनें को कह रहे हैं, जिसे जानकर ज्ञान सम्बन्धी सारी जिज्ञासाएँ समाप्त हो जाती हैं। एक तरह से सर्वज्ञता की स्थिति हो जाती है। इसका आशय ऐसा लगता है कि भगवान् मानो स्वयं को और अपनी शक्तियों का प्रत्यक्ष अनुभव कराने को कह रहे हों ॥ २ ॥

भगवान् अपने को मनुष्यों द्वारा तात्त्विक रूप से जानने की दुर्लभता बतलाते हैं—

मनुष्याणां सहस्रेषु कश्चिद्यतति सिद्धये ।
यततामपि सिद्धानां कश्चिन्मां वेत्ति तत्त्वतः ॥ ३ ॥

मनुष्याणाम्–मनुष्यों में, **सहस्रेषु**–हजारों, **कश्चित्**–कोई एक, **यतति**–यत्न करता है (और उन), **सिद्धये**–सिद्धि के लिए (सिद्धिपर्यन्त), **यतताम्**–यत्न करनेवाले, **अपि**–भी, **सिद्धानाम्**–सिद्धों में, **कश्चित्**–कोई एक, **माम्**–मुझको, **वेत्ति**–जानता है, **तत्त्वतः**–तत्व से।

हजारों मनुष्यों में कोई एक सिद्धिपर्यन्त यत्न करता है और उन यत्न करनेवाले सिद्धों में कोई एक मुझको तत्त्व से जानता है।

हजारों मनुष्यों में कोई मुझ परमात्मा की प्राप्तिरूप सिद्धि के लिए सिद्धि पाने तक प्रयत्न करता है और इन प्रयत्न करनेवाले सिद्ध-योगियों में भी कोई एक (२।२९) मुझे तत्त्व से, मेरे निर्गुण व सगुण रूप को, समग्रता से, यथार्थता से जानता है। यहाँ परमात्मा को जानने का आशय दुरूहता का नहीं है, अपितु श्रद्धा व विश्वास के साथ सतत और दीर्घ प्रयास के करने का है ॥ ३ ॥

भगवान् स्वयं की 'अपरा' और 'परा' प्रकृति को अगले दो श्लोकों में बतलाते हैं—

भूमिरापोऽनलो वायुः खं मनो बुद्धिरेव च ।
अहङ्कार इतीयं मे भिन्ना प्रकृतिरष्टधा ॥ ४ ॥

भूमिः—पृथ्वी, **आपः**—जल, **अनलः**—अग्नि, **वायुः**—वायु, **खम्**—आकाश, **मनः**—मन, **बुद्धिः**—बुद्धि, **एव**—भी, **च**—और, **अहङ्कारः**—अहंकार, **इति**—इस प्रकार, **इयम्**—यह, **मे**—मेरी, **भिन्ना**—विभाजित, **प्रकृतिः**—प्रकृति है, **अष्टधा**—आठ प्रकार से।

पृथ्वी, जल, अग्नि, वायु, आकाश, मन, बुद्धि और अहंकार भी — इस प्रकार यह आठ प्रकार से विभाजित मेरी प्रकृति है।

आकाश, वायु, अग्नि, जल और पृथ्वी, ये सूक्ष्म *पञ्चभूत*[१] (३।२७ की पाद टिप्पणी देखें) तथा मन, बुद्धि और अहंकार, ऐसे आठ प्रकार से विभाजित मेरी प्रकृति है। समष्टि जड़ प्रकृति की रचना उपर्युक्त सूक्ष्म पञ्चभूतों से हुई है और इनकी तन्मात्राएँ क्रमशः शब्द, स्पर्श, रूप, रस व गन्ध हैं। ईश्वर की त्रिगुणात्मिका माया के गुणों-सत्त्व, रज व तम के मिश्रण से सूक्ष्म पञ्चभूत बनते हैं। फलतः

---

१. ***पंचभूत*** दो प्रकार के होते हैं: सूक्ष्म या अपंचीकृत पंचभूत तथा स्थूल या पंचीकृत पंचभूत। स्थूल पंचभूत को हम देख सकते हैं अथवा अनुभव कर सकते हैं, किन्तु सूक्ष्म पंचभूत सूक्ष्म होने के कारण देखने या अनुभव में नहीं आते हैं। सूक्ष्म पंचभूत आकाश, वायु, अग्नि, जल और पृथ्वी से सम्बन्धित पाँच तन्मात्राएँ क्रमशः शब्द, स्पर्श, रूप, रस व गन्ध हैं। सूक्ष्म पंचभूतों की रचना त्रिगुणात्मिका माया के गुण सत्त्व, रज व तम के मिश्रण से होता है। इन उपर्युक्त पाँचों सूक्ष्म पंचभूतों के प्रत्येक के सात्त्विक अंश से पाँच ज्ञानेन्द्रियाँ क्रमशः श्रोत्रेन्द्रिय, त्वकइन्द्रिय, नेत्रइन्द्रिय, स्वादइन्द्रिय व घ्राणइन्द्रिय की उत्पत्ति होती है। इसी प्रकार सूक्ष्म पंचभूतों के प्रत्येक के राजस अंश से पाँच कर्मेन्द्रियों वाक, पाणि, पाद, उपस्थ व गुदा की उत्पत्ति होती है। अन्तःकरण अर्थात् मन, बुद्धि, अहंकार व चित्त (*गीता* में मन व चित्त को एक ही लिया गया है) की उत्पत्ति इन्हीं सूक्ष्म पंचभूतों के सम्मिलित सत्त्व अंश से है। पंचप्राण (प्राण, अपान, व्यान, उदान और समान) की उत्पत्ति सूक्ष्म पंचभूतों के समष्टि राजस अंश से है। स्थूल पंचभूतों की रचना, सूक्ष्म पंचभूतों के पंचीकृत क्रिया द्वारा होती है और स्थूल पंचभूतों से वनस्पतियाँ एवं अन्न होते हैं। इस अन्न से अन्नमय कोश या स्थूल शरीर बनता है। इस तरह उपर्युक्त तेईस तत्त्वों से निर्मित ईश्वर की रचना 'समष्टि प्रकृति' का वर्णन है। अतएव सम्पूर्ण रचना में सत्त्व, रज व तम की विद्यमानता अन्तर्निहित है।

सत्त्व, रज व तम अन्तर्निहित रूप से सूक्ष्म पञ्चभूतों में एवं जड़ प्रकृति में विद्यमान रहते हैं। यहाँ पर आकाश आदि सूक्ष्म पञ्चभूत में शब्द आदि पाँच विषयों (तन्मात्राओं) का तथा अन्त:करण (मन, बुद्धि व अहंकार) में दसों इन्द्रियों का अन्तर्भाव है। इस तरह अव्यक्त प्रकृति का यहाँ आठ प्रकार से और श्लोक (१३।५) में तेईस प्रकार से विभाजन में कोई भेद नहीं है ॥ ४॥

अपरेयमितस्त्वन्यां प्रकृतिं विद्धि मे पराम् ।
जीवभूतां महाबाहो ययेदं धार्यते जगत्॥ ५॥

अपरा—अपरा है, **इयम्**—यह, **इतः**—इससे, तु—तो, **अन्याम्**—दूसरी, **प्रकृतिम्**—प्रकृति को, **विद्धि**—जान, **मे**—मेरी, **पराम्**—परा (चेतन), **जीवभूताम्**—जीवरूपा, **महाबाहो**—हे महाबाहो, **यया**—जिससे, **इदम्**—यह, **धार्यते**—धारण किया जाता है, **जगत्**—जगत्।

यह तो अपरा है। हे महाबाहो ! इससे दूसरी मेरी जीवरूपा परा प्रकृति को जान, जिससे यह जगत् धारण किया जाता है।

यह मेरी उपर्युक्त प्रकृति अपरा-जड़ प्रकृति है जिसे मूलप्रकृति भी कहते हैं जो निकृष्ट, अशुद्ध और अनर्थकारक भावरूपा है। हे महाबाहो ! इससे दूसरी जीवरूपा पराप्रकृति-चेतनप्रकृति है जो प्राणधारण के लिए है और इस प्रकृति के द्वारा सभी जीवों में प्रविष्ट होकर सम्पूर्ण जगत् को धारण किया जाता है। इसी प्रकृति को कहीं 'क्षेत्रज्ञ' (१३।१) और कहीं 'पुरुष' (१५।१६) कहा गया है। इस प्रकार जीव पर कृपा करके परमेश्वर स्वयं जीवरूप में सभी प्राणियों के अन्दर प्रतिष्ठित (१०।२०) हैं ॥ ५॥

सम्पूर्ण भूतों का कारण दोनों प्रकृतियाँ हैं तथा जगत् की उत्पत्ति एवं प्रलय का कारण भगवान् हैं, सो बताते हैं—

एतद्योनीनि भूतानि सर्वाणीत्युपधारय ।
अहं कृत्स्नस्य जगतः प्रभवः प्रलयस्तथा॥ ६॥

एतत्—इन्हीं दोनों, **योनीनि**—योनियोंवाले हैं (और), **भूतानि**—भूतप्राणी, **सर्वाणि**—सम्पूर्ण, **इति**—ऐसा, **उपधारय**—समझ, **अहम्**—मैं, **कृत्स्नस्य**—सम्पूर्ण, **जगतः**—जगत् का, **प्रभवः**—उत्पत्ति, **प्रलयः**—प्रलय का कारण हूँ, **तथा**—और।

ऐसा समझ कि सम्पूर्ण भूतप्राणी इन्हीं दोनों योनियोंवाले हैं और मैं सम्पूर्ण जगत् का उत्पत्ति और प्रलय का कारण हूँ।

मेरी दो प्रकृतियाँ अपरा और परा के कारण ही सम्पूर्ण प्राणी हैं ऐसा तुम समझो, अर्थात् इन दो प्रकृतियों के संयोग से ही सम्पूर्ण प्राणी उत्पन्न होते हैं

(१३।२६)। अत: ये सभी प्राणी मेरे ही हैं, इन प्राणियों में मैं ही हूँ, मैं स्वयं ही सभी प्राणियों के रूप में हूँ। सम्पूर्ण प्राणियों में स्थावर प्राणी- वृक्ष व लता आदि एवं जंगम प्राणी- देवता, मनुष्य, पशु व पक्षी आदि आते हैं। मेरे कारणरूप मेरी दोनों प्रकृतियाँ सम्पूर्ण जगत् का कारण हैं और इसलिए मैं सम्पूर्ण जगत् की उत्पत्ति एवं प्रलय हूँ। सम्पूर्ण जगत् से आशय यावन्मात्र जड़-चेतन सम्पूर्ण संसार से है।

जिस तरह स्वर्ण आभूषण की उत्पत्ति में भले ही सोनार निमित्त कारण है तथा स्वर्ण आभूषण उपादान कारणरूप स्वर्ण से बनता है, स्वर्ण ही रहता है और आभूषण नष्ट होने पर स्वर्ण ही बचता है। किन्तु सम्पूर्ण जगत् की उत्पत्ति का ईश्वर निमित्त कारण हैं, स्वामी हैं और प्रलय होने के बाद सम्पूर्ण जगत् उन्हीं में विलीन होने से और पुन: उन्हीं से यथासमय उत्पन्न और प्रलय होते रहने से ईश्वर इस जगत् का उपर्युक्त उदाहरण में स्वर्ण की तरह उपादान कारण भी हैं। इस तरह अपनी दोनों प्रकृतियों के द्वारा सम्पूर्ण जगत् का निमित्त और उपादान दोनों ही कारण सर्वज्ञ एवं सर्वव्यापी स्वयं ईश्वर हैं ॥ ६ ॥

ऐसा होने से सम्पूर्ण जगत् एवं प्राणी सूत्र की मणियों के समान मुझमें गुँथे हुए-से हैं, सो कहते हैं—

मत्तः परतरं नान्यत्किञ्चिदस्ति धनञ्जय ।
मयि सर्वमिदं प्रोतं सूत्रे मणिगणा इव ॥ ७॥

मत्तः—मुझसे, **परतरम्**—श्रेष्ठतर, **न**—नहीं, **अन्यत्**—दूसरा, **किञ्चित्**—कुछ भी, **अस्ति**—है, **धनञ्जय**—हे धनंजय, **मयि**—मुझमें, **सर्वम्**—सब कुछ, **इदम्**—यह, **प्रोतम्**—गुँथा हुआ है, **सूत्रे**—सूत्र में, **मणिगणाः इव**—मणियों के समान।

हे धनंजय ! मुझसे श्रेष्ठतर दूसरा कुछ भी नहीं है। यह सब सूत्र में मणियों के समान मुझमें गुँथा हुआ है।

हे धनंजय ! मुझसे अतिरिक्त दूसरा कोई भी इस जगत् का किंचित मात्र कारण नहीं है, इस चराचर जगत् का विस्तार मेरी अपरा और परा प्रकृति के कारण है। अतएव मैं ही जगत् का मूल कारण हूँ। जिस तरह से एक सूत्र में मणियाँ माला रूप में गुँथी रहती हैं, उसी प्रकार सम्पूर्ण संसार मुझमें गुँथा हुआ है।

अपरा अर्थात् जड़ प्रकृति ईश्वर की मूल प्रकृति है तथा परा अर्थात् चेतन प्रकृति ईश्वर का स्वरूप है, चित् शक्ति है, जो सभी जीव व जगत् की अन्य चीजों को धारण करती है। इस जीवरूपा परा प्रकृति से ही अपरा प्रकृति के

संयोग होने से सभी जीव उत्पन्न होते हैं। जीव सहित पूरा संसार विनाश के बाद इसी परा प्रकृति में विलीन होते हैं।

ईश्वर की यह परा प्रकृति सभी प्राणियों में जीवरूप से प्रतिष्ठित है और मनुष्य में यह ईश्वररूपी जीवात्मा अपरा और परा प्रकृतियों को तत्त्वत: जानने का अधिकारी है तथा दोनों प्रकृतियों के कारणरूप ईश्वर को जानकर मोक्ष प्राप्त करने में समर्थ हो सकता है। जीव द्वारा ही दोनों प्रकृतियों में अन्त:सम्बन्ध स्थापित होता है। मन, बुद्धि और शरीर अपरा प्रकृति के हैं, किन्तु इनसे यदि परा प्रकृतिरूपी जीव का सम्बन्ध न स्थापित हो तो सृष्टि की अभिव्यक्ति का कोई माध्यम ही नहीं होगा। अतएव इस सम्बन्ध के साथ मनुष्य के शरीर में रहते हुए जीव यदि ज्ञान के द्वारा द्रष्टा भाव से शरीर, आदि अपरा प्रकृतिरूपी जगत् से सम्बन्ध विच्छेद कर ले और स्वयं को शुद्ध-बुद्ध आत्मरूप में प्रतिष्ठित कर ले तो आत्मरूप हुआ वह जीव परमात्मा को प्राप्त कर मुक्त हो जाएगा।

ईश्वर की अपरा और परा प्रकृतियों से उत्पन्न संसार के सभी पदार्थ व जीव ईश्वर के ही आत्मरूप होने से स्वयं ईश्वर में एक सूत्र में उसी प्रकार से गुँथे हुए हैं, जिस प्रकार से मणियाँ एक सूत्र में गुँथी रहती हैं। अस्तु, सभी जड़ पदार्थ व चेतन जीव ईश्वरमय हैं, ईश्वर से भिन्न नहीं हैं। ईश्वर ही अपनी दोनों प्रकृतियों के द्वारा इस जगत् में पदार्थ व जीवरूप में प्रकट हुए हैं ॥ ७॥

जगत् किस-किस धर्म से युक्त हुआ भगवान् में पिरोया है, इसे अगले पाँच श्लोकों में बता रहे हैं—

रसोऽहमप्सु कौन्तेय प्रभास्मि शशिसूर्ययोः ।
प्रणवः सर्ववेदेषु शब्दः खे पौरुषं नृषु ॥ ८ ॥

रसः—रस, **अहम्**—मैं, **अप्सु**—जल में, **कौन्तेय**—हे कौन्तेय, **प्रभा**—प्रभा, **अस्मि**—हूँ, **शशिसूर्ययोः**—चन्द्रमा और सूर्य में, **प्रणवः**—ओंकार, **सर्व**—सब, **वेदेषु**—वेदों में, **शब्दः**—शब्द (और), **खे**—आकाश में, **पौरुषम्**—पुरुषत्व (हूँ), **नृषु**—पुरुषों में।

हे कौन्तेय ! मैं जल में रस, चन्द्रमा और सूर्य में प्रभा, सब वेदों में ओंकार, आकाश में शब्द और पुरुषों में पुरुषत्व हूँ।

हे कौन्तेय! मैं जल में उसका सार तत्त्व 'रस' हूँ। रस के बिना जल सारहीन हो जाएगा। इस तरह जल में रसरूप से मेरी विद्यमानता है। रसरूप मुझ परमात्मा में जल गुँथा हुआ है। जल का अस्तित्व मुझसे ही है, उसका स्वतन्त्र अस्तित्व नहीं है, जलरूप में मैं ही हूँ। इसी तरह से चन्द्रमा और सूर्य में प्रकाश की शक्ति

'प्रभा' हूँ। सभी वेदों में प्रणव अर्थात् 'ओंकार' हूँ, मेरे इस ओंकाररूप में सभी वेद गुँथे हैं। आकाश में 'शब्द' हूँ और पुरुषों में उनका 'पौरुष' हूँ। मेरे इस पौरुषरूप में विद्यमानता से सभी पुरुष मुझ पुरुषोत्तम में गुँथे हुए हैं, वे मुझसे पृथक् नहीं हैं, मैं वही हूँ ॥ ८॥

पुण्यो गन्धः पृथिव्यां च तेजश्चास्मि विभावसौ ।
जीवनं सर्वभूतेषु तपश्चास्मि तपस्विषु ॥ ९ ॥

पुण्यः—पवित्र, **गन्धः** –गन्ध, **पृथिव्याम्**—पृथ्वी में, **च**—और, **तेजः**—तेज, **च**—तथा, **अस्मि**—हूँ, **विभावसौ**—अग्नि में, **जीवनम्**—जीवन, **सर्वभूतेषु**—सम्पूर्ण भूतों में, **तपः**—तप, **च**—और, **अस्मि**—हूँ, **तपस्विषु**—तपस्वियों में।

पृथ्वी में पवित्र गन्ध और अग्नि में तेज हूँ तथा सम्पूर्ण भूतों में जीवन और तपस्वियों में तप हूँ।

पृथ्वी में मैं पवित्र 'गन्ध' हूँ दुर्गन्ध नहीं हूँ, क्योंकि दुर्गन्ध तो विकृति से उत्पन्न होता है और मैं निर्विकार हूँ। अग्नि में उसकी दाहक शक्ति 'तेज' हूँ, जिस तेज के बिना अग्नि अस्तित्वहीन है। सम्पूर्ण प्राणियों में मैं उनका 'जीवन' अर्थात् प्राण हूँ, जिसके बिना प्राणियों का जीवन सम्भव नहीं है। तपस्वियों में मैं उनका 'तप' हूँ और तप के बिना तपस्वी कैसा?

इस प्रकार परमात्मा स्वयं शब्द, स्पर्श, रूप, रस व गन्ध तन्मात्राओं द्वारा सभी पदार्थों एवं प्राणियों में आत्मरूप हुआ सारभूतरूप से विद्यमान हैं। 'परा' अर्थात् चेतन स्वरूप से परमात्मा जगत् को धारण करता है, जगत् उनके अतिरिक्त कुछ है ही नहीं, वे ही जगतरूप में प्रकट हैं ॥ ९ ॥

बीजं मां सर्वभूतानां विद्धि पार्थ सनातनम् ।
बुद्धिर्बुद्धिमतामस्मि तेजस्तेजस्विनामहम् ॥ १० ॥

बीजम्—बीज, **माम्**—मुझे, **सर्वभूतानाम्**—सम्पूर्ण प्राणियों का, **विद्धि**—जान, **पार्थ**—हे पार्थ, **सनातनम्**—सनातन, **बुद्धिः**—बुद्धि (और), **बुद्धिमताम्**—बुद्धिमानों की, **अस्मि**—हूँ, **तेजः**—तेज, **तेजस्विनाम्**—तेजस्वियों का, **अहम्**—मैं।

हे पार्थ ! सम्पूर्ण प्राणियों का सनातन बीज मुझे जान । मैं बुद्धिमानों की बुद्धि और तेजस्वियों का तेज हूँ।

हे पार्थ ! तुम मुझे सम्पूर्ण प्राणियों का सनातन अविनाशी 'बीज' जान, अर्थात् सभी प्राणियों की उत्पत्ति का मूल कारण मैं अविनाशी स्वयं हूँ (१०।३९)। मैं बुद्धिमानों में बुद्धि और तेजस्वियों में तेज हूँ।

सभी प्राणियों में अनादि अविनाशी ईश्वर स्वयं अपनी परा प्रकृति के चेतन शक्ति के प्रभाव से आत्मरूप में, बीजरूप में प्रतिष्ठित होकर उन्हें उत्पन्न करते हैं और सभी प्राणी नाश के बाद बीजरूप उस अविनाशी में ही लय करते हैं। यह ठीक वैसे ही है जैसे बीज से उत्पन्न वृक्ष नष्ट होकर बीज में ही लय होता है, किन्तु यह जगत् का 'वृक्षबीज' ईश्वर की तरह अविनाशी न होकर नाशवान है ॥ १० ॥

बलं बलवतां चाहं कामरागविवर्जितम् ।
धर्माविरुद्धो भूतेषु कामोऽस्मि भरतर्षभ ॥ ११ ॥

बलम्—बल, **बलवताम्**—बलवानों का, **च**—और, **अहम्**—मैं, **काम**—कामनाओं, **राग**—आसक्ति से, **विवर्जितम्**—रहित, **धर्म अविरुद्धः**—धर्म से अविरुद्ध (धर्मसम्मत), **भूतेषु**—प्राणियों में, **कामः**—काम, **अस्मि**—हूँ, **भरतर्षभ**—हे भरतश्रेष्ठ।

हे भरतश्रेष्ठ ! मैं बलवानों का कामनाओं और आसक्ति से रहित बल और प्राणियों में धर्म से अविरुद्ध (धर्मसम्मत) काम हूँ।

आसक्ति तथा कामनाओं से रहित पुरुष में जो 'बल' शरीर रक्षण तथा आत्म विषयक ज्ञान के प्रयासों के लिए है, मैं वह सात्त्विक बल हूँ। ईश्वर संसारी पुरुषों का ऐसा बल नहीं है जो उनकी कामना, आसक्ति तथा अहं का कारण बने। ऐसा बल तो संसार में लिप्त करता है। हे भरतश्रेष्ठ ! इसी तरह मनुष्यों में धर्म के अविरुद्ध अर्थात् धर्मानुकूल लोकसंग्रहार्थ अथवा गार्हस्थ जीवन निर्वाह के लिए जो भी कामना या इच्छा है मैं वह 'काम' हूँ। ऐसे ही बल और काम से युक्त होकर किया गया कार्य मनुष्य को सद्गति देता है, किन्तु इसके विपरीत धर्मविरुद्ध कार्य दुर्गति देता है।

मनुष्य द्वारा कामासक्ति त्यागकर अपनी सामर्थ्य को धर्मानुकूल आत्मविषयक कार्यों में लगाना ही ईश्वर को प्रिय है। वस्तुतः ईश्वरीय गुणों का पालन करते हुए कर्माधिकारी मनुष्य अहंकाररहित होकर ईश्वर का सामीप्य पा सकता है और ऐसे अभ्यास द्वारा उन्हें प्राप्त भी कर सकता है ॥ ११ ॥

ये चैव सात्त्विका भावा राजसास्तामसाश्च ये ।
मत्त एवेति तान्विद्धि न त्वहं तेषु ते मयि ॥ १२ ॥

ये—जो, **च**—और, **एव**—भी, **सात्त्विकाः**—सात्त्विक, **भावाः**—भाव हैं, **राजसाः**—राजस, **तामसाः**—तामस, **च**—तथा, **ये**—जो, **मत्तः**—मुझसे, **एव**—ही (उत्पन्न हैं), **इति**—ऐसा, **तान्**—वे, **विद्धि**—समझ, **न**—नहीं (हूँ), **तु**—परन्तु, **अहम्**—मैं, **तेषु**—उनमें (हूँ), **ते**—वे, **मयि**—मुझमें (हैं)।

और जो भी सात्त्विक, राजस तथा जो तामस भाव हैं वे मुझसे ही उत्पन्न हैं, ऐसा समझ। परन्तु उनमें मैं नहीं हूँ, वे मुझमें हैं।

जगत् के सारे क्रियाकलाप तो सात्त्विक, राजस व तामस भाव के अन्तर्गत हैं। प्राणियों में उनके कर्म के अनुसार उत्पन्न होनेवाले जो भी सात्त्विक भाव, राजस भाव तथा तामस भाव हैं वे सब मुझसे ही उत्पन्न हुआ जान, किन्तु मुझसे उत्पन्न होने पर भी मैं उनमें नहीं हूँ, अर्थात् मैं उनके अधीन नहीं हूँ, परन्तु वे मेरे अधीन हैं, आश्रित हैं ॥ १२ ॥

ऐसे सर्वेश्वर को लोग क्यों नहीं जानते? सो कहते हैं—

त्रिभिर्गुणमयैर्भावैरेभिः सर्वमिदं जगत् ।
मोहितं नाभिजानाति मामेभ्यः परमव्ययम् ॥ १३ ॥

त्रिभिः—तीन प्रकार के, **गुणमयैः**—गुणों के, **भावैः**—भावों से, **एभिः**—इन, **सर्वम्**—सम्पूर्ण, **इदम्**—यह, **जगत्**—जगत, **मोहितम्**—मोहित हुआ, **नाभिजानाति**—नहीं जानता, **माम्**—मुझ, **एभ्यः**—इन तीन गुणों से, **परम्**—पर (श्रेष्ठतर), **अव्ययम्**—अविनाशी को।

इन गुणों के तीन प्रकार के भावों से मोहित हुआ यह सम्पूर्ण जगत् इन तीनों गुणों से पर (श्रेष्ठतर) मुझ अविनाशी को नहीं जानता।

भगवान् की रहस्यमयी त्रिगुणात्मिका माया प्राणियों को अपने सात्त्विक, राजस तथा तामस गुणों के प्रभाव से उनमें कामना, राग, द्वेष व मोह, आदि उत्पन्न कर जगत् के अनित्य व असत् स्वरूप को नित्य सत्स्वरूप समझाकर जगत् में ही फँसाकर रखती है और प्राणी का विवेक हर करके नित्य, सत्य, अविनाशी, निर्विकार और तीनों गुणों से परे मुझ परमात्मा के ज्ञान से विमुख कर देती है। यह मेरी इच्छा के आश्रित रहनेवाली 'माया' का प्रभाव है ॥ १३ ॥

माया से कौन तर सकता है? इस पर कहते हैं—

दैवी ह्येषा गुणमयी मम माया दुरत्यया ।
मामेव ये प्रपद्यन्ते मायामेतां तरन्ति ते ॥ १४ ॥

दैवी—दैवी, **हि**—क्योंकि, **एषा**—यह, **गुणमयी**—त्रिगुणमयी, **मम**—मेरी, **माया**—माया, **दुरत्यया**—दुस्तर है (परन्तु), **माम्**—मेरी, **एव**—ही, **ये**—जो, **प्रपद्यन्ते**—शरण ग्रहण करते हैं, **मायाम्**—माया से, **एताम्**—इस, **तरन्ति**—तर जाते हैं, **ते**—वे।

क्योंकि यह मेरी त्रिगुणमयी दैवी माया दुस्तर है, परन्तु जो मेरी ही शरण ग्रहण करते हैं, वे इस माया से तर जाते हैं।

मुझ ईश्वर की यह अलौकिक त्रिगुणमयी माया अत्यन्त दुस्तर है जिससे पार पाना अत्यन्त दुरूह है, किन्तु जो पुरुष मुझे ही निरन्तर भजते हैं, मेरी शरण ग्रहण करते हैं, वे इस माया का उल्लंघन कर संसार से मुक्त हो जाते हैं।

माया ईश्वर की उत्पत्ति है तथा उनके अधीन है। माया से छुटकारा पाने के लिए ईश्वर में प्रियता बढ़ाकर आत्मभाव से लगना चाहिए। इसलिए मनुष्य को चाहिए कि वे संसार में फँसाने-वाली दुस्तर माया की चिन्ता छोड़कर इसकी उत्पत्ति के मूल कारण भगवान् की आराधना में संलग्न हो और उनके स्वरूप में चित्त को लगावे। इसके लिए सद्गुरु की शरण में जाकर उनके उपदेशानुसार साधनाभ्यास करने से भगवान् के अधीन और उन्हीं की इच्छा से मोहित करनेवाली त्रिगुणात्मक माया की पकड़ स्वयंमेव ढीली होती जाएगी। भला 'माया' अपने स्वामी की आराधना करनेवाले पर अपना प्रभाव क्यों और कैसे डाल सकती है? मनुष्य को इस मूल बात को आत्मसात् करना होगा। अहं का त्याग करके ईश्वर की आराधना निःस्वार्थ प्रेम व भक्ति से युक्त होकर करने से माया छूट जाती है। यह सुगम उपाय माया से मुक्ति का है और भगवान् से युक्त होने का है। ऐसा सुगम उपाय मनुष्य के लिए करणीय है ॥ १४ ॥

भगवान् की शरण सभी क्यों नहीं लेते? इस पर कहते हैं—

न मां दुष्कृतिनो मूढाः प्रपद्यन्ते नराधमाः ।
माययापहृतज्ञाना आसुरं भावमाश्रिताः ॥ १५ ॥

न—नहीं, **माम्**—मेरी, **दुष्कृतिनः**—पाप कर्म करनेवाले मनुष्य, **मूढाः**—मूढ़, **प्रपद्यन्ते**—शरण ग्रहण करते हैं, **नराधमाः**—नराधम, **मायया**—माया से, **अपहृत ज्ञानाः**—हरे गये ज्ञानवाले (और), **आसुरम् भावम्**—आसुरी प्रकृति का, **आश्रिताः**—आश्रय लिए हुए ।

मूढ़, नराधम, माया से हरे गये ज्ञानवाले और आसुरी प्रकृति का आश्रय लिए हुए पाप कर्म करनेवाले मनुष्य मेरी शरण ग्रहण नहीं करते।

इन्द्रिय सुखों में आसक्त और मनुष्य जीवन के उद्देश्य से अनभिज्ञ सकाम कर्म में ही संलग्न रहनेवाले 'मूढाः', परमात्मा की प्राप्ति के लिए हुए इस मनुष्य जन्म को परमात्मा की आराधना में न लगाने वाले 'नराधमाः', जिनका भगवत् विषयक ज्ञान माया द्वारा हरकर भ्रान्तियुक्त करके संसारी बना दिया गया है ऐसे 'माययापहृतज्ञानाः' तथा आसुरी स्वभाव के आश्रित हिंसा, आदि वृत्ति में रत रहनेवाले 'आसुरं भावमाश्रिताः', ऐसे सभी जो मेरे भावों के विरुद्ध दुष्कर्म करनेवाले नास्तिक पापी लोग हैं वे 'दुष्कृितिनः' कभी भी मेरी शरण में नहीं आते हैं। ऐसे वे लोग भले ही कदाचित् शास्त्रज्ञ हों अथवा जगत् कार्य में अत्यन्त निपुण हों, किन्तु वे भगवत् शरण को नहीं प्राप्त होते हैं ॥ १५ ॥

परन्तु पुण्यकर्मा मनुष्य भगवान् को भजते हैं—

चतुर्विधा भजन्ते मां जनाः सुकृतिनोऽर्जुन ।
आर्तो जिज्ञासुरर्थार्थी ज्ञानी च भरतर्षभ॥ १६ ॥

चतुर्विधाः—चार प्रकार के, **भजन्ते**—भजते हैं, **माम्**—मुझको, **जनाः**—मनुष्य, **सुकृतिनः**—पुण्य कर्म करनेवाले, **अर्जुन**—हे अर्जुन, **आर्तः**—आर्त, **जिज्ञासुः**—जिज्ञासु, **अर्थार्थी**—अर्थार्थी, **ज्ञानी**—ज्ञानी (ये), **च**—और, **भरतर्षभ**—हे भरतश्रेष्ठ।

हे भरतश्रेष्ठ ! आर्त, अर्थार्थी, जिज्ञासु और ज्ञानी—ये चार प्रकार के पुण्य कर्म करनेवाले मनुष्य मुझको भजते हैं।

सकाम कर्मों में संलग्न, किन्तु विपत्ति आने पर उससे मुक्ति पाने की इच्छा वाले-'आर्तः', परमात्म तत्त्व को जानने की इच्छावाले-'जिज्ञासुः', संसार में अर्थादि को ही सार वस्तु समझकर उसकी इच्छा वाले-'अर्थार्थी' और निराकार परमात्मस्वरूप में स्थित रहनेवाले-'ज्ञानी', ऐसे चार प्रकार के लोग जो शास्त्रोक्त कर्त्तव्य-धर्म का पालन करनेवाले हैं तथा मुझ ईश्वर में श्रद्धा रखते हुए एकमात्र मेरे में ही इच्छा रखनेवाले- 'सुकृतिनः' हैं, ये सभी लोग अपने-अपने अलग-अलग कारणों से ही सही भगवत्कृपा से संसार की निस्सारता को जानकर, अन्तःकरण में भगवत्प्रेम से युक्त होकर, भगवत्शरण में जाकर भक्तिभाव से भगवान् को भजते हैं और उन्हें भगवान् की भक्ति प्राप्त हो जाती है।

भगवान् कितने दयालु हैं ! सकामी आर्त को और संसारी अर्थार्थी को भी निश्छल भाव से भगवत्शरण में जाने पर वे कृपालु अपना प्रसाद देते हैं। इतनी सरलता से सर्वोत्तम प्राप्तव्यरूप कृपा मनुष्य को कहाँ मिल सकती है? संसार की नश्वर वस्तुएँ फिर भी कठिनता से प्राप्त होती हैं। ऐसी स्थिति में भगवान् की शरण मनुष्य के लिए श्रेष्ठ है ॥ १६ ॥

ज्ञानी की प्रशंसा अगले तीन श्लोकों में—

तेषां ज्ञानी नित्ययुक्त एकभक्तिर्विशिष्यते ।
प्रियो हि ज्ञानिनोऽत्यर्थमहं स च मम प्रियः ॥ १७ ॥

तेषाम्—उनमें, **ज्ञानी**—ज्ञानी, **नित्ययुक्तः**—नित्य मुझमें स्थित (और), **एकभक्तिः**—एक भक्तिवाला, **विशिष्यते**—अत्यन्त श्रेष्ठ है, **प्रियः**—प्रिय हूँ (और), **हि**—क्योंकि, **ज्ञानिनः**—ज्ञानी को, **अत्यर्थम्**—अत्यन्त, **अहम्**—मैं, **सः**—वह, **च**—भी, **मम**—मुझे, **प्रियः**—प्रिय है।

उनमें नित्य मुझमें स्थित और एक भक्तिवाला ज्ञानी अत्यन्त श्रेष्ठ है, क्योंकि ज्ञानी को मैं अत्यन्त प्रिय हूँ और वह भी मुझे प्रिय है।

उन चार प्रकार के भक्तों (आर्त, जिज्ञासु, अर्थार्थी और ज्ञानी) में ज्ञानी भक्त मुझसे संयुक्त होने की इच्छा के अतिरिक्त अन्य इच्छाओं से रहित होकर जीवन की सभी क्रियाओं में, मुझमें सर्वथा निरन्तर अनन्य भाव से लगा रहता है, मुझमें ही स्थित है। इसलिए वह अत्यन्त श्रेष्ठ है। अन्य भक्तों में अन्यान्य इच्छाओं का भाव रहता है, उनके अन्दर मेरी भक्ति में निरन्तरता व अनन्यता नहीं रहती है। ज्ञानी भक्त आत्म-परमात्म तत्त्व को भलीभाँति जानता है और यह कि उसके अन्दर आत्मा रूप में मैं ही प्रतिष्ठित हूँ ऐसा उसे बोध है, जिस कारण से उसकी मुझमें अत्यन्त प्रियता रहती है। निश्चय ही आत्मा सबको रहस्यमय एवं स्वाभाविक ढंग से प्रिय होता है। वह ज्ञानी भक्त तो मेरा ही आत्मा है, इसलिए वह मुझ वासुदेव को भी अत्यन्त प्रिय है (६।४७)।

परस्पर यह प्रियता एक-दूसरे से अभिन्नता तथा स्वरूपत: एकता के कारण है। वस्तुत: इस संसार में जीव का परम प्रिय तो उसके अस्तित्व के मूल में आत्मरूप से उसके अन्दर प्रतिष्ठित परमात्मा ही है। मूल से लगाव किसे नहीं प्रिय होगा ! मनुष्य अज्ञानवश अपने को भूलकर संसारी वस्तुओं में प्रियता बढ़ाकर सुख चाहता है, किन्तु मनुष्य सुख की खोज वहाँ करता है जहाँ वह है नहीं ॥ १७ ॥

उदाराः सर्व एवैते ज्ञानी त्वात्मैव मे मतम् ।
आस्थितः स हि युक्तात्मा मामेवानुत्तमां गतिम् ॥ १८ ॥

उदराः—उदार हैं, **सर्वे एव एते**—ये सभी, **ज्ञानी**—ज्ञानी, **तु**—परन्तु, **आत्मा एव**—मेरी आत्मा ही है (ऐसा), **मे**—मेरा, **मतम्**—मत है, **आस्थितः**—स्थित है, **सः**—वह, **हि**—क्योंकि, **युक्तात्मा**—अन्त:करण में अभिन्न भाव से मुझसे युक्त हुआ, **माम्**—मुझ, **एव**—ही, **अनुत्तमाम् गतिम्**—परम गति में लक्षित करके।

ये सभी उदार हैं, परन्तु ज्ञानी तो मेरी आत्मा ही है ऐसा मेरा मत है, क्योंकि वह युक्तात्मा मुझ परम गति में लक्षित करके ही स्थित है।

यद्यपि मुझको प्रेमपूर्वक भजनेवाले ये सभी भक्त उदार ही हैं, श्रेष्ठ ही हैं और सभी मुझे प्रिय हैं क्योंकि भक्त मुझे प्रिय होता ही है, किन्तु ज्ञानी भक्त तो मेरा आत्मस्वरूप है, वह स्वभावत: मुझे अत्यन्त प्रिय है, मुझसे अभिन्न है, ऐसा मेरा मत है। इसका कारण यह है कि वह मेरे प्रति अपने अन्त:करण में अभिन्न भाव से योगयुक्त हुआ एकमात्र मुझको ही जीवन की परम गति के रूप में लक्षित करके मुझमें ही अवस्थित है।

भगवान् स्पष्ट घोषित कर रहे हैं कि जीवन का सर्वोत्तम प्राप्य वस्तु स्वयं वासुदेव हैं। माया और मोहरूपी अज्ञान को दूर करके गुरुशरण में जाकर इस

परम प्राप्य को प्राप्त करना ही मनुष्य जन्म का ध्येय है। मोह-निद्रा से जग जाने की आवश्यकता है ॥ १८ ॥

बहूनां जन्मनामन्ते ज्ञानवान्मां प्रपद्यते ।
वासुदेवः सर्वमिति स महात्मा सुदुर्लभः ॥ १९ ॥

बहूनाम्—बहुत-से, **जन्मनाम्**—जन्मों के, **अन्ते**—अन्त के जन्म में, **ज्ञानवान्**—ज्ञानवान्, **माम्**—मेरी, **प्रपद्यते**—शरण ग्रहण करता है, **वासुदेवः सर्वम् इति**—'यह सब वासुदेव ही हैं' इस भाव से, **सः महात्मा**—वह महात्मा, **सुदुर्लभः**—अत्यन्त दुर्लभ है।

बहुत—से जन्मों के अन्त के जन्म में ज्ञानवान् 'यह सब वासुदेव ही है' इस भाव से मेरी शरण ग्रहण करता है, वह महात्मा अत्यन्त दुर्लभ है।

प्राणियों में आत्मरूप से ईश्वर स्थित हैं। संसार में प्राणी की वासना तथा आसक्ति के कारण उसका संसार से लगाव हो जाता है और वह संसार को ही नित्य व सत्य मान लेता है। आश्चर्य है कि संसार में नित्य निरन्तर हो रहे परिवर्तन को देखते हुए भी वास्तविकता का बोध प्राणी को नहीं होता है। ऐसा वर्तमान जन्म के और पूर्व के अनेक जन्मों के कर्मजन्य संस्कारों के कारण होता है। एकमात्र मनुष्य को ही कर्म तथा योगाभ्यास द्वारा ईश्वर को प्राप्त करने का अधिकार प्राप्त है और वस्तुतः मनुष्य जन्म की यही सार्थकता भी है। ऐसी विशिष्ट स्थिति अन्य प्राणियों की नहीं है।

भगवान् की कृपा से जब मनुष्य अपने इसी जन्मकाल में ही ईश्वर की ओर श्रद्धापूर्वक उन्मुख होता है तब वह उनकी आराधना में संलग्न हुआ क्रमशः समझ पाता है कि एकमात्र ईश्वर ही नित्य, सत्य व निर्विकार हैं। इस तरह यथार्थ ज्ञान प्राप्ति के निमित्त ईश्वर की ओर उन्मुख हुआ पुरुष कई जन्मों की आराधना के उपरान्त जब उसके पूर्व कर्मजन्य संस्कार क्षीण हो जाते हैं तब उस अन्तिम जन्म में उस ज्ञानीभक्त को ईश्वर की प्राप्ति हो जाती है, उनका साक्षात्कार हो जाता है। उस समय सम्पूर्ण इच्छाओं से रहित होकर उसको ऐसा अनुभव हो जाता है कि सर्वात्मरूप भगवान् वासुदेव ही सब कुछ हैं—**'वासुदेवः सर्वमिति'**, उनके अतिरिक्त जगत् में कुछ है ही नहीं, संसार रूप में वे ही प्रकट हैं—ऐसे भाव से वह मेरी शरण ग्रहण करता है। ऐसा महात्मा अत्यन्त दुर्लभ है।

भगवान् की कृपा से मनुष्य जन्म को प्राप्त हुए पुरुष को इसी वर्तमान जन्म को ही अन्तिम जन्म के रूप में लक्ष्य करके, सद्गुरु सिद्ध महात्मा की शरण लेकर, विवेक बुद्धि से तीव्र अभ्यास व वैराग्य द्वारा अपना उद्धार कर लेना चाहिए। यही मानव जन्म की श्रेष्ठता है, मानव जन्म इसीलिए ही है—ऐसा भाव मन में सदैव रखते हुए जगत् में तदनुकूल कार्य व व्यवहार करना चाहिए ॥ १९ ॥

परमेश्वर को न भजनेवाले सकामी भक्तों की स्थिति का वर्णन अगले चार श्लोकों में—

कामैस्तैस्तैर्हृतज्ञानाः　प्रपद्यन्तेऽन्यदेवताः।
तं तं नियममास्थाय प्रकृत्या नियताः स्वया॥ २०॥

कामैः—भोगकामनाओं से, **तैः तैः**—उन-उन, **हृतज्ञानाः**—हरे गये ज्ञानवाले, **प्रपद्यन्ते**—शरण में जाते हैं, **अन्य देवताः**—अन्य देवताओं की, **तम् तम्**—उस-उस, **नियमम्**—नियम को, **आस्थाय**—धारण करके, **प्रकृत्या**—स्वभाव से, **नियताः**—प्रेरित होकर, **स्वया**—अपने।

उन—उन भोगकामनाओं से हरे गये ज्ञानवाले, अपने स्वभाव से प्रेरित होकर उस—उस नियम को धारण करके अन्य देवताओं की शरण में जाते हैं।

धन-सम्पदा आदि लौकिक कामनाओं से तथा स्वर्गादि सुख भोग की इच्छा रखने के कारण मनुष्य संसार-चक्र रूपी जीवन-मरण बन्धन में ही फँसा रहता है और ईश्वर की ओर उसका ध्यान नहीं जाता है। इस तरह से जिनका ज्ञान विभिन्न कामनाओं के द्वारा हर लिया गया है वे अपने अनेक जन्मों के ऐसे संस्कारों से युक्त हुए स्वयं की 'प्रकृति' या 'स्वभाव' से प्रेरित हुए अपनी तुच्छ और अतृप्त कामनाओं की पूर्ति हेतु अन्य देवताओं की पूजा में होनेवाले उस-उस नियम का पालन करते हुए उनकी शरण में जाते हैं, किन्तु मुझे नहीं पूजते (४।१२) हैं॥ २०॥

यो यो यां यां तनुं भक्तः श्रद्धयार्चितुमिच्छति।
तस्य तस्याचलां श्रद्धां तामेव विदधाम्यहम्॥ २१॥

यः यः—जो-जो, **याम् याम्**—जिस-जिस, **तनुम्**—देवता के स्वरूप को, **भक्तः**—भक्त, **श्रद्धया**—श्रद्धा से, **अर्चितुम् इच्छति**—पूजना चाहता है, **तस्य तस्य**—उस-उस की, **अचलाम्**—स्थिर, **श्रद्धाम्**—श्रद्धा को, **ताम् एव**—उस देवता के प्रति, **विदधामि**—करता हूँ, **अहम्**—मैं।

जो—जो भक्त जिस—जिस देवता के स्वरूप को श्रद्धा से पूजना चाहता है, उस—उस की श्रद्धा को मैं उस देवता के प्रति स्थिर करता हूँ।

मनुष्य को उसकी श्रद्धा तथा कर्म के अनुसार ईश्वर फल देते हैं। मनुष्य को प्राप्त कर्म करने के अधिकार एवं इस निमित्त उसे प्राप्त स्वतन्त्रता में ईश्वर अपनी ओर से कोई हस्तक्षेप नहीं करते हैं। जो-जो भक्त अपनी कामनाओं की पूर्ति हेतु जिस-जिस देवता की पूजा श्रद्धापूर्वक स्वभावतः करता है, मैं उसकी उसी देवता में श्रद्धा स्थिर कर देता हूँ (४।१२)।

यहाँ भी भगवान् की उदारता में श्रेष्ठता है। मनुष्य की श्रद्धा देवता में भी ईश्वर ही स्थापित करता है। ऐसी स्थिति में हम क्यों न उस ईश्वर की पूजा करें जो सबका कारण है ! क्यों हम जगत् के तुच्छ स्वार्थ के लिए उस परमेश्वर से वंचित हों ! ॥ २१ ॥

स तया श्रद्धया युक्तस्तस्याराधनमीहते ।
लभते च ततः कामान्मयैव विहितान्हि तान्॥ २२ ॥

सः—वह पुरुष, **तया**—उस, **श्रद्धया**—श्रद्धा से, **युक्तः**—युक्त होकर, **तस्य**—उस देवता का, **आराधनम्**—पूजन, **ईहते**—करता है, **लभते**—प्राप्त करता है, **च**—और, **ततः**—उस देवता से, **कामान्**—इच्छित भोगों को, **मया**—मेरे द्वारा, **एव**—ही, **विहितान्**—विधान किये हुए उन, **हि**—निःसन्देह, **तान्**—उन।

वह पुरुष उस श्रद्धा से युक्त होकर उस देवता का पूजन करता है और उस देवता से मेरे द्वारा ही विधान किये हुए उन इच्छित भोगों को निःसन्देह प्राप्त करता है।

वह पुरुष मेरे ही द्वारा स्थिर की हुई श्रद्धा से युक्त होकर उस देवता के पूजन में संलग्न होता है और पुरुष के कर्मानुसार मेरे ही द्वारा निश्चित किये गये इच्छित भोगों को उस देवता से वह निःसन्देह पाता है, क्योंकि कर्म का फल देनेवाला मैं स्वयं हूँ। फल देने में देवता तो निमित्त बनता है।

विषयभोग मनुष्य को कर्म-बन्धन में डालते हैं। अतएव ईश्वर द्वारा मनुष्य को प्राप्त कर्म करने की स्वतन्त्रता को ईश्वर आराधना में लगाना चाहिए, विषयभोग में नहीं ॥ २२ ॥

अन्तवत्तु फलं तेषां तद्भवत्यल्पमेधसाम् ।
देवान्देवयजो यान्ति मद्भक्ता यान्ति मामपि॥ २३ ॥

अन्तवत्—नाशवान, **तु**—परन्तु, **फलम्**—फल, **तेषाम्**—उन, **तत्**—वह, **भवति**—होता है, **अल्पमेधसाम्**—अल्प बुद्धिवालों का, **देवान्**—देवताओं को, **देवयजः**—देवताओं को पूजनेवाले, **यान्ति**—प्राप्त होते हैं (और), **मत्**—मेरे, **भक्ताः**—भक्त, **यान्ति**—पाते हैं, **माम् अपि**—मुझे ही।

परन्तु उन अल्प बुद्धिवालों का वह फल नाशवान् होता है। देवताओं को पूजनेवाले देवताओं को प्राप्त होते हैं और मेरे भक्त मुझे ही पाते हैं।

अपनी अल्पबुद्धि के कारण सकाम भाव से देवताओं को पूजने वाले वे मनुष्य जो फल सांसारिक दृष्टि से प्राप्त करते हैं, वे फल नाशवान् हैं और अन्ततः दुःख तथा बन्धनस्वरूप हैं। सांसारिक फलासक्ति बन्धन का कारण है। इतना ही

नहीं है, ऐसे मनुष्य अपने द्वारा पूजित देवताओं को ही पाते हैं, किन्तु मेरा भक्त सकाम या निष्काम चाहे जिस भाव से मुझे भजता है अन्त में मुझको ही प्राप्त होता है।

मनुष्य के लिए यह दुर्भाग्य और विषाद का विषय है कि आत्मस्थ ईश्वर द्वारा प्राप्त विवेक-बुद्धि के रहते हुए मनुष्य उपर्युक्त सीधी व सरल बात को न समझकर सर्वज्ञ ईश्वर को नहीं भजता है। वह देवताओं की सकाम पूजा से प्राप्त फल द्वारा सांसारिक भोगासक्ति और बन्धन का स्वयं ही भागी हो जाता है ॥ २३ ॥

भगवान् का भजन लोग क्यों नहीं करते हैं, इसे कहते हैं—

अव्यक्तं व्यक्तिमापन्नं मन्यन्ते मामबुद्धयः ।
परं भावमजानन्तो ममाव्ययमनुत्तमम् ॥ २४ ॥

अव्यक्तम्—अव्यक्त परमात्मा को, **व्यक्तिम्**—मनुष्य रूप में, **आपन्नम्**—व्यक्त हुआ, **मन्यन्ते**—मानते हैं, **माम्**—मुझ, **अबुद्धयः**—बुद्धिहीन लोग, **परम् भावम्**—परम भाव को, **अजानन्तः**—न जानकर, **मम्**—मेरे, **अव्ययम्**—अविनाशी, **अनुत्तमम्**—सर्वोत्तम।

बुद्धिहीन लोग मेरे सर्वोत्तम अविनाशी परम भाव को न जानकर मुझ अव्यक्त परमात्मा को मनुष्यरूप में व्यक्त हुआ मानते हैं।

बुद्धिहीन मनुष्य मेरे अविनाशी और सर्वश्रेष्ठ परम भाव को नहीं जानते हैं और मन तथा इन्द्रियों से परे मुझ परमेश्वर को मनुष्य की तरह शरीर धारण करनेवाला मानते हैं। वे अज्ञान के कारण मुझे जन्मने-मरनेवाला साधारण मनुष्य समझते हैं (९।११)। वस्तुतः भगवान् धर्म के रक्षार्थ अपनी माया को अधीन कर संसार में प्रकट होते हैं (४।६-८) ॥ २४ ॥

मनुष्य के अज्ञान का कारण बताते हैं—

नाहं प्रकाशः सर्वस्य योगमायासमावृतः ।
मूढोऽयं नाभिजानाति लोको मामजमव्ययम् ॥ २५ ॥

न—नहीं, **अहम्**—मैं, **प्रकाशः**—प्रत्यक्ष हूँ, **सर्वस्य**—सबके लिए, **योगमाया**—योगमाया से, **समावृतः**—ढका हुआ, **मूढ़ः**—मूढ़, **अयम्**—यह, **न**—नहीं, **अभिजानाति**—जानता है, **लोकः**—जगत्, **माम्**—मुझ, **अजम्**—अजन्मा (और), **अव्ययम्**—अविनाशी को।

योगमाया से ढका हुआ मैं सबके लिए प्रत्यक्ष नहीं हूँ। यह मूढ जगत् मुझ अजन्मा और अविनाशी को नहीं जानता है।

अपनी स्वयं की तथा स्वयं के ही अधीन त्रिगुणमयी योगमाया से मैं सबके लिए प्रत्यक्ष नहीं होता हूँ, इसलिए यह मूढ-अज्ञानी जनसमुदाय मुझ जन्मरहित

तथा अविनाशी परमेश्वर के वास्तविक स्वरूप, यह कि मैं परमेश्वर हूँ, को न जानकर सामान्य जन ही समझता है ॥ २५ ॥

माया भगवान् के ज्ञान को प्रभावित नहीं कर सकती है, सो कहते हैं—

वेदाहं समतीतानि वर्तमानानि चार्जुन।
भविष्याणि च भूतानि मां तु वेद न कश्चन॥ २६ ॥

वेद—जानता हूँ, **अहम्**—मैं, **समतीतानि**—बीत गये हुए, **वर्तमानानि**—वर्तमान, **च**—और, **अर्जुन**—हे अर्जुन, **भविष्याणि**—भविष्य में होनेवाले, **च**—तथा, **भूतानि**—सब भूतों को, **माम्**—मुझको, **तु**—परन्तु, **वेद न कश्चन**—कोई नहीं जानता।

हे अर्जुन ! मैं बीत गये हुए, वर्तमान और भविष्य में होनेवाले सब भूतों को जानता हूँ, परन्तु मुझको कोई नहीं जानता।

भगवान् श्रीकृष्ण अपने सर्वज्ञ, अविनाशी और निर्विकार स्वरूप का प्रतिपादन अर्जुन के समक्ष पूरी *गीता* में विविध प्रकार से कर रहे हैं। भगवान् कहते हैं कि हे अर्जुन ! मैं पूर्व में हो चुके, वर्तमान में जन्म लिए तथा भविष्य में जन्म लेनेवाले सभी भूतप्राणियों के भीतर आत्मस्थ हुआ उनको जानता हूँ। इस तरह भूत, वर्तमान व भविष्य को जाननेवाला हूँ, किन्तु मुझ सर्वज्ञ को बिना मेरे में श्रद्धा भक्ति रखनेवाला कोई भी पुरुष नहीं जान सकता है (४।५)।

भगवान् की तीनों कालों की जो विज्ञता है वह किसी जन्म-मरण लेनेवाले माया के वशीभूत नाशवान व विकारवान प्राणियों में नहीं हो सकती है। माया भगवान् की विज्ञता को प्रभावित नहीं करती है। भगवान् का साधारण मनुष्य की तरह जन्म-मरण नहीं होता, वे अपनी माया को वश में करके प्राणियों के उद्धार के लिए अनादिकाल से ही विलक्षण ढंग से प्रकट होते हैं ॥ २६ ॥

भूतप्राणियों में अज्ञान की दृढ़ता का कारण बताते हैं—

इच्छाद्वेषसमुत्थेन द्वन्द्वमोहेन भारत।
सर्वभूतानि सम्मोहं सर्गे यान्ति परन्तप॥ २७ ॥

इच्छा—इच्छा और, **द्वेष**—द्वेष से, **समुत्थेन**—उत्पन्न, **द्वन्द्वमोहेन**—द्वन्द्वरूप मोह से, **भारत**—हे भरतवंशी, **सर्वभूतानि**—सभी भूतप्राणी, **सम्मोहम्**—सम्मोहित, **सर्गे**—जन्मकाल में, **यान्ति**—हो जाते हैं, **परन्तप**—हे परन्तप।

हे भरतवंशी ! हे परन्तप ! जन्मकाल में सभी भूतप्राणी इच्छा और द्वेष से उत्पन्न द्वन्द्वरूप मोह से सम्मोहित हो जाते हैं।

संसार में जन्म लेनेवाले प्राणियों में माया के प्रभाव से कर्मजन्य संस्कारों के कारण उनके मन में सांसारिक इच्छा या कामना सदैव रहती है। इस इच्छा की पूर्ति में प्राणी को 'सुख' और इच्छा की पूर्ति न होने पर 'दु:ख' की प्राप्ति होती है। प्राणियों में द्वेष भाव तो सदैव दु:ख का ही कारण होता है।

इस प्रकार सभी प्राणी इच्छा और द्वेष से उत्पन्न सुख-दु:ख, आदि द्वन्द्वभाव के चपेट में आकर अज्ञानस्वरूप माया के प्रभाव से मोह- 'द्वन्द्वमोह' से ग्रस्त हो जाते हैं। यह द्वन्द्वमोह उन्हें सम्मोहित करके लौकिक तथा पारलौकिक दोनों में श्रेयस्कर क्या है, ऐसे बोध से वंचित कर देता है। मोह अपने अज्ञानस्वरूप के अनुसार ही प्राणी को इस द्वन्द्व भाव के कारण भ्रमित करके परमार्थ तत्वज्ञान के मार्ग से विमुख कर संसार-चक्र में फँसा देता है। हे भरतवंशी अर्जुन ! मोह की यह स्थिति समस्त प्राणियों में जन्म-जन्मान्तर के कर्मजन्य संस्कारों के कारण उनके जन्म लेने से ही रहती है। इस कारण से इस द्वन्द्वरूपी मोह-द्वन्द्वमोह के वश में होकर ऐसे अज्ञानी प्राणी आत्मरूप मुझ परमात्मा को अपने स्वभाव से-ही आत्मभाव से नहीं भजते हैं ॥ २७ ॥

तब कोई-कोई क्यों भगवान को भजते हैं? यह बतलाते हैं—

येषां त्वन्तगतं पापं जनानां पुण्यकर्मणाम् ।
ते द्वन्द्वमोहनिर्मुक्ता भजन्ते मां दृढव्रताः ॥ २८ ॥

येषाम्—जिन, **तु**—परन्तु, **अन्तगतम्**—नष्ट हो गया है, **पापम्**—पाप, **जनानाम्**—लोगों का, **पुण्यकर्मणाम्**—पुण्यकर्मा, **ते**—वे, **द्वन्द्वमोहनिर्मुक्ताः**—द्वन्द्वमोह से मुक्त हुए, **भजन्ते**—भजते हैं, **माम्**—मुझको, **दृढव्रताः**—दृढ़व्रती।

परन्तु जिन पुण्यकर्मा लोगों का पाप नष्ट हो गया है, वे दृढ़व्रती द्वन्द्वमोह से मुक्त हुए मुझको भजते हैं।

परमार्थ मार्ग में बाधक उपर्युक्त अज्ञानस्वरूप द्वन्द्वमोह से पार पाने का उपाय भी भगवान् द्वारा प्राणियों के भीतर स्वयं आत्मस्थ होकर उन्हें आत्मबल तथा बुद्धि देकर किया गया है। सम्पूर्ण प्राणियों में मनुष्यमात्र को ही भगवान् ने उच्चतर बुद्धि तथा विवेक प्रदान कर परमार्थ मार्ग में प्रवृत्त होने का विशेष कर्माधिकार एवं योग्यता प्राप्त कराया है।

इस प्रकार ईश्वर द्वारा उनकी कृपा से प्राप्त यह श्रेष्ठ मनुष्य जन्म प्राप्त करके विवेक बुद्धि जागृत करके पुण्य कर्म में लगे हुए जिस पुरुष का अन्त:करण शुद्ध होकर उसके पाप नष्ट हो गये हों, ऐसे वे द्वन्द्वमोह से मुक्त परमार्थ तत्त्व को ठीक

से समझनेवाले और परमात्मा की ओर उन्मुख होने की इच्छावाले दृढ़निश्चयी एवं दृढ़व्रती पुरुष सब प्रकार से मुझे भजते हैं ॥ २८॥

भगवान् को भजनेवाले कृतार्थ हो जाते हैं, इस विषय में कहते हैं—

जरामरणमोक्षाय मामाश्रित्य यतन्ति ये।
ते ब्रह्म तद्विदुः कृत्स्नमध्यात्मं कर्म चाखिलम्॥ २९॥

जरामरणमोक्षाय—जरा-मरण से छूटने के लिए, **माम्**—मेरा, **आश्रित्य**—शरण लेकर, **यतन्ति**—यत्न करते हैं, **ये**—जो, **ते**—वे, **ब्रह्म**—ब्रह्म को, **तत्**—उस, **विदुः**—जानते हैं, **कृत्स्नम्**—सम्पूर्ण, **अध्यात्मम्**—अध्यात्म को, **कर्म**—कर्म को, **च**—तथा, **अखिलम्**—सम्पूर्ण।

जो जरा—मरण से छूटने के लिए मेरा शरण लेकर यत्न करते हैं, वे उस ब्रह्म को, सम्पूर्ण अध्यात्म को तथा सम्पूर्ण कर्म को जानते हैं।

जो मेरे शरण में होकर, किसी अन्य देवता आदि के शरण में न जाकर, वृद्धावस्था और मृत्यु से मुक्ति पाने के लिए प्रयत्न करते हैं वे उस निर्गुण-निराकार सच्चिदानन्दस्वरूप 'ब्रह्म' को, सम्पूर्ण 'अध्यात्म' को अर्थात् यह कि आत्मस्थ परमात्मा जगत् में सर्वत्र व्याप्त है सभी प्राणी परमात्मस्वरूप हैं एवं जगत् रूप में परमात्मा ही हैं, ऐसा तथा 'सम्पूर्ण कर्म' को अर्थात् कर्म के इस रहस्य को कि कर्म में कर्त्तापन और कर्मफल की आसक्ति को त्यागकर ईश्वरपरायण भाव से ईश्वर के शरणागत होकर उनकी आराधना से वे प्राप्त हो जाते हैं एवं ऐसे कर्म व आराधना भगवान् से भिन्न नहीं हैं—भगवत् कर्म ही हैं, ऐसा सब कुछ वे जान लेते हैं। अस्तु, ऐसे शरणागत प्रयत्नशील पुरुष निश्चय ही ब्रह्म, अध्यात्म व कर्म को तत्त्वतः जानते हैं (८।३;१८।५५) ॥ २९॥

साधिभूताधिदैवं मां साधियज्ञं च ये विदुः।
प्रयाणकालेऽपि च मां ते विदुर्युक्तचेतसः॥ ३०॥

स अधिभूत अधिदैवम्—अधिभूत तथा अधिदैव के सहित, **माम्**—मुझको, **साधियज्ञम्**—अधियज्ञ के सहित, **च**—और, **ये**—जो, **विदुः**—जानते हैं, **प्रयाणकाले**—मरणकाल में, **अपि**—भी, **च**—ही, **माम्**—मुझको, **ते**—वे, **विदुः**—जानते हैं, **युक्तचेतसः**—युक्तचित्तवाले पुरुष।

जो मुझको अधिभूत तथा अधिदैव के सहित और अधियज्ञ के सहित जानते हैं, वे युक्तचित्त वाले पुरुष मरणकाल में भी मुझको ही जानते हैं।

अपरा प्रकृतिरूपी नाशवान भौतिक जड़ जगत् को 'अधिभूत' कहते हैं (७।४)। सृष्टि के रचनाकार हिरण्यगर्भ ब्रह्मा जी को 'अधिदैव' कहते हैं जो

भगवान् के ही स्वरूप हैं। इस देह में अन्तर्यामी रूप से स्थित स्वयं भगवान् श्रीकृष्ण 'अधियज्ञ' हैं जो यज्ञों के अधिष्ठाता 'विष्णु' रूप में ही हैं। जो पुरुष अधिभूत, अधिदैव तथा अधियज्ञ के उपर्युक्त ज्ञान के सहित सबके आत्मरूप मुझे जानते हैं, ऐसे सांसारिक भोगासक्ति से विरत मुझमें युक्त चित्तवाले- 'युक्तचेतसः' पुरुष जीवन के मरणकाल में भी मुझ सर्वेश्वर वासुदेव को भली प्रकार जानते हैं, अर्थात् प्राप्त होते हैं।

अधिभूत, अधिदैव तथा अधियज्ञ का वर्णन श्लोक (८।४) में भी किया गया है। अधिभूत का सम्बन्ध भौतिक प्रकृति से, अधिदैव का दैवी प्रकृति से और अधियज्ञ का आध्यात्मिक प्रकृति से है। भगवान् की इन शक्तियों को समझकर स्वयं भगवान् में चित्त लगाकर उन्हें जाननेवाले पुरुष को वे सरलता से, मरणकाल में भी, प्राप्त हो जाते हैं ॥ ३० ॥

इति श्रीकृष्णार्जुनसंवादे ज्ञानविज्ञानयोगो नाम सप्तमोऽध्यायः॥ ७॥

अध्याय ८

भगवान् के परम तत्त्व का वर्णन सगुण और निर्गुण दोनों ही रूपों में किया गया है। इसी तरह ॐ इस एक अक्षर से ब्रह्म का निर्देश इस अध्याय में है, जिसके ध्यान से परम गति की प्राप्ति होती है। ऐसे उपर्युक्त सभी वर्णन *'अक्षरब्रह्मयोग'* नामक वर्तमान अध्याय में विस्तार से किया गया है।

ब्रह्म, अध्यात्म, कर्म, अधिभूत, अधिदैव, अधियज्ञ किसे कहते हैं तथा मरते समय पुरुष आपको कैसे जानता है, इन सम्पूर्ण बातों को जानने की जिज्ञासा अर्जुन ने भगवान् से प्रकट की (१-२)। भगवान् श्रीकृष्ण अर्जुन के इन सात प्रश्नों का उत्तर देते हैं (३-५)। अन्तकाल में भी भाव के अनुसार मनुष्य की गति कहते हैं (६)। सर्वदा भगवान् का ही चिन्तन करने से भगवान् अपनी प्राप्ति बताकर अर्जुन को ऐसा चिन्तन करते हुए युद्ध करने को कहते हैं (७)। अनन्य भाव से भगवान् के चिन्तन में अभ्यासरत योगी परम पुरुष को पाता है (८)। परम पुरुष को प्राप्त करनेवाले योगी का लक्षण बतलाते हैं (९-१०)। अब निर्गुण परम पद को अर्जुन से कहते हैं (११)। अब उस अक्षर का ध्यान कैसे किया जाय, सो कहते हैं (१२)। इस तरह उस ब्रह्मस्वरूप **'ॐ'** का उच्चारण करते हुए शरीर त्यागने पर परम गति की प्राप्ति बताते हैं (१३)। निरन्तर स्मरण करनेवाले अनन्य चित्तवाले योगी को भगवान् सुलभ हैं (१४)। भगवान् की प्राप्ति से पुनर्जन्म नहीं होता (१५)। ब्रह्मलोक सहित सभी लोक को 'काल' की सीमा में बताकर प्राणियों के पुनः-पुनः उत्पत्ति व प्रलय के सम्बन्ध में कहते हैं (१७-१९)। उस सनातन अव्यक्त अक्षर की नित्यता कहकर उसी को परम गति कहते हैं (२०-२१)। अब भक्ति से परम पुरुष की प्राप्ति बतलाते हैं (२२)। शरीर त्याग करके गये हुए योगियों के अनावृत्ति और आवृत्ति मार्ग (शुक्ल और कृष्णमार्ग) का वर्णन करके अर्जुन को सब काल में योगयुक्त होने को कहते हैं (२३-२६)। अन्त में श्लोक (२८) में वेदों, आदि से मिलनेवाले पुण्यफल को योगी द्वारा लाँघकर सनातन परम पद की प्राप्ति बताकर भगवान् अध्याय का उपसंहार करते हैं।

अध्याय सात के अन्तिम दो श्लोकों में ब्रह्म, अध्यात्म आदि के सम्यक् ज्ञान हेतु एवं प्रयाणकाल में भगवान् को भलीभाँति समझने की इच्छा से अर्जुन अब प्रारम्भ के दो श्लोकों के माध्यम से भगवान् से प्रश्न करता है—

अर्जुन उवाच

किं तद्ब्रह्म किमध्यात्मं किं कर्म पुरुषोत्तम ।
अधिभूतं च किं प्रोक्तमधिदैवं किमुच्यते ॥ १ ॥

अर्जुनः उवाच—अर्जुन बोले, **किम्**—क्या है, **तत्**—वह, **ब्रह्म**—ब्रह्म, **किम्**—क्या है, **अध्यात्मम्**—अध्यात्म, **किम्**—क्या है, **कर्म**—कर्म, **पुरुषोत्तम**—हे पुरुषोत्तम, **अधिभूतम्**—अधिभूत, **च**—और, **किम्**—क्या, **प्रोक्तम्**—कहा जाता है, **अधिदैवम्**—अधिदैव, **किम्**—किसको, **उच्यते**—कहा जाता है।

अर्जुन बोले—हे पुरुषोत्तम ! वह ब्रह्म क्या है, अध्यात्म क्या है और कर्म क्या है? अधिभूत क्या कहा जाता है, अधिदैव किसको कहा जाता है?

हे पुरुषोत्तम ! वह ब्रह्म नाम का तत्त्व क्या है? अध्यात्म क्या है? कर्म क्या है? अधिभूत किसे कहते हैं? अधिदैव किसे कहते हैं? ॥ १ ॥

अधियज्ञः कथं कोऽत्र देहेऽस्मिन्मधुसूदन ।
प्रयाणकाले च कथं ज्ञेयोऽसि नियतात्मभिः ॥ २ ॥

अधियज्ञः—अधियज्ञ, **कथम्**—कैसे है (और), **कः**—कौन है, **अत्र**—यहाँ, **देहे**—शरीर में, **अस्मिन्**—इस, **मधुसूदन**—हे मधुसूदन, **प्रयाणकाले**—मरने के समय, **च**—और, **कथम्**—कैसे, **ज्ञेयः**—जाने जाते हैं, **असि**—आप, **नियतः आत्मभिः**—संयत चित्तवाले पुरुषों के द्वारा।

हे मधुसूदन ! इस शरीर में यहाँ आधियज्ञ कैसे और कौन है और मरने के समय संयत चित्तवाले पुरुषों के द्वारा आप कैसे जाने जाते हैं?

हे मधुसूदन ! यहाँ अधियज्ञ कौन है और इस शरीर में वह कैसे है? संयत चित्तवाले पुरुषों द्वारा मरणकाल में आप किस तरह जानने में आते हैं? इस प्रकार दोनों श्लोकों के माध्यम से अर्जुन ने सात प्रश्न भगवान् से किया ॥ २ ॥

अर्जुन के प्रश्न का क्रम से अगले तीन श्लोकों में भगवान् उत्तर देते हैं—

श्रीभगवानुवाच

अक्षरं ब्रह्म परमं स्वभावोऽध्यात्ममुच्यते ।
भूतभावोद्भवकरो विसर्गः कर्मसञ्ज्ञितः ॥ ३ ॥

श्रीभगवान् उवाच—श्रीभगवान् बोले, **अक्षरम्**—अक्षर, **ब्रह्म**—ब्रह्म है, **परमम्**—परम, **स्वभावः**—स्वभाव (अपना जीवस्वरूप), **अध्यात्मम्**—अध्यात्म, **उच्यते**—कहलाता है, **भूतभावोद्भवकरः**—भूतों के भाव को उत्पन्न करनेवाला, **विसर्गः**—त्याग है (वह), **कर्मसञ्ज्ञितः**—'कर्म' नाम से जाना जाता है।

श्रीभगवान् बोले—परम अक्षर 'ब्रह्म' है, स्वभाव (अपना जीवस्वरूप) 'अध्यात्म' कहलाता है, भूतों के भाव को उत्पन्न करनेवाला जो विसर्ग (त्याग) है वह 'कर्म' नाम से जाना जाता है।

गीता के अध्याय सात के श्लोक उनतीस में 'ब्रह्म' शब्द से निर्दिष्ट जो है, वही वस्तुतः परम अक्षर है जो निर्गुण, निराकार, अविनाशी, सच्चिदानन्द परमात्मा का वाचक है और सम्पूर्ण जगत् का आधार है। प्रत्येक प्राणी के अन्दर चेतन-पराप्रकृतिरूपी परमात्मा आत्मरूप से स्थित है। परमात्मा से योग की स्थिति में *'तत्त्वमसि'* - वह अर्थात् 'ब्रह्म' तुम हो का बोध प्रत्यक्ष अनुभव में आ जाता है। शरीर में स्थित जीवात्मा (जो भावरूप से परमात्मा ही है) का जो अपना भाव है उसी को 'स्वभाव' कहते हैं और वह स्वभाव ही 'अध्यात्म' कहा जाता है। इस प्रकार व्यापक दृष्टि से सर्वव्याप्त आत्मा और प्राणियों की दृष्टि से उसके शरीर में बद्ध आत्मा अर्थात् जीवात्मा को तत्त्वतः अध्यात्म समझना चाहिए। यह जीवात्मा परमात्मा का अंश है, अध्यात्मरूपी सम्पूर्ण भूतसमुदाय अनन्त परमात्मा का ही स्वरूप है। स्थूल शरीर में स्व-भाव में प्रतिष्ठित 'जीव' शब्द से अध्यात्म अथवा स्वभाव को समझा जा सकता है। ईश्वर (परमात्मा) का अनुशीलन व चिन्तन करना ही जीव का सहज स्वभाव कहा जा सकता है।

परब्रह्म का संकल्प कि वह एक है अनेक रूपों में हो जाय के कारण से सृष्टि की, जड़ व जीव जगत् की रचना हुई। ईश्वर की अपरा और परा प्रकृति के संयोग से जगत् की रचना का यह संकल्प ही 'विसर्ग' अर्थात् त्याग है। जिस त्याग के फलस्वरूप स्थिर परब्रह्म में जगतरूपी स्पन्दनशीलता तथा भूत की सत्ता-'भूतभाव' की उत्पत्ति हुई (१४।३), उस त्याग को ही 'कर्म' कहते हैं। अस्तु, यही विसर्ग ही कर्मों का आरम्भ है एवं तदन्तर जीव में कर्म की स्थिति उत्पन्न हो चली। कर्म का आशय जगत् की गतिविधियाँ हैं तथा मनुष्यों में कर्म का अधिकार प्राप्त होने के कारण यह कर्म उनके स्वभाव से हुई मन, प्राण व शरीर की कर्त्तव्यरूप में की गयी सम्पूर्ण क्रियाओं से है ॥ ३ ॥

अधिभूतं क्षरो भावः पुरुषश्चाधिदैवतम् ।
अधियज्ञोऽहमेवात्र देहे देहभृतां वर ॥ ४ ॥

अधिभूतम्—अधिभूत है, **क्षरः**—नाशवान, **भावः**—भाव, **पुरुषः**—पुरुष, **च**—और, **अधिदैवतम्**—अधिदैव है (तथा), **अधियज्ञः**—अधियज्ञ हूँ, **अहम् एव**—मैं ही, **अत्र**—इस, **देहे**—देह में, **देहभृताम्**—देहधारियों में, **वर**—श्रेष्ठ (हे अर्जुन)।

नाशवान भाव अधिभूत है और पुरुष अधिदैव है तथा देहधारियों में श्रेष्ठ हे अर्जुन ! इस देह में अधियज्ञ मैं ही हूँ।

भगवान् की अपरा प्रकृति से उत्पन्न सभी पदार्थ विनाशशील हैं। ऐसे विनाशी भाववाले सभी पदार्थ उत्पत्तिशील भी हैं। जगत् के सभी उत्पत्ति व विनाशशील पदार्थ 'अधिभूत' कहे जाते हैं। जीव का शरीर भी अधिभूत है जिसे भगवान् की चेतन परा शक्ति जगत् में धारण किये रहती है और वह शरीर इसी चेतन शक्ति के आश्रित रहती है।

'अधिदैव' पुरुष है और यह आदिपुरुष हिरण्यगर्भ ब्रह्मा हैं, जो इन्द्रादि देवताओं के भी ऊपर हैं। देवताओं से भी विलक्षण शब्द व स्पर्श, आदि भोगों के भोक्ता समस्त जगत् के प्राण पुरुष का नाम अधिदैव है। हे देहधारियों में श्रेष्ठ अर्जुन ! यज्ञों के अधिष्ठाता विष्णु ही 'अधियज्ञ' हैं तथा विष्णुरूप अधियज्ञ इस देह में मैं स्वयं ही हूँ। मनुष्यों से सम्पन्न होनेवाले यज्ञों द्वारा मैं आराध्य हूँ (५।२९), क्योंकि मनुष्य शरीर में आत्मस्थ हुआ मैं अन्तर्यामी यज्ञरूप से स्थित हूँ और यज्ञकर्मों का प्रवर्तक एवं उसका फल देनेवाला हूँ। जीव तो फल भोगता है, किन्तु मैं गुणों से असंग हुआ ही रहता हूँ।

इस प्रकार उपर्युक्त दो श्लोकों में वर्णित ब्रह्म, अध्यात्म, कर्म, अधिभूत, अधिदैव और अधियज्ञ सभी कुछ तत्त्वतः भगवान् वासुदेव ही हैं ॥ ४॥

अन्तकाले च मामेव स्मरन्मुक्त्वा कलेवरम् ।
यः प्रयाति स मद्भावं याति नास्त्यत्र संशयः ॥ ५ ॥

अन्तकाले—अन्तकाल में, **च**—भी, **माम् एव**—मुझको ही, **स्मरन्**—स्मरण करता हुआ, **मुक्त्वा**—त्यागकर, **कलेवरम्**—शरीर को, **यः**—जो, **प्रयाति**—जाता है, **सः**—वह, **मद्भावम्**—मेरे भाव को, **याति**—प्राप्त होता है, **न**—नहीं, **अस्ति**—है, **अत्र**—इसमें, **संशयः**—संशय।

जो अन्तकाल में भी मुझको ही स्मरण करता हुआ शरीर को त्यागकर जाता है, वह मेरे भाव को प्राप्त होता है, इसमें संशय नहीं है।

जो पुरुष जीवन के अन्तकाल में भी मृत्यु के समय एकमात्र मुझे ही, अन्य सांसारिक मोह के सम्बन्धों व कामनाओं आदि का नहीं, स्मरण करता हुआ शरीर त्याग करता है वह मेरे भाव को अर्थात् मेरे स्वरूप को प्राप्त करता है (२।७२)। इसमें कोई संशय नहीं है ॥ ५ ॥

अन्तकाल में भाव के अनुसार गति होने को कहते हैं—

यं यं वापि स्मरन्भावं त्यजत्यन्ते कलेवरम् ।
तं तमेवैति कौन्तेय सदा तद्भावभावितः ॥ ६ ॥

यम् यम्—जिस-जिस, **वा अपि**—भी, **स्मरन्**—स्मरण करता हुआ (मनुष्य), **भावम्**—भाव को, **त्यजति**—छोड़ता है, **अन्ते**—अन्तकाल में, **कलेवरम्**—शरीर को, **तम् तम्**—वह उस-उस (भाव को), **एव**—ही, **एति**—प्राप्त होता है (क्योंकि वह), **कौन्तेय**—हे कौन्तेय (वह), **सदा**—सदा, **तत्**—उसी, **भाव**—भाव से, **भावितः**—भावित रहा है।

जिस—जिस भी भाव को अन्तकाल में स्मरण करता हुआ मनुष्य शरीर को छोड़ता है, हे कौन्तेय ! वह उस—उस भाव को ही प्राप्त होता है, क्योंकि वह सदा उसी भाव से भावित रहा है।

हे कौन्तेय ! यह मनुष्य अन्तकाल में प्राण त्याग के समय जिस-जिस भाव का स्मरण करता हुआ शरीर त्याग करता है वह मरण के पश्चात् उसी-उसी भाव को प्राप्त होता है, किन्तु अन्त के समय मनुष्य उसी भाव का ही स्मरण करता है जिसका वह अपने जीवन काल में सदैव अभ्यास करता रहा है, क्योंकि प्राण त्याग के समय जीव अपने स्वभाव-प्रकृति के अनुसार ही चिन्तन कर पाता है और स्वभावानुसार किये गये चिन्तन के अभ्यास से जीवन में वह उस भाव से भावित रहता है।

यह स्थिति सभी प्राणियों के लिए है, किन्तु मनुष्य की स्थिति ईश्वर ने विशिष्ट बनाई है। मनुष्य को विवेक और पुरुषार्थ प्रदान कर ईश्वर ने यह अवसर प्रदान किया है कि वह इनका उपयोग कर इसी जीवनकाल में ही भगवान् का सदैव चिन्तन तथा स्मरण का अभ्यास करते हुए उनके आराधना के भाव से ही भावित होकर प्रयाणकाल में उन्हीं का चिन्तन करता हुआ शरीर का त्याग करे, जिससे भगवत्स्वरूप को वह प्राप्त हो जाता है ॥ ६ ॥

सर्वदा भगवान् का ही चिन्तन करते हुए युद्ध करने को कहते हैं, जिससे उनकी ही प्राप्ति हो सके—

तस्मात्सर्वेषु कालेषु मामनुस्मर युध्य च ।
मय्यर्पितमनोबुद्धिर्मामेवैष्यस्यसंशयम् ॥ ७ ॥

तस्मात्—इसलिए, **सर्वेषु कालेषु**—सब समय में, **माम्**—मेरा ही, **अनुस्मर**—स्मरण कर, **युध्य च**—और युद्ध भी कर (इस प्रकार), **मयि**—मुझमें, **अर्पित**—अर्पण किये हुए, **मनः**—मन, **बुद्धिः**बुद्धि (से युक्त होकर), **माम्**—मुझको, **एव**—ही, **एष्यसि**—प्राप्त होगा, **असंशयम्**—निःसन्देह।

इसलिए सब समय में मेरा ही स्मरण कर और युद्ध भी कर। इस प्रकार मुझमें अर्पण किए हुए मन—बुद्धि से युक्त होकर निःसन्देह मुझको ही प्राप्त होगा।

इसलिए हे अर्जुन ! तू हर समय मेरा स्मरण कर और अपरिहार्य रूप से सम्मुख उपस्थित युद्ध को कर्त्तव्य-कर्म समझकर कर। इस तरह मन और बुद्धि को मेरे में अर्पण करते हुए मेरा ही स्मरण करता हुआ निःसन्देह मुझ परमेश्वर को ही प्राप्त होगा।

मनुष्य को यह समझना चाहिए कि उसमें मन व बुद्धि के साथ विवेक तथा कर्म का अधिकार भगवान् द्वारा भगवान् के स्मरण हेतु ही कृपापूर्वक प्राप्त है। अतएव समस्त कर्त्तव्य-कर्मों को करते हुए मन को भगवान् के स्मरण ध्यान में लगाना चाहिए। जगत् में मन व बुद्धि लगाने पर जीव संसारी हो जाता है, मोहग्रस्त हो जाता है और तब प्राणान्त के समय ईश्वर का स्मरण न होने से ईश्वर के ध्यान से प्राप्त होनेवाले मोक्ष के सरल उपाय से भी वह वंचित हो जाता है ॥ ७ ॥

योगी द्वारा परम पुरुष की प्राप्ति अगले तीन श्लोकों में—

अभ्यासयोगयुक्तेन चेतसा नान्यगामिना ।
परमं पुरुषं दिव्यं याति पार्थानुचिन्तयन् ॥ ८ ॥

अभ्यासयोगयुक्तेन—अभ्यासरूप योग से युक्त, **चेतसा**—चित्त से, **न अन्य गामिना**—किसी अन्य ओर न जानेवाले, **परमम्**—परम, **पुरुषम्**—पुरुष को, **दिव्यम्**—दिव्य, **याति**—प्राप्त होता है, **पार्थ**—हे पार्थ, **अनुचिन्तयन्**—चिन्तन करता हुआ पुरुष।

हे पार्थ ! अभ्यासरूप योग से युक्त किसी अन्य ओर न जानेवाले चित्त से चिन्तन करता हुआ पुरुष परम दिव्य पुरुष को प्राप्त होता है।

जीव ईश्वर का अंश है। जीव को धारण करनेवाले पुरुष को चाहिए कि वह शरीरस्थ मन, बुद्धि व चित्त को परमात्मा में लगाकर उन्हीं से संयुक्त होने के लिए बारम्बार उन्हीं की आराधना का सतत अभ्यास करे और उनके अतिरिक्त अनात्म पदार्थों में चित्त न लगावे। इस प्रकार चित्त को ऐसे 'अभ्यासरूप योग' से युक्त करके भगवान् का चिन्तन करता हुआ (१२।९) योगी पुरुष निश्चय ही परम दिव्य अलौकिक पुरुष को अर्थात् परमेश्वर को प्राप्त होता है ॥ ८ ॥

कविं पुराणमनुशासितार-
मणोरणीयांसमनुस्मरेद्यः ।

सर्वस्य धातारमचिन्त्यरूप -
मादित्यवर्णं तमसः परस्तात्॥ ९॥

कविम्—कवि, **पुराणम्**—पुरातन, **अनुशासितारम्**—अनुशासन करनेवाले, **अणोः**—सूक्ष्म से भी, **अणीयांसम्**—सूक्ष्मतर, **अनुस्मरेत**—स्मरण करता है, **यः**—जो, **सर्वस्य**—सबके, **धातारम्**—धाता, **अचिन्त्य**—अचिन्त्य, **रूपम्**—स्वरूप (और), **आदित्यवर्णम्**—सूर्य के समान वर्णवाले, **तमसः**—अज्ञानान्धकार से, **परस्तात्**—परे परमात्मा का।

जो कवि, पुरातन, अनुशासन करनेवाले, सूक्ष्म से भी सूक्ष्मतर, सबके धाता, अचिन्त्य स्वरूप और सूर्य के समान वर्णवाले अज्ञानान्धकार से परे परमात्मा का स्मरण करता है।

भगवान् तो भूत, वर्तमान व भविष्य के ज्ञाता हैं, अतएव वे सर्वज्ञ-'कविम्' हैं। वे सबका आदि हैं, इसलिए वे अनादि, सनातन-'पुराणम्' हैं। वे सर्वव्यापी सब प्राणियों में अन्तर्यामीरूप से स्थित उनके शुभाशुभ कर्मों के अधिष्ठाता-'अनुशासितारम्' हैं। वे मन, बुद्धि से परे सूक्ष्मातिसूक्ष्म- 'अणोरणीयांसम्' हैं। समस्त विश्व का धारण-पोषण करनेवाले सर्वाधार- 'सर्वस्व धातारम्' हैं। इन्द्रियातीत अर्थात् मन व बुद्धि, आदि के चिन्तन के विषय से परे-'अचिन्त्यरूपम्' हैं। वे सूर्य के समान सबको तथा सबके अन्तरतम को प्रकाशित करनेवाले- 'आदित्यवर्णम्' हैं। अज्ञानान्धकार से परे, उससे सर्वथा रहित- 'तमसः परस्तात्' हैं। जो पुरुष ऐसे सर्वज्ञ, अनादि, सर्वाधार, सर्वव्यापी, आदि लक्षणों से युक्त परमात्मा का स्मरण करता है, वह उन्हीं को प्राप्त होता है, यह अगले श्लोक में कहते हैं ॥ ९॥

प्रयाणकाले मनसाचलेन
भक्त्या युक्तो योगबलेन चैव।
भ्रुवोर्मध्ये प्राणमावेश्य सम्यक्
स तं परं पुरुषमुपैति दिव्यम्॥ १०॥

प्रयाणकाले—मरने के समय, **मनसा**—मन से (स्मरण करता हुआ), **अचलेन**—निश्चल, **भक्त्या**—भक्ति से, **युक्तः**—युक्त पुरुष, **योगबलेन**—योगबल से, **च**—फिर, **एव**—ही, **भ्रुवोः**—भृकुटी के, **मध्ये**—मध्य में, **प्राणम्**—प्राण को, **आवेश्य**—स्थित करके, **सम्यक्**—अच्छी प्रकार से, **सः**—वह, **तम्**—उस, **परम् पुरुषम्**—परम पुरुष को, **उपैति**—प्राप्त होता है, **दिव्यम्**—दिव्य।

वह भक्ति से युक्त पुरुष मरने के समय योगबल से भृकुटी के मध्य में प्राण को अच्छी प्रकार से स्थित करके फिर निश्चल मन से स्मरण करता हुआ उस दिव्य परम पुरुष को प्राप्त होता है।

भक्ति और योगबल से युक्त हुआ योगी-साधक परम पुरुष को प्राप्त करता है। भगवान् में प्रियता होने पर मनुष्य में भक्ति आती है और तब वह भगवान् के भजन व कीर्तन, आदि में संलग्न होता है। फलतः प्रयाण अर्थात् मृत्यु के समय भगवान् की भक्ति से युक्त होकर ध्यान करने के फलस्वरूप चित्त की स्थिरता के अभ्यासरूप योगबल से युक्त होकर, मन व प्राण को अच्छी प्रकार से भृकुटी के मध्य में स्थापित करके उनके स्वरूप का निश्चल मन से (६।१९) स्मरण करता हुआ श्लोक नौ में वर्णित लक्षणों से युक्त योगी दिव्य परम पुरुष को प्राप्त करता है।

उपर्युक्त योगबल चाहे सिद्धयोगी सद्गुरु के द्वारा शक्तिपात मार्ग से उपदेशित (४।२८) होने से प्राप्त हो अथवा जगत् में प्रचलित अन्यान्य योगमार्ग यथा-अष्टांगयोग, क्रियायोग, हठयोग, भावातीत योग, विहंगमयोग आदि से प्राप्त हो अथवा यह भक्तियोग से ही क्यों न प्राप्त हो, सबका लक्ष्य परम पुरुष की प्राप्ति ही है।

योग और कुण्डलिनी विज्ञान की दृष्टि से भ्रूमध्य में आज्ञा चक्र है। दो दल का शुभ्रवर्ण का पद्म आज्ञा चक्र में स्थित है। इस पद्म के अधिपति देवता शिव हैं। इस पद्म में रुद्र ग्रन्थि है। इस पद्म का भेदन होने से कुण्डलिनी शक्ति सहजता से मस्तक के ऊपरी भाग में स्थित सहस्रार में परम शिव से मिल जाती है। आज्ञा चक्र में इड़ा, पिंगला और सुषुम्ना नाड़ियाँ मिलती हैं, जिन्हें क्रमशः गङ्गा, यमुना और सरस्वती कहते हैं। यहीं पर तीनों का सङ्गम है जिसे त्रिवेणी-तीर्थराज कहते हैं। प्राण को इस स्थान पर प्रयाणकाल में भी भक्तिपूर्वक ध्यान करने पर मनुष्य चेतन परम पुरुष को प्राप्त कर मुक्त हो जाता है (४।२८)।

सद्गुरु की कृपा से शक्तिपात दीक्षा मार्ग में इस तरह का ध्यान श्रद्धा व भक्तिपूर्वक करने से कुण्डलिनी जागरण स्वतः बिना अधिक प्रयास से स्वाभाविक रूप से हो जाता है। फलतः जीवनकाल में ही ध्यान द्वारा चित्त को भगवान् के प्रेम में समाहित करने के अभ्यास द्वारा चित्त की स्थिरता रूपी योगबल बिना कष्ट के प्राप्त हो जाता है ॥ १० ॥

अब निर्गुण ब्रह्म का प्रतिपादन करते हैं—

यदक्षरं वेदविदो वदन्ति
विशन्ति यद्यतयो वीतरागाः ।
यदिच्छन्तो ब्रह्मचर्यं चरन्ति
तत्ते पदं सङ्ग्रहेण प्रवक्ष्ये ॥ ११ ॥

यत्—जिसे, **अक्षरम्**—अविनाशी, **वेदविदः**—वेदवेत्ता, **वदन्ति**—कहते हैं, **विशन्ति**—प्रवेश करते हैं, **यत्**—जिसमें, **यतयः**—यति, **वीतरागा**—वीतराग, **यत्**—जिसकी, **इच्छन्तः**—इच्छा करते हुए (मनुष्य), **ब्रह्मचर्यम्**—ब्रह्मचर्य का, **चरन्ति**—पालन करते हैं, **तत्**—उस, **ते**—तुम्हारे लिए, **पदम्**—पद को (मैं), **सङ्ग्रहेण**—संक्षेप से, **प्रवक्ष्ये**—कहूँगा।

वेदवेत्ता जिसे अक्षर कहते हैं, वीतराग यति जिसमें प्रवेश करते हैं, जिसकी इच्छा करते हुए मनुष्य ब्रह्मचर्य का पालन करते हैं, उस पद को मैं संक्षेप से तुम्हारे लिए कहूँगा।

वेदवेत्ता विद्वान् जिस निर्गुण, निराकार, सर्वव्याप्त तत्त्व को अविनाशी-अक्षर कहते हैं, सांसारिक राग-द्वेष से छूटे हुए एवं ब्रह्म में रमण करनेवाले यत्नशील संन्यासी-यती जिसमें प्रवेश करना चाहते हैं, अर्थात् प्राप्त करना चाहते हैं और जिसे प्राप्त करने की इच्छा करनेवाले ब्रह्मचारी लोग ब्रह्मचर्य व्रत का आचरण करते हैं, उस प्राप्तव्य निर्गुण परम पद को मैं तुम्हारे लिए संक्षेप से कहूँगा॥ ११॥

निर्गुण ब्रह्म के ध्यान का प्रकार एवं फल अगले तीन श्लोकों में कहते हैं—

सर्वद्वाराणि संयम्य मनो हृदि निरुध्य च।
मूर्ध्न्याधायात्मनः प्राणमास्थितो योगधारणाम्॥ १२॥

सर्वद्वाराणि—समस्त इन्द्रियों के द्वारों को, **संयम्य**—रोककर, **मनः**—मन का, **हृदि**—हृदय में, **निरुध्य**—निरोध करके, **च**—तथा, **मूर्ध्नि**—मस्तक में, **आधाय**—स्थापित करके, **आत्मनः**—अपने, **प्राणम्**—प्राणों को, **आस्थितः**—स्थित होकर, **योगधारणाम्**—योगधारणा में।

समस्त इन्द्रियों के द्वारों को रोककर तथा मन का हृदय में निरोध करके तथा अपने प्राणों को मस्तक में स्थापित करके योगधारणा में स्थित होकर।

सांसारिक विषयों को ग्रहण करने के लिए इन्द्रियों के गोलक ही द्वार का कार्य करते हैं। इन्द्रियों के इन द्वाररूप गोलकों का संयम करके अर्थात् बाह्य विषयों का इन्द्रियों द्वारा भीतर प्रवेश न देकर उन्हें बाहर ही रहने देकर प्रत्याहारपूर्वक संकल्प-विकल्पात्मक मन को इनसे रहित करके बाह्य विषयों का चिन्तन न करते हुए हृदय में मन को स्थिर करके एवं अपने प्राण को मस्तक में स्थापित करके (४।२८) योगधारणा में स्थित होकर॥ १२॥

ओमित्येकाक्षरं ब्रह्म व्याहरन्मामनुस्मरन्।
यः प्रयाति त्यजन्देहं स याति परमां गतिम्॥ १३॥

ओम्—'ॐ', **इति**—इस, **एकाक्षरम्**—एक अक्षररूप, **ब्रह्म**—ब्रह्म का, **व्याहरन्**—उच्चारण करता हुआ (और), **माम्**—मुझे, **अनुस्मरन्**—स्मरण करता हुआ, **यः**—जो पुरुष, **प्रयाति**—

जाता है, **त्यजन्**—त्यागकर, **देहम्**—शरीर को, **सः**—वह, **याति**—प्राप्त होता है, **परमाम् गतिम्**—परम गति को ।

जो पुरुष 'ॐ' इस एक अक्षररूप ब्रह्म का उच्चारण करता हुआ और मुझे स्मरण करता हुआ शरीर को त्यागकर जाता है, वह परम गति को प्राप्त होता है।

जो पुरुष उपर्युक्त प्रकार से स्थित होकर 'ॐ' इस एक अक्षररूप ब्रह्म का उच्चारण करता हुआ उसके अर्थ स्वरूप मुझ निर्गुण ब्रह्म (९।१७) का चिन्तन स्मरण करता हुआ शरीर त्यागता है, वह पुरुष परम गति अर्थात् मुझ परब्रह्म को प्राप्त होता है।

वस्तुत: ॐ एक अक्षर मात्र नहीं है, अपितु यह अक्षररूप ब्रह्म है, जिसका वर्णन वेदों में आया है। ऋषियों, मुनियों और योगियों ने भी योगसाधना में सुषुम्ना मार्ग से प्राण को मस्तक में स्थापित करके कुम्भक प्राणायाम के अभ्यास से साधना में अवस्थित होते हुए इस ॐ शब्दब्रह्म को स्वयमेव अपने भ्रूमध्य में प्रकट होते हुए भी प्रत्यक्षरूप से पाया है। इस अपरोक्षानुभूति के पश्चात् यह समझ में आ जाता है कि यह ॐ एक अक्षर नहीं है, अपितु शब्दब्रह्म है जो अनादि काल से सृष्टि के प्रादुर्भाव के समय से ही सभी प्राणियों में ब्रह्मरूप से विद्यमान है। सांसारिक जनों के लिए शब्दब्रह्म का स्वरूप ॐ अक्षर से वेदों में व्यक्त किया गया है। वास्तव में ॐ अपने में सृष्टि के रहस्य को समेटे हुए है और ध्यान में ॐ रूप शब्दब्रह्म के अभ्यास एवं बोध से इस रहस्य से पर्दा हट जाता है, जगत् के ब्रह्मस्वरूप का ज्ञान हो जाता है। यह किसी वर्ग या धर्मविशेष का शब्द नहीं है, अपितु प्राणिमात्र के मूल का द्योतक है, जो योगसाधना से निश्चय ही अनुभवजन्य है ॥ १३ ॥

अनन्यचेताः सततं यो मां स्मरति नित्यशः ।
तस्याहं सुलभः पार्थ नित्ययुक्तस्य योगिनः ॥ १४ ॥

अनन्यचेताः—अनन्य चित्तवाला, **सततम्**—निरन्तर (मेरा), **यः**—जो, **माम्**—मेरा, **स्मरति**—स्मरण करता है, **नित्यशः**—सदा ही, **तस्य**—उस, **अहम्**—मैं, **सुलभः**—सुलभ हूँ, **पार्थ**—हे पार्थ, **नित्ययुक्तस्य**—नित्ययुक्त, **योगिनः**—योगी के लिए।

जो अनन्य चित्तवाला सदा ही निरन्तर मेरा स्मरण करता है, उस नित्ययुक्त योगी के लिए हे पार्थ ! मैं सुलभ हूँ।

जो योगी पुरुष मुझमें 'अनन्यचेता:'—अनन्यचित्तवाला होकर अर्थात् मेरे अतिरिक्त अन्य किसी को अथवा अन्य किसी सांसारिक भोगवस्तु को चित्त में न

धारण करनेवाला होकर मुझे नित्य और सतत स्मरण करता है, हे पार्थ ! मैं उस नित्य निरन्तर मुझमें युक्त योगी के लिए सुलभ हूँ, अर्थात् आसानी से प्राप्त हो जाता हूँ (१८।५५,६५)।

यहाँ ईश्वर की प्राप्ति के लिए तीन बातों पर प्रमुखता से उल्लेख है— *अनन्यचित्तता, नित्यता* और *सततता* । अतएव योगी पुरुष को चाहिए कि वह दीर्घकाल तक बिना ऊबे हुए तथा नित्य-निरन्तर तैलधारावत् अविच्छिन्न रूप से मन को एकमात्र ईश्वर के अतिरिक्त दूसरी किसी तरफ न ले जाय। देखा जाय तो भौतिक जगत् में अपने निर्धारित लक्ष्य की प्राप्ति हेतु भी उपर्युक्त तीनों बातों की महत्त्वपूर्ण भूमिका है। इन्हीं प्रयासों को ईश्वर की आराधना की तरफ मोड़ देने पर ईश्वर की कृपा से वे सहज ही प्राप्त हो जाते हैं ॥ १४॥

भगवान् की प्राप्ति से पुनर्जन्म न होने को अगले दो श्लोकों में कहते हैं—

मामुपेत्य पुनर्जन्म दुःखालयमशाश्वतम् ।
नाप्नुवन्ति महात्मानः संसिद्धिं परमां गताः ॥ १५ ॥

माम्—मुझको, **उपेत्य**—प्राप्त होकर, **पुनर्जन्म**—पुनर्जन्म को, **दुःखालयम्**—दुःखों के घर रूप, **अशाश्वतम्**—अनित्य, **न**—नहीं, **आप्नुवन्ति**—प्राप्त होते, **महात्मानः**—महात्माजन, **संसिद्धिम्**—सिद्धि को, **परमाम्**—परम, **गताः**—प्राप्त हुए।

परम सिद्धि को प्राप्त हुए महात्माजन मुझको प्राप्त होकर दुःखों के घर रूप अनित्य पुनर्जन्म को नहीं प्राप्त होते।

शरीर, इन्द्रिय और मन से उत्पन्न होनेवाले दुःख को *'आध्यात्मिक'* ताप, भूत-प्राणीमात्र एवं पृथ्वी, आदि महापञ्चभूतों से उत्पन्न दुःख को *'आधिभौतिक'* ताप तथा यक्ष, राक्षस और ग्रहों, आदि द्वारा प्राप्त दुःख को *'आधिदैविक'* ताप कहते हैं। ये दुःख रूप ताप शरीरधारी को ही जन्म से मृत्युपर्यन्त होते हैं। अतएव उपर्युक्त तीनों प्रकार के दुःखों को पुनर्जन्म से मिलनेवाले शरीर को सहना पड़ता है। इतना ही नहीं है कि शरीर को दुःख सहना होता है, अपितु यह शरीर स्वयं में भी 'अशाश्वतम्' अर्थात् परिवर्तनशील है और अन्त में विनाश को प्राप्त होता है। इसके अतिरिक्त जन्मते और मरते समय शरीर को तो विशेष रूप से महान कष्ट होता ही है (१३।८)।[१] भगवान् कहते हैं कि परम सिद्धि को प्राप्त महात्मा लोग मुझे प्राप्त करके पुनर्जन्म को नहीं प्राप्त होते हैं और वे उपर्युक्त पुनर्जन्मरूपी

१. जनमत मरत दुसह दुख होई । एहि स्वल्पउ नहिं ब्यापिहि सोई ॥ (श्रीरामचरितमानस ७।१०८।४)

सम्पूर्ण तीनों प्रकार के दु:खों से मुक्त हो जाते हैं। इसके विपरीत, ईश्वर से योग को न प्राप्त हुए प्राणी को बारम्बार इस दु:खरूप संसार में आना ही पड़ता है ॥ १५ ॥

आब्रह्मभुवनाल्लोकाः पुनरावर्तिनोऽर्जुन ।
मामुपेत्य तु कौन्तेय पुनर्जन्म न विद्यते॥ १६ ॥

आब्रह्मभुवनात्—ब्रह्मलोकपर्यन्त, **लोकाः**—सभी लोक, **पुनरावर्तितः**—पुनरावृत्तिशील हैं, **अर्जुन**—हे अर्जुन, **माम्**—मुझे, **उपेत्य**—पा लेने पर, **तु**—परन्तु, **कौन्तेय**—हे कौन्तेय, **पुनर्जन्म**—पुनर्जन्म, **न**—नहीं, **विद्यते**—होता।

हे अर्जुन ! ब्रह्मलोकपर्यन्त सभी लोक पुनरावृत्तिशील हैं, परन्तु हे कौन्तेय ! मुझे पा लेने पर पुनर्जन्म नहीं होता।

हे अर्जुन ! ब्रह्मलोक सहित सभी लोक पुनरावर्ती हैं, अर्थात् इन लोकों में जाकर पुन: संसार में जन्म लेने आना पड़ता है (२।२७), किन्तु हे कौन्तेय ! एकमात्र मुझे प्राप्त करके पुनर्जन्म नहीं होता है।

भगवान् द्वारा यहाँ स्पष्ट कहा गया कि भगवत्प्राप्ति के अतिरिक्त पुनर्जन्म न होने का और कोई उपाय नहीं है। अत: पुनर्जन्म से मुक्ति हेतु भगवान् की प्राप्ति आवश्यक है और इसके लिए उनकी भक्तिपूर्वक आराधना नित्य-निरन्तर करना चाहिए ॥ १६ ॥

ब्रह्मलोक सहित सभी लोक काल की सीमा में होने के सम्बन्ध में और प्राणियों के पुन:-पुन: उत्पत्ति व प्रलय के सम्बन्ध में अगले तीन श्लोकों में कहते हैं—

सहस्त्रयुगपर्यन्तमहर्यद्ब्रह्मणो विदुः ।
रात्रिं युगसहस्त्रान्तां तेऽहोरात्रविदो जनाः ॥ १७ ॥

सहस्त्रयुगपर्यन्तम्—एक सहस्त्रयुग तक रहनेवाला (और), **अहः**—एक दिन, **यत्**—जो, **ब्रह्मणः**—ब्रह्मा का, **विदुः**—जानते हैं, **रात्रिम्**—रात्रि को (भी), **युग सहस्त्र अन्ताम्**—एक सहस्त्रयुग तक रहनेवाली (जो), **ते**—वे, **अहःरात्र**—दिन-रात्रि को, **विदः**—जाननेवाले हैं, **जनाः**—लोग।

ब्रह्मा का जो एक दिन है उसे एक सहस्त्रयुग तक रहनेवाला और रात्रि को भी एक सहस्त्रयुग तक रहनेवाली जो जानते हैं, वे लोग दिन—रात्रि को जाननेवाले हैं।

सत्य, त्रेता, द्वापर और कलियुग को मिलाकर एक *'चतुर्युगी'* होता है, जिसे एक *'महायुग'* या एक *'दिव्ययुग'* कहते हैं। ऐसे एक हजार चतुर्युगी को *'कल्प'*

कहते हैं या एक 'सहस्त्रयुग' कहते हैं। एक हजार चतुर्युगी का कुल काल ब्रह्मा का एक दिन होता है और ब्रह्मा की एक रात्रि भी इतनी अवधि का होता है। जो पुरुष ब्रह्मा के दिन व रात को तत्त्व से जानते हैं, अर्थात् कालावधि के अन्तर्गत होने के कारण इसे अनित्य समझते हैं, वे योगी लोग काल के तत्त्व को जाननेवाले हैं।

देवता का २४ घण्टा (१ दिन व १ रात) मनुष्य के एक वर्ष, उनका एक माह मनुष्य के ३० वर्ष तथा उनका एक वर्ष मनुष्य के ३६० वर्ष के बराबर होता है। देवता के एक वर्ष को एक *'दिव्यवर्ष'* कहते हैं। कलियुग की अवधि १२०० दिव्यवर्ष अर्थात् ४,३२,००० वर्ष है। इसका दो गुना द्वापर, तीन गुना त्रेता तथा चार गुना सत्ययुग की अवधि है। इस प्रकार एक चतुर्युगी की कुल अवधि ४३,२०,००० वर्ष है और इसका एक हजार गुना अर्थात् ४.३२×१०^{९} वर्ष (चार अरब बत्तीस करोड़ वर्ष या ४.३२ मिलियन वर्ष) ब्रह्मा का एक दिन होता है जिसे *'कल्प'* कहते हैं और इतनी ही बड़ी उनकी रात्रि है। इस तरह दिन व रात्रि के अवधि के अनुसार ब्रह्मा की आयु एक सौ वर्ष जो ३११.०४ खरब वर्ष (३११.०४ ट्रिलियन वर्ष) होती है जिसे एक 'महाप्रलय' काल कहते हैं। अपनी आयु के बाद ब्रह्मलोकपर्यन्त सभी लोक और ब्रह्मा नाश को प्राप्त होकर ईश्वर में विलीन हो जाते हैं। ब्रह्मा जी की ईश्वर में इस विलीनता को 'महाप्रलय' कहते हैं। पुनः इस महाप्रलय के बाद लम्बे समय तक अप्रकट रहकर सृष्टि का क्रम ब्रह्मा जी के पुनर्जन्म से प्रकट होकर चलता है। ब्रह्मा जी के प्रकट को 'महासर्ग' कहते हैं।

अस्तु, ब्रह्मा और ब्रह्मलोकपर्यन्त सभी ऊपर के लोक भी काल की सीमा के अन्तर्गत हैं और कालातीत होने पर क्षीणता को प्राप्त होकर ईश्वर में विलीन होते हैं। ऐसी स्थिति में ब्रह्मलोक के नीचे के लोकों की और उसमें रहनेवाले प्राणियों की बात ही क्या है? इस तरह ब्रह्मलोकपर्यन्त स्वर्गादि लोक और उनका सुख भी काल की अवधि के अन्तर्गत होने के कारण अनित्य और विनाशी हैं। एकमात्र कालातीत अविनाशी ईश्वर की प्राप्ति से ही जन्म-मरणरूपी बंधन से छुटकारा मिलकर मोक्ष की प्राप्ति होती है।

अतएव मनुष्य को चाहिए कि काल के तत्त्व को भलीभाँति समझकर विवेकपूर्वक अविनाशी अनादि ईश्वर में ही चित्त को लगाकर एवं योगपूर्वक उनकी साधना में नित्य-निरन्तर अभ्यास करता हुआ उन्हें प्राप्त करके पुनर्जन्मरूपी दुःखद बन्धन से मुक्त हो जाय ॥ १७॥

अव्यक्ताद्व्यक्तयः सर्वाः प्रभवन्त्यहरागमे ।
रात्र्यागमे प्रलीयन्ते तत्रैवाव्यक्तसञ्ज्ञके ॥ १८ ॥

अव्यक्तात्—अव्यक्त से, **व्यक्तयः**—व्यक्त, **सर्वाः**—सब, **प्रभवन्ति**—उत्पन्न होते हैं (और उनके), **अहः आगमे**—ब्रह्मा के दिन के प्रारम्भकाल में, **रात्रि आगमे**—रात्रि के प्रारम्भकाल में, **प्रलीयन्ते**—लय हो जाते हैं, **तत्र**—उस, **एव**—ही, **अव्यक्तसञ्ज्ञके**—अव्यक्त में ही ।

ब्रह्मा के दिन के प्रारम्भकाल में अव्यक्त से सब व्यक्त उत्पन्न होते हैं और उनके रात्रि के प्रारम्भकाल में उस अव्यक्त में ही लय हो जाते हैं।

ब्रह्मा के दिन के प्रारम्भकाल में ब्रह्मा की निद्रावस्था से (अव्यक्त से) अर्थात् ब्रह्मा के सूक्ष्म शरीर से (सूक्ष्म अपरा प्रकृति से) सम्पूर्ण चराचर भूतगण अपने-अपने कर्मानुसार स्थूल रूप से प्रकट होते हैं (व्यक्त होते हैं), अर्थात् इस नाम-रूपात्मक विश्व का साकार रूप से उद्‌भव होता है। पुनः ब्रह्मा की रात्रि के प्रारम्भकाल में सभी उसी अव्यक्त में विलीन हो जाते हैं, अर्थात् उपर्युक्त साकार विश्व विनाश को प्राप्त होता है।

इस प्रकार ब्रह्मा के निद्रावस्था से प्रबोधावस्था आने पर सृष्टि की उत्पत्ति अर्थात् 'सर्ग' होता है और पुनः निद्रावस्था पर सृष्टि की विलीनता अर्थात् 'प्रलय' होता है। ब्रह्मा जी की सौ वर्ष की आयु पूर्ण होने पर ब्रह्मा और उनकी सृष्टि की ईश्वर में विलीनता को *'महाप्रलय'* कहते हैं। इस महाप्रलय की अवधि ब्रह्मा जी की आयु के बराबर होती है। पुनः महाप्रलय की अवधि बीतने पर ईश्वर से ही ब्रह्मा जी और सृष्टि के प्रकटीकरण को *'महासर्ग'* कहते हैं। सम्पूर्ण भूतगण के प्रकटीकरण और विलीनता अर्थात् जन्म-मरण सहित सृष्टि के उत्पत्ति और विनाश का यह क्रम तो आदि काल से चला आ रहा है। इस प्रकार समस्त भूत समुदाय जन्म-मरण के चक्र में फँसे रहते हैं ॥ १८ ॥

भूतग्रामः स एवायं भूत्वा भूत्वा प्रलीयते ।
रात्र्यागमेऽवशः पार्थ प्रभवत्यहरागमे ॥ १९ ॥

भूतग्रामः—भूतसमुदाय, **सः एव**—वही, **अयम्**—यह, **भूत्वा भूत्वा**—उत्पन्न हो-होकर, **प्रलीयते**—लय हो जाता है (और), **रात्रि**—रात्रि के, **आगमे**—प्रारम्भकाल में, **अवशः**—अवश (कर्माधीन) हुआ, **पार्थ**—हे पार्थ, **प्रभवति**—उत्पन्न हो जाता है, **अहः**—दिन के, **आगमे**—प्रारम्भकाल में।

हे पार्थ ! वही यह भूत समुदाय अवश (कर्माधीन) हुआ उत्पन्न हो—होकर रात्रि के प्रारम्भकाल में लय हो जाता है और दिन के प्रारम्भकाल में उत्पन्न हो जाता है।

सम्पूर्ण प्राणीसमुदाय (जीवात्मा) ईश्वर के अंश हैं और इसलिए चेतन हैं, नित्य हैं। जीव के नित्य व चेतन स्वरूप होने पर भी वह शरीर और अन्य सांसारिक जड़ पदार्थों के साथ अपना सम्बन्ध अज्ञान के कारण स्थापित कर लेता है और इस कारण से बार-बार जन्म-मरण के चक्र में पड़ता है। अज्ञानजनित इस सम्बन्ध के कारण ही जीव की चेतनता एवं स्वतन्त्रता लुप्त-सी हो गयी और वह अपने कर्म के अधीन होकर अवश हो गया, प्रकृति के गुणों के अधीन हो गया, परतन्त्र हो गया और जन्म-मरण का हेतु वह स्वयं बन गया।

हे पार्थ ! इस प्रकार आदिकाल से सभी वही प्राणीगण मेरा चेतन अविनाशी अंश होने पर भी अपनी उपर्युक्त अज्ञानता के कारण शरीरादि जड़ प्रकृति से सम्बन्ध स्थापित कर लेने के कारण प्रकृति के परवश हुआ ब्रह्मा के दिन के प्रारम्भ काल में उत्पन्न होता है और उनकी रात्रि के प्रारम्भ काल में लीन होता है। वैसे ही दिन के प्रारम्भकाल में पुनः विवश हुआ उत्पन्न होता रहता है (९।७-८)। इस प्रकार जन्म-मरण का यह क्रम पराधीन हुआ तब तक चलता रहता है, जब तक कि जीव प्रकृति के गुणों से ऊपर उठकर अपने स्वरूप को नहीं पहचानता है।

जीव द्वारा स्वयं के स्वरूप को समझने की स्वतन्त्रता ईश्वर ने मनुष्यमात्र को ही कृपापूर्वक दिया है, यह महान सौभाग्य का विषय है। इस स्वतन्त्रता का उपयोग स्वरूपबोध हेतु मनुष्य को अवश्य करना चाहिए ॥ १९ ॥

उस सनातन अव्यक्त 'अक्षर' की नित्यता एवं महत्त्व अगले दो श्लोकों में कहते हैं—

परस्तस्मात्तु भावोऽन्योऽव्यक्तोऽव्यक्तात्सनातनः ।
यः स सर्वेषु भूतेषु नश्यत्सु न विनश्यति ॥ २० ॥

परः—पर (श्रेष्ठ), **तस्मात्**—उस, **तु**—परन्तु, **भावः**—भाव है, **अन्यः**—दूसरा, **अव्यक्तः**—अव्यक्त, **अव्यक्तात्**—अव्यक्त से, **सनातनः**—सनातन, **यः**—जो, **सः**—वह, **सर्वेषु भूतेषु**—सब भूतों के, **नश्यत्सु**—नष्ट होने पर भी, **न विनश्यति**—नष्ट नहीं होता।

परन्तु उस अव्यक्त से पर (श्रेष्ठ) जो दूसरा सनातन अव्यक्त भाव है, वह सब भूतों के नष्ट होने पर भी नष्ट नहीं होता।

परन्तु उस सूक्ष्म अपरा-जड़ प्रकृति रूप अव्यक्त से जिसमें सम्पूर्ण भूतसमुदाय लय को प्राप्त होता है, दूसरा विलक्षण चेतन अविनाशी जो सनातन अव्यक्त भाव रूप परब्रह्म है और जो इन्द्रियादि से प्रत्यक्ष ज्ञान में नहीं आनेवाला है, वह उस उपर्युक्त अव्यक्त से 'पर' (श्रेष्ठ) है। वह 'पर' महाप्रलय के समय

ब्रह्मा सहित कार्य-कारणरूप सृष्टि के समस्त प्राणियों के नाश होने पर सबको अपने में विलीन करके स्वयं नष्ट नहीं होता है और अपने स्वरूप में सर्वव्यापी रूप से निश्चल स्थित रहता है ॥ २० ॥

अव्यक्तोऽक्षर इत्युक्तस्तमाहुः परमां गतिम् ।
यं प्राप्य न निवर्तन्ते तद्धाम परमं मम॥ २१ ॥

अव्यक्तः—अव्यक्त, **अक्षरः**—अविनाशी (वह), **इति**—इस नाम से, **उक्तः**—कहा गया है, **तम्**—उसी को, **आहुः**—कहते हैं, **परमाम् गतिम्**—परम गति, **यम्**—जिसको, **प्राप्य**—प्राप्त होकर (मनुष्य), **न निवर्तन्ते**—पुनः नहीं लौटते, **तत्**—वह, **धाम**—धाम है, **परमम्**—परम, **मम**—मेरा।

अव्यक्त 'अक्षर' वह इस नाम से कहा गया है, उसी को परम गति कहते हैं। जिसको प्राप्त होकर मनुष्य पुनः नहीं लौटते, वह मेरा परम धाम है।

जो यह अव्यक्त 'अक्षर' इस नाम से कहा गया है और जिसे इसी अध्याय के पूर्व श्लोकों में 'अक्षर ब्रह्म', 'अधियज्ञ', 'माम्', 'परम पुरुष', 'दिव्यम्' तथा श्लोक बीस में 'सनातनः' कहा गया है, उसी अक्षर नामक अव्यक्त भाव को 'परम गति' कहते हैं। जिस सनातन अव्यक्त भाव को प्राप्त होकर मनुष्य पुनः जन्म लेने के लिए वापस नहीं आते, वह मेरा 'परम धाम' है (१५।६)।

ब्रह्मलोकपर्यन्त सभी लोक पुनरावर्ती हैं, अर्थात् बार-बार संसार में जन्म-मरण लेनेवाले हैं। वे प्रकृति के शासन में हैं और विनाशवान हैं, किन्तु मुझ सर्वव्यापी अविनाशी परमात्मा का धाम प्रकृति से परे है और अपुनरावर्ती है ॥ २१ ॥

अनन्य भक्ति से परम धाम की प्राप्ति का उपाय बताते हैं—

पुरुषः स परः पार्थ भक्त्या लभ्यस्त्वनन्यया ।
यस्यान्तः स्थानि भूतानि येन सर्वमिदं ततम्॥ २२ ॥

पुरुषः—पुरुष, **सः**—वह, **परः**—परम, **पार्थ**—हे पार्थ, **भक्त्या**—भक्ति से, **लभ्यः**—प्राप्त होने योग्य है, **तु**—तो, **अनन्यया**—अनन्य, **यस्य**—जिसके, **अन्तःस्थानि**—अन्तर्गत, **भूतानि**—सब भूत (स्थित हैं और), **येन**—जिससे, **सर्वम्**—सारा जगत, **इदम्**—यह, **ततम्**—परिपूर्ण है (वह)।

हे पार्थ ! वह परम पुरुष जिसके अन्तर्गत सब भूत स्थित हैं और जिससे यह सारा जगत् परिपूर्ण है, वह तो अनन्य भक्ति से प्राप्त होने योग्य है।

जिस परम पुरुष के अन्तर्गत सभी भूत स्थित हैं, क्योंकि भूतोत्पत्ति का कारण परम पुरुष ही हैं और जिस परम पुरुष से यह सम्पूर्ण जगत् परिपूर्ण है, क्योंकि

जगत् की उत्पत्ति का कारण भी परम पुरुष है, हे पार्थ ! वह ऐसा सनातन परम पुरुष तो अनन्य भक्ति से अर्थात् एकमात्र आत्मविषयक ज्ञानरूप भक्ति से ही प्राप्त होने योग्य है।

एकमात्र ईश्वर भाव में निष्ठापूर्वक स्थित होना ही 'अनन्य' भक्ति है, इस भाव के अतिरिक्त सभी कुछ 'अन्य' है। ईश्वर की त्रिगुणात्मक माया द्वारा रचित जगत् में ही मनुष्य के रमण करते रहने से ईश्वर की भक्ति में अनन्यता-एकनिष्ठता नहीं रह सकती है। अनन्य भक्तों की सम्पूर्ण क्रियाएँ ईश्वर की प्रसन्नता के लिए एवं उनके पूजन व भक्ति के लिए ही होती है और उन भक्तों की अनन्य भक्ति से वह ईश्वर प्राप्त हो जाता है ॥ २२ ॥

योगियों के शरीर त्याग के पश्चात् अनावृत्ति और आवृत्ति मार्ग (शुक्ल और कृष्णमार्ग) के विषय में भगवान् का कथन—

यत्र काले त्वनावृत्तिमावृत्तिं चैव योगिनः ।
प्रयाता यान्ति तं कालं वक्ष्यामि भरतर्षभ ॥ २३ ॥

यत्र—जिस, **काले**—काल (मार्ग) में, **तु**—तो, **अनावृत्तिम्**—अनावृत्ति को (वापस न लौटनेवाली गति को), **आवृत्तिम्**—वापस लौटनेवाली गति को, **च**—और (जिसमें गये हुए), **एव**—ही, **योगिनः**—योगी, **प्रयाताः**—शरीर त्यागकर गये हुए, **यान्ति**—प्राप्त होते हैं, **तम्**—उस, **कालम्**—काल को, **वक्ष्यामि**—(मैं तुमसे) कहूँगा, **भरतर्षभ**—हे भरतश्रेष्ठ।

हे भरतश्रेष्ठ ! जिस काल (मार्ग) में शरीर त्यागकर गये हुए योगी लोग अनावृत्ति को और जिसमें गये हुए आवृत्ति को प्राप्त होते हैं, उस काल को मैं तुमसे कहूँगा।

वे सभी पुरुष जो सकाम अथवा निष्काम भाव से परमात्मा का अनुभव एवं सान्निध्य प्राप्त करने की इच्छा से पुण्य कर्म करते हुए किसी भी योगमार्ग में प्रवृत्त हैं, किन्तु वे अप्रत्यक्ष रूप से ही परमात्मा को प्राप्त कर सके हैं ऐसे सभी 'योगिनः' अर्थात् योगी पुरुष शरीर त्यागकर जिस काल अर्थात् जिस मार्ग से जाकर 'अनावृत्ति' अर्थात् वापस पीछे लौटकर संसार में नहीं आते हैं और जिस मार्ग से जाकर 'आवृत्ति' अर्थात् वापस पीछे पुनः संसार में जन्म लेते हैं, हे भारतवंशियों में श्रेष्ठ अर्जुन ! उन दोनों मार्गों को मैं तुमसे कहूँगा।

उपर्युक्त दोनों मार्ग अर्थात् अनावृत्ति और आवृत्ति मार्ग सामान्य मनुष्यों और पापाचारियों के लिए नहीं हैं, क्योंकि वे अपने-अपने कर्मानुसार यहीं संसार में ही अच्छी और बुरी विभिन्न योनियों में जन्म लेते रहते हैं, किन्तु ऐसे उपर्युक्त योगी लोग जो प्रत्यक्ष रूप से भगवान् का अनुभव नहीं कर सके हैं और कतिपय

वासना उनमें शेष है तो उन योगियों के मृत्यु के पश्चात् उनके जीव उनकी योगावस्थानुसार उपर्युक्त दोनों में से एक मार्ग की यात्रा करते हैं और अन्ततः उस मार्गानुसार परिणाम को प्राप्त होते हैं। यहाँ यह बात महत्वपूर्ण नहीं है कि उनके मृत्यु का समय क्या है, उनकी मृत्यु चाहे दिन में हो या रात में हो, शुक्लपक्ष में हो या कृष्णपक्ष में हो एवं उत्तरायण में हो या दक्षिणायन में हो, किन्तु मृत्यु के पश्चात् उनके जीव का शुक्ल या कृष्णमार्ग से गमन करना तो उनके योगावस्था पर ही निर्भर है ॥ २३ ॥

शुक्ल और कृष्णमार्ग का वर्णन तथा उनका फल अगले चार श्लोकों में—

अग्निर्ज्योतिरहः शुक्लः षण्मासा उत्तरायणम् ।
तत्र प्रयाता गच्छन्ति ब्रह्म ब्रह्मविदो जनाः ॥ २४ ॥

अग्निः—अग्नि के, **ज्योतिः**—ज्योति के, **अहः**—दिन के, **शुक्लः**—शुक्लपक्ष के (और), **षण्मासाः**—छह महीने, **उत्तरायणम्**—उत्तरायण के, **तत्र**—उनमें, **प्रयाताः**—गये हुए, **गच्छन्ति**—प्राप्त होते हैं, **ब्रह्म**—ब्रह्म को, **ब्रह्मविदः**—ब्रह्मवेत्ता, **जनाः**—योगीजन।

अग्नि, ज्योति, दिन, शुक्लपक्ष और उत्तरायण के छह महीने उनमें गये हुए ब्रह्मवेत्ता योगीजन ब्रह्म को प्राप्त होते हैं।

जिस ब्रह्मवेत्ता योगी में कतिपय सूक्ष्म वासना शेष रह जाने के कारण परमात्मा का अप्रत्यक्ष अनुभव ही हो सका है और उनमें शुक्लमार्ग से गमन करने की योग्यता है, उन योगी जन के जीव को शरीर त्याग के पश्चात् शुक्लमार्ग के क्रमशः अग्नि तथा ज्योति के अधिपति देवता, दिन का अधिपति देवता, शुक्लपक्ष का अधिपति देवता और उत्तरायण के छह माह का अधिपति देवता अपने-अपने प्रभाव के क्षेत्रों को पार करता हुआ और क्रमशः परस्पर अपने से उच्चतर क्षेत्रों के देवता से जीव का सम्बन्ध कराते हुए ब्रह्मलोक में पहुँचा देते हैं। वे ब्रह्मवेत्ता योगी तो ब्रह्म को प्राप्त हो जाते हैं, उसमें ही विलीन हो जाते हैं। शुक्लमार्ग में प्रकाश-ज्ञान की बहुलता होती है। उपनिषदों में शुक्लमार्ग का वर्णन देवयान, अर्चिमार्ग, ब्रह्मपथ आदि नामों से आया है।

उपर्युक्त ब्रह्मवेत्ता की मृत्यु रात्रि में, कृष्णपक्ष में और दक्षिणायन में होने पर शुक्लमार्ग के अधिपति देवतागण यथासमय जीव को अपने अधिकार में ले लेते हैं। रात्रि में मृत्यु होने पर दिन आने पर ही दिन का अधिपति देवता जीव को अपने अधिकार में लेता है। कृष्णपक्ष में मृत्यु होने पर वह दिन का अधिपति देवता अपने अधिकार में लिए हुए जीव को शुक्लपक्ष के आने पर शुक्लपक्ष के

अधिपति देवता को सौंपता है और दक्षिणायन में मृत्यु होने पर उत्तरायण आने पर उत्तरायण के अधिपति देवता को शुक्लपक्ष का अधिपति देवता अपने अधिकार में लिए हुए जीव को सौंप देता है। इस प्रकार शुक्ल मार्गी सभी अधिपति देवता अपने-अपने अधिकार क्षेत्र से पार कराकर जीव को ब्रह्मलोक पहुँचा देते हैं। इसी प्रकार कृष्णमार्ग के देवता भी अपना-अपना कार्य करते हैं। उच्चतर अधिपति देवता को सौंपने के पूर्व जीव को अपने अधिकार में लिए हुए निम्नतर देवता जीव से सम्बन्ध बनाये रखते हैं।

ऐसे ब्रह्मवेत्ता योगी जिन्हें परमात्मा का 'प्रत्यक्ष ज्ञान' हो जाता है, वे *'जीवन्मुक्त'* कहे जाते हैं। उन्हें ब्रह्मलोक नहीं जाना पड़ता है, वे इसी जीवन में ही मुक्त हो जाते हैं ॥ २४॥

धूमो रात्रिस्तथा कृष्णः षण्मासा दक्षिणायनम् ।
तत्र चान्द्रमसं ज्योतिर्योगी प्राप्य निवर्तते॥ २५॥

धूमः—धूम के, **रात्रिः**—रात्रि के, **तथा**—तथा, **कृष्णः**—कृष्णपक्ष के, **षण्मासाः**—**दक्षिणायनम्**—दक्षिणायन के छह मास, **तत्र**—उसमें (गया हुआ), **चान्द्रमसम्**—चन्द्रमा की, **ज्योतिः**—ज्योति को, **योगी**—योगी, **प्राप्य**—प्राप्त होकर, **निवर्तते**—फिर वापस लौट आता है।

धूम, रात्रि, कृष्णपक्ष तथा दक्षिणायन के छह मास उसमें गया हुआ योगी चन्द्रमा की ज्योति को प्राप्त होकर फिर वापस लौट आता है।

ऐसे योगी जो सकाम भाव रखते हैं एवं सुख भोग की इच्छा रखनेवाले हैं, किन्तु पुण्यकर्म व दानादि करते हैं, उनके जीव को शरीर त्याग के पश्चात् कृष्णमार्ग के अधिपति देवता लोग यथा-धूम (अन्धकार) के अधिपति देवता, रात्रि के अधिपति देवता, कृष्णपक्ष के अधिपति देवता और दक्षिणायन के छह माह के अधिपति देवता जीव को अपने-अपने अधिकार में लेकर अपने अधिकार क्षेत्र को पार कराते हुए चन्द्रलोक के अधिपति देवता को अन्ततः सौंप देते हैं। चन्द्रलोक में जीव अपने पूर्वकृत कर्मफल को भोगकर कर्मफल के क्षीण हो जाने पर पुनः संसार में लौट आता है और जन्म-मरण के चक्र में पड़ जाता है। सकामी पुण्य कर्मी 'आवृत्त' अर्थात् पुनरागमन मार्ग के अधिकारी होते हैं।

संसार में जन्म लेने हेतु जीव पहले आकाश में आता है। फिर बादल के द्वारा वर्षा के माध्यम से पृथ्वी पर उत्पन्न होनेवाले अन्न में प्रवेश करता है। इस प्रकार कर्मानुसार अन्न के माध्यम से पुरुष में और पुरुष के सम्पर्क से स्त्री में पहुँचकर शरीररूप में जन्म लेता है। जन्म-मरण का यह क्रम तत्पश्चात् चल पड़ता है।

सामान्य व पापी मनुष्यों की तुलना में, जैसा कि उन्हें इसी संसार में ही जन्म-मरण के चक्र में पड़ना होता है, जीव का कृष्णमार्ग द्वारा गमन अपेक्षतया श्रेष्ठ होता है ॥ २५ ॥

शुक्लकृष्णे गती ह्येते जगतः शाश्वते मते ।
एकया यात्यनावृत्तिमन्ययावर्तते पुनः ॥ २६ ॥

शुक्लकृष्णे गती—शुक्ल और कृष्ण गति, **हि**—निश्चय ही, **एते**—ये दोनों, **जगतः**—जगत् के, **शाश्वते**—सनातन, **मते**—माने गये हैं, **एकया**—एक गति से (गया हुआ मनुष्य), **याति**—प्राप्त होता है (और), **अनावृत्तिम्**—अनावृत्ति को, **अन्यया**—दूसरी से, **आवर्तते पुनः**—पुनः वापस लौटता है।

जगत् के ये दोनों शुक्ल और कृष्ण गति निश्चय ही सनातन माने गये हैं। एक गति से गया हुआ मनुष्य अनावृत्ति को प्राप्त होता है और दूसरी से पुनः वापस लौटता है।

इस जगत् में सभी प्राणियों के लिए शरीर त्याग के पश्चात् उनके जीव के लिए शुक्लमार्ग (देवयान मार्ग) अर्थात् ज्ञान के प्रकाश का मार्ग और कृष्णमार्ग (पितृयान मार्ग) अर्थात् अज्ञान के अन्धकार का मार्ग सदैव से प्राप्त है, ये मार्ग सनातन माने गये हैं। चौरासी लाख योनियों में भटकता हुआ ईश्वर का अंशी जीव जब ईश्वर कृपा से मनुष्य योनि पाता है, तब उसे अपने विवेक का प्रयोग कर सत्कर्मों व सद्विचारों से जीवनयापन करते हुए उपर्युक्त दोनों मार्गों में से किसी एक के अनुसार मृत्यु के पश्चात् गमन करने का अधिकार उसे प्राप्त होता है। इन दोनों में से एक के द्वारा (शुक्लमार्ग द्वारा) गया हुआ जीव वापस संसार में जन्म नहीं लेता है और परम गति-मोक्षगति को प्राप्त होता है। दूसरे मार्ग द्वारा (कृष्णमार्ग द्वारा) गया हुआ जीव वापस संसार में आकर जन्म-मरण के चक्र में पड़ता है।

मनुष्य जैसा सौभाग्य किसी अन्य जीव को ईश्वर ने नहीं दिया है। जीव को मनुष्य जन्म देकर जीव पर ईश्वर ने कृपा कर दिया है और अपना श्रेय या प्रेय मार्ग निर्धारण की स्वतन्त्रता भी दिया है। ईश्वर की महान कृपास्वरूप इस मनुष्य जन्म को प्राप्त करके मनुष्य को चाहिए कि सांसारिक भोग पदार्थों की इच्छा न करके एकमात्र ईश्वर की आराधना में ही चित्त को लगाकर ईश्वर से युक्त होकर इस संसार से सदा के लिए मुक्त हो जाने का विवेकपूर्वक योगाभ्यास तथा कर्मानुष्ठान करने का ही श्रेष्ठ प्रयास करें। ऐसा प्रयास करते रहने पर आत्मस्थ परमात्मा स्वयं ही अन्तर्प्रकाशित होकर आगे के मार्ग को प्रकाशमान करके अन्तर्निर्देशित करते हुए परम गति को प्राप्त करा देते हैं ॥ २६ ॥

नैते सृती पार्थ जानन्योगी मुह्यति कश्चन ।
तस्मात्सर्वेषु कालेषु योगयुक्तो भवार्जुन॥ २७॥

न—नहीं, **एते**—इन दोनों, **सृती**—मार्गों को, **पार्थ**—हे पार्थ, **जानन्**—जाननेवाला योगी, **मुह्यति**—मोहित होता है, **कश्चन**—कोई भी, **तस्मात्**—इसलिए, **सर्वेषु कालेषु**—सब काल में, **योगयुक्तः**—योगयुक्त, **भव**—हो, **अर्जुन**—हे अर्जुन (तू)।

हे पार्थ ! इन दोनों मार्गों को जाननेवाला कोई भी योगी मोहित नहीं होता। इसलिए हे अर्जुन ! तू सब काल में योगयुक्त हो।

हे पार्थ ! उपर्युक्त वर्णित दो मार्गों में से शुक्लमार्ग प्रकाशस्वरूप है और ऐसे निष्काम योगियों के लिए है जिनके अन्तःकरण का ध्येय एकमात्र प्रकाशस्वरूप परमात्मा की प्राप्ति है। कृष्णमार्ग ऐसे योगियों के लिए है जो सकामी होते हुए भी भगवान् का चिन्तन करते हुए शास्त्रोक्त पुण्य कार्यों में संलग्न हैं। संसार के भोगों में आकण्ठ लिप्त पापाचारी लोगों के लिए ये दोनों मार्ग नहीं हैं। इन दोनों मार्गों को निश्चयपूर्वक स्पष्टता से जाननेवाला कोई भी योगी साधक, चाहे वह जिस किसी भी मार्ग (कर्म, ज्ञान व भक्ति) का साधक हो मृत्यु के समय मोहित नहीं होता और वह शुक्लमार्ग - देवयानमार्ग से जाता है।

इसलिए हे अर्जुन ! तुम 'सर्वेषु कालेषु' अर्थात् हर समय अविच्छिन्न रूप से तैलधारावत् भगवत् चिन्तन करता हुआ (६।४६) योगयुक्त हो ॥ २७॥

अब अध्याय के उपसंहाररूप से योग के माहात्म्य को कहते हैं—

वेदेषु यज्ञेषु तपःसु चैव
दानेषु यत्पुण्यफलं प्रदिष्टम् ।
अत्येति तत्सर्वमिदं विदित्वा
योगी परं स्थानमुपैति चाद्यम्॥ २८ ॥

वेदेषु—वेदों में, **यज्ञेषु**—यज्ञों में, **तपःसु**—तपो में, **च**—तथा, **एव**—निःसन्देह, **दानेषु**—दानों में, **यत्**—जो, **पुण्यफलम्**—पुण्यफल, **प्रदिष्टम्**—दिखलाया गया है, **अत्येति**—लाँघ जाता है, **तत्**—उस, **सर्वम्**—सबको, **इदम्**—इस रहस्य को, **विदित्वा**—तत्त्वतः जानकर, **योगी**—योगी पुरुष, **परम् स्थानम्**—परम पद को, **उपैति**—प्राप्त होता है, **च**—और, **आद्यम्**—सनातन।

वेदों, यज्ञों और तपों में तथा दानों में जो पुण्यफल दिखलाया गया है, योगी पुरुष इस रहस्य को तत्त्वतः जानकर उस सबको निःसन्देह लाँघ जाता है और सनातन परम पद को प्राप्त होता है।

चारों वेदों (ऋक्, यजु, साम और अथर्व) के अध्ययन व अभ्यास से, यज्ञों के भलीभाँति अनुष्ठान से, श्रमपूर्वक किये गये तप से तथा द्रव्यादि दान से प्राप्त होनेवाले स्वर्गादि जैसे जिन पुण्य फलों को कहा गया है, इन सब फलों को योगी पुरुष इस अध्याय में वर्णित परम अक्षर 'ब्रह्म' के रहस्य को तत्त्वत: जानकर नि:सन्देह उल्लंघन कर जाता है और सनातन परम पद अर्थात् परमात्मा को प्राप्त कर संसार के आवागमन से मुक्त हो जाता है।

शास्त्रोक्त और अन्य पुण्य कर्मों आदि से प्राप्त होनेवाले जितने भी पुण्य फल कहे गये हैं, वे सभी नश्वर हैं और उसमें आसक्ति होने पर संसार में जन्म-मरणरूप पुनरावृत्ति के कारण हैं। मनुष्य को चाहिए कि इस नश्वरता को भलीभाँति समझकर आत्मस्थ अविनाशी परमात्मा से युक्त होने के लिए अनवरत हर स्थिति में अपने अन्त:करण में उन्हीं के चिन्तन ध्यान में रहते हुए, निष्कामभाव होकर समबुद्धि से युक्त होकर, संसार के कर्त्तव्यों का परहित में निर्वहन करता रहे और आत्मा के यथार्थस्वरूप का भी साथ में अनुभव करता रहे - यह योग की स्थिति है और ऐसा पुरुष 'योगी' है।

एकमात्र मनुष्य को ही कर्त्तव्य-कर्म का अधिकार है। आत्मरूप से शरीरस्थ परमात्मा अपने अंशी मनुष्यमात्र पर अलौकिक कृपा करके कर्माधिकार प्रदान करके, अत्यन्त निकटस्थ स्थित होकर, अपने द्वार को खुला रखकर प्रतीक्षारत हैं कि कब जीव उनकी ओर उन्मुख हो (९।३०) और वह जीव के पापों को नाश करके प्रकाशमार्ग को प्रशस्त कर परम गति को सहज ही प्रदान करें। ऐसी सहज स्थिति होने पर विचारपूर्वक मनुष्य को संसार का मोह त्यागकर परमात्मा की ओर उन्मुख होना ही कर्त्तव्य है। आत्मोन्नति के लिए किये गये कर्म 'स्वहित' हैं एवं अन्य सभी सांसारिक कर्मों में 'परहित' भाव रखना श्रेष्ठ है, क्योंकि आत्मा के अतिरिक्त जगत् में अपना कुछ भी नहीं है ॥ २८ ॥

इति श्रीकृष्णार्जुनसंवादे अक्षरब्रह्मयोगो नाम अष्टमोऽध्याय: ॥ ८ ॥

अध्याय ९

पूर्व के अध्यायों में कहे गये परम गोपनीय ज्ञान को भगवान् सब विद्याओं और गोपनीयों का राजा इस अध्याय *'राजविद्याराजगुह्ययोग'* में कहकर उसकी प्रशंसा करते हैं।

भगवान् श्रीकृष्ण अर्जुन से कहते हैं कि इस परम गुह्य ज्ञान को विज्ञान के साथ कहूँगा, जिसे जानकर तुम अशुभ से मुक्त हो जाओगे (१)। अब उस ज्ञान की महिमा बतलाते हैं—यह ज्ञान के विषय को प्रत्यक्ष करनेवाला, सुखसाध्य एवं अविनाशी है (२), किन्तु इसमें श्रद्धा न रखनेवाले पुरुष मुझे न पाकर संसार-चक्र में घूमते रहते हैं (३)। अब भगवान् अपने निराकार स्वरूप की सर्वव्यापकता के साथ सब भूत की स्थिति उनमें होते हुए भी वे सभी भूतों में स्थित नहीं हैं, ऐसा बताते हैं (४)। पुनः भगवान् अपने ऐश्वर्य योग को बताते हैं कि भूतों को धारण और उत्पन्न करनेवाला होने पर भी उनकी आत्मा भूतों में स्थित नहीं है (५)। श्लोक चार तथा पाँच में कही गयी बातों को उदाहरण देकर समझाते हैं (६)। इस तरह स्थित सभी भूत महाप्रलयकाल में मेरी प्रकृति को प्राप्त होते हैं और कल्प के आदि में मैं उन्हें पुनः उत्पन्न करता हूँ, ऐसा कहते हैं (७)। इस प्रकार सम्पूर्ण भूतों को मैं पुनः-पुनः रचता हूँ (८)। फिर भी भगवान् में कर्म-बन्धन नहीं होता (९), वे जगत् की उत्पत्ति के निमित्त और द्रष्टा मात्र हैं (१०)। मूर्ख लोग मुझ भूतों के महेश्वर को मानव शरीरधारी समझकर अवज्ञा करते हैं (११) और राक्षसी तथा आसुरी प्रकृति को ही धारण किये रहते हैं (१२), परन्तु महात्माजन मुझे सब भूतों का आदि और अविनाशी समझकर अनन्य मन से भजते हैं (१३), विविध प्रकार से आराधनापूर्वक नित्य मुझमें लगे रहते हैं (१४) तथा ज्ञानीजन तो एकत्वभाव से मुझ परमेश्वर की उपासना करते हैं (१५)। भगवान् को ही श्रद्धावान् तथा भक्तजन क्यों और कैसे भजते हैं, इसका वर्णन करते हैं (१६-१९)। मुझे पूजनेवाले विषयी पुरुष अपने पुण्य तक स्वर्ग के सुख को भोगकर पुण्य के क्षीण होने पर मर्त्यलोक को प्राप्त होते हैं (२०-२१)। इसके विपरीत अनन्य भक्तों का योग और क्षेम भगवान् स्वयं वहन करते हैं (२२)। यद्यपि श्रद्धायुक्त देवोपासक भक्त मुझको ही पूजते हैं, किन्तु उनका वह पूजन अविधिपूर्वक है और ऐसा क्यों है, सो बताते हैं (२३-२४)। मनुष्य जिसकी पूजा करते हैं, उसके अनुसार फल की प्राप्ति होती है और भगवान् के पूजक उन्हें

ही प्राप्त होते हैं (२५) तथा भगवान् की उपासना सुखपूर्वक भी होती है (२६)। इसलिए अर्जुन को सब कुछ भगवान् में ही अर्पण करने को भगवान् कहते हैं (२७) और इस प्रकार उसे भगवान् की प्राप्ति होगी (२८)। ऐसा अनुग्रह करने पर भी भगवान् समभाव हैं (२९)। अब भक्त की महिमा बताते हैं—अनन्य भक्ति से भगवान् को भजने-वाला दुराचारी भी साधु मानने योग्य है (३०), वह भक्ति के निश्चयवाला होकर धर्मात्मा हो जाता है और शान्ति को प्राप्त होता है (३१)। स्त्री, वैश्य, शूद्र तथा पापयोनि कोई भी भगवान् की शरण होकर परम गति को प्राप्त होता है (३२)। अतएव इस अनित्य और सुखरहित मनुष्य शरीर को प्राप्त होकर मुझको ही भजो (३३)। अध्याय के अन्तिम श्लोक **'मन्मना भव ..... मत्परायणः'** में भगवान् के परायण हुए अर्जुन को (ऐसे अन्य किसी को भी) भगवान् अपनी ही प्राप्ति बतलाते हुए अध्याय का उपसंहार करते हैं (३४)।

सातवें अध्याय में विज्ञान सहित कहे गये 'ज्ञान' के विषय को और अधिक स्पष्ट करने के लिए एवं परम पुरुष के माहात्म्य तथा भक्तिरूप उपासना का स्वरूप बतलाने हेतु सर्वप्रथम उस परम ज्ञान की भगवान् प्रशंसा करते हैं—

श्रीभगवानुवाच

इदं तु ते गुह्यतमं प्रवक्ष्याम्यनसूयवे।
ज्ञानं विज्ञानसहितं यज्ज्ञात्वा मोक्ष्यसेऽशुभात्॥ १॥

श्रीभगवान् उवाच—श्रीभगवान् बोले, **इदम्**—इस, **तु**—कि, **ते**—तुझ, **गुह्यतमम्**—परम गुह्य, **प्रवक्ष्यामि**—कहूँगा, **अनसूयवे**—दोषदृष्टिरहित (भक्त के लिए), **ज्ञानम्**—ज्ञान को, **विज्ञानसहितम्**—विज्ञान के सहित, **यत्**—जिसे, **ज्ञात्वा**—जानकर (तू), **मोक्ष्यसे**—मुक्त हो जायेगा, **अशुभात्**—अशुभ से।

श्रीभगवान् बोले— तुझ दोषदृष्टि रहित भक्त के लिए इस परम गुह्य ज्ञान को विज्ञान के सहित कहूँगा, जिसे जानकर तू अशुभ से मुक्त हो जाएगा।

इस परम गोपनीय ज्ञान को, जो पूर्व के अध्यायों में भी कहा गया है, मेरे प्रति दोषदृष्टि-रहित तुझ भक्त के लिए मैं विज्ञान के साथ अर्थात् अनुभव के साथ भली प्रकार से कहूँगा, जिसे जानकर तुम संसार के अशुभों से मुक्त हो जाओगे और जिससे ईश्वर को विशेष रूप से जाना जा सकता है।

भगवान् इस बात को इंगित करते हैं कि उनके प्रति दोषदृष्टि न रखनेवाला ही इस गुह्य ज्ञान का अधिकारी है। यहाँ संसार के अशुभों से तात्पर्य परमात्मा की प्राप्ति के मार्ग में विरोधी सम्पूर्ण अशुभों से है। वस्तुतः इस गुह्य ज्ञान का मूल उद्देश्य परम तत्त्व परमात्मा की प्राप्ति ही है॥ १॥

परम गुह्य ज्ञान की महिमा अगले दो श्लोकों में कहते हैं—

राजविद्या राजगुह्यं पवित्रमिदमुत्तमम्।
प्रत्यक्षावगमं धर्म्यं सुसुखं कर्तुमव्ययम्॥ २॥

राजविद्या—सब विद्याओं का राजा, **राजगुह्यम्**—गोपनीयों का राजा, **पवित्रम्**—अति पवित्र, **इदम्**—यह ज्ञान, **उत्तमम्**—अति उत्तम, **प्रत्यक्ष अवगमम्**—प्रत्यक्ष विषयवाला, **धर्म्यम्**—धर्ममय, **सुसुखम्**—सुखपूर्वक, **कर्तुम्**—साधन करने योग्य (और), **अव्ययम्**—अविनाशी है।

यह ज्ञान सब विद्याओं का राजा, गोपनीयों का राजा, अति पवित्र, अति उत्तम, प्रत्यक्ष विषयवाला, धर्ममय, सुखपूर्वक साधन करने योग्य और अविनाशी है।

यह परम प्रकाशमय ब्रह्मविद्या-ब्रह्मज्ञान सभी विद्याओं का राजा है, महामना पुरुषों की विद्या है। संसार में आत्मज्ञान को प्रकाशित करनेवाली यह रहस्यमयी विद्या अत्यन्त गुप्त रखने योग्य है—गोपनीयों का राजा है। यह पवित्र करनेवाली विद्या है, अर्थात् भगवत्प्राप्ति विरोधी सभी अशुभ व पाप कर्मों से मुक्ति प्रदान करनेवाली है। यह उत्तम है, अत्यन्त श्रेष्ठ है, क्योंकि यह परमपद को प्राप्त करानेवाली विद्या है।

यह विद्या तो ज्ञान के विषय को प्रत्यक्ष करानेवाली है अर्थात् मैं स्वयं इस विद्या से भक्तों के लिए प्रत्यक्ष अनुभव में आ जाता हूँ। यह ज्ञान की विद्या धर्मविरोधी नहीं अपितु धर्ममय है, सबके लिए परम कल्याणकारी है, आत्मिक है और मेरी प्राप्ति का साधन है। यह अभ्यास करने और समझने में आसान है—सुखस्वरूप है। यद्यपि सुगमता से प्राप्त हुई वस्तु शीघ्रता से नष्ट होते देखी गयी है, किन्तु सुगमता से प्राप्त होने पर भी यह ज्ञान नाश नहीं होता है, अपितु यह अव्यय-अविनाशी है। यह वैसा नहीं है, जैसे सुखसाध्य (या दुःखसाध्य) सकामकर्म तो फल की प्राप्ति होने पर नष्ट हो जाते हैं। यह सांसारिक विद्या जैसी भी नहीं है, जो प्राप्त होने पर अभ्यास के अभाव में नष्ट हो जाती है, अपितु यह तो अगले जन्मों में भी योगमार्ग में सहायक होती है (६।४०-४५)।

अतएव परमकल्याणमय, सुखसाध्य, पवित्र, प्रत्यक्षानुभूति करानेवाला, धर्मयुक्त और अव्यय यह श्रेष्ठ आत्मज्ञान सम्बन्धी विद्या प्रत्येक मनुष्य के लिए श्रद्धा, विश्वास व प्रियतापूर्वक अभ्यास व अनुसन्धान का विषय है॥ २॥

अश्रद्दधानाः पुरुषा धर्मस्यास्य परन्तप।
अप्राप्य मां निवर्तन्ते मृत्युसंसारवर्त्मनि॥ ३॥

अश्रद्धधानाः—श्रद्धारहित, **पुरुषः**—पुरुष, **धर्मस्य**—धर्म में, **अस्य**—इस, **परन्तप**—हे परन्तप, **अप्राप्य**—न पाकर, **माम्**—मुझको, **निवर्तन्ते**—घूमते रहते हैं, **मृत्यु**—मृत्युरूप, **संसारवर्त्मनि**—संसारचक्र में।

हे परन्तप ! इस धर्म में श्रद्धारहित पुरुष मुझको न पाकर मृत्युरूप संसारचक्र में घूमते रहते हैं।

हे परन्तप ! मनुष्य जन्म प्राप्त करके भी जो पुरुष परम पद प्रदान करानेवाले इस आत्मज्ञानरूप धर्म में श्रद्धा न रखकर प्रकृतिजन्य पदार्थों एवं शरीरादि नश्वर रूपों में अज्ञानतावश आत्मिक व आसक्ति भाव रखकर जीवन बिताते हैं, वे मुझे न प्राप्त कर मृत्युरूप संसारचक्र में लौटते हैं और अनेक योनियों में जन्मते व मरते हैं।

मनुष्य योनि कर्मयोनि है और मनुष्यमात्र को ही यह अधिकार प्राप्त है कि सदासद के निर्णय से विवेकपूर्वक साधनाभ्यास कर परमात्मा की प्राप्ति कर सकता है। यह बड़े दु:ख का विषय है कि ईश्वर की ओर से ऐसा विशेषाधिकार प्राप्त मनुष्य अपने मूल-ईश्वर को भूलकर संसार में नश्वर व अतृप्त इन्द्रिय सुखासक्ति में ही इस अमूल्य जन्म को व्यर्थ में नष्ट करते हुए मोक्ष प्राप्ति का सुअवसर खो देता है और संसार सागर में अनेक योनियों में जन्म-मृत्यु को प्राप्त होकर महान कष्ट भोगता रहता है ॥ ३ ॥

उस गुह्य ज्ञान की प्रशंसा के बाद अगले दो श्लोकों में उस ज्ञान को अर्जुन से कहते हैं—

मया ततमिदं सर्वं जगदव्यक्तमूर्तिना ।
मत्स्थानि सर्वभूतानि न चाहं तेष्ववस्थितः ॥ ४ ॥

मया—मुझ, **ततम्**—व्याप्त है, **इदम्**—यह, **सर्वम्**—सम्पूर्ण, **जगत्**—जगत्, **अव्यक्तमूर्तिना**—निराकार परमात्मा से, **मत्स्थानि**—मुझमें स्थित हैं, **सर्वभूतानि**—सब भूत, **न**—नहीं, **च**—और, **अहम्**—मैं, **तेषु**—उनमें, **अवस्थितः**—स्थित हूँ।

मुझ निराकर परमात्मा से यह सम्पूर्ण जगत् व्याप्त है। सब भूत मुझमें स्थित हैं और मैं उनमें स्थित नहीं हूँ।

मुझ इन्द्रियातीत निराकार परमात्मा से यह सम्पूर्ण जगत् व्याप्त है, मैं कारणरूप से सम्पूर्ण जगत् को व्याप्त करके स्थित रहता हूँ। अतएव कारणरूप मुझमें सभी चर-अचर भूत स्थित हैं (१०।४२), किन्तु उन सब भूतों में मैं स्थित नहीं हूँ।

जिस तरह से बर्फ व तरंग में कारणरूप से जल है और घटादि पात्रों में मिट्टी है तथा स्वर्ण आभूषणों में स्वर्ण ही है, उसी तरह सम्पूर्ण जगत् में परमात्मा की व्याप्तता है।

सम्पूर्ण भूतों की उत्पत्ति, स्थिति एवं प्रलय का कारण परमात्मा है और परमात्मा के कारण ही भूतों की सत्ता है। इसलिए वे सभी भूत परमात्मा में स्थित हैं। सभी भूत तो विकारवान हैं, परिवर्तनशील हैं और नाश को प्राप्त होते हैं, किन्तु इसके विपरीत परमात्मा का स्वरूप निर्विकार, सदा अपरिवर्तनशील, एकरस और नाश न होनेवाला है। अतएव कारणरूप से सभी प्राणियों में व्याप्त रहते हुए भी परमात्मा उनसे निर्लिप्त होकर निर्विकाररूप से स्वतः में ही स्थित रहता है, परमात्मा भूतों में स्थित नहीं है। अविनाशी और निर्विकार परमात्मा की लिप्तता भला विनाशी और विकारवान भूतप्राणियों से कैसे हो सकती है? अर्थात् नहीं हो सकती है ॥ ४॥

न च मत्स्थानि भूतानि पश्य मे योगमैश्वरम् ।
भूतभृन्न च भूतस्थो ममात्मा भूतभावनः॥ ५॥

न—नहीं हैं, **च**—तथा (वे), **मत्स्थानि**—मुझमें स्थित, **भूतानि**—सब भूत (भी), **पश्य**—देख (कि), **मे**—मेरे, **योगम् ऐश्वरम्**—ऐश्वर्य-योग को, **भूतभृत्**—भूतों को धारण करनेवाला, **न**—नहीं (हूँ), **च**—और, **भूतस्थः**—भूतों में स्थित, **मम**—मेरी, **आत्मा**—आत्मा, **भूतभावनः**—भूतों को उत्पन्न करनेवाला होने पर भी (मैं)।

तथा वे सब भूत भी मुझमें स्थित नहीं हैं। मेरे ऐश्वर्य—योग को देख कि मेरी आत्मा भूतों को धारण करनेवाला और भूतों को उत्पन्न करनेवाला होने पर भी मैं भूतों में स्थित नहीं हूँ।

सभी भूत भी वस्तुतः मुझमें स्थित नहीं हैं। तू मेरे इस ईश्वरीय योग को अर्थात् मुझ ईश्वर के वास्तविक आत्मतत्त्व को देख और समझ। मेरी आत्मा अर्थात् मेरे मन का संकल्प 'भूतभृत'- भूतों का धारण पोषण करनेवाला एवं 'भूतभावनः'- भूतों को उत्पन्न करनेवाला होने पर भी मैं भूतों में स्थित नहीं हूँ, मैं असंग ही हूँ।

अज्ञान के कारण ही अपने को सभी भूत ईश्वर से भिन्न समझते हैं, किन्तु जिस प्रकार रज्जु के ज्ञान हो जाने पर रज्जु में भ्रमवश कल्पित सर्प का आभास नष्ट हो जाता है और रज्जु ही शेष बचता है, उसी प्रकार ज्ञान की अवस्था में एकमात्र सर्वव्याप्त निर्विकार शुद्ध ईश्वर ही बच रहता है। जिस तरह जल से उत्पन्न तरंग एवं बर्फ का, मिट्टी से निर्मित घटादि का एवं स्वर्ण से निर्मित

अलंकार के मूल में क्रमशः जल, मिट्टी व स्वर्ण ही है, उसी तरह इस जगत् और भूतमात्र का उपादान कारण ईश्वर ही है, परन्तु मायाजनित अज्ञान के ही कारण भूतों को ईश्वर से भिन्न भूतसृष्टि होने का आभास होता है। भूतों का ईश्वर में होना तथा ईश्वर का भूतों में होना अज्ञान से उत्पन्न आभासमात्र है, इसमें कोई वास्तविकता नहीं है, क्योंकि निर्विकार ईश्वर तथा विकारवान भूतप्राणी- ऐसी विपरीत प्रकृति की संगता और एक-दूसरे में स्थिति भला कैसे हो सकती है?

बद्ध आत्मा अर्थात् जीवात्मा जन्म लेकर शरीर धारण करता है और उसका पालन भी करता है तथा शरीर के साथ अहंकारवश अपनी संगता-संयुक्तता स्थापित कर 'मैं' व 'मेरेपन' के भाव के साथ जीवन-चक्र में भ्रमण करता रहता है। इसके विपरीत भूतों को धारण व पालन करनेवाला निरहंकार व निर्विकार ईश्वर असंग हुआ ही स्थित रहता है—ईश्वर की यह अद्‌भुत योगशक्ति आश्चर्यजनक है और ऐसा आत्मसंकल्प ईश्वर में ही सम्भव है (१०।७)।

जगत् में एकमात्र सर्वव्यापक ईश्वर का ही अस्तित्व है, विस्तार है। भूतसृष्टि के उद्‌भव काल में सभी भूतों की उनके कर्मानुसार उत्पत्ति व उनका पालन ईश्वर से है और भूतसृष्टि के महाविनाश के समय इनका विलय भी एकमात्र ईश्वर में ही है। इस ब्रह्माण्ड में ईश्वर के अतिरिक्त दूसरा कुछ नहीं है—***'सर्वं खल्विदं ब्रह्म'*** *(छान्दो०उप० ३।१४।१)* ॥ ५ ॥

उपर्युक्त दो श्लोकों में कहे हुए ज्ञान को उदाहरण देकर बताते हैं—

यथाकाशस्थितो नित्यं वायुः सर्वत्रगो महान ।
तथा सर्वाणि भूतानि मत्स्थानीत्युपधारय ॥ ६ ॥

यथा—जैसे, **आकाशस्थितः**—आकाश में स्थित है, **नित्यम्**—नित्य, **वायुः**—वायु, **सर्वत्रगः**—सर्वत्र विचरनेवाली, **महान्**—महान, **तथा**—वैसे ही, **सर्वाणि**—सम्पूर्ण, **भूतानि**—भूत, **मत्स्थानि**—मुझमें स्थित है, **इति**—ऐसा, **उपधारय**—जान।

जैसे सर्वत्र विचरनेवाली महान वायु आकाश में नित्य स्थित है, वैसे ही सम्पूर्ण भूत मुझमें स्थित है, ऐसा जान।

जिस तरह से अनन्त आकाश से उत्पन्न सर्वत्र विचरने वाली महान अर्थात् विस्तृत वायु नित्य आकाश में ही अभिन्न रूप से स्थित रहती है, उसी प्रकार सभी भूत अनेक योनियों में भ्रमण करते हुए भी मुझ आकाशरूप परमात्मा में अभिन्न रूप से स्थित रहते हैं—ऐसा तुम समझो (६।३०)।

आकाश में स्थित वायु की गतिशीलता आदि का आकाश से कोई सम्बन्ध नहीं है, अपितु आकाश तो पूरी तरह से निर्लिप्त है। उसी प्रकार से सम्पूर्ण

भूतगण मुझ निर्विकार व निर्लिप्त ईश्वर में स्थित हैं, मैं ही उन्हें धारण किये हूँ। भूत में स्थित जीवात्मा में जन्म-मरणरूप से दिखाई पड़नेवाली गतिशीलता और लिप्तता तो अज्ञान के कारण जीवात्मा का अनित्य शरीर से सम्बन्ध मान लेने से, 'मैं' और 'मेरेपन' के भाव से विभिन्न शरीर धारण करने से प्रतीत होता है। इसी अज्ञान के कारण जीव ईश्वर में अपनी नित्य स्थिति के भाव को भूलकर अनित्य पदार्थों से सम्बन्ध जोड़कर क्षणिक नश्वर सुख का आभास करता है, किन्तु कहीं-न-कहीं जीव के मूल में नित्य सच्चिदानन्द परमात्मा की खोज और उसकी प्राप्ति का अमिट व अतृप्त बीज सदैव बना ही रहता है। इस बीज के कारण जब कभी ईश्वर की कृपा से जीव में ज्ञान का उदय होता है, तब जीव सनातन परमात्मा के बोध से स्थायी परम सुखानन्द की स्थिति प्राप्त करके और परमात्मा से एकीकार होकर मोक्ष को प्राप्त हो जाता है। इस हेतु ही मनुष्य को ईश्वर की कृपा का आकांक्षी होना चाहिए, न कि अन्य किसी भौतिक सुख की उस ईश्वर से इच्छा करनी चाहिए। भौतिक विषयभोग और पदार्थ नश्वर हैं और क्षणिक सुख का आभासमात्र हैं। जीवात्मा की वास्तविक गति तो उसके मूल परमात्मा के ज्ञान और प्राप्ति में ही है ॥ ६ ॥

उपर्युक्त तरह से स्थित सम्पूर्ण भूतों के प्रलय तथा उत्पत्ति के विषय में अगले दो श्लोकों में कहते हैं—

सर्वभूतानि कौन्तेय प्रकृतिं यान्ति मामिकाम् ।
कल्पक्षये पुनस्तानि कल्पादौ विसृजाम्यहम् ॥ ७ ॥

सर्वभूतानि—सब भूत, **कौन्तेय**—हे कौन्तेय, **प्रकृतिम्**—प्रकृति को, **यान्ति**—प्राप्त होते हैं (और), **मामिकाम्**—मेरी, **कल्पक्षये**—कल्प के अन्त में, **पुनः**—फिर, **तानि**—उनको, **कल्पादौ**—कल्प के आदि में, **विसृजामि**—उत्पन्न करता हूँ, **अहम्**—मैं।

हे कौन्तेय ! कल्प के अन्त में सब भूत मेरी प्रकृति को प्राप्त होते हैं और कल्प के आदि में उनको मैं फिर उत्पन्न करता हूँ।

हे कौन्तेय ! त्रिगुणात्मिका मेरी माया से रचित सभी भूतगण कल्प के अन्त में महाप्रलयकाल में मेरी अपरा प्रकृति को प्राप्त होते हैं, उसमें ही विलीन हो जाते हैं और पुनः कल्प के आदि में - सृष्टिकाल में उन भूतों को मैं पुनः अपनी माया से रचता हूँ (८।१९-२०), अर्थात् उत्पन्न करता हूँ ॥ ७ ॥

प्रकृतिं स्वामवष्टभ्य विसृजामि पुनः पुनः ।
भूतग्राममिमं कृत्स्नमवशं प्रकृतेर्वशात् ॥ ८ ॥

प्रकृतिम्—प्रकृति को, **स्वाम्**—अपनी, **अवष्टभ्य**—स्वीकार करके, **विसृजामि**—रचता हूँ, **पुनः पुनः**—बारम्बार, **भूतग्रामम्**—भूतसमुदाय को (मैं), **इमम्**—इस, **कृत्स्नम्**—सम्पूर्ण, **अवशम्**—विवश हुए, **प्रकृतेः**—प्रकृति के, **वशात्**—वश से।

प्रकृति के वश से विवश हुए इस सम्पूर्ण भूतसमुदाय को मैं अपनी प्रकृति को स्वीकार करके बारम्बार रचता हूँ।

इस प्रकार अविद्यारूप से मेरे अधीन प्रकृति में विलीन हुए सभी भूतगण (जरायुज, अण्डज, स्वदेज और उद्भिज (११।१५)) अपनी-अपनी प्रकृति अर्थात् स्वभाव के वश में रहते हुए परतन्त्र की स्थिति में रहते हैं, उन्हें कोई स्वतन्त्र स्थिति नहीं प्राप्त है। मैं अपनी प्रकृति-माया को स्वीकार करके इन परतन्त्र हुए भूतसमुदाय को उनके पूर्वकृत कर्मों के अनुसार पुनः-पुनः रचना करता हूँ (८।१९-२०) और इस सम्पूर्ण रचना का कार्य मेरी त्रिगुणात्मिका माया-प्रकृति का ही है, जिसे मैंने मात्र स्वीकार भर किया है। इस रचना से मेरा कोई प्रत्यक्ष सम्बन्ध नहीं है और न ही इसके लिए मुझे कुछ करना पड़ता है। सम्पूर्ण चराचर स्थूल व सूक्ष्म भूतसमुदाय की उत्पत्ति व विनाश का मूल कारण यह मेरी मायारूपी प्रकृति ही है। मैं सम्पूर्ण रचना में असंग ही रहता हूँ ॥ ८ ॥

फिर भी भगवान् में कर्म-बन्धन नहीं होता है, वह कहते हैं—

न च मां तानि कर्माणि निबध्नन्ति धनञ्जय।
उदासीनवदासीनमसक्तं तेषु कर्मसु ॥ ९ ॥

न—नहीं, **च**—और, **माम्**—मुझे, **तानि**—वे, **कर्माणि**—कर्म, **निबध्नन्ति**—बाँधते हैं, **धनञ्जय**—हे धनंजय, **उदासीनवत्**—उदासीन की भाँति, **आसीनम्**—स्थित, **असक्तम्**—आसक्तिरहित, **तेषु**—उन, **कर्मसु**—कर्मों में।

हे धनंजय ! उन कर्मों में आसक्तिरहित और उदासीन की भाँति स्थित मुझे वे कर्म नहीं बाँधते हैं।

हे धनंजय ! यद्यपि उत्पत्ति, विनाश और पालन इन सारे कार्यों में प्रकृति की ही भूमिका है और प्रकृति का आधार मैं ही हूँ तथा सारे कर्म अन्ततः मुझमें ही विलीन होते हैं, तथापि ये कर्म मेरे लिए बन्धनकारक नहीं होते हैं। इसका कारण यह है कि मैं सम्पूर्ण कार्यों में कतृत्व भाव के प्रति उदासीन की भाँति अवस्थित रहता हूँ और मैं आप्तकाम इन कर्मों में आसक्ति से भी रहित रहता हूँ (१८।१७)।

भगवान् के कथन से स्पष्ट होता है कि कर्मों को उदासीनभाव से तथा आसक्तिरहित होकर करने पर मनुष्य कर्म-बन्धन को नहीं प्राप्त होता है। जगत् के

कर्मों को ऐसे भाव से करने पर बन्धनरहित होकर भगवान् की आराधना करते हुए भगवत् तत्त्व को प्राप्त कर पुनर्जन्म के दु:खद बन्धन से मुक्त हुआ जा सकता है। कर्म करने का यह निश्चय ही श्रेष्ठ भाव है॥ ९ ॥

भगवान् में कर्म-बन्धन न होने को और पुष्ट करते हैं—

मयाध्यक्षेण प्रकृतिः सूयते सचराचरम् ।
हेतुनानेन कौन्तेय जगद्विपरिवर्तते॥ १०॥

मया—मुझ, **अध्यक्षेण**—अधिष्ठाता के द्वारा प्रेरित, **प्रकृतिः**—प्रकृति, **सूयते**—रचती है, **सचराचरम्**—समस्त चराचर जगत् को, **हेतुना अनेन**—इस हेतु से (ही), **कौन्तेय**—हे कौन्तेय, **जगत्**—यह जगत्, **विपरिवर्तते**—चलता रहता है।

हे कौन्तेय ! मुझ अधिष्ठाता के द्वारा प्रेरित प्रकृति समस्त चराचर जगत् को रचती है, इस हेतु से ही यह जगत् चलता रहता है।

मुझ अधिष्ठाता के अधीन और मुझसे प्रेरित होकर मेरी त्रिगुणात्मिका माया-प्रकृति तो जीवों को पूर्व कर्मानुसार ही रचकर सम्पूर्ण चराचर जगत् की रचना करती है (१४।३)। मैं मूल प्रकृति को धारणमात्र ही करता हूँ और इस तरह जगत् की उत्पत्ति का मैं तटस्थ रूप से निमित्त और द्रष्टा मात्र हूँ, किन्तु अन्य दृष्टि से देखने पर जगत् की रचना का कारण मैं ही हूँ।

हे कौन्तेय! सर्वव्यापी, सबका आधार, सब कर्मों का स्वामी मुझ चेतनस्वरूप की प्रेरणा से जीवों के कर्मानुसार यह परिवर्तनशील जगत् संचालित हो रहा है। मैं तो सम्पूर्ण सृष्टि-रचना तथा सृष्टि के संचालन के क्रम में निर्लिप्त, निर्विकार स्थित रहता हूँ। ऐसा भगवान् का ऐश्वर्य-योग है ॥ १०॥

भगवान् की अवज्ञा तब लोग क्यों करते हैं? सो अगले दो श्लोकों में कहते हैं—

अवजानन्ति मां मूढा मानुषीं तनुमाश्रितम् ।
परं भावमजानन्तो मम भूतमहेश्वरम्॥ ११॥

अवजानन्ति—अवज्ञा करते हैं, **माम्**—मुझ, **मूढाः**—मूर्ख लोग, **मानुषीम् तनुम् आश्रितम्**—मानव शरीरधारी की, **परम्**—परम, **भावम्**—भाव को, **अजानन्तः**—न जानते हुए, **मम**—मेरे, **भूतमहेश्वरम्**—भूतों के महान ईश्वर।

मेरे परम भाव को न जानते हुए मूर्ख लोग भूतों के महान ईश्वर मुझ मानव शरीरधारी की अवज्ञा करते हैं।

अज्ञानी, अविवेकी तथा मोहित-मूढ़ लोग भूतों के महान ईश्वर, सबका आत्मरूप, सर्वव्यापक मुझ परमेश्वर के परमभाव को न समझकर मुझे मनुष्य शरीर धारण करनेवाला साधारण मनुष्य रूप में मानकर मुझ पर अनेक मनुष्य-धर्म का आरोप करके मेरी अवज्ञा व निरादर ही करते हैं (४।६;७।२४)।

तत्त्वत: तो ईश्वर स्वरूप से सर्वव्यापी, अविनाशी, सर्वज्ञ और निर्विकार, आदि ऐश्वर्यमय गुणों से युक्त हैं और वे सर्वात्म तो करुणापूर्वक अपनी योगमाया से जगत्कल्याण के लिए ही मनुष्य शरीर रूप में प्रकट होकर शरीर को धारण करते हैं, किन्तु मूढ लोग अपनी स्थूल दृष्टि के कारण उनके इस वास्तविक तात्त्विक परमभाव को न समझकर यथार्थ ज्ञान के अभाव में उस ईश्वर को मनुष्य रूप में देखते हैं और माया के वशीभूत होकर सहज मनुष्य-धर्म को उनके ऊपर आरोपित कर अज्ञानान्धकार में ही रहते हुए मन में उनकी अवज्ञा का भाव रखकर तथा स्वयं को सांसारिक प्रपञ्च में लीन करके संसार में भ्रमित होते हैं और अपने बहुमूल्य मानव जन्म को व्यर्थ में गँवा देते हैं ॥ ११ ॥

मोघाशा मोघकर्माणो मोघज्ञाना विचेतसः ।
राक्षसीमासुरीं चैव प्रकृतिं मोहिनीं श्रिताः ॥ १२ ॥

मोघाशाः—व्यर्थ आशा, **मोघकर्माणः**—व्यर्थ कर्म (और), **मोघज्ञानाः**—व्यर्थ ज्ञानवाले, **विचेतसः**—विक्षिप्त चित्त वाले, **राक्षसीम्**—राक्षसी, **आसुरीम्**—आसुरी, **च**—और, **एव**—ही, **प्रकृतिम्**—प्रकृति को, **मोहिनीम्**—मोह उत्पन्न करनेवाली, **श्रिताः**—धारण किये रहते हैं।

व्यर्थ आशा, व्यर्थ कर्म और व्यर्थ ज्ञानवाले, विक्षिप्त चित्तवाले, मोह उत्पन्न करनेवाली राक्षसी और आसुरी प्रकृति को ही धारण किये रहते हैं।

मेरा अनादर और तिरस्कार करनेवालों का जीवन निष्फल होता है। ऐसे लोग 'मोघाशा:'—भगवत् स्वभाव से अनभिज्ञ व्यर्थ कामना करनेवाले (१६।१०-१२), 'मोघकर्माण:'—मुझमें अविश्वास करके निष्फल कर्म करनेवाले (१६।१७,२३), 'मोघज्ञाना:'—तात्त्विक ज्ञान से वंचित होने के कारण मेरे विपरीत कुतर्क ज्ञानवाले (१८।२२) तथा 'विचेतस:'—सांसारिक घोर आसक्ति के कारण विवेकहीन व विक्षिप्तचित्तवाले होते हैं (१६।१६)। वे मोह उत्पन्न करनेवाली 'राक्षसी' अर्थात् द्वेषभाव से दूसरों का अनिष्ट करनेवाले एवं 'आसुरी' अर्थात् काम व दर्प, आदि के वश में होकर केवल स्वार्थ साधन हेतु किसी को भी पीड़ा देनेवाले स्वभाव-प्रकृति के ही आश्रित रहते हैं।

आशय यह है कि ऐसे उपर्युक्त लोग ईश्वर के यथार्थ ज्ञान से रहित होकर जीवन में जो भी कार्य करते हैं, वह सब निष्फल होता है और उनका सारा कार्य उन्हें ईश्वर से बहुत दूर कर देता है ॥ १२ ॥

श्रद्धावान् महात्माजन और ज्ञानीजन भगवान् को भजते हैं, यह अगले तीन श्लोकों में कहते हैं—

महात्मानस्तु मां पार्थ दैवीं प्रकृतिमाश्रिताः ।
भजन्त्यनन्यमनसो ज्ञात्वा भूतादिमव्ययम् ॥ १३ ॥

महात्मानः—महात्माजन (तो), **तु**—परन्तु, **माम्**—मुझे, **पार्थ**—हे पार्थ, **दैवीम्**—दैवी, **प्रकृतिम्**—प्रकृति के, **आश्रिताः**—आश्रित, **भजन्ति**—भजते हैं, **अनन्यमनसः**—अनन्य मन से, **ज्ञात्वा**—जानकर, **भूत**—सब भूतों का, **आदिम्**—आदि (और), **अव्ययम्**—अविनाशी।

परन्तु हे पार्थ ! दैवी प्रकृति के आश्रित महात्माजन तो मुझे सब भूतों का आदि और अविनाशी जानकर अनन्य मन से भजते हैं।

परन्तु हे पार्थ ! दैवी प्रकृति के आश्रित रहनेवाले अर्थात् इन्द्रिय निग्रह, तत्त्वज्ञान में निष्ठा, अनासक्ति, कर्तृत्वाभिमान से रहित, शास्त्र व स्वधर्म पालन तथा सर्वहित कामना, आदि सत्व गुणों जैसी प्रकृति के आश्रित रहनेवाले महात्माजन मुझे सभी भूतों और सभी प्राणियों का अविनाशी सनातन कारण जानकर (८।२०) अनन्य मन से अर्थात् अन्य को छोड़कर एकमात्र मेरे ही में अपने मन को युक्त करके मुझे भजते हैं, मेरे भजन में ही संलग्न रहते हैं ॥ १३ ॥

सततं कीर्तयन्तो मां यतन्तश्च दृढव्रताः ।
नमस्यन्तश्च मां भक्त्या नित्ययुक्ता उपासते ॥ १४ ॥

सततम्—सदा, **कीर्तयन्तः**—कीर्तन करते हुए, **माम्**—मेरा, **यतन्तः**—प्रयत्न करते हुए, **च**—तथा (प्राप्ति हेतु), **दृढव्रताः**—दृढ़व्रती होकर, **नमस्यन्तः**—नमस्कार करते हुए, **च**—और, **माम्**—मुझे, **भक्त्या**—भक्ति से, **नित्ययुक्ताः**—नित्य (मुझमें) लगे रहकर, **उपासते**—भजते हैं।

वे दृढ़व्रती होकर सदा मेरा कीर्तन करते हुए तथा प्राप्ति हेतु प्रयत्न करते हुए और भक्ति से मुझे नमस्कार करते हुए नित्य मुझमें लगे रहकर भजते हैं।

मेरे में प्रेम के कारण दृढ़, अचल व निश्चल भाववाले भक्तगण मन के पूर्ण समर्पण के साथ नित्य-निरन्तर प्रयत्न करते हुए मेरा कीर्तन, भजन व गुणगान करते हैं। वे मुझ सर्वव्यापी सब के हृदय में स्थित ईश्वर को नमस्कार करते हुए अहर्निश मेरे चिन्तन में युक्त होकर भक्तिपूर्वक मेरी उपासना करते हैं। उनकी प्रियता इस संसार में मेरे अतिरिक्त अन्य किसी से भी नहीं रहती है। सांसारिक पदार्थों और सम्बन्धों में प्रियता रखने पर ही आसक्ति के कारण बन्धन होता है और ईश्वर का चिन्तन नहीं हो पाता है ॥ १४ ॥

ज्ञानयज्ञेन चाप्यन्ये यजन्तो मामुपासते ।
एकत्वेन पृथक्त्वेन बहुधा विश्वतोमुखम् ॥ १५ ॥

ज्ञानयज्ञेन—ज्ञानयज्ञ से, **च अपि अन्ये**—और दूसरे ज्ञानीजन, **यजन्तः**—पूजा करते हैं (और दूसरे), **माम्**—मेरी, **उपासते**—उपासना करते हैं, **एकत्वेन**—एकत्व भाव से, **पृथक्त्वेन**—पृथक् भाव से, **बहुधा**—बहुत प्रकार से, **विश्वतः मुखम्**—मुझ विश्वाकार परमेश्वर की।

और दूसरे ज्ञानीजन ज्ञानयज्ञ से एकत्व भाव से मेरी पूजा करते हैं और दूसरे बहुत प्रकार से मुझ विश्वाकार परमेश्वर की पृथक् भाव से उपासना करते हैं।

कितने ज्ञानीजन इस ज्ञान के साथ कि एक ही परमेश्वर सम्पूर्ण जगत् में व्याप्त है, यह कि उसके अतिरिक्त कुछ है ही नहीं - ऐसे अभेद 'एकत्व भाव' से मेरा पूजन करते हैं। कोई-कोई मुझ विश्वतोमुख अर्थात् विश्वाकार परमेश्वर को अनेक रूपों में इस जगत् में स्थित समझकर ऐसे विराटरूप परमेश्वर का बहुत प्रकार से पृथक्-पृथक् रूप में उपासना करते हैं।

उपर्युक्त किसी भी तरह की पूजन-उपासना में नाम रूप कुछ भी हो, किन्तु उनके अन्त:करण में एक परमेश्वर भाव ही रहता है। उपासना का यही सही स्वरूप है और यह उपासना अन्तत: ईश्वर को ही अर्पित होता है। इस रहस्य को न जानते हुए उपासना करनेवाले मूढ उपासकों को ईश्वर के शुद्ध स्वरूप का ज्ञान नहीं हो पाता है ॥ १५ ॥

अगले चार श्लोकों में भगवान् को ही श्रद्धावान व भक्त क्यों और कैसे भजते हैं, उसका वर्णन करते हैं—

अहं क्रतुरहं यज्ञः स्वधाहमहमौषधम् ।
मन्त्रोऽहमहमेवाज्यमहमग्निरहं हुतम् ॥ १६ ॥

अहम्—मैं, **क्रतुः**—क्रतु हूँ, **अहम्**—मैं, **यज्ञः**—यज्ञ हूँ, **स्वधा**—स्वधा हूँ, **अहम्**—मैं, **ओषधम्**—औषधि हूँ, **मन्त्रः**—मन्त्र हूँ, **अहम्**—मैं, **अहम् एव**—मैं ही, **आज्यम्**—घृत हूँ, **अहम्**—मैं, **अग्निः**—अग्नि हूँ, **अहम्**—मैं ही, **हुतम्**—हवन हूँ।

मैं क्रतु हूँ, मैं यज्ञ हूँ, मैं स्वधा हूँ, मैं ओषधि हूँ, मैं मन्त्र हूँ, मैं ही घृत हूँ, मैं अग्नि हूँ और मैं ही हवन हूँ।

मैं 'क्रतु:'- वेदों में वर्णित देवताओं आदि हेतु श्रौत अनुष्ठान हूँ, मैं 'यज्ञ:'—पञ्चमहायज्ञादि स्मार्त कर्म हूँ, मैं 'स्वधा'-पितरों के निमित्त दिया जानेवाला अन्न हूँ, मैं 'औषधम्'-व्याधिनाशक भेषज हूँ, मैं 'मन्त्र:'-देवताओं व पितरों को हवि पहुँचाने का साधन हूँ। जिसके द्वारा हवन किया जाता है वह 'आज्यम्'—घृत मैं

हूँ। मैं 'अग्निः'—अग्नि हूँ और 'हुतम्'-हवन रूप क्रिया भी मैं ही हूँ। इन बातों का बोध शुद्ध ज्ञान के उदय होने पर होता है ॥ १६ ॥

पिताहमस्य जगतो माता धाता पितामहः ।
वेद्यं पवित्रमोङ्कार ऋक्साम यजुरेव च ॥ १७ ॥

पिता—पिता, **अहम्**—मैं (हूँ), **अस्य**—इस, **जगतः**—जगत् का, **माता**—माता, **धाता**—कर्मफल का विधान करनेवाला विधाता, **पितामहः**—पितामह, **वेद्यम्**—जानने योग्य, **पवित्रम्**—पवित्र, **ओङ्कारः**—'ॐकार', **ऋक्**—ऋग्वेद, **साम**—सामवेद, **यजुः**—यजुर्वेद, **एव**—भी (मैं हूँ), **च**—और।

इस जगत् का पिता, माता, पितामह और धाता मैं हूँ। मैं जानने योग्य, पवित्र, ॐकार और ऋक्, साम, यजुर्वेद भी मैं हूँ।

जगत् को उत्पन्न करनेवाला पिता और माता मैं ही हूँ। प्राणियों में कर्मफल का विधान करनेवाला विधाता हूँ। सृष्टि के रचनाकार ब्रह्मा की उत्पत्ति का कारण होने से मैं जगत् का पितामह हूँ। योगियों, मुनियों व महात्माओं द्वारा जानने योग्य वेद्य हूँ। जहाँ सभी ज्ञानमार्गों का संधि हो ऐसा 'पवित्र' करनेवाला हूँ। मैं 'ॐकार' रूप शब्दब्रह्म (८।१३) हूँ तथा ऋग्वेद, सामवेद और यजुर्वेद सब कुछ (१५।१५) मैं ही हूँ ॥ १७ ॥

गतिर्भर्ता प्रभुः साक्षी निवासः शरणं सुहृत् ।
प्रभवः प्रलयः स्थानं निधानं बीजमव्ययम् ॥ १८ ॥

गतिः—प्राप्तव्य परमधाम, **भर्ता**—पोषणकर्त्ता, **प्रभुः**—नियन्ता, **साक्षी**—शुभाशुभ कर्माकर्म का द्रष्टा, **निवासः**—सबका निवास-स्थान, **शरणम्**—शरण, **सुहृत्**—उपकारक, **प्रभवः**—उत्पत्ति, **प्रलयः**—प्रलय, **स्थानम्**—सब की स्थिति का आधार, **निधानम्**—सबका लय स्थान, **बीजम्**—बीज (मैं ही हूँ), **अव्ययम्**—अविनाशी।

सबकी गति, भर्ता, प्रभु, साक्षी, निवास, शरण, सुहृद्, प्रभव, प्रलय, स्थिति का आधार, निधान और अविनाशी बीज मैं ही हूँ।

सभी जगत् के लिए 'गतिः'- प्राप्तव्य परमधाम, 'भर्त्ता'- पोषणकर्त्ता, 'प्रभुः'- नियन्ता, 'साक्षी'-शुभाशुभ कर्माकर्म का द्रष्टा, 'निवासः'- सभी प्राणियों का निवास-स्थान, 'शरणम्'- आर्त शरणागत पुरुषों का दुःखनाशक, 'सुहृत्'- प्राणियों का अहैतुकी उपकारक, 'प्रभवः'- उत्पत्ति का कारण (स्रष्टा), 'प्रलयः'-सबका संहर्ता, 'स्थानम्'-सबकी स्थिति का आधार, 'निधानम्'-सबका लय स्थान, 'बीजमव्ययम्'- सबकी उत्पत्ति का अविनाशी कारण-बीज मैं ही हूँ (१०।३९)।

इस जगत् के रहते जगत् की उत्पत्ति नित्य होती देखी गयी है और उत्पत्ति सदैव बीज से ही होती है। जगत् में उत्पत्ति का मूल अविनाशी बीज ईश्वर ही हैं ॥ १८ ॥

तपाम्यहमहं वर्षं निगृह्णाम्युत्सृजामि च ।
अमृतं चैव मृत्युश्च सदसच्चाहमर्जुन ॥ १९ ॥

तपामि—तपता हूँ, **अहम्**—मैं, **अहम्**—मैं, **वर्षम्**—वर्षा को, **निगृह्णामि**—रोके रखता हूँ, **उत्सृजामि**—पुनः बरसाता हूँ, **च**—और, **अमृतम्**—अमृत, **च**—तथा, **एव**—ही, **मृत्युः**—मृत्यु, **च**—एवं, **सत्**—सत (तथा), **असत्**—असत, **च**—भी, **अहम्**—मैं ही (हूँ), **अर्जुन**—हे अर्जुन।

मैं तपता हूँ, मैं वर्षा को रोके रखता हूँ और पुनः बरसाता हूँ और हे अर्जुन ! मैं अमृत तथा मृत्यु एवं सत् तथा असत् भी मैं ही हूँ।

मैं सूर्यरूप से तपता हूँ, जल का शोषण कर सुखाता हूँ और रोके रखता हूँ। पुनः यथासमय वर्षाकाल में जलवृष्टि करता हूँ। हे अर्जुन ! मैं देवताओं का अमृत-जीवन हूँ तथा जगत् में भूतप्राणियों का मृत्यु भी हूँ। मैं सत् और असत् अर्थात् अविनाशी और विनाशी सब मैं ही हूँ।

ईश्वर के कारण ही जगत् है, अपितु जगत् रूप में वे स्वयं हैं। वे सर्वत्र व्याप्त हैं, दृश्य-अदृश्य सब कुछ वे ही हैं। इस प्रकार उन्हें समझकर अनेक लोग अनेक रूपों में उनकी उपासना करते हैं। जो पुरुष ऐसे ईश्वर को नहीं समझते वे अज्ञानी हैं एवं ऐसे पुरुष द्वारा उनकी प्राप्ति के लिए किये गये सारे प्रयास निष्फल होते हैं ॥ १९ ॥

भगवान् को पूजनेवाले विषयी अज्ञानी पुरुषों की दशा के बारे में अगले दो श्लोकों में कहते हैं—

त्रैविद्या मां सोमपाः पूतपापा-
यज्ञैरिष्ट्वा स्वर्गतिं प्रार्थयन्ते ।
ते पुण्यमासाद्य सुरेन्द्रलोक-
मश्नन्ति दिव्यान्दिवि देवभोगान् ॥ २० ॥

त्रैविद्याः—तीनों वेदों में निष्ठा रखनेवाले, **माम्**—मुझे, **सोमपाः**—सोमरस पीनेवाले (और), **पूतपापाः**—पापरहित पुरुष, **यज्ञैः**—यज्ञों से, **इष्ट्वा**—पूजकर, **स्वर्गतिम्**—स्वर्ग की प्राप्ति, **प्रार्थयन्ते**—चाहते हैं, **ते**—वे, **पुण्यम्**—पुण्यफल रूप, **आसाद्य**—पाकर, **सुरेन्द्रलोकम्**—इन्द्रलोक को, **अश्नन्ति**—भोगते हैं, **दिव्यान्**—दिव्य, **दिवि**—स्वर्ग में, **देवभोगान्**—देवताओं के भोगों को।

तीनों वेदों में निष्ठा रखनेवाले, सोमरस पीनेवाले और पापरहित पुरुष यज्ञों से मुझे पूजकर स्वर्ग की प्राप्ति चाहते हैं। वे पुण्यफल रूप इन्द्रलोक को पाकर स्वर्ग में देवताओं के दिव्य भोगों को भोगते हैं।

ऋक्, यजुः और साम तीनों वेदों के अध्ययनकर्त्ता अथवा ज्ञाता, ऐसे 'त्रैविद्य', वेदों में विहित यज्ञ द्वारा इन्द्रादि अन्य देवताओं की पूजा करके यज्ञशिष्ट सोमरस का पान करके पापमुक्त होकर सकाम भाव से स्वर्ग-सुख की इच्छा से प्रार्थना करते हैं और ऐसे सकामी लोग यज्ञ के पुण्यफल से इन्द्रादि देवलोक को प्राप्त करके स्वर्गिक दिव्य भोगों का भोग करते हैं।

ये सकामी वैदिक याज्ञिक गण अज्ञान में ही रहते हैं, भले ही यज्ञरूप पुण्य कर्म करते हैं। इन्हें यह ज्ञान नहीं रहता कि उनके द्वारा पूजित देवगण भगवान् के ही स्वरूप हैं, यज्ञ को भगवान् ही स्वीकार करते हैं और प्रकारान्तर से वे अज्ञानी भगवान् की ही उपासना करते हैं। ऐसे सकामी त्रैविद्य पुरुष अज्ञानतावश यज्ञफल रूप में भगवान् को न चाहकर स्वर्गिक सुख की इच्छा करते हैं और भगवान् की प्राप्ति से वंचित हो जाते हैं ॥ २० ॥

ते तं भुक्त्वा स्वर्गलोकं विशालं-
क्षीणे पुण्ये मर्त्यलोकं विशन्ति ।
एवं त्रयीधर्ममनुप्रपन्ना-
गतागतं कामकामा लभन्ते ॥ २१ ॥

ते—वे, **तम्**—उस, **भुक्त्वा**—भोगकर, **स्वर्गलोकम्**—स्वर्ग को, **विशालम्**—विशाल, **क्षीणे**—क्षीण होने पर (पुनः), **पुण्ये**—पुण्य के, **मर्त्यलोकम्**—मर्त्यलोक में, **विशन्ति**—प्रवेश करते हैं, **एवम्**—इस प्रकार, **त्रयी**—तीनों वेदों में विहित, **धर्मम्**—धर्म के, **अनुप्रपन्नाः**—आश्रित (और), **गतागतम्**—आवागमन को, **कामकामाः**—भोगों की कामनावाले मनुष्य, **लभन्ते**—प्राप्त होते हैं।

वे उस विशाल स्वर्ग को भोगकर पुण्य के क्षीण होने पर मर्त्यलोक में प्रवेश करते हैं। इस प्रकार तीनों वेदों में विहित धर्म के आश्रित और भोगों की कामनावाले मनुष्य आवागमन को प्राप्त होते हैं।

वे यज्ञकर्त्ता विपुल स्वर्गलोक के सुखों को भोगकर और यज्ञ से प्राप्त पुण्य के क्षीण हो जाने पर मर्त्यलोक में पुनः प्रवेश करते हैं। इस प्रकार तीनों वेदों में विहित धर्म के आश्रित होकर यज्ञ के अनुष्ठान करनेवाले वेदज्ञ भोगकामी होकर पुनः-पुनः संसार में आवागमन को ही प्राप्त होते हैं।

ऐसे लोग भले ही वेदवेत्ता हों, किन्तु अज्ञानान्धकार के कारण अविनाशी सुखराशि ईश्वर को नहीं जान पाते, उन्हें मिथ्या अनित्य स्वर्गिक सुख ही मिलता है और मृत्युलोक में बारम्बार जन्म-मरण लेना पड़ता है। ऐसे लोगों का जीवन सत्स्वरूप के ज्ञान के अभाव में व्यर्थ ही चला जाता है ॥ २१ ॥

परन्तु अनन्य भक्तों का योग और क्षेम भगवान् स्वयं देखते हैं—

अनन्याश्चिन्तयन्तो मां ये जनाः पर्युपासते ।
तेषां नित्याभियुक्तानां योगक्षेमं वहाम्यहम् ॥ २२ ॥

अनन्याः—अनन्य प्रेमी, **चिन्तयन्तः**—चिन्तन करते हुए, **माम्**—मेरी, **ये**—जो, **जनाः**—भक्तजन (मेरा), **पर्युपासते**—भलीभाँति उपासना करते हैं, **तेषाम्**—उन, **नित्य अभियुक्तानाम्**—नित्ययुक्त पुरुषों का, **योगक्षेमम्**—योगक्षेम, **वहामि**—वहन करता हूँ, **अहम्**—मैं (स्वयं)।

जो अनन्य प्रेमी भक्तजन मेरा चिन्तन करते हुए मेरी भलीभाँति उपासना करते हैं, उन नित्ययुक्त पुरुषों का योगक्षेम मैं स्वयं वहन करता हूँ।

परन्तु जो भक्तजन पूर्ण मनोयोग से अनन्य प्रेम भाव से एकनिष्ठ हुए मुझ परमेश्वर के चिन्तन में निष्काम रूप से उपासना करते हैं, ऐसे नित्य निरन्तर मुझमें ही युक्त पुरुष का 'योग'—भगवत्स्वरूप की प्राप्ति और 'क्षेम'—भगवत्प्राप्ति निमित्त किये जा रहे साधन की रक्षा मैं स्वयं करता हूँ।

वे भक्तगण जो हर प्रकार से भगवान् के ऊपर निर्भर रहकर उनकी उपासना में सन्नद्ध रहते हैं, ऐसे भक्तजनों के मन में जो भी, सूक्ष्म रूप से ही क्यों न सही, इच्छाएँ उत्पन्न होती हैं उनकी पूर्ति और रक्षा भगवान् तत्काल से करने लगते हैं और ऐसा करने में उनका एकमात्र भाव यही रहता है कि वह भक्त निर्द्वन्द्व रहकर निर्विघ्नपूर्वक उनकी उपासना तीव्र भक्तिभाव से कर सके। यहाँ यह समझना महत्त्वपूर्ण है कि ईश्वर की सर्वभावेन उपासना की ओर उन्मुख होते ही ईश्वर की कृपा से भक्त की सांसारिक इच्छाएँ भी गौण होने लगती हैं और वे क्रमशः क्षीणता को प्राप्त होती हैं। उपासना में ही सहायक होनेवाली आवश्यक आवश्यकताओं की ही पूर्ति हेतु इच्छाओं का जब-तब ऐसे उपासक में प्रस्फुटन होता है, जिसे ईश्वर सहर्ष पूरा करते हैं। ऐसा होने पर उपासक इसे और अधिक गहराई से ईश्वर के साथ एकरूप होकर उपासना करने की ईश्वर की प्रेरणा के रूप में मानता है। भक्तगण भी अपने अन्तर्मन में इस रहस्य और आश्चर्य का अनुभव करते हैं एवं क्रमशः क्षीणता को प्राप्त होती हुई अपनी इच्छाओं को द्रष्टाभाव से देखते हुए अत्यन्त आनन्दमय होकर ईश्वर की तीव्रतर गति से पूजन,

भजन और उपासना करते हैं। ईश्वर भी ऐसे भक्तों को अन्ततः अपने स्वरूप का प्रत्यक्ष अनुभव कराकर मोक्ष प्रदान करते हैं ॥ २२॥

श्रद्धायुक्त अन्य देवोपासक अविधिपूर्वक भगवान् को ही पूजते हैं—

येऽप्यन्यदेवता भक्ता यजन्ते श्रद्धयान्विताः ।
तेऽपि मामेव कौन्तेय यजन्त्यविधिपूर्वकम् ॥ २३ ॥

ये—जो, **अपि**—यद्यपि, **अन्य**—अन्य, **देवताः**—देवताओं को, **भक्ताः**—भक्त, **यजन्ते**—पूजते हैं, **श्रद्धया**—श्रद्धा से, **अन्विताः**—युक्त, **ते**—वे, **अपि**—भी, **माम्**—मुझको, **एव**—ही, **कौन्तेय**—हे कौन्तेय, **यजन्ति**—पूजते हैं (किन्तु उनका वह पूजन), **अविधिपूर्वकम्**—बिना ज्ञान के है।

यद्यपि श्रद्धा से युक्त जो भक्त अन्य देवताओं को पूजते हैं, हे कौन्तेय ! वे भी मुझको ही पूजते हैं, किन्तु उनका वह पूजन अविधिपूर्वक है।

श्रद्धा और भक्ति से युक्त होकर जो इन्द्र, आदि दूसरे अन्य देवताओं को सकाम भाव से पूजते हैं, हे कौन्तेय ! वे भी मेरी ही पूजा करते हैं, किन्तु उनका यह पूजन अविधिपूर्वक अर्थात् बिना ज्ञान के होता है। फलतः मेरे मूल स्वरूप को बिना जाने हुए उनका यह पूजन व्यर्थ ही जाता है, मेरी प्राप्ति उन्हें नहीं होती है।

यज्ञ आदि किसी भी पूजा में भगवान् के स्वरूपबोध हेतु भाव रूप से मूलतः उन्हीं की पूजा पूरे निर्मल मन से की जानी चाहिए। ऐसी ही पूजा विधिपूर्वक पूजा होती है जिससे भगवत्स्वरूप की प्राप्ति होती है ॥ २३ ॥

किन्तु उनका पूजन अविधिपूर्वक कैसे है? वह बताते हैं—

अहं हि सर्वयज्ञानां भोक्ता च प्रभुरेव च ।
न तु मामभिजानन्ति तत्त्वेनातश्च्यवन्ति ते ॥ २४ ॥

अहम्—मैं, **हि**—क्योंकि, **सर्व**—सब, **यज्ञानाम्**—यज्ञों का, **भोक्ता**—भोक्ता, **च**—और, **प्रभुः**—स्वामी, **एव**—ही हूँ, **च**—भी, **न**—नहीं, **तु**—परन्तु (वे), **माम्**—मुझे, **अभिजानन्ति**—जानते, **तत्त्वेन**—तत्त्व से, **अतः**—इसलिए, **च्यवन्ति**—गिरते हैं, **ते**—वे।

क्योंकि सब यज्ञों का भोक्ता और स्वामी भी मैं ही हूँ, परन्तु वे मुझे तत्त्व से नहीं जानते, इसलिए गिरते हैं।

वास्तव में सम्पूर्ण यज्ञों का भोक्ता, स्वामी तथा फल को देनेवाला मैं ही हूँ (५।२९), परन्तु यज्ञ करनेवाले इस मूल बात को तत्त्वतः न समझते हुए दूसरे देवताओं को पूजते हैं, जिससे वे उन्हीं देवताओं को प्राप्त होते हैं और मुझ परमेश्वर को न प्राप्त कर गिरते हैं, उन्हें पुनर्जन्म का वरण करना पड़ता है ॥ २४॥

मनुष्य की उपासना के अनुसार फल की प्राप्ति कहते हैं—

यान्ति देवव्रता देवान्पितृन्यान्ति पितृव्रताः ।
भूतानि यान्ति भूतेज्या यान्ति मद्याजिनोऽपि माम्॥ २५ ॥

यान्ति—प्राप्त होते हैं, **देवव्रताः**—देवव्रती (देवताओं के प्रति नियम परायण लोग), **देवान्**—देवताओं को, **पितृन्**—पितरों को, **यान्ति**—प्राप्त होते हैं, **पितृव्रताः**—पितृव्रती (श्राद्ध आदि में क्रियारत), **भूतानि**—भूतो को, **यान्ति**—प्राप्त होते हैं, **भूतेज्याः**—भूतों के पूजक, **यान्ति**—प्राप्त होते हैं, **मत्**—मेरे, **याजिनः**—भक्त, **अपि**—ही, **माम्**—मुझको ही।

देवव्रती देवताओं को प्राप्त होते हैं, पितृव्रती पितरों को प्राप्त होते हैं, भूतों के पूजक भूतों को प्राप्त होते हैं और मेरे भक्त मुझको ही प्राप्त होते हैं।

सभी लोगों को अपने-अपने विचारों व कर्मों के अनुसार फल की प्राप्ति होती है। फलतः देवताओं के प्रति नियमपरायण लोग नश्वर देवलोक को प्राप्त होते हैं। जो श्राद्ध आदि में क्रियारत हैं वे पितरों को प्राप्त होते हैं। जो यक्ष, राक्षस व पिशाच आदि की पूजा करते हैं, वे भूतपूजक भूतों को प्राप्त होते हैं। इसके विपरीत जो मेरा भाव रखते हुए मुझ वासुदेव के उपासक हैं, वे मुझे ही प्राप्त होते हैं और मुझे प्राप्त कर संसार में पुनरावृत्ति को नहीं प्राप्त होते हैं।

अभिप्राय यह है कि जो सर्वभाव से एकमात्र भगवान् की प्रसन्नता के लिए अपना सम्पूर्ण जीवन निरहंकार होकर भगवान् की भक्ति में अर्पण करते हैं, वे मृत्यु के पूर्व उनके सत्य स्वरूप को पाकर मुक्त हो जाते हैं। भगवान् के स्वरूप के प्रत्यक्ष अनुभव के बाद भक्त के अन्तःकरण में एकमात्र भगवान् की प्रियता के अतिरिक्त अन्य सांसारिक प्रियता नहीं रह जाती है ॥ २५ ॥

भगवान् की उपासना में उनकी प्राप्ति के लिए की जानेवाली आराधना भी सुखपूर्वक होती है—

पत्रं पुष्पं फलं तोयं यो मे भक्त्या प्रयच्छति ।
तदहं भक्त्युपहृतमश्नामि प्रयतात्मनः॥ २६ ॥

पत्रम्—पत्र, **पुष्पम्**—पुष्प, **फलम्**—फल (और), **तोयम्**—जल, **यः**—जो, **मे**—मुझे, **भक्त्या**—भक्ति से, **प्रयच्छति**—अर्पण करता है (उस), **तत्**—वह (पत्र-पुष्प आदि), **अहम्**—मैं, **भक्त्य उपहृतम्**—भक्ति भाव से अर्पण किया हुआ, **अश्नामि**—खाता हूँ, **प्रयतात्मनः**—शुद्ध मनवाले भक्त का।

जो मुझे पत्र, पुष्प, फल और जल भक्ति से अर्पण करता है, उस शुद्ध मनवाले भक्त का भक्ति भाव से अर्पण किया हुआ वह पत्र—पुष्प आदि मैं खाता हूँ।

जो भक्त मुझे अतिशय प्रेमपूर्वक पत्र, पुष्प, फल, जल, आदि अर्पण करता है, उस शुद्ध चित्त निष्काम भक्त के भक्तिपूर्वक अर्पण किये हुए पत्र-पुष्प, आदि को प्रीति के साथ ग्रहण करता हूँ।

भगवान् भक्तों का केवल शुद्ध सच्चा प्रेम भाव ही देखते हैं। अर्पित वस्तु की स्वीकार्यता में वे कोई भेदभाव नहीं करते हैं। अर्पित वस्तु के मूल्य का भी कोई महत्त्व उनके लिए नहीं है, अपितु भक्त गरीब हो या अमीर हो, स्त्री हो या पुरुष हो, उच्च वर्ण का हो या निम्न वर्ण का हो, यहाँ तक कि मनुष्येतर प्राणी भी हो, भगवान् तो अन्तःकरण की निर्मलता के साथ भक्त के अर्पण भाव को ही देखते हैं[१] कि प्रेम की किस गहराई से उसका अर्पण है—बस उसके सच्चे भाव से ही वे प्रसन्न होकर अर्पित वस्तु को ग्रहण करते हैं। हृदय की निर्मलता और भगवान् में सच्चे प्रेमभाव की प्रबलता योगमार्ग में अत्यन्त महत्त्वपूर्ण है। भगवान् के इस प्रेम का 'विदुर' जी के यहाँ भोजन ग्रहण करना, सखा किन्तु गरीब 'सुदामा' का चिउड़ा खाना, आर्त 'द्रौपदी' की लाज रखना तथा भीलनी 'शबरी' का जूठे बेर खाना जैसे कई उदाहरण शास्त्रों में वर्णित हैं ॥ २६ ॥

अर्जुन को सब कुछ भगवान् में अर्पण करने का निर्देश और उससे प्राप्त फल अगले दो श्लोकों में कहते हैं—

यत्करोषि यदश्नासि यज्जुहोषि ददासि यत् ।
यत्तपस्यसि कौन्तेय तत्कुरुष्व मदर्पणम् ॥ २७ ॥

यत्—(तू) जो, **करोषि**—करता है, **यत्**—जो, **अश्नासि**—खाता है, **यत्**—जो, **जुहोषि**—हवन करता है, **ददासि**—देता है, **यत्**—जो, **यत्**—जो, **तपस्यसि**—तप करता है, **कौन्तेय**—हे कौन्तेय, **तत्**—वह सब कुछ, **कुरुष्व**—कर, **मत्**—मुझे, **अर्पणम्**—अर्पण।

हे कौन्तेय ! तू जो करता है, जो खाता है, जो हवन करता है, जो देता है, जो तप करता है, वह सब कुछ मुझे अर्पण कर।

हे कौन्तेय ! तू भगवत् इच्छा से स्वतः सहजरूप से प्राप्त जो भी कर्म करता है, जो भी खाता है, जो कुछ हवन आदि कार्य करता है, जो कुछ दान करता है और जो कुछ तप करता है, वह सब के सब निरहंकार भाव से मुझे समर्पित करते हुए करो ॥ २७ ॥

शुभाशुभफलैरेवं मोक्ष्यसे कर्मबन्धनैः ।
सन्न्यासयोगयुक्तात्मा विमुक्तो मामुपैष्यसि ॥ २८ ॥

---

१. निर्मल मन जन सो मोहि पावा । मोहि कपट छल छिद्र न भावा ॥ (श्रीरामचरितमानस ५।४३।३)

शुभाशुभफलैः—शुभाशुभ फलरूप, **एवम्**—इस प्रकार, **मोक्ष्यसे**—मुक्त हो जाएगा (और), **कर्मबन्धनैः**—कर्मबन्धनों से, **सन्न्यास**—संन्यास, **योग**—योग से, **युक्तात्मा**—युक्त मनवाला होकर, **विमुक्तः**—(उनसे) मुक्त हुआ, **माम्**—मुझको, **उपैष्यसि**—प्राप्त होगा।

इस प्रकार संन्यासयोग से युक्त मनवाला होकर तू शुभाशुभ फलरूप कर्मबन्धनों से मुक्त हो जाएगा और उनसे मुक्त हुआ मुझको प्राप्त होगा।

मनुष्य द्वारा किये गये कर्मों के फल से मनुष्य का सम्बन्ध होने पर, चाहे वह शुभ फल हो अथवा अशुभ फल हो, बन्धनकारक होता है, किन्तु कर्म के फल से सम्बन्ध न होने से ऐसा कर्म बन्धनकारक न होकर वह कर्म ईश्वर से योग स्वरूप होता है। उपर्युक्त श्लोक सत्ताईस के अनुसार सभी किये गये कर्मों को ईश्वर में समर्पित करते हुए करने से एक तो कर्मों का संन्यास हुआ और दूसरे कर्मों के अर्पण से शुभाशुभ फल के न होने से कर्मबन्धन भी नहीं हुआ, क्योंकि जब कर्म ही समर्पित हो गये तो उस कर्म का फलरूप बन्धन कहाँ से होगा अर्थात् नहीं होगा। फलतः कर्मफल से कर्म के कर्त्ता का सम्बन्ध ही नहीं रहा, ऐसे में कर्मबन्धन का प्रश्न ही कहाँ है? इस तरह ईश्वर में समर्पण करते हुए कर्म करने से 'संन्यास' के साथ इसके परिणामस्वरूप फलाभाव के कारण कर्म बन्धनकारक न होकर ईश्वर से योग अर्थात् कर्मरूप होने से 'योग' हुआ। अस्तु, ऐसे संन्यासयोग से युक्त हुआ अर्थात् 'संन्यासयोगयुक्तात्मा' होकर तू जीवनकाल में ही हे अर्जुन ! पूर्वकृत और वर्तमान में किये जा रहे सभी कर्मों के फलों को न पाकर कर्मबन्धन से मुक्त हो जाएगा अर्थात् 'जीवनमुक्त' की स्थिति प्राप्त कर लेगा और शरीर त्याग के पश्चात् मुझे ही प्राप्त होगा ॥ २८ ॥

कर्म अर्पण का लाभ देने पर भी स्वयं को भगवान् द्वारा समभाव कहा जाना—

समोऽहं सर्वभूतेषु न मे द्वेष्योऽस्ति न प्रियः ।
ये भजन्ति तु मां भक्त्या मयि ते तेषु चाप्यहम् ॥ २९ ॥

समः—समभाव से हूँ, **अहम्**—मैं, **सर्वभूतेषु**—सब भूतों में, **न**—न, **मे**—मेरा (कोई), **द्वेष्यः**—अप्रिय, **अस्ति**—है (और), **न**—न, **प्रियः**—प्रिय (है), **ये**—जो, **भजन्ति**—भजते हैं, **तु**—परन्तु, **माम्**—मुझे, **भक्त्या**—भक्ति से, **मयि**—मुझमें हैं, **ते**—वे, **तेषु**—उनमें (हूँ), **च**—और, **अपि**—भी, **अहम्**—मैं।

सब भूतों में मैं समभाव से हूँ, न मेरा कोई अप्रिय है और न प्रिय है। परन्तु जो मुझे भक्ति से भजते हैं, वे मुझमें हैं और मैं भी उनमें हूँ।

सभी कर्मों को मुझमें अर्पण करनेवाले भक्त को उपर्युक्त संन्यासयोगरूप फल यद्यपि मैं देता हूँ, तथापि मैं राग-द्वेष से युक्त नहीं हूँ। मैं समस्त भूतों में समभाव से रहता हूँ। मेरा न तो किसी से द्वेष है और न ही कोई प्रिय है, अपने और पराये में मेरा कोई भेदभाव नहीं है। मैं ही सर्वत्र हूँ, मेरा अपना पराया कैसे कोई हो सकता है? जो भक्त मुझ ईश्वर के स्वरूप को पहचानकर निरहंकार होकर समर्पण भाव से मेरा ही भजन करते हैं, वे मुझमें स्वभावत: स्थित हैं और मैं भी स्वभाव से ही उनमें स्थित हूँ—स्वभाव का ऐक्य है।

अस्तु, भगवान् की किसी से प्रियता या द्वेष नहीं है, तथापि जिस तरह अग्नि निकटस्थ व्यक्ति के ही शीत को दूर करती है दूरस्थ की नहीं, उसी प्रकार जो भक्त उनकी उपासना करता है, वह उनके निकटस्थ होता है और इस कारण भगवान् के शान्त स्वरूप को प्राप्त करता है। इस सम्बन्ध में एक लौकिक उदाहरण दिया जाता है—

एक समर्थ पिता के तीन पुत्र हैं। बड़ा पुत्र उच्च पद एवं प्रतिष्ठा को प्राप्त कर पिता से अत्यन्त दूर अति सम्पन्नतापूर्वक रहता है और भौतिक चकाचौंध में डूबा हुआ अपने पिता को विस्मृत-सा कर दिया है। दूसरा पुत्र मध्यम जीवननिर्वाह में समर्थ है, किन्तु पिता से दूर ही रहता है और कभी-कभी पिता के पास स्वार्थवश तो आता है, किन्तु आदर सम्मान का भाव नहीं रखता है एवं कभी-कभी अनादर कर देने की भी स्थिति आ जाती है। तीसरा और अन्तिम पुत्र साधारण सामर्थ्य के साथ पारिवारिक जीवनयापन में समर्थ होते हुए भी पिता के ही साथ रहने का निश्चय करके आदर भाव से पिता की नित्य नि:स्वार्थ सेवा करता है और उन्हें प्रसन्न रखता है। तीनों ही पुत्र एक ही पिता के हैं, पिता का सबके प्रति कल्याण का समान भाव है, किसी से द्वेष नहीं है। यद्यपि पिता पूर्ण समर्थ है और उसे किसी सेवा आदि की आवश्यकता नहीं है, किन्तु सेवा में संलग्न प्रेमभाव को देखते हुए अन्तिम पुत्र के लिए स्वभावत: सहज ही उसे सर्वरूपेण समर्थ कर देने का भाव पिता में हो जाता है—ऐसी ही स्थिति ईश्वर व भक्त के बीच होती है ॥ २९ ॥

अनन्य भक्त की महिमा अध्याय के अन्त तक कहते हैं—

अपि चेत्सुदुराचारो भजते मामनन्यभाक् ।
साधुरेव स मन्तव्यः सम्यग्व्यवसितो हि सः ॥ ३० ॥

अपि—भी, **चेत्**—यदि (कोई), **सुदुराचारः**—अतिशय दुराचारी, **भजते**—भजता है (तो), **माम्**—मुझको, **अनन्यभाक्**—अनन्य भाव से, **साधुः**—साधु, **एव**—ही, **सः**—वह, **मन्तव्यः**—मानने योग्य है, **सम्यक्**--यथार्थ, **व्यवस्थितः**—निश्चय वाला है, **हि**—क्योंकि, **सः**—वह।

यदि कोई अतिशय दुराचारी भी अनन्य भाव से मुझको भजता है तो वह साधु ही मानने योग्य है, क्योंकि वह यथार्थ निश्चयवाला है।

यदि कोई अत्यन्त दुराचारी मनुष्य भी अनन्य भाव से मुझको भजता है तो उसे साधु ही मानना चाहिए, क्योंकि उसने भली प्रकार निश्चय कर लिया है कि वह शरणागत होकर मेरा भजन करने से तर जाएगा।

भगवान् का स्पष्ट संकेत है कि किसी भी समय यदि मनुष्य के मन में निर्मल भाव से उनके प्रति तीव्र अनुराग हो जाय और वह सांसारिक किसी भी भोग वस्तु की बिना कामना किये उनके शरण में होकर एकीभाव से उनकी ओर उन्मुख होकर भजन में संलग्न हो जाय तो उसके पूर्व के सभी पाप नष्ट हो जाते हैं। तब साधुरूप हुए उस पुरुष को स्वरूपबोध हो जाता है। भगवान् का भजन करते हुए उनकी ओर उन्मुख होने पर पाप से उद्धार हो जाता है[१] ॥ ३० ॥

क्षिप्रं भवति धर्मात्मा शश्वच्छान्तिं निगच्छति ।
कौन्तेय प्रति जानीहि न मे भक्तः प्रणश्यति ॥ ३१ ॥

क्षिप्रम्—शीघ्र ही (वह), **भवति**—हो जाता है (और), **धर्मात्मा**—धर्मात्मा, **शश्वत्**—सदा रहनेवाली, **शान्तिम्**—शान्ति को, **निगच्छति**—प्राप्त होता है, **कौन्तेय**—हे कौन्तेय, **प्रति जानीहि**—निश्चयपूर्वक सत्य जान (कि), **न**—नहीं, **मे**—मेरा, **भक्तः**—भक्त, **प्रणश्यति**—नष्ट होता।

शीघ्र ही वह धर्मात्मा हो जाता है और सदा रहनेवाली शान्ति को प्राप्त होता है। हे कौन्तेय ! निश्चयपूर्वक सत्य जान कि मेरा भक्त नष्ट नहीं होता।

मुझे भजनेवाला दुराचारी भक्त भी शीघ्र ही धर्मात्मा अर्थात् धार्मिक चित्तवाला हो जाता है और वह सदा रहनेवाली परमशान्ति को प्राप्त करता है (१८।५८)। हे कौन्तेय ! तू निश्चयपूर्वक यह सत्य जान कि जो मनुष्य पूरी तरह से मेरी भक्ति करता है, अपना अन्तःकरण मुझे समर्पित कर दिया है, उस मेरे भक्त का कभी पतन नहीं होता है और वह मेरी भक्ति से स्थायी शान्ति प्राप्त कर कृतार्थ हो जाता है ॥ ३१ ॥

मां हि पार्थ व्यपाश्रित्य येऽपि स्युः पापयोनयः ।
स्त्रियो वैश्यास्तथा शूद्रास्तेऽपि यान्ति परां गतिम् ॥ ३२ ॥

माम्—मेरी, **हि**—क्योंकि, **पार्थ**—हे पार्थ, **व्यपाश्रित्य**—शरण होकर, **ये**—जो कोई, **अपि**—भी (हों), **स्युः**—हों, **पापयोनयः**—पापयोनि, **स्त्रियः**—स्त्री, **वैश्याः**—वैश्य, **तथा**—तथा, **शूद्राः**—शूद्र, **ते**—वे, **अपि**—भी, **यान्ति**—प्राप्त होते हैं, **पराम्**—परम, **गतिम्**—गति को।

---

१. सनमुख होइ जीव मोहिं जबहीं । जन्म कोटि अघ नासहिं तबहीं॥ (श्रीरामचरितमानस ५।४३।१)

क्योंकि हे पार्थ ! स्त्री, वैश्य, शूद्र तथा पापयोनि जो कोई भी हों, वे भी मेरी शरण होकर परम गति को प्राप्त होते हैं।

हे अर्जुन ! स्त्री, शूद्र, वैश्य और पापयोनियोंवाले भी मेरी शरण में आकर परम गति को प्राप्त होते हैं।

उपर्युक्त श्रेणी के लोगों को चाहे वे पापयोनियों में जन्म लिए हों अथवा विद्याहीन ही क्यों न हों, भगवदर्थ विषयों का भी चाहे कोई ज्ञान न हो, किन्तु यदि उनके मन में मेरे प्रति पूरी भक्ति है, उनकी समस्त वृत्तियों में मैं ही उनके जीवन का आश्रय हूँ, आधार हूँ और उन सबका एकमात्र मैं ही अन्तिम ध्येय हूँ, तो ये सभी लोग मेरी उपासना से मेरे शरण में आकर मेरी गति को प्राप्त हो जाते हैं। अपने शरणागत भक्त के लिए भगवान् की ऐसी अहैतुकी कृपा अद्भुत और अकल्पनीय है ॥ ३२ ॥

किं पुनर्ब्राह्मणाः पुण्या भक्ता राजर्षयस्तथा ।
अनित्यमसुखं लोकमिमं प्राप्य भजस्व माम् ॥ ३३ ॥

किम् पुनः—फिर क्या (कहना और इसलिए तू), **ब्राह्मणाः**—ब्राह्मणों, **पुण्याः**—पुण्ययोनि, **भक्ताः**—भक्तों के लिए, **राजर्षयः**—राजर्षि, **तथा**—और, **अनित्यम्**—अनित्य (और), **असुखम्**—सुखरहित, **लोकम्**—मनुष्य शरीर को, **इमम्**—इस, **प्राप्य**—प्राप्त होकर, **भजस्व**—भज, **माम्**—मुझको ही।

पुण्ययोनि ब्राह्मणों और राजर्षि भक्तों के लिए फिर क्या कहना और इसलिए तू इस अनित्य और सुखरहित मनुष्य शरीर को प्राप्त होकर मुझको ही भज।

तो पुण्यशील ब्राह्मण और भक्त राजर्षिगण—जो राजा हैं और ऋषि भी हैं, मेरे शरणागत होकर परम गति को प्राप्त करेंगे इसमें फिर कहना ही क्या है? अतएव इस अनित्य, क्षणभंगुर और सुखरहित मनुष्य लोक को प्राप्त कर इस मनुष्य शरीर द्वारा पुरुषार्थपूर्वक मेरा ही निरन्तर भजन कर।

जन्म-मरणरूप इस मर्त्यलोक में क्षणिक सुख ही है और उस पर विषयों के सुख तो महान कष्टकारी हैं। और भी, जो सभी भोग हैं वे शरीर के स्वस्थ्य और दीर्घायु होने पर ही हैं। स्वयं यह शरीर भी तो प्रतिपल क्षीणता की ओर ही अग्रसर है। अतएव मनुष्य को अविलम्ब भगवान् के मार्ग पर चलने की आवश्यकता है, न जाने इस शरीर का कब अन्त हो जाय ! ॥ ३३ ॥

मन्मना भव मद्भक्तो मद्याजी मां नमस्कुरु ।
मामेवैष्यसि युक्त्वैवमात्मानं मत्परायणः ॥ ३४ ॥

मन्मनाः—मुझमें मनवाला, **भव**—हो, **मत्**—मेरा, **भक्तः**—भक्त (हो), **मत्**—मेरा, **याजी**—पूजन करनेवाला (हो), **माम्**—मुझको, **नमस्कुरु**—नमस्कार कर, **माम्**—मुझको, **एव**—ही, **एष्यसि**—प्राप्त होगा, **युक्त्वा**—लगाकर, **एवम्**—इस प्रकार, **आत्मानम्**—अपने चित्त को (मुझमें), **मत्परायणः**—मेरे परायण हुआ।

मुझमें मनवाला हो, मेरा भक्त हो, मेरा पूजन करनेवाला हो, मुझको नमस्कार कर। इस प्रकार अपने चित्त को मुझमें लगाकर मेरे परायण हुआ तू मुझको ही प्राप्त होगा।

तू 'मन्मना:'—मुझमें मनवाला हो—मुझ जगताधार सर्वेश्वर, परब्रह्म परमेश्वर में निर्गुण-सगुण किसी भी रूप में अविच्छिन्न भाव से मन लगानेवाला हो। 'मद्भक्त:'—अत्यन्त प्रेम से युक्त होकर मेरा भक्त हो, 'मद्याजी'—मुझ प्रिय का पूजन करनेवाला हो और मुझे ही नमस्कार कर। इस प्रकार 'युक्त्वैवमात्मानम्'—चित्त को मेरे में युक्त करके अर्थात् मुझमें लगाकर मुझ परम आश्रय के परायण होकर शरण ग्रहण कर। इस प्रकार तू मुझको ही प्राप्त होगा (१८।६५)।

अभिप्राय यह है कि ईश्वर को सर्वव्यापक समझकर, उस जगन्नियन्ता के सर्वथा अधीन होकर, अपने समस्त संकल्पों को उनमें समाहित करके लौकिक कर्त्तव्य-कर्म करता हुआ ईश्वर में सर्वभावेन समर्पण करते हुए नित्य निरन्तर भजन, पूजन व उपासना करते रहने से ईश्वर की प्राप्ति हो जाती है। भगवान् की प्राप्ति का यह सहज उपाय स्वयं भगवान् द्वारा ही प्रकट किया गया है ॥ ३४॥

इति श्रीकृष्णार्जुनसंवादे राजविद्याराजगुह्ययोगो नाम नवमोऽध्यायः ॥ ९ ॥

अध्याय १०

मनुष्य में भक्ति की उत्पत्ति और वृद्धि में सहायक भगवान् अपने योग और विभूतियों को तथा किन भावों से वे चिन्तन किये जा सकते हैं, इसे इस ***'विभूतियोग'*** नाम के अध्याय में कहते हैं।

प्रिय शिष्य अर्जुन के हित की इच्छा से भगवान् अपने द्वारा कहे जानेवाले श्रेष्ठ वचनों को उसे सुनने के लिए कहते हैं (१)। भगवान् अपने को देवों और महर्षियों का सब प्रकार से आदि कारण बताते हैं (२)। भगवान् को अजन्मा, अनादि और लोकों का महेश्वर जाननेवाला पुरुष मोह से रहित होकर पापमुक्त हो जाता है (३)। भगवान् से ही बुद्धि, आदि भावों की उत्पत्ति है और जो भगवान् की इस विभूति और उनके योग को तत्त्व से जानता है वह अचल भक्तियोग से युक्त हो जाता है (४-७)। पुरुष किस तरह अचल योग से युक्त हो जाता है, सो कहते हैं (८-९)। प्रेमपूर्वक मेरा भजन करनेवाला बुद्धियोग से मुझे प्राप्त होता है (१०)। मैं अपने भक्त पर अनुग्रह करने के लिए भक्त के अन्त:करण में स्थित होकर अज्ञान का नाश करता हूँ (११)। अर्जुन अब भगवान् की स्तुति करता है (१२-१५)। अर्जुन कैसे भगवान् को जाने, किन-किन भावों में भगवान् चिन्तन करने के योग्य हैं तथा भगवान् के 'योग' और उन 'विभूतियों' को जिसे धारण कर लोकों में व्याप्त होकर वे अवस्थित हैं—इन सबके विषय में भगवान् के मुख से विस्तार से जानने के लिए अर्जुन प्रार्थना करता है (१६-१८)। अब भगवान् अपनी अनन्त विभूतियों में से उत्कृष्ट विभूतियों को प्रधानता से कहने को कहते हैं (१९)। तदनन्तर भगवान् अपने को सब भूतों के हृदय में स्थित आत्मा कहते हैं तथा स्वयं को ही सम्पूर्ण भूतों का आदि, मध्य और अन्त बताते हैं (२०)। अब भगवान् अपनी अन्यान्य विभूतियों का विस्तार से वर्णन करते हैं (२१-३८)। अपने को सारे भूतों का बीज तथा सभी चराचर भूत को अपने से युक्त बताते हैं (३९)। भगवान् ने इस तरह अपनी दिव्य विभूतियों को अनन्त प्रकार का कहकर इन्हें संक्षेप से कहा है (४०)। जो-जो भी विभूतिमान, कान्तिमान और शक्तिमान हैं, उस-उस को भगवान् अपने तेज के अंश से उत्पन्न हुआ कहते हैं (४१)। हे अर्जुन ! तुम इतना ही समझो कि इस सम्पूर्ण जगत् को मैं एक अंशमात्र से

धारण कर स्थित हूँ- '**....... विष्टभ्याहमिदं कृत्स्नमेकांशेन स्थितो जगत्**' ऐसा श्लोक (४२) में कहकर अध्याय का उपसंहार करते हैं।

सातवें और नौवें अध्याय में वर्णित, किन्तु कठिनता से जानने योग्य, भगवान् अपने तत्त्व व विभूतियों को विधिवत समझाने हेतु और अपने प्रेमी भक्त अर्जुन के हित की इच्छा से अपने श्रेष्ठ वचनों को पुनः अर्जुन को सुनने के लिए कहते हैं—

श्रीभगवानुवाच

भूय एव महाबाहो शृणु मे परमं वचः ।
यत्तेऽहं प्रीयमाणाय वक्ष्यामि हितकाम्यया ॥ १ ॥

श्रीभगवान् उवाच—श्रीभगवान् बोले, **भूयः**—फिर, **एव**—भी, **महाबाहो**—हे महाबाहो, **शृणु**—सुन, **मे**—मेरे, **परमम्**—श्रेष्ठ, **वचः**—वचन को, **यत्**—जिसे, **ते**—तुम, **अहम्**—मैं, **प्रीयमाणाय**—प्रेम रखनेवाले के, **वक्ष्यामि**—कहूँगा, **हितकाम्यया**—हित की इच्छा से।

श्रीभगवान् बोले— हे महाबाहो ! फिर भी मेरे श्रेष्ठ वचन को सुन, जिसे मैं तुम प्रेम रखनेवाले के हित की इच्छा से कहूँगा।

हे महाबाहो अर्जुन ! तुम मेरे वचनों को और माहात्म्य को सुनकर अत्यन्त प्रसन्न होते हो, इसलिए तुम्हारे हित की कामना से जिससे तुझ भक्त में मेरे प्रति प्रेम की वृद्धि हो मैं भी प्रसन्न होकर परम तत्त्व को तुम्हारे भीतर प्रकाशित करनेवाले श्रेष्ठ वचनों को कहूँगा, जिसे तू सावधानीपूर्वक सुन ॥ १ ॥

भगवान् अपने को देवों और महर्षियों का आदि कारण बताते हैं—

न मे विदुः सुरगणाः प्रभवं न महर्षयः ।
अहमादिर्हि देवानां महर्षीणां च सर्वशः ॥ २ ॥

न—न (तो), **मे**—मेरे, **विदुः**—जानते हैं (और), **सुरगणाः**—देवतागण, **प्रभवम्**—प्रभुत्व को, **न**—न, **महर्षयः**—महर्षिगण, **अहम्**—मैं, **आदिः**—आदि कारण हूँ, **हि**—क्योंकि, **देवनाम्**—देवताओं का (और), **महर्षीणाम्**—महर्षियों का, **च**—और, **सर्वशः**—सब प्रकार से।

मेरे प्रभुत्व को न तो देवतागण जानते हैं और न महर्षिगण, क्योंकि मैं देवताओं का और महर्षियों का सब प्रकार से आदि कारण हूँ।

इन्द्रियों के बोधगम्यता से परे बहुत से विषयों के ज्ञान से सम्पन्न देवता व महर्षिगण मेरे प्रभाव अर्थात् मेरे स्वभाव, स्वरूप व कर्मादि को अथवा जगत् में योगमाया के अधीन मेरे प्रकट रूप से प्रादुर्भाव को तात्त्विक रूप से नहीं जानते

हैं। ऐसा इसलिए कि देवताओं तथा महर्षियों के उत्पत्ति, ज्ञान आदि का सब प्रकार से मैं अनादिरूप ही आदि-मूल कारण हूँ ॥ २॥

कौन पुरुष पापमुक्त हो जाता है, वह बताते हैं—

यो मामजमनादिं च वेत्ति लोकमहेश्वरम् ।
असम्मूढः स मर्त्येषु सर्वपापैः प्रमुच्यते ॥ ३ ॥

यः—जो, **माम्**—मुझको, **अजम्**—अजन्मा, **अनादिम्**—अनादि, **च**—और, **वेत्ति**—जानता है, **लोकमहेश्वरम्**—लोकों का महान ईश्वर, **असम्मूढः**—मोह से रहित पुरुष, **सः**—ऐसा वह, **मर्त्येषु**—मनुष्यों में, **सर्वपापैः**—सब पापों से, **प्रमुच्यते**—छूट जाता है।

जो मुझको अजन्मा, अनादि और लोकों का महान ईश्वर जानता है, ऐसा वह मनुष्यों में मोह से रहित पुरुष सब पापों से छूट जाता है।

चेतन जीव का अचेतन-जड़ शरीर के सम्पर्क से संसार में जन्म होता है। जो लोग मुक्तात्मा हैं, उनकी जीवात्मा भी पूर्व में जड़ शरीर रूप में जन्म ले चुके होते हैं। उनके मुक्त होने से उनका आगे जन्म न लेना-'अजत्व' तो पूर्व के जन्मों के कारण आदिवाला ही है। इन सभी संसारी जीवों का जन्म सजातीय इस अर्थ में हैं कि इनका जन्म तो चेतन जीव व जड़ शरीर के सम्पर्क से ही है। इसी तरह देवताओं के राजा इन्द्र और ब्रह्माण्ड के रचयिता ब्रह्मा भी संसारी जीवों की भाँति सजातीय हैं और जन्म-मरणरूपी हैं, अर्थात् उत्पत्ति एवं विनाशवाले हैं। अतएव ये उपर्युक्त सभी, मनुष्यलोक एवं देवलोक से लेकर ब्रह्मलोक तक सजातीय हुए और जन्म-मरणरूपी हैं, उत्पत्ति और विनाशवाले हैं। इसके विपरीत ईश्वर तो लोककल्याण के लिए अपनी योगमाया को अधीन कर जगत् में प्रकट होते हैं, उनका जन्म संसारी मनुष्यों की तरह चेतन जीव व जड़ शरीर के सम्पर्क से नहीं है और इसके साथ ही वे पूरे ब्रह्माण्ड की उत्पत्ति व विनाश के आदि कारण भी हैं। अस्तु, निर्विकार व चेतन ईश्वर का जन्मना और जन्म न लेना अर्थात् अजन्मा होना विलक्षण एवं विजातीय है, यह संसारी जीवों से सर्वथा भिन्न है।

अतएव ईश्वर उपर्युक्त कारणों से अजन्मा और अनादि है तथा वह ईश्वर तो सम्पूर्ण लोकों का महान ईश्वर-'लोकमहेश्वर' अर्थात् सम्पूर्ण जड़ चेतन जगत् का नियन्ता और शासक भी है (४।६)। 'असम्मूढः'-मोह से रहित जो पुरुष मुझे इस प्रकार से तत्त्वतः अजन्मा, अनादि और लोकमहेश्वर समझता है, वह सम्पूर्ण पापों से मुक्त हो जाता है ॥ ३॥

भगवान् से ही बुद्धि, आदि भावों की उत्पत्ति होना और उनको तत्त्वतः जाननेवाले को भक्तियोग की प्राप्ति होना अगले चार श्लोकों में कहते हैं—

बुद्धिर्ज्ञानमसम्मोहः क्षमा सत्यं दमः शमः ।
सुखं दुःखं भवोऽभावो भयं चाभयमेव च ॥ ४ ॥

बुद्धिः—बुद्धि, **ज्ञानम्**—ज्ञान, **असम्मोहः**—असम्मोह, **क्षमा**—क्षमा, **सत्यम्**—सत्य, **दमः**—बाह्येन्द्रियों को वश में करना, **शमः**—अन्तःकरण को वश में करना, **सुखम्**—सुख, **दुःखम्**—दुःख, **भवः**—उत्पत्ति, **अभावः**—विनाश, **भयम्**—भय, **च**—तथा, **अभयम्**—अभय, **एव**—भी, **च**—और।

बुद्धि, ज्ञान, असम्मोह, क्षमा, सत्य, दम, शम, सुख, दुःख, भव, अभाव तथा भय और अभय भी।

बुद्धि-निश्चय करनेवाली अन्तःकरण की शक्ति, ज्ञान-सदासद तथा चेतन व अचेतन वस्तु में भेद का निश्चय, असम्मोह-तात्त्विक वस्तुओं में प्रवृत्ति तथा अतात्त्विक वस्तुओं में निवृत्ति, क्षमा- विकार का कारण होने पर भी अविकृत अवस्था में ही रहना, सत्य-दृश्य व श्रवण इन्द्रिय द्वारा प्राप्त अनुभव को सर्वहित में यथावत व्यक्त करना, दम-बाह्येन्द्रियों को वश में करना, शम-अन्तःकरण को वश में करना, सुख-अनुकूलता, दुःख-प्रतिकूलता, भव-उत्पत्ति, अभाव-विनाश अथवा प्रतिकूलता का दुःख तथा भय-भावी दुःखद स्थिति का त्रास और अभय-दुःख की निवृत्ति से निर्भयता भी ॥ ४॥

अहिंसा समता तुष्टिस्तपो दानं यशोऽयशः ।
भवन्ति भावा भूतानां मत्त एव पृथग्विधाः ॥ ५ ॥

अहिंसा—अहिंसा, **समता**—समता, **तुष्टिः**—तुष्टि, **तपः**—तप, **दानम्**—दान, **यशः**—यश, **अयशः**—अपयश, **भवन्ति**—होते हैं, **भावाः**—भाव (मुझसे), **भूतानाम्**—प्राणियों के, **मत्तः**—मुझसे, **एव**—ही, **पृथग्विधाः**—नाना प्रकार के।

अहिंसा, समता, तुष्टि, तप, दान, यश, अपयश—प्राणियों के ये नाना प्रकार के भाव मुझसे ही होते हैं।

अहिंसा—दूसरों की पीड़ा में हेतु न बनना, समता- चित्त में सम भाव, तुष्टि-प्राप्ति व अप्राप्ति में यथेष्ट भाव, तप- स्वधर्म पालन में कष्ट सहने की मनोवृत्ति, दान- अपनी भोग वस्तुओं को दूसरों को देने की मनोवृत्ति, यश- गुणवत्ता की ख्याति अथवा कीर्ति की मनोवृत्ति, अपयश- गुणरहित की ख्याति अथवा अपकीर्ति

की मनोवृत्ति। इस तरह सभी प्राणियों में कर्मानुसार उपर्युक्त बुद्धि आदि भाव अर्थात् मनोवृत्तियाँ, ये सब कुछ मुझ ईश्वर से ही होते हैं ॥ ५॥

महर्षयः सप्त पूर्वे चत्वारो मनवस्तथा।
मद्भावा मानसा जाता येषां लोक इमाः प्रजाः ॥ ६ ॥

महर्षयः—महर्षिगण, **सप्त**—सात, **पूर्वे**—पूर्व के, **चत्वारः**—चार (सनकादि), **मनवः**—मनुगण (-ये सभी), **तथा**—तथा, **मद्भावाः**—मुझमें भाववाले, **मानसाः**—मेरे संकल्प से, **जाताः**—उत्पन्न हैं, **येषाम्**—जिनकी, **लोके**—संसार में, **इमाः**—यह सम्पूर्ण, **प्रजाः**—प्रजा है।

सात महर्षिगण, उनसे भी पूर्व के होनेवाले चार सनकादि तथा मनुगण—ये सभी मुझमें भाववाले मेरे संकल्प से उत्पन्न हैं, जिनकी संसार में यह सम्पूर्ण प्रजा है।

ब्रह्मा जी के मन से रचित सात महर्षिगण (मरीचि, अङ्गिरा, अत्रि, पुलस्त्य, पुलह, क्रतु और वशिष्ठ) जो प्रवृत्तिमार्गी व वेदज्ञ होकर और ब्रह्मा जी के ही कार्य में संलग्न रहे। इनके पूर्ववर्ती आत्मज्ञ सनकादि चार कुमार (सनक, सनन्दन, सनातन और सनत्कुमार) जो ब्रह्मा जी के तप से स्वयं प्रकट हुए तथा जीवनपर्यन्त ब्रह्मचारी रहकर शिष्यों में आत्मतत्त्व ज्ञान का प्रचार किया और ब्रह्मारूप चौदह स्वायम्भुव, आदि मनु (स्वायम्भुव, स्वारोचिष, उत्तम, तामस, रैवत, चाक्षुष, वैवस्वत, सावर्णि, दक्षसावर्णि, ब्रह्मसावर्णि, धर्मसावर्णि, रुद्रसावर्णि, देवसावर्णि तथा इन्द्रसावर्णि)—ये उपर्युक्त सभी सप्तमहर्षिगण, सनकादि चार कुमार एवं चौदहों स्वायम्भुव, आदि मनुगण भगवान् में भाववाले, भगवान् के प्रभाव से युक्त, भगवान् के ही स्वरूप और भगवान् के संकल्प से ही उत्पन्न हुए। इस जगत् में इनकी प्रजाएं, पुत्र, पौत्र, आदि एवं शिष्य तथा शिष्य के शिष्य रूपों में उत्पन्न होकर क्रमशः वृद्धि को प्राप्त हुए।

एक मनु के कार्यकाल को 'मन्वन्तर' कहते हैं। ब्रह्मा के एक दिन में, जिसे 'कल्प' कहते हैं, चौदह मनु होते हैं। प्रत्येक मन्वन्तर में धर्म और लोक कार्यों के लिए सप्तर्षि आदि होते हैं और एक मन्वन्तर बीतने पर ये सप्तर्षि, देवता, इन्द्र और मनुपुत्र भी बदल जाते हैं। एक मन्वन्तर बीतने पर एक सतयुग की अवधि के बराबर की अवधि तक 'सन्ध्या' काल आता है और इस अवधि में पृथ्वी जल में डूब जाती है। प्रत्येक कल्प में सभी चौदह मन्वन्तर अपनी-अपनी सन्ध्याओं के अवधि के सहित होते हैं। इसके अतिरिक्त कल्प के आरम्भकाल में भी एक सन्ध्या होती है। इस तरह कल्प की पूरी अवधि बीत जाने पर कल्पान्तर पश्चात् पुनः नया कल्प आता है और अन्ततः ब्रह्मा की आयु ३११.०४ खरब वर्ष बाद महाप्रलय आकर सम्पूर्ण जगत् ईश्वर में विलीन हो जाता है (८।१७)।

मन्वन्तर के आधार पर कालगणना करने पर भी एक कल्प (ब्रह्मा का एक दिन) की अवधि श्लोक (८।१७) की गणना के बराबर आती है। एक कल्प में चौदह मन्वन्तर होते हैं और एक मन्वन्तर की अवधि एकहत्तर चतुर्युगी से कुछ अधिक होता है। इस चौदह मनवन्तर की अवधि, इनके साथ की चौदह सन्ध्याओं की अवधि तथा कल्प के प्रारम्भ काल में एक और सन्ध्या की अवधि जोड़ने पर कुल अवधि चार अरब बत्तीस करोड़ वर्ष है जिसे एक 'कल्प', एक हजार 'महायुग' या एक हजार 'दिव्ययुग' कहते हैं (८।१७) ॥ ६ ॥

एतां विभूतिं योगं च मम यो वेत्ति तत्त्वतः ।
सोऽविकम्पेन योगेन युज्यते नात्र संशयः ॥ ७ ॥

एताम्—इस, **विभूतिम्**—विभूति को, **योगम् च**—और योग को, **मम्**—मेरी, **यः**—जो, **वेत्ति**—जानता है, **तत्त्वतः**—तत्त्व से, **सः**—वह, **अविकम्पेन**—अचल, **योगेन**—भक्तियोग से, **युज्यते**—युक्त हो जाता है, **न**—नहीं है, **अत्र**—इसमें, **संशयः**—संशय।

जो मेरी इस विभूति को और योग को तत्त्व से जानता है, वह अचल भक्तियोग से युक्त हो जाता है, इसमें संशय नहीं है।

चराचर जगत् की रचना हेतु ब्रह्मा की उत्पत्ति तथा उनके द्वारा मनुओं, सप्तर्षियों, आदि द्वारा जगत् का विस्तार एवं शास्त्रादि ज्ञान का प्रसाद तथा प्राणियों में समस्त भाव- यह सब कुछ मेरे ही अधीन है, मैं ही इनका मूल कारण हूँ (१०।४२)। ऐसी मेरी 'विभूति' है। मैं इन विभूतियों को धारण करते हुए और समस्त संसार का कारण, स्थिति और प्रलय मेरे अधीन रहते हुए भी मैं निर्विकार निर्लिप्त ही स्थित रहता हूँ (९।५)। मुझ सर्वज्ञ, सर्वव्यापक, सर्वशक्तिमान का ऐसा अद्भुत योग अर्थात् युक्ति है, जो मेरी आराधना से ही मनुष्य जान सकता है।

इस प्रकार मेरी विभूतियों और योग को तत्त्वतः जो जानता है वह निःसन्देह अचल भक्तियोग से युक्त हो जाता है ॥ ७ ॥

पुरुष किस तरह से अचल योग से युक्त हो जाता है? सो अगले दो श्लोकों में कहते हैं––

अहं सर्वस्य प्रभवो मत्तः सर्वं प्रवर्तते ।
इति मत्वा भजन्ते मां बुधा भावसमन्विताः ॥ ८ ॥

अहम्—मैं, **सर्वस्य**—सबकी, **प्रभवः**—उत्पत्ति का कारण हूँ (और), **मत्तः**—मुझसे ही, **सर्वम्**—सब जगत, **प्रवर्तते**—चेष्टा करता है, **इति**—ऐसा, **मत्वा**—जानकर, **भजन्ते**—भजते हैं, **माम्**—मुझे, **बुधाः**—बुद्धिमान भक्त, **भावसमन्विताः**—श्रद्धा और भक्ति से।

मैं सबकी उत्पत्ति का कारण हूँ और मुझसे ही सब जगत् चेष्टा करता है— ऐसा जानकर श्रद्धा और भक्ति से बुद्धिमान भक्त मुझे भजते हैं।

मैं वासुदेव ही इस चराचर जगत् की उत्पत्ति का कारण हूँ। मेरे द्वारा सम्पूर्ण जगत् की चेष्टा होती है, अर्थात् जगत् की स्थिति, पालन और विनाश तथा जगत् के प्राणियों की सम्पूर्ण क्रियाएँ एवं उनका कर्मफल भोग, यह सब कुछ, मेरे द्वारा ही संचालित होता है। इस आशय को भलीप्रकार समझकर श्रद्धा, विश्वास और प्रेमपूर्वक भक्तिभाव से युक्त विवेकी पुरुष तत्त्वज्ञान की जिज्ञासा से मेरा भजन करते हैं ॥ ८ ॥

मच्चित्ता मद्गतप्राणा बोधयन्तः परस्परम् ।
कथयन्तश्च मां नित्यं तुष्यन्ति च रमन्ति च ॥ ९ ॥

मच्चित्ताः—मुझमें चित्त लगानेवाले (और), **मद्गतप्राणाः**—मेरे ही अधीन प्राणोंवाले भक्त, **बोधयन्तः**—अपने अनुभवों को समझाते हुए, **परस्परम्**—आपस में, **कथयन्तः**—कथन करते हुए, **च**—तथा, **माम्**—मेरा, **नित्यम्**—नित्य, **तुष्यन्ति**—सन्तुष्ट होते हैं, **च**—ही, **रमन्ति**—रमण करते हैं, **च**—और।

मुझमें चित्त लगानेवाले और मेरे ही अधीन प्राणोंवाले भक्त परस्पर अपने अनुभवों को समझाते हुए तथा नित्य मेरा कथन करते हुए ही सन्तुष्ट होते हैं और रमण करते हैं ।

'मच्चिताः'- मन को मुझमें लगाते रहनेवाले और 'मद्गतप्राणाः' - मेरे अधीन जीवनवाले अर्थात् जीवन और इन्द्रियों की समस्त चेष्टाओं को मेरे अधीन किए हुए भक्तगण अपने-अपने ध्यान और भक्ति के अनुभवों को परस्पर एक दूसरे से बताते हुए और नित्य मेरी ही भक्ति, गुणों व दिव्य कर्मों की चर्चा करते हुए ही सन्तुष्ट रहते हैं और अपने परम सुहृद मुझ भगवान् में ही रमण करने की उनकी प्रियता होती है ॥ ९ ॥

भक्त द्वारा भगवान् को भजने का फल कहते हैं—

तेषां सततयुक्तानां भजतां प्रीतिपूर्वकम् ।
ददामि बुद्धियोगं तं येन मामुपयान्ति ते ॥ १० ॥

तेषाम्—उन, **सततयुक्तानाम्**—निरन्तर मुझमें युक्त, **भजताम्**—(मेरा) भजन करनेवाले भक्तों को, **प्रीतिपूर्वकम्**—प्रेमपूर्वक, **ददामि**—देता हूँ, **बुद्धियोगम्**—बुद्धियोग, **तम्**—वह, **येन**—जिससे, **माम्**—मुझको, **उपयान्ति**—प्राप्त होते हैं, **ते**—वे।

उन निरन्तर मुझमें युक्त प्रेमपूर्वक मेरा भजन करनेवाले भक्तों को वह बुद्धियोग देता हूँ जिससे वे मुझको प्राप्त होते हैं।

ऐसे भक्तों को जो किसी सांसारिक स्वार्थ या इच्छा के कारण नहीं, अपितु केवल मेरे में प्रेमभाव से निरन्तर पूरी तत्परता से मुझमें ही मन लगाये हुए मेरा भजन करते हैं उन्हें मैं ऐसा 'बुद्धियोग' अर्थात् तत्त्वज्ञान प्राप्त करानेवाला योग देता हूँ जिसके अभ्यास से वे मुझ परमेश्वर को यथार्थ रूप से जानकर मुझको प्राप्त कर लेते हैं।

जो भक्त भगवान् से प्रेम करते हैं और उनके शरणागत हैं, उनसे उन्हें भी अधिक प्रेम होता है और दयालु भगवान् उन भक्तों के इस लोक और परलोक दोनों के कुशल-क्षेम का ध्यान रखते हैं ॥ १० ॥

भक्त के अन्तःकरण में स्थित होकर अज्ञान का भगवान् नाश करते हैं—

तेषामेवानुकम्पार्थमहमज्ञानजं तमः ।
नाशयाम्यात्मभावस्थो ज्ञानदीपेन भास्वता ॥ ११ ॥

तेषाम् एव—उन्हीं पर, **अनुकम्पा अर्थम्**—अनुग्रह करने के लिए, **अहम्**—मैं (उनके), **अज्ञानजम्**—अज्ञानजनित, **तमः**—अन्धकार को, **नाशयामि**—नष्ट कर देता हूँ, **आत्मभावस्थः**—(उनके) अन्तःकरण में स्थित हुआ, **ज्ञानदीपेन**—ज्ञानदीपक से, **भास्वता**—प्रकाशमय।

उन्हीं पर अनुग्रह करने के लिए उनके अन्तःकरण में स्थित हुआ मैं उनके अज्ञानजनित अन्धकार को प्रकाशमय ज्ञानदीपक से नष्ट कर देता हूँ।

अज्ञानी मनुष्य अनेक जन्मों से विकारवान, परिवर्तनशील एवं असत् संसार को सत्य मानता आया है और मोहजनित इस अभ्यास के कारण उसके अन्तःकरण में इसका प्रबल संस्कार विद्यमान रहता है। मनुष्य जन्म पाने पर भी उसी पूर्व जन्म के संस्कारों के कारण उसका भाव प्रायः संसारी ही रहता है और उसके चित्त में सांसारिक असत् वस्तुओं और सम्बन्धों में आसक्ति, इच्छा, रागद्वेष भाव, ईश्वर में भक्तिहीनता एवं उनके स्वरूपध्यान का अभाव, असंयमित जीवन आदि कारणों से उसका अन्तःकरण अज्ञानजनित अन्धकार से भरा रहता है। उसे यह भी तनिक बोध नहीं रहता कि कृपालु परमेश्वर उसके अन्तःकरण में प्रकाश फैलाने के लिए आत्मरूप से स्वयं विद्यमान हैं। बोध हो भी कैसे? उसका भला क्या दोष है? वह तो ईश्वर की दया का पात्र है ! वह तो पूर्व जन्मों के संस्कारों के वशीभूत है ! फिर उपाय क्या है? सो कहते हैं—

भगवत्कृपा से सद्गुरु की शरण प्राप्त करके और उनके आशीर्वचन से जिज्ञासु पुरुष में भगवत्प्रेम जागृत हो जाने पर वह पुरुष श्रद्धा, भक्ति व विश्वास के साथ सद्गुरू में सर्वभाव से शरणागत होकर प्रेमपूर्वक भगवत् भक्ति व आराधना करने लग जाता है। तब अन्तरतम में विराजमान ईश्वर ऐसे भक्तों पर

अनुग्रहपूर्वक उनके पूर्व संचित उपर्युक्त अज्ञानजनित अन्धकाररूपी सभी संस्कारों को जो ज्ञान के मार्ग में बाधक हैं और परिणामस्वरूप उनके अन्तःकरण में जड़ जमाये हैं, वह परमकृपालु प्रकाशमय ज्ञानदीपक से नष्ट कर देता है और भक्त के जीवन को प्रकाशित कर अपने स्वरूप को प्रकट कर देता है।

मनुष्य को ईश्वर से ऐसी ही कृपा और दया का आकांक्षी होना चाहिए, अन्य संसारी विषयों का नहीं। मनुष्य पर भगवान् की यह कृपा दिव्य व अलौकिक है, यह अनुभवजन्य है ॥ ११ ॥

भगवान् की विभूतियों और योग को सुनकर अर्जुन अगले सात श्लोकों में भगवान् की स्तुति करने के साथ उनकी विभूतियों को जानने की इच्छा व्यक्त करता है—

अर्जुन उवाच

परं ब्रह्म परं धाम पवित्रं परमं भवान्।
पुरुषं शाश्वतं दिव्यमादिदेवमजं विभुम्॥ १२ ॥

अर्जुनः उवाच—अर्जुन बोले, **परम् ब्रह्म**—परब्रह्म, **परम् धाम**—परम धाम, **पवित्रम्**—पवित्र, **परमम्**—परम, **भवान्**—आप, **पुरुषम्**—पुरुष, **शाश्वतम्**—सनातन, **दिव्यम्**—दिव्य, **आदिदेवम्**—आदिदेव, **अजम्**—अजन्मा (और), **विभुम्**—व्यापक हैं।

अर्जुन बोले—आप परब्रह्म, परम धाम, परम पवित्र, सनातन, दिव्य पुरुष, आदिदेव, अजन्मा और व्यापक हैं।

अर्जुन भगवान् के प्रति अपने भावों को व्यक्त कर कहते हैं कि आप परब्रह्म, परम धाम और परम पवित्र अर्थात् स्मरण और गुणगान करनेवालों के समस्त पापों को नाश करनेवाले हैं। आप सनातन-अविनाशी एवं प्रकाश-ज्ञानस्वरूप दिव्य पुरूष हैं। आप देवताओं के भी आदिदेव, निर्विकार, अजन्मा और सर्वव्यापक अर्थात् सम्पूर्ण ब्रह्माण्ड में एकरस व्याप्त हैं ॥ १२ ॥

आहुस्त्वामृषयः सर्वे देवर्षिर्नारदस्तथा।
असितो देवलो व्यासः स्वयं चैव ब्रवीषि मे॥ १३ ॥

आहुः—(इसी प्रकार) कहते हैं, **त्वाम्**—आपको, **ऋषयः**—ऋषिगण, **सर्वे**—सभी, **देवर्षिः**—देवर्षि, **नारदः**—नारद, **तथा**—भी, **असितः**—असित, **देवलः**—देवल, **व्यासः**—व्यास, **स्वयम्**—आप स्वयं, **च**—और, **एव**—भी, **ब्रवीषि**—(ऐसा ही) कहते हैं, **मे**—मुझसे।

सभी ऋषिगण, देवर्षि नारद, असित, देवल, व्यास भी आपको इसी प्रकार कहते हैं और आप स्वयं भी मुझसे ऐसा ही कहते हैं।

आपके सगुण व निर्गुण भाव को तथा आपके गुणों को तत्त्वतः जाननेवाले ऋषि, देवर्षि नारद और महर्षिगण उपर्युक्त श्लोक बारह के अनुसार आपके प्रभाव व गुणों को कहते हैं और स्वयं आप भी मुझसे ऐसा ही कहते हैं। इसमें अर्जुन को किसी तरह का संशय नहीं है ॥ १३ ॥

सर्वमेतदृतं मन्ये यन्मां वदसि केशव ।
न हि ते भगवन्व्यक्तिं विदुर्देवा न दानवाः ॥ १४ ॥

सर्वम्—सबको (मैं), **एतत्**—इस, **ऋतम्**—सत्य, **मन्ये**—मानता हूँ, **यत्**—जो कुछ भी (आप), **माम्**—मुझसे, **वदसि**—कहते हैं, **केशव**—हे केशव, **न**—न (तो), **हि**—ही, **ते**—आपके, **भगवन्**—हे भगवान, **व्यक्तिम्**—स्वरूप को, **विदुः**—जानते हैं (और), **देवाः**—देवता, **न**—न, **दानवाः**—दानव।

हे केशव ! जो कुछ भी आप मुझसे कहते हैं इस सबको मैं सत्य मानता हूँ। हे भगवन् ! आपके स्वरूप को न तो देवता जानते हैं और न दानव ही।

हे केशव ! ऋषिगण, आदि ने तथा आपने भी जो कुछ अपने अद्वितीय, अपरिमेय और अनन्त ऐश्वर्यमय कल्याणकारी गुणों को तथा समस्त जगत् के नियन्ता, अनादि और सर्वव्यापक स्वरूप को बताया है, उन सबको मैं तत्त्वतः सत्य मानता हूँ। हे भगवन् ! आपके इस लीलामय परम स्वरूप और परम तत्त्व को न तो इन्द्रियातीत विषयों के जाननेवाले देवता लोग ही जान सकते हैं और न ही मायावी दानव लोग। तो फिर मनुष्य की क्या बात करें? ॥ १४ ॥

स्वयमेवात्मनात्मानं वेत्थ त्वं पुरुषोत्तम ।
भूतभावन भूतेश देवदेव जगत्पते ॥ १५ ॥

स्वयम्—स्वयं, **एव**—ही, **आत्मना**—अपने से, **आत्मानम्**—अपने आपको, **वेत्थ**—जानते हैं, **त्वम्**—आप, **पुरुषोत्तम**—हे पुरुषोत्तम, **भूतभावन**—भूतों को उत्पन्न करनेवाले, **भूतेश**—भूतों के ईश्वर, **देवदेव**—देवों के देव, **जगत्पते**—जगत् के स्वामी।

हे पुरुषोत्तम ! भूतों को उत्पन्न करनेवाले ! भूतों के ईश्वर ! देवों के देव ! जगत् के स्वामी ! आप स्वयं ही अपने से अपने आपको जानते हैं।

हे पुरुषोत्तम ! पुरुषोत्तम वह है जो क्षर और अक्षर से परे चैतन्यरूप हो, आप 'आत्मानम्'- अपने को स्वयं ही 'आत्मना'- अपने से जानते हैं, ऐसी स्वतःसिद्ध स्वानुभूति और किसी अन्य में सम्भव नहीं है। किसी भी दूसरे के द्वारा आपका पूर्ण ज्ञान नहीं प्राप्त किया जा सकता है। दूसरे को आपका ज्ञान आपके द्वारा आपकी कृपा से ही सम्भव है।

भगवान् की कृपा से ही सौभाग्यवश सद्गुरु की प्राप्ति से भगवान् के ज्ञान का मार्ग प्रशस्त हो सकता है। हे भूतभावन - भूतोत्पादक, हे भूतेश- भूतों के नियन्ता, हे देवों के देव ! हे जगत्पते ! केवल आप ही अपने को जान सकते हैं ॥ १५ ॥

वक्तुमर्हस्यशेषेण दिव्या ह्यात्मविभूतयः ।
याभिर्विभूतिभिर्लोकानिमांस्त्वं व्याप्य तिष्ठसि ॥ १६ ॥

वक्तुम्—व्यक्त करने में, **अर्हसि**—समर्थ हैं, **अशेषेण**—सम्पूर्णता से, **दिव्याः**—दिव्य, **हि**—ही, **आत्मविभूतयः**—अपनी दिव्य विभूतियों को, **याभिः**—जिन, **विभूतिभिः**—विभूतियों से, **लोकान्**—लोकों को, **इमान्**—इन, **त्वम्**—आप, **व्याप्य**—व्याप्त करके (आप), **तिष्ठसि**—स्थित हैं।

अपनी दिव्य विभूतियों को सम्पूर्णता से आप ही व्यक्त करने में समर्थ हैं, जिन विभूतियों से इन लोकों को व्याप्त करके आप स्थित हैं।

आप अपनी दिव्य विभूतियों से इन लोकों को व्याप्त करके स्थित हैं और अपनी अद्भुत दिव्य शक्तियों को धारण करके इन लोकों के नियन्ता भी हैं। ऐसी दिव्य विभूतियों और शक्तियों के स्वामी आप हैं और आपके अतिरिक्त भला कौन इनका वर्णन करने की सामर्थ्य रखता है अर्थात् कोई नहीं। इसलिए हे परमेश्वर ! आप ही अपने मुख से इनका वर्णन कीजिए ॥ १६ ॥

कथं विद्यामहं योगिंस्त्वां सदा परिचिन्तयन् ।
केषु केषु च भावेषु चिन्त्योऽसि भगवन्मया ॥ १७ ॥

कथम्—किस प्रकार, **विद्याम्**—जानूँ, **अहम्**—मैं (आपका), **योगिन्**—हे योगिन, **त्वाम्**—आपको, **सदा**—सदा, **परिचिन्तयन्**—चिन्तन करता हुआ, **केषु केषु**—किन-किन, **च**—और, **भावेषु**—भावों में (आप), **चिन्त्यः असि**—चिन्तन करने योग्य हैं, **भगवन्**—हे भगवन्, **मया**—मेरे द्वारा।

हे योगिन ! मैं आपका सदा चिन्तन करता हुआ आपको किस प्रकार जानूँ? और हे भगवन् ! किन–किन भावों में आप मेरे द्वारा चिन्तन करने योग्य हैं?

हे योगिन! आप कृपा करके मुझे यह बतावें कि मैं अबोध भक्त किस प्रकार क्या समझकर आपका चिन्तन करता हुआ आपको कैसे जानूँ? हे भगवन्! सर्वव्यापीरूप से स्थित आप मुझे यह बोध करावें कि आपके विभूतिभेद से मैं किन-किन भावों में आपका चिन्तन करूँ जिससे मुझे आपकी प्राप्ति हो सके ॥ १७॥

विस्तरेणात्मनो योगं विभूतिं च जनार्दन ।
भूयः कथय तृप्तिर्हि शृण्वतो नास्ति मेऽमृतम् ॥ १८ ॥

विस्तरेण—विस्तारपूर्वक, **आत्मनः**—अपने, **योगम्**—योग को, **विभूतिम्**—विभूति को, **च**—और, **जनार्दन**—हे जनार्दन, **भूयः**—फिर, **कथय**—कहिए, **तृप्तिः**—तृप्ति, **हि**—क्योंकि (आपके), **शृण्वतः**—सुनते हुए, **न अस्ति**—नहीं हो रही है, **मे**—मेरी, **अमृतम्**—अमृतमय वचनों को।

हे जनार्दन ! अपने योग और विभूति को फिर विस्तारपूर्वक कहिए, क्योंकि आपके अमृतमय वचनों को सुनते हुए मेरी तृप्ति नहीं हो रही है।

ईश्वर द्वारा अपनी दिव्य शक्ति से जगत् की सृष्टि करने व जगतरूप में प्रकट होने को यहाँ *'योग'* कहा गया है। जगत् में उनके नियमन के अन्तर्गत विभिन्न वस्तुओं का विस्तार अर्थात् समस्त जड़ चेतन वस्तुओं और सभी प्राणियों में निर्लिप्त व निर्विकार भाव से ईश्वर का स्थित होना उनकी *'विभूति'* है।

अर्जुन भगवान् से कहते हैं कि आप सर्वसमर्थ से, आपके जनार्दन रूप से ही आपके स्वयं के द्वारा जानने हेतु मैं अपनी इच्छा की अभिव्यक्ति कर सकता हूँ और आप ही इसे पूरा करने में सक्षम है, दूसरा कोई नहीं। इसलिए हे जनार्दन ! आपके योग और विभूति के सम्बन्ध में मेरी उत्कट जिज्ञासा की पूर्ति हेतु कृपा करके उन्हें पुनः विस्तार से कहिए, क्योंकि अन्तःकरण में सुखोत्पादक, पवित्र करनेवाली आपकी अविनाशी अमृतमय वाणी जो उगते हुए सूर्य की भाँति नित्य प्रकाशित करनेवाली है, उससे मेरी तृप्ति नहीं हो रही है, अपितु उन्हें सुनने की इच्छा क्रमशः बलवती होती जा रही है ॥ १८ ॥

भगवान् अपनी दिव्य विभूतियों का अध्याय के अन्त तक कहते हैं—

श्रीभगवानुवाच

हन्त ते कथयिष्यामि दिव्या ह्यात्मविभूतयः ।
प्राधान्यतः कुरुश्रेष्ठ नास्त्यन्तो विस्तरस्य मे ॥ १९ ॥

श्रीभगवान् उवाच—श्रीभगवान् ने कहा, **हन्त**—अब (मैं), **ते**—तुझे, **कथयिष्यामि**—कहूँगा, **दिव्याः**—दिव्य, **हि**—क्योंकि, **आत्मविभूतयः**—अपनी विभूतियों को, **प्राधान्यतः**—प्रधानता से, **कुरुश्रेष्ठ**—हे कुरुश्रेष्ठ, **न अस्ति**—नहीं है, **अन्तः**—अन्त, **विस्तरस्य**—विस्तार का, **मे**—मेरे।

श्रीभगवान् ने कहा— हे कुरुश्रेष्ठ ! अब मैं अपनी दिव्य विभूतियों को तुझे प्रधानता से कहूँगा, क्योंकि मेरे विस्तार का अन्त नहीं है।

हे कुरुवंशियों में श्रेष्ठ अर्जुन ! मेरी विभूतियों के विस्तार का अन्त नहीं है, वे अनन्त हैं और उन सभी को बताना सम्भव नहीं है। मैं अपनी दिव्य-कल्याणकारी विभूतियों को प्रधानता से अर्थात् प्रमुखता से, उन्हीं को जो उत्कृष्ट हैं, कहूँगा ।

जगत् में भगवान् की उत्कृष्ट विभूतियों को प्रधानता से जान लेने से अन्य गौण विभूतियों का तथा जगत् का स्वयमेव ज्ञान हो जाता है, इसी भाव से भगवान् ने ऐसा कहा है। इन प्रधान विभूतियों के जान लेने से भगवान् के माहात्म्य, उनकी अविनाशिता, निर्विकारता, सर्वव्यापकता, सर्वज्ञता तथा सर्वशक्तिमानता के बोध के साथ ही जगत् के वास्तविक स्वरूप का भी बोध हो जाता है—यह जगत् तो मायारूप ही लगने लगता है।

भगवान् की कृपा से प्राप्त सद्गुरु के उपदेशों से भगवत् भाव अन्तःकरण में उत्पन्न होकर पुरुष के अन्तःकरण में घटित पूर्वकाल के सारे बोध एक दूसरे से तारतम्यता से जुड़कर भगवान् में अत्यन्त प्रेम उत्पन्न करके उनकी आराधना में तीव्र गति से प्रवृत्त होने में सहायक भी बनते हैं। इस प्रकार भगवत् आराधना व पूजन करते हुए भगवान् की प्राप्ति हो जाती है। अस्तु, भगवान् की आराधना में मन से लगे हुए भक्त को पूर्व के सारे पुण्य कर्म जुड़कर आनन्दित करते हुए भगवत्प्राप्ति का मार्ग प्रशस्त करते हैं ॥ १९ ॥

अहमात्मा गुडाकेश सर्वभूताशयस्थितः ।
अहमादिश्च मध्यं च भूतानामन्त एव च ॥ २० ॥

अहम्—मैं, **आत्मा**—आत्मा हूँ, **गुडाकेश**—हे गुडाकेश, **सर्वभूत**—सब भूतों के, **आशयस्थितः**—हृदय में स्थित, **अहम्**—मैं, **आदिः**—आदि, **च**—और, **मध्यम्**—मध्य, **च**—और, **भूतानाम्**—सम्पूर्ण भूतों का, **अन्तः**—अन्त, **एव**—ही, **च**—भी।

हे गुडाकेश ! मैं सब भूतों के हृदय में स्थित आत्मा हूँ और सम्पूर्ण भूतों का आदि, मध्य और अन्त भी मैं ही हूँ।

हे गुडाकेश ! हे निद्राजयी अर्जुन ! शरीरधारी सभी भूतों के हृदय में मैं आत्मरूप से स्थित हूँ (१८।६१)। सभी भूतों का मैं ही आदि, मध्य और अन्त अर्थात् उत्पत्ति, स्थिति और प्रलय हूँ। इसी अध्याय के श्लोक बत्तीस में भगवान् ने अपने को सृष्टियों का आदि, मध्य और अन्त बताया है।

सभी भूतों में मेरी आत्मरूप से स्थिति है। मनुष्य, पशु एवं पक्षी, आदि में उनके भिन्न-भिन्न शरीररूप होने पर भी उनकी आत्मा में अन्तर्भाव रूप से मैं ही स्थित हूँ, अर्थात् सब में मेरी स्थिति समान रूप से होने से तात्त्विक रूप से सब

में समानता है—एक ही परमात्मा सब में आत्मरूप से अवस्थित है। *'सर्वे भवन्तु सुखिन:'* का भाव इसी आत्मिक समानता के अन्त:करण में जागृति होने से उत्पन्न होता है।

सारे भूतों में मेरे आत्मरूप से अवस्थित होने के कारण उनका अस्तित्व है, अत: मैं ही सब भूतप्राणियों का और जड़ जगत् का भी नियामक हूँ। मेरे रहित होने पर उन किसी का भी अस्तित्व नहीं है—यह मेरे नियामकत्व का ही प्रभाव है ॥ २० ॥

आदित्यानामहं विष्णुर्ज्योतिषां रविरंशुमान् ।
मरीचिर्मरुतामस्मि नक्षत्राणामहं शशी ॥ २१ ॥

आदित्यानाम्—आदित्यों में, **अहम्**—मैं, **विष्णुः**—विष्णु, **ज्योतिषाम्**—ज्योतियों में, **रविः**—सूर्य, **अंशुमान्**—किरणोंवाला, **मरीचिः**—मरीचि (और), **मरुताम्**—मरुतों में, **अस्मि**—हूँ, **नक्षत्राणाम्**—नक्षत्रों में, **अहम्**—मैं, **शशी**—चन्द्रमा।

मैं आदित्यों में विष्णु, ज्योतियों में किरणोंवाला सूर्य, मरुतों में मरीचि और नक्षत्रों में चन्द्रमा हूँ।

मैं बारह आदित्यों में अर्थात् कश्यप ऋषि की पत्नी अदिति से उत्पन्न बारह पुत्रों में श्रेष्ठ 'विष्णु' नामक आदित्य हूँ। ज्योतियों में किरणोंवाला एवं जगत् को प्रकाशित करनेवाला 'सूर्य' हूँ। वायु सम्बन्धी देवताओं-मरुतों में 'मरीचि' नामक तेजस्व-रूप देवता हूँ तथा अश्विनी आदि सत्ताईस नक्षत्रों का स्वामी 'चन्द्रमा' हूँ। ॥ २१ ॥

वेदानां सामवेदोऽस्मि देवानामस्मि वासवः ।
इन्द्रियाणां मनश्चास्मि भूतानामस्मि चेतना ॥ २२ ॥

वेदानाम्—वेदों में, **सामवेदः**—सामवेद, **अस्मि**—हूँ, **देवानाम्**—देवताओं में, **अस्मि**—हूँ, **वासवः**—इन्द्र, **इन्द्रियाणाम्**—इन्द्रियों में, **मनः**—मन, **च**—और, **अस्मि**—हूँ, **भूतानाम्**—भूतों में, **अस्मि**—हूँ, **चेतना**—ज्ञानशक्ति।

मैं वेदों में सामवेद हूँ, देवताओं में इन्द्र हूँ, इन्द्रियों में मन हूँ और भूतों में चेतना हूँ।

चतुर्वेद - ऋक्, यजुः, साम और अथर्व में श्रेष्ठ 'सामवेद' मैं हूँ। मैं देवों में देवराज 'इन्द्र' हूँ, इन्द्रियों में संकल्प-विकल्पात्मक 'मन' हूँ। सब प्राणियों में जो 'चेतना' या ज्ञानशक्ति है, वह मैं हूँ ॥ २२ ॥

रुद्राणां शङ्करश्चास्मि वित्तेशो यक्षरक्षसाम् ।
वसूनां पावकश्चास्मि मेरुः शिखरिणामहम् ॥ २३ ॥

रुद्राणाम्—रुद्रों में (मैं), **शङ्करः**—शंकर, **च**—और, **अस्मि**—हूँ, **वित्तेशः**—धन का स्वामी कुबेर, **यक्षरक्षसाम्**—यक्ष और राक्षसों में, **वसूनाम्**—वसुओं में, **पावकः**—अग्नि, **च**—और, **अस्मि**—हूँ, **मेरुः**—सुमेरु, **शिखरिणाम्**—शिखरवाले पर्वतों में, **अहम्**—मैं (हूँ)।

रुद्रों में मैं शंकर हूँ। यक्ष और राक्षसों में धन का स्वामी कुबेर हूँ। वसुओं में अग्नि और शिखरवाले पर्वतों में सुमेरु मैं हूँ।

एकादश रुद्रों में मैं 'शंकर' हूँ। यक्ष और राक्षसों में धन का स्वामी 'कुबेर' हूँ। आठ वसुओं में वसुओं के राजा 'पावक'—अग्नि हूँ। शिखरवाले पर्वतों में मैं 'सुमेरु' पर्वत हूँ ॥ २३ ॥

पुरोधसां च मुख्यं मां विद्धि पार्थ बृहस्पतिम् ।
सेनानीनामहं स्कन्दः सरसामस्मि सागरः ॥ २४ ॥

पुरुधसाम्—पुरोहितों में, **च**—और, **मुख्यम्**—प्रमुख, **माम्**—मुझको, **विद्धि**—जान, **पार्थ**—हे पार्थ, **बृहस्पतिम्**—बृहस्पति को, **सेनानीनाम्**—सेनापतियों में, **अहम्**—मैं, **स्कन्दः**—स्कन्द, **सरसाम्**—जलाशयों में, **अस्मि**—हूँ, **सागरः**—सागर।

हे पार्थ ! पुरोहितों में प्रमुख बृहस्पति को मुझको जान । सेनापतियों में स्कन्द और जलाशयों में सागर हूँ।

हे पार्थ ! पुरोहितों में प्रमुख पुरोहित 'बृहस्पति' मुझे समझ । मैं सेनापतियों में 'स्कन्द' हूँ एवं जलाशयों में अगाध जलवाला 'समुद्र' हूँ ॥ २४ ॥

महर्षीणां भृगुरहं गिरामस्म्येकमक्षरम् ।
यज्ञानां जपयज्ञोऽस्मि स्थावराणां हिमालयः ॥ २५ ॥

महर्षीणाम्—महर्षियों में, **भृगुः**—भृगु, **अहम्**—मैं, **गिराम्**—शब्दों में, **अस्मि**—हूँ, **एकम् अक्षरम्**—एक अक्षर ओंकार, **यज्ञानाम्**—यज्ञों में, **जपयज्ञः**—जपयज्ञ (और), **अस्मि**—हूँ, **स्थावराणाम्**—अचल पदार्थों में, **हिमालयः**—हिमालय।

महर्षियों में भृगु, शब्दों में एक अक्षर ओंकार, यज्ञों में जपयज्ञ और अचल पदार्थों में हिमालय हूँ।

महर्षियों में मैं 'भृगु' हूँ, किसी अर्थ का बोध करानेवाले शब्दों में मैं ब्रह्मरूप 'ओंकार' हूँ (९।१७), यज्ञों में श्रेष्ठ 'जपयज्ञ' और स्थावरों-अचल पदार्थों में 'हिमालय' पर्वत हूँ ॥ २५ ॥

अश्वत्थः सर्ववृक्षाणां देवर्षीणां च नारदः ।
गन्धर्वाणां चित्ररथः सिद्धानां कपिलो मुनिः ॥ २६ ॥

अश्वत्थः—पीपल का वृक्ष, **सर्ववृक्षाणाम्**—सब वृक्षों में, **देवर्षीणाम्**—देवर्षियों में, **च**—और, **नारदः**—नारद, **गन्धर्वाणाम्**—गन्धर्वों में, **चित्ररथः**—चित्ररथ, **सिद्धानाम्**—सिद्धों में, **कपिलः मुनिः**—कपिल मुनि हूँ।

सब वृक्षों में पीपल का वृक्ष, देवर्षियों में नारद, गन्धर्वों में चित्ररथ और सिद्धों में कपिल मुनि हूँ।

सब वृक्षों में पूज्य 'पीपल' वृक्ष मैं हूँ, देवर्षियों में परम वैष्णव भक्त 'नारद' मैं हूँ, गन्धर्वों अर्थात् देवलोक में नृत्य गायन, आदि में निपुण लोगों में 'चित्ररथ' हूँ और सिद्धों में 'कपिल' मुनि हूँ ॥ २६ ॥

उच्चैःश्रवसमश्वानां विद्धि माममृतोद्भवम् ।
ऐरावतं गजेन्द्राणां नराणां च नराधिपम् ॥ २७ ॥

उच्चैः श्रवसम्—उच्चैःश्रवा नामक घोड़ा, **अश्वानाम्**—घोड़ों में, **विद्धि**—जान, **माम्**—मुझे, **अमृत उद्भवम्**—अमृतमन्थन के समय उत्पन्न, **ऐरावतम्**—ऐरावत नामक हाथी, **गजेन्द्राणाम्**—हाथियों में, **नराणाम्**—मनुष्यों में, **च**—और, **नराधिपम्**—राजा।

अमृतमन्थन के समय उत्पन्न घोड़ों में उच्चैःश्रवा नामक घोड़ा, हाथियों में ऐरावत नामक हाथी और मनुष्यों में राजा मुझे जान।

अमृत निकालने के उद्देश्य से क्षीरसागर के मन्थन काल में उद्भूत 'उच्चैःश्रवा' नामक घोड़ा, उसी समय ही उद्भूत श्रेष्ठ 'ऐरावत' हाथी और मनुष्यों में प्रजापालक उदार हृदय 'राजा' तुम मुझको जान ॥ २७ ॥

आयुधानामहं वज्रं धेनूनामस्मि कामधुक् ।
प्रजनश्चास्मि कन्दर्पः सर्पाणामस्मि वासुकिः ॥ २८ ॥

आयुधानाम्—शस्त्रों में, **अहम्**—मैं, **वज्रम्**—वज्र, **धेनूनाम्**—गौओं में, **अस्मि**—हूँ, **कामधुक्**—कामधेनु, **प्रजनः**—प्रजनन करनेवाला, **च**—और, **अस्मि**—हूँ, **कन्दर्पः**—कामदेव, **सर्पाणाम्**—सर्पों में, **अस्मि**—हूँ, **वासुकिः**—वासुकि।

मैं शस्त्रों में वज्र, गौओं में कामधेनु, प्रजनन करनेवाला कामदेव और सर्पो में वासुकि हूँ।

आयुधों में 'वज्र' हूँ जो भीषण प्रहार के लिए जाना जाता है। धेनुओं में मैं दिव्य 'कामधेनु' हूँ। प्रजनन अर्थात् सन्तानोत्पत्ति में भावरूप से कारण 'कामदेव'

हूँ, किन्तु यह प्रजनन काम के वशीभूत होकर सम्भोगप्रधान न हो, अपितु शास्त्रोक्त तरह से मात्र सन्तानोत्पत्ति के हेतु हो। विषधर सर्पों में उनका राजा 'वासुकि' मैं हूँ ॥ २८ ॥

अनन्तश्चास्मि नागानां वरुणो यादसामहम् ।
पितॄणामर्यमा चास्मि यमः संयमतामहम् ॥ २९ ॥

अनन्तः—शेषनाग, **च**—और, **अस्मि**—हूँ, **नागानाम्**—नागों में, **वरुणः**—जलदेवताओं का राजा वरुण, **यादसाम्**—जलचरों में, **अहम्**—मैं, **पितॄणाम्**—पितरों में, **अर्यमा**—अर्यमा नामक पितर, **च**—और, **अस्मि**—हूँ, **यमः**—यम, **संयमताम्**—दण्ड देनेवालों में, **अहम्**—मैं।

मैं नागों में शेषनाग और जलचरों में जलदेवताओं का राजा वरुण हूँ। पितरों में अर्यमा और दण्ड देनेवालों में यम मैं हूँ।

नाग बहुत शिरवाले होते हैं, उनमें मैं 'शेषनाग' हूँ, जलचरों और जलदेवताओं का राजा 'वरुण' मैं हूँ। पितरों में प्रधान 'अर्यमा' नामक पितर हूँ तथा लोकपाल और न्याय व धर्मपूर्वक दण्ड देनेवालों में 'यमराज' मैं हूँ ॥ २९ ॥

प्रह्लादश्चास्मि दैत्यानां कालः कलयतामहम् ।
मृगाणां च मृगेन्द्रोऽहं वैनतेयश्च पक्षिणाम् ॥ ३० ॥

प्रह्लादः—प्रह्लाद, **च**—और, **अस्मि**—हूँ, **दैत्यानाम्**—दैत्यों में, **कालः**—काल, **कलयताम्**—काल की गणना करनेवालों में, **अहम्**—मैं, **मृगाणाम्**—पशुओं में, **च**—और, **मृगेन्द्रः**—मृगराज सिंह, **अहम्**—मैं (हूँ), **वैनतेयः**—गरुड़, **च**—और, **पक्षिणाम्**—पक्षियों में।

दैत्यों में प्रह्लाद और काल की गणना करनेवालों में मैं काल हूँ। पशुओं में मैं मृगराज सिंह और पक्षियों में गरुण मैं हूँ।

दैत्यों में मेरी परमभक्ति करनेवाला 'प्रह्लाद' नामक दैत्य हूँ और गणना करनेवालों में मैं 'काल'-समय हूँ। पशुओं में उनके राजा 'सिंह' और पक्षियों में पक्षिराज 'गरुड़' हूँ ॥ ३० ॥

पवनः पवतामस्मि रामः शस्त्रभृतामहम् ।
झषाणां मकरश्चास्मि स्त्रोतसामस्मि जाह्नवी ॥ ३१ ॥

पवनः—वायु, **पवताम्**—पवित्र करनेवालों में, **अस्मि**—हूँ, **रामः**—राम (मैं), **शस्त्रभृताम्**—शस्त्रधारियों में, **अहम्**—मैं, **झषाणाम्**—मछलियों में, **मकरः**—मगर, **च**—और, **अस्मि**—हूँ, **स्त्रोतसाम्**—नदियों में, **अस्मि**—हूँ, **जाह्नवी**—गंगा (मैं)।

पवित्र करनेवालों में वायु और शस्त्रधारियों में राम मैं हूँ। मछलियों में मगर और नदियों में गङ्गा मैं हूँ।

पवित्र करनेवालों में 'वायु' और शस्त्रधारियों में दशरथ पुत्र धनुर्धारी, महावीर और ब्रह्मस्वरूप 'राम' मैं हूँ। मछलियों, आदि जलचर प्राणियों में 'मगर' और नदियों में पवित्र भगीरथी 'जाह्नवी'-गंगा हूँ ॥ ३१ ॥

सर्गाणामादिरन्तश्च मध्यं चैवाहमर्जुन ।
अध्यात्मविद्या विद्यानां वादः प्रवदतामहम् ॥ ३२ ॥

सर्गाणाम्—सृष्टियों का, **आदिः**—आदि, **अन्तः**—अन्त, **च**—और, **मध्यम्**—मध्य, **च**—तथा, **एव**—ही (हूँ), **अहम्**—मैं, **अर्जुन**—हे अर्जुन, **अध्यात्म विद्या**—आध्यात्मिक विद्याा, **विद्यानाम्**—विद्याओं में, **वादः**—वाद, **प्रवदाम्**—वाद करनेवालों में, **अहम्**—मैं (हूँ)।

हे अर्जुन ! सृष्टियों का आदि और अन्त तथा मध्य मैं ही हूँ। मैं विद्याओं में आध्यात्मिक विद्या तथा वाद करनेवालों में वाद मैं हूँ।

हे अर्जुन ! सर्गों का अर्थात् जिसका सृजन किया जाय उन सृष्टियों का आदि, अन्त और मध्य अर्थात् उत्पत्ति, विनाश और स्थिति का, इन तीनों अवस्थाओं का, आदिकारण मैं हूँ। ऐसा कहकर भगवान् ने अपने अनादि व सर्वव्यापक स्वरूप को स्पष्ट रूप से प्रकट किया और उनकी सम्पूर्ण विभूतियों को जानने के लिए उनके इस व्यापक स्वरूप का ज्ञान प्राप्त करना होगा।

समस्त विद्याओं में भगवान् के स्वरूप को प्रकाशित करनेवाली जो प्रधान विद्या है वह 'अध्यात्मविद्या' या ब्रह्मविद्या मैं हूँ। बोलनेवालों में जो वाद है जिससे शंकाओं का समाधान होकर तात्त्विक विषय का ज्ञान हो सके, जिससे विवाद के समय वास्तविक आशय का निर्णय हो सके वह 'वाद' मैं हूँ ॥ ३२ ॥

अक्षराणामकारोऽस्मि द्वन्द्वः सामासिकस्य च ।
अहमेवाक्षयः कालो धाताहं विश्वतोमुखः ॥ ३३ ॥

अक्षराणाम्—अक्षरों में, **अकारः**—अकार, **अस्मि**—हूँ, **द्वन्द्वः**—द्वन्द्व समास, **सामासिकस्म**—समासों में, **च**—और, **अहम्**—मैं, **एव**—ही, **अक्षयः**—अक्षय, **कालः**—काल, **धाता**—कर्मफल का विधान करनेवाला (और) **अहम्**—मैं, **विश्वतोमुखः**—चारों ओर मुखवाला विराटस्वरूप हूँ।

अक्षरों में अकार और समासों में द्वन्द्व समास हूँ। मैं ही अक्षय काल, मैं कर्मफल का विधान करनेवाला और मैं चारों ओर मुखवाला विराटस्वरूप हूँ।

सभी अक्षरों-वर्णों में अकार ही कारण है, मैं वह अकार अर्थात् 'अ' वर्ण हूँ। समासों में द्वन्द्व समास में दोनों पदों के अर्थ प्रधान होते हैं, मैं वह 'द्वन्द्व' समास हूँ। समयावधि की पूर्णता पर और आयु की क्षीणता पर सभी कुछ

कालकवलित होकर महाप्रलय के प्रवाह में परमात्मारूपी अक्षय काल–महाकाल में विलीन हो जाता है, मैं वह 'अक्षय काल' हूँ। यहाँ समय और आयु के गणना सम्बन्धी काल की बात नहीं कही गयी है। मैं ही कर्मफल का विधान करनेवाला और चारों मुखवाला सर्वव्यापी विराटस्वरूप 'विश्वतोमुख' – परमात्मा हूँ ॥ ३३ ॥

मृत्युः सर्वहरश्चाहमुद्भवश्च भविष्यताम् ।
कीर्तिः श्रीर्वाक्च नारीणां स्मृतिर्मेधा धृतिः क्षमा ॥ ३४ ॥

मृत्युः—मृत्यु (हूँ), **सर्वहरः**—सबका नाश करनेवाला, **च**—और, **अहम्**—मैं, **उद्भवः**—उत्पत्ति का कारण हूँ, **च**—तथा, **भविष्यताम्**—भविष्य में उत्पन्न होने के योग्य लोगों के, **कीर्तिः**—कीर्ति, **श्रीः**—श्री, **वाक्**—वाक, **च**—और, **नारीणाम्**—स्त्रियों में, **स्मृतिः**—स्मृति, **मेधा**—बुद्धि, **धृतिः**—धृति, **क्षमा**—क्षमा (हूँ)।

मैं सबका नाश करनेवाला मृत्यु हूँ और भविष्य में उत्पन्न होने के योग्य लोगों के उत्पत्ति का कारण हूँ तथा स्त्रियों में कीर्ति, श्री, वाक, स्मृति, मेधा, धृति और क्षमा हूँ।

धनादि और प्राणों का सर्वसंहारकारी 'मृत्यु' मैं हूँ। प्रलयकाल में ऐसा सर्वनाश करनेवाला भगवान् के अतिरिक्त कौन समर्थ है? भविष्य में उत्पन्न होने के योग्य लोगों के उत्पत्ति का कारण मैं हूँ। स्त्रियों में कीर्ति, आदि सात देवतासदृश्य उत्तम नारियाँ मैं हूँ। इस तरह धार्मिक स्त्री समूह में मेरी सात विभूतियाँ इस प्रकार हैं—कीर्ति-चतुर्दिक यश, श्री-धर्मयुक्त मुग्धकारी सौन्दर्य, वाक- प्रभावी और विवेक मार्गी वाणी की शक्ति, स्मृति-स्मरणशक्ति, मेधा-आत्महित में संलग्न बुद्धि, धृति-भगवतोन्मुखी चित्त की शक्ति और क्षमा-हर्ष विषाद में समभाव स्थिति ॥ ३४ ॥

बृहत्साम तथा साम्नां गायत्री छन्दसामहम् ।
मासानां मार्गशीर्षोऽहमृतूनां कुसुमाकरः ॥ ३५ ॥

बृहत्साम—बृहत्साम, **तथा**—तथा, **साम्नाम्**—सामों में अर्थात् गायन करने योग्य सामवेद की श्रुतियों में, **गायत्री**—गायत्री छन्द, **छन्दसाम्**—छन्दों में, **अहम्**—मैं, **मासानाम्**—मासों में, **मार्गशीर्षः**—मार्गशीर्ष (और), **अहम्**—मैं (हूँ), **ऋतूनाम्**—ऋतुओं में, **कुसुमाकरः**—बसन्त ऋतु।

मैं सामों में बृहत्साम, छन्दों में गायत्री छन्द, मासों में मार्गशीर्ष और ऋतुओं में बसन्त ऋतु मैं हूँ।

सामवेद में बृहत्साम एक गीतविशेष है, जिसके द्वारा परमेश्वर रूप में इन्द्र की स्तुति गाये जाने योग्य श्रुतियों द्वारा की गयी है, मैं वह 'बृहत्साम' हूँ। वेदों में

छन्द रूप में जो ऋचायें हैं उनमें श्रेष्ठ 'गायत्री' छन्द मैं हूँ। मासों में उत्तम मास 'मार्गशीर्ष' नामक मास और ऋतुओं में ऋतुराज 'बसन्त' मैं हूँ ॥ ३५ ॥

द्यूतं छलयतामस्मि तेजस्तेजस्विनामहम्।
जयोऽस्मि व्यवसायोऽस्मि सत्त्वं सत्त्ववतामहम् ॥ ३६ ॥

द्यूतम्—जूआ (और), **छलयताम्**—छल करनेवालों का, **अस्मि**—हूँ (जीतनेवालों का), **तेजः**—तेज, **तेजस्विनाम्**—तेजस्वियों का, **अहम्**—मैं, **जयः**—विजय, **अस्मि**—हूँ, **व्यवसायः**—निश्चय (और), **अस्मि**—हूँ, **सत्त्वम्**—सात्त्विक भाव, **सत्त्ववताम्**—सात्त्विकों का, **अहम्**—मैं (निश्चय करनेवालों का)।

मैं छल करनेवालों का जूआ और तेजस्वियों का तेज, जीतनेवालों का विजय हूँ। मैं निश्चय करनेवालों का निश्चय और सात्त्विकों का सात्त्विक भाव हूँ।

छल करनेवालों में 'द्यूत' क्रिया मैं हूँ। संसार में जहाँ भी तेजस्विता है उसमें मैं 'तेज' हूँ। विजय प्राप्त करनेवालों का मैं 'विजय' हूँ। निश्चयात्मक बुद्धि से निश्चय करनेवालों का मैं 'निश्चय' हूँ (अथवा उद्यमपूर्वक व्यवसाय करनेवालों का मैं 'उद्यम' हूँ)। प्राणियों में सात्त्विक भाव रखनेवालों का मैं 'सात्त्विक' भाव हूँ।

अस्तु, जगत् के सभी प्राणी और पदार्थ भगवान् की चेतनसत्ता से संचालित होकर स्फूर्ति पाते हैं। इनकी सभी चेष्टायें व स्थिति भगवान् के अधीन हैं। प्राणियों के सदचेष्टाओं में जहाँ भी मन की विशेष संलिप्तता दिखे उन चेष्टाओं और भावों में भगवान् का ही अन्तर्भाव समझकर, उन्हीं का स्वरूप समझकर, उन्हें ही समर्पण करते हुए निरहंकार स्थिति में रहना चाहिए। द्यूत क्रिया, तेज, विजय, निश्चय (या उद्यम) व सात्त्विकता-ये सब और अन्य सब कुछ भी तथा तामस, राजस एवं सात्त्विक भाव तो उनके अधीन प्रकृति-माया की प्रेरणा से है। यह सब उन्हीं की ही सत्ता तो है। इसमें अपना क्या है? अतएव अहं किस बात का?

अतएव निरहंकार हुआ सब कुछ—वस्तु, क्रिया और क्रियाफल उन्हीं का समझकर उन्हीं की शरण में रहते हुए उन्हीं को समर्पित कर कर्त्तव्य-कर्म करता हुआ उनका भक्तिभाव से ध्यान व आराधना करना चाहिए और तब सत्स्वरूप, आनन्दमय और करुणा की मूर्ति भगवान् कृपा करके स्वयंमेव अन्तःकरण में निश्चय ही प्रकाशित हो जाएँगे ॥ ३६ ॥

वृष्णीनां वासुदेवोऽस्मि पाण्डवानां धनञ्जयः।
मुनीनामप्यहं व्यासः कवीनामुशना कविः ॥ ३७ ॥

वृष्णीनाम्—वृष्णिवंशियों में (स्वयं मैं), **वासुदेवः**—वासुदेव (तथा), **अस्थि**—हूँ, **पाण्डवानाम्**—पाण्डवों में, **धनञ्जयः**—अर्जुन (मैं), **मुनीनाम्**—मुनियों में, **अपि**—भी, **अहम्**—मैं (हूँ), **व्यासः**—व्यास (और), **कवीनाम्**—कवियों में, **उशना कविः**—उशना नामक कवि (शुक्राचार्य)।

वृष्णिवंशियों में स्वयं मैं वासुदेव तथा पाण्डवों में अर्जुन मैं हूँ। मुनियों में भी व्यास और कवियों में उशना नामक कवि (शुक्राचार्य) मैं हूँ।

यादवों के वृष्णवंश में वासुदेव के पुत्र मैं स्वयं 'वासुदेव' और चन्द्रवंशीय पाण्डवों में मेरे सखा और मेरे भक्त तुम 'अर्जुन' भी मैं हूँ। यहाँ अर्जुन को अपना स्वरूप कहकर भगवान् ने परस्पर अभिन्नता का भाव व्यक्त किया है। वेद आदि शास्त्रों का अध्ययन एवं भगवान् का चिन्तन-मनन करनेवालों को 'मुनि' कहते हैं। मुनियों में प्रधान स्थान रखनेवाले वेदज्ञ तथा शास्त्रज्ञ 'व्यास' मुनि एवं महर्षि भृगु के सात पुत्रों में प्रधान पुत्र 'शुक्र' जो बाद में योगाचार्य, मन्त्रज्ञ, नीतिज्ञ और विद्वान 'शुक्राचार्य' नाम से प्रसिद्धि पायी और जो दैत्यों के पुरोहित हुए तथा उशना कवि इन्हीं का नामान्तर है, ये दोनों ही (व्यास और शुक्राचार्य) मैं ही हूँ ॥ ३७॥

दण्डो दमयतामस्मि नीतिरस्मि जिगीषताम् ।
मौनं चैवास्मि गुह्यानां ज्ञानं ज्ञानवतामहम् ॥ ३८ ॥

दण्डः—दण्ड, **दमयताम्**—दण्ड देनेवालों का, **अस्मि**—हूँ, **नीतिः**—नीति, **अस्मि**—हूँ, **जिगीषताम्**—जीतने की इच्छावालों की, **मौनम्**—मौन, **च**—और, **एव**—ही, **अस्मि**—हूँ, **गुह्यानाम्**—गुह्यों का, **ज्ञानम्**—ज्ञान, **ज्ञानवताम्**—ज्ञानवालों का, **अहम्**—मैं।

दण्ड देनेवालों का दण्ड हूँ, जीतने की इच्छावालों की नीति हूँ, गुह्यों का मौन और ज्ञानवालों का ज्ञान मैं ही हूँ।

अधर्मी और पापाचारियों को अनुशासित कर सन्मार्ग की ओर ले जाने के लिए दिये जानेवाले 'दण्ड' की शक्ति मैं हूँ। इसी तरह कामासक्ति के आश्रित इन्द्रियों को भगवतोन्मुख करने हेतु पुरुष द्वारा विवेकबल से दमन करने की शक्ति भी मैं ही हूँ। विजय की कामना करनेवालों के द्वारा उसके लिए जो उपायस्वरूप 'नीति' है, वह मैं हूँ। गुप्त रखने योग्य जो भी विषय, वस्तु एवं भाव हैं, वे सभी मौन रखकर ही गुप्त रखे जा सकते हैं। इस प्रधानता के कारण 'मौन' भाव मैं ही हूँ। तत्त्वज्ञानियों द्वारा भगवत्स्वरूप को जानने में ज्ञान की प्रधानता होने से मैं उनका 'ज्ञान' हूँ ॥ ३८॥

यच्चापि सर्वभूतानां बीजं तदहमर्जुन ।
न तदस्ति विना यत्स्यान्मया भूतं चराचरम् ॥ ३९ ॥

यत् च अपि—और जो भी, **सर्वभूतानाम्**—सारे भूतों का, **बीजम्**—बीज है, **तत्**—वह, **अहम्**—मैं (हूँ), **अर्जुन**—हे अर्जुन, **न**—नहीं, **तत्**—ऐसा कोई भी, **अस्ति**—है, **विना**—बिना, **यत्**—जो, **स्यात्**—हो, **मया**—मेरे, **भूतम्**—भूत, **चराचरम्**—चराचर।

हे अर्जुन ! और जो भी सारे भूतों का बीज है, वह मैं हूँ, ऐसा कोई भी चराचर भूत नहीं है, जो मेरे बिना हो।

किसी भी भूत की उत्पत्ति का कारण बीज होता है। हे अर्जुन ! जगत् में सम्पूर्ण भूतसमुदाय के उत्पत्ति का मूल कारण मैं हूँ, अत: सबका सनातन 'बीज' मैं ही हूँ (७।१०;९।१८)। कोई भी चराचर प्राणी इस जगत् में नहीं है जिसका अस्तित्व मेरे बिना हो। यदि मैं आत्मरूप से उनमें स्थित न रहूँ तो उनकी सत्ता नहीं होगी,सभी मुझसे ही चेतना-स्फूर्ति पाते हैं। अत: इस जगत् में सभी भूतसमुदाय मेरा ही स्वरूप है।

किसी में भी छोटा या बड़ा, ऊँचा या नीचा जैसा भेदभाव नहीं रखना चाहिए, अपितु यह समझना चाहिए कि सभी में ईश्वर ही अवस्थित हैं। अत: सभी जीव में ईश्वर का निवास होने से कर्म और योग के अभ्यास द्वारा ईश्वर को प्राप्त करने का सभी मनुष्य को समान अधिकार है ॥ ३९ ॥

नान्तोऽस्ति मम दिव्यानां विभूतीनां परन्तप ।
एव तूद्देशतः प्रोक्तो विभूतेर्विस्तरो मया ॥ ४० ॥

न—नहीं, **अन्तः**—अन्त, **अस्ति**—है, **मम**—मेरी, **दिव्यानाम्**—दिव्य, **विभूतीनाम्**—विभूतियों का, **परन्तप**—हे परन्तप, **एषः**—यह, **तु**—तो, **उद्देशतः**-संक्षेप से, **प्रोक्तः**—कहा है, **विभूतेः**—विभूतियों का, **विस्तरः**—विस्तार, **मया**—मैंने।

हे परन्तप ! मेरी दिव्य विभूतियों का अन्त नहीं है, मैंने विभूतियों का यह विस्तार तो संक्षेप से कहा है।

हे परन्तप ! मेरी दिव्य विभूतियों का अर्थात् मेरे विस्तार का अन्त नहीं है, साधारण विभूतियों के कहने की बात ही क्या है? मैंने तो उन दिव्य विभूतियों को तुमसे संक्षेप में ही बताया है ॥ ४० ॥

यद्यद्विभूतिमत्सत्त्वं श्रीमदूर्जितमेव वा ।
तत्तदेवावगच्छ त्वं मम तेजोंऽशसम्भवम् ॥ ४१ ॥

यत् यत्—जो-जो (भी), **विभूतिमत्**—विभूतिमान, **सत्त्वम्**—अस्तित्त्व है, **श्रीमत्**—कान्तिमान, **उर्जितम्**—शक्तिमान, **एव**—ही, **वा**—और, **तत् तत्**—उस-उस को, **एव**—ही, **अवगच्छ**—जान, **त्वम्**—तुम, **मम्**—मेरे, **तेजः अंश**—तेज के अंश से, **सम्भवम्**—उत्पन्न हुआ।

जो–जो भी विभूतिमान, कान्तिमान, और शक्तिमान अस्तित्त्व है, उस–उस को तुम मेरे ही तेज के अंश से उत्पन्न हुआ जान।

जो भी 'सत्त्वम्'-अस्तित्त्व अर्थात् प्राणी अथवा जड़ वस्तु, 'विभूतिमत्'—ऐश्वर्यमान, 'श्रीमत्'-कान्तिमान और 'उर्जितम्'-शक्तिमान हैं, ऐसी एक या अधिक विशेषताओं से युक्त हैं उनको मेरे तेज के अंश से उत्पन्न हुआ समझ और उन सब में मेरे ही तेज की अभिव्यक्ति जान ॥ ४१ ॥

अथवा बहुनैतेन किं ज्ञातेन तवार्जुन।
विष्टभ्याहमिदं कृत्स्नमेकांशेन स्थितो जगत् ॥ ४२ ॥

अथवा–अथवा, **बहुना**–बहुत, **एतेन**–इस, **किम्**–क्या प्रयोजन है, **ज्ञातेन्**–जानने से, **तव**–तेरा, **अर्जुन**–हे अर्जुन, **विष्टभ्य**–धारण करके, **अहम्**–मैं (अपने), **इदम्**–इस, **कृत्स्नम्**–सम्पूर्ण, **एकांशेन**–एक अंशमात्र से, **स्थितः**–स्थित हूँ, **जगत्**–जगत् को।

अथवा हे अर्जुन ! इस बहुत जानने से तेरा क्या प्रयोजन है? इस सम्पूर्ण जगत् को मैं अपने एक अंशमात्र से धारण करके स्थित हूँ।

हे अर्जुन ! उपर्युक्त प्रकार से मेरी अन्यान्य विभूतियों को अलग-अलग देखने से तेरा क्या प्रयोजन होगा ! इससे तुम मेरे असीम स्वरूप को कैसे और कहाँ तक जान सकोगे ! मैं तुम्हें समझने के लिए अपने प्रभुत्व को संक्षेप रूप में, किन्तु सम्पूर्णता से बताता हूँ, उसे तुम सुनो-

मैं अपने एक अंशमात्र से ही इस सम्पूर्ण जड़-चेतन एवं स्थूल-सूक्ष्म संसार को धारण करके स्थित हूँ- सारे संसार को पूरी तरह से व्याप्त कर रखा हूँ (९।४;१०।७)। मुझ सनातन विश्वबीज में संसार का सारा ऐश्वर्य, अपितु यथार्थ में पूरा संसार ही समाया हुआ है। किसी तरह के भेदभाव की कल्पना भी करना उचित नहीं है। कारणरूप से अथवा कार्यरूप से, चाहे जैसे देखो, यह सारा संसार मैं ही हूँ। मेरे अतिरिक्त और कुछ नहीं है। इसलिए हे अर्जुन ! सर्वत्र समभाव से एकमात्र मेरी ही उपासना करो।

भगवान् के इसी अनन्त विश्वरूप को, जिसके एक अंश से ही वे सम्पूर्ण जगत् को धारण करके स्थित हैं, अर्जुन ने अध्याय ग्यारह के श्लोक तीन में देखने की इच्छा प्रकट की है और भगवान् की कृपा से इस रूप को उसी अध्याय के श्लोक तेरह में अर्जुन द्वारा देखने का वर्णन है ॥ ४२ ॥

इति श्रीकृष्णार्जुन संवादे विभूतियोगो नाम दशमोऽध्याय: ॥ १० ॥

अध्याय ११

योगभाव की उत्कर्ष अवस्था में पहुँचे शिष्य अर्जुन की स्थिति को देखकर और अपने अविनाशी रूप के दर्शन से अर्जुन को यथार्थ ज्ञान की प्रत्यक्षानुभूति कराने की इच्छा से भगवान् श्रीकृष्ण कृपापूर्वक अर्जुन को दिव्य दृष्टि प्रदान करके अपने दुर्लभ विश्वरूप का दर्शन कराते हैं। इसी विषय पर इस अध्याय ***'विश्वरूपदर्शनयोग'*** में विस्तार से वर्णन है।

भगवान् द्वारा कहे गये अध्यात्म विषयक वचनों से मोह दूर हो जाने की बात अर्जुन ने कही (१)। भगवान् से भूतों की उत्पत्ति व प्रलय तथा उनकी अविनाशी महिमा सुनकर उनके ऐश्वर्य रूप को देखने की इच्छा से अविनाशी रूप दिखाने के लिए भगवान् से अर्जुन प्रार्थना करता है (२-४)। भगवान् ने अपने अनेक आश्चर्यमय रूपों को तथा चराचर जगत् सहित और जो कुछ भी देखने को अर्जुन से कहकर उसे दिव्य दृष्टि प्रदान की, जिससे वह ईश्वरीय योग शक्ति को देख सके (५-८)। संजय द्वारा भगवान् के विभिन्न रूपोंवाले विराट् रूप का वर्णन धृतराष्ट्र से करना (९-१४)। भगवान् द्वारा दिखलाये गये विश्वरूप की स्तुति करते हुए उनके भयंकर तथा उग्र रूप से सम्पूर्ण लोक के व्यथित तथा तप्त होने की बात भगवान् से कहकर अर्जुन ने उनके वास्तविक स्वरूप, चेष्टा एवं प्रकृति को अच्छी तरह से जानने की इच्छा प्रकट की (१५-३१)। तदनतर भगवान् ने अपने को लोकों का नाश करनेवाला 'काल' बताकर अर्जुन को उठ खड़े होने तथा शत्रुओं को जीतकर यश पाने और राज्य भोगने को कहा एवं द्रोण, भीष्म आदि शत्रुओं को अपने द्वारा मारा हुआ कहकर भयमुक्त होकर युद्ध में निमित्तमात्र होकर उन्हें मारने को कहकर विजय का आश्वासन दिया (३२-३४)। भगवान् के वचन को सुनकर अर्जुन की स्थिति को संजय ने धृतराष्ट्र से बताया (३५)। अर्जुन अब भगवान् की विविध प्रकार से स्तुति व नमस्कार करते हुए उनके स्वरूप से अनजान उनके प्रति पूर्व में किये गये अपमान के लिए भगवान् से क्षमा कराते हुए उनके चतुर्भुज रूप को देखने की प्रार्थना करता है (३६-४६)। अब भगवान् धर्म के रक्षार्थ और अधर्म को नाश करनेवाले इस उग्र रूप की प्रशंसा करके अर्जुन को इस रूप से व्यथित न होने तथा मूढ़ता को न प्राप्त होने को कहकर अपना चतुर्भुज रूप देखने को कहा (४७-४९)। चतुर्भुज रूप दिखाने के बाद फिर

अपना सौम्य मनुष्य रूप भगवान् ने अर्जुन को दिखाया, जिसका वर्णन संजय धृतराष्ट्र से करता है (५०)। उस सौम्य रूप को देखकर अर्जुन अपने सचेत होने और स्वाभाविक स्थिति प्राप्त होने को भगवान् से कहता है (५१)। अर्जुन द्वारा देखे गये दुर्लभ रूप को वेदादि साधनों से न देखे जाने योग्य भगवान् कहते हैं (५२-५३)। भगवान् पुनः कहते हैं कि अनन्य भक्ति द्वारा वे तत्त्वतः जाने, देखे और प्रवेश किये जा सकते हैं (५४)। अध्याय के अन्तिम श्लोक **'मत्कर्मकृन्मत्परमो ..... स मामेति पाण्डव'** में भगवान् अब *गीताशास्त्र* में अनन्य भक्त का लक्षण सार रूप से बताते हुए अध्याय की समाप्ति करते हैं (५५)।

दसवें अध्याय के अन्तिम श्लोक में भगवान् ने कहा है कि 'इस सम्पूर्ण जगत् को मैं अपने एक अंशमात्र से धारण करके स्थित हूँ', ऐसे भगवान् के स्वरूप को साक्षात् देखने की इच्छा से भगवान् द्वारा दिये गये अध्यात्म विषयक उपदेशों की प्रशंसा करते हुए अर्जुन उनके अविनाशी ऐश्वर्यरूप को देखने की प्रार्थना अगले तीन श्लोकों के माध्यम से करता है—

अर्जुन उवाच

मदनुग्रहाय परमं गुह्यमध्यात्मसञ्ज्ञितम्।
यत्त्वयोक्तं वचस्तेन मोहोऽयं विगतो मम॥ १॥

अर्जुनः उवाच—अर्जुन बोले, **मत् अनुग्रहाय**—मुझ पर अनुग्रह करने के लिए, **परमम्**—परम, **गुह्यम्**—गोपनीय, **अध्यात्मसञ्ज्ञितम्**—अध्यात्म विषयक, **यत्**—जो, **त्वया**—आपने, **उक्तम्**—कहा है, **वचः**—वचन, **तेन**—उससे, **मोहः**—अज्ञान, **अयम्**—यह, **विगतः**—दूर हो गया है, **मम**—मेरा।

अर्जुन बोले—मुझ पर अनुग्रह करने के लिए आपने जो परम गोपनीय अध्यात्म विषयक वचन कहा है, उससे मेरा यह अज्ञान दूर हो गया है।

अर्जुन परमवीर, प्रतापी और पुरुषार्थी है और जीवन में इसी को 'कर्त्तापन' के भाव से महत्त्वपूर्ण समझता रहा है। कुरुक्षेत्र में युद्ध के मैदान में युद्ध करने के लिए तैयार कौरवों एवं पाण्डवों की सेनाओं के मध्य में स्थित अपने रथ पर सारथी श्रीकृष्ण के साथ उपस्थित अर्जुन दोनों पक्षों में अपने बन्धुओं, स्वजनों, सम्बन्धियों और श्रेष्ठजनों तथा सुहृदों को देखकर युद्ध से होनेवाले कुटुम्ब व अन्य सम्बन्धीजनों के विनाश को समझकर अत्यन्त मोहग्रस्त हो गया। उसकी सारी वीरता और पुरुषार्थ मोहजनित अज्ञान से उत्पन्न करुणापूर्ण कायरता में बदल गया। वह अपनी ऐसी दु:खद एवं कायर मनःस्थिति में युद्ध न करने के अपने निर्णय को भगवान् श्रीकृष्ण को सुनाकर चुप हो गया (२।९)।

ऐसी अत्यन्त विषम स्थिति में भगवान् श्रीकृष्ण ने परम गोपनीय अध्यात्म विषयक अपनी वाणी से अनुग्रहपूर्वक अपने भक्त शिष्य अर्जुन को अनेक प्रकार से *श्रीमद्भगवद्गीता* के पूर्व के अध्यायों में प्रबोध किया है, जिससे उसके मन में आत्म-अनात्म विषयक ज्ञान का प्रादुर्भाव हुआ और उसका हृदय अपने सद्गुरुदेव भगवान् श्रीकृष्ण के प्रति अत्यन्त कृतज्ञता से भर गया तथा उसका मोह दूर हो गया ॥ १ ॥

भवाप्ययौ हि भूतानां श्रुतौ विस्तरशो मया ।
त्वत्तः कमलपत्राक्ष माहात्म्यमपि चाव्ययम् ॥ २ ॥

भव—उत्पत्ति, **अप्ययौ**—प्रलय, **हि**—क्योंकि, **भूतानाम्**—भूतों की, **श्रुतौ**—सुनी है, **विस्तरशः**—विस्तारपूर्वक, **मया**—मैंने, **त्वत्तः**—आपसे, **कमलपत्राक्ष**—हे कमलनयन, **माहात्म्यम्**—महिमा, **अपि**—भी, **च**—तथा, **अव्ययम्**—अविनाशी।

क्योंकि हे कमलनयन ! मैंने आपसे भूतों की उत्पत्ति, प्रलय तथा आपकी अविनाशी महिमा भी विस्तारपूर्वक सुनी है।

हे कमलनयन ! समस्त चराचर भूतसमुदाय की उत्पत्ति, स्थिति और प्रलय होने के आप ही आदि कारण हैं, इस बात को हमने आपसे विस्तारपूर्वक सुना है। यद्यपि आप सृष्टिकर्त्ता, सर्वनियामक, कर्मों के शुभाशुभ फल के दाता तथा ज्ञान व बल आदि कल्याणकारी गुणों में श्रेष्ठ हैं, तथापि यह सब होते हुए भी अकर्त्तापन, उदासीनता, निर्लिप्तता, निर्विकारता और अवैषम्यता, आदि अपार महिमा से भी आप युक्त हैं। आपके इन सब माहात्म्य को आपसे मैंने सुना है।

सब कुछ धारण करते हुए और सबको अधीन रखते हुए स्वयं भगवान् कर्तृत्वाभिमान से मुक्त हैं, ऐसे उनके अन्यान्य महत्त्व को स्वयं भगवान् द्वारा सुनकर अर्जुन के मन में आत्म-अनात्म बोध के साथ 'कर्त्तापन' का मोहान्धकार भी नष्ट हो गया ॥ २ ॥

एवमेतद्यथात्थ त्वमात्मानं परमेश्वर ।
द्रष्टुमिच्छामि ते रूपमैश्वरं पुरुषोत्तम ॥ ३ ॥

एवम्—ऐसा ही है (इसलिए), **एतत्**—यह, **यथा**—जैसा, **आत्थ**—कहते हैं, **त्वम्**—आप, **आत्मानम्**—अपने को, **परमेश्वर**—हे परमेश्वर, **द्रष्टुम्**—देखना, **इच्छामि**—चाहता हूँ, **ते**—आपके, **रूपम्**—रूप को, **ऐश्वरम्**—ऐश्वर्य, **पुरुषोत्तम**—हे पुरुषोत्तम (मैं)।

हे परमेश्वर! आप अपने को जैसा कहते हैं, यह ऐसा ही है, इसलिए हे पुरुषोत्तम ! मैं आपके ऐश्वर्यरूप को देखना चाहता हूँ।

हे परमेश्वर ! आप सर्वसमर्थ हैं । आपने अपने लिए सृष्टि का आदित्व तथा अपने कल्याणमय माहात्म्य, सर्वात्मता तथा सर्वव्यापकता, आदि के सम्बन्ध में ज्ञान का जो भी उपदेश मुझे दिया, यंह सब कुछ सही है। इस बात में मुझे सन्देह नहीं है, तथापि हे पुरुषोत्तम ! क्षर-अक्षर से परे चैतन्यरूप भगवान् ! आपके ऐश्वर्यरूप का एवं अनन्त विश्वरूप का जो कि असीम ज्ञान, शक्ति और तेज आदि ईश्वरीय गुणों से युक्त है तथा जिसके एक अंश से ही आप सारे जगत् को धारण करके स्थित हैं (१०।४२) उसे प्रत्यक्ष अपनी आँखों से देखने की मेरी उत्कट इच्छा है, मैं उसे देखना चाहता हूँ।

अस्तु, मोहकलिल से मुक्त, जिज्ञासु, भक्त और शरणागत अर्जुन के मन की स्थिति एवं भगवान् से उसकी प्रार्थना के मर्म को समझना कठिन नहीं है। भगवान् श्रीकृष्ण द्वारा गुरुरूप में दिये गये शास्त्रसम्मत उपदेशों से मोहग्रस्त अर्जुन के अज्ञान का पर्दा हट गया है, जिसे अर्जुन ने भगवान् से व्यक्त भी किया है, परन्तु अर्जुन के अन्त:स्थल में स्थित जीवात्मा की पूर्ण तृप्ति और पूर्ण प्रतीति की स्थिति सम्भवत: शेष है। तृप्ति और प्रतीति की पूर्णता जीवात्मा में तब आती है जब शास्त्रवाक्य, सद्गुरुवचन से प्राप्त ज्ञानबोध और स्वयं की अपरोक्षानुभूति (प्रत्यक्षानुभूति) तीनों एक होते हैं और तब एक ही सत्य को तीनों व्यक्त करते हैं। सरल हृदय भक्त अर्जुन के अन्तरतम में छिपे हुए इस स्वाभाविक अपरोक्षानुभूति प्राप्त करने का भाव अब प्रकट रूप से जागृत हो गया है, वह पूर्व की दो अवस्थाओं - शास्त्र व गुरु के उपदेश को पार कर चुका है। अब वह संकोच को त्यागकर सद्गुरु रूप भगवान् से ज्ञान के प्रत्यक्ष अनुभव की अवस्था की प्राप्ति हेतु भगवान् के अनन्त विभूतियों से युक्त ऐश्वर्य रूप के दर्शन की प्रार्थना कर रहा है ॥ ३ ॥

भगवान् के अव्यय स्वरूप का दर्शन कराने के लिए अर्जुन का कहना—

मन्यसे यदि तच्छक्यं मया द्रष्टुमिति प्रभो ।
योगेश्वर ततो मे त्वं दर्शयात्मानमव्ययम् ॥ ४ ॥

मन्यसे—आप मानते हैं (कि), **यदि**—यदि, **तत्**—वह (रूप), **शक्यम्**—सम्भव है, **मया**—मेरे द्वारा (आपका), **द्रष्टुम्**—देखा जाना, **इति**—ऐसा, **प्रभो**—हे प्रभो, **योगेश्वर**—हे योगेश्वर, **ततः**—तो, **मे**—मुझे, **त्वम्**—आप, **दर्शय**—दिखाइए, **आत्मानम् अव्ययम्**—अपने उस अविनाशी स्वरूप को।

हे प्रभो ! यदि आप ऐसा मानते हैं कि मेरे द्वारा आपका वह रूप देखा जाना सम्भव है तो हे योगेश्वर ! आप अपने उस अविनाशी स्वरूप को दिखाइये।

हे प्रभो ! आप सर्वथा सामर्थ्यवान हैं। आप सर्वस्रष्टा, सर्वशासक और सर्वाधार स्वरूप वाले यदि ऐसा समझते हैं कि ऐसे स्वरूप के देखने की पात्रता और क्षमता मुझमें है तो हे योगेश्वर ! आप अपने ज्ञान, बल, ऐश्वर्य, शक्ति और तेज आदि गुणों से युक्त अपने उस अविनाशी स्वरूप को दिखाइये।

अर्जुन अभी भगवान् का प्रत्यक्ष अनुभव अपने हृदय में नहीं कर सका है। वह श्रीकृष्ण के प्रति भक्तिभावना से ओतप्रोत है, गुरुभाव से समर्पित भी है और उनके उपदेशों को यथावत् ग्रहण करके मोहान्धकार से मुक्त भी हो गया है, किन्तु अन्त:करण की पूर्ण तृप्तावस्था नहीं प्राप्त है। अभी अर्जुन जीवभाव में है। यद्यपि भगवान् ने कृपा करके अपनी विभूति और ऐश्वर्य को अर्जुन से बताया है, तथापि सांसारिक रूप से जीवभाव में स्थित एक जीव के लिए भगवान् के प्रत्यक्ष अनुभव के बिना उनके ऐश्वर्य और स्वरूप को सही तरह से समझ पाना कठिन होता है। अर्जुन अपने को गुरु रूप श्रीकृष्ण का अत्यन्त कृपापात्र समझता है। वह भीतर से अत्यन्त विकल है और उसे ऐसा लगता है कि भगवान् के अव्यय स्वरूप के प्रत्यक्ष दर्शन से ही उसकी तृप्ति होगी। इस विकलता की स्थिति में अर्जुन स्वयं यह नहीं समझ पा रहा है कि वह ऐश्वर्यमय भगवान् के स्वरूप के दर्शन में समर्थ है या नहीं, वह सन्देह में है। इसलिए वह सर्वसामर्थ्यवान् योगेश्वर भगवान् श्रीकृष्ण से प्रार्थना कर रहा है और उसे प्रतीति है कि उसके गुरुदेव भगवान् कृपापूर्वक अपने विश्वरूप को दिखायेंगे। वे कृपा करके ही उसके मोहान्धकार को दूर किये हैं और उसकी कृतार्थता हेतु अविनाशी स्वरूप का दर्शन भी निश्चय ही देंगे, ऐसा विश्वास अर्जुन के मन में अवश्य है। यही विश्वास एक सच्चे शिष्य का सद्‌गुरु के प्रति होता है ॥ ४॥

भगवान् द्वारा श्लोक आठ तक विश्वरूप दर्शन के लिए अर्जुन को उन्मुख करना—

श्रीभगवानुवाच

पश्य मे पार्थ रूपाणि शतशोऽथ सहस्रशः ।
नानाविधानि दिव्यानि नानावर्णाकृतीनि च ॥ ५ ॥

श्रीभगवान् उवाच—श्रीभगवान् ने कहा, **पश्य**—देख, **मे**—मेरे, **पार्थ**—हे पार्थ, **रूपाणि**—रूपों को, **शतशः**—सैकड़ों, **अथ**—अब तुम, **सहस्रशः**—हजारों, **नानाविधानि**—नाना प्रकार के, **दिव्यानि**—दिव्य, **नाना**—नाना, **वर्ण**—वर्ण, **आकृतीनि**—आकारवाले, **च**—और।

श्रीभगवान् ने कहा—हे पार्थ ! अब तुम मेरे नाना प्रकार के दिव्य, नाना वर्ण और आकारवाले सैकड़ों, हजारों रूपों को देख।

हे पार्थ ! अब तुम मेरे सैकड़ों, हजारों रूपों को जो बहुत भेदोंवाले हैं, बहुत योनियों वाले हैं तथा नीले, पीले, लाल आदि वर्णोवाले और विभिन्न आकृति वाले हैं और ये सब-के-सब मेरे योगबल से होनेवाले अलौकिक हैं, उसे तू देख। ॥ ५ ॥

पश्यादित्यान्वसून्रुद्रानश्विनौ मरुतस्तथा ।
बहून्यदृष्टपूर्वाणि पश्याश्चर्याणि भारत ॥ ६ ॥

पश्य—देख (और), **आदित्यान्**—आदित्यों को, **वसून्**—वसुओं को, **रुद्रान्**—रुद्रों को, **अश्विनौ**—अश्विनीकुमारों को, **मरुतः**—मरुतों को (तुम), **तथा**—और, **बहूनि**—बहुत-से, **अदृष्टपूर्वाणि**—पूर्व में न देखे हुए, **पश्य**—देख, **आश्चर्याणि**—आश्चर्यमय (रूपों को), **भारत**—हे भरतवंशी अर्जुन।

हे भरतवंशी अर्जुन ! आदित्यों, वसुओं, रुद्रों, अश्विनीकुमारों और मरुतों को तुम देख और बहुत-से पूर्व में न देखे हुए आश्चर्यमय रूपों को देख।

हे भरतवंशी अर्जुन ! तुम बारह आदित्यों को, आठ वसुओं को, ग्यारह रुद्रों को, दोनों अश्विनीकुमारों को और उनचास मरुतों को देख और ऐसे बहुत-से आश्चर्यमय रूपों को जिसे तुमने अथवा किसी ने मनुष्यलोक में न देखे होंगे उसे भी देख ॥ ६ ॥

इहैकस्थं जगत्कृत्स्नं पश्याद्य सचराचरम् ।
मम देहे गुडाकेश यच्चान्यद्द्रष्टुमिच्छसि ॥ ७ ॥

इह—इस, **एकस्थम्**—एक जगह स्थित, **जगत्**—जगत् को, **कृत्स्नम्**—सम्पूर्ण, **पश्य**—उसे देख, **अद्य**—अब (तू), **स चराचरम्**—चराचर सहित, **मम**—मेरे, **देहे**—शरीर में, **गुडाकेश**—हे गुडाकेश, **यत्**—जो कुछ, **च**—भी, **अन्यत्**—और, **द्रष्टुम्**—देखना, **इच्छसि**—चाहता है।

हे गुडाकेश ! अब तू इस मेरे शरीर में एक जगह स्थित चराचर सहित सम्पूर्ण जगत् को तथा और भी जो कुछ देखना चाहता है उसे देख।

हे गुडाकेश ! निद्राजयी अर्जुन ! अब तू मेरे शरीर में एक ही जगह स्थित चराचर सम्पूर्ण जगत् अर्थात् चर प्राणी समूह और अचर पहाड़, वृक्ष आदि को देख। इसके अतिरिक्त जो भी तुम्हारी देखने की इच्छा हो, उसे देख।

भगवान् ने अध्याय दस के अन्तिम श्लोक में कहा था कि 'इस सम्पूर्ण जगत् को मैं अपने एक अंशमात्र से धारण करके स्थित हूँ', इसके बोध हेतु अर्जुन को वे अपने उस विश्वरूप के प्रत्यक्ष दर्शन व अनुभव करने के लिए कह रहे हैं। इसके अतिरिक्त वह प्रसन्न होकर अपने शिष्य अर्जुन को एक और विशेष सुविधा

भी दे रहे हैं कि वह जो भी अन्य कुछ देखना चाहता है उसे वह देख ले, अपनी सम्पूर्ण इच्छाओं को मेरे अन्दर देख ले, कोई भी इच्छा या शंका शेष न रह जाय। अर्जुन के मन में था कि दोनों पक्षों में कौन जीतेगा? जीत-हार के इस अनिश्चय की स्थिति में भला इतना भीषण युद्ध कौन पुरुष करना चाहेगा? अत: अर्जुन को आज उसकी ही इच्छानुसार भगवान् ने पूर्ण स्वतन्त्रता दी है कि वह भूत-भविष्य, जय-पराजय और जो भी कुछ चाहता है देख सकता है और अपने सम्पूर्ण संशय को मिटा सकता है। अर्जुन के विनीत और समर्पण भाव को देखकर अर्जुन की जीवात्मा को पूर्णता प्रदान करने का और संशयमुक्त होने का खुला अवसर प्रदान कर अपने सर्वात्म, अपरिमेय, अलौकिक विश्वरूप का दर्शन देने के लिए गद्गद् हृदय से सतगुरुरूप में स्वयं भगवान् श्रीकृष्ण उद्यत हो गये हैं ॥ ७ ॥

न तु मां शक्यसे द्रष्टुमनेनैव स्वचक्षुषा ।
दिव्यं ददामि ते चक्षुः पश्य मे योगमैश्वरम् ॥ ८ ॥

न—नहीं, **तु**—परन्तु, **माम्**—मुझको (तू), **शक्यसे**—समर्थ है, **द्रष्टुम्**—देखने में, **अनेन एव**—इसी, **स्वचक्षुषा**—अपने नेत्र से, **दिव्यम्**—दिव्य, **ददामि**—देता हूँ (जिससे तू), **ते**—तुम्हें, **चक्षुः**—नेत्र, **पश्य**—देख, **मे**—मेरे, **योगम् ऐश्वरम्**—ईश्वरीय योगशक्ति को।

परन्तु मुझको तू अपने इसी नेत्र से देखने में समर्थ नहीं है, अतएव मैं तुम्हें दिव्य नेत्र देता हूँ जिससे तू मेरे ईश्वरीय योगशक्ति को देख।

तुम मेरे अद्‌भुत योगशक्तिवाले अलौकिक रूप को अपने इन सामान्य चर्म चक्षुओं द्वारा नहीं देख सकोगे, अत: मैं तुम्हें अपने योगबल से दिव्य नेत्र देता हूँ जिससे मेरी ईश्वरीय योगशक्ति को तुम देख सकोगे।

अब गुरुरूप में भगवान् स्वयं अपने अलौकिक विश्वरूप के दर्शन का अनुभव अर्जुन को कराने के लिए तत्पर हैं और समर्थ शिष्य अर्जुन भी उस रूप का दर्शन करने के लिए तैयार है। योगेश्वर श्रीकृष्ण गुरुभाव में अपने को सम्पूर्णता से उद्घाटित करने और योगी अर्जुन उसे ग्रहण करने के लिए आमने-सामने खड़े हैं और सद्‌गुरु भावातिरेक शिष्य को पाकर उसके अन्तरतम में अपनी योगशक्ति को संचारित करने के लिए तैयार हैं। इस संचरित होनेवाली योगशक्ति के धारण करने की क्षमता अब अर्जुन में भगवान् की कृपा से हो गयी है। अर्जुन के अन्तर्भाव की यह समझ और अपनी योगशक्ति का अर्जुन में संचरण का अलौकिक विज्ञान भगवान् के ही सामर्थ्य का विषय है। यह पराविज्ञान तो भगवान् को जाननेवाले ब्रह्मज्ञानी गुरुओं में भी परम्परा से सनातन काल से अपने देश में चला आ रहा है। इस क्रम में दो बातों का अत्यन्त महत्त्व है। पहला गुरु का

ब्रह्मज्ञानी होना तथा दूसरा शिष्य का गुरु के प्रति श्रद्धा, विश्वास, भक्ति और समर्पण के भाव की प्रबलता का होना। तभी शिष्य में इस भाव की श्रेष्ठ अवस्था में गुरु अपनी योगशक्ति-ब्रह्मशक्ति को शिष्य में संचारित कर देता है। इस समय तो गुरु स्वयं ब्रह्मरूप श्रीकृष्ण ही हैं और शिष्य रूप में भाव की प्रबल स्थिति में महान योगी अर्जुन है, फिर क्या कहना है !

गुरु परम्परा से भी ब्रह्मज्ञानी सिद्धयोगी महात्मा अपने योगबल से अपने शिष्य को भावश्रेष्ठ अवस्था में समझकर अपनी योगशक्ति को शिष्य के भीतर संचारित कर देता है जिसे *'शक्तिपात'* कहा जाता है और इस मार्ग की दीक्षा को *'शक्तिपात दीक्षा'* कहते हैं। शक्तिपात के फलस्वरूप शिष्य को ब्रह्म की दिव्य शक्तियों का बोध हो जाता है, अर्थात् ब्रह्म की सर्वव्यापकता, नियामकता, सर्वशक्तिमानता आदि तथा इसके साथ ही सांसारिक भोगों की नश्वरता भी अनुभव में आ जाता है। कुण्डलिनी विज्ञान की दृष्टि से देखने पर शक्तिपात द्वारा शिष्य में कुंडलिनी शक्ति के माध्यम से विभिन्न चक्रों का भेदन करते हुए अपनी योगशक्ति का दर्शन कराते हुए सद्गुरु अहैतुकी कृपा करके अपने शिष्य को सहस्त्रार से भी उच्चतर अवस्था तक पहुँचाकर परमात्मा के प्रकाशमय सर्वव्याप्त स्वरूप का दर्शन निःसन्देह करा देते हैं (४।२८) ॥ ८॥

संजय द्वारा विश्वरूप का वर्णन श्लोक चौदह तक धृतराष्ट्र को सुनाना—

सञ्जय उवाच

एवमुक्त्वा ततो राजन्महायोगेश्वरो हरिः ।
दर्शयामास पार्थाय परमं रूपमैश्वरम् ॥ ९ ॥

सञ्जयः उवाच—संजय बोले, **एवम्**—इतना, **उक्त्वा**—कहने के, **ततः**—बाद, **राजन्**—हे राजन्, **महायोगेश्वरः**—महायोगेश्वर, **हरिः**—हरि ने, **दर्शयामास**—दिखाया, **पार्थाय**—अर्जुन को (अपना), **परमम्**—परम, **रूपम्**—रूप, **ऐश्वरम्**—ऐश्वर्ययुक्त।

संजय बोले—हे राजन् ! इतना कहने के बाद महायोगेश्वर हरि ने अर्जुन को अपना परम ऐश्वर्ययुक्त रूप दिखाया।

हे राजन् ! दिव्य नेत्र देने की बात कहकर महायोगेश्वर - महान और योगेश्वर परब्रह्मरूप नारायण श्रीकृष्ण ने अर्जुन को अपना अलौकिक विराट् विश्वरूप दिखाया।

श्रीकृष्ण को महायोगेश्वर कहकर संजय राजा धृतराष्ट्र को यह संकेत देना चाहता है कि श्रीकृष्ण जो अर्जुन के सारथी बने हैं वे सामान्य मनुष्य नहीं हैं, अपितु परब्रह्मस्वरूप हैं तथा असाधारण दिव्य शक्तियों से युक्त हैं ॥ ९ ॥

अनेकवक्त्रनयनमनेकाद्भुतदर्शनम् ।
अनेकदिव्याभरणं दिव्यानेकोद्यतायुधम् ॥ १० ॥

अनेक—(वह विराट् रूप) अनेक, **वक्त्र नयनम्**—मुख व नेत्रोंवाला, **अनेक**—अनेक, **अद्भुत**—अद्भुत, **दर्शनम्**—दर्शनोंवाला, **अनेक**—अनेक, **दिव्य**—दिव्य, **आभरणम्**—भूषणोंवाला (और), **दिव्य**—दिव्य, **अनेक**—अनेक, **उद्यत**—उठाये हुए है, **आयुधम्**—शस्त्रों को।

वह विराट्रूप अनेक मुख व नेत्रोंवाला, अनेक अद्भुत दर्शनोंवाला, अनेक दिव्य भूषणोंवाला और अनेक दिव्य शस्त्रों को उठाये हुए है।

वह विराट् विश्वरूप कैसा है? सो बता रहे हैं। उस रूप में अनेक मुख और नेत्र हैं, अनेक पूर्व में कभी न देखे हुए अलौकिक रूपवाला है, अनेक दिव्य आभूषणों से युक्त है तथा अनेक तेजोमय दिव्य आयुधों को धारण किये हुए है ॥ १० ॥

दिव्यमाल्याम्बरधरं दिव्यगन्धानुलेपनम् ।
सर्वाश्चर्यमयं देवमनन्तं विश्वतोमुखम् ॥ ११ ॥

दिव्य—दिव्य, **माल्य**—माला (और), **अम्बरधरम्**—वस्त्र धारण किये हुए, **दिव्य गन्ध अनुलेपनम्**—दिव्य गन्ध का लेपन किये हुए, **सर्व**—सब प्रकार से, **आश्चर्यमयम्**—आश्चर्यमय, **देवम्**—प्रकाशयुक्त, **अनन्तम्**—अनन्त (और), **विश्वतः मुखम्**—सब ओर मुख किये हुए (था)।

तथा दिव्य माला और वस्त्र धारण किये हुए, दिव्य गन्ध का लेपन किये हुए, सब प्रकार से आश्चर्यमय, प्रकाशयुक्त, अनन्त और सब ओर मुख किये हुए था।

वह रूप गले में दिव्य माला और शरीर पर अलौकिक वस्त्रों को धारण किये हुए, सांगोपांग दिव्य अलौकिक गन्धों का लेपन किये हुए तथा जो कुछ भी धारण किए हुए हैं वह सब कुछ हर प्रकार से आश्चर्यमय, प्रकाशमान तथा अनन्त विस्तार के साथ सब दिशाओं में मुख किए हुए था ॥ ११ ॥

दिवि सूर्यसहस्रस्य भवेद्युगपदुत्थिता ।
यदि भाः सदृशी सा स्याद्भासस्तस्य महात्मनः ॥ १२ ॥

दिवि—आकाश में, **सूर्यसहस्रस्य**—हजार सूर्यों के, **भवेत्**—होने से (जो), **युगपत्**—एक साथ, **उत्थिता**—उदय, **यदि**—शायद, **भाः**—प्रकाश, **सदृशी**—सदृश, **सा**—वह, **स्यात्**—हो, **भासः**—प्रकाश के, **तस्य**—उस, **महात्मनः**—महात्मन्।

आकाश में हजार सूर्यों के एक साथ उदय होने से जो प्रकाश हो वह उस महात्मन् के प्रकाश के सदृश शायद हो।

भगवान् का तेजोमय प्रकाश अक्षय तथा अपरिमित था। उस तेजोमय रूप का सामना हजारों सूर्य भी एक साथ आकाश में उदय होने पर शायद ही कर सके अर्थात् नहीं कर सकता है।

सूर्य का प्रचण्ड प्रकाश तो गर्मी तथा आँखों को चमक देकर विकल करनेवाला होता है, किन्तु भक्तों के लिए विश्वरूप भगवान् का तेजयुक्त, कान्तियुक्त सर्वव्यापक अद्भुत एवं दिव्य प्रकाश शीतलता, सौम्यता व शान्ति प्रदायक होता है और हृदय की ग्रन्थियों को खोलकर ज्ञान के प्रकाश को उद्घाटित करनेवाला होता है। यह प्रकाश भगवान् के नियन्तापन, सर्वव्यापकता, सर्वशक्तिमानता और विश्वस्वरूप को प्रकाशित करनेवाला होता है। इस प्रकाश की कोई सीमा नहीं है और न ही यह क्षय को प्राप्त होता है। भगवान् की ही शक्तियों के आश्रित 'सूर्य' के प्रकाश में यह स्वरूप भला कहाँ से हो सकता है?

ऐसे स्वयं प्रकाशमान भगवान् के दिव्य प्रकाश के एक बार दर्शन के बाद 'जीव' का पुनर्जन्म सा हो जाता है, उसके सारे पाप धुलकर जीव परम शान्ति को प्राप्त होता है। ऐसे भाग्यवान् पुरुष के लिए जगत् की परिभाषा सदा सर्वदा के लिए बदल जाती है—जगत् के ब्रह्मरूप का बोध हो जाता है ॥ १२ ॥

तत्रैकस्थं जगत्कृत्स्नं प्रविभक्तमनेकधा ।
अपश्यद्देवदेवस्य शरीरे पाण्डवस्तदा ॥ १३ ॥

तत्र—वहाँ, **एकस्थम्**—एक जगह स्थित, **जगत्**—जगत् को, **कृत्स्नम्**—सम्पूर्ण, **प्रविभक्तम्**—विभक्त हुए, **अनेकधा**—अनेक प्रकार से, **अपश्यत्**—देखा, **देवदेवस्य**—देवों के देव श्रीकृष्ण के, **शरीरे**—शरीर में, **पाण्डवः**—अर्जुन ने, **तदा**—तब।

तब अर्जुन ने वहाँ देवों के देव श्रीकृष्ण के शरीर में एक जगह स्थित अनेक प्रकार से विभक्त हुए सम्पूर्ण जगत् को देखा।

पाण्डुपुत्र अर्जुन ने उस समय मर्त्यलोक, देवलोक, पाताललोक आदि लोकों को और उन लोकों में रहनेवाले चराचर वस्तुओं को और इस प्रकार अनेक तरह से विभक्त सम्पूर्ण जगत् को देवों के देव भगवान् श्रीकृष्ण के शरीर में एक जगह स्थित देखा, जिस जगत् को भगवान् अपने एक अंश से ही धारण करके स्थित हैं (१०।४२) ॥ १३ ॥

ततः स विस्मयाविष्टो हृष्टरोमा धनञ्जयः ।
प्रणम्य शिरसा देवं कृताञ्जलिरभाषत ॥ १४ ॥

ततः—उसके बाद, **सः**—वह, **विस्मयाविष्टः**—आश्चर्य से चकित, **हृष्टरोमा**—रोमांचयुक्त, **धनञ्जयः**—अर्जुन, **प्रणम्य**—प्रणाम करके, **शिरसा**—सिर से, **देवम्**—श्रीकृष्ण को, **कृताञ्जलिः**—हाथ जोड़कर, **अभाषत**—बोला।

उसके बाद वह आश्चर्य से चकित रोमांचयुक्त अर्जुन श्रीकृष्ण को सिर से प्रणाम करके हाथ जोड़कर बोला।

भगवान् श्रीकृष्ण के तेजोमय, अलौकिक और ऐश्वर्ययुक्त विराट् विश्वरूप को देखकर अर्जुन आश्चर्य और आनन्द से भर गया तथा उसके शरीर में रोमांच हो आया। भगवान् के इस महिमामय स्वरूप के दर्शन से अर्जुन के मन का अत्यन्त सूक्ष्म अहं भी नष्ट हो गया और वह विनम्रतापूर्वक, भक्ति और समर्पण भाव से प्रणाम कर हाथ जोड़कर इस प्रकार बोला ॥ १४ ॥

अगले श्लोक से लेकर श्लोक तीस तक भगवान् द्वारा दिखाये गये विश्वरूप के दर्शन का अपना अनुभव भगवान् से अर्जुन प्रकट करता है—

अर्जुन उवाच

पश्यामि देवांस्तव देव देहे
सर्वांस्तथा भूतविशेषसङ्घान् ।
ब्रह्माणमीशं कमलासनस्थ -
मृषींश्च सर्वानुरगांश्च दिव्यान् ॥ १५ ॥

अर्जुनः उवाच—अर्जुन बोला, **पश्यामि**—मैं देख रहा हूँ, **देवान्**—देवताओं को, **तव**—आपके, **देव**—हे देव, **देहे**—शरीर में, **सर्वान्**—सब, **तथा**—और, **भूत**—प्राणियों के, **विशेषसङ्घान्**—विभिन्न समूहों को, **ब्रह्माणम्**—ब्रह्मा को, **ईशम्**—महादेव को, **कमलासनस्थम्**—कमल के आसन पर विराजमान, **ऋषीन्**—ऋषियों को, **सर्वान्**—समस्त, **उरगान्**—सर्पों को, **च**—और, **दिव्यान्**—दिव्य।

अर्जुन बोला—हे देव ! आपके शरीर में सब देवताओं को, प्राणियों के विभिन्न समूहों को, कमल के आसन पर विराजमान ब्रह्मा को, महादेव को, समस्त ऋषियों को और दिव्य सर्पों को मैं देख रखा हूँ।

हे देव ! मैं आपके देह में सम्पूर्ण देवताओं को, समस्त चराचर प्राणियों के विभिन्न समुदायों अर्थात् जरायुज- मनुष्य व पशु आदि अण्डज- पक्षी व सर्प आदि, स्वेदज- जुएँ आदि तथा उद्भिज- वृक्ष व तृण, आदि को (९।८) देख रहा हूँ। वैसे ही कमलासन पर शोभायमान ब्रह्मा को, महादेव को, सभी ऋषियों को और वासुकि, आदि दिव्य सर्पों को भी देख रहा हूँ। इस प्रकार मर्त्यलोक, देवलोक, पाताललोक आदि लोकों के चराचर जीवों को आपके शरीर में ही स्थित देख रहा हूँ ॥ १५ ॥

अनेकबाहूदरवक्त्रनेत्रं
पश्यामि त्वां सर्वतोऽनन्तरूपम् ।
नान्तं न मध्यं न पुनस्तवादिं
पश्यामि विश्वेश्वर विश्वरूप ॥ १६ ॥

अनेक—अनेक, **बाहु**—भुजा, **उदर**—पेट, **वक्त्र**—मुख (और), **नेत्रम्**—नेत्रों से युक्त (तथा), **पश्यामि**—देखता हूँ, **त्वाम्**—आपको, **सर्वतः**—सब ओर से, **अनन्तरूपम्**—अनन्त रूपवाले, **न अन्तम्**—न अन्त को, **न मध्यम्**—न मध्य को, **न पुनः**—और न, **तव**—आपके, **आदिम्**—आदि को ही, **पश्यामि**—देखता हूँ, **विश्वेश्वर**—हे विश्वेश्वर, **विश्वरूप**—हे विश्वरूप।

आपको मैं अनेक भुजा, पेट, मुख और नेत्रों से युक्त तथा सब ओर से अनन्त रूपवाले देखता हूँ। हे विश्वेश्वर ! हे विश्वरूप ! आपके न अन्त को देखता हूँ, न मध्य को और न आदि को ही।

आपको मैं जिस रूप में देख रहा हूँ, उसमें अनेक भुजा, पेट, मुख और नेत्र हैं तथा आपको अनन्त रूपवाले देखता हूँ। हे विश्वेश्वर ! हे विश्वरूप ! आपके विराट् रूप का विस्तार ऐसा है कि इसमें न आपका अन्त दिखता है, न मध्य और न ही आदि दिखलाई पड़ रहा है ॥ १६ ॥

किरीटिनं गदिनं चक्रिणं च
तेजोराशिं सर्वतो दीप्तिमन्तम् ।
पश्यामि त्वां दुर्निरीक्ष्यं समन्ता-
द्दीप्तानलार्कद्युतिमप्रमेयम् ॥ १७ ॥

किरीटिनम्—मुकुटयुक्त, **गदिनम्**—गदायुक्त, **चक्रिणम्**—चक्रयुक्त (तथा), **च**—और, **तेजोराशिम्**—तेज के पुंज, **सर्वतः**—सब ओर से, **दीप्तिमन्तम्**—प्रकाशमान्, **पश्यामि**—देख रहा हूँ, **त्वाम्**—आपको (मैं), **दुर्निरीक्ष्यम्**—कठिनता से देखे जाने योग्य (और), **समन्तात्**—सब ओर से, **दीप्तानल**—प्रज्वलित अग्नि (और), **अर्क**—सूर्य के सदृश, **द्युतिम्**—ज्योतियुक्त, **अप्रमेयम्**—अप्रमेयस्वरूप।

आपको मैं मुकुटयुक्त, गदायुक्त और चक्रयुक्त तथा सब ओर से प्रकाशमान, तेज के पुंज, प्रज्वलित अग्नि और सूर्य के सदृश ज्योतियुक्त, कठिनता से देखे जाने योग्य और सब ओर से अप्रमेयस्वरूप देख रहा हूँ।

आपको मैं मुकुट, गदा और चक्रधारण किये हुए देखता हूँ। आप सब ओर से प्रकाशमान तथा तेज की राशि हैं। आप अग्नि और सूर्य के समान ज्योतिमान् हैं

और साधारणत: कठिनाई से देखने योग्य हैं। आप सब ओर से 'अप्रमेय' अर्थात् जो किसी भी तरह से मापने और सीमित किये जाने योग्य न हो, ऐसे हैं ॥ १७ ॥

त्वमक्षरं परमं वेदितव्यं
त्वमस्य विश्वस्य परं निधानम् ।
त्वमव्ययः शाश्वतधर्मगोप्ता
सनातनस्त्वं पुरुषो मतो मे ॥ १८ ॥

त्वम्—आप, **अक्षरम्**—अक्षर हैं, **परमम्**—परम, **वेदितव्यम्**—जानने योग्य, **त्वम्**—आप, **अस्य**—इस, **विश्वस्य**—जगत् के, **परम्**—परम, **निधानम्**—आश्रय हैं, **त्वम्**—आप, **अव्ययः**—अविनाशी हैं, **शाश्वतधर्मगोप्ता**—शाश्वत धर्म के रक्षक हैं (और), **सनातनः**—सनातन, **त्वम्**—आप, **पुरुषः**—पुरुष, **मतः मे**—(ऐसा) मैंने आपको जाना।

आप जानने योग्य परम अक्षर हैं, आप इस जगत् के परम आश्रय हैं, आप अविनाशी हैं, शाश्वत धर्म के रक्षक हैं और सनातन पुरुष हैं। ऐसा मैंने आपको जाना।

आप मुमुक्षुओं द्वारा जानने योग्य परम अक्षर-अविनाशी निर्गुण परब्रह्म हैं। आप ही इस जगत् के परम आश्रय हैं, आधाररूप हैं। आप नाशरहित हैं और शाश्वत-सनातन धर्म के रक्षक हैं और सनातन पुरुष हैं। ऐसा मैंने आपको प्रत्यक्ष इस समय देखा है ॥ १८ ॥

अनादिमध्यान्तमनन्तवीर्य -
मनन्तबाहुं शशिसूर्यनेत्रम् ।
पश्यामि त्वां दीप्तहुताशवक्त्रं
स्वतेजसा विश्वमिदं तपन्तम् ॥ १९ ॥

अनादि मध्य अन्तम्—आदि, मध्य और अन्त से रहित, **अनन्तवीर्यम्**—अनन्त सामर्थ्यवान्, **अनन्त बाहुम्**—अनन्त भुजावाले, **शशिसूर्यनेत्रम्**—चन्द्र-सूर्य के समान नेत्रवाले, **पश्यामि**—देख रहा हूँ, **त्वाम्**—आपको (मैं), **दीप्त**—प्रज्वलित, **हुताशवक्त्रम्**—अग्नि के समान मुखवाले (और), **स्वतेजसा**—अपने तेज से, **विश्वम्**—विश्व को, **इदम्**—इस, **तपन्तम्**—सन्तप्त करते हुए।

आपको मैं आदि, मध्य और अन्त से रहित, अनन्त सामर्थ्यवान, अनन्त भुजावाले, चन्द्र—सूर्य के समान नेत्रवाले, प्रज्वलित अग्नि के समान मुखवाले और अपने तेज से इस विश्व को सन्तप्त करते हुए देख रहा हूँ।

हे परमेश्वर ! आपका आदि, मध्य और अन्त नहीं है, अत: आप अपार और निर्विकाररूप हैं। आप 'अनन्तवीर्य' हैं, अर्थात् आपके बल, वीर्य और सामर्थ्य की

सीमा नहीं है। आपकी पहुँच सर्वत्र है, अनन्त भुजा से युक्त हैं आप । आपके दोनों नेत्र मानो चन्द्रमा और सूर्य ही हों, जो आवश्यकतानुसार शीतलता और प्रचंड उष्णता देने में समर्थ हैं। आपके मुख के तेज से जैसे प्रज्वलित अग्नि निकल रही हो जो काल के सदृश है। आप मानो अपने तेजोमय स्वरूप से सम्पूर्ण विश्व को सन्तप्त-क्षुब्ध कर रहे हैं ॥ १९ ॥

द्यावापृथिव्योरिदमन्तरं हि
व्याप्तं त्वयैकेन दिशश्च सर्वाः ।
दृष्ट्वाद्भुतं रूपमुग्रं तवेदं
लोकत्रयं प्रव्यथितं महात्मन् ॥ २० ॥

द्यौ आपृथिव्योः—स्वर्ग और पृथ्वी के, **इदम्**—**अन्तरतम्**—बीच का यह सम्पूर्ण भाग, **हि**—ही, **व्याप्तम्**—व्याप्त है (तथा), **त्वया**—आपसे, **एकेन**—एक, **दिशः**—दिशाएँ, **च**—तथा, **सर्वाः**—सब, **दृष्ट्वा**—देखकर, **अद्भुतम्**—अलौकिक (और), **रूपम्**—रूप को, **उग्रम्**—भयंकर, **तव**—आपके, **इदम्**—इस, **लोकत्रयम्**—तीनों लोक, **प्रव्यथितम्**—व्यथित हो रहा है, **महात्मन्**—हे महात्मन्।

हे महात्मन् ! स्वर्ग और पृथ्वी के बीच का यह सम्पूर्ण भाग तथा सब दिशाएँ एक आपसे ही व्याप्त हैं तथा आपके इस अलौकिक और भयंकर रूप को देखकर तीनों लोक व्यथित हो रहा है।

हे महात्मन् ! ऊपर के स्वर्गादि सारे लोकों और नीचे के पृथ्वी आदि सारे लोकों के बीच का सारा स्थान और सभी दिशाएँ आपने व्याप्त कर रखा है। आपके इस अलौकिक और प्रज्वलित तेजोमय भयंकर रूप से पूरा त्रिभुवन - आकाश, पाताल और मर्त्यलोक भय से व्यथित है। इन लोकों में तो वैसे भी सुख नहीं है, जो सुख प्रतीत भी होता है वह क्षणभंगुर, अनित्य और अतृप्तिकारक ही है, ऐसे में आपके शरण के आकांक्षी इन लोकवासी जीवों में इस आपके भयंकर रूप से फिर कहाँ शरण मिलेगा? ऐसे में इस त्रिभुवन में शान्ति एवं शरण प्राप्त करने का कोई उपाय ही नहीं बचेगा, क्योंकि आपके इस भयंकर रूप को प्रेम भक्ति से कैसे कोई धारण कर सकता है? ॥ २० ॥

अमी हि त्वां सुरसङ्घा विशन्ति
केचिद्भीताः प्राञ्जलयो गृणन्ति ।
स्वस्तीत्युक्त्वा महर्षिसिद्धसङ्घाः
स्तुवन्ति त्वां स्तुतिभिः पुष्कलाभिः ॥ २१ ॥

अमी—ये, **हि**—ही, **त्वाम्**—आपमें, **सुरसङ्घाः**—देवताओं के समूह, **विशन्ति**—प्रवेश कर रहे हैं, **केचित्**—कितने, **भीताः**—भयभीत हुए, **प्राञ्जलयः**—हाथ जोड़े हुए, **गृणन्ति**—स्तुति कर रहे हैं, **स्वस्ति**—'कल्याण हो', **इति**—ऐसा, **उक्त्वा**—कहकर, **महर्षि**—महर्षि (और), **सिद्धसङ्घाः**—सिद्धों के समुदाय, **स्तुवन्ति**—स्तुति कर रहे हैं, **त्वाम्**—आपकी, **स्तुतिभिः**—स्तोत्रों से, **पुष्कलाभिः**—अनेक उत्तम।

ये देवताओं के समूह आपमें ही प्रवेश कर रहे हैं। कितने भयभीत हुए हाथ जोड़े हुए स्तुति कर रहे हैं। महर्षि और सिद्धों के समुदाय 'कल्याण हो' ऐसा कहकर अनेक उत्तम स्तोत्रों से आपकी स्तुति कर रहे हैं।

ये देवताओं के समूह जो योद्धावृत्ति के हैं वे आपमें प्रवेश कर रहे हैं। जो भयभीत प्रकृति के हैं वे आपके विराट् भयानक स्वरूप को देखकर हाथ जोड़े हुए अपनी रक्षा हेतु आपकी स्तुति कर रहे हैं। महर्षि और सिद्धों का समूह, जो तात्त्विक रूप से आपको जानते हैं, वे आपके विकराल रूप को देखकर 'कल्याण हो' ऐसा कहकर अनेक उत्तम स्तोत्रों द्वारा आपकी स्तुति-पूजन कर रहे हैं ॥ २१ ॥

रुद्रादित्या वसवो ये च साध्या-
विश्वेऽश्विनौ मरुतश्चोष्मपाश्च ।
गन्धर्वयक्षासुरसिद्धसङ्घा-
वीक्षन्ते त्वां विस्मिताश्चैव सर्वे ॥ २२ ॥

रुद्र आदित्याः वसवः—रुद्र, आदित्य, वसु, **ये**—जो, **च**—और, **साध्याः**—साध्यगण, **विश्वे**—विश्वेदेव, **अश्विनौ**—दोनों अश्विनीकुमार, **मरुतः**—मरुद्गण, **च**—और, **उष्मपाः**—पितृगण, **च**—तथा, **गन्धर्व**—गन्धर्व, **यक्ष**—यक्ष, **असुर**—राक्षस (और), **सिद्धसङ्घाः**—सिद्धों के समूह हैं, **वीक्षन्ते**—देख रहे हैं, **त्वाम्**—आपको, **विस्मिताः**—आश्चर्य से, **च**—और, **एव**—ही, **सर्वे**—वे सब।

जो रुद्र, आदित्य, वसु और साध्यगण, विश्वेदेव, दोनों अश्विनीकुमार, मरुद्गण और पितृगण तथा गन्धर्व, यक्ष, राक्षस और सिद्धों के समूह हैं— वे सब ही आश्चर्य से आपको देख रहे हैं।

जो ग्यारह रुद्र, बारह आदित्य, आठ वसु, साध्यगण, विश्वेदेव, दोनों अश्विनीकुमार, उनचास मरुद्गण और पितृगण तथा गन्धर्व, यक्ष, राक्षस और सिद्धों के समूह हैं—वे सब ही आश्चर्य से आपको देख रहे हैं ॥ २२ ॥

रूपं महत्ते बहुवक्त्रनेत्रं
महाबाहो बहुबाहूरुपादम् ।

बहूदरं बहुदंष्ट्राकरालं
दृष्ट्वा लोकाः प्रव्यथितास्तथाहम्॥ २३॥

रूपम्—रूप को, **महत्**—महान, **ते**—आपके, **बहु**—बहुत, **वक्त्रनेत्रम्**—मुख व नेत्रोंवाले, **महाबाहो**—हे महाबाहो, **बहु**—बहुत, **बाहु उरु पादम्**—भुजा, जंघा और पैरोंवाले, **बहु उदरम्**—बहुत उदरवाले (और), **बहुदंष्ट्राकरालम्**—बहुत सी दाढ़ों के कारण अत्यन्त विकराल, **दृष्ट्वा**—देखकर, **लोकाः**—सब लोग, **प्रव्यथिताः**—व्याकुल हो रहा हूँ, **तथा अहम्**—और मैं भी।

हे महाबाहो ! बहुत मुख व नेत्रोंवाले, बहुत भुजा, जाँघ और पैरोवाले, बहुत उदर वाले और बहुत सी दाढ़ों के कारण अत्यन्त विकराल आपके महान रूप को देखकर सब लोग और मैं भी व्याकुल हो रहा हूँ।

हे महाबाहो ! आपका यह रूप अनेक मुख और नेत्रोंवाला है, अनेक भुजाओं, जाँघ व पैरोवाले हैं तथा बहुत-से पेटवाले और बहुत सी दाढ़ों के कारण आपकी आकृति अति विकराल हो गयी है। आपके ऐसे भयानक रूप देखकर सभी प्राणी और मैं स्वयं भी भय से व्याकुल हो रहा हूँ। अर्जुन की वीरता जाने कहाँ चली गयी है! ॥ २३॥

नभःस्पृशं दीप्तमनेकवर्णं
व्यात्ताननं दीप्तविशालनेत्रम्।
दृष्ट्वा हि त्वां प्रव्यथितान्तरात्मा
धृतिं न विन्दामि शमं च विष्णो॥ २४॥

नभःस्पृशम्—नभःस्पर्शी, **दीप्तम्**—देदीप्यमान, **अनेक**—अनेक, **वर्णम्**—वर्णोंवाला, **व्यात्त**—फैलाये हुए, **आननम्**—मुखोंवाला, **दीप्त**—प्रज्वलित, **विशालनेत्रम्**—विशाल नेत्रोंवाला, **दृष्ट्वा**—देखकर, **हि**—क्योंकि, **त्वाम्**—आपको, **प्रव्यथित**—व्यथित, **अन्तरात्मा**—अन्तःकरणवाला (मैं), **धृतिम्**—धीरज, **न**—नहीं, **विन्दामि**—पा रहा हूँ, **शमम्**—शान्ति, **च**—और, **विष्णो**—हे विष्णो।

क्योंकि हे विष्णो ! आपको नभःस्पर्शी, देदीप्यमान, अनेक वर्णोंवाला, फैलाये हुए मुखोंवाला और प्रज्वलित विशाल नेत्रोंवाला देखकर व्यथित अन्तःकरणवाला मैं धीरज और शान्ति नहीं पा रहा हूँ।

हे विष्णुरूप भगवान् ! आपको सम्पूर्ण आकाशपर्यन्त व्याप्त, प्रकाशमान, अत्यन्त भयंकर आकृति और मुखों वाला तथा विशाल प्रज्वलित नेत्रोंवाला देखकर मेरा अन्तःकरण अत्यन्त व्यथित हो रहा है। मेरा सारा धैर्य नष्ट हो गया है और मैं मन की शान्ति नहीं पा रहा हूँ। ॥ २४॥

दंष्ट्राकरालानि च ते मुखानि
दृष्ट्वैव कालानलसन्निभानि ।
दिशो न जाने न लभे च शर्म
प्रसीद देवेश जगन्निवास ॥ २५ ॥

दंष्ट्राकरालानि—विकराल दाढ़ोंवाले, **च**—और, **ते**—आपके, **मुखानि**—मुखों को, **दृष्ट्वा**—देखकर (मैं), **एव**—भी, **कालानल**—प्रलयकाल की अग्नि के समान, **सन्निभानि**—प्रज्वलित, **दिशः**—दिशाओं को, **न**—नहीं, **जाने**—जानता हूँ, **न**—नहीं, **लभे**—पाता हूँ, **च**—और, **शर्म**—सुख (भी), **प्रसीद**—प्रसन्न होइए, **देवेश**—हे देवेश, **जगन्निवास**—हे जगन्निवास।

विकराल दाढ़ोंवाले और प्रलयकाल की अग्नि के समान प्रज्वलित आपके मुखों को देखकर मैं दिशाओं को नहीं जानता हूँ और सुख भी नहीं पाता हूँ। हे देवेश ! हे जगन्निवास ! प्रसन्न होइए।

विकराल दाढ़ों से युक्त प्रलय करनेवाली कालाग्नि के सदृश प्रज्वलित आपके मुखों को देखकर मुझे दिशाओं का भ्रम हो गया है, दिशाओं का ज्ञान मुझे नहीं हो पा रहा है और भयाक्रान्त मैं सुख भी नहीं पा रहा हूँ। हे देवेश ! हे जगन्निवास ! आप प्रसन्न होइए । आप इस संहारक स्वरूप का त्याग करिए।

अर्जुन मन में सोचता है कि वह तो हृदय की जिज्ञासा से अपनी अन्तरात्मा की पूर्ण तुष्टि और भगवान् के योगैश्वर्य की प्रत्यक्ष अनुभूति हेतु श्रीकृष्ण से विश्वरूप देखने की प्रार्थना की थी (११।३), किन्तु उनका यह रूप तो काल से न डरनेवाले मुझ जैसे को भी भयभीत कर रहा है तथा मेरी कायरता को बढ़ा रहा है। भयभीत अर्जुन प्रार्थना करता है कि हे कृपालु ! हे गुरुदेव ! आप प्रसन्न एवं शान्त हों, मुझे और संसार को भयमुक्त करिए ॥ २५ ॥

अमी च त्वां धृतराष्ट्रस्य पुत्राः
सर्वे सहैवावनिपालसङ्घैः ।
भीष्मो द्रोणः सूतपुत्रस्तथासौ
सहास्मदीयैरपि योधमुख्यैः ॥ २६ ॥

अमी—वे, **च**—और, **त्वाम्**—आपके, **धृतराष्ट्रस्य**—धृतराष्ट्र के, **पुत्राः**—पुत्र, **सर्वे**—सभी, **सह**—साथ, **एव**—भी, **अवनिपाल सङ्घैः**—राजाओं के समूहों के, (वक्त्राणि विशन्ति-मुखों में प्रवेश कर रहे हैं), **भीष्मः**—भीष्म, **द्रोणः**—द्रोण, **सूतपुत्रः**—सूतपुत्र, **तथा**—तथा, **असौ**—वह, **सह**—सहित, **अस्मदीयैः**—हमारे पक्ष के, **अपि**—भी, **योधमुख्यैः**—मुख्य योद्धाओं।

धृतराष्ट्र के वे सभी पुत्र भी राजाओं के समूहों के साथ (आपके मुखों में प्रवेश कर रहे हैं) और भीष्म, द्रोण, वह सूतपुत्र तथा हमारे पक्ष के मुख्य योद्धाओं सहित भी।

धृतराष्ट्र के सब-के-सब पुत्र और उनके पक्ष में युद्ध के लिए तैयार सभी राजा लोग समूह के साथ आपके मुखों में प्रवेश कर रहे हैं और इतना ही नहीं, महापराक्रमी भीष्म, गुरु द्रोण और अपनी वीरता के अहंकार में डूबा वह सूतपुत्र कर्ण भी तथा हमारे पक्ष के मुख्य योद्धा लोग महाबली धृष्टद्युम्न, आदि के सहित सभी।

अर्जुन के मन में स्वयं द्वारा शत्रुओं को मारने का और उनके मारे जाने का मोहाज्ञान उत्पन्न हो गया था (१।३६-३७)। यहाँ भगवान् अपने अलौकिक विश्वरूप से यह प्रकट करना चाह रहे हैं कि कोई किसी को मारता नहीं है, सबके आदि-अन्त का मूल कारण वे स्वयं ही हैं ॥ २६ ॥

वक्त्राणि ते त्वरमाणा विशन्ति
दंष्ट्राकरालानि भयानकानि ।
केचिद्विलग्ना दशनान्तरेषु
सन्दृश्यन्ते चूर्णितैरुत्तमाङ्गैः ॥ २७ ॥

वक्त्राणि—मुखों में, **ते**—आपके, **त्वरमाणाः**—शीघ्रता से (शत्रु पक्ष के सभी योद्धा), **विशन्ति**—प्रवेश कर रहे हैं, **दंष्ट्राकरालानि**—विकराल दाढ़ोंवाले, **भयानकानि**—भयंकर, **केचित्**—कितने तो, **विलग्नाः**—लगे हुए, **दशनान्तरेषु**—दाँतो के बीच में, **संदृश्यन्ते**—दिखाई दे रहे हैं, **चूर्णितैः**—चूर्ण हुए, **उत्तमाङ्गैः**—सिरों सहित (आपके)।

शीघ्रता से शत्रु पक्ष के सहित सभी योद्धा आपके विकराल दाढ़ोंवाले भयंकर मुखों में प्रवेश कर रहे हैं। कितने तो चूर्ण हुए सिरों सहित आपके दाँतों के बीच में लगे हुए दिखाई दे रहे हैं।

युद्ध के लिए उद्यत दोनों पक्षों के शूरवीर और राजा लोगों का समूह शीघ्रता से आपके विकराल दाढ़ोंवाले भयंकर मुखों में प्रवेश कर विनष्ट हो रहे हैं। कितने लोगों की स्थिति ऐसी दिख रही है कि वे चूर्ण मस्तक हुए आपके दाँतों के बीच फँसे हुए दिखाई पड़ रहे हैं ॥ २७ ॥

यथा नदीनां बहवोऽम्बुवेगाः
समुद्रमेवाभिमुखा द्रवन्ति ।

तथा तवामी नरलोकवीरा
विशन्ति वक्त्राण्यभिविज्वलन्ति ॥ २८ ॥

यथा—जैसे, **नदीनाम्**—नदियों के, **बहवः**—बहुत-से, **अम्बुवेगाः**—जलप्रवाह, **समुद्रम्**—समुद्र की, **एव**—ही, **अभिमुखाः**—ओर मुख किये, **द्रवन्ति**—दौड़ते हैं, **तथा**—वैसे, **तव**—आपके, **अमी**—ये, **नरलोकवीराः**—नरलोक के वीर, **विशन्ति**—प्रवेश कर रहे हैं, **वक्त्राणि**—मुखों में, **अभिविज्वलन्ति**—प्रज्वलित।

जैसे नदियों के बहुत-से जलप्रवाह समुद्र की ओर मुख किये दौड़ते हैं, वैसे ही ये नरलोक के वीर आपके प्रज्वलित मुखों में प्रवेश कर रहे हैं।

जिस तरह से नदियों के बहुत सारे जलप्रवाह अपने अन्तिम लक्ष्य समुद्र में मिलकर एकरस हो जाने की इच्छा से बड़े वेग से समुद्र की ओर दौड़ते हैं, उसी तरह से ऐसा लग रहा है कि ये भीष्म, द्रोण, आदि जैसे नरलोक के वीर, जिन्हें अनिच्छा से युद्ध करना पड़ रहा है, अपना अस्तित्व आपमें मिटा देने के लिए अपने को आपके स्वरूप में समाहित करने के लिए आपके प्रज्वलित मुखों में प्रवेश कर रहे हैं ॥ २८ ॥

यथा प्रदीप्तं ज्वलनं पतङ्गा
विशन्ति नाशाय समृद्धवेगाः ।
तथैव नाशाय विशन्ति लोका-
स्तवापि वक्त्राणि समृद्धवेगाः ॥ २९ ॥

यथा—(अथवा) जैसे, **प्रदीप्तम्**—प्रज्वलित, **ज्वलनम्**—अग्नि में, **पतङ्गाः**—पतंगा (अपने), **विशन्ति**—प्रवेश करते हैं, **नाशाय**—नाश के लिए, **समृद्धवेगाः**—पूरे वेग से, **तथा**—वैसे, **एव**—ही, **नाशाय**—नाश के लिए, **विशन्ति**—प्रवेश कर रहे हैं, **लोकाः**—ये लोग, **तव**—आपके, **अपि**—भी (अपने), **वक्त्राणि**—मुखों में, **समृद्धवेगाः**—पूरे वेग से।

अथवा जैसे पतंगा अपने नाश के लिए प्रज्वलित अग्नि में पूरे वेग से प्रवेश करते हैं, वैसे ही ये लोग भी अपने नाश के लिए पूरे वेग से आपके मुखों में प्रवेश कर रहे हैं।

अथवा ऐसे भी लगता है कि वे सारे शूरवीर जो अपने वीरता के दम्भ में युद्ध जीतने का मोह पालकर अधर्म के पाले में खड़े हैं और आपके प्रभाव से अनभिज्ञ हैं, ऐसे सभी मूढ़जन जिस तरह से पतंगा अपने विनाश के लिए प्रज्वलित अग्नि में अति वेग से प्रवेश कर नष्ट हो जाते हैं, वैसे ही वे सभी अपने

नाश के लिए पूरे वेग से आपके प्रज्वलित मुखों में प्रवेश कर विलीनता को प्राप्त हो रहे हैं ॥ २९ ॥

लेलिह्यसे ग्रसमानः समन्ता-
ल्लोकान्समग्रान्वदनैर्ज्वलद्भिः ।
तेजोभिरापूर्य जगत्समग्रं
भासस्तवोग्राः प्रतपन्ति विष्णो ॥ ३० ॥

लेलिह्यसे—बारम्बार चाट रहे हैं, **ग्रसमानः**—ग्रास बनाते हुए, **समन्तात्**—सब ओर से (अपना), **लोकान्**—लोकों को, **समग्रान्**—समस्त, **वदनैः**—मुखों से, **ज्वलद्भिः**—प्रज्वलित, **तेजोभिः**—तेज से, **आपूर्य**—परिपूर्ण करके, **जगत्**—जगत् को (अपने), **समग्रम्**—सम्पूर्ण, **भासः**—प्रभा, **तव**—आपकी, **उग्राः**—उग्र, **प्रतपन्ति**—तपा रही है, **विष्णो**—हे विष्णो।

आप अपने प्रज्वलित मुखों से समस्त लोकों को सब ओर से अपना ग्रास बनाते हुए बारम्बार चाट रहे हैं । हे विष्णो ! आपकी उग्र प्रभा सम्पूर्ण जगत् को अपने तेज से परिपूर्ण करके तपा रही है।

ऐसा लग रहा है कि आप सम्पूर्ण लोकों को ही अपना ग्रास बनाकर नष्ट करने के लिए उद्यत हैं। आपकी प्रखर जिह्वा का ओठों पर लगे हुए रुधिर को बार-बार चाटते हुए देखकर भय लग रहा है और ऐसा प्रतीत हो रहा है जैसे जलती अग्नि में घी डालने से वह और अधिक प्रज्वलित होती जाती है वैसे ही आपकी क्रोधाग्नि तृप्ति होते नहीं दिख रही है। विष्णो ! आपके उग्र प्रभा का तेज सम्पूर्ण विश्व को व्याप्त कर तप्त कर रही है।

अर्जुन का मन अन्दर से विस्मित एवं व्याकुल है कि भगवान् अपने को सभी प्राणियों का सुहृद और आत्मस्वरूप बताते रहे हैं तो आज क्यों कुपित होकर प्राणियों को काल का ग्रास बना रहे हैं ! ॥ ३० ॥

भगवान् के भयंकर व उग्र स्वरूप को तत्त्वतः जानने की इच्छा अर्जुन प्रकट करता है—

आख्याहि मे को भवानुग्ररूपो
नमोऽस्तु ते देववर प्रसीद ।
विज्ञातुमिच्छामि भवन्तमाद्यं
न हि प्रजानामि तव प्रवृत्तिम् ॥ ३१ ॥

आख्याहि—बताइए (कि), **मे**—मुझे, **कः**—कौन हैं, **भवान्**—आप, **उग्ररूपः**—उग्ररूपवाले, **नमः अस्तु**—नमस्कार हो, **ते**—आपको, **देववर**—हे देवश्रेष्ठ, **प्रसीद**—आप प्रसन्न

होइए, **विज्ञातुम्**—जानना, **इच्छामि**—चाहता हूँ, **भवन्तम् आद्यम्**—आप आदि पुरुष को (मैं), **न**—नहीं, **हि**—क्योंकि, **प्रजानामि**—जानता हूँ, **तव**—आपकी, **प्रवृत्तिम्**—प्रवृत्ति को (मैं)।

मुझे बताइए कि उग्ररूप वाले आप कौन हैं? आपको नमस्कार हो । हे देवश्रेष्ठ ! आप प्रसन्न होइये । आप आदिपुरुष को मैं जानना चाहता हूँ, क्योंकि आपकी प्रवृत्ति को मैं नहीं जानता हूँ।

अर्जुन ने तो सर्वाधार आदिपुरुष के योग एवं ऐश्वर्य का प्रत्यक्ष अनुभव करने के लिए विश्वरूप दर्शन की प्रार्थना किया था (११।३)। वह कहता है कि आपका यह उग्ररूप प्रकट करने का क्या अभिप्राय है? भ्रमित हुआ अर्जुन अपने भ्रम से मुक्ति चाहता था, किन्तु उसका भ्रम व आश्चर्य और बढ़ गया है ! सर्वात्मस्वरूप आप अपने इस भयंकर स्वरूप से मुझे क्या बताना चाहते हैं? आपकी प्रवृत्ति को मैं समझ नहीं पा रहा हूँ। आप उग्ररूपधारी कौन हैं? कृपा करके मुझे बताइए। हे देवश्रेष्ठ ! आपको प्रणाम है, आप प्रसन्न होइए । आप अपने संहारक रूप दर्शाने का आशय बताइए । मुझ शरणागत पर आप सदैव की भाँति कृपा करिए ॥ ३१ ॥

अगले श्लोक से चौंतीस श्लोक तक भगवान् द्वारा अपने प्रभाव का वर्णन करके अर्जुन को युद्ध की प्रेरणा देते हैं—

श्रीभगवानुवाच

कालोऽस्मि लोकक्षयकृत्प्रवृद्धो
लोकान्समाहर्तुमिह　　प्रवृत्तः ।
ऋतेऽपि त्वां न भविष्यन्ति सर्वे
येऽवस्थिताः प्रत्यनीकेषु योधाः ॥ ३२ ॥

श्रीभगवान् उवाच—श्रीभगवान् बोले, **कालः**—काल, **अस्मि**—हूँ, **लोकक्षयकृत्**—लोकों का नाश करनेवाला (मैं), **प्रवृद्धः**—बढ़ा हुआ, **लोकान्**—इन लोकों का, **समाहर्तुम्**—संहार करने के लिए, **इह**—इस समय, **प्रवृत्तः**—प्रवृत्त हुआ हूँ, **ऋते अपि**—बिना भी, **त्वाम्**—तेरे, **न**—नहीं, **भविष्यन्ति**—बचेंगे, **सर्वे**—सब, **ये**—जो, **अवस्थिताः**—स्थित, **प्रत्यनीकेषु**—प्रतिपक्षियों की सेना में, **योधाः**—योद्धा हैं (वे सब)।

श्रीभगवान् बोले—लोकों का नाश करनेवाला मैं बढ़ा हुआ काल हूँ। इस समय इन लोकों का संहार करने के लिए प्रवृत्त हुआ हूँ। प्रतिपक्षियों की सेना में स्थित जो सब योद्धा हैं वे सब तेरे बिना भी नहीं बचेंगे।

मैं आयु की समाप्ति की गणना करके नाश करनेवाला बढ़ा हुआ 'काल' हूँ। मेरा यह बढ़ा हुआ रौद्र रूप इस समय लोकों के संहार के लिए प्रवृत्त है। कहाँ

अर्जुन के मन में युद्ध के लिए तत्पर दोनों पक्षों में विजय किसकी होगी इस बात का अनिश्चय था और वहीं अब भगवान् द्वारा सभी लोकों के संहार करने के लिए भगवान् के मुख से ही प्रवृत्त हुआ सुनकर इस भयावह स्थिति के अनुमान से अर्जुन का हृदय काँप उठा होगा, निश्चय ही यह स्थिति तो युद्ध से भी भयावह है!

अर्जुन के मन के इस भय की स्थिति को अन्तर्यामी भगवान् समझते हुए उसके सान्त्वना हेतु आगे कहते हैं कि प्रतिपक्षियों अर्थात् कौरव पक्ष के जो भी भीष्म, द्रोण आदि शूरवीर हैं उनके सहित उनकी सेना के सारे योद्धा तुम्हारे बिना भी अर्थात् तुम युद्ध नहीं करोगे तब भी वे बचेंगे नहीं। मेरे संकल्प से वे मारे जाएंगे, उन्हें मरा हुआ ही समझो। भगवान् का यह कथन उनकी योगशक्ति के अनुसार ही है, नि:सन्देह जिसके पक्ष में स्वयं भगवान् हों, उस पक्ष के नाश अथवा हार का प्रश्न ही नहीं उठता है ॥ ३२ ॥

तस्मात्त्वमुत्तिष्ठ यशो लभस्व
जित्वा शत्रून्भुङ्क्ष्व राज्यं समृद्धम् ।
मयैवैते निहताः पूर्वमेव
निमित्तमात्रं भव सव्यसाचिन् ॥ ३३ ॥

तस्मात्—अतएव, **त्वम्**—तू, **उत्तिष्ठ**—उठ, **यशः**—यश, **लभस्व**—प्राप्त कर (और), **जित्वा**—जीतकर, **शत्रून्**—शत्रुओं को, **भुङ्क्ष्व**—भोग, **राज्यम्**—राज्य को, **समृद्धम्**—सम्पन्न, **मया**—मेरे द्वारा, **एव**—ही, **एते**—ये सब, **निहताः**—मारे हुए हैं, **पूर्वम्**—पहले, **एव**—ही, **निमित्तमात्रम्**—निमित्तमात्र, **भव**—हो जा, **सव्यसाचिन्**—हे सव्यसाची अर्जुन (तू)।

अतएव तू उठ ! शत्रुओं को जीतकर यश प्राप्त कर और सम्पन्न राज्य को भोग। पहले ही ये सब मेरे द्वारा मारे हुए हैं। हे सव्यसाची अर्जुन ! तू निमित्तमात्र हो जा।

इसलिए तू उठ खड़ा हो और दुर्जेय भीष्म, द्रोण, आदि महारथियों को जीतकर यश प्राप्त कर। दुर्योधन आदि शत्रुओं को जीतकर धर्मयुक्त समृद्ध राज्य का भोग कर। ये सभी शूरवीर योद्धा मेरे द्वारा पहले से ही मारे हुए हैं, अर्थात् इनकी मृत्यु निश्चित है। हे सव्यसाची अर्जुन ! बायें हाथ से भी बाणों का सन्धान करनेवाले को सव्यसाचिन् कहते हैं, तू इन लोगों के संहार में केवल निमित्त बन। इस तरह से तुम्हारे क्षत्रियधर्म का पालन भी होगा और तुम पाप के भी भागी नहीं होगे। अत: अपने सारे भ्रम व मोह का त्याग करके निरहंकार हुआ अपने कर्त्तव्य-कर्म भाव से धर्मयुद्ध के लिए खड़ा हो जा।

इस श्लोक से भगवान् स्पष्ट संकेत कर रहे हैं कि मनुष्य को जीवन में अपने को ईश्वर का निमित्त मात्र मानकर कार्य करना चाहिए। ऐसा करने से सारे कर्म और भाव भी, दोनों ही, स्वयमेव ईश्वर में अर्पण होते रहते हैं। अपनी निर्भरता ईश्वर पर छोड़कर जीवन में निरन्तर ऐसा अभ्यास ईश्वर में प्रेम रखते हुए करते रहने से कृपालु ईश्वर स्वयं ही ऐसे पुरुष का परमार्थ मार्ग प्रशस्त कर देते हैं। ऐसे अभ्यासी पुरुष के कल्याण के लिए संसार और परमार्थ का, दोनों का, दायित्व वह स्वयं ही वहन करते हैं (९।२२) और अन्ततः परमशान्ति रूपी मोक्ष प्रदान कर देते हैं, परन्तु अपने कर्तृत्व और बल आदि का अभिमान तो अधःपतन का ही कारण होता है ॥ ३३ ॥

द्रोणं च भीष्मं च जयद्रथं च
कर्णं तथान्यानपि योधवीरान् ।
मया हतांस्त्वं जहि मा व्यथिष्ठा
युध्यस्व जेतासि रणे सपत्नान् ॥ ३४ ॥

द्रोणम्—द्रोण, **च**—और, **भीष्मम्**—भीष्म, **च**—तथा, **जयद्रथम्**—जयद्रथ, **च**—और, **कर्णम्**—कर्ण, **तथा**—तथा, **अन्यान्**—अन्य, **अपि**—भी, **योधवीरान्**—वीर योद्धा, **मया**—जो मेरे द्वारा, **हतान्**—मारे हुए हैं, **त्वम्**—तू, **जहि**—उनको मार, **मा व्यथिष्ठाः**—भय मत कर, **युध्यस्व**—युद्ध कर, **जेतासि**—जीतेगा, **रणे**—युद्ध में, **सपत्नान्**—शत्रुओं को (तू)।

द्रोण और भीष्म तथा जयद्रथ और कर्ण तथा अन्य वीर योद्धा भी जो मेरे द्वारा मारे हुए हैं उनको तू मार, भय मत कर, युद्ध कर, युद्ध में शत्रुओं को तू जीतेगा।

अर्जुन के मन में कहीं-न-कहीं कौरव पक्ष के द्रोण आदि महायोद्धाओं से आशंका थी कि विजय किस पक्ष की होगी (२।६)? इस सम्बन्ध में वह अनिश्चय की स्थिति में था और इसे वह भगवान् श्रीकृष्ण से व्यक्त भी कर चुका था। इस बात को ध्यान में रखते हुए भगवान् ने अर्जुन द्वारा युद्ध जीतने की बात कहकर उसके मन की आशंका को निर्मूल कर दिया। अर्जुन की आशंका का पर्याप्त आधार भी था। द्रोण दिव्यास्त्रों से युक्त धनुर्विद्या के आचार्य थे, भीष्म इच्छामृत्यु और दिव्यास्त्र सम्पन्न अपराजेय-से थे, कर्ण भी इन्द्र द्वारा प्राप्त अमोघ शक्ति से युक्त महान वीर था और अन्य अनेक शूरवीर कौरव पक्ष में थे।

भगवान् ने अर्जुन से स्पष्ट कहा कि द्रोण, भीष्म, जयद्रथ और कर्ण तथा अनेक शूरवीर योद्धा जो मेरे द्वारा पहले ही मारे हुए हैं, तुमने मेरे मुखों में इन्हें

कालकवलित होते हुए प्रत्यक्ष देखा है, उनसे भय मत कर और उन्हें मारने में निमित्तमात्र बन। तू युद्ध कर और तू दुर्योधन, आदि शत्रुओं को युद्ध में जीतेगा। इस तरह से भगवान् ने धर्म के पक्ष के विजय का आश्वासन देकर अर्जुन को अभय प्रदान किया।

इस संसार में सद्गुरु रूप में स्वयं भगवान् द्वारा अर्जुन को भय से मुक्त करने का जगत् के लिए सन्देशपूर्ण महत्त्व है। भय और दु:ख का परस्पर सम्बन्ध है। सांसारिक दृष्टि से देखने पर काम-इच्छा और आसक्ति के रहने पर मनुष्य में भय और दु:ख तत्त्व अधिकता में रहते हैं—सम्पत्ति, आदि के क्षीण होने का भय, अनुचित तरह से अर्जित सम्पत्ति को अर्जित करने उसकी रक्षा करने और व्यय करने में भय, स्त्री पुत्र आदि के हानि होने का भय, वृद्धावस्था में होनेवाले रोग, कष्ट और कुसेवा का भय तथा मृत्यु का भय और ऐसे अन्यान्य भय जीवन में सदैव रहते हैं। ये सारे भय दु:ख के कारण बनते हैं। दु:ख के मूल में भय रहता है। भय सदैव सुख और आनन्द का हरण करनेवाला है। विषम मानसिक स्थिति में अर्जुन को मोहान्धकार से उबारकर और अभय प्रदान कर भगवान् ने भय-दु:ख से भी मुक्त कर दिया।

सद्गुरु अपने शिष्य को अनित्य संसार में ज्ञानबोध कराकर सर्वाधार परमेश्वर के प्रति प्रेम जगाकर और उसके स्वरूप का प्रत्यक्षानुभूति कराकर जीवन में भयमुक्त रखते हुए मोक्ष प्राप्त करा देता है। ऐसी है सद्गुरु की महिमा ॥ ३४॥

भगवान् के वचन के प्रभाव से अर्जुन की स्थिति को संजय द्वारा धृतराष्ट्र से कहना—

सञ्जय उवाच

एतच्छ्रुत्वा वचनं केशवस्य
कृताञ्जलिर्वेपमानः किरीटी ।
नमस्कृत्वा भूय एवाह कृष्णं
सगद्गदं भीतभीतः प्रणम्य ॥ ३५ ॥

सञ्जयः उवाच—संजय बोले, **एतत्**—इस, **श्रुत्वा**—सुनकर, **वचनम्**—वचन को, **केशवस्य**—केशव के, **कृताञ्जलिः**—हाथ जोड़कर, **वेपमानः**—काँपता हुआ, **किरीटी**—मुकुटधारी अर्जुन, **नमस्कृत्वा**—नमस्कार करके, **भूयः**—फिर, **एव**—भी, **आह**—बोला, **कृष्णम्**—श्रीकृष्ण से, **सगद्गदम्**—गद्गद भाव से, **भीतभीतः**—भय से डरते हुए, **प्रणम्य**—प्रणाम करके।

संजय बोले—राजन् ! केशव के इस वचन को सुनकर मुकुटधारी अर्जुन हाथ जोड़कर काँपता हुआ नमस्कार करके फिर भी भय से डरते हुए पुनः प्रणाम करके श्रीकृष्ण से गद्गद भाव से बोला।

उपर्युक्त तीनों श्लोकों के माध्यम से भगवान् श्रीकृष्ण ने अपने को सभी लोकों को नष्ट करने के लिए प्रवृत्त 'महाकाल' बताया, कौरव पक्ष के सभी योद्धाओं को अपने द्वारा मारा हुआ बताया तथा युद्ध में कौरवों से विजय प्राप्त होने की बात कही। ऐसे वचनों को सुनकर 'किरीटी' - इन्द्रदेव द्वारा प्रदत्त मुकुट अर्जुन द्वारा शिर पर सदैव धारण रखने के कारण उसका यह नाम पड़ा, काँपते हुए हाथ जोड़कर श्रीकृष्ण को नमस्कार कर डरते हुए पुनः प्रणाम कर गद्गद भाव से बोला।

यहाँ श्रीकृष्ण के वचनों से अर्जुन के मन का गद्गद भाव समझा जा सकता है। अर्जुन ऐसा महावीर भय, दुःख-हर्ष, मोह, ज्ञान-अज्ञान, जय-पराजय, जीवन-मरण आदि ऐसे विपरीत द्वन्द्व भावों से युक्त अत्यन्त विषम मनःस्थिति में था और उससे उबरकर बच निकलने का उसे कोई रास्ता नहीं दिख रहा था, बस अन्धकार-ही-अन्धकार था। ऐसे विषम अन्तर्द्वन्द्व में भगवान् ने अर्जुन का सारा मोहरूपी अज्ञान दूर करके, कर्त्तव्य-पथ पर चलने की प्रेरणा देकर और शत्रुओं पर विजय प्राप्त कर लेने को बताया, जिससे भगवान् की इस अहैतुकी कृपा पर अर्जुन का मन गद्गद् हो गया, कण्ठ अवरुद्ध-सा हो गया, आँखों में हर्ष के आँसू डबडबा आये और वाणी अस्पष्ट-सी हो गयी।

ऐसा अनुभव में आता है कि संसार में मनुष्य को अत्यन्त विकट स्थिति से उबारने में यदि किसी की सामर्थ्य है तो वह सद्गुरु में ही है। ऐसा वह शिष्य के लिए जीवन में एक बार नहीं, अपितु अनेक बार अनन्त प्रकार से करता है। यहाँ स्वयं परमेश्वर श्रीकृष्ण ही समर्थ सद्गुरु रूप में अपने प्रिय सुहृद शिष्य अर्जुन पर अनुग्रहपूर्वक अत्यन्त विकट स्थिति से उबारते हुए मोहाज्ञान को दूर कर धर्म के कर्त्तव्यपथ पर लगाया। ब्रह्मज्ञानी गुरु को पाकर गुरु द्वारा प्रदत्त शिक्षा-दीक्षा के अभ्यास में शिष्य भला अपना पूरा जीवन क्यों नहीं समर्पित कर देगा? गुरुकृपा से परमात्मा का अनुभव प्राप्त पुरुष में संसार के राग-रास से फिर क्या आसक्ति होगी? गुरुभाव से शरणागत हुआ, गुरुपदेश के आचरण में रमण करता हुआ भगवत्प्राप्ति के मार्ग में लगे हुए शिष्य का वर्तमान जीवन भी निश्चय ही दिव्य हो जाता है ॥ ३५ ॥

अगले श्लोक से श्लोक छियालीस तक अर्जुन द्वारा भगवान् की प्रशंसा करके अपने को क्षमा कराकर चतुर्भुज रूप देखने की प्रार्थना करना—

अर्जुन उवाच

स्थाने हृषीकेश तव प्रकीर्त्या
जगत्प्रहृष्यत्यनुरज्यते च ।
रक्षांसि भीतानि दिशो द्रवन्ति
सर्वे नमस्यन्ति च सिद्धसङ्घाः ॥ ३६ ॥

अर्जुनः उवाच—अर्जुन बोले, **स्थाने**—यह उचित है कि, **हृषीकेश**—हे हृषीकेश, **तव**—आपके, **प्रकीर्त्या**—यश-कीर्तन से, **जगत्**—जगत् (अत्यन्त), **प्रहृष्यति**—हर्षित, **अनुरज्यते**—अनुराग को प्राप्त हो रहा है, **च**—और, **रक्षांसि**—राक्षस लोग, **भीतानि**—भयभीत होकर, **दिशः**—दिशाओं को, **द्रवन्ति**—भाग रहे हैं, **सर्वे**—सब, **नमस्यन्ति**—नमस्कार कर रहे हैं, **च**—और, **सिद्धसङ्घाः**—सिद्धगणों के समूह (आपको)।

अर्जुन बोले—हे हृषीकेश ! यह उचित है कि आपके यश—कीर्तन से जगत् अत्यन्त हर्षित और अनुराग को प्राप्त हो रहा है। राक्षस लोग भयभीत होकर दिशाओं को भाग रहे हैं और सब सिद्धगणों के समूह आपको नमस्कार कर रहे हैं।

हे हृषीकेश ! इन्द्रियों के स्वामी को हृषीकेश कहते हैं, यह उचित है कि आपके माहात्म्य के कीर्तन आदि से जगत् हर्षित और अनुराग को प्राप्त हो रहा है, क्योंकि आप भक्तों पर कृपा करनेवाले और अनेक प्रभावों से युक्त हैं। सभी राक्षस लोग भयभीत हुए विभिन्न दिशाओं में भाग रहे हैं, क्योंकि राक्षस वृत्तिवालों के लिए आपकालस्वरूप हैं और सिद्धों का समूह आपको प्रणाम करते हैं, क्योंकि आप उनके ज्ञान प्रदाता हैं, यह सब भी सर्वथा उचित है ॥ ३६ ॥

कस्माच्च ते न नमेरन्महात्मन्
गरीयसे ब्रह्मणोऽप्यादिकर्त्रे ।
अनन्त देवेश जगन्निवास
त्वमक्षरं सदसत्तत्परं यत् ॥ ३७ ॥

कस्मात्—कैसे, **च**—और, **ते**—आपको, **न नमेरन्**—नमस्कार न करें, **महात्मन्**—हे महात्मन्, **गरीयसे**—सबसे महान, **ब्रह्मणः**—ब्रह्मा के, **अपि**—भी, **आदिकर्त्रे**—आदि कारण, **अनन्त**—हे अनन्त, **देवेश**—हे देवेश, **जगन्निवास**—हे जगन्निवास, **त्वम्**—आप (वह) हैं, **अक्षरम्**—अक्षर, **सत्**—सत्, **असत्**—असत् (और), **तत्परम् यत्**—इससे भी जो परे है।

हे महात्मन् ! ब्रह्मा के भी आदि कारण और सबसे महान आपको कैसे नमस्कार न करें । हे अनन्त ! हे देवेश ! हे जगन्निवास ! आप अक्षर, सत्, असत् और इससे भी जो परे है, आप वह हैं।

हे महात्मन् ! आप सृष्टि के रचयिता ब्रह्मा के भी आदि कारण हैं और आप सबसे महान हैं, ऐसे में वे सब आपको कैसे न नमस्कार करें अर्थात् आप इसके योग्य हैं ।

हे अनन्त ! हे देवेश ! हे जगन्निवास ! आप नाश न होनेवाला अक्षर हैं। आप कार्यरूप जगत् के प्रादुर्भाव का हेतु अर्थात् कारणरूप प्रकृति हैं और कार्यरूप में इसे सत् तथा कारणरूप में असत् कहते हैं। सत्-असत् भाव में स्थित आपके अधीन रहनेवाली प्रकृति तत्त्व आप ही हैं। इतना ही नहीं है, आप अक्षर, सत् व असत् से भी परे परब्रह्म परमेश्वर हैं ॥ ३७ ॥

त्वमादिदेवः पुरुषः पुराण-
स्त्वमस्य विश्वस्य परं निधानम् ।
वेत्तासि वेद्यं च परं च धाम
त्वया ततं विश्वमनन्तरूप ॥ ३८ ॥

त्वम्—आप, **आदिदेवः**—देवताओं के आदि, **पुरुषः**—पुरुष, **पुराणः**—पुरातन, **त्वम्**—आप, **अस्य**—इस, **विश्वस्य**—विश्व के, **परम्**—परम, **निधानम्**—आश्रय (और), **वेत्ता**—जाननेवाले, **असि**—हैं, **वेद्यम्**—जानने योग्य, **च**—तथा, **परम्**—परम, **च**—और, **धाम**—धाम, **त्वया**—आपसे, **ततम्**—व्याप्त है, **विश्वम्**—सम्पूर्ण जगत, **अनन्तरूप**—हे अनन्तरूप।

आप देवताओं के आदि, पुरातन पुरुष, इस विश्व के आप परम आश्रय और जाननेवाले तथा जानने योग्य और परम धाम हैं। हे अनन्तरूप ! आपसे यह सम्पूर्ण जगत् व्याप्त है।

आप देवताओं के आदि और पुरातन-अनादि पुरुष हैं। आप इस जगत् के प्रलयकाल में आश्रय स्थल हैं अर्थात् समस्त जगत् अन्ततः आपमें ही लीन होता है। आप इस जगत् के यथार्थतः 'ज्ञाता' हैं, सर्वज्ञ हैं तथा जगत् में जो जानने योग्य 'ज्ञेय' वस्तु है अर्थात् परब्रह्म परमात्मा, वह आप हैं। आप मुक्त पुरुषों के अपुनरार्वृत्तिरूप गन्तव्य स्थान 'परम धाम' हैं। हे अनन्तरूप ! आप अनन्तरूपवाले से यह सम्पूर्ण जगत् व्याप्त है—आप सर्वव्यापक हैं ॥ ३८ ॥

वायुर्यमोऽग्निर्वरुणः शशाङ्कः
प्रजापतिस्त्वं प्रपितामहश्च ।
नमो नमस्तेऽस्तु सहस्त्रकृत्वः
पुनश्च भूयोऽपि नमो नमस्ते ॥ ३९ ॥

वायुः—वायु, **यमः**—यम, **अग्निः**—अग्नि, **वरुणः**—वरुण, **शशाङ्कः**—चन्द्रमा, **प्रजापतिः**—ब्रह्मा (और), **त्वम्**—आप, **प्रपितामहः**—ब्रह्मा के भी पिता हैं, **च**—और, **नमः**—नमस्कार, **नमः**—नमस्कार, **ते**—आपको, **अस्तु**—हो, **सहस्रकृत्वः**—हजारों बार, **पुनः**—फिर, **च**—और, **भूयः**—बार-बार, **अपि**—भी, **नमः**—नमस्कार, **नमः**—नमस्कार, **ते**—आपको।

आप वायु, यम, अग्नि, वरुण, चन्द्रमा, ब्रह्मा और ब्रह्मा के भी पिता हैं। आपको हजारों बार नमस्कार ! नमस्कार हो !! और फिर बार–बार आपको नमस्कार ! नमस्कार हो।

आप ही वायु, यम, अग्नि, जल से स्वामी वरुण, चन्द्रमा, प्रजा के स्वामी ब्रह्मा और ब्रह्मा के भी पिता–'प्रपितामह' हैं। आपको हजारों बार नमस्कार है और पुन: बार–बार नमस्कार है ॥ ३९ ॥

नमः पुरस्तादथ पृष्ठतस्ते
नमोऽस्तु ते सर्वत एव सर्व ।
अनन्तवीर्यामितविक्रमस्त्वं
सर्वं समाप्नोषि ततोऽसि सर्वः ॥ ४० ॥

नमः—नमस्कार है, **पुरस्तात्**—आगे से, **अथ**—और, **पृष्ठतः**—पीछे से, **ते**—आपको, **नमः**—नमस्कार है (आप), **अस्तु**—हो, **ते**—आपको, **सर्वतः**—सब ओर से, **एव**—ही, **सर्व**—हे सर्वरूप, **अनन्तवीर्य**—अनन्त सामर्थ्यवान (और), **अमितविक्रमः**—अपरिमित पराक्रमी हैं, **त्वम्**—आप, **सर्वम्**—सब संसार को, **समाप्नोषि**—व्याप्त किये हुए हैं, **ततः**—अतएव, **असि सर्वः**—सर्वरूप हैं।

आपको आगे से और पीछे से नमस्कार है। हे सर्वरूप ! आपको सब ओर से नमस्कार है। आप अनन्त सामर्थ्यवान और अपरिमित पराक्रमी हैं। आप सब संसार को व्याप्त किये हुए हैं, अतएव सर्वरूप हैं।

आपका सामर्थ्य अनन्त और पराक्रम अपरिमित है। आप सम्पूर्ण चराचर जड़–चेतन वस्तुओं को आत्मरूप से व्याप्त कर स्थित हैं, इन सभी के स्वरूप में आप ही हैं। आपकी सब संसार में व्याप्तता के कारण आप 'सर्वरूप' हैं। आपको आगे से, पीछे से और सब ओर से नमस्कार है ॥ ४० ॥

सखेति मत्वा प्रसभं यदुक्तं-
हे कृष्ण हे यादव हे सखेति ।
अजानता महिमानं तवेदं
मया प्रमादात्प्रणयेन वापि ॥ ४१ ॥

सखा—सखा, **इति**—ऐसा, **मत्वा**—मानकर, **प्रसभम्**—हठात् (ऐसा), **यत्**—जो, **उक्तम्**—कहा गया है, **हे कृष्ण**—हे कृष्ण, **हे यादव**—हे यादव, **हे सखे**—हे सखे, **इति**—ऐसा, **अजानता**—न जानते हुए, **महिमानम्**—महिमा को, **तव**—आपकी, **इदम्**—इस, **मया**—मेरे द्वारा, **प्रमादात्**—प्रमाद से, **प्रणयेन वा अपि**—या प्रेम से भी (आपको)।

आपकी इस महिमा को न जानते हुए मेरे द्वारा प्रमाद से या प्रेम से भी आपको 'सखा' ऐसा मानकर 'हे कृष्ण !' 'हे यादव !' 'हे सखे !' हठात् ऐसा कहा गया है।

आपके अलौकिक शक्ति तथा प्रभाव को न जानते हुए मेरे द्वारा 'प्रमादात्'-मोहवश अथवा 'प्रणयेन'-प्रेम या स्नेहयुक्त विश्वासवश आपको समवयस्क सखा मानकर 'हे कृष्ण !' 'हे यादव !' 'हे सखे !' ऐसा अविनयपूर्वक या हठपूर्वक कहा गया है ॥ ४१ ॥

यच्चावहासार्थमसत्कृतोऽसि
विहारशय्यासनभोजनेषु ।
एकोऽथवाप्यच्युत तत्समक्षं
तत्क्षामये त्वामहमप्रमेयम् ॥ ४२ ॥

यत्—जो (मेरे द्वारा), **च**—तथा, **अवहासार्थम्**—विनोद के लिए, **असत्कृतः असि**—आपका अपमान किया गया है, **विहार शय्या**—चलते-फिरते, सोते हुए, **आसन**—बैठते हुए (और), **भोजनेषु**—भोजन के समय, **एकः**—अकेले में, **अथवा**—अथवा, **अपि**—भी, **अच्युत**—हे अच्युत, **तत्समक्षम्**—उन सखाओं के सामने, **तत्**—उन सबको, **क्षामये**—क्षमा कराता हूँ, **त्वाम्**—आप, **अहम्**—मैं, **अप्रमेयम्**—अप्रमेय परमेश्वर से।

तथा जो मेरे द्वारा विनोद के लिए अकेले में अथवा उन सखाओं के सामने भी चलते—फिरते, सोते, बैठते और भोजन के समय आपका अपमान किया गया है, उन सबको हे अच्युत ! आप अप्रमेय परमेश्वर से मैं क्षमा कराता हूँ।

तथा जो 'अवहासार्थम्' अर्थात् विनोद एवं परिहास के लिए अकेले में अथवा अन्य सखाओं के सामने भी मेरे द्वारा चलते-फिरते, सोते, बैठते और भोजन करते समय आपका तिरस्कार किया गया है उन सभी को हे अच्युत ! प्रमाणों से अतीत परमेश्वर ! मैं आपसे क्षमा कराता हूँ, अर्थात् क्षमा करने के लिए अनुनय करता हूँ।

मनुष्य को अपनी गलतियों का बोध ईश्वर के यथार्थ ज्ञान के बाद हो जाता है, उसके पूर्व तो वह माया और मोह के चक्र में अज्ञान की स्थिति में सम्मूढावस्था जैसा जीवन व्यतीत करता है ॥ ४२ ॥

पितासि लोकस्य चराचरस्य
त्वमस्य पूज्यश्च गुरुर्गरीयान्।
न त्वत्समोऽस्त्यभ्यधिकः कुतोऽन्यो
लोकत्रयेऽप्यप्रतिमप्रभाव ॥ ४३ ॥

पिता—पिता, **असि**—हैं, **लोकस्य**—जगत् के, **चराचरस्य**—चराचर, **त्वम्**—आप, **अस्य**—इस, **पूज्यः**—अति पूजनीय, **च**—और, **गुरुः**—गुरु (हैं), **गरीयान्**—सबसे बड़े, **न**—नहीं, **त्वत्**—आपके, **समः**—समान, **अस्ति**—है (तो फिर), **अभ्यधिकः**—अधिक, **कुतः**—कैसे हो सकता है, **अन्यः**—कोई दूसरा, **लोकत्रये**—तीनों लोकों में, **अपि**—भी, **अप्रतिमप्रभाव**—हे अनुपम प्रभाववाले।

आप इस चराचर जगत् के पिता, सबसे बड़े गुरु और अति पूजनीय हैं। हे अनुपम प्रभाववाले ! तीनों लोकों में आपके समान भी कोई दूसरा नहीं है तो फिर अधिक कैसे हो सकता है?

हे अनुपम प्रभाववाले ! इस चराचर जगत् के आप पिता हैं और बड़े-से-बड़े गुरु भी हैं तथा अत्यन्त पूजनीय हैं। इस तीनों लोक में आपके समान कल्याणकारी गुणों से युक्त कोई नहीं है, कोई आपकी समानता नहीं कर सकता है तो फिर अधिक कैसे हो सकता है? ॥ ४३ ॥

तस्मात्प्रणम्य प्रणिधाय कायं
प्रसादये त्वामहमीशमीड्यम्।
पितेव पुत्रस्य सखेव सख्युः
प्रियः प्रियायार्हसि देव सोढुम् ॥ ४४ ॥

तस्मात्—अतएव, **प्रणम्य प्रणिधाय कायम्**—दण्डवत प्रणाम करके, **प्रसादये**—प्रसन्नता के लिए प्रार्थना करता हूँ, **त्वाम्**—आप, **अहम्**—मैं, **ईशम्**—ईश्वर की, **ईड्यम्**—स्तुति करने योग्य, **पिता इव पुत्रस्य**—जैसे पिता पुत्र का, **सखा इव सख्युः**—जैसे मित्र मित्र का और, **प्रियः प्रियायाः**—पति पत्नी का (अपराध सहन करता है, वैसे ही), **अर्हसि देव सोढुम्**—हे देव (आप मेरा भी अपराध) सहन करने के योग्य हैं।

अतएव मैं दण्डवत प्रणाम करके स्तुति करने योग्य आप ईश्वर की प्रसन्नता के लिए प्रार्थना करता हूँ। जैसे पिता पुत्र का, मित्र मित्रका और पति पत्नी का अपराध सहन करता है, वैसे ही हे देव ! आप मेरा भी अपराध सहन करने के योग्य हैं।

अतएव मैं 'कायम् प्रणिधाय' अर्थात् अपने शरीर को भली प्रकार नीचा करते हुए—दण्डवत करते हुए प्रणाम करके स्तुति करने योग्य आप नियामक ईश्वर

की प्रसन्नता के लिए प्रार्थना करता हूँ। जिस तरह से पिता अपने पुत्र का, मित्र अपने मित्र का और पति अपनी पत्नी का अपराध क्षमा करता है, वैसे ही हे देव ! परम कृपालु परमेश्वर आपको भी मेरा समस्त अपराध सहन करते हुए क्षमा करना उचित है।

ईश्वर बोध के बाद पुरुष की हृदय ग्रन्थि खुल जाती है और तब यह ज्ञान होता है कि उस कृपालु ने सारे अपराधों को क्षमा करके अपने स्वरूप का बोध कराया है। ऐसी स्थिति को प्राप्त पुरुष कृतार्थ हुआ भक्तवत्सल भगवान् में शरणागत होकर परमशान्ति को प्राप्त करता है ॥ ४४ ॥

अदृष्टपूर्वं हृषितोऽस्मि दृष्ट्वा
भयेन च प्रव्यथितं मनो मे ।
तदेव मे दर्शय देवरूपं
प्रसीद देवेश जगन्निवास ॥ ४५ ॥

अदृष्टपूर्वम्—पहले न देखे हुए रूप को, **हृषितः अस्मि**—हर्षित हो रहा हूँ, **दृष्ट्वा**—देखकर (मैं), **भयेन**—भय से, **च**—और, **प्रव्यथितम्**—अत्यन्त व्यथित भी हो रहा है, **मनः मे**—मेरा मन, **तत् एव**—अतः (आप) वही, **मे**—मुझको, **दर्शय**—दिखाइए, **देवरूपम्**—चतुर्भुज रूप, **प्रसीद**—प्रसन्न होइए, **देवेश**—हे देवेश, **जगन्निवास**—हे जगन्निवास।

पहले न देखे हुए रूप को देखकर मैं हर्षित हो रहा हूँ और भय से मेरा मन अत्यन्त व्यथित भी हो रहा है। अतः आप वही चतुर्भुज रूप मुझको दिखाइए। हे देवेश! हे जगन्निवास! प्रसन्न होइए ।

आपके अद्‌भुत और उग्र विराट् विश्वरूप को जो मैंने या अन्य किसी ने पूर्व में नहीं देखा था उसे देखकर मैं हर्षित हो रहा हूँ तथा साथ ही मेरा मन भय से व्याकुल भी हो रहा है। इसलिए आप मेरी व्यथा दूर करने के लिए वही चतुर्भुज रूप दिखाइए। हे देवेश ! हे जगन्निवास ! आप प्रसन्न हों, मुझ पर कृपा करिए।

भगवान् के विश्वरूप को देखकर अर्जुन के मन में हर्ष का विषय इसलिए रहा होगा कि अब उसे उनकी सर्वशक्तिमानता, प्रभाव की व्यापकता, सर्वनियन्तात्मक स्वरूप का प्रत्यक्ष दर्शन और विश्वास हो गया है और भगवान् के परमेश्वरस्वरूप का पूर्ण बोध हो गया है। अर्जुन के अत्यन्त व्यथित होने का कारण उग्ररूप धारण किये हुए भगवान् का लोकों के संहार के लिए प्रवृत्त होने की बात कहने से है। इस प्रकार अर्जुन का मन हर्ष और व्यथा से विचित्र स्थिति में था ॥ ४५ ॥

किरीटिनं गदिनं चक्रहस्त -
मिच्छामि त्वां द्रष्टुमहं तथैव ।
तेनैव रूपेण चतुर्भुजेन
सहस्रबाहो भव विश्वमूर्ते ॥ ४६ ॥

किरीटिनं—मुकुटयुक्त (और), **गदिनम् चक्रहस्तम्**—हाथ में गदा तथा चक्र धारण किये हुए, **इच्छामि**—चाहता हूँ, **त्वाम्**—आपको, **द्रष्टुम्**—देखना, **अहम्**—मैं, **तथा एव**—वैसा ही, **तेन एव**—उसी, **रूपेण**—रूप से युक्त, **चतुर्भुजेन**—चतुर्भुज, **सहस्रबाहो**—हे सहस्रबाहो, **भव**—हो जाइए, **विश्वमूर्ते**—हे विश्वमूर्ते (आप)।

मैं आपको वैसा ही मुकुट युक्त और हाथ में गदा तथा चक्र धारण किये हुए देखना चाहता हूँ । हे सहस्रबाहो ! हे विश्वमूर्ते ! आप उसी चतुर्भुज रूप से युक्त हो जाइए।

मैं आपको पहले की भाँति मुकुटधारण किये और हाथ में गदा तथा चक्र लिए हुए देखना चाहता हूँ। हे सहस्रबाहो ! हे विश्वमूर्ते ! आप अपने इस उग्र विराट् विश्वरूप को त्यागकर पूर्व की भाँति कल्याणस्वरूप चतुर्भुज रूप में हो जाइए ॥ ४६ ॥

अगले श्लोक से श्लोक उनचास तक भगवान् द्वारा विश्वरूप की महिमा कहना तथा चतुर्भुज व सौम्य रूप का दर्शन देना—

श्रीभगवानुवाच

मया प्रसन्नेन तवार्जुनेदं
रूपं परं दर्शितमात्मयोगात् ।
तेजोमयं विश्वमनन्तमाद्यं
यन्मे त्वदन्येन न दृष्टपूर्वम् ॥ ४७ ॥

श्रीभगवान् उवाच—श्रीभगवान् बोले, **मया**—मेरे द्वारा, **प्रसन्नेन**—प्रसन्न होकर, **तव**—तुझको, **अर्जुन**—अर्जुन, **इदम्**—यह, **रूपम्**—रूप, **परम्**—परम, **दर्शितम्**—दिखलाया गया, **आत्मयोगात्**—अपनी योगशक्ति से, **तेजोमयम्**—तेजोमय, **विश्वम्**—विश्वरूप, **अनन्तम्**—अनन्त, **आद्यम्**—आद्य, **यत्**—जो, **मे**—मेरा, **त्वत्**—तेरे, **अन्येन**—अतिरिक्त किसी दूसरे से, **न दृष्टपूर्वम्**—पहले नहीं देखा गया।

श्रीभगवान् बोले—अर्जुन ! प्रसन्न होकर मेरे द्वारा अपनी योगशक्ति से यह मेरा परम तेजोमय, अनन्त, आद्य विश्वरूप तुझको दिखलाया गया, जो तेरे अतिरिक्त किसी दूसरे से पहले नहीं देखा गया।

हे अर्जुन ! मैं प्रसन्न होकर अपना परम तेजोमय, अनन्त अर्थात् आदि, मध्य और अन्त से रहित, आद्य - सम्पूर्ण जगत् का आदि कारण यह सर्वात्म विश्वरूप जिसे पहले किसी अन्य द्वारा नहीं देखा गया है, उसे अपनी योगशक्ति द्वारा तुमको दिखलाया हूँ ॥ ४७ ॥

न वेदयज्ञाध्ययनैर्न दानै-
र्न च क्रियाभिर्न तपोभिरुग्रैः ।
एवंरूपः शक्य अहं नृलोके
द्रष्टुं त्वदन्येन कुरुप्रवीर ॥ ४८ ॥

न—न, **वेद यज्ञ अध्ययनैः**—वेद तथा यज्ञों के अध्ययन से, **न दानैः**—न दान से, **न**—न, **च**—और, **क्रियाभिः**—क्रियाओं से, **न तपोभिः उग्रैः**—न उग्र तपों से ही, **एवम्**—इस प्रकार, **रूपः**—विश्वरूपवाला मैं, **शक्यः**—(देखा जा) सकता हूँ, **अहम्**—मैं, **नृलोके**—मनुष्यलोक में, **द्रष्टुम्**—देखा जा सकता हूँ, **त्वत्**—तेरे (अतिरिक्त), **अन्येन**—दूसरे के द्वारा, **कुरुप्रवीर**—हे कुरुकुल में श्रेष्ठ।

हे कुरुप्रवीर ! मनुष्यलोक में इस प्रकार विश्वरूपवाला मैं न वेद तथा यज्ञों के अध्ययन से, न दान से, न क्रियाओं से और न उग्र तपों से ही तेरे अतिरिक्त दूसरे के द्वारा देखा जा सकता हूँ।

मैं आद्य अनन्त विश्वरूपवाला इस मनुष्यलोक में मनुष्यों द्वारा किये गये वेदों के सांगोपांग अध्ययन से, यज्ञों की क्रियाओं के विधिवत् ज्ञान से, धनादि दान से, शास्त्रविहित कर्मों से और इन्द्रियादि के नियन्त्रणपूर्वक किये गये कठोर तपों से भी नहीं देखा जा सकता हूँ। हे कुरुकुल में श्रेष्ठवीर अर्जुन ! एकमात्र तुम ही मेरे इस अद्‌भुत रूप को देख सके हो, तुम्हारे अतिरिक्त अन्य किसी के द्वारा मैं विश्वरूप में देखा नहीं जा सकता हूँ ॥ ४८ ॥

मा ते व्यथा मा च विमूढभावो
दृष्ट्वा रूपं घोरमीदृङ्ममेदम् ।
व्यपेतभीः प्रीतमनाः पुनस्त्वं
तदेव मे रूपमिदं प्रपश्य ॥ ४९ ॥

मा—नहीं होना चाहिए, **ते**—तुझे, **व्यथा**—व्यथा, **मा**—नहीं होना चाहिए, **च**—और, **विमूढभावः**—मूढभाव, **दृष्ट्वा**—देखकर, **रूपम्**—रूप को, **घोरम्**—भयंकर, **ईदृक्**—इस प्रकार के, **मम**—मेरे, **इदम्**—इस, **व्यपेतभीः**—भयरहित (और), **प्रीतमनाः**—प्रसन्नचित्त हुआ, **पुनः**—फिर, **त्वम्**—तू, **तत् एव मे रूपम् इदम्**—मेरे उसी इस (चतुर्भुज) रूप को, **प्रपश्य**—देख।

मेरे इस प्रकार के इस भयंकर रूप को देखकर तुझे व्यथा और मूढभाव नहीं होना चाहिए। तू भयरहित और प्रसन्नचित्त हुआ मेरे उसी इस (चतुर्भुज) रूप को फिर देख।

भगवान् श्रीकृष्ण अपने घोर उग्र विश्वरूप को अर्जुन को दिखाकर कह रहे हैं कि उसे इस रूप के दर्शन से व्यथा और मूढभाव नहीं होना चाहिए। अर्जुन को भयमुक्त और प्रसन्नचित्त हो जाने को कहकर भगवान् ने फिर भी अपने उस करुणामय चतुर्भुज रूप को उसे देखने को कहा, जिसे देखने के लिए अर्जुन ने इस अध्याय के श्लोक छियालीस में प्रार्थना किया था।

विश्वरूपदर्शन के सम्बन्ध में भगवान् द्वारा अर्जुन के लिए व्यथा और मूढभाव न रखने की कही गयी बात में सन्निहित भाव पर विचार उचित है। भगवान् का वह तेजोमय, उग्र व संहारक अनन्त विश्वरूप जगत् के अधर्मी, पापी और कुमार्गी पुरुषों में भय उत्पन्न करने के लिए है, ऐसे पुरुषों को उनके कर्मानुसार अवश्य दण्ड मिलना चाहिए। कौरव पक्ष अधर्म के रास्ते पर था। प्राणियों के आदि-अन्त के मूल कारण भगवान् ही हैं। अधर्मी कौरवों के नाश की और धर्मी पाण्डवों के विजय की भगवान् द्वारा घोषणा निश्चित ही धर्म के रक्षार्थ ही है। भगवान् का वही उग्ररूप ऋषि, महर्षियों, देवों और साधु-सन्तों के लिए, जो तत्त्वत: उन्हें समझते हैं, किसी व्यथा का कारण नहीं है और न ही वे भयभीत हैं, अपितु वे भगवान् के उस रूप की स्तुति करते दिखे। अर्जुन को वह रूप दिखाने में भगवान् का भाव यही है कि वह उस रूप में अन्तर्निहित उपर्युक्त भाव को तत्त्वत: समझे। उस तेजोमय दुर्लभ रूप का दर्शन भगवान् ने कृपा करके कराया है। भगवान् के उस विश्वरूप को यथार्थत: समझना चाहिए। वह रूप तो धर्म के रक्षार्थ और अधर्म के नाश का हेतु है।

भगवान् का विश्वरूप भक्तों और योगियों को निर्भय करनेवाला तथा अधर्मियों का विनाशक है। वह रूप ईश्वर की सर्वशक्तिमानता, अनन्तता और नियन्ता का बोध करानेवाला है। ईश्वर का वह विश्वरूप तो वस्तुत: मूढतानाशक, व्यथानाशक, निर्भयकारक और प्रसन्नतादायक है ॥ ४९ ॥

इस प्रकार भगवान् द्वारा चतुर्भुज रूप दिखाकर पुन: पूर्ववत् मनुष्य रूप दिखाने को संजय द्वारा कहना—

सञ्जय उवाच

इत्यर्जुनं वासुदेवस्तथोक्त्वा
स्वकं रूपं दर्शयामास भूयः ।

आश्वासयामास च भीतमेनं
भूत्वा पुनः सौम्यवपुर्महात्मा ॥ ५० ॥

सञ्जयः उवाच—संजय बोले, **इति**—इस प्रकार, **अर्जुनम्**—अर्जुन को, **वासुदेवः**—वासुदेव भगवान् ने, **तथा**—वैसा (चतुर्भुज), **उक्त्वा**—कहकर, **स्वकम्**—अपना, **रूपम्**—रूप, **दर्शयामास**—दिखलाया, **भूयः**—फिर, **आश्वासयामास**—धीरज दिया, **च**—और, **भीतम्**—भयभीत अर्जुन को, **एनम्**—उस, **भूत्वा**—होकर, **पुनः**—फिर, **सौम्यवपुः**—सौम्यरूप (नररूप), **महात्मा**—महात्मा श्रीकृष्ण ने।

संजय बोले—राजन् ! इस प्रकार अर्जुन से कहकर वासुदेव भगवान् ने अपना वैसा चतुर्भुज रूप दिखलाया और फिर महात्मा श्रीकृष्ण ने सौम्यरूप (नररूप) होकर उस भयभीत अर्जुन को धीरज दिया।

इस प्रकार कहकर भगवान् वासुदेव ने वसुदेव के पुत्ररूप में जन्मते समय प्रकट किये गए अपने चतुर्भुज रूप को अर्जुन को दिखाया। पुनः कृपालु श्रीकृष्ण मनुष्य रूप में पूर्ववत सौम्यरूप होकर भयभीत अर्जुन को धीरज दिया। यह भगवान् का अपने शिष्य अर्जुन पर अगाध प्रेम ही था जो पहले विश्वरूप दिखाया, फिर चतुर्भुज रूप दिखाया और अन्त में पुनः सौम्य मनुष्यरूप में हो गये। ऐसा समर्थ गुरु सौभाग्य से ही मिलता है ॥ ५० ॥

अर्जुन द्वारा स्वाभाविक स्थिति की प्राप्ति—

अर्जुन उवाच

दृष्ट्वेदं मानुषं रूपं तव सौम्यं जनार्दन ।
इदानीमस्मि संवृत्तः सचेताः प्रकृतिं गतः ॥ ५१ ॥

अर्जुनः उवाच—अर्जुन बोले, **दृष्ट्वा**—देखकर, **इदम्**—इस, **मानुषम्**—मनुष्य, **रूपम्**—रूप को, **तव**—आपके, **सौम्यम्**—सौम्य, **जनार्दन**—हे जनार्दन, **इदानीम्**—अब (मैं), **अस्मि**—हूँ (और), **संवृत्तः**—हो गया, **सचेताः**—सचेत, **प्रकृतिम्**—अपनी स्वाभाविक स्थिति को, **गतः**—प्राप्त हो गया हूँ।

अर्जुन बोले—हे जनार्दन ! आपके इस सौम्य मनुष्य रूप को देखकर अब मैं सचेत हो गया हूँ और अपनी स्वाभाविक स्थिति को प्राप्त हो गया हूँ।

हे जनार्दन ! आपके इस पूर्ववत सौम्य मनुष्य रूप को देखकर जैसे मेरी चेतना लौट आयी है और मैंने अपनी स्वाभाविक स्थिति को प्राप्त कर लिया है।

भयंकर विश्वरूप के दर्शन से अर्जुन की इन्द्रियाँ स्तब्ध-सी हो गयी थीं, बुद्धिभ्रम हो गया था, वाणी रुक-सी गयी थी और शरीर में कम्प हो रहा था।

अब अर्जुन के शरीर में जैसे प्राणों का संचार हो गया और स्वाभाविक प्रसन्नता प्राप्त हो गयी है ॥ ५१ ॥

अगले दो श्लोकों में भगवान् द्वारा अर्जुन को दिखाये गये अपने रूप का दर्शन दुर्लभ बताना—

श्रीभगवानुवाच

सुदुर्दर्शमिदं रूपं दृष्टवानसि यन्मम।
देवा अप्यस्य रूपस्य नित्यं दर्शनकाङ्क्षिणः ॥ ५२ ॥

श्रीभगवान् उवाच—श्रीभगवान् बोले, **सुदुर्दर्शम्**—इसका दर्शन अति दुर्लभ है, **इदम्**—यह, **रूपम्**—रूप, **दृष्टवान्**—(तुमने) देखा, **असि**—है, **यत्**—जो, **मम**—मेरा, **देवाः**—देवता, **अपि**—भी, **अस्य**—इस, **रूपस्य**—रूप के, **नित्यम्**—नित्य, **दर्शनकाङ्क्षिणः**—दर्शन की आकांक्षा करते हैं।

श्रीभगवान् बोले—मेरा जो यह रूप तुमने देखा है, इसका दर्शन अति दुर्लभ है। देवता भी इस रूप के नित्य दर्शन की आकांक्षा करते हैं।

तुमने मेरा जो यह रूप (चतुर्भुज रूप) देखा है, उस रूप का दर्शन अत्यन्त दुर्लभ है। योगीगण, देवतागण आदि इस रूप के नित्य दर्शन की आकांक्षा करते हैं।

देवता लोग भोग में ही आसक्त हुए अपने पुण्यशील होने के अहं में रहते हैं, जिससे उनमें मेरे प्रति भक्तिभाव नहीं आता है और वे स्वार्थ के ही वशीभूत रहते हैं। भक्त को भगवान् के इस रूप को यथार्थतः समझते हुए उनमें प्रेमभाव रखते हुए उनके सगुण रूप का ध्यान व पूजन भक्तिभाव से करना चाहिए ॥ ५२ ॥

नाहं वेदैर्न तपसा न दानेन न चेज्यया।
शक्य एवंविधो द्रष्टुं दृष्टवानसि मां यथा ॥ ५३ ॥

न—न, **अहम्**—मैं, **वेदैः**—वेदों से, **न तपसा**—न तप से, **न दानेन**—न दान से, **न**—न, **च**—और, **इज्यया**—यज्ञ से ही, **शक्यः**—जा सकता हूँ, **एवंविधः**—इस प्रकार, **द्रष्टुम्**—देखा, **दृष्टवान् असि माम्**—(तुमने) मुझको देखा है, **यथा**—जिस प्रकार।

जिस प्रकार तुमने मुझको देखा है इस प्रकार मैं न वेदों से, न तप से, न दान से और न यज्ञ से ही देखा जा सकता हूँ।

तुमने जिस प्रकार मेरे अनुग्रह के फलस्वरूप सहजता से मेरे इस चतुर्भुज रूप को देखा है उस प्रकार मैं किसी अन्य साधन से नहीं देखा जा सकता हूँ—

न तो वेद शास्त्रों के अध्ययन से, न तो कठोर तपस्याओं से, न बड़े दान-पुण्य आदि कर्मों से और न ही विधि-विधान से किए गए बड़े-से-बड़े यज्ञों के अनुष्ठानों से ही।

भगवान् का चतुर्भज रूप, जो सबका अधिष्ठाता, आश्रय, कारण और आधार है, का दर्शन प्रयासजन्य या साधनजन्य नहीं है। यह दर्शन भगवान् की कृपा एवं भक्त के अन्त:करण के भाव का विषय है ॥ ५३ ॥

तो फिर कैसे और किस प्रकार से भगवान् का रूप तत्त्वत: देखना सम्भव है? इसे आगे भगवान् बताते हैं—

भक्त्या त्वनन्यया शक्य अहमेवंविधोऽर्जुन ।
ज्ञातुं द्रष्टुं च तत्त्वेन प्रवेष्टुं च परन्तप ॥ ५४ ॥

भक्त्या—भक्ति से, **तु**—परन्तु, **अनन्यया**—अनन्य, **शक्य:**—किया जा सकता हूँ, **अहम्**—मैं, **एवंविध:**—इस प्रकार (चतुर्भुज रूप में), **अर्जुन**—हे अर्जुन, **ज्ञातुम्**—जाना, **द्रष्टुम्**—देखा, **च**—और, **तत्त्वेन्**—तत्त्व से, **प्रवेष्टुम्**—प्रवेश, **च**—और, **परन्तप**—हे परन्तप।

परन्तु हे परन्तप ! हे अर्जुन ! अनन्य भक्ति से मैं इस प्रकार (चतुर्भुज रूप में) तत्त्व से जाना, देखा और प्रवेश किया जा सकता हूँ।

परन्तु अनन्य भक्ति से अर्थात् जो मेरे में एकनिष्ठ हुआ मेरे अतिरिक्त उसका अन्य किसी वस्तु में लगाव कभी न हो, अर्थात् इन्द्रियों सहित समस्त भावनाओं को सप्रेम एकमात्र मेरे ही साथ मिलाकर एकरस हो, ऐसी भक्ति से पूर्व में तुम्हारे द्वारा प्रत्यक्ष देखे गये चतुर्भुज रूप में शास्त्रों में दिये गये मेरे तात्त्विक वर्णन के अनुसार ही हे परन्तप ! मैं तत्त्वत: जाना जा सकता हूँ, तत्त्वत: देखा जा सकता हूँ, अर्थात् साक्षात् किया जा सकता हूँ और तत्त्वत: प्रवेश भी किया जा सकता हूँ (१८।५५)।

अनन्य भक्ति के द्वारा जब भक्त की भगवान् में समरसता हो जाती है तो उसे उनके स्वरूप का बोध हो जाता है और उस बोध के बाद उनका दर्शन भी हो जाता है। उनके सर्वात्मस्वरूप का दर्शन होते ही अहंभाव का नाश होकर द्वैतभाव समाप्त हो जाता है, क्योंकि अहं ही द्वैतभाव के मूल में विद्यमान रहता है। तत्पश्चात 'मैं' और 'वह' का भाव न होकर सर्वत्र एक परमेश्वर का भाव ही रह जाता है—*'एकोऽहंद्वितीयोनास्ति'*, ऐसा सर्वव्याप्त एवं आनन्दमय एकीभाव हृदय में स्थायी रूप से स्थित हो जाता है। फिर तो 'जीवन्मुक्त' की स्थिति हो जाती है ॥ ५४ ॥

अब अगले श्लोक में भगवान् अनन्य भक्तों के कर्म और भाव का वर्णन साररूप से बतलाते हैं—

मत्कर्मकृन्मत्परमो मद्भक्तः सङ्गवर्जितः ।
निर्वैरः सर्वभूतेषु यः स मामेति पाण्डव ॥ ५५ ॥

मत्कर्मकृत्—मेरा कर्म करनेवाला, **मत्परमः**—मेरे परायण, **मद्भक्तः**—मेरा भक्त, **सङ्गवर्जितः**—संगरहित (और), **निर्वैरः**—वैरभाव से रहित है, **सर्वभूतेषु**—सम्पूर्ण भूतप्राणियों में, **यः**—जो पुरुष, **सः**—वह, **माम्**—मुझे, **एति**—प्राप्त होता है, **पाण्डव**—हे पाण्डुकुमार।

हे पाण्डुकुमार ! जो पुरुष मेरा कर्म करनेवाला, मेरे परायण, मेरा भक्त, संगरहित और सम्पूर्ण भूतप्राणियों में वैरभाव से रहित है, वह मुझे प्राप्त होता है।

जो पुरुष शास्त्रसम्मत कर्त्तव्य-कर्म को भगवान् की प्रसन्नता के लिए भगवान् की ही इच्छा मानकर करता है, वह *'मत्कर्मकृत्'* है। जो अपने सम्पूर्ण कर्मों के आरम्भ में परम उद्देश्य मुझे ही मानता है, ऐसे भाववाले को *'मत्परमः'* अर्थात् मेरे परायण हुआ कहते हैं। जो सर्वभावों और सर्वेन्द्रियों द्वारा मुझसे अत्यन्त प्रेम रखते हुए मेरा कीर्तन, ध्यान, पूजन और स्तवन आदि एकमात्र मेरे लिए करता है वह *'मद्भक्तः'* है। जो मुझसे अत्यन्त प्रेम होने के कारण सम्पत्ति, स्त्री, पुत्रादि सांसारिक सम्बन्धों एवं वस्तुओं में स्नेह तथा आसक्ति से रहित है, वह *'सङ्गवर्जितः'* है। जो सभी भूतप्राणियों में, भले ही वे अहित करने की चेष्टावाले हों, मुझ आत्मस्थ का अनुभव करता हुआ वैरभाव से रहित हो, वह *'निर्वैरः सर्वभूतेषु'* है। हे पाण्डुकुमार ! इन भावों से युक्त होकर कर्म करता हुआ जो मेरा भक्त है, उसकी परम गति मैं ही हूँ। वह मुझे ही प्राप्त करता है (७।४७)।

भगवान् की दृष्टि में परमार्थ प्राप्ति के लिए, जगत् की दृष्टि से भी कल्याण हेतु, उपर्युक्त गुणों की वृद्धि मनुष्य में आवश्यक है। किसी भी मार्ग के योगी को प्राप्तव्य हेतु तथा कल्याण चाहनेवालों के लिए भी उपर्युक्त भावों पर चिन्तन-मनन करके तदनुसार व्यवहार करना श्रेष्ठ है ॥ ५५ ॥

इति श्रीकृष्णार्जुनसंवादे विश्वरूपदर्शनयोगो नाम एकादशोऽध्यायः ॥ ११ ॥

अध्याय १२

इस अध्याय *'भक्तियोग'* में भगवान् श्रीकृष्ण को जीवों का परम उपास्य कहा गया है तथा अनन्य भक्ति द्वारा भक्तों को भगवान् के प्राप्त होने को बतलाया गया है।

आपके सगुण-साकार रूप में और निर्गुण-निराकार अव्यक्त अक्षर के उपासना में लगे हुए में कौन उत्तम योगवेत्ता है, ऐसा प्रश्न अर्जुन ने भगवान् से पूछा (१)। श्रद्धा से युक्त नित्य उपासना करनेवाले सगुण उपासक को भगवान् योगियों में श्रेष्ठ मानते हैं (२)। इन्द्रियों को वश में करके तथा समबुद्धि से भूतहित में रत होकर विभिन्न विशेषणों से युक्त अव्यक्त अक्षर के उपासक को भी भगवान् की प्राप्ति बताते हैं, किन्तु देहाभिमानियों को ऐसी उपासना में क्लेश होता है (३-५)। समस्त कर्मों को मुझमें अर्पण करके एवं मेरे परायण होकर अनन्य योग से मेरी उपासना करनेवाले को मैं मृत्युरूप संसार-सागर से उद्धार कर देता हूँ (६-७)। ऐसी स्थिति में तू मुझमें मन व बुद्धि को लगा, जिससे तू मुझमें ही निवास करेगा (८)। ऐसा न कर सकने की स्थिति में अभ्यासयोग से तू मुझे प्राप्त करने की इच्छा कर (९)। यदि इसे भी करने में असमर्थ है तो तू मेरे लिए कर्म करने के परायण होकर कर्म करता हुआ मेरी प्राप्तिरूप सिद्धि को पा जाएगा (१०)। फिर भी यदि तू मेरे निमित्त कर्म करने में भी समर्थ नहीं है तो संयमित मन से मेरी प्राप्तिरूप योग के आश्रित होकर सब कर्मों के फल का त्याग कर (११), क्योंकि कर्मफल का त्याग तो अभ्यास, ज्ञान व ध्यान से श्रेष्ठ है और इस त्याग से शान्ति प्राप्त होती है (१२)। अब भगवान् अपनी कृपा की प्राप्ति के कारणरूप विभिन्न धर्म समूह का वर्णन करते हैं (१३-१९)। इस अध्याय के श्लोक तेरह से उन्नीस तक वर्णित धर्म्यामृत का अनुष्ठान करनेवाले भक्त को अन्तिम श्लोक (२०) में अपना अत्यन्त प्रिय बताकर अध्याय का उपसंहार करते हैं।

गीता के दूसरे अध्याय से लेकर दसवें अध्याय तक अव्यक्त अक्षरब्रह्म की तथा योग-कर्मयोग व ध्यानयोग से प्राप्त होनेवाले आत्मसाक्षात्काररूप परमात्मा

की उपासना का वर्णन किया गया एवं उन्हीं अध्यायों में जगह-जगह साकार परमेश्वर के गुणों, आदि के साथ भक्तिपूर्वक उनकी उपासना का भी वर्णन किया गया है। ग्यारहवें अध्याय में अर्जुन को भगवान् ने अपने सगुण विश्वरूप का दर्शन देकर उसी अध्याय के अन्तिम श्लोक ***'मत्कर्मकृन्मत्परमो ... मामेति पाण्डव'*** *में भगवान् के लिए कर्म करनेवाले और उनके परायण होकर भक्ति करनेवाले को अपनी प्राप्ति भगवान् ने बताया। उपर्युक्त दोनों उपासनाओं - अव्यक्त अक्षरब्रह्म और सगुण साकार परमेश्वर की उपासना में श्रेष्ठतर उपासना को जानने की जिज्ञासा से अर्जुन भगवान् से पूछता है—*

अर्जुन उवाच

एवं सततयुक्ता ये भक्तास्त्वां पर्युपासते।
ये चाप्यक्षरमव्यक्तं तेषां के योगवित्तमाः॥ १॥

अर्जुनः उवाच—अर्जुन बोले, **एवम्**—इस प्रकार, **सतत**—निरन्तर, **युक्ताः**—प्रयत्न में लगे हुए, **ये**—जो, **भक्ताः**—भक्त, **त्वाम्**—आपकी, **पर्युपासते**—भलीभाँति उपासना करते हैं, **ये**—दूसरे जो, **च**—और, **अपि**—ही, **अक्षरम्**—अक्षर (की उपासना करते हैं), **अव्यक्तम्**—अव्यक्त, **तेषाम्**—उनमें, **के**—कौन है, **योगवित्तमाः**—उत्तम योगवेत्ता।

अर्जुन बोले—इस प्रकार निरन्तर प्रयत्न में लगे हुए जो भक्त आपकी भलीभाँति उपासना करते हैं और दूसरे जो अव्यक्त अक्षर की ही उपासना करते हैं, उनमें उत्तम योगवेत्ता कौन है?

एक तो वे भक्तगण हैं, जो भक्तयोगी हैं और जो ग्यारहवें अध्याय के अन्तिम श्लोक पचपन के अनुसार निरन्तर प्रयत्न में लगे हुए आपके व्यक्त (सगुण-साकार) रूप को अपने हृदय में बैठाकर आपको ही श्रेष्ठ समझते हुए आपकी प्रसन्नता के लिए पूरे मनोयोग से सभी विभूतियों से युक्त आप परमेश्वर की उपासना एवं भजन-कीर्तन करते हैं। दूसरे वे जो कर्मसंन्यासी और वासनात्यागी ज्ञानीगण-ज्ञानयोगी हैं, जो आप अव्यक्त (निर्गुण-निराकार) अविनाशी, अप्रमेय, इन्द्रियातीत परब्रह्म की ही उपासना करते हैं। उन दोनों में उत्तम योगवेत्ता कौन है, जो आपको शीघ्रता से प्राप्त कर सके? ॥ १॥

सगुण उपासक को भगवान् श्रेष्ठ बताते हैं—

श्रीभगवानुवाच

मय्यावेश्य मनो ये मां नित्ययुक्ता उपासते।
श्रद्धया परयोपेतास्ते मे युक्ततमा मताः॥ २॥

श्रीभगवान् उवाच—श्रीभगवान् बोले, **मयि**—मुझमें, **आवेश्य**—लगाकर, **मनः**—मन, **ये**—जो, **माम्**—मेरी, **नित्ययुक्ताः**—नित्ययुक्त हुए, **उपासते**—उपासना करते हैं, **श्रद्धया**—श्रद्धा से, **परया**—अतिशय, **उपेताः**—युक्त होकर, **ते**—वे, **मे**—मुझे, **युक्ततमाः**—योगियों में श्रेष्ठ, **मताः**—मान्य हैं।

श्रीभगवान् बोले—जो अतिशय श्रद्धा से युक्त होकर मुझमें मन लगाकर नित्ययुक्त हुए मेरी उपासना करते हैं, वे मुझे योगियों में श्रेष्ठ मान्य हैं।

जो भक्त अपनी समस्त इन्द्रियों और मनोभावों को अतिशय श्रद्धा के साथ मुझमें लगाकर सदैव मुझसे जुड़े हुए अहर्निश मुझ परमेश्वर की उपासना करते हैं (११।५५) वे योगियों में श्रेष्ठ हैं, ऐसा मैं मानता हूँ ॥ २ ॥

अगले तीन श्लोकों में भगवान् निर्गुण ब्रह्म का स्वरूप बताकर ऐसे उपासक द्वारा स्वयं की प्राप्ति कहकर ऐसी उपासना में क्लेश होने को कहते हैं—

ये त्वक्षरमनिर्देश्यमव्यक्तं पर्युपासते ।
सर्वत्रगमचिन्त्यं च कूटस्थमचलं ध्रुवम् ॥ ३ ॥

ये—जो, **तु**—परन्तु, **अक्षरम्**—अक्षर, **अनिर्देश्यम्**—जो शब्द से बताया न जा सके, **अव्यक्तम्**—प्रमाण से प्रत्यक्ष न हो सके, **पर्युपासते**—उपासना करते हैं, **सर्वत्रगम्**—सर्वव्यापक, **अचिन्त्यम्**—मन-बुद्धि से अचिन्त्य, **च**—और, **कूटस्थम्**—सदा एक-सा, **अचलम्**—अचल, **ध्रुवम्**—नित्य की।

परन्तु जो अक्षर, अनिर्देश्य, अव्यक्त, सर्वव्यापक, अचिन्त्य, कूटस्थ, अचल और नित्य की उपासना करते हैं।

परन्तु जो पुरुष उस अक्षर का जो 'अव्यक्तम्'- किसी प्रमाण से प्रत्यक्ष न किया जा सके, 'अनिर्देश्यम्'- शब्द का विषय न होने से अव्यक्त है और इसीलिए किसी प्रकार भी बताया न जा सके, 'सर्वत्रगम्'-आकाश के समान सर्वव्यापक, 'अचिन्त्यम्'- व्यक्त होनेवाली वस्तु ही चिन्तनीय है किन्तु यह अव्यक्त होने के कारण मन-बुद्धि से अचिन्त्य है, 'कूटस्थम्'-सभी शरीरों में एक-सा स्थित, 'अचलम्'-कूटस्थ के कारण अचल है, 'ध्रुवम्'-अचल होने से नित्य है; ऐसे उपर्युक्त विशेषणों से युक्त अक्षर का जो सब प्रकार से उपासना करते हैं।

ऊपर से गुणयुक्त, किन्तु भीतर से दोषपूर्ण वस्तु को 'कूट' कहते हैं। इसी तरह से अविद्या आदि अन्तर्दोषों से युक्त प्रकृति को 'माया' कहते हैं, अतएव इस माया को कूट कहते हैं। इस माया का जो अधिष्ठाता है उसे 'कूटस्थ' कहते हैं ॥ ३ ॥

सन्नियम्येन्द्रियग्रामं सर्वत्र समबुद्धयः ।
ते प्राप्नुवन्ति मामेव सर्वभूतहिते रताः ॥ ४॥

सन्नियम्य—भलीप्रकार वश में करके, **इन्द्रियग्रामम्**—इन्द्रियसमूह को, **सर्वत्र**—सब में, **समबुद्धयः**—समबुद्धि होकर, **ते**—वे (भी), **प्राप्नुवन्ति**—प्राप्त होते हैं, **माम्**—मुझे, **एव**—ही, **सर्वभूतहिते**—सम्पूर्ण भूतों के हितों में, **रताः**—रत होकर (अक्षर की उपासना करते हैं)।

तथा जो इन्द्रियसमूह को भलीप्रकार वश में करके, सब में समबुद्धि होकर तथा सम्पूर्ण भूतों के हितों में रत होकर अक्षर की उपासना करते हैं, वे भी मुझे ही प्राप्त होते हैं।

तथा जो पुरुष अपने नेत्र आदि इन्द्रियों के समूह को उनके अपने-अपने क्षेत्रों में रोककर और सर्वत्र समबुद्धि होकर विभिन्न प्राणियों के शरीरों में स्थित आत्मा को आत्मभाव से, आत्मरूप में स्थित परमात्मभाव से भी, सभी भूतों के हित में रत होकर अक्षर की उपासना करते हैं, वे 'मामेव' अर्थात् निर्गुण परब्रह्मरूपी मुझ ईश्वर को ही प्राप्त होते हैं। ज्ञानी भक्त को भगवान् अपनी आत्मा कहते हैं तथा उसे अपने में स्थित कहते हैं (७।१८)। इस प्रकार भगवान् अपने को और अक्षर ब्रह्म को एक ही कह रहे हैं, दोनों में कोई भेद नहीं है। फिर भी सगुणोपासक को भगवान् दर्शन भी देते हैं, जिससे ऐसे उपासकों को इस अध्याय के श्लोक दो में भगवान् ने श्रेष्ठ कहा है। वस्तुतः भगवान् सगुण और निर्गुण दोनों हैं—दोनों तत्त्वतः एक ही हैं ॥ ४॥

क्लेशोऽधिकतरस्तेषामव्यक्तासक्तचेतसाम् ।
अव्यक्ता हि गतिर्दुःखं देहवद्भिरवाप्यते ॥ ५ ॥

क्लेशः—कष्ट, **अधिकतरः**—विशेष, **तेषाम्**—उन, **अव्यक्त**—जिसे व्यक्त न किया जा सके अर्थात् अव्यक्त हो (की साधना में), **आसक्तचेतसाम्**—आसक्त चित्तवालों को, **अव्यक्ता**—अव्यक्तविषयक, **हि**—क्योंकि, **गतिः**—मनोवृत्ति, **दुःखम्**—दुःखपूर्वक (ही), **देहवद्भिः**—देहाभिमानियों के द्वारा, **अवाप्यते**—प्राप्त की जाती है।

उन अव्यक्त की साधना में आसक्त चित्तवालों को विशेष क्लेश होता है, क्योंकि देहाभिमानियों के द्वारा अव्यक्तविषयक मनोवृत्ति दुःखपूर्वक ही प्राप्त की जाती है।

निराकार, अव्यक्त व इन्द्रियातीत ब्रह्म में योगाभ्यास द्वारा चित्त को लगाने के लिए मन व बुद्धि को एकाग्र करके, इन्द्रियों का निग्रह करके, अहंभाव का त्यागकर तथा शीत-उष्ण को सहन करते हुए सम्पूर्ण जगत् में एकमात्र वही स्थिति है—ऐसे भावों से युक्त होकर योग का अभ्यास करना पड़ता है। यदि ऐसा

अभ्यासी व्यक्ति देहाभिमानी होगा अर्थात् देह को ही आत्मा समझेगा और उसी को सत्य समझकर अहंभाव रखेगा तो ब्रह्म के साधनाभ्यास में उसे विशेष कष्ट होगा, क्योंकि अव्यक्तविषयक योगसाधना में देहात्मविषयक अहं आदि बाधक मनोवृत्ति का त्याग करना होगा और संस्कारगत ऐसी मनोवृत्ति का त्याग कष्टसाध्य होता है। इसलिए देहात्मविषयक अहंभाववाले ऐसे साधक के लिए अव्यक्तविषयक साधना में शरीरिक कष्ट के साथ-ही-साथ मनोवृत्तिविषयक विषमता भी पायी जाती है, जो अपने में और भी बड़े क्लेश का कारण होता है। अतएव ऐसी विषमता में अव्यक्तविषयक 'योग' कैसे होगा?

अस्तु, अव्यक्तब्रह्म की साधना में संलग्न एक योगाभ्यासी के चित्त की दशा प्राय: देहाभिमानी जैसी होती है, उसे स्वयं एवं स्वयं के शरीर द्वारा साधन करने का अहं रहता है। अहंयुक्त योगाभ्यासियों में योग की प्रगति की अवस्था में यदा-कदा संस्कारवश प्रकट हुई भोगविषयक इच्छा व उसकी प्राप्ति भी बाधारूप में आती है। ऐसे साधक में काम व क्रोध का अत्यधिक होना, ऋद्धि-सिद्धि की प्राप्ति, इन्द्रदेव के पद की प्राप्ति की वासना आदि होने की सम्भावना से देहाभिमानी के फँसकर ब्रह्म की अनुभूति से च्युत होने का भय रहता है। अतएव देहाभिमानियों द्वारा अपनी अहंवृत्ति छोड़ना कठिन होता है और इस कारण अव्यक्तविषयक मनोवृत्ति दु:खपूर्वक प्राप्त होती है।

निराकार की उपासना में तथापि एक सरल उपाय भी जगत् में समझ में आता है। यदि ऐसा जिज्ञासु पुरुष ब्रह्मज्ञानी सिद्धयोगी सद्गुरु की शरण पा जाय और उनके उपदेशानुसार दत्तचित्त से श्रद्धा, विश्वास व समर्पण भाव से अभ्यास करे तो साधन मार्ग में आनेवाली बाधाएँ क्रमश: स्वाभाविक रूप से दूर होती जाएँगी और अन्तत: देहाभिमान का नाश होकर सर्वतेजोमय परमात्मब्रह्म का बोध हो जाएगा। इस मार्ग में सद्गुरु में समर्पण भाव के कारण क्रमश: स्वाभाविक गति से देह में अहं वृत्ति भी नहीं रह जाती है ॥ ५ ॥

मेरे भक्तों का सहज ही उद्धार हो जाता है, यह अगले दो श्लोकों में कहते हैं—

ये तु सर्वाणि कर्माणि मयि सन्नस्य मत्परा:।
अनन्येनैव योगेन मां ध्यायन्त उपासते ॥ ६ ॥

ये—जो, **तु**—परन्तु, **सर्वाणि**—समस्त, **कर्माणि**—कर्मों को, **मयि**—मुझमें, **सन्नस्य**-अर्पण करके, **मत्परा:**—मेरे परायण हुए, **अनन्येन**—अनन्य, **एव**—ही, **योगेन**—योग से, **माम्**—मेरा, **ध्यायन्त:**—चिन्तन करते हुए, **उपासते**—मेरी उपासना करते हैं।

परन्तु जो समस्त कर्मों को मुझमें अर्पण करके मेरे परायण हुए अनन्य योग से मेरा ही चिन्तन करते हुए मेरी उपासना करते हैं।

जो पुरुष अपने वर्ण के अनुसार किये गये लौकिक कर्मों को, शरीर निर्वाह के लिए किये जानेवाले कर्मों को तथा शास्त्रोक्त यज्ञ, तप, दान आदि कर्मों को मुझमें अर्पण करके 'मत्पराः'-मेरे परायण होकर तथा मुझे ही अपनी परम गति समझकर अनन्ययोग से अर्थात् मनसा, वाचा व कर्मणा मेरे अतिरिक्त अन्य किसी से भी सम्बन्ध न जोड़ने के विचार से केवल मुझसे ही जुड़ने के भाव से मेरा चिन्तन करते हुए मेरे में ही समाधिस्थ होकर मेरी उपासना-ध्यान, भजन, कीर्तन आदि करते हैं ॥ ६ ॥

तेषामहं समुद्धर्ता मृत्युसंसारसागरात् ।
भवामि नचिरात्पार्थ मय्यावेशितचेतसाम् ॥ ७ ॥

तेषाम्—उन, **अहम्**—मैं, **समुद्धर्ता**—उद्धार करनेवाला, **मृत्युसंसारसागरात्**—मृत्युरूप संसार-सागर से, **भवामि**—होता हूँ, **न चिरात्**—शीघ्र ही, **पार्थ**—हे पार्थ, **मयि**—मुझमें, **आवेशितचेतसाम्**—चित्त को लगाये रखनेवालों का।

उन मुझमें चित्त को लगाये रखनेवालों का हे पार्थ ! मैं मृत्युरूप संसार-सागर से शीघ्र ही उद्धार करनेवाला होता हूँ।

अपने समस्त कर्मों को मुझमें अर्पण करके मेरे परायण होकर अनन्ययोग से मुझमें चित्त को लगाये हुए मेरी उपासना करनेवालों का हे पार्थ ! मैं शीघ्र ही इस जन्म-मृत्यु के बन्धनरूपी संसार-सागर से उनका उद्धार कर देता हूँ। भगवान् जैसा सहज एवं अहैतुक कृपा करनेवाला एवं उद्धार करनेवाला भला कौन मिलेगा !

इस संसार में जन्म लेनेवालों की मृत्यु भी निश्चित होती है। संसार का स्वरूप ही जन्म-मृत्युवाला है। संसार में वासना और आसक्ति रखनेवाले प्राणियों में उनके द्वारा किये गये कर्म और कर्मफल बन्धनकारक होते हैं और उनके लिए जन्म-मृत्यु का यह चक्र सागर के जल की भाँति बना ही रहता है। इसी कारण इस जगत् को मृत्युरूप संसार-सागर कहा गया है ॥ ७ ॥

मन व बुद्धि भगवान् में लगाने से भगवान् की प्राप्ति होती है—

मय्येव मन आधत्स्व मयि बुद्धिं निवेशय ।
निवसिष्यसि मय्येव अत ऊर्ध्वं न संशयः ॥ ८ ॥

मयि—मुझमें, **एव**—ही, **मनः**—मन, **आधत्स्व**—लगा, **मयि**—मुझमें, **बुद्धिम्**—बुद्धि को, **निवेशय**—लगा, **निवसिष्यसि**—निवास करेगा, **मयि**—मुझमें, **एव**—ही, **अतः ऊर्ध्वम्**—इसके पश्चात् (तू), **न संशयः**—इसमें संशय नहीं है।

मुझमें मन लगा, मुझमें ही बुद्धि को लगा। इसके पश्चात् तू मुझमें ही निवास करेगा, इसमें संशय नहीं है।

तुम निश्चयात्मक बुद्धि से निश्चय करके और बुद्धि द्वारा निश्चय की हुई धारणा के अनुसार अपने संकल्प-विकल्पात्मक मन को परमप्राप्य मेरे स्वरूप में दृढ़ता से लगा। ऐसा करने पर तू मेरे में ही निवास करने लगेगा अर्थात् मेरा स्वरूप पा जाएगा, इसमें किसी तरह का संशय नहीं है।

भक्त पुरुष द्वारा मन-बुद्धि से प्रेमपूर्वक भगवान् में ही स्थित रहने से धीरे-धीरे अहंभाव समाप्त हो जाता है। अहंभाव का भगवान् ही भक्त के हितार्थ भक्षण कर लेते हैं और तब पुरुष उनमें ही एकीकार हो जाता है ॥ ८ ॥

अभ्यासयोग से भगवान् की प्राप्ति कहते हैं—

अथ चित्तं समाधातुं न शक्नोषि मयि स्थिरम् ।
अभ्यासयोगेन ततो मामिच्छाप्तुं धनञ्जय ॥ ९ ॥

अथ—यदि (तू), **चित्तम्**—मन को, **समाधातुम्**—स्थिर करने में, **न शक्नोषि**—समर्थ नहीं है, **मयि**—मुझमें, **स्थिरम्**—अचलरूप से, **अभ्यासयोगेन**—अभ्यासयोग से, **ततः**—तो, **माम्**—मुझे, **इच्छ**—इच्छा कर, **आप्तुम्**—प्राप्त करने की, **धनञ्जय**—हे धनंजय।

यदि तू मुझमें मन को अचलरूप से स्थिर करने में समर्थ नहीं है तो हे धनंजय ! अभ्यासयोग से मुझे प्राप्त करने की इच्छा कर।

यदि कदाचित् तू मेरे स्वरूप में मन को अचलरूप से स्थिर करने में समर्थ नहीं हो पाते हो तो हे अर्जुन ! मन व बुद्धि को बारम्बार मेरे में स्थापित करने का अभ्यास कर, मुझे ही अपना अवलम्ब बना और इस तरह के ध्यानरूप 'अभ्यासयोग' का अभ्यास करता हुआ मुझे ही प्राप्त करने की इच्छा कर (८।८)।

जगत् में भी अभ्यास से प्राप्तव्य की प्राप्ति होते देखी जाती है। चाहे वेद-शास्त्रों के ज्ञान का क्षेत्र हो, साहित्य हो, संगीत हो, कलाकारिता हो, व्यवसाय हो, शिल्पकारिता हो या ऐसे अन्यान्य क्षेत्रों में जो लोग भी उच्च स्थान प्राप्त किए हुए हैं, वे सभी कठिन अभ्यास से ही प्राप्त किये हैं। यही बात भगवान् को भी प्राप्त करने के लिए लागू होती है, किन्तु भगवान् में दत्तचित्त से लगे हुए अभ्यासी के

लिए भगवत्प्राप्ति तो भगवान् अपनी कृपा से शीघ्रतापूर्वक सरल बना देते हैं। ईश्वर की प्रेरणा से सद्‌गुरु की शरण प्राप्त हो जाने पर उपर्युक्त अभ्यासयोग सद्‌गुरु की कृपा एवं शक्ति से और भी सरल हो जाता है ॥ ९ ॥

भगवान् के निमित्त कर्म से उनकी प्राप्ति कहते हैं—

अभ्यासेऽप्यसमर्थोऽसि मत्कर्मपरमो भव ।
मदर्थमपि कर्माणि कुर्वन्सिद्धिमवाप्स्यसि ॥ १० ॥

अभ्यासे—अभ्यास करने में, **अपि**—भी (यदि तू), **असमर्थः**—असमर्थ, **असि**—है (तो), **मत्कर्मपरमः**—मेरे लिए कर्म करने के ही परायण, **भव**—हो, **मदर्थम्**—मेरे निमित्त, **अपि**—भी (तू), **कर्माणि**—कर्मों को, **कुर्वन्**—करता हुआ, **सिद्धिम्**—मेरी प्राप्तिरूप सिद्धि को, **अवाप्स्यसि**—प्राप्त होगा।

अभ्यास करने में भी यदि तू असमर्थ है तो मेरे लिए कर्म करने के ही परायण हो। मेरे निमित्त कर्मों को करता हुआ भी तू मेरी प्राप्तिरूप सिद्धि को प्राप्त होगा।

यदि तू इस प्रकार का अभ्यास करने में भी असमर्थ है तो तुम मेरे लिए कर्म करने के परायण होकर 'मदर्थम्' अर्थात् मेरे लिए कर्म करता हुआ भी अन्तःकरण की शुद्धि से मेरे सेवाकर्म के फल से तू मेरी प्राप्तिरूपा सिद्धि को प्राप्त कर लेगा।

आशय यह है कि अपने कुलधर्म का पालन करते हुए कर्तृत्वाभिमान का त्यागकर भगवान् की प्रसन्नता हेतु सभी शास्त्रसम्मत यज्ञ, दान आदि कर्मों द्वारा तथा कथाश्रवण, कीर्तन, आदि से भगवान् की सेवा पूजा को उनके द्वारा ही प्रेरित मानकर तथा उनकी इच्छा समझकर उनके लिए कर्म करने से भगवान् की प्राप्ति हो जाती है ॥ १० ॥

सब कर्मों के फल के त्याग को कहते हैं—

अथैतदप्यशक्तोऽसि कर्तुं मद्योगमाश्रितः ।
सर्वकर्मफलत्यागं ततः कुरु यतात्मवान् ॥ ११ ॥

अथ—यदि (तू), **एतत् अपि**—यह (मेरे निमित्त) भी, **अशक्तः असि**—असमर्थ है, **कर्तुम्**—(कर्म) करने में, **मत्**—मेरी, **योगम्**—प्राप्तिरूप योग के, **आश्रितः**—आश्रित होकर, **सर्वकर्म**—सब कर्मों के, **फल**—फल का, **त्यागम्**—त्याग, **ततः**—तो, **कुरु**—कर, **यतात्मवान्**—मन को संयम में रखकर।

यदि तू यह मेरे निमित्त भी कर्म करने में असमर्थ है तो मेरी प्राप्तिरूप योग के आश्रित होकर मन को संयम में रखकर सब कर्मों के फल का त्यागकर।

यदि तू मेरे निमित्त कर्म करने में भी समर्थ नहीं है तो 'मद्योगमआश्रित:'-मेरे प्राप्तिरूप योग के आश्रित हुए 'यतात्मवान्' होकर अर्थात् संयतेन्द्रिय-संयतात्मा-संयतमनवाला होकर यज्ञ, दानादि शास्त्रसम्मत कर्मों के फल को और सभी अन्य कर्मों के भी फल का त्याग करो।

इस प्रकार सब कर्मों के फल के त्याग करने से कर्मों का भी नाश हो जाता है। ऐसा होने से कर्म और उसके फल दोनों में आसक्ति नहीं रहती है। आसक्ति के नाश से कर्म और उसके फल से होनेवाला संस्कार नहीं उत्पन्न होता है। ईश्वर के प्राप्तिरूप योग के आश्रित हुआ इस प्रकार सर्वकर्मफल त्याग का साधन करते हुए संयतात्मा हुआ ईश्वर में निरन्तर मन को लगाये रखने से भक्ति उत्पन्न हो जाती है और उनका कृपाप्रसाद प्राप्त हो जाता है। यह ऐसे साधकों के लिए उपयुक्त है जो कर्मफल को ईश्वराधीन समझकर उसके त्याग का भाव रखते हैं ॥ ११ ॥

अब कर्मफल त्याग की श्रेष्ठता कहते हैं—

श्रेयो हि ज्ञानमभ्यासाज्ज्ञानाद्ध्यानं विशिष्यते ।
ध्यानात्कर्मफलत्यागस्त्यागाच्छान्तिरनन्तरम् ॥ १२ ॥

श्रेयः—श्रेष्ठ हैं, **हि**—क्योंकि, **ज्ञानम्**—ज्ञान, **अभ्यासात्**—अभ्यास से, **ज्ञानात्**—ज्ञान से, **ध्यानम्**—ध्यान, **विशिष्यते**—श्रेष्ठ है, **ध्यानात्**—ध्यान से, **कर्मफलत्यागः**—कर्मफल का त्याग श्रेष्ठ है, **त्यागात्**—त्याग के, **शान्तिः**—शान्ति होती है, **अनन्तरम्**—बाद।

अभ्यास से ज्ञान श्रेष्ठ है, ज्ञान से ध्यान श्रेष्ठ है, ध्यान से कर्मफल का त्याग श्रेष्ठ है, क्योंकि त्याग के बाद शान्ति होती है।

अभ्यास से ज्ञान श्रेष्ठ है। कैसे अभ्यास से? विवेकज्ञान से रहित होकर किये गये अभ्यास से। कैसा ज्ञान श्रेष्ठ है? जो शब्दों और युक्तिपूर्वक बुद्धि द्वारा मनन करने से आत्मा का अप्रत्यक्ष ज्ञान है वह। अभ्यास में तो इन्द्रियों के संयमादि की कठिनता है, किन्तु मननरूपी ज्ञान सरल है, इसलिए ऐसा ज्ञान श्रेष्ठ है। ऐसे अप्रत्यक्षज्ञान से आत्मा का स्मरणरूपी ध्यान श्रेष्ठ है, क्योंकि यह ध्यान सरलतर है।

ध्यान के सम्यक प्रकार से सम्पन्न न होने पर इसकी अपेक्षा कर्मफल का त्याग अधिक श्रेष्ठ है। ऐसा इसलिए कि कर्मफल के त्याग से कर्म और फल, दोनों में, आसक्ति न होकर शान्तिप्रदायक वैराग्य होगा। संसार में रागात्मक लगाव के अभाव से हुए वैराग्य से निश्चय ही शान्ति की प्राप्ति होती है।

मन की शान्ति किसी भी योग साधन के लिए परम आवश्यक है। मन की शान्ति से ध्यान होगा और ध्यान से आत्मज्ञान प्रत्यक्ष होता है। इस ज्ञान के प्रत्यक्ष हो जाने के परिणामस्वरूप भक्ति दृढ़ होकर परम पद की प्राप्ति होती है। यहाँ पर अज्ञानी कर्मी के लिए ही, जिनके लिए अभ्यास आदि सम्भव नहीं है, कर्मफल के त्याग द्वारा शान्ति प्राप्त करने की बात कही गयी है। ज्ञानी तो वस्तुतः परब्रह्म में स्थित हुआ सर्वकर्मसंन्यासी ही है, उसके लिए तो कर्मफल के त्याग का कोई विषय ही नहीं है ॥ १२ ॥

परमेश्वर की प्रियता प्राप्त करने के कारणरूप जो धर्मसमूह हैं, उन्हें अगले श्लोक से अध्याय के अन्त तक कहते हैं—

अद्वेष्टा सर्वभूतानां मैत्रः करुण एव च ।
निर्ममो निरहङ्कारः समदुःखसुखः क्षमी ॥ १३ ॥

अद्वेष्टा—द्वेष न करनेवाला, **सर्वभूतानाम्**—सब भूतों के साथ, **मैत्रः**—मित्रता, **करुणः**—दयाभाववाला, **एव**—तथा, **च**—और, **निर्ममः**—ममता से रहित, **निरहङ्कारः**—अहंकार से रहित, **सम**—समान (और), **दुःखसुखः**—दुःख-सुख में, **क्षमी**—क्षमाशील।

सब भूतों के साथ द्वेष न करनेवाला, मित्रता तथा दयाभाववाला, ममता और अहंकार से रहित, दुःख-सुख में समान और क्षमाशील है।

जो सब प्राणियों में द्वेषभाव से रहित है, यहाँ तक कि अपना अपकार करनेवाले और अपने से द्वेषभाव रखनेवाले से भी यही स्थिति है। जो सबके साथ मित्रता का भाव रखता है और सभी प्राणियों में आत्मभाव रखता हुआ उनके दुःखी होने पर दया का भाव रखता है। सभी सांसारिक सम्बन्धों एवं पदार्थों में, स्वयं अपने शरीर के प्रति भी, ममता से रहित है। जगत् और अपने देह में अहंकार से रहित है। सुख और दुःख में समभाव है तथा किसी के द्वारा अपमानित किये जाने पर भी मन में कोई विकार न रखते हुए क्षमाशील है ॥ १३ ॥

सन्तुष्टः सततं योगी यतात्मा दृढनिश्चयः ।
मय्यर्पितमनोबुद्धिर्यो मद्भक्तः स मे प्रियः ॥ १४ ॥

सन्तुष्टः—सन्तुष्ट, **सततम्**—सदा, **योगी**—योगी, **यतात्मा**—संयत स्वभाववाला, **दृढ़निश्चयः**—दृढनिश्चयी और, **मयि**—मुझमें, **अर्पित**—अर्पण किये हुए, **मनोबुद्धिः**—मन-बुद्धिवाला है, **यः**—जो, **मद्भक्तः**—मेरा भक्त, **सः**—वह, **मे प्रियः**—मुझे प्रिय है।

जो सदा सन्तुष्ट, योगी, संयत स्वभाववाला, दृढ़निश्चयी और मुझमें अर्पण किए हुए मन—बुद्धिवाला है, वह मेरा भक्त मुझे प्रिय है।

जो शरीरधारण हेतु बिना याचना के स्वत: प्राप्त जो भी द्रव्यादि हो उससे सदैव सन्तुष्ट है। जो योगी है, अर्थात् आत्मानुसन्धान में संलग्न है। 'यतात्मा'-मनोवृत्तियों को संयम में रखकर संयत स्वभाववाला है। आत्मतत्त्व के विषय में दृढ़-निश्चयवाला है तथा जो मेरे में ही अपने संकल्प-विकल्पात्मक मन एवं निश्चयात्मक बुद्धि को समर्पित किये है। ऐसा जो मेरा भक्त है, वह मुझे प्रिय है ॥ १४ ॥

यस्मान्नोद्विजते लोको लोकान्नोद्विजते च यः ।
हर्षामर्षभयोद्वेगैर्मुक्तो यः स च मे प्रियः ॥ १५ ॥

यस्मात्—जिससे, **न उद्विजते**—उद्वेग को नहीं प्राप्त होता, **लोकः**—संसार, **लोकात्**—संसार से, **न उद्विजते**—उद्वेग को नहीं प्राप्त होता है (तथा), **च**—और, **यः**—जो, **हर्ष**—हर्ष, **अमर्ष**—दूसरे के लाभ के प्रति असहिष्णु, **भय**—भय, **उद्वेगैः**—उद्वेग आदि से, **मुक्तः**—रहित है, **यः**—जो, **सः**—वह, **च**—और, **मे**—मुझको, **प्रियः**—प्रिय है।

जिससे संसार उद्वेग को नहीं प्राप्त होता और जो संसार से उद्वेग को नहीं प्राप्त होता है तथा जो हर्ष, अमर्ष, भय और उद्वेग आदि से रहित है वह मुझको प्रिय है।

जिससे संसार सन्तप्त या क्षुब्ध नहीं होता है एवं जो संसार से भी सन्तप्त नहीं होता है और यह तभी होता है जब वह सर्वकल्याण तथा सर्वात्म का भाव रखता है। जो अभीष्ट की प्राप्ति से हर्षित नहीं होता, दूसरे के लाभ के प्रति असहिष्णु नहीं होता तथा भय और उद्वेग आदि से होनेवाले चित्तक्षोभ से रहित है। ऐसा उपर्युक्त गुणोंवाला भक्त मुझे प्रिय है ॥ १५ ॥

अनपेक्षः शुचिर्दक्ष उदासीनो गतव्यथः ।
सर्वारम्भपरित्यागी यो मद्भक्तः स मे प्रियः ॥ १६ ॥

अनपेक्षः—अपेक्षा से रहित, **शुचिः**—शुद्ध, **दक्षः**—चतुर, **उदासीनः**—अनात्म विषयों के प्रति उदासीन, **गतव्यथः**—व्यथारहित, **सर्वारम्भ**—सारे आरम्भों का, **परित्यागी**—त्याग करनेवाला, **यः**—जो, **मद्भक्तः**—मेरा भक्त है, **सः**—वह, **मे**—मुझको, **प्रियः**—प्रिय है।

अपेक्षा से रहित, शुद्ध, चतुर, उदासीन, व्यथारहित, सारे आरम्भों का त्याग करनेवाला जो मेरा भक्त है वह मुझको प्रिय है।

जो 'अनपेक्ष:'-आत्मतत्त्व के अतिरिक्त इन्द्रिय आदि विषयों और शारीरिक सुख की अपेक्षा से रहित है, 'शुचि:'-बाह्य और आभ्यन्तरिक रूप से शुद्ध है। 'दक्ष:'-संसार के तमाम क्रियाकलापों में कर्त्तव्य-कर्म का ज्ञाता अर्थात् चतुर है।

'उदासीनः'- तात्त्विक विषयों को ग्रहण करनेवाला और इसके विपरीत सभी विषयों में उदासीन है। 'गतव्यथः'-संसार में प्रिय-अप्रिय की प्राप्ति-अप्राप्ति की व्यथा से रहित है।

'सर्वारम्भपरित्यागी'-इस लोक और परलोक के सुख भोग की कामनाओं की पूर्ति के लिए किये जानेवाले समस्त कर्मों को 'सर्वारम्भ' कहते हैं और उस सर्वारम्भ के त्याग करने की वृत्ति या स्वभाववाला जो है। उपर्युक्त गुणों से युक्त जो मेरा भक्त है वह मुझको प्रिय है। सुख की कामना से आरम्भ किये जानेवाले सभी कार्य संसार में आसक्ति को बढ़ानेवाले तथा भगवान् की भक्ति के प्रतिकूल होते हैं। अतएव भक्त को ऐसे कार्य जो भक्तिभाव के विरुद्ध हैं, वे त्याज्य होने चाहिए ॥ १६ ॥

यो न हृष्यति न द्वेष्टि न शोचति न काङ्क्षति ।
शुभाशुभपरित्यागी भक्तिमान्यः स मे प्रियः ॥ १७ ॥

यः—जो, **न**—न, **हृष्यति**—हर्ष करता है, **न**—न, **द्वेष्टि**—द्वेष करता है, **न शोचति**—न शोक करता है, **न काङ्क्षति**—न आकांक्षा करता है (और जो), **शुभाशुभपरित्यागी**—शुभ-अशुभ दोनों का त्यागी है (ऐसा), **भक्तिमान्**—भक्त है, **यः**—जो, **सः**—वह, **मे**—मुझे, **प्रियः**—प्रिय है।

जो न हर्ष करता है, न द्वेष करता है, न शोक करता है, न आकांक्षा करता है और जो शुभ—अशुभ दोनों का त्यागी है, ऐसा जो भक्त है वह मुझे प्रिय है।

जो इष्ट वस्तु की प्राप्ति में हर्ष नहीं करता और अनिष्ट की प्राप्ति में द्वेष नहीं करता है। जो स्त्री, पुत्र, धनादि प्रिय वस्तु के वियोग होने से शोक नहीं करता और उनके न मिलने पर आकांक्षा नहीं करता है। जो शुभ और अशुभ कर्मों का, दोनों का, त्यागी है, क्योंकि फलासक्तिवाले कर्म सदैव बन्धनकारी ही होते हैं चाहे वे शुभ हों या अशुभ। मेरा जो ऐसा भक्त है, वह मुझको प्रिय है ॥ १७॥

समः शत्रौ च मित्रे तथा मानापमानयोः ।
शीतोष्णसुखदुःखेषु समः सङ्गविवर्जितः ॥ १८ ॥

समः—सम है, **शत्रौ**—शत्रु, **च**—और, **मित्रे**—मित्र, **च**—और, **तथा**—तथा, **मानापमानयोः**—मान-अपमान में (जो), **शीतोष्णसुखदुःखेषु**—शीत-उष्ण एवं सुख-दुःख में (जो), **समः**—सम है (और), **सङ्गविवर्जितः**—आसक्ति से रहित है।

शत्रु और मित्र में तथा मान और अपमान में जो सम है। शीत—उष्ण एवं सुख—दुःख में जो सम है और आसक्ति से रहित है।

शत्रु और मित्र में जो सम है अर्थात् एकरूप है, जो मान व अपमान में वैसे ही सम है अर्थात् हर्षित या दु:खित नहीं होता है। शीत-उष्ण और सुख-दु:ख में भी जो समान भाववाला है तथा सर्वत्र आसक्ति से रहित हो गया है ॥ १८ ॥

तुल्यनिन्दास्तुतिर्मौनी सन्तुष्टो येन केनचित् ।
अनिकेतः स्थिरमतिर्भक्तिमान्मे प्रियो नरः ॥ १९ ॥

तुल्य—समान समझनेवाला, **निन्दा**—निन्दा (और), **स्तुतिः**—स्तुति को, **मौनी**—मननशील, **सन्तुष्टः**—सन्तुष्ट, **येन केनचित्**—जिस किसी से भी, **अनिकेतः**—रहने के स्थान से रहित, **स्थिरमतिः**—स्थिर मतिवाला (जो), **भक्तिमान्**—(जो) भक्तिमान है, **मे**—मुझको, **प्रियः**—प्रिय है, **नरः**—वह मनुष्य।

निन्दा और स्तुति को समान समझनेवाला, मननशील, जिस किसी से भी सन्तुष्ट, रहने के स्थान से रहित, स्थिर मतिवाला जो भक्तिमान है वह मनुष्य मुझको प्रिय है।

जिसके लिए निन्दा और स्तुति समान है, जो ईश्वर के प्रति सदा मननशील और संयतवाक् मुनि है, अर्थात् वाणी जिसके वश में होकर ईश्वरोन्मुख है और जो यथालब्ध वस्तु से शरीरस्थितिमात्र से सन्तुष्ट है। जो 'अनिकेत:' अर्थात् स्थान से रहित होने से जिसका निश्चित निवासस्थान नहीं है तथा जो 'स्थिरमति:' है अर्थात् जिसकी पारमार्थिक बुद्धि स्थिर है। ऐसे गुणोंवाला भक्तिमान पुरुष मुझको प्रिय है। वस्तुत: परम निवास स्थान तो भगवान् का शरण और उसका धाम है। अतएव संसार में स्थायी निवास-स्थान की आसक्ति त्याज्य है ॥ १९ ॥

ये तु धर्म्यामृतमिदं यथोक्तं पर्युपासते ।
श्रद्दधाना मत्परमा भक्तास्तेऽतीव मे प्रियाः ॥ २० ॥

ये—जो, **तु**—परन्तु, **धर्म्यामृतम्**—धर्मानुसार और अमृततुल्य उपदेशों का, **इदम् यथोक्तम्**—पहले कहे हुए इस, **पर्युपासते**—अनुष्ठान करते हैं, **श्रद्दधानाः**—श्रद्धायुक्त, **मत्परमाः**—मेरे परायण, **भक्ताः**—भक्त, **ते**—वे, **अतीव**—अत्यन्त, **मे**—मुझे, **प्रियाः**—प्रिय हैं।

परन्तु जो पहले कहे हुए इस धर्मानुसार और अमृततुल्य उपदेशों का अनुष्ठान करते हैं, वे श्रद्धायुक्त मेरे परायण भक्त मुझे अत्यन्त प्रिय हैं।

जो ऊपर के विभिन्न श्लोकों में कहे गये 'धर्म्यामृतम्' अर्थात् धर्मानुसार और अमृततुल्य उपदेशों से युक्त होकर उनका अनुष्ठान करते हैं और वे श्रद्धावान मेरे

परायण अर्थात् मुझ पर श्रद्धा, विश्वास तथा निर्भरता ही जिनकी परम गति है—ऐसे ज्ञानरूप भक्ति का अवलम्बन करनेवाले भक्त मुझे अत्यन्त प्रिय हैं।

अतएव मुझ परमेश्वर को प्राप्त करने की इच्छावाले मोक्ष के आकांक्षी पुरुषों को इस धर्म्यामृत उपदेश का यत्नपूर्वक अनुष्ठान करना चाहिए ॥ २० ॥

इति श्रीकृष्णार्जुनसंवादे भक्तियोगो नाम द्वादशोऽध्याय: ॥ १२ ॥

अध्याय १३

'क्षेत्र' (शरीर) और 'क्षेत्रज्ञ' (आत्मा) के स्वरूप का, जन्मादि के कारणरूप अविद्या को नाश करनेवाले ज्ञान के साधनों का, ज्ञेय तत्त्व के सर्वव्यापक शक्ति का और प्रकृति एवं पुरुष के सम्बन्धों व गुणों का वर्णन इस अध्याय ***'क्षेत्रक्षेत्रज्ञविभागयोग'*** में विभागपूर्वक विस्तार से किया गया है।

भगवान् कहते हैं कि यह शरीर क्षेत्र है और इसको जाननेवाले को ज्ञानीजन क्षेत्रज्ञ कहते हैं (१)। क्षेत्रज्ञ को तू मुझको जान तथा क्षेत्र-क्षेत्रज्ञ का ज्ञान यथार्थ ज्ञान है (२)। क्षेत्र और क्षेत्रज्ञ जो है और जैसा है, उसे संक्षेप में अर्जुन को सुनने के लिए कहते हैं (३) तथा बताते हैं कि इनका तत्त्व ऋषियों, वेद मन्त्रों तथा ब्रह्मसूत्र के पदों द्वारा भी कहा गया है (४)। भगवान् अब क्षेत्र का स्वरूप (५) तथा क्षेत्र के विकार (६) बताते हैं। क्षेत्र द्वारा करणीय और क्षेत्रज्ञ के जानने का उपायरूप अमानित्व आदि ज्ञान के साधनों का वर्णन करते हैं (७-११)। पुनः इन ज्ञान के साधनों द्वारा ज्ञेयतत्त्व-परब्रह्म के अस्तित्व के प्रतिपादन हेतु उसके सर्वव्यापक स्वरूप का वर्णन करते हैं (१२-१७)। इस क्षेत्र, ज्ञान और ज्ञेय को जाननेवाला भक्त भगवान् के भाव को प्राप्त करने के योग्य बन जाता है (१८)। अब प्रकृति और पुरुष को अनादि कहकर विकारों एवं गुणों को प्रकृति से उत्पन्न हुआ बताते हैं (१९)। कर्त्तापन में प्रकृति को हेतु तथा सुख-दुःख के भोक्तापन में जीवात्मा को हेतु कहते हैं (२०)। पुरुष गुणों को भोगता है और गुणों का संग ही उसके जन्म का कारण होता है (२१)। पुरुष को शरीर से श्रेष्ठ बताकर उसे महेश्वर और परमात्मारूप से भी कहा गया (२२)। पुरुष और गुणों सहित प्रकृति को यथार्थतः जाननेवाला जन्म नहीं लेता है (२३)। आत्मदर्शन हेतु ध्यान, सांख्ययोग और कर्मयोग साधनरूप से होते हैं, सो बताते हैं (२४)। कितने अन्य श्रवणपरायण तो तत्त्वज्ञानियों से सुनकर ही उपासना करके मृत्युरूप संसार से तर जाते हैं (२५)। अब सभी प्राणियों के उत्पत्ति का कारण क्षेत्र और क्षेत्रज्ञ का संयोग कहते हैं (२६)। सभी नष्ट होते हुए प्राणियों में परमेश्वर को नाशरहित और समभाव से देखनेवाला ही यथार्थ देखता है (२७)। ऐसा द्रष्टा मन के द्वारा

आत्महनन नहीं करता, जिससे वह परम गति पाता है (२८)। जो पुरुष सम्पूर्ण कर्मों को प्रकृति द्वारा किया हुआ तथा आत्मा को अकर्त्ता देखता है, वह यथार्थ देखता है (२९)। जब पुरुष भूतों के अलग-अलग भाव को परमात्मा में और उस परमात्मा से ही भूतों का विस्तार देखता है तब वह ब्रह्म को पा जाता है (३०)। परमात्मा सब शरीरों में आत्मरूप से स्थित होते हुए भी अनादि और निर्गुण होने के कारण अविनाशी-अव्यय है और इसलिए निर्लिप्त रहता है (३१)। पुनः आकाश के उदाहरण से आत्मा की शरीर में अलिप्तता कहते हैं (३२)। सूर्य की भाँति क्षेत्रज्ञ (आत्मा) सम्पूर्ण क्षेत्र (शरीर) को प्रकाशित करता है (३३)। अब अन्तिम श्लोक (३४) में इस अध्याय के अर्थ के उपसंहाररूप परम तत्त्व की प्राप्ति बताते हैं।

बारहवें अध्याय के श्लोक तेरह से अध्याय के अन्त तक भगवान् ने तत्त्वज्ञानरूप 'धर्मसमूह' का वर्णन करके उसका आचरण करनेवाले भक्त को अपना प्रिय कहा है। सातवें अध्याय में संसार के कारणरूप 'अपरा' और ईश्वररूप 'परा' प्रकृतियों का वर्णन किया गया है और इन्हीं को क्रमशः क्षेत्र और क्षेत्रज्ञ नाम से बारहवें अध्याय में कहा गया। ईश्वर की इन दोनों प्रकृतियों से ईश्वर का तत्त्व निश्चित करने के लिए और उपर्युक्त धर्मसमूह का आचरण करने से प्राप्त होनेवाले तत्त्वज्ञान को समझाने हेतु क्षेत्ररूपी शरीर के वर्णन से तेरहवें अध्याय का आरम्भ करते हैं—

श्रीभगवानुवाच

इदं शरीरं कौन्तेय क्षेत्रमित्यभिधीयते।
एतद्यो वेत्ति तं प्राहुः क्षेत्रज्ञ इति तद्विदः॥ १॥

श्रीभगवान् उवाच—श्रीभगवान् बोले, **इदम्**—यह, **शरीरम्**—शरीर, **कौन्तेय**—हे कौन्तेय, **क्षेत्रम्**—'क्षेत्र' है, **इति**—ऐसा, **अभिधीयते**—कहा जाता है, **एतत्**—इसको, **यः**—जो, **वेत्ति**—जानता है, **तम्**—उसको, **प्राहुः**—कहते हैं, **क्षेत्रज्ञः**—'क्षेत्रज्ञ', **इति**—इस नाम से, **तद् विदः**—उनको जाननेवाले ज्ञानीजन।

श्रीभगवान् बोले—हे कौन्तेय ! यह शरीर 'क्षेत्र' है ऐसा कहा जाता है, जो इसको जानता है उसको 'क्षेत्रज्ञ' इस नाम से उनको जाननेवाले ज्ञानीजन कहते हैं।

हे कौन्तेय ! इस शरीर को 'क्षेत्र' कहा जाता है। इस क्षेत्र को जाननेवाले को 'क्षेत्रज्ञ' कहते हैं। कौन लोग कहते हैं? इन क्षेत्र व क्षेत्रज्ञ दोनों को जाननेवाले

ज्ञानीजन कहते हैं। क्षेत्र व क्षेत्रज्ञ को क्रमशः क्षर व अक्षर भी कहते हैं (१५।१६)।

शरीर को क्षेत्र इसलिए कहते हैं कि जिस तरह किसी क्षेत्र में कोई बीज बोया जाय तो वह बोने के फलरूप से जमता, बढ़ता, फूलता और फलता है, उसी प्रकार इस शरीर में बोये हुए अर्थात् इस शरीर माध्यम से किये गये अच्छे-बुरे कर्मरूप बीज का फल भी यथासमय प्राप्त होता है। शरीर शब्द इसलिए भी प्रयुक्त है, क्योंकि इसका हर क्षण क्षय होता रहता है।

इस शरीर के सारे अवयवों को अथवा सम्पूर्ण रूप से सारे शरीर को जो जानता है, वह इस शरीर से भिन्न है और उस जाननेवाले को तत्त्वतः जाननेवाले ज्ञानीजन क्षेत्रज्ञ नाम से कहते हैं। इस क्षेत्रज्ञ से लक्ष्य तो शरीर-क्षेत्र में स्थित चेतन आत्मा से है, जो भोग्यरूप जड़ शरीर से तथा जड़रूप मन, बुद्धि, इन्द्रियों से सर्वथा भिन्न और इनका ज्ञाता, भोक्ता, अधिष्ठाता आदि तरह से कहा जाता है। इसी आत्मा को 'परा प्रकृति' (७।५) और 'अध्यात्म' (८।३) भी कहा गया है ॥ १ ॥

क्षेत्रज्ञ का यथार्थ स्वरूप कहते हैं—

क्षेत्रज्ञं चापि मां विद्धि सर्वक्षेत्रेषु भारत ।
क्षेत्रक्षेत्रज्ञयोर्ज्ञानं यत्तज्ज्ञानं मतं मम ॥ २ ॥

क्षेत्रज्ञम्—क्षेत्रज्ञ, **च**—और, **अपि**—भी (तू), **माम्**—मुझको, **विद्धि**—जान, **सर्वक्षेत्रेषु**—सभी क्षेत्रों में, **भारत**—हे अर्जुन, **क्षेत्रक्षेत्रज्ञयोः**—क्षेत्र-क्षेत्रज्ञ का, **ज्ञानम्**—ज्ञान है, **यत्**—जो, **तत्**—वही, **ज्ञानम्**—यथार्थ ज्ञान है, **मतम्**—मत है, **मम**—(यह) मेरा।

हे अर्जुन ! सब क्षेत्रों में क्षेत्रज्ञ भी तू मुझको जान और क्षेत्र—क्षेत्रज्ञ का जो ज्ञान है वही यथार्थ ज्ञान है, यह मेरा मत है।

सभी लोकों के विभिन्न प्राणियों के भिन्न-भिन्न रूपवाले शरीर में स्थित जो क्षेत्रज्ञ अर्थात् आत्मा है, उसे भी हे अर्जुन ! तू मुझे ही समझ। क्षेत्र और क्षेत्रज्ञ का यथार्थ ज्ञान ही सही ज्ञान है, ऐसा मेरा मत है।

क्षेत्र जहाँ जड़, विकारवान् व ज्ञेय है, वहीं क्षेत्रज्ञ तो चेतन, निर्विकार और ज्ञाता है जो इन्द्रियों आदि से जानने योग्य नहीं है। दोनों का स्वरूप तत्त्वतः भिन्न है, किन्तु मनुष्यों को अज्ञान के कारण देहाभिमानवश क्षेत्र (शरीर) और क्षेत्रज्ञ (जीवात्मा) में एकता प्रतीत होता है ॥ २ ॥

क्षेत्र और क्षेत्रज्ञ के स्वरूप को भगवान् द्वारा अर्जुन को सुनने के लिए कहना—

तत्क्षेत्रं यच्च यादृक्च यद्विकारि यतश्च यत् ।
स च यो यत्प्रभावश्च तत्समासेन मे शृणु ॥ ३ ॥

तत्—वह, **क्षेत्रम्**—क्षेत्र, **यत्**—जो है, **च**—और, **यादृक्**—जैसा है, **च**—और, **यत्**—जिस, **विकारि**—विकारवाला है, **यतः**—जिससे, **च**—तथा, **यत्**—जो उत्पन्न होता है, **सः**—वह (क्षेत्रज्ञ), **च**—भी, **यः**—जो है, **यत् प्रभावः च**—और जिस प्रभाववाला है, **तत्**—वह सब, **समासेन**—संक्षेप में, **मे**—मुझसे, **शृणु**—सुन।

वह क्षेत्र जो है और जैसा है, जिस विकारवाला है और जिससे जो उत्पन्न होता है तथा वह क्षेत्रज्ञ भी जो है और जिस प्रभाववाला है वह सब संक्षेप में मुझसे सुन।

वह क्षेत्र जो और जैसा है अर्थात् अपने गुणधर्म के कारण जिस प्रकार का है, इसके जो इन्द्रियादि विकार हैं और जिस कारण या प्रयोजन के लिए यह उत्पन्न होता है तथा वह क्षेत्रज्ञ भी जिस स्वरूपवाला और प्रभाववाला है, वह सब मैं अब संक्षेप में बताता हूँ उसे मुझसे सुन ।

उपर्युक्त क्षेत्र और क्षेत्रज्ञ विषय पर वेद, वेदान्त, शास्त्र आदि में अनेक प्रकार से बताया गया है और कहीं-कहीं मतों में कतिपय विभिन्नता भी दिखती है, किन्तु *गीता* में भगवान् स्वयं इस विषय में संक्षेप से आगे बताते हैं ॥ ३ ॥

ऋषिभिर्बहुधा गीतं छन्दोभिर्विविधैः पृथक् ।
ब्रह्मसूत्रपदैश्चैव हेतुमद्भिर्विनिश्चितैः ॥ ४ ॥

ऋषिभिः—(यह क्षेत्र और क्षेत्रज्ञ का तत्त्व) ऋषियों द्वारा, **बहुधा**—बहुत प्रकार से, **गीतम्**—कहा गया है, **छन्दोभिः**—वेद मन्त्रों द्वारा, **विविधैः**—विविध, **पृथक्**—विभागपूर्वक, **ब्रह्मसूत्र पदैः**—ब्रह्मसूत्र के पदों द्वारा, **च**—तथा, **एव**—भी, **हेतुमद्भिः**—युक्तियुक्त, **विनिश्चितैः**—भलीभाँति निश्चय किये हुए।

यह क्षेत्र और क्षेत्रज्ञ का तत्त्व बहुत प्रकार से ऋषियों द्वारा विभागपूर्वक विविध वेद मन्त्रों द्वारा तथा भलीभाँति निश्चय किये हुए युक्तियुक्त ब्रह्मसूत्र के पदों द्वारा भी कहा गया है।

यह क्षेत्र और क्षेत्रज्ञ के तत्त्व का वर्णन मन्त्रों के द्रष्टा ऋषियों द्वारा बहुत प्रकार से कहा गया है तथा ऋग्वेदादि के द्वारा भी शरीर और आत्मा का वर्णन विभागपूर्वक विस्तार से किया गया है। ब्रह्मसूत्र के पदों द्वारा भी, जो संशयरहित और निश्चित ज्ञानवाले हैं, क्षेत्र और क्षेत्रज्ञ का तत्त्व कहा गया है ॥ ४ ॥

भगवान् क्षेत्र का स्वरूप बतलाते हैं—

महाभूतान्यहङ्कारो बुद्धिरव्यक्तमेव च।
इन्द्रियाणि दशैकं च पञ्च चेन्द्रियगोचराः॥ ५॥

महाभूतानि—पाँच महाभूत, **अहङ्कारः**—अहंकार, **बुद्धिः**—बुद्धि, **अव्यक्तम्**—मूल प्रकृति, **एव**—भी, **च**—और, **इन्द्रियाणि**—इन्द्रियाँ, **दश**—दस, **एकम्**—एक मन, **च**—तथा, **पञ्च**—पाँच, **च इन्द्रियगोचराः**—और पाँच इन्द्रियों के विषय (शब्द, स्पर्श, रूप, रस और गन्ध)।

पाँच महाभूत, अहंकार, बुद्धि और मूलप्रकृति भी तथा दस इन्द्रियाँ, एक मन और पाँच इन्द्रियों के विषय।

सूक्ष्मभूतों से ही जीव के शरीर सहित सम्पूर्ण जड़ जगत् की रचना हुई है (श्लोक (३।२७-२८) तथा (७।४) की पाद टिप्पणी देखें) एवं सूक्ष्मभूतों की इस व्यापकता के कारण ये महान हैं तथा भूत (अस्तित्वयुक्त) भी हैं। अतएव सूक्ष्मभूत को 'महाभूत' भी कहते हैं। महाभूत पाँच हैं—आकाश, वायु, अग्नि, जल और पृथ्वी जिसके कारण इन पाँचों को पञ्च सूक्ष्मभूत या पञ्च महाभूत भी कहा गया है। 'सूक्ष्म' के स्थान पर 'अपञ्चीकृत' भी प्रयुक्त होता है।

महाभूतों के कारण का नाम अहंकार है, अहंकार का कारण महत्तत्त्व नामक समष्टि बुद्धि है और समष्टि बुद्धि का कारण अव्यक्त प्रकृति है। यही पञ्च महाभूत, अहंकार, महत्तत्त्व और अव्यक्त प्रकृति इस प्रकार आठ तरह से विभक्त हुई 'अपरा प्रकृति' है।

उपर्युक्त पाँच महाभूतों से सम्बन्धित पाँच ज्ञानेन्द्रियाँ क्रमशः कर्ण, त्वक्, चक्षु, रसना और घ्राण हैं। पाँच कर्मेन्द्रियाँ वाक, हस्त, पाद, गुदा और उपस्थ हैं एवं एक मन तथा उपर्युक्त पाँच ज्ञानेन्द्रियों के विषय क्रमशः-शब्द, स्पर्श, रूप, रस और गन्ध हैं। ये सोलह शरीर के आश्रित रहनेवाले तत्त्व हैं। इस तरह उपर्युक्त आठ प्रकार से विभक्त अपरा प्रकृति एवं शरीर के आश्रित सोलह तत्त्व ये कुल चौबीस तत्त्व 'क्षेत्र' के स्वरूप हैं॥ ५॥

अब क्षेत्र के विकार बतलाते हैं—

इच्छा द्वेषः सुखं दुःखं सङ्घातश्चेतना धृतिः।
एतत्क्षेत्रं समासेन सविकारमुदाहृतम्॥ ६॥

इच्छा—इच्छा (कामना), **द्वेषः**—द्वेष, **सुखम्**—सुख, **दुःखम्**—दुःख, **सङ्घातः**—संघात (देह तथा इन्द्रियों का समूह), **चेतना**—चेतना (और), **धृतिः**—धैर्य (इस प्रकार), **एतत्**—यह, **क्षेत्रम्**—क्षेत्र, **समासेन**—संक्षेप में, **सविकारम्**—विकारों के सहित, **उदाहृतम्**—कहा गया।

इच्छा, द्वेष, सुख, दुःख, संघात, चेतना और धैर्य इस प्रकार विकारों सहित यह क्षेत्र संक्षेप में कहा गया।

इच्छा, द्वेष, सुख और दुःख यद्यपि ये जीवात्मा के धर्म हैं, किन्तु क्षेत्र से सम्बन्धित होने के कारण ये क्षेत्र के विकार कहे जाते हैं। इनका सम्बन्ध आत्मा से नहीं है, अपितु मन से है, अतः ये क्षेत्र के ही अन्तर्गत हैं। देह तथा इन्द्रियों के मेल-समूह को 'संघात' कहते हैं, जो क्षेत्र ही है। इस संघातरूपी क्षेत्र में निःसंग और उदासीन चैतन्य की शक्ति को 'चेतना' कहते हैं, जिससे यह क्षेत्र अन्तःकरण की वृत्ति-'चैतन्य' के आभास से व्याप्त है। धृति और चैतन्य की गणना भी क्षेत्र में है, क्योंकि ये अन्तःकरण के धर्म या विकार हैं और ज्ञेय हैं।

'इच्छा'-बीती हुई किसी सुखकारक वस्तु का स्मरण होने पर अथवा उससे सम्बन्धित बात सुनकर उत्पन्न लालसा को इच्छा कहते हैं। 'द्वेषः'-इच्छित वस्तु के प्राप्त न होने पर उसकी प्राप्ति हेतु मन में उठे विकार को द्वेष कहते हैं। 'सुखम्'-सांसारिक दृष्टि से इच्छित वस्तु की प्राप्ति को अस्थायी सुख तथा पारमार्थिक दृष्टि से आत्मस्वरूप की प्राप्ति होने को स्थायी सुख कहते हैं। 'दुःखम्'-उपर्युक्त सुख न प्राप्त होने को दुःख कहते हैं। 'धृतिः'-पञ्च महाभूतों के द्वारा जिस धैर्य से इस शरीर और इन्द्रियों के संघात को धारण किया जाता है (१८।३३), उस धैर्य को धृति कहते हैं।

इस प्रकार पञ्च महाभूतों एवं मन, बुद्धि, अहंकार सहित इन्द्रियों तथा इच्छा आदि विकारों सहित चेतना शक्ति के आधार रूप में धारण हुआ यह भूत संघात ही 'यह शरीर क्षेत्र है' ऐसा कहते हैं, क्योंकि इसमें किये गये पाप-पुण्य कर्मों का फल मिलता है ॥ ६ ॥

क्षेत्रज्ञ को जानने के उपायरूप अमानित्व आदि ज्ञान के साधनों को अगले पाँच श्लोकों में कहना—

अमानित्वमदम्भित्वमहिंसा क्षान्तिरार्जवम् ।
आचार्योपासनं शौचं स्थैर्यमात्मविनिग्रहः ॥ ७ ॥

अमानित्वम्—मानहीनता, **अदम्भित्वम्**—दम्भहीनता, **अहिंसा**—किसी प्राणी को किसी भी तरह से कष्ट न देना, **क्षान्तिः**—क्षमा, **आर्जवम्**—सरलता, **आचार्य उपासनम्**—आचार्य की उपासना, **शौचम्**—बाहर व भीतर की शुद्धता, **स्थैर्यम्**—आत्मभाव में स्थित रहना, **आत्म विनिग्रहः**—मन का भलीभाँति निग्रह।

मानहीनता, दम्भहीनता, अहिंसा, क्षमा, सरलता, आचार्य की उपासना, शौच, स्थिरता और मन का भलीभाँति निग्रह।

'अमानित्वम्'-लोगों में अपना बड़प्पन दिखाने के भाव का अभाव, 'अदम्भित्वम्'-अपने दान, पुण्य आदि कर्मों के प्रकट करने में दम्भ का अभाव,

'अहिंसा'-मन, वाणी व कर्म से किसी भी प्राणी को किसी भी प्रकार का कष्ट न देना, 'क्षान्तिः'-सभी प्राणियों को आत्मरूप समझते हुए अपने प्रति उनके द्वारा किये हुए अपराध के लिए बिना भेदभाव के निर्विकार भाव से रहना, 'आर्जवम्'-इन्द्रियों के भावों और अन्तःकरण की सरलता, 'आचार्योपासनम्'-आचार्य के उपदेशों का निष्ठापूर्वक अभ्यास द्वारा पालन व पोषण और वृद्धि करना, 'शौचम्'-बाहर व भीतर से शुद्ध होकर विषयों को अन्तःकरण से दूर रखना, 'स्थैर्यम्'-जीवन की प्रत्येक स्थिति में आत्मभाव में रहना, 'आत्मविनिग्रहः'-चित्त को इन्द्रिय व शरीर सहित जगत् से हटाकर आत्मरूप में लगाना ॥ ७ ॥

इन्द्रियार्थेषु वैराग्यमनहङ्कार एव च।
जन्ममृत्युजराव्याधिदुःखदोषानुदर्शनम् ॥ ८ ॥

इन्द्रिय अर्थेषु—इन्द्रियों के शब्दादि विषयों में, **वैराग्यम्**—वैराग्य, **अनहङ्कारः**—अहंकारहीनता, **एव**—(तथा) भी, **च**—और, **जन्म**—जन्म, **मृत्यु**—मृत्यु, **जरा**—जरा (वृद्धावस्था), **व्याधि**—रोग (और), **दुःख**—दुखों में, **दोष**—दोष को, **अनुदर्शनम्**—बार-बार देखना।

इन्द्रियों के शब्दादि विषयों में वैराग्य और अहंकारहीनता भी तथा जन्म, मृत्यु, जरा, रोग और दुःखों में दोष को बार—बार देखना।

इन्द्रियों के शब्दादि विषय संसार में राग उत्पन्न कर मनुष्य को आकृष्ट करते हैं और ऐसा पूर्व के अनेक जन्मों से होता आया है जो आत्मस्वरूप के चिन्तन में बाधा उत्पन्न करते हैं। अतएव इन विषयों में वैराग्यभाव रखने का निर्देश है। सांसारिक वस्तुओं व सम्बन्धों में तथा अपने स्वयं के देह में 'मैं' व 'मेरे' पन के भाव से उत्पन्न अहंकार भी परमात्म चिन्तन में बाधक है। अतएव इन सब में अहंकारहीन होना चाहिए।

जन्म, मृत्यु, बुढ़ापा, रोग और दुःख तो संसार में जीवन धारण करने पर अवश्य रहते हैं—संसार का स्वरूप ही ऐसा है। मनुष्य के जन्मते-मरते समय भी महान कष्ट होता है (८।१५)। ऐसे ही बुढ़ापे में शक्तिह्रास और तिरस्कार से होनेवाला कष्ट और रुग्णावस्था में होनेवाली शारीरिक पीड़ा का कष्ट भी होता है। उपर्युक्त सभी कष्टों में सन्निहित दोष को अलग-अलग देखते हुए विवेकपूर्वक विचार करने की आवश्यकता है। इस तरह के विचारों से वैराग्यभाव उत्पन्न होकर आत्मभाव की जागृति हो जाती है जिसे 'ज्ञान' कहते हैं।

संसार के राग-रस में रमण करते रहने से संसार के कष्टों से और संसार से भी कभी मुक्ति नहीं मिल सकती है। इसलिए इन्द्रियों के शब्दादि विषयों में वैराग्य

रखकर अनहंकार हुआ उपर्युक्त जन्म, आदि में होनेवाले कष्टों में दोषदृष्टि रखते हुए वैराग्य उत्पन्न करके परम कल्याण की प्राप्ति हेतु आत्मभाव में स्थित होना चाहिए ॥ ८ ॥

असक्तिरनभिष्वङ्गः पुत्रदारगृहादिषु ।
नित्यं च समचित्तत्वमिष्टानिष्टोपपत्तिषु ॥ ९ ॥

असक्तिः—अनासक्ति, **अनभिष्वङ्गः**—अलिप्तता, **पुत्र**—पुत्र, **दार**—स्त्री, **गृहादिषु**—घर आदि में, **नित्यम्**—सदा, **च**—तथा, **समचित्तत्वम्**—समचित्त रहना, **इष्ट**—अनुकूल (और), **अनिष्ट**—प्रतिकूल की, **उपपत्तिषु**—प्राप्ति में।

अनासक्ति, पुत्र, स्त्री, घर आदि में अलिप्तता तथा इष्ट और अनिष्ट की प्राप्ति में सदा समचित्त रहना।

संसार के भोग ऐश्वर्य आदि के प्रति आसक्ति मनुष्य को आत्मा के ज्ञान से दूर कर देता है। अतः इन सबसे दूर 'असक्तिः' अर्थात अनासक्त भाव से रहना तथा पुत्र, स्त्री व गृह आदि में मन की लिप्तता भी मन को आत्मचिन्तन से भटकाता है। अतएव इनमें भी 'अनभिष्वङ्ग' अर्थात् अलिप्तभाव से रहना ज्ञान की श्रेणी में है।

जीवन में इष्ट-अनिष्ट वस्तु की प्राप्ति अथवा ऐसी स्थिति उत्पन्न होती ही है। इन स्थितियों में चित्त के विचलित होने पर आत्मानुसन्धान में विघ्न पड़ता है। अतएव ऐसी स्थिति-परिस्थिति में कृपालु परमात्मा का चिन्तन करते हुए समचित्त भाव से रहना भी ज्ञानावस्था ही है ॥ ९ ॥

मयि चानन्ययोगेन भक्तिरव्यभिचारिणी ।
विविक्तदेशसेवित्वमरतिर्जनसंसदि ॥ १० ॥

मयि—मुझमें, **च**—और, **अनन्ययोगेन**—अनन्ययोग से, **भक्तिः**—भक्ति, **अव्यभिचारिणी**—अविचल, **विविक्तः**—एकान्त, **देश**—देश के, **सेवित्वम्**—सेवन करने का स्वभाव, **अरतिः**—अप्रीति, **जनसंसदि**—जनसमुदाय में।

मुझमें अनन्ययोग से अविचल भक्ति, एकान्त देश के सेवन करने का स्वभाव और जनसमुदाय में अप्रीति।

मुझमें 'अनन्ययोगेन' अर्थात् मुझ भगवान् के अतिरिक्त कोई दूसरा आश्रय न हो तथा मैं ही उसकी एकमात्र परम गति हूँ, ऐसे योग से युक्त हुआ मुझमें ही बुद्धि को लगाकर अविचलित मन से भक्तिभाव से युक्त होकर 'अव्यभिचारिणी' अर्थात् अविचल भक्ति से उपासना व आराधना आदि करना भी 'ज्ञान' है।

जिस पुरुष में आत्मचिन्तन का भाव दृढ़ होता है उसे सदैव निर्जन व शुद्ध स्थान-'विविक्तदेश' में रहना ही प्रिय होता है। ऐसे पुरुष को उस जनसमुदाय-'जनसंसदि' में जिसमें भगवान् के प्रति आस्था न हो और सांसारिक विषय भोगों के प्रति ही आसक्ति का भाव और चर्चा हो, वहाँ जाने में प्रीति भी नहीं होती है। ऐसा इसलिए कि वहाँ का वातावरण और जनसंवाद भी भगवद्भाव के विरुद्ध सांसारिक विषयवस्तु से युक्त होता है। अतएव विविक्तदेश के सेवन के स्वभाववाला तथा सांसारिक भावोन्मत्त जनसंसदि में प्रीति न रखनेवाले भाव को भी 'ज्ञान' कहते हैं ॥ १० ॥

अध्यात्मज्ञाननित्यत्वं तत्त्वज्ञानार्थदर्शनम् ।
एतज्ज्ञानमिति प्रोक्तमज्ञानं यदतोऽन्यथा ॥ ११ ॥

अध्यात्मज्ञान—आत्मविषयक ज्ञान में, **नित्यत्वम्**—नित्य स्थिति, **तत्त्वज्ञान**—तत्त्वज्ञान के, **अर्थ**—अर्थ का, **दर्शनम्**—दर्शन, **एतत्**—यह सब, **ज्ञानम्**—ज्ञान है, **इति**—ऐसा, **प्रोक्तम्**—कहा है, **अज्ञानम्**—अज्ञान है, **यत्**—जो है वह, **अतः**—इसके, **अन्यथा**—विपरीत।

आत्मविषयक ज्ञान में नित्य स्थिति, तत्त्वज्ञान के अर्थ का दर्शन, यह सब ज्ञान है, इसके विपरीत जो है वह अज्ञान है, ऐसा कहा है।

इस जगत् में ज्ञान और अज्ञान क्या है? इस विषय पर भगवान् ने यहाँ स्पष्टता से कहा है। 'अध्यात्मज्ञाननित्यत्वम्'—अध्यात्मज्ञान अर्थात् आत्मविषयक ज्ञान में नित्यस्थिति और 'तत्त्वज्ञानार्थदर्शनम्'—तत्त्वज्ञान का जो फलरूप अर्थ अर्थात् परमात्मतत्त्व है उसका दर्शन एवं उसमें रत हो जाना 'ज्ञान' है और इसके विपरीत जो कुछ भी है, वह सब 'अज्ञान' है।

इस अध्याय के सातवें श्लोक के प्रारम्भ 'अमानित्वम्' आदि से लेकर वर्तमान श्लोक के 'तत्त्वज्ञानार्थदर्शनम्' तक सभी गुण समुदाय आत्मज्ञान की प्राप्ति में सहायक हैं और क्षेत्र नामक शरीर के द्वारा करने योग्य साधन हैं। अतएव ये सभी 'ज्ञान' हैं। इसके अतिरिक्त क्षेत्र-शरीर द्वारा किये गये ऐसे सारे कर्म जो मानित्व, दम्भित्वभाव आदि उत्पन्न करके आत्मज्ञान की प्राप्ति में बाधक होने के कारण विपरीत हैं, वे सब 'अज्ञान' हैं और संसार में प्रवृत्त करने के कारण भी होते हैं। जिन कर्मों, कारणों अथवा साधनों से परमात्मा का ज्ञान न हो, उसे अज्ञान ही समझना चाहिए।

भगवान् द्वारा ज्ञान और अज्ञान के विषय में कही गयी उपर्युक्त बात परमार्थ की इच्छावाले योगाभ्यासी पुरुष को सदैव ध्यान में रखते हुए जगत् में इस क्षेत्र-

शरीर से परमात्मरूपी ज्ञान प्राप्त करने के उनके बताये हुए अमानित्व आदि साधनों से युक्त होकर परमात्मतत्त्व को प्राप्त करने के लिए श्रेष्ठ कर्म का ही अभ्यास जीवन में करना चाहिए। परमात्मज्ञान की प्राप्ति के बाद संसार का ज्ञान स्वत: हो जाता है। अतएव संसार के विषयभोगों में लिप्त मनुष्यों को ज्ञान के प्राप्ति हेतु भगवान् की कृपादृष्टि का आकांक्षी होना चाहिए, जिससे परमार्थ लाभ प्राप्त करके मनुष्य जन्म सार्थक हो सके ॥ ११ ॥

उपर्युक्त पाँच श्लोकों में बताये गये ज्ञान के साधनों द्वारा ज्ञेय तत्त्व को बताते हैं—

ज्ञेयं यत्तत्प्रवक्ष्यामि यज्ज्ञात्वामृतमश्नुते ।
अनादिमत्परं ब्रह्म न सत्तन्नासदुच्यते ॥ १२ ॥

ज्ञेयम्—जानने योग्य है, **यत्**—जो, **तत्**—उसको, **प्रवक्ष्यामि**—(मैं) भलीभाँति कहूँगा, **यत्**—जिसको, **ज्ञात्वा**—जानकर (मनुष्य को), **अमृतम्**—अमृत, **अश्नुते**—प्राप्त होता है, **अनादिमत्**—आदिरहित, **परम्**—परम, **ब्रह्म**—ब्रह्म है, **न**—न, **सत्**—सत् (और), **तत्**—वह, **न**—न, **असत्**—असत् ही, **उच्यते**—कहा जा सकता है।

जो ज्ञेय है उसको मैं भलीभाँति कहूँगा, जिसको जानकर मनुष्य को अमृत प्राप्त होता है। वह अनादि और परम ब्रह्म है। वह न सत् और न असत् ही कहा जा सकता है।

जो ज्ञान के अतिरिक्त अन्य किसी उपाय से न जाना जा सके उसे 'ज्ञेय' कहते हैं। ऐसे ज्ञान से जानने योग्य ज्ञेय को जान लेने पर मनुष्य अमृतत्व प्राप्त कर लेता है, अर्थात् मोक्ष प्राप्त कर जन्म-मरण के बन्धन से मुक्त हो जाता है।

वह ज्ञेय 'अनादिमतम्' है, अर्थात् आदिमतवाला नहीं है, अपितु वह आदि का भी आदि है, उसका कोई आदि नहीं है। वह ज्ञेय तत्त्व परम है, अर्थात् उसका स्वरूप अत्यन्त विलक्षण है, ऐसा वह ज्ञेय तत्त्व ही परम ब्रह्म है। उसे न सत् और न ही असत् कहा जा सकता है।

जो प्रमाणों से जाने जा सकते हैं उन्हीं को *'सत्'* कहते हैं। ज्ञेय ब्रह्म इन्द्रियातीत है और मात्र शब्द प्रमाण से नहीं जाना जा सकता है, क्योंकि शब्द प्रमाण से जानने के लिए व्यक्ति या वस्तु को जाति-धर्म, क्रिया, गुण और सम्बन्धोंवाला होना चाहिए, तभी शब्दों द्वारा इनके सम्बोधनों के माध्यम से व्यक्ति या वस्तु के होने को प्रमाणित किया जा सकता है, किन्तु जाति-धर्म से मुक्त, क्रियारहित, निर्गुण और आत्मरूप होने के कारण उस परम ब्रह्म को शब्दों के

माध्यम से व्यक्त करके नहीं जाना जा सकता। अतएव इसे सत् नहीं कहा जा सकता है।

जिसका अस्तित्व न हो उसे *'असत्'* कहते हैं, किन्तु ब्रह्म का अस्तित्व है—उसी के कारण ही इस जगत् की सत्ता है। अतएव उसे असत् भी नहीं कहा जा सकता है। निष्कर्ष यही है कि उस परम ब्रह्म को न तो सत् कह सकते हैं और न ही असत्, यह दोनों से परे निर्गुण, निर्विकार व इन्द्रियातीत है ॥ १२ ॥

ज्ञेयरूप परम ब्रह्म के अस्तित्व के प्रतिपादन हेतु उसके सर्वव्यापक स्वरूप को अगले पाँच श्लोकों में कहा गया है—

सर्वतःपाणिपादं तत्सर्वतोऽक्षिशिरोमुखम् ।
सर्वतः श्रुतिमल्लोके सर्वमावृत्य तिष्ठति ॥ १३ ॥

सर्वतः—सब ओर, **पाणिपादम्**—हाथ-पैरवाला, **तत्**—वह (ज्ञेय), **सर्वतः**—सब ओर, **अक्षि शिरः मुखम्**—नेत्र, सिर व मुख वाला, **श्रुतिमत्**—कानवाला है (तथा), **लोके**—(इस) जगत् में, **सर्वम्**—सबको, **आवृत्य**—व्याप्त करके, **तिष्ठति**—स्थित है।

वह ज्ञेय सब ओर हाथ—पैरवाला, सब ओर नेत्र, सिर व मुखवाला तथा सब ओर कानवाला है तथा इस जगत् में सबको व्याप्त करके स्थित है।

उस ज्ञेय के हाथ-पैर सर्वत्र फैले हुए हैं। सभी प्राणियों में स्थित इन्द्रियाँ उसी ज्ञेय की शक्ति की सत्ता से ही अपने-अपने कार्यों को संचालित कर रही हैं। वह ज्ञेय सब ओर नेत्र, शिर और मुखवाला है, अर्थात् उसके आँख, शिर और मुख सर्वत्र हैं। सब ओर कानवाला है। इस जगत् में जड़-चेतन सभी को आकाश की भाँति व्याप्त करके वह स्थित है।

यहाँ उस ज्ञेयरूप परब्रह्म की जगत् में सर्वव्यापकता का वर्णन है। वह सब में व्याप्त कर अवस्थित है। वह परम तत्त्व तो एक ही है, जगत् को व्याप्त करनेवाला और व्याप्त होनेवाला, दोनों ही, वही है। जगत् उससे भिन्न नहीं है। वह सबका कर्त्ता व द्रष्टा है। सभी प्राणियों का अस्तित्व और पोषण उसी के द्वारा है। उस ज्ञेय का सर्वत्र हाथ, पैर, नेत्र, शिर, मुख व कानवाला बताना उसकी व्यापकता को ही रूपक के तौर पर दर्शाना है ॥ १३ ॥

सर्वेन्द्रियगुणाभासं सर्वेन्द्रियविवर्जितम् ।
असक्तं सर्वभृच्चैव निर्गुणं गुणभोक्तृ च ॥ १४ ॥

सर्व—सब, **इन्द्रिय**—इन्द्रियों के, **गुण**—गुणों के द्वारा, **आभासम्**—भासमान, **सर्व इन्द्रिय**—सब इन्द्रियों से, **विवर्जितम्**—रहित है, **असक्तम्**—संगरहित (होने पर), **सर्वभृत्**—

सबका धारणकर्ता, **च**—तथा, **एव**—भी, **निर्गुणम्**—निर्गुण होने पर (भी), **गुणभोक्तृ**—गुणों का भोक्ता है, **च**—और।

सब इन्द्रियों के गुणों के द्वारा भासमान, सब इन्द्रियों से रहित है तथा संगरहित होने पर भी सबका धारणकर्ता और निर्गुण होने पर भी गुणों का भोक्ता है।

वह ज्ञेय तो श्रोत्रादि ज्ञानेन्द्रियों, वाक्, आदि कर्मेन्द्रियों तथा अन्त:करण के मन व बुद्धि को लेकर इन सभी के गुणों से जगत् में प्रतीत होता है। ऐसा लगता है कि वह इन इन्द्रियों की विभिन्न क्रियाओं से ही ज़गत् में सक्रिय है। वह ज्ञेय तो सभी इन्द्रियों से रहित तथा बिना किसी सम्बन्ध के संगहीन ही रहता है, तथापि अधिष्ठानरूप से सबको धारण करनेवाला है, यह उसकी अलौकिकता है। वह ज्ञेय तो निर्गुण अर्थात् सत्त्व, रज, तम से अतीत रहते हुए भी गुणों का भोक्ता है।

वस्तुत: वह ज्ञेय इन्द्रियों व उनके गुणों से असम्बद्ध व स्वतन्त्र है। गुण व इन्द्रियाँ वास्तविक परमात्म तत्त्व नहीं हैं। इन्द्रियों के गुणों का भोक्तापन उसमें केवल भासमान होते हैं। फिर भी इनसे संगहीन व निर्विकार हुआ अलौकिक रूप से वह सभी प्राणियों को धारण करता है। उस सर्वव्यापक परमात्मा की ऐसी अलौकिकता अद्भुत है एवं गहन विचार, चिन्तन व धारण करने का विषय है॥ १४॥

बहिरन्तश्च भूतानामचरं चरमेव च।
सूक्ष्मत्वात्तसदविज्ञेयं दूरस्थं चान्तिके च तत्॥ १५॥

बहिः—बाहर, **अन्तः**—भीतर, **च**—और, **भूतानाम्**—(वह) सब भूतों के, **अचरम् चरम् एव च**—चर और अचररूप भी (वही है), **सूक्ष्मत्वात्**—सूक्ष्म होने से, **तत्**—वह, **अविज्ञेयम्**—जानने में नहीं आता है, **दूरस्थम्**—दूरस्थ भी है, **च**—तथा, **अन्तिके**—समीप भी, **च**—और, **तत्**—वही है।

सब भूतों के बाहर और भीतर है, चर और अचररूप भी वही है। सूक्ष्म होने से अविज्ञेय है तथा वह दूरस्थ भी है और समीप भी वही है।

वह ज्ञेय सभी चराचर प्राणियों के अविद्यारूपी शरीर के बाहर और आत्मरूप से शरीर के भीतर व्याप्त है। इस प्रकार शरीर के बाहर और भीतर व्याप्त होने के साथ-साथ चर-अचररूप शरीर का आभास भी उसी ज्ञेय का स्वरूप है, अतएव मध्य में (शरीररूप में) भी उनकी स्थिति है। इस प्रकार उससे भिन्न जगत् में कुछ भी नहीं है, सम्पूर्ण जगत् उसी ज्ञेय से ही व्याप्त है।

वह ज्ञेय तत्त्व यद्यपि सर्वव्यापक है, तथापि आकाश की भाँति व्यापक होते हुए भी उसी की तरह अपने अति सूक्ष्म स्वरूप के कारण अविज्ञेय है, अर्थात्

अज्ञात है। उस ज्ञेय की स्थिति नजदीक भी है और दूर भी है। अज्ञानी पुरुषों के लिए तो वह अविज्ञेय है, अर्थात् जानने में नहीं आता है और अति दूर है, किन्तु ज्ञानियों के लिए वह तो अत्यन्त निकट शरीर में ही स्थित आत्मरूप से ज्ञेय है और सर्वत्र भी है ॥ १५ ॥

अविभक्तं च भूतेषु विभक्तमिव च स्थितम्।
भूतभर्तृ च तज्ज्ञेयं ग्रसिष्णु प्रभविष्णु च ॥ १६ ॥

अविभक्तम्—विभागरहित एक-सा, **च**—भी, **भूतेषु**—सब भूतों में, **विभक्तम् इव**—विभक्त के सदृश, **च**—तथा, **स्थितम्**—स्थित है, **भूतभर्तृ**—भूतों का धारण-पोषण करनेवाला भर्त्ता, **च**—और, **तत् ज्ञेयम्**—वह ज्ञेय तत्त्व, **ग्रसिष्णु**—संहारक, **प्रभविष्णु**—उत्पन्न करनेवाला, **च**—तथा।

सब भूतों में विभागरहित एक-सा होने पर भी विभक्त के सदृश स्थित है तथा वह ज्ञेय तत्त्व सब भूतों का भर्ता और संहारक तथा उत्पन्न करनेवाला है।

इस जगत् के सभी प्राणियों में जो विभिन्न नाम, रूप व बनावट के हैं अर्थात् विभक्त हैं, उन सब में वह परमात्मा स्वरूपतः विभागरहित एक-सा होने पर भी अर्थात् अविभक्त होने पर भी विभक्त के समान स्थित है। विभिन्न प्राणियों में उसकी यह विभक्त स्थिति प्रतीतिमात्र है, वस्तुतः वह सदैव अविभक्त ही है और एक समान है।

जाननेयोग्य ज्ञेय परमात्मा स्थितिकाल में 'भूतभर्तृ'-विष्णुरूप से भूतों का भर्ता अर्थात् धारण-पोषण करनेवाला, 'ग्रसिष्णु'-संहारकाल में रुद्ररूप से संहार करनेवाला और 'प्रभविष्णु'-उत्पत्तिकाल में ब्रह्मारूप से उत्पन्न करनेवाला है। इस तरह ब्रह्मा, विष्णु व रुद्र तीनों रूप में वह अभिन्नरूप से एक ही है।

पृथक्-पृथक् प्राणियों में उसकी स्थिति से तथा जगत् में भर्ता, संहारक और प्रभव की विभिन्न भूमिका से उस परमात्मा को विभक्त न समझकर सदैव एक ही समझना चाहिए ॥ १६ ॥

ज्योतिषामपि तज्ज्योतिस्तमसः परमुच्यते।
ज्ञानं ज्ञेयं ज्ञानगम्यं हृदि सर्वस्य विष्ठितम् ॥ १७ ॥

ज्योतिषाम्—ज्योतियों का, **अपि**—भी, **तत्**—वह, **ज्योतिः**—ज्योति, **तमसः**—अज्ञान से, **परम्**—परे, **उच्यते**—कहा जाता है, **ज्ञानम्**—बोधस्वरूप, **ज्ञेयम्**—जानने के योग्य, **ज्ञानगम्यम्**—ज्ञान से जाना जानेवाला है (तथा), **हृदि**—हृदय में, **सर्वस्य**—सबके, **विष्ठितम्**—स्थित है।

ज्योतियों का भी ज्योति और तमस से भी परे वह कहा जाता है। वह ज्ञान, ज्ञेय और ज्ञानगम्य है तथा सबके हृदय में स्थित है।

जगत् में दीपक, आदि कृत्रिम ज्योति तथा मणि, सूर्य व चन्द्रमा, आदि नैसर्गिक ज्योतियों का भी परमज्योति वह ज्ञेय परमात्मा कहा जाता है क्योंकि उसी से ही ये सभी प्रकाशित होते हैं । 'तमसः' अर्थात् तमस या अज्ञान जिसे सूक्ष्म रूप से माया या प्रकृति कहते हैं, उस तमस से भी परे परमात्मा को कहा जाता है। तमस से आच्छादित अन्तःकरण में बुद्धि को परमात्मा ही प्रकाशित करता है, जहाँ लौकिक और नैसर्गिक ज्योतियों का प्रभाव नहीं पड़ता है।

वह परमात्मा 'ज्ञानम्'-चेतनबोधस्वरूप है, 'ज्ञेयम्'-जानने योग्य तथा 'ज्ञानगम्यम्'-ज्ञान से जाना जाता है। अर्थात् वह बोधस्वरूप ज्ञेय परमात्मा अमानित्व, आदि ज्ञान के साधनों द्वारा प्राप्त हो सकने वाला है तथा वह सर्वव्यापी समस्त प्राणियों के हृदय में विशेष रूप से (१८।६१) अवस्थित है ॥ १७॥

क्षेत्र, ज्ञान और ज्ञेय के तत्त्व को जानने का फल बतलाते हैं—

इति क्षेत्रं तथा ज्ञानं ज्ञेयं चोक्तं समासतः ।
मद्भक्त एतद्विज्ञाय मद्भावायोपपद्यते ॥ १८ ॥

इति—यह, **क्षेत्रम्**—क्षेत्र, **तथा**—तथा, **ज्ञानम्**—ज्ञान, **ज्ञेयम्**—ज्ञेय, **च**—और, **उक्तम्**—कहा गया है, **समासतः**—संक्षेप से, **मद्भक्तः**—मेरा भक्त, **एतत्**—इसको, **विज्ञाय**—जानकर, **मत् भावाय**—मेरे भाव को, **उपपद्यते**—प्राप्त होने के योग्य बन जाता है।

यह क्षेत्र तथा ज्ञान और ज्ञेय संक्षेप से कहा गया है। मेरा भक्त इसको जानकर मेरे भाव को प्राप्त होने के योग्य बन जाता है।

इस अध्याय के श्लोक पाँच व छह में क्षेत्र का स्वरूप; श्लोक सात में 'अमानित्वम्', आदि से लेकर श्लोक ग्यारह के 'तत्त्वज्ञानार्थदर्शनम्' तक ज्ञान का स्वरूप और श्लोक बारह के 'ज्ञेयं यत्तत्' से श्लोक सत्रह के 'तमसः परमुच्यते' तक ज्ञेय का स्वरूप संक्षेप में कहा गया है।

मेरा भक्त उपर्युक्त क्षेत्र के स्वरूप को, ज्ञान के संसाधनों के स्वरूप को तथा मुझ ज्ञेय के यथार्थ स्वरूप को जानकर मुझमें सर्वभावेन अर्पण करके मेरे भाव को अर्थात् मेरे परमात्मभाव को प्राप्त करने में समर्थ हो जाता है ॥ १८ ॥

प्रकृति और पुरुष संसार के हेतु हैं, इसका विस्तृत वर्णन अगले पाँच श्लोकों में—

प्रकृतिं पुरुषं चैव विद्ध्यनादी उभावपि ।
विकारांश्च गुणांश्चैव विद्धि प्रकृतिसम्भवान् ॥ १९ ॥

प्रकृतिम्—प्रकृति, **पुरुषम्**—पुरुष, **च**—और, **एव**—भी, **विद्धि**—जान, **अनादी**—अनादि, **उभौ अपि**—इन दोनों को ही, **विकारान्**—सब विकारों को, **च**—और, **गुणान्**—गुणों को, **च**—तथा, **एव**—ही, **विद्धि**—जान, **प्रकृतिसम्भवान्**—प्रकृति से उत्पन्न हुआ।

प्रकृति और पुरुष इन दोनों को ही अनादि जान और सब विकारों को तथा गुणों को भी प्रकृति से ही उत्पन्न हुआ जान।

अध्याय सात में भगवान् ने बताया है कि क्षेत्र और क्षेत्रज्ञ दोनों ही ईश्वर की क्रमशः अपरा व परा (जड़ व चेतन) प्रकृतियाँ हैं जो समस्त प्राणियों की योनि-कारण हैं (७।४-६)। इन प्रकृतियों के माध्यम से ईश्वर जगत् की उत्पत्ति, स्थिति और प्रलय का कारण होता है। क्षेत्र और क्षेत्रज्ञ भूतों की योनि कैसे हैं? वह इस श्लोक में बताते हैं। प्रकृति एवं पुरुष दोनों ईश्वर की प्रकृतियाँ हैं और पुरुष अर्थात् जीव का प्रकृति के साथ सम्बन्ध अनादि है। ईश्वर की अनादिता के कारण यह सम्बन्ध भी अनादि सिद्ध है। यहाँ क्षेत्र को प्रकृति और क्षेत्रज्ञ को पुरुष कहा गया है।

बुद्धि, इन्द्रिय, अन्तःकरण और शरीर आदि विकार कहे जाते हैं। सत्त्व, रज और तम ये तीनों गुण ही जगत् में इच्छा, द्वेष व मोह आदि विकार वृत्तियों के रूप में प्रकट होते हैं। तू इन सभी विकारों को और तीनों गुणों को 'प्रकृति' से उत्पन्न हुआ जान। वही प्रकृति सब प्रकार की क्रियाओं का तथा संसार का कारण है। ईश्वर की त्रिगुणमयी मायाशक्ति का नाम प्रकृति है। यही प्रकृति अपने विकारों के द्वारा पुरुष के बन्धन का कारण है, किन्तु अमानित्व, आदि ज्ञान के साधनों द्वारा मोक्ष का भी कारण है।

इन विकारों और गुणों का निर्विकार आत्मा से कोई सम्बन्ध नहीं है। वेदान्त में प्रकृति या माया ईश्वर के अधीन है तथा उन्हीं के द्वारा प्रकट किया गया है। सांख्य के अनुसार प्रकृति और पुरुष नित्य तथा अनादि तो हैं, किन्तु ये परस्पर पृथक् एवं स्वतन्त्र हैं ॥ १९ ॥

कार्यकरणकर्तृत्वे हेतुः प्रकृतिरुच्यते ।
पुरुषः सुखदुःखानां भोक्तृत्वे हेतुरुच्यते ॥ २० ॥

कार्य करण कर्तृत्वे—कार्य और करण के कर्त्तापन में, **हेतुः**—हेतु, **प्रकृतिः**—प्रकृति, **उच्यते**—कहलाती है (और), **पुरुषः**—जीवात्मा, **सुख**—सुख, **दुःखानाम्**—दुःख के, **भोक्तृत्वे**—भोक्तापन में, **हेतुः**—हेतु, **उच्यते**—कहा गया है।

कार्य और करण के कर्त्तापन में प्रकृति हेतु कहलाती है और सुख-दुःख के भोक्तापन में जीवात्मा हेतु कहा गया है।

'कार्यकरणकर्तृत्वे' अर्थात् कार्य और करण के कर्तापन में कारण तो प्रकृति है (१४।१९) और इसलिए संसार का कारण भी प्रकृति है । यह कैसे है? वह बताते हैं—

शरीर निर्माण में कारणरूप से पञ्च सूक्ष्मभूतों-आकाश, वायु, अग्नि, जल तथा पृथ्वी और इनसे सम्बन्धित इन्द्रियों के क्रमशः पाँच विषयों-शब्द, स्पर्श, रूप, रस और गन्ध इन दस तत्त्वों को *'कार्य'* कहते हैं। तीन अन्तःकरण-बुद्धि, अहंकार और मन और दस बहिःकरण क्रमशः पाँच ज्ञानेन्द्रियाँ-कर्ण, त्वक्, नेत्र, रसना तथा घ्राण और पाँच कर्मेन्द्रियाँ-वाक्, हस्त, पाद, उपस्थ तथा गुदा, इन तेरह तत्त्वों को *'करण'* कहते हैं, क्योंकि सुख-दुःख आदि गुण इन्हीं कारणों के आश्रित हैं। इन्हीं दस कार्यों और तेरह करणों, कुल २३ तत्त्वों के संघात-समूह को उत्पन्न करने में कारणरूप से भगवान् की त्रिगुणात्मक मायाशक्ति है, जिसे प्रकृति कहते हैं (३।२७-२८;७।४)।

पुरुष (जीवात्मा-क्षेत्रज्ञ-भोक्ता) सुख-दुःख आदि भोगों के भोक्तापन का कारण कहा जाता है, अर्थात् वह भोक्ता है। यह सर्वथा उचित है, क्योंकि यदि ऐसा न हो तो संसार का कोई कारणत्व नहीं होगा। पुरुष चेतनस्वरूप है और प्रकृति जड़रूप है, इन दोनों के संयोग से ही प्राणी मूर्तरूप से जगत् में उत्पन्न हुआ है। अब प्रकृति द्वारा उपर्युक्त तेरह करणों सहित उत्पन्न किये गये 'जड़शरीर' में जड़रूप करणों के ही आश्रित होनेवाले सुख-दुःख, मोह आदि का भोक्ता यदि जड़प्रकृति से भिन्न कोई चेतनपुरुष नहीं होगा तो संसार का कारणत्व अर्थात् संसारित्व कैसे होगा? संसार का ऐसे में कोई अर्थ ही नहीं होगा। यदि जड़ जगत् हो और भोक्तारूप से कोई चेतनपुरुष तत्त्व न हो तो क्या संसार की सार्थकता होगी? बिलकुल नहीं होगी। ऐसे जगत् की कल्पना नहीं की जा सकती है।

अतएव कार्य और करण के कर्तापन में हेतु जड़प्रकृति को तथा सुख-दुःख के भोक्तापन में हेतु चेतनरूप से पुरुष अर्थात् जीवात्मा को जो ऊपर कहा गया है, यही संसारित्व का कारण है ॥ २० ॥

पुरुषः प्रकृतिस्थो हि भुङ्क्ते प्रकृतिजान्गुणान् ।
कारणं गुणसङ्गोऽस्य सदसद्योनिजन्मसु ॥ २१ ॥

पुरुषः—जीवात्मा, **प्रकृतिस्थः**—प्रकृति में स्थित हुआ, **हि**—ही, **भुङ्क्ते**—भोगता है, **प्रकृतिजान्**—प्रकृति से उत्पन्न, **गुणान्**—गुणों को, **कारणम्**—कारण होता है, **गुणसङ्गः**—गुणों का संग, **अस्य**—इस जीवात्मा की, **सत् असत्**—अच्छी-बुरी, **योनिजन्मसु**—योनियों में जन्म का।

प्रकृति में स्थित हुआ ही पुरुष प्रकृति से उत्पन्न गुणों को भोगता है और गुणों का संग ही इस जीवात्मा की अच्छी–बुरी योनियों में जन्म का कारण होता है।

कार्य और करणरूप से प्रकट हुई अविद्यारूपी प्रकृति में स्थित पुरुष–जीवात्मा प्रकृति से ही उत्पन्न सुख, दु:ख व मोह, आदि को भोगता है, अर्थात् सुखी, दु:खी इत्यादि होने का अनुभव करता है। प्रकृति के सत्त्व, आदि गुणों से उत्पन्न सुख–दु:खादि में आसक्ति ही 'पुरुष' के अच्छी–बुरी योनियों में जन्म लेने का कारण होता है (१८–४०)। कितना आश्चर्य है कि जिन सुखादि को पुरुष अज्ञान से युक्त होकर संसार में आसक्तिपूर्वक भोगता है, उन्हीं से ही जन्म–मरण के चक्र में फँसता जाता है !

जन्म का कारण यद्यपि अविद्या है, अज्ञान है तथापि रहस्य की बात यह है कि जब यह पुरुष–जीवात्मा सर्वप्रथम अपने पूर्व की प्रकृति के अनुसार देव, मनुष्य आदि योनियों में जन्म लेता है तो प्रकृति से उत्पन्न सुख–दु:ख आदि को उस शरीर से भोगता हुआ वैसा ही अनुभव करता है। फिर उन सुख–दु:खों से आसक्त हुआ, तद्रूप होकर, उसकी प्राप्ति के लिए अच्छे–बुरे कर्मों को करने लगता है। पुन: उन अच्छे–बुरे कर्मों के फलस्वरूप अच्छी–बुरी (शुभ–अशुभ) योनियों में जन्म लेता है। पुन: जन्म लेकर भी वैसे ही आसक्त हुआ और वैसे ही कर्म करता हुआ फिर जन्म लेता है, और यह क्रम चलता रहता है। कब तक? जब तक कि वह पुरुष आत्मप्राप्ति के उपायभूत साधनों का अभ्यास करके गुणातीत हुआ आत्मतत्त्व का ज्ञान नहीं प्राप्त कर लेता है। अतएव गुणों का संग ही अच्छी–बुरी योनियों में जन्म लेने का कारण होता है। यदि पुरुष का प्रकृति के गुणों से सम्बन्ध न हो तो पुरुष में भोक्तापन नहीं आ सकता है ॥ २१ ॥

उपद्रष्टानुमन्ता च भर्ता भोक्ता महेश्वरः ।
परमात्मेति चाप्युक्तो देहेऽस्मिन्पुरुषः परः ॥ २२ ॥

उपद्रष्टा—उपद्रष्टा (साक्षी), **अनुमन्ता**—अनुमोदन करनेवाला, **च**—तथा, **भर्ता**—शरीर, इन्द्रिय, मन, बुद्धि आदि का स्वरूप धारण का आभास, **भोक्ता**—सुख–दु:खादि की प्रतीति, **महेश्वरः**—महेश्वर, **परमात्मा**—परमात्मा, **इति**—ऐसा, **च**—और, **अपि**—भी है, **उक्तः**—कहा जाता है, **देहे**—शरीर में, **अस्मिन**—इस, **पुरुषः परः**—यह पर पुरुष।

इस शरीर में यह पर पुरुष उपद्रष्टा, अनुमन्ता, भर्ता, भोक्ता तथा महेश्वर और परमात्मा भी है—ऐसा कहा जाता है।

इस शरीर में स्थित यह पुरुष-आत्मा श्रेष्ठ है, इसका शरीर से सम्बन्ध नहीं है, फिर भी इसकी विशिष्टताएँ अद्भुत हैं। यह श्रेष्ठ पुरुष स्वयं कुछ न करता हुआ-सा निकटतम साक्षी होने के कारण 'उपद्रष्टा' कहा जाता है। यह कार्यव्यापार में लगे हुए अन्त:करण एवं इन्द्रियादि की क्रियाओं में कोई भाग न लेकर मात्र साक्षीरूप से स्थित हुआ सन्तुष्टि का अनुमोदन करनेवाला 'अनुमन्ता'-सा लगता है। शरीर, इन्द्रिय, मन व बुद्धि आदि चैतन्यस्वरूप भासित होते हैं और आत्मसिद्धि के उपायस्वरूप हैं, इन सबका स्वरूप धारण करने का आभास भी चैतन्य आत्मा का 'भर्ता' होना कहा जाता है। मन व बुद्धि द्वारा सांसारिक विषयों में सुख-दु:ख आदि की प्रतीति आत्मस्थ चैतन्यसत्ता के प्रभाव से ही है और इस चैतन्य आत्मा के द्वारा ही ग्रहण-सा किया हुआ लगता है, अतएव आत्मा 'भोक्ता' है ऐसा कहा जाता है।

इस प्रकार शरीरस्थ यह श्रेष्ठ पुरुष शरीरादि का नियमन, धारण व पोषण करने के कारण तथा सबका आत्मा होने के कारण और स्वतन्त्र होने के कारण निश्चय ही यह शरीर, अन्त:करण और इन्द्रियों का 'महेश्वर' है। जीव तो शरीर, बुद्धि आदि से सम्बन्ध स्थापित कर लेता है, किन्तु आत्मा इन सबसे असम्बद्ध हुआ उपद्रष्टा, अनुमन्ता आदि रूप में शरीरादि के सम्बन्ध से श्रेष्ठ है और इसलिए वह 'परमात्मा' भी कहा जाता है ॥ २२ ॥

य एवं वेत्ति पुरुषं प्रकृतिं च गुणैः सह ।
सर्वथा वर्तमानोऽपि न स भूयोऽभिजायते ॥ २३ ॥

यः—जो, **एवम्**—इस प्रकार, **वेत्ति**—जानता है, **पुरुषम्**—जीवात्मा को, **प्रकृतिम्**—प्रकृति को, **च**—और, **गुणैः सह**—गुणों के सहित, **सर्वथा**—सब प्रकार से, **वर्तमानः**—बरतता हुआ, **अपि**—भी, **न**—नहीं, **सः**—वह, **भूयः**—फिर, **अभिजायते**—जन्म लेता है।

जो इस प्रकार पुरुष को और गुणों के सहित प्रकृति को जानता है, वह सब प्रकार से बरतता हुआ भी फिर जन्म नहीं लेता है।

जो मनुष्य इस पुरुष को आत्मभाव से जानता है, अर्थात् आत्मानुभव करके स्वयं वह अपने को देह न समझकर 'पुरुष' ही समझता है तथा सत्त्व, रज व तम तीनों गुणों सहित अविद्यारूपी प्रकृति के स्वरूप को भी जानता है, अर्थात् यह कि प्रकृति के इन तीनों गुणों का विस्तार तो अविद्या के कारण ही प्रतीत हो रहा है तथा अविद्या दूर होने पर और ज्ञानप्राप्ति कर लेने पर प्रकृति का अभाव होकर, प्रकृति का कोई अस्तित्व न रहकर एकमात्र सर्वव्याप्त परमात्मा की ही स्थिति जगत् में सर्वत्र है, ऐसा जान लेता है।

उपर्युक्त प्रकार से पुरुष को तथा गुणों सहित प्रकृति को जो मनुष्य जान लेता है, वह ज्ञानप्राप्त मनुष्य जगत् में हर प्रकार का बर्ताव करता हुआ भी शरीरत्याग के पश्चात् पुन: जन्म को नहीं प्राप्त करता है।

ज्ञानोपलब्धि के पश्चात मनुष्य के सम्पूर्ण कर्म अर्थात् पूर्वजन्मों के संचित कर्म एवं इसी जन्म के ज्ञान प्राप्ति के पूर्व के कर्म क्षय को प्राप्त हो जाते हैं, इनका फल नहीं होता है। जिस तरह से अग्नि में भुने हुए बीज खेत में बोने से उगते नहीं, उसी तरह से ज्ञान प्राप्ति के पश्चात् इस शरीररूप क्षेत्र में सभी कर्मों और उनके फल के ज्ञानाग्नि में क्षय हो जाने से शरीर त्याग के उपरान्त मनुष्य का जन्म नहीं होता है। वह मुक्त हो जाता है ॥ २३ ॥

आत्मज्ञान प्राप्ति के साधनों को अगले दो श्लोकों में बतलाते हैं—

ध्यानेनात्मनि पश्यन्ति केचिदात्मानमात्मना ।
अन्ये साङ्ख्येन योगेन कर्मयोगेन चापरे ॥ २४ ॥

ध्यानेन—ध्यान के द्वारा, **आत्मनि**—शरीर में स्थित, **पश्यन्ति**—देखते हैं, **केचित्**—कितने ही पुरुष, **आत्मानम्**—आत्मा को, **आत्मना**—मन से, **अन्ये**—अन्य कितने ही, **साङ्ख्येन योगेन**—सांख्ययोग के द्वारा, **कर्मयोगेन**—कर्मयोग के द्वारा (देखते हैं), **च**—और, **अपने**—दूसरे (कितने)।

कितने ही पुरुष शरीर में स्थित आत्मा को मन से ध्यान के द्वारा देखते हैं, अन्य कितने ही सांख्ययोग के द्वारा और दूसरे कितने कर्मयोग के द्वारा देखते हैं।

बुद्धि द्वारा निश्चय करके और उस निश्चय का संकल्पविकल्पात्मक मन के द्वारा श्रोत्रादि सभी ज्ञानेन्द्रियों को उनके विषयों के बाह्य जगत् में रमने की वृत्ति को रोककर तथा स्वयं की अन्तरात्मा में निरोधकर अविच्छिन्नभाव से तैलधारावत आत्मस्वरूप का चिन्तन करना ही *'ध्यान'* है (६।११-२८)। कितने ही पुरुष ऐसे ध्यान के अभ्यास द्वारा 'आत्मना'-मन से 'आत्मनि'-शरीर या हृदय में 'आत्मानम्'-आत्मा को देखते हैं।

अन्य कई योगीजन सांख्ययोग (२।११-३०;५।८-९,१३) के द्वारा जिसमें प्रकृति के कार्यरूप तीनों गुण (सत्त्व, रज व तम) गुण में ही बरत रहे हैं, ऐसा समझते हुए प्रकृति के सम्पूर्ण क्रियाकलापों से संन्यास लेकर साक्षीभाव से कर्तृत्वाभिमान से रहित होकर सर्वव्याप्त, निर्विकार चेतन परब्रह्म से एकीकार होकर आत्मा में चिन्तन करते हैं।

अन्य कई योगीजन 'कर्मयोग' (२।३९-५३) द्वारा निष्कामभावपूर्वक समबुद्धि से युक्त होकर, अहंकार एवं आसक्तिरहित हुआ परमात्मा में अर्पण भाव से सम्पूर्ण कर्म करते हुए अन्तःकरण की शुद्धि प्राप्त करके आत्मतत्त्व के यथार्थ स्वरूप के अनुभव को प्राप्त करते हैं ॥ २४॥

अन्ये त्वेवमजानन्तः श्रुत्वान्येभ्य उपासते ।
तेऽपि चातितरन्त्येव मृत्युं श्रुतिपरायणाः ॥ २५ ॥

अन्ये—दूसरे कितने ही, **तु**—परन्तु, **एवम्**—ऐसा, **अजानन्तः**—न जानने के कारण, **श्रुत्वा**—सुनकर (ही), **अन्येभ्यः**—दूसरे तत्त्वज्ञानियों से, **उपासते**—उपासना करते हैं, **ते**—वे, **अपि**—भी, **च**—और, **अतितरन्ति**—तर जाते हैं, **एव**—निःसन्देह, **मृत्युम्**—मृत्युरूप संसार-सागर से, **श्रुतिपरायणाः**—श्रवणपरायण मनुष्य।

परन्तु दूसरे कितने ही ऐसा न जानने के कारण दूसरे तत्त्वज्ञानियों से सुनकर उपासना करते हैं और वे श्रवणपरायण मनुष्य भी मृत्युरूप संसार-सागर से निःसन्देह तर जाते हैं।

दूसरे कितने ऐसे लोग हैं जो उपर्युक्त कर्मयोग आदि विभिन्न प्रकार के योग को नहीं जानते हैं, न ही जानने में उनकी श्रद्धा है। ऐसे वे लोग श्रवणपरायण होते हैं, तत्त्वज्ञानियों को सुनने में उन्हें श्रद्धा व भाव होता है और वे उनके वाक्यों को यथार्थ मानते हैं। ऐसे लोग इन तत्त्वज्ञानियों को सुनकर तदनुसार श्रद्धापूर्वक उपासना करने से भी मृत्युरूप संसार-सागर से निःसन्देह तर जाते हैं। अस्तु, अज्ञानी पुरुष भी श्रद्धाभाव से तत्त्वज्ञान को मात्र श्रवण कर उपासना करने से तर जाता है ॥ २५ ॥

जन्मादि के कारणरूप अविद्या को नाश करनेवाले आत्मविषयक तत्त्वज्ञान के हेतु का वर्णन अगले श्लोक से अध्याय के अन्त पर्यन्त करते हैं—

यावत्सञ्जायते किञ्चित्सत्त्वं स्थावरजङ्गमम् ।
क्षेत्रक्षेत्रज्ञसंयोगात्तद्विद्धि भरतर्षभ ॥ २६ ॥

यावत्—जो भी, **सञ्जायते**—उत्पन्न होते हैं, **किञ्चित्**—जितने भी, **सत्त्वम्**—प्राणी, **स्थावर**—अचर, **जङ्गमम्**—चर, **क्षेत्रक्षेत्रज्ञ संयोगात्**—क्षेत्र और क्षेत्रज्ञ के संयोग से (उत्पन्न हुआ), **तत्**—उन सबको, **विद्धि**—जान, **भरतर्षभ**—हे भरतश्रेष्ठ अर्जुन।

हे भरतश्रेष्ठ अर्जुन ! जो भी जितने भी स्थावर जंगम प्राणी उत्पन्न होते हैं, उन सबको क्षेत्र और क्षेत्रज्ञ के संयोग से उत्पन्न हुआ जान।

इस जगत् में जितने प्रकार के और जितनी भी संख्या में स्थावर-वृक्ष, लता आदि तथा जंगम-मनुष्य, देवता, पशु, पक्षी, मछली आदि अर्थात् सभी थलचर, नभचर और जलचर अचर-चर प्राणी हैं, उन सभी को क्षेत्ररूप शरीर और क्षेत्रज्ञरूप चेतनतत्त्व के पारस्परिक संयोग से ही उत्पन्न हुआ जान (७।५-६)।

क्षेत्र और क्षेत्रज्ञ का यह पारस्परिक सम्बन्ध अज्ञानजनित है। दोनों ही ईश्वर की तरह अनादि हैं, तथापि दोनों का स्वरूप भिन्न है। क्षेत्र विकारवान जड़स्वरूप है, किन्तु क्षेत्रज्ञ निर्विकार चेतनस्वरूप-ब्रह्मस्वरूप है ॥ २६ ॥

समं सर्वेषु भूतेषु तिष्ठन्तं परमेश्वरम्।
विनश्यत्स्वविनश्यन्तं यः पश्यति स पश्यति ॥ २७ ॥

समम्—समभाव से, **सर्वेषु**—सभी, **भूतेषु**—प्राणियों में, **तिष्ठन्तम्**—स्थित, **परमेश्वरम्**—परमेश्वर को, **विनश्यत्सु**—नष्ट होते हुए, **अविनश्यन्तम्**—नाशरहित, **यः**—जो पुरुष, **पश्यति**—देखता है, **सः**—वही, **पश्यति**—यथार्थ देखता है।

जो पुरुष नष्ट होते हुए सभी प्राणियों में परमेश्वर को नाशरहित और समभाव से स्थित देखता है, वही यथार्थ देखता है।

सम्पूर्ण जगत् के सारे प्राणी विभिन्न आकार-प्रकार व बौद्धिक स्तर के हैं, अर्थात् विषम हैं। ये सभी विकारवान प्राणी नष्ट होनेवाले होते हैं। जो पुरुष द्रष्टारूप से इन सभी नाशवान् प्राणियों में स्थित परमेश्वर को अविनाशी और एक समान भाव से देखता है (१८।२०), वही यथार्थ देखता है। इसके विपरीत अर्थात् विषमभाव से देखनेवाला जन्म-मरण के चक्र में पड़ता है ॥ २७ ॥

समं पश्यन्हि सर्वत्र समवस्थितमीश्वरम्।
न हिनस्त्यात्मनात्मानं ततो याति परां गतिम् ॥ २८ ॥

समम्—एक समान, **पश्यन्**—देखता हुआ, **हि**—क्योंकि (जो पुरुष), **सर्वत्र**—सब में, **समवस्थितम्**—समभाव से स्थित, **ईश्वरम्**—परमेश्वर को, **न हिनस्ति**—हनन नहीं करता, **आत्मना**—(अपने) मन के द्वारा, **आत्मानम्**—आत्मा का, **ततः याति**—इससे वह प्राप्त होता है, **पराम् गतिम्**—परम गति को।

क्योंकि जो पुरुष सब में समभाव से स्थित परमेश्वर को एक समान देखता हुआ अपने आत्मा (मन) के द्वारा आत्मा का हनन नहीं करता, इससे वह परम गति को प्राप्त होता है।

जो पुरुष सभी भूतप्राणियों में, अन्य सर्वत्र भी, समभाव से स्थित परमेश्वर को एक ही समान भाव से देखता है, वह ज्ञानी यथार्थ देखने के कारण अपने मन

के द्वारा स्वयं अपनी आत्मा का हनन नहीं करता और इस कारण वह मोक्षरूप परम गति को प्राप्त करता है।

इसके विपरीत, अज्ञानी पुरुष समभाव से सर्वत्र स्थित निर्विकार आत्मरूप परमेश्वर को एक समान न देखकर विभिन्न रूप आकारवाले प्राणियों में अलग-अलग रूप आकारवाला तथा विकारवाला देखता है और चेतन आत्मा को देहाभिमान के कारण शरीर मानकर पाप-पुण्य कर्मों में लिप्त हुआ देखता है। वह परिणामस्वरूप मृत्यु को और पुनर्जन्म को प्राप्त होता है एवं यह क्रम चलता ही रहता है। इस प्रकार शरीररूप से प्रत्यक्ष हुए और शरीर के भीतर विराजमान निर्विकार आत्मा को जो पुरुष अज्ञानवश विकारवान् शरीररूप से ही देखते हैं, वे स्वयं ही आत्महन्ता होकर आत्मा के तिरस्काररूप जन्म-मरणरूपी अन्य शरीर को प्राप्त होते हैं ॥ २८ ॥

प्रकृत्यैव च कर्माणि क्रियमाणानि सर्वशः ।
यः पश्यति तथात्मानमकर्तारं स पश्यति ॥ २९ ॥

प्रकृत्या—प्रकृति के द्वारा, **एव**—ही, **च**—और, **कर्माणि**—सम्पूर्ण कर्मों में, **क्रियमाणानि**—किये हुए, **सर्वशः**—सब प्रकार से, **यः**—जो पुरुष, **पश्यति**—(यथार्थ) देखता है, **तथा**—और, **आत्मानम्**—आत्मा को, **अकर्तारम्**—अकर्त्ता, **सः**—वह, **पश्यति**—यथार्थ देखता है।

और जो पुरुष सम्पूर्ण कर्मों में सब प्रकार से प्रकृति के द्वारा ही किये हुए देखता है और आत्मा को अकर्ता देखता है, वह यथार्थ देखता है।

भगवान् की त्रिगुणात्मक माया को प्रकृति नाम से कहते हैं। सम्पूर्ण जगत् का विस्तार इसी प्रकृति का है। संसार में होनेवाले सारे कर्मों, यहाँ तक कि मन, वाणी और शरीर से होनेवाले कर्म भी, के होने में सब प्रकार से प्रकृति द्वारा ही किया हुआ जो पुरुष देखता है तथा आत्मा को निर्विकार साक्षी अकर्त्ता रूप में देखता है, वही यथार्थ देखता है और वही ज्ञानी है (१४।१९) ॥ २९ ॥

यदा भूतपृथग्भावमेकस्थमनुपश्यति ।
तत एव च विस्तारं ब्रह्म सम्पद्यते तदा ॥ ३० ॥

यदा—जब (मनुष्य), **भूत**—भूतों के, **पृथक् भावम्**—पृथक्-पृथक् भाव को, **एकस्थम्**—एक परमात्मा में ही स्थित, **अनुपश्यति**—देखता है, **ततः एव**—उससे ही, **च**—तथा, **विस्तारम्**—भूतों का विस्तार, **ब्रह्म**—ब्रह्म को, **सम्पद्यते**—प्राप्त हो जाता है, **तदा**—तब (वह)।

जब मनुष्य भूतों के पृथक्-पृथक् भाव को एक परमात्मा में ही स्थित तथा उससे ही भूतों का विस्तार देखता है, तब वह ब्रह्म को प्राप्त हो जाता है।

सम्पूर्ण जगत् के चराचर सभी प्राणियों के पृथक्-पृथक् आकार, रूप-रंग और वृत्ति जैसे नानात्व भावों को जब मनुष्य एक ही सर्वव्याप्त निर्विकार परमात्मा में स्थित देखता है और परमात्मा से ही भूतों का विस्तार भी देखता है, तब उसी समय वह एकतत्त्व-आत्मतत्त्व के ज्ञान के साथ सर्वव्यापक ब्रह्म को प्राप्त हो जाता है।

कुछ विद्वानों ने भूतों के पृथक्-पृथक् भाव को परमात्मा में स्थित के स्थान पर यत्र-तत्र प्रकृति में स्थित अथवा आत्मा में स्थित माना है। बात एक ही है, प्रकृति परमात्मा के अधीन है और आत्मा तो परमात्मा का अंश है। तत्त्वतः अन्तिम संकेत सभी प्रणियों का अस्तित्व में आना एक ही परमात्मा से ही है— परमात्मा की जड़ प्रकृति और चेतन प्रकृति, दोनों उन्हीं की प्रकृति, के संयोग से ही सभी प्राणियों की (७।५-६) उत्पत्ति है ॥ ३० ॥

अनादित्वान्निर्गुणत्वात्परमात्मायमव्ययः ।
शरीरस्थोऽपि कौन्तेय न करोति न लिप्यते ॥ ३१ ॥

अनादित्वात्—अनादि होने से (और), **निर्गुणत्वात्**—निर्गुण होने से, **परमात्मा**—परमात्मा, **अयम्**—यह, **अव्ययः**—अविनाशी, **शरीरस्थः**—शरीर में स्थित हुआ, **अपि**—भी, **कौन्तेय**—हे कौन्तेय, **न करोति**—न कुछ करता है (और), **न लिप्यते**—न ही लिप्त होता है।

हे कौन्तेय ! अनादि और निर्गुण होने से यह अविनाशी परमात्मा शरीर में स्थित हुआ भी न कुछ करता है और न ही लिप्त होता है।

यह परमात्मा अनादि है अर्थात् इसका कोई कारण नहीं है, यह सनातन है। अनादि होने के कारण यह अव्यय है, अविनाशी है। यह परमात्मा निर्गुण भी है अर्थात् सत्त्वादि गुणों से रहित है, जिससे इसमें निर्लिप्तता की विशिष्टता है। ऐसा अनादि और निर्गुण परमात्मा अव्यय होने से शरीर में आत्मरूप से स्थित होते हुए भी अकर्त्ता हुआ शरीर के विकारों से लिप्त नहीं होता है, शरीर की तरह यह जन्म-मृत्यु आदि विकारों से अतीत रहता है, शरीर के दोष से उसका कोई सम्बन्ध नहीं रहता है।

परमात्मा की अलौकिक शक्ति से ही शरीर की स्थिति है और शरीर के सारे क्रियाकलापों का वह संचालक है, इस प्रतीति के कारण आत्मस्वरूप परमात्मा की शरीर में स्थिति (१५।१०) कही गयी है ॥ ३१ ॥

यथा सर्वगतं सौक्ष्म्यादाकाशं नोपलिप्यते ।
सर्वत्रावस्थितो देहे तथात्मा नोपलिप्यते ॥ ३२ ॥

यथा—जैसे, **सर्वगतम्**—सर्वव्याप्त, **सौक्ष्म्यात्**—सूक्ष्म होने के कारण, **आकाशम्**—आकाश, **न उपलिप्यते**—लिप्त नहीं होता, **सर्वत्र**—सर्वत्र, **अवस्थितः**—स्थित हुआ (भी), **देहे**—शरीर में, **तथा**—वैसे ही, **आत्मा**—आत्मा, **न उपलिप्यते**—लिप्त नहीं होता।

जैसे सर्वव्याप्त आकाश सूक्ष्म होने के कारण लिप्त नहीं होता, वैसे ही शरीर में सर्वत्र स्थित हुआ भी आत्मा लिप्त नहीं होता।

जिस तरह से वायु, तेज, जल और पृथ्वी इन सब में आकाश सर्वत्र व्याप्त रहते हुए भी सूक्ष्म रहने के कारण किसी से लिप्त नहीं होता है, वैसे ही आत्मा भी शरीर में सर्वत्र स्थित रहते हुए शरीर के गुण-दोष आदि विकारों से निर्लिप्त रहता है ॥ ३२ ॥

यथा प्रकाशयत्येकः कृत्स्नं लोकमिमं रविः ।
क्षेत्रं क्षेत्री तथा कृत्स्नं प्रकाशयति भारत ॥ ३३ ॥

यथा—जैसे, **प्रकाशयति**—प्रकाशित करता है, **एकः**—एक ही, **कृत्स्नम्**—समस्त, **लोकम्**—लोक को, **इमम्**—इस, **रविः**—सूर्य, **क्षेत्रम्**—क्षेत्र को, **क्षेत्री**—क्षेत्रज्ञ, **तथा**—वैसे ही, **कृत्स्नम्**—सम्पूर्ण, **प्रकाशयति**—प्रकाशित करता है, **भारत**—हे भारत।

हे भारत ! जैसे एक ही सूर्य इस समस्त लोक को प्रकाशित करता है, वैसे ही क्षेत्रज्ञ सम्पूर्ण क्षेत्र को प्रकाशित करता है।

जिस प्रकार एक सूर्य इस समस्त लोक को अपनी प्रभा से प्रकाशित करता है, वैसे ही क्षेत्रज्ञ-आत्मा समस्त क्षेत्र को, जिसका वर्णन इसी अध्याय के पाँचवें व छठें श्लोक में महाभूतों से लेकर धृति तक विकारसहित किया गया है, प्रकाशित करता है।

जिस प्रकार से प्रकाशित होनेवाले लोक से प्रकाशक सूर्य अत्यन्त भिन्न है, उसी प्रकार से निर्विकार अलिप्त क्षेत्रज्ञ-आत्मा भी प्रकाशमान क्षेत्र से अत्यन्त विलक्षण एवं भिन्न है ॥ ३३ ॥

क्षेत्रक्षेत्रज्ञयोरेवमन्तरं ज्ञानचक्षुषा ।
भूतप्रकृतिमोक्षं च ये विदुर्यान्ति ते परम् ॥ ३४ ॥

क्षेत्र—क्षेत्र, **क्षेत्रज्ञयोः**—(और) क्षेत्रज्ञ के, **एवम्**—इस प्रकार, **अन्तरम्**—भेद को, **ज्ञानचक्षुषा**—ज्ञाननेत्रों के द्वारा, **भूत प्रकृति मोक्षम**—भूत-प्रकृति के मोक्ष को, **च**—और, **ये**—जो, **विदुः**—जान लेते हैं, **यान्ति**—प्राप्त होते हैं, **ते**—वे, **परम्**—परम तत्त्व को।

इस प्रकार क्षेत्र और क्षेत्रज्ञ के भेद को और भूत—प्रकृति के मोक्ष को जो ज्ञाननेत्रों के द्वारा जान लेते हैं, वे परम तत्त्व को प्राप्त होते हैं।

जो पुरुष अपने विवेकविषयक ज्ञाननेत्रों से, स्थूल चर्मनेत्रों से नहीं, क्षेत्र और क्षेत्रज्ञ के भेद को तथा कार्य-कारणरूप भूत-प्रकृति के मोक्ष को जान जाते हैं, वे परम तत्त्व को प्राप्त कर लेते हैं।

क्षेत्र और क्षेत्रज्ञ के भेद को जानने का आशय उनके स्वरूप को यथार्थतः जानना है। महाभूत आदि तेईस तत्त्वों के संघातरूप यह शरीर 'क्षेत्र' कहलाता है, जो जड़, अनित्य और विकारवान है एवं विकारवान होने के कारण विनाशी है। इसके विपरीत इस शरीर क्षेत्र को जाननेवाला क्षेत्रज्ञ-जीवात्मा तो चेतन, नित्य और निर्विकार है, अतः अविनाशी है। इन दोनों में पारस्परिक अत्यन्त भिन्नता और विलक्षणता है, फिर भी अज्ञान के कारण दोनों में सम्बन्ध प्रतीत होता है।

भूतोत्पत्ति में प्रकृति कारणरूप है और प्रकृति के कार्यरूप से भूत हैं। जो साधक पुरुष शास्त्र और गुरुपदेश से प्राप्त विवेकविषयक ज्ञाननेत्रों से तथा ज्ञान के संसाधनरूप अमानित्व आदि गुणों को (१३।७-११) आचरण में लाकर क्षेत्र और क्षेत्रज्ञ को तत्त्व से जान लेते हैं और कार्यकारणरूप प्रकृति (१३।२०) के साथ अज्ञान से हुए सम्बन्ध को विच्छेद करके परमात्मा से सम्बन्ध जोड़ते हैं, वे मोक्षरूप परम तत्त्व को प्राप्त होते हैं। इस प्रकार वे पुनर्जन्म से छूट जाते हैं ॥ ३४ ॥

इति श्रीकृष्णार्जुनसंवादे क्षेत्रक्षेत्रज्ञविभागयोगो नाम त्रयोदशोऽध्यायः ॥ १३ ॥

अध्याय १४

प्रकृति से उत्पन्न गुणत्रय-सत्त्व, रज व तम ही पुरुष को बाँधते हैं। ये कैसे बाँधते हैं? इनकी वृद्धि के लक्षण क्या हैं? इन गुणों से युक्त कर्म का स्वरूप एवं फल क्या है? गुणातीत पुरुष के लक्षण, आचरण एवं ऐसे पुरुष को प्राप्त फल क्या हैं? इन तीनों गुणों से सम्बन्धित उपर्युक्त सभी विषयों पर विभागपूर्वक वर्णन इस अध्याय ***'गुणत्रयविभागयोग'*** में किया गया है ।

भगवान् अब सभी ज्ञान में उत्तम परम ज्ञान को पुन: कहते हैं, जिसे जानकर संसार से मुक्त होकर सिद्धि की प्राप्ति होती है (१)। इस ज्ञान से प्राप्त सिद्धि की नित्यता कहते हैं (२)। क्षेत्र और क्षेत्रज्ञ के संयोग से भूतोत्पत्ति बताते हैं (३) और स्वयं को बीज प्रदान करनेवाला पिता कहते हैं (४)। प्रकृति के तीनों गुण जीवात्मा को कैसे बाँधते हैं, सो कहते हैं (५-९)। ये गुण बाँधनेवाला कार्य कब करते हैं, वह बताते हैं (१०)। गुणों की वृद्धि के अलग-अलग लक्षण बतलाते हैं (११-१३)। इन गुणों की वृद्धि के समय मृत्यु होने पर प्राप्त फल बताते हैं (१४-१५)। अब तीनों गुणों का फल कहते हैं (१६-१८)। यथार्थ ज्ञान से भगवद्भाव की प्राप्ति बताते हैं (१९) और यह भाव कैसे प्राप्त होता है, वह कहते हैं (२०)। अर्जुन भगवान् से गुणातीत पुरुष का लक्षण, आचरण और गुणातीत होने का उपाय पूछता है (२१)। भगवान् अब गुणातीत पुरुष का लक्षण बतलाते हैं (२२)। गुणातीत पुरुष कैसे आचरण करता है, वह बताते हैं (२३-२५)। मनुष्य तीनों गुणों को किस प्रकार लाँघ जाता है, सो कहते हैं (२६)। गुणातीत पुरुष द्वारा ब्रह्म-प्राप्ति का कारण स्वरूप भगवान् स्वयं अपने को ब्रह्म की प्रतिष्ठा कहकर श्लोक (२७) से अध्याय का उपसंहार करते हैं।

तेरहवें अध्याय में जीवोत्पत्ति का कारण ईश्वराधीन क्षेत्र और क्षेत्रज्ञ का संयोग कहा गया तथा प्रकृति में स्थित हुए गुणों से आसक्ति होने को बन्धन का कारण बताया गया। यह बन्धन गुणों से किस प्रकार होता है? कैसे इससे मुक्ति हो? ऐसी अन्यान्य बातों को बताने के लिए भगवान् पूर्व में कहे गये ज्ञान में उत्तम परमज्ञान को पुन: कहते हैं—

श्रीभगवानुवाच

परं भूयः प्रवक्ष्यामि ज्ञानानां ज्ञानमुत्तमम् ।
यज्ज्ञात्वा मुज्यः सर्वे परां सिद्धिमितो गताः ॥ १ ॥

श्रीभगवान् उवाच—श्रीभगवान् बोले, **परम्**—परम, **भूयः**—फिर, **प्रवक्ष्यामि**—कहता हूँ, **ज्ञानानाम्**—सभी ज्ञान में भी, **ज्ञानम्**—ज्ञान को (मैं), **उत्तमम्**—उत्तम, **यत्**—जिसको, **ज्ञात्वा**—जानकर, **मुनयः**—मुनि, **सर्वे**—सब, **पराम्**—परम, **सिद्धिम्**—सिद्धि को, **इतः**—इस संसार से (मुक्त होकर), **गताः**—प्राप्त हो गये हैं।

श्रीभगवान् बोले—सभी ज्ञान में भी उत्तम परम ज्ञान को मैं फिर कहता हूँ, जिसको जानकर सब मुनि इस संसार से मुक्त होकर परम सिद्धि को प्राप्त हो गये हैं।

कल्याण की प्राप्ति हेतु वेदों, शास्त्रों आदि में यज्ञादि द्वारा जो विभिन्न ज्ञान दिये गये हैं, उन सभी ज्ञान में परमात्मविषयक ज्ञान परम है और फल में उत्तम होने के कारण इस उत्तम परम ज्ञान को मैं तुमसे पुनः अच्छी तरह से कहूँगा। यहाँ पुनः इसलिए कहा गया कि इसको तेरहवें और पूर्व के अन्य अध्यायों में विविध तरह से अनेक बार कहा गया है ॥ १ ॥

इस ज्ञान को जानकर ज्ञानयोगी मननशील मुनिजन इस जन्मरूप संसार-बन्धन से मुक्त होकर परमात्मप्राप्तिरूप परम सिद्धि को प्राप्त कर चुके हैं ।

अब उस ज्ञान से प्राप्त सिद्धि की नित्यता बताते हैं—

इदं ज्ञानमुपाश्रित्य मम साधर्म्यमागताः ।
सर्गेऽपि नोपजायन्ते प्रलये न व्यथन्ति च ॥ २ ॥

इदम्—इस, **ज्ञानम्**—ज्ञान का, **उपाश्रित्य**—आश्रय लेकर, **मम**—मेरे, **साधर्म्यम्**—एकरूपता को, **आगताः**—प्राप्त हुए पुरुष, **सर्गे अपि**—सृष्टि के आदि में, **न उपजायन्ते**—उत्पन्न नहीं होते, **प्रलये**—प्रलयकाल में भी, **न व्यथन्ति**—व्याकुल नहीं होते हैं, **च**—और।

इस ज्ञान का आश्रय लेकर मेरे एकरूपता को प्राप्त हुए पुरुष सृष्टि के आदि में उत्पन्न नहीं होते और प्रलयकाल में भी व्याकुल नहीं होते हैं।

इस उत्तम परम ज्ञान का (जो पुनः आगे कहा जाएगा) आश्रय लेकर मेरी साधर्म्यता अर्थात् एकरूपतारूपी धर्म को प्राप्त हुए मुक्त पुरुष सृष्टि के उत्पत्ति काल में उत्पन्न नहीं होते और प्रलयकाल में व्यथित भी नहीं होते अर्थात् नाश को नहीं प्राप्त होते हैं। ऐसे पुरुषों का जन्म व मरण से कोई सम्बन्ध नहीं रह जाता है। साधर्म्यता प्राप्त जीव तो भगवान् के समान जन्म-मरण से तो मुक्त रहता है,

किन्तु उनकी तरह सृष्टि आदि निर्मित करने का गुण व सामर्थ्य उसमें नहीं रहता है ॥ २॥

अब क्षेत्र और क्षेत्रज्ञ के संयोग को भूतों का कारण अगले दो श्लोकों में बताते हैं—

मम योनिर्महद्ब्रह्म तस्मिन्गर्भं दधाम्यहम् ।
सम्भवः सर्वभूतानां ततो भवति भारत ॥ ३ ॥

मम—मेरी, **योनिः**—योनि अर्थात् कारण है, **महत् ब्रह्म**—महद्ब्रह्मरूपी मूल प्रकृति, **तस्मिन्**—उसमें, **गर्भम्**—गर्भ को, **दधामि**—स्थापित करता हूँ, **अहम्**—मैं, **सम्भवः**—उत्पत्ति, **सर्वभूतानाम्**—सब भूतों की, **ततः**—उस संयोग से, **भवति**—होती है, **भारत**—हे भारत।

हे भारत ! मेरी महद्ब्रह्म रूपी मूल प्रकृति योनि है, उसमें मैं गर्भ को स्थापित करता हूँ, उस संयोग से सब भूतों की उत्पत्ति होती है।

मेरी मूल प्रकृति जड़स्वरूप है और यह महत्तत्त्व और अहंकार आदि विकारों का कारण होने से 'महद्ब्रह्म' नाम से कही जाती है। इस प्रकार मेरी महद्ब्रह्मरूपी मूल प्रकृति (अपरा जड़-प्रकृति) समस्त प्राणियों की योनि अर्थात् कारण है (७।४-५)। मैं इस क्षेत्ररूप अपनी जड़प्रकृति में क्षेत्रज्ञरूप चेतन प्रकृति (जो बीजरूप है) का संयोग कराकर इस क्षेत्र और क्षेत्रज्ञ के संयोगरूपी गर्भ को स्थापित करता हूँ (७।६)। इस जड़ व चेतन प्रकृति का संयोगरूप प्राकट्य परमेश्वर की इच्छा से ही सम्भव है।

हे भारत ! इस प्रकार मेरे संकल्प शक्ति से दोनों प्रकृतियों के संयोग से ब्रह्मा से लेकर कर्मानुसार सभी देव, मनुष्य, पशु, पक्षी, मत्स्य आदि सभी प्राणियों (थल, नभ और जलचर) की उत्पत्ति (९।१०) होती है ॥ ३॥

सर्वयोनिषु कौन्तेय मूर्तयः सम्भवन्ति याः ।
तासां ब्रह्म महद्योनिरहं बीजप्रदः पिता ॥ ४ ॥

सर्वयोनिषु—समस्त योनियों में, **कौन्तेय**—हे कौन्तेय, **मूर्तयः**—मूर्तियाँ अर्थात् शरीरधारी प्राणी, **सम्भवन्ति**—उत्पन्न होते हैं, **याः**—जो, **तासाम्**—उन सबकी, **ब्रह्म महत्**—महद्ब्रह्मरूपी मेरी प्रकृति, **योनिः**—योनि है, **अहम्**—(और) मैं, **बीजप्रदः**—बीज प्रदान करनेवाला, **पिता**—पिता हूँ।

हे कौन्तेय ! समस्त योनियों में जो मूर्तियाँ अर्थात् शरीरधारी प्राणी उत्पन्न होते हैं, महद्ब्रह्म रूपी मेरी प्रकृति उन सबकी योनि है और मैं बीज प्रदान करनेवाला पिता हूँ।

हे कौन्तेय ! समस्त योनियों में जो देव, मनुष्य, यक्ष, पशु, पक्षी, कीट व मत्स्यादि जो विभिन्न मूर्तियाँ हैं, अर्थात् जो शरीरधारी विभिन्न आकार एवं स्वभाववाले प्राणी उत्पन्न होते हैं उनकी महद्‌ब्रह्मरूपी मेरी माया-प्रकृति गर्भधारिणी माता है और मैं उन-उन मूर्तियों के कर्मों के अनुसार चेतनसमूह का उस-उस योनि में जड़प्रकृति के साथ संयोग कराकर गर्भाधान करानेवाला बीज प्रदायक पिता हूँ ॥ ४ ॥

जीवात्मा का तीन गुणों द्वारा बँधना बताते हैं तथा वह त्रिगुणों से कैसे बँधता है, सो अगले पाँच श्लोकों में कहते हैं—

सत्त्वं रजस्तम इति गुणाः प्रकृतिसम्भवाः ।
निबध्नन्ति महाबाहो देहे देहिनमव्ययम् ॥ ५ ॥

सत्त्वम् रजः तमः—सत्त्व, रज (और) तम, **इति**—ये, **गुणाः**—तीन गुण, **प्रकृति सम्भवाः**—प्रकृति से उत्पन्न, **निबध्नन्ति**—बाँध देते हैं, **महाबाहो**—हे अर्जुन, **देहे**—देह में, **देहिनम्**—आत्मा को, **देहे**—देह में (जीवरूप में), **अव्ययम्**—अविनाशी।

हे अर्जुन ! प्रकृति से उत्पन्न सत्त्व, रज और तम ये तीन गुण अविनाशी आत्मा को देह में (जीवरूप में) बाँध देते हैं।

यह अविनाशी 'आत्मा' जो निर्विकार, चेतन एवं शुद्ध-बुद्ध है, उसे मेरी माया-प्रकृति से उत्पन्न तीनों गुण सत्त्व, रज व तम अपने अविद्या स्वरूप के कारण हे महाबाहो ! आत्मा (क्षेत्रज्ञ) को शरीर में जीवरूप से बाँध लेते हैं। कैसे बाँधते हैं? सो कहते हैं—

तीनों गुणों के कार्यरूप शरीर, धन, परिवार आदि को शरीरधारी निर्लिप्त आत्मा जब जीवभाव से इनमें आसक्ति और ममत्व रखकर अपना मान लेता है और उनसे सम्बन्ध स्थापित कर लेता है, तब उस स्थिति में वह आत्मा इन गुणों के आश्रित-सा हो जाता है, उसकी स्वतन्त्रता नष्ट हो जाती है। इस प्रकार हे महाबाहो ! वह आत्मा गुणों व उनके कर्म के आश्रित हुआ उनसे सम्बद्ध होकर जीवात्मारूप से देह में बँध-सा जाता है। यद्यपि सत्त्व, आदि गुण आत्मा के अधीन होते हैं, किन्तु आत्मा का आश्रय लेकर ही अपने अविद्यामय स्वरूप से ये गुण उसे बाँधते हैं ॥ ५ ॥

तत्र सत्त्वं निर्मलत्वात्प्रकाशकमनामयम् ।
सुखसङ्गेन बध्नाति ज्ञानसङ्गेन चानघ ॥ ६ ॥

तत्र—उनमें, **सत्त्वम्**—सत्त्वगुण, **निर्मलत्वात्**—निर्मल होने के कारण, **प्रकाशकम्**—प्रकाशक है (और), **अनामयम्**—उपद्रवरहित है, **सुखसङ्गेन**—(यह) सुख के संग से, **बध्नाति**—बाँधता है, **ज्ञानसङ्गेन**—ज्ञान के संग से (जीवात्मा को), **च**—और, **अनघ**—हे निष्पाप।

हे निष्पाप ! उनमें सत्त्वगुण निर्मल होने के कारण प्रकाशक है और उपद्रवरहित है। यह सुख के संग से और ज्ञान के संग से जीवात्मा को बाँधता है।

सत्त्वगुण निर्मल होता है और इस कारण यह प्रकाशक और उपद्रवरहित है। यदि ऐसा यह निर्मल और प्रकाशक है तो जीवात्मा को कैसे बाँधता है, उसमें कैसे विकार आ जाता है? इस पर भगवान् कहते हैं—

हे निष्पाप अर्जुन ! निर्मल होने के कारण सत्त्वगुण प्रकाशक और सुखकारक अवश्य ही है। जीवात्मा को वह इस सुख के संग-आसक्ति से 'मैं सुखी हूँ' ऐसे अनुभव का अभ्यास कराकर अविद्या के कारण मिथ्या सुख में लगा देता है। इसी तरह से यह ज्ञान के भी संगता से 'मैं ज्ञानी हूँ' ऐसे ज्ञान के प्रति 'अहं' होने के कारण बाँधता है। अहो, यह भगवान् की रचना का महान रहस्य है !

सुख एवं ज्ञान ये सत्त्व के गुण वस्तुतः अन्तःकरण का धर्म है, जो 'क्षेत्र' के ही अन्तर्गत है। निर्गुण क्षेत्रज्ञ-आत्मा के ये गुण नहीं हैं, फिर भी सत्त्वगुण के सुख की संगता आत्मा के साथ हो जाने के कारण ही आत्मा को अनात्मविषयों में आसक्ति से लगा-सा देता है और तब वह जीवात्मा रूप से सुखी होने का अनुभव करता है एवं इसी प्रकार वह ज्ञानी होने का भी अहं पाल लेता है। यही अविद्यारूपी आसक्ति जीवात्मा के बन्धन का कारण हो जाता है ॥ ६ ॥

रजो रागात्मकं विद्धि तृष्णासङ्गसमुद्भवम् ।
तन्निबध्नाति कौन्तेय कर्मसङ्गेन देहिनम् ॥ ७ ॥

रजः—रजोगुण तो, **रागात्मकम्**—रागात्मक है, **विद्धि**—जान, **तृष्णा**—(इसे) तृष्णा (तथा), **सङ्ग**—आसक्ति का, **समुद्भवम्**—उत्पत्ति स्थान, **तत्**—वह, **निबध्नाति**—बाँधता है, **कौन्तेय**—हे कौन्तेय, **कर्मसङ्गेन**—कर्म के संग से, **देहिनम्**—इस जीवात्मा को।

हे कौन्तेय ! रजोगुण तो रागात्मक है, इसे तृष्णा तथा आसक्ति का उत्पत्ति स्थान जान । वह इस जीवात्मा को कर्म के संग से बाँधता है।

किसी में भी प्रियता या राग रजोगुण का स्वरूप है। अतएव रजोगुण तो रागरूप-रागात्मक है। शब्दादि समस्त विषयों की उत्कट इच्छा को 'तृष्णा' तथा विषयों व सम्बन्धों आदि में प्रीतियुक्त लगाव को 'संग' या आसक्ति कहते हैं। इस

तृष्णा और विषयसंगता के मूल में रागात्मक रजोगुण है, जो जीवात्मा को 'सकाम' कर्म की आसक्ति से बाँधता है। कैसे बाँधता है? निम्न प्रकार से बाँधता है—

जीवात्मा में राग बढ़ने से कभी न तृप्त होनेवाले विषयभोग और वासना की उत्पत्ति होती है। इसकी प्राप्ति हेतु उत्पन्न तृष्णा और आसक्ति से कर्म करने की प्रवृत्ति बढ़ती है। कर्म के फलरूप से प्राप्त वस्तुओं से जीवात्मा में सुख की प्रतीति होती है। यह सुख स्थायी नहीं होता है, अपितु और अधिक सुख के लिए आसक्त हुआ बढ़ी हुई कामना के कारण अधिक सक्रियता से सकाम कर्मों में वह पुरुष पूरा जीवन व्यतीत कर देता है। फलतः वह आत्मतत्त्व की ओर ध्यान देने का अवसर अज्ञानता के कारण नहीं निकाल पाता है और जन्म-मरण के चक्र में ही पड़ा रहता है। इस प्रकार रजोगुण तो विषयों की तुष्टि के लिए किये जा रहे कर्म की आसक्ति (३।३७;१८।३८) से बाँध देता है ॥ ७॥

तमस्त्वज्ञानजं विद्धि मोहनं सर्वदेहिनाम् ।
प्रमादालस्यनिद्राभिस्तन्निबध्नाति भारत ॥ ८ ॥

तमः—तमोगुण को, **तु**—परन्तु, **अज्ञानजम्**—अज्ञानजन्य (और), **विद्धि**—जान, **मोहनम्**—मोहित करनेवाला, **सर्वदेहिनाम्**—सब देहाभिमानी जीवों को, **प्रमाद**—प्रमाद, **आलस्य**—आलस्य (और), **निद्राभिः**—निद्रा के द्वारा, **तत्**—वह, **निबध्नाति**—इस जीवात्मा को बाँधता है, **भारत**—हे अर्जुन।

परन्तु हे अर्जुन ! तमोगुण को अज्ञानजन्य और सब देहाभिमानी जीवों को मोहित करनेवाला जान । वह प्रमाद, आलस्य और निद्रा के द्वारा इस जीवात्मा को बाँधता है।

किसी वस्तु या विषय के यथार्थ बोध को 'ज्ञान' कहते हैं और जिससे यथार्थ बोध न हो वह 'अज्ञान' है। तमोगुण अज्ञान से उत्पन्न होता है। अतएव तमोगुण किसी वस्तु या विषय की यथार्थता का बोध नहीं करा सकता है। जीव में यथार्थ बोध न होना ही अज्ञानरूपी 'मोह' है। अतएव तमोगुण अज्ञानजन्य है और सब जीवों को मोहित करनेवाला है, यथार्थ बोध से वंचित करनेवाला है।

यह जीवों को प्रमाद अर्थात् अन्तःकरण और इन्द्रियों का निरुद्देश्य प्रयास तथा शास्त्रोक्त कर्मों की अवहेलना, आलस्य अर्थात् कर्त्तव्यकर्मों में अरुचि और निद्रा के द्वारा (१८।३९) बाँधता है ॥ ८ ॥

सत्त्वं सुखे सञ्जयति रजः कर्मणि भारत ।
ज्ञानमावृत्य तु तमः प्रमादे सञ्जयत्युत ॥ ९ ॥

सत्त्वम्—सत्त्वगुण, **सुखे**—सुख में (और), **सञ्जयति**—लगाता है, **रजः**—रजोगुण, **कर्मणि**—कर्म में, **भारत**—हे अर्जुन, **ज्ञानम्**—ज्ञान को, **आवृत्य**—ढंककर, **तु**—परन्तु, **तमः**—तमोगुण (तो), **प्रमादे**—प्रमाद में, **सञ्जयति**—लगाता है, **उत**—भी।

हे अर्जुन ! सत्त्वगुण सुख में और रजोगुण कर्म में लगाता है, परन्तु तमोगुण तो ज्ञान को ढंककर प्रमाद में भी लगाता है।

हे अर्जुन ! सत्त्वगुण मनुष्य को आत्मचिन्तन आदि में लगाकर उससे प्राप्त होनेवाले सात्त्विक सुख की आसक्ति द्वारा बन्धन में डालता है। रजोगुण तो भोग की कामना उत्पन्न कर कर्म में लगाकर और कर्मासक्ति द्वारा बन्धन में लगाता है।

तमोगुण का बन्धन भिन्न तरह का, किन्तु अधिक प्रबल है। यह तो यथार्थ बोध करानेवाले ज्ञान को ढंककर एवं प्रमाद में लगाकर अर्थात् इन्द्रियों को निरर्थक प्रयास एवं शास्त्रोक्त कर्मों की अवहेलना में लगाकर आत्मतत्त्व के ज्ञान के मार्ग को ही बन्द कर देता है। तत्त्वज्ञान का मार्ग बन्द होने पर तो मानव-जीवन निष्प्रयोज्य हो जाता है !

इस प्रकार विवेक ज्ञान के जागृत न होने की दशा में उपर्युक्त तीनों गुण ही अपने-अपने गुणों के प्रभाव से मनुष्य को जन्म-मरणरूपी बन्धन में बाँधनेवाले हैं ॥ ९ ॥

ये गुण उपर्युक्त कार्य कब और कैसे करते हैं? वह बताते हैं—

रजस्तमश्चाभिभूय सत्त्वं भवति भारत।
रजः सत्त्वं तमश्चैव तमः सत्त्वं रजस्तथा ॥ १० ॥

रजः तमः च—रज और तम को, **अभिभूय**—दबाकर, **सत्त्वम्**—सत्त्वगुण, **भवति**—होता है अर्थात् बढ़ता है, **भारत**—हे भारत, **रजः**—रजोगुण, **सत्त्वम् तमः च**—सत्त्व और तम (को दबाकर), **एव**—ही, **तमः**—तमोगुण, **सत्त्वम् रजः**—सत्त्व और रज (को दबाकर), **तथा**—तथा वैसे ही।

हे भारत ! रज और तम को दबाकर सत्त्वगुण, सत्त्व और तम को दबाकर रजोगुण तथा वैसे ही सत्त्व और रज को दबाकर तमोगुण होता है, अर्थात् बढ़ता है।

रज और तम को दबाकर जब सत्त्वगुण बढ़ता है, तब वह अपने स्वरूप के अनुसार ज्ञान और सुख आदि को उत्पन्न करता है। सत्त्व और तम को दबाकर रजोगुण की वृद्धि पर यह कर्म में सन्नद्ध कर तृष्णा और आसक्ति को पैदा करता

है। उसी प्रकार से सत्त्व और रज को दबाकर तमोगुण शास्त्रविरुद्ध कर्मों में प्रवृत्ति पैदा करता है।

यद्यपि ये उपर्युक्त सत्त्व, रज व तम तीनों गुण प्रकृति के साथ सम्बद्ध जीवात्मा में स्वभाव से रहते हैं, तथापि पूर्व में किये गये कर्मों के प्रभाव से तथा वर्तमान के चिन्तन, खान-पान, व आचरण आदि की समता-विषमता से ये गुण न्यूनाधिक होते हैं—कभी सत्त्व, कभी रज और कभी तम बढ़ते हैं ॥ १० ॥

अब इन गुणों की वृद्धि के अलग-अलग लक्षण तीन श्लोकों में बताते हैं—

सर्वद्वारेषु देहेऽस्मिन्प्रकाश उपजायते।
ज्ञानं यदा तदा विद्याद्विवृद्धं सत्त्वमित्युत ॥ ११ ॥

सर्वद्वारेषु—अन्त:करण और सब इन्द्रियरूप द्वारों में, **देहे अस्मिन्**—इस देह में, **प्रकाशः**—प्रकाश (और), **उपजायते**—उत्पन्न होता है, **ज्ञानम्**—ज्ञान, **यदा**—जब, **तदा**—तब, **विद्यात्**—जानना चाहिए, **विवृद्धम्**—बढ़ा है, **सत्त्वम्**—सत्त्वगुण, **इति**—ऐसा, **उत**—कि।

जब इस देह में अन्तःकरण और सब इन्द्रियरूप द्वारों में प्रकाश और ज्ञान उत्पन्न होता है, तब ऐसा जानना चाहिए कि सत्त्वगुण बढ़ा है।

जब इस शरीर के 'सर्वद्वारेषु' अर्थात् अन्त:करण और इन्द्रियों में ज्ञानरूपी प्रकाश उत्पन्न होता है, तब सत्त्वगुण को बढ़ा हुआ समझना चाहिए।

जिस तरह से किसी बन्द अँधेरे कमरे में प्रकाश होने से उस कमरे के अन्दर की सभी वस्तुओं का साफ-साफ बोध हो जाता है, वैसे ही सत्त्वगुण की वृद्धि से और इसके प्रकाशस्वरूप होने से अन्त:करण और इन्द्रियरूप द्वारों के प्रकाशित हो जाने पर ज्ञान की उत्पत्ति होती है और उस समय सत्-असत् का बोध हो जाता है।

आत्मा प्रकाशस्वरूप है। सदगुरु के उपदेशानुसार श्रद्धा और समर्पण भाव से अभ्यास करते रहने से अन्तरात्मा में प्रकाश प्रकट होकर सर्वव्याप्त परमात्मतत्त्व का ज्ञान करा देता है। उस सर्वव्यापक, निर्विकार, चेतन, स्वयंप्रकाशमान आत्मतत्त्व का बोध हो जाने पर उसके समक्ष संसार के सुख और सम्बन्धों का स्वरूप बदल जाता है। तब संसार की सुखासक्ति से स्वाभाविक विरक्ति की स्थिति बिना प्रयास स्वयंमेव हो जाती है और उस उदार, आश्रयदाता एवं मुक्तिदाता 'परम' की ओर स्वाभाविक प्रवृत्ति हो जाती है। जीव अपने मूल और अन्तिम लक्ष्य परमशान्तिदायक परमात्मा को प्राप्त कर लेता है। उसके पाने के बाद भला जगत् में पाना क्या है? सारा जगत् तो वही है ! तब उस सच्चिदानन्द परमात्मा से नि:स्वार्थ असीम सम्बन्ध हो जाता है ॥ ११ ॥

लोभः प्रवृत्तिरारम्भः कर्मणामशमः स्पृहा ।
रजस्येतानि जायन्ते विवृद्धे भरतर्षभ ॥ १२ ॥

लोभः—लोभ, **प्रवृत्तिः**—प्रवृत्ति, **आरम्भः**—आरम्भ, **कर्मणाम्**—कर्मों का, **अशमः**—अशान्ति (और), **स्पृहा**—विषयों की कामना, **रजसि**—रजोगुण के, **एतानि**—ये सब, **जायन्ते**—उत्पन्न होते हैं, **विवृद्धे**—बढ़ने से, **भरतर्षभ**—हे भरतश्रेष्ठ।

हे भरतश्रेष्ठ ! लोभ, प्रवृत्ति, कर्मों का आरम्भ, अशान्ति और विषयों की कामना, ये सब रजोगुण के बढ़ने से उत्पन्न होते हैं।

'लोभः'-परद्रव्य की प्राप्ति और स्वद्रव्य के त्याग न करने की इच्छा, 'प्रवृत्तिः'-सामान्यभाव से सांसारिक चेष्टा, 'कर्मणाम् आरम्भः'-सकाम कर्मों का आरम्भ, 'अशमः'-इन्द्रियों की उपरामता का अभाव अर्थात् अशान्ति और 'स्पृहा'-विषयों की इच्छा, ये सब हे भरतश्रेष्ठ अर्जुन ! रजोगुण के बढ़ने से उत्पन्न होते हैं।

जब जीवन में लोभ, विषय की लालसा और अतृप्त सुखेच्छा जैसी बात समझ में आए तब जानना चाहिए कि रजोगुण की वृद्धि हुई है ॥ १२ ॥

अप्रकाशोऽप्रवृत्तिश्च प्रमादो मोह एव च ।
तमस्येतानि जायन्ते विवृद्धे कुरुनन्दन ॥ १३ ॥

अप्रकाशः—ज्ञान का उदय न होना, **अप्रवृत्तिः**—निश्चेष्ट पड़े रहना, **च**—और, **प्रमादः**—अकर्त्तव्य कर्मों में प्रवृत्ति, **मोहः**—यथार्थ ज्ञान का न होना, **एव**—ही, **च**—और, **तमसि**—तमोगुण के, **एतानि**—ये सब, **जायन्ते**—उत्पन्न होते हैं, **विवृद्धे**—बढ़ने पर, **कुरुनन्दन**—हे कुरुनन्दन।

हे कुरुनन्दन ! अप्रकाश, अप्रवृत्ति, प्रमाद और मोह, ये सब ही तमोगुण के बढ़ने पर उत्पन्न होते हैं।

'अप्रकाशः'—ज्ञान का उदय न होना, 'अप्रवृत्तिः'-निश्चेष्ट पड़े रहना, 'प्रमादः'- अकर्त्तव्य कर्मों में प्रवृत्ति एवं 'मोहः'—यथार्थ ज्ञान का न होना, ये सब कुछ तमोगुण के बढ़ने से होते हैं ॥ १३ ॥

सत्त्वादि गुणों की वृद्धि के समय मृत्यु होने पर प्राप्त फल को दो श्लोकों में कहते हैं—

यदा सत्त्वे प्रवृद्धे तु प्रलयं याति देहभृत् ।
तदोत्तमविदां लोकानमलान्प्रतिपद्यते ॥ १४ ॥

यदा—जब, **सत्त्वे**—सत्त्वगुण की, **प्रवृद्धे**—वृद्धि के समय, **तु**—तो, **प्रलयम्**—मृत्यु को, **याति**—प्राप्त होता है, **देहभृत्**—जीवात्मा, **तदा**—तब (वह), **उत्तमविदाम्**—उत्तम तत्त्व को जाननेवाले, **लोकान्**—लोकों को, **अमलान्**—निर्मल, **प्रतिपद्यते**—प्राप्त होता है।

जब जीवात्मा सत्त्वगुण की वृद्धि के समय मृत्यु को प्राप्त होता है तब वह उत्तम तत्त्व को जाननेवाले निर्मल लोकों को प्राप्त होता है।

जब यह शरीरधारी जीवात्मा सत्त्वगुण की वृद्धि की अवस्था में मृत्यु को पाता है, तब वह उत्तम तत्त्व को जाननेवाले अर्थात् आत्मतत्त्व को यथार्थतः जाननेवाले 'अमलान्'- निर्मल अर्थात् अज्ञानरहित लोकों को प्राप्त होता है।

आशय यह है कि मृत्यु के पश्चात् ऐसा जीवात्मा आत्मज्ञानियों के कुल में जन्म लेकर आत्मान्वेषण जैसे पुण्यकर्मों का अधिकार व वातावरण पा जाता है ॥ १४॥

रजसि प्रलयं गत्वा कर्मसङ्गिषु जायते ।
तथा प्रलीनस्तमसि मूढयोनिषु जायते ॥ १५ ॥

रजसि—रजोगुण के बढ़ने के काल में, **प्रलयम्**—मृत्यु को, **गत्वा**—प्राप्त होकर, **कर्मसङ्गिषु**—कर्मासक्त मनुष्यों में, **जायते**—जन्म लेता है, **तथा**—और, **प्रलीनः**—मरा हुआ, **तमसि**—तमोगुण के वृद्धिकाल में, **मूढयोनिषु**—मूढयोनियों में, **जायते**—जन्म लेता है।

रजोगुण के बढ़ने के काल में मृत्यु को प्राप्त होकर कर्मासक्त मनुष्यों में जन्म लेता है और तमोगुण के वृद्धिकाल में मरा हुआ मूढयोनियों में जन्म लेता है।

जिस काल में पुरुष में रजोगुण की वृद्धि हुई रहती है, उस काल में मृत्यु को प्राप्त हुआ वह पुरुष कर्म करनेवालों के कुल में जन्म लेता है और तमोगुण की वृद्धि के काल में मृत्यु पर वह मूढयोनियों यथा कीट, पतंग व शूकर आदि में जन्म लेता है।

आशय यह है कि रजोगुण की वृद्धि में तो वह कर्म में आसक्त मनुष्यों की योनि में जन्म लेकर स्वर्गादि फलरूप कर्म करने का अधिकारी होता है और तमोगुण की वृद्धि में सम्पूर्ण पुरुषार्थों से वंचित किये हुए योनि में अर्थात् केवल भोगयोनि में जन्म लेता है ॥ १५ ॥

तीनों गुणों का फल अगले तीन श्लोकों में बताते हैं—

कर्मणः सुकृतस्याहुः सात्त्विकं निर्मलं फलम् ।
रजसस्तु फलं दुःखमज्ञानं तमसः फलम् ॥ १६ ॥

कर्मणः—कर्म का, **सुकृतस्य**—सात्त्विक, **आहुः**—कहा है, **सात्त्विकम्**—सत्त्वगुणी (और), **निर्मलम्**—निर्मल, **फलम्**—फल, **रजसः**—राजस कर्म का, **तु**—तो, **फलम्**—फल, **दुःखम्**—दुःख (और), **अज्ञानम्**—अज्ञान (कहा गया है), **तमसः**—तामस कर्म का, **फलम्**—फल।

सात्त्विक कर्म का तो फल सत्त्वगुणी और निर्मल कहा है, राजस कर्म का फल दुःख और तामस कर्म का फल अज्ञान कहा गया है।

इस प्रकार आत्मज्ञानियों के कुल में जन्म लेनेवाले पुरुष अपने पूर्वजन्म के किये हुए सत्त्वगुणवाले कर्मों के संस्कार के कारण मेरे आराधनारूप फलासक्ति रहित शुभकर्म करते हैं, जिससे उन्हें पहले से भी बढ़कर सात्त्विक व निर्मल फल मिलता है, ऐसा कहा गया है।

कर्म करनेवाले कुलों में (मनुष्य योनि में) जन्म लेनेवाले पूर्व जन्म में किये गये राजस कर्मों के प्रभाव से और भी अधिक सकाम कर्मों में लिप्त होते हैं, जिससे पुनः जन्म व मृत्यु के चक्कर में पड़े ही रहते हैं, ऐसा कहा गया है। इसी प्रकार तामसगुण कर्मी के जन्म लेने की अज्ञान मूलक फलप्राप्ति की परम्परा चली आ रही है ॥ १६ ॥

सत्त्वात्सञ्जायते ज्ञानं रजसो लोभ एव च ।
प्रमादमोहौ तमसो भवतोऽज्ञानमेव च ॥ १७ ॥

सत्त्वात्—सत्त्वगुण से, **सञ्जायते**—उत्पन्न होता है (और), **ज्ञानम्**—ज्ञान, **रजसः**—रजोगुण से, **लोभः**—लोभ, **एव**—ही, **च**—तथा, **प्रमाद**—प्रमाद, **मोहौ**—मोह, **तमसः**—तमोगुण से, **भवतः**—होता है, **अज्ञानम्**—अज्ञान, **एव**—भी, **च**—और।

सत्त्वगुण से ज्ञान उत्पन्न होता है और रजोगुण से लोभ तथा तमोगुण से प्रमाद, मोह और अज्ञान भी होता है।

इस प्रकार जन्म लेते हुए परम्परा से बढ़े हुए सत्त्वगुण के परिणामस्वरूप आत्मरूप ज्ञान उत्पन्न होता है तथा बढ़े हुए रजोगुण से स्वर्ग आदि का लोभ उत्पन्न होता है। बढ़े हुए तमोगुण से प्रमाद मोह और फिर अधिक बढ़े हुए तमोगुण के फलस्वरूप अज्ञान होता है ॥ १७ ॥

ऊर्ध्वं गच्छन्ति सत्त्वस्था मध्ये तिष्ठन्ति राजसाः ।
जघन्यगुणवृत्तिस्था अधो गच्छन्ति तामसाः ॥ १८ ॥

ऊर्ध्वम्—उच्च लोकों को, **गच्छन्ति**—जाते हैं, **सत्त्वस्थाः**—सत्त्वगुण में स्थित पुरुष, **मध्ये**—मध्यम लोक में, **तिष्ठन्ति**—ठहर जाते हैं (और), **राजसाः**—रजोगुणी, **जघन्य गुण वृत्तिस्थाः**—निकृष्ट गुणों की वृत्तियों में स्थित, **अधः**—अधोगति को, **गच्छन्ति**—प्राप्त होते हैं, **तामसाः**—तमोगुणी तामस पुरुष।

सत्त्वगुण में स्थित पुरुष उच्च लोकों को जाते हैं, रजोगुणी मध्यम लोक में ठहर जाते हैं और निकृष्ट गुणों की वृत्तियों में स्थित तमोगुणी तामस पुरुष अधोगति को प्राप्त होते हैं।

उपर्युक्त प्रकार से सत्त्वगुणी पुरुष जन्मान्तर से उच्च लोकों अर्थात् स्वर्गादि को प्राप्त होते हैं और सुख भोगते हैं। रजोगुण में प्रवृत्त हुए सकामी कर्मरत पुरुष मध्यम लोक-मनुष्य लोक में जन्म लेकर पुनः-पुनः जन्ममरणरूप कष्टमय स्थिति में ही ठहरे रहते हैं तथा तमोगुणी तामस पुरुष जघन्य अर्थात् निकृष्ट गुण की वृत्तियों में लगे हुए निद्रा, आलस्य व मोह से युक्त हुए उत्तरोत्तर निम्नतर योनियों को प्राप्त होते रहते हैं ॥ १८ ॥

अब यथार्थ ज्ञान से भगवद्भाव कैसे प्राप्त होता है, वह अगले दो श्लोकों में बताते हैं—

नान्यं गुणेभ्यः कर्तारं यदा द्रष्टानुपश्यति ।
गुणेभ्यश्च परं वेत्ति मद्भावं सोऽधिगच्छति ॥ १९ ॥

न—नहीं, **अन्यम्**—अन्य किसी को, **गुणेभ्यः**—तीनों गुणों के अतिरिक्त, **च**—और (आत्मा को), **कर्तारम्**—कर्त्ता, **यदा**—जब, **द्रष्टा**—द्रष्टा पुरुष, **अनुपश्यति**—देखता है (और), **गुणेभ्यः**—तीनों गुणों से, **परम्**—परे, **वेत्ति**—जानता है, **मद्भावम्**—मेरे भाव को, **सः**—तब वह, **अधिगच्छति**—प्राप्त होता है।

जब द्रष्टा पुरुष तीनों गुणों के अतिरिक्त अन्य किसी को कर्त्ता नहीं देखता है और आत्मा को तीनों गुणों से परे जानता है, तब वह मेरे भाव को प्राप्त होता है।

भगवान् की त्रिगुणात्मिका माया 'प्रकृति' नाम से कही जाती है। भगवान् ने अपनी अपरा-जड़ प्रकृति से सम्पूर्ण जड़ जगत् की रचना की है। इस जड़ प्रकृति में भगवान् ने अपनी पराप्रकृति-चेतनप्रकृति से (चेतन जीव शक्ति से) संयोग कराकर (७।४-६;१४।३) सभी प्राणियों की उत्पत्ति की है।

इस प्रकार कार्य-करणों को उत्पन्न करनेवाली और विषयों के रूप में प्रकट होनेवाली प्रकृति इस सम्पूर्ण जगत् का कारण है (१३।२०)। अतएव शरीर से लेकर समस्त जगत् में ये तीनों गुण-सत्त्व, रज व तम अन्तर्निहित हैं एवं संसार और शरीर की सम्पूर्ण क्रियाओं को ये गुण ही कर रहे हैं, अर्थात् गुण ही गुण में बरत रहे हैं कोई अन्य नहीं।

शरीर में स्थित द्रष्टा पुरुष (जीवात्मा) जब शरीर की सभी क्रियाओं सहित जगत् की सम्पूर्ण क्रियाओं का कर्त्ता तो प्रकृति के तीनों गुणों को जानता है, गुणों से भिन्न अन्य किसी को कर्त्ता नहीं देखता तथा परमात्मा के चेतन अंश साक्षीरूप शरीरस्थ आत्मा को अकर्त्ता एवं गुणों से परे देखता है, तब वह यथार्थ देखता है (१३।२९) और ऐसा वह तब मेरे भाव को प्राप्त होता है ॥ १९ ॥

गुणानेतानतीत्य त्रीन्देही देहसमुद्भवान् ।
जन्ममृत्युजरादुःखैर्विमुक्तोऽमृतमश्नुते ॥ २० ॥

गुणान्—गुणों को, **एतान्**—इन, **अतीत्य**—लाँघकर, **त्रीन्**—तीनों, **देही**—जीवात्मा, **देहसमुद्भवान्**—शरीर के उत्पत्ति के बीजरूप प्रकृति के, **जन्म मृत्यु जरा दुःखैः विमुक्तः**—जन्म, मृत्यु, वृद्धावस्था तथा दुःखों से मुक्त होकर, **अमृतम्**—अमृतरूप आत्मा का, **अश्नुते**—अनुभव करता है।

जीवात्मा शरीर के उत्पत्ति के बीजरूप प्रकृति के इन तीनों गुणों को लाँघकर जन्म, मृत्यु, वृद्धावस्था तथा दुःखों से मुक्त होकर अमृतरूप आत्मा का अनुभव करता है।

कार्य-करण रूप तेईस तत्त्वों के संघात से शरीर क्षेत्र की उत्पत्ति प्रकृति के द्वारा हुआ है (१३।२०) और इन तत्त्वों के निर्माण में प्रकृति के तीनों गुण सत्त्व, रज व तम अन्तर्निहित घटकरूप से विद्यमान हैं (३।२७ की पाद-टिप्पणी देखें)।

शरीरस्थ जीवात्मा द्रष्टारूप से जब प्रकृति के इन तीन गुणों को लाँघकर इनसे अतीत हुआ जन्म, मृत्यु, वृद्धावस्था तथा दुःखों से मुक्त होकर ज्ञानस्वरूप अमृतमय आत्मा का अनुभव करता है, इस प्रकार वह तब मेरे भाव को प्राप्त होता है, अभिप्राय यह है ॥ २० ॥

गुणातीत पुरुष के लक्षण, आचरण तथा गुणातीत होने के उपाय के बारे में अर्जुन का प्रश्न—

अर्जुन उवाच

कैर्लिङ्गैस्त्रीन्गुणानेतानतीतो भवति प्रभो ।
किमाचारः कथं चैतांस्त्रीन्गुणानतिवर्तते ॥ २१ ॥

अर्जुनः उवाच—अर्जुन बोले, **कैः**—किन-किन, **लिङ्गैः**—लक्षणों से युक्त, **त्रीन्**—तीनों, **गुणान्**—गुणों से, **एतान्**—इन, **अतीतः**—अतीत हुआ पुरुष, **भवति**—होता है, **प्रभो**—हे प्रभो, **किम्**—किस, **आचारः**—आचरणवाला होता है, **कथम्**—कैसे, **च**—और (वह), **एतान्**—इन, **त्रीन्**—तीनों, **गुणान्**—गुणों से, **अतिवर्तते**—अतीत होता है?

अर्जुन बोले—हे प्रभो ! इन तीनों गुणों से अतीत हुआ पुरुष किन—किन लक्षणों से युक्त होता है, किस आचरण वाला होता है और वह कैसे इन तीनों गुणों से अतीत होता है?

हे प्रभो ! इन तीनों गुणों को पार पा लिया पुरुष किन-किन लक्षणों से युक्त होता है? उसका आचरण कैसा होता है? वह किन उपायों से सत्त्वादि इन तीनों गुणों को पार कर सकता है? ॥ २१ ॥

अब भगवान् गुणातीत पुरुष का लक्षण बताते हैं—

श्रीभगवानुवाच

प्रकाशं च प्रवृत्तिं च मोहमेव च पाण्डव ।
न द्वेष्टि सम्प्रवृत्तानि न निवृत्तानि काङ्क्षति ॥ २२ ॥

श्रीभगवान् उवाच—श्रीभगवान् बोले, **प्रकाशम्**—प्रकाश के, **च**—और, **प्रवृत्तिम्**—प्रवृत्ति के, **च**—तथा, **मोहम्**—मोह के, **एव च**—भी, **पाण्डव**—हे पाण्डव (जो पुरुष), **न द्वेष्टि**—उनसे द्वेष नहीं करता (और), **सम्प्रवृत्तानि**—प्रवृत्त होने पर, **न**—नहीं, **निवृत्तानि**—निवृत्त होने पर (उनकी), **काङ्क्षति**—आकांक्षा करता है।

श्रीभगवान् बोले—हे पाण्डव ! जो पुरुष प्रकाश के और प्रवृत्ति के तथा मोह के भी प्रवृत्त होने पर उनसे द्वेष नहीं करता और निवृत्त होने पर उनकी आकांक्षा नहीं करता।

जो पुरुष सत्त्व, रज व तमो गुण के कार्य क्रमशः प्रकाश, प्रवृत्ति और मोह, जो आत्मतत्त्व ज्ञान से भिन्न स्वरूप के कार्य हैं, के उपलब्ध होने पर द्वेष नहीं करता है तथा इन कार्यों की निवृत्ति पर भी उनके प्राप्ति की आकांक्षा नहीं करता है। ऐसे द्वेष और आकांक्षा से रहित तत्त्वज्ञानी पुरुष गुणातीत लक्षणोंवाला होता है।

सत्त्वगुण अपने प्रकाशस्वरूप सुखासक्ति से, रजोगुण कार्य में प्रवृत्ति की आसक्ति से तथा तमोगुण मोहरूप अज्ञान से पुरुष के संसार-बन्धन का कारण होता है (१४।५-९)। अतएव सतोगुणी 'प्रकाश', रजोगुणी 'प्रवृत्ति' और तमोगुणी 'मोह' इन तीनों की आसक्ति आत्मतत्त्व ज्ञान के अभ्यासियों के लिए विघ्नरूप परिणामवाले अर्थात् अज्ञानकारक एवं अनिष्टकारी हैं। अतएव इनकी प्राप्ति होने पर इनसे द्वेष होना व दुःख होना ऐसे अभ्यासियों के लिए स्वाभाविक है, परन्तु इसके विपरीत तत्त्वज्ञानी गुणातीत पुरुष में अज्ञानोत्पादक इन गुणों के उपर्युक्त विघ्नरूप परिणामों की उपलब्धता से भी द्वेष भाव नहीं होता है, क्योंकि वे इससे अतीत हो चुके हैं। इनकी प्राप्ति का उनके लिए कोई अर्थ नहीं है।

इसी तरह इन तीनों गुणों के बताये गये उपर्युक्त अनिष्टकारी कार्यों की निवृत्ति हो जाने पर गुणातीत पुरुष को इनकी आकांक्षा का कोई कारण नहीं है, क्योंकि अनिष्टकारी विषयवस्तु का ज्ञानी गुणातीत पुरुष भला क्यों आकांक्षा करेगा? जो पुरुष आत्मतत्त्व ज्ञान का न तो अभ्यासी है और न ही गुणातीत अवस्था को प्राप्त है एवं वह संसारी है, ऐसा संसार में आसक्त वह पुरुष इन गुणों के कार्यों की निवृत्ति को ज्ञान की दृष्टि से अनिष्टकारी होने पर भी अवश्य चाहेगा, क्योंकि गुणों के दुष्प्रभाव से उत्पन्न अज्ञान से उसकी संसार में ही रमणता है, प्रवृत्ति है ॥ २२ ॥

अब गुणातीत पुरुष का आचरण आगे के तीन श्लोकों में कहते हैं—

उदासीनवदासीनो गुणैर्यो न विचाल्यते ।
गुणा वर्तन्त इत्येव योऽवतिष्ठति नेङ्गते ॥ २३ ॥

उदासीनवत्—उदासीन के सदृश, **आसीनः**—स्थित हुआ, **गुणैः**—गुणों के द्वारा, **यः**—जो, **न विचाल्यते**—विचलित नहीं किया जा सकता (और), **गुणाः**—गुण, **वर्तत**—बरत रहे हैं, **इति**—ऐसा (समझता हुआ), **एव**—ही (गुण में), **यः**—जो, **अवतिष्ठति**—स्थित रहता है, **न इङ्गते**—विचलित नहीं होता।

जो उदासीन के सदृश स्थित हुआ गुणों के द्वारा विचलित नहीं किया जा सकता और केवल गुण ही गुण में बरत रहे हैं, ऐसा समझता हुआ जो स्थित रहता है, विचलित नहीं होता।

गुणातीत ज्ञानी मनुष्य आत्मभाव में स्थित हुआ गुणों के कारणरूप इन्द्रियादि विषयों से विचलित नहीं किया जा सकता है, अपितु वह उदासीन के समान जैसे उसे इन विषयों से कोई मतलब ही न हो अवस्थित रहता है। सभी गुण ही गुणों में बरत रहे हैं (३।२८) ऐसा समझता हुआ जो स्वभाव में स्थित है, वह गुणातीत पुरुष विचलित नहीं होता है। वह गुण के कार्यों के अनुरूप व्यवहार नहीं करता है ॥ २३ ॥

समदुःखसुखः स्वस्थः समलोष्टाश्मकाञ्चनः ।
तुल्यप्रियाप्रियो धीरस्तुल्यनिन्दात्मसंस्तुतिः ॥ २४ ॥

सम दुःख सुखः—जो दुःख-सुख में सम है, **स्वस्थः**—जो स्वरूप में स्थित है, **सम लोष्ट अश्म काञ्चनः**—जिसे मिट्टी, पत्थर, सोना समान है, **तुल्य प्रिय अप्रियः**—प्रिय-अप्रिय एक सा है, **धीरः**—जो धीर है, **तुल्य निन्दा आत्म—संस्तुतिः**—जिसे अपनी निन्दा-स्तुति समान है।

जो दुःख—सुख में सम है, जो स्वरूप में स्थित है, जिसे मिट्टी, पत्थर, सोना समान है, प्रिय—अप्रिय एक सा है, जो धीर है, जिसे अपनी निन्दा-स्तुति समान है।

जो दुःख-सुख में समान चित्तवाला और स्वरूप में स्थित है, अन्य किसी में रति नहीं है। जो मिट्टी, पत्थर और सोने को समान समझता है और प्रिय-अप्रिय में समान भाववाला है। जो धीर अर्थात् विवेक ज्ञान में कुशल है और इसलिए जिसे अपनी निन्दा-स्तुति एक जैसे लगती है ॥ २४ ॥

मानापमानयोस्तुल्यस्तुल्यो मित्रारिपक्षयोः ।
सर्वारम्भपरित्यागी गुणातीतः स उच्यते ॥ २५ ॥

मान अपमानयोः—जो मान-अपमान में, **तुल्यः**—सम, **तुल्यः**—सम, **मित्र अरि पक्षयोः**—मित्र और शत्रु के पक्ष में (भी), **सर्व**—(और जो) सम्पूर्ण, **आरम्भ**—आरम्भों का, **परित्यागी**—परित्यागी है, **गुणातीतः**—गुणातीत, **सः**—वह पुरुष, **उच्यते**—कहा जाता है।

जो मान—अपमान में सम, मित्र और शत्रु के पक्ष में भी सम और जो सम्पूर्ण आरम्भों का परित्यागी है, वह पुरुष गुणातीत कहा जाता है।

जो अपने प्रति दूसरों के द्वारा किये जानेवाले मान-अपमान में निर्विकार भाव से सम हो, अर्थात् उसके मन में किसी प्रकार का द्वेष या क्रोध न उत्पन्न हो। जो मित्र और शत्रु पक्ष में भी समान हो तथा 'सर्वारम्भपरित्यागी' अर्थात् किसी भी फल प्राप्ति के लिए आरम्भ किये जानेवाले कर्मों का त्याग करनेवाला हो, अर्थात् फलासक्ति से कार्य का आरम्भ न करता हुआ केवल शरीर निर्वाह हेतु कार्य करनेवाला हो। ऐसा उपर्युक्त भावों से युक्त पुरुष गुणातीत कहा जाता है ॥ २५ ॥

अव्यभिचारी भक्तियोग से पुरुष गुणों को लाँघकर ब्रह्मभाव की प्राप्ति के योग्य बनता है—

मां च योऽव्यभिचारेण भक्तियोगेन सेवते ।
स गुणान्समतीत्यैतान्ब्रह्मभूयाय कल्पते ॥ २६ ॥

माम्—मेरी, **च**—और, **यः**—जो पुरुष, **अव्यभिचारेण**—अव्यभिचारी, **भक्तियोगेन**—भक्तियोग के द्वारा, **सेवते**—सेवा करता है, **सः**—वह, **गुणान्**—गुणों को, **समतीत्य**—भलीभाँति लाँघकर, **एतान्**—इन, **ब्रह्मभूयाय**—ब्रह्मभाव की प्राप्ति के, **कल्पते**—योग्य होता है।

और जो पुरुष अव्यभिचारी भक्तियोग के द्वारा मेरी सेवा करता है, वह इन गुणों को भलीभाँति लाँघकर ब्रह्मभाव की प्राप्ति के योग्य होता है।

जो पुरुष 'अव्यभिचारी' अर्थात् एकमात्र मैं ही उसका परम आश्रय, परम गति हूँ और अन्य अनात्मिक पदार्थों में अपनेपन का उसका सम्बन्ध न हो। ऐसे भाववाला वह पुरुष जो बिना विचलित हुए श्रद्धा और प्रेम से युक्त होकर भक्तियोग के द्वारा मेरे स्वरूप का चिन्तन, मनन, भजन व कीर्तन आदि से मेरी सेवा करता है वह इन दुस्तर तीनों गुणों को अच्छी तरह से लाँघकर गुणातीत होकर ब्रह्मभावरूप सच्चिदानन्दघन की प्राप्ति के योग्य हो जाता है (१८।५५)।

आशय यह है कि प्रकृति और आत्मा के पृथक् ज्ञान के साथ ही अव्यभिचारी भक्तियोग की आवश्यकता ब्रह्मभाव की प्राप्ति के योग्य बनाता है। अतएव बिना भक्तियोग के सेवन किये हुए आत्मा और प्रकृति का पृथक् ज्ञानमात्र ही पूर्व के जन्मों से चले आ रहे वासना आदि विपरीत कारणों से ब्रह्मभाव की प्राप्ति में बाधक हो सकते हैं।

ज्ञाननिष्ठ अर्थात् सांख्ययोगी-संन्यासी अथवा योगनिष्ठ अर्थात् कर्मयोगी पुरुष अपनी योगसाधना के साथ हृदयस्थ भगवान् वासुदेव का अविचल भाव से चिन्तन व मनन आदि करते रहने से सत्त्वादि तीनों गुणों को आसानी से लाँघकर ब्रह्म को प्राप्त करने के योग्य बन जाता है। यहाँ पर भक्तिभाव को अन्य दो योगमार्गों में सहायक होने का संकेत किया गया प्रतीत होता है ॥ २६ ॥

उपर्युक्त लक्षणोंवाले पुरुष के ब्रह्मप्राप्ति का कारण बताते हैं—

ब्रह्मणो हि प्रतिष्ठाहममृतस्याव्ययस्य च।
शाश्वतस्य च धर्मस्य सुखस्यैकान्तिकस्य च ॥ २७ ॥

ब्रह्मणः—ब्रह्म की, **हि**—क्योंकि, **प्रतिष्ठा**—प्रतिष्ठा-आश्रय, **अहम्**—मैं (हूँ), **अमृतस्य अव्ययस्य च**—अविनाशी और निर्विकार, **शाश्वतस्य च धर्मस्य**—नित्य और धर्मस्वरूप, **सुखस्य ऐकान्तिकस्य**—अखण्ड सुखस्वरूप, **च**—तथा।

क्योंकि अविनाशी और निर्विकार, नित्य और धर्मस्वरूप तथा अखण्ड सुखस्वरूप ब्रह्म की प्रतिष्ठा मैं हूँ।

अव्यभिचारी भक्ति द्वारा आराधित मैं परमेश्वर ही ब्रह्म की प्रतिष्ठा-आश्रय हूँ। वह ब्रह्म कैसा है और उस ब्रह्म के क्या गुण हैं?

वह ब्रह्म अमृत-अविनाशी और अव्यय-निर्विकारस्वरूप है। वह शाश्वत-सनातन, नित्य और धर्मस्वरूप है तथा ऐकान्तिक-अखण्ड सुखस्वरूप है। यहाँ धर्मस्वरूप का आशय श्लोक छब्बीस के प्रसंग के अनुसार ज्ञानयोगरूप धर्म के द्वारा ब्रह्म को प्राप्त करने के भाव से है।

आशय यह है कि निराकार परब्रह्म में और मुझ साकार परमेश्वर में तत्त्वत: कोई अन्तर नहीं है ॥ २७ ॥

इति श्रीकृष्णार्जुनसंवादे गुणत्रयविभागयोगो नाम चतुर्दशोऽध्याय: ॥ १४ ॥

अध्याय १५

'क्षर' से अतीत और 'अक्षर' से भी उत्तम पुरुष तो स्मृति, पुराण, शास्त्र व वेद में 'पुरुषोत्तम' नाम से प्रसिद्ध है। ऐसी प्रसिद्धि से युक्त परमेश्वर के स्वरूप, प्रभाव, ज्ञेयत्व एवं उनकी प्राप्ति के फल का वर्णन इस अध्याय ***'पुरुषोत्तमयोग'*** में किया गया है।

भगवान् संसार की उत्पत्ति एवं विस्तार की उपमा वृक्ष से करके इसे 'संसारवृक्ष' कहकर इसको तत्त्वत: जाननेवाले को वेदवेत्ता कहते हैं (१)। अज्ञानमूलक दृढ़मूल वाले इस संसारवृक्ष के विस्तार को बताकर वैराग्य से इसको काटने को कहते हैं (२-३)। तत्पश्चात् उस परम पद को जिसे प्राप्त कर मनुष्य संसार में नहीं आते हैं उसे खोजते हुए उस आदिपुरुष के शरण में जाने को कहते हैं (४)। उस परम पद को प्राप्त करनेवाले पुरुष का लक्षण बताकर परम पद को अपना धाम भगवान् बताते हैं (५-६)। परम धाम को प्राप्त कर जीवात्मा के पुनरागमन न होने का कारण बताते हैं (७)। एक शरीर को छोड़कर दूसरे शरीर में जाने पर जीवात्मा पहले शरीर से मन और इन्द्रियों को आकृष्ट करके ले जाता है (८)। मन एवं इन्द्रियों को आश्रय बनाकर जीवात्मा विषयों का सेवन करता है (९)। इस तरह एक शरीर में जीवात्मा की स्थिति और दूसरे शरीर में उसके उत्क्रमण को मूढ और योगी पुरुष कैसे देखते हैं, सो बताते हैं (१०-११)। भगवान् अब अपनी विभूतियों का वर्णन करते हैं (१२-१५)। अब भगवान् इस संसार में दो पुरुष कहते हैं—एक नाशवान क्षर तथा दूसरा अविनाशी कूटस्थ अक्षर (१६)। इन दोनों से विलक्षण उत्तम पुरुष परमात्मा है, जो सबको धारण करता है (१७)। अतएव क्षर से अतीत और अक्षर से भी उत्तम स्वयं भगवान् ही 'पुरुषोत्तम' नाम से प्रसिद्ध हैं (१८)। अब ऐसे पुरुषोत्तम को जानने का फल बताते हैं (१९)। भगवान् श्लोक (२०) में उपसंहार रूप से कहते हैं कि उनके द्वारा कहे गये इस गोपनीय शास्त्र को जाननेवाला मनुष्य बुद्धिमान और कृतार्थ हो जाता है।

चौदहवें अध्याय के अन्तिम दो श्लोकों में किये गये वर्णन के अनुसार अव्यभिचारिणी भक्तियोग से भगवान् की सेवा करनेवाला पुरुष क्रम से गुणातीत

होकर ज्ञानोपलब्धि करके ब्रह्मभाव की प्राप्ति करता है। भगवान् कहते हैं कि इस प्रकार से किये गये आराधन से प्राप्त वे स्वयं परमेश्वर ही ब्रह्म की प्रतिष्ठा हैं। अस्तु, ईश्वर के तत्त्व का ज्ञान कराने हेतु आवश्यक वैराग्य भाव उत्पन्न करने के लिए स्वेच्छा से भगवान् श्रीकृष्ण सर्वप्रथम संसार के विस्तार का वृक्ष से उपमा देकर इस संसारवृक्ष का वर्णन करते हैं—

श्रीभगवानुवाच

ऊर्ध्वमूलमधःशाखमश्वत्थं प्राहुरव्ययम्।
छन्दांसि यस्य पर्णानि यस्तं वेद स वेदवित्॥ १॥

श्रीभगवान् उवाच—श्रीभगवान् बोले, **ऊर्ध्वमूलम्**—ऊपर जड़वाले (और), **अधः**—नीचे, **शाखम्**—शाखाओंवाले, **अश्वत्थम्**—अश्वत्थ को, **प्राहुः**—कहते हैं, **अव्ययम्**—अविनाशी, **छन्दांसि**—वेद, **यस्य**—जिसके, **पर्णानि**—पत्ते हैं, **यः**—जो, **तम्**—उसको, **वेद**—जानता है, **सः**—वह, **वेदवित्**—वेदवेत्ता है।

श्रीभगवान् बोले—ऊपर जड़वाले और नीचे शाखाओं वाले अश्वत्थ को अविनाशी कहते हैं। वेद जिसके पत्ते हैं। उसको जो जानता है, वह वेदवेत्ता है।

इस श्लोक में संसार के अनादित्व, असीमत्व तथा स्थिति का वर्णन है, जिसे जाननेवाला ही वेदवेत्ता है। इस संसार की उपमा वृक्ष के विस्तार से की गयी है। अतः इसे 'संसारवृक्ष' कहा गया। यह संसारवृक्ष ऊर्ध्वमूल है। इसका मूल ऊर्ध्व अर्थात् उत्तम है। सबका आधार, सबकी उत्पत्ति का कारण, सबका नियन्ता और सर्वव्याप्त परब्रह्म परमेश्वर ही इस संसारवृक्ष का 'मूल' कारण हैं एवं उनका स्थान सबसे 'ऊर्ध्व' (उत्तम) है। इसलिए इस संसारवृक्ष को 'ऊर्ध्वमूल' कहा गया है। इसकी अलौकिकता हेतु और इसके मूल कारण का स्थान ऊर्ध्व होने के कारण इस संसारवृक्ष को ऊपर की ओर मूलवाला भी कहते हैं।

इस प्रकार इस संसारवृक्ष की उत्पत्ति का मूल कारण ऊर्ध्व होने से यह ऊपर जड़वाला और नीचे शाखाओंवाला कहा जाता है। यद्यपि परब्रह्म ही संसारवृक्ष के मूल हैं, तथापि उस ब्रह्म की त्रिगुणात्मिका (सत्त्व, रज व तम युक्त) माया के प्रभाव से प्राणियों में अज्ञान के कारण अपने वास्तविक स्वरूप की विस्मृति के फलस्वरूप ही इस संसारवृक्ष की उत्पत्ति और वृद्धि होती है। परब्रह्म के द्वारा प्रेरित सृष्टि के रचयिता हिरण्यगर्भ-ब्रह्मा इस वृक्ष की प्रधान शाखा की तरह से हैं। ऐसा मानना उचित लगता है, क्योंकि मानो जैसे प्रधान शाखारूप ब्रह्मा से ही विभिन्न दिशाओं में फैली हुई शाखाएँ देव, मनुष्य, तिर्यक्, आदि जीवयोनियों रूप

में व्याप्त हैं। इस प्रकार वृक्ष की शाखाओं की भाँति जीवयोनियाँ संसार में फैली हुई हैं। इस संसारवृक्ष को 'अश्वत्थ' कहते हैं, जिसका अर्थ होता है दूसरे प्रभातकाल तक एक-सा न रहना। अत: यह क्षण-क्षण पर बदलता रहता है, विकारवान् है, स्थिर नहीं रहता है और इसलिए इसे अश्वत्थ-अस्थायी कहा गया। अश्वत्थ को पीपल का वृक्ष भी कहते हैं जो विशाल और दीर्घायु रहकर विस्तार को प्राप्त होता है।

इस संसारवृक्ष की स्थिति और लय प्रतिक्षण होता है और यह अन्तराल अत्यन्त अल्प होने से मनुष्य की जानकारी एवं माप में नहीं आता है, इसलिए इस अद्‌भुत संसारवृक्ष के स्वरूपत: क्षणभंगुर होते हुए भी प्रवाहरूप से इसे 'अव्यय'- अविनाशी या 'अक्षय' कहते हैं। पुनश्च, नाश को प्राप्त होनेवाले, परिवर्तनशील, नित्य संसारप्रवाह का आदि और अन्त न जानने के कारण और संसारवृक्ष के मूल कारणरूप परमसत्ता के अविनाशी होने के कारण भी इस वृक्ष को अव्यय कहा जाता है (९।१८)।

वृक्ष की रक्षा और वृद्धि पत्तों द्वारा होती है। ऋक्, आदि वेद इस संसारवृक्ष की रक्षा उसी तरह से करते हैं जैसे वृक्ष के पत्ते वृक्ष की रक्षा करते हैं। इन्हीं वेदों में, जो स्वयं ब्रह्मा से प्रकट हुए हैं, विहित सकाम कर्मों के फलस्वरूप जीव के होनेवाले जन्म-मरण के सतत प्रवाह से इस संसारवृक्ष की वृद्धि होती है।

उपर्युक्त संसारवृक्ष को जो तत्त्वत: जानता है, अर्थात् यह कि जन्म-मरणरूपी संसारवृक्ष से मुक्ति हेतु ज्ञान के अभ्यास द्वारा ईश्वर का अनुभव करके संसारवृक्षरूपी संसारचक्र से छूटा जा सकता है, ऐसा जो जानता है वही वेदज्ञ है। वेद के यथार्थ तत्त्व को वही जानता है ॥ १ ॥

संसारवृक्ष के विस्तार के बारे में और वैराग्य से उसके समूल नाश होने का वर्णन अगले दो श्लोकों में—

अधश्चोर्ध्वं प्रसृतास्तस्य शाखा
गुणप्रवृद्धा विषयप्रवालाः ।
अधश्च मूलान्यनुसन्ततानि
कर्मानुबन्धीनि मनुष्यलोके ॥ २ ॥

अधः—नीचे, **च**—और, **ऊर्ध्वम्**—ऊपर, **प्रसृताः**—फैली हुई हैं, **तस्य**—उस संसारवृक्ष की, **शाखाः**—शाखाएँ, **गुणप्रवृद्धाः**—जो गुणों से बढ़ाई हुई हैं, **विषय**—विषय, **प्रवालाः**—जिसकी कोपलें हैं, **अधः**—नीचे, **च**—और, **मूलानि**—जड़ें, **अनुसन्ततानि**—फैली हुई हैं, **कर्म**—कर्मरूप, **अनुबन्धीनि**—बन्धनवाली, **मनुष्यलोके**—मनुष्यलोक में (भी)।

उस संसारवृक्ष की शाखाएँ नीचे और ऊपर फैली हुई हैं, जो गुणों से बढ़ाई हुई हैं, विषय जिनकी कोंपलें हैं और नीचे मनुष्यलोक में भी कर्मरूप बन्धनवाली जड़ें फैली हुई हैं।

ब्रह्म की इच्छा से उनके ही आश्रित उनकी त्रिगुणात्मक माया इस संसार की उत्पत्ति का कारणरूप है। इस संसार में विभिन्न योनियों में प्राणी अपने-अपने पूर्वकर्मजन्य संस्कार से उत्पन्न होते हैं। सत्त्वादि तीनों गुणों द्वारा ही ये सभी पुष्ट और विस्तार को प्राप्त होते हैं। संसार में विभिन्न योनियों और प्राणियों के विस्तार की उपमा ऊर्ध्वमूलवाले क्षण-क्षण परिवर्तनशील अनित्य संसारवृक्ष से किया गया है, जो वृक्ष की शाखाओं की भाँति नीचे-ऊपर सर्वत्र फैला हुआ है।

इस संसारवृक्ष की शाखाएँ ब्रह्मारूप मुख्य शाखा से निकलकर देव, मनुष्य, पशु, कीट, आदि प्राणियों की विभिन्न योनियों के रूप में वृक्ष की शाखाओं की भाँति नीचे-ऊपर सभी दिशाओं में फैली हुई हैं। ये योनिरूप शाखाएँ अपने-अपने योनि में किये गये कर्मफल के अनुसार नीचे बहुत नीचे तक तथा ऊपर ब्रह्मापर्यन्त व्याप्त हैं। विभिन्न योनियों के प्राणियों द्वारा किये गये अपने कर्मानुसार प्राप्त जो शरीरादि हैं, वे उपमारूप से इस संसारवृक्ष की विभिन्न उपशाखाओं के समान हैं और उनमें जो कोंपलें हैं वे शब्दादि राग उत्पन्न करनेवाले विषयों के रूप में अंकुरित होते हैं तथा वे कोपलें समय के साथ विस्तार को प्राप्त होते रहते हैं। इस प्रकार वृक्ष की शाखा, प्रशाखा व कोंपलों की भाँति यह संसारवृक्ष विस्तार को प्राप्त हुआ है।

प्राणियों द्वारा वासनावश पाप-पुण्यरूप से किये गये कर्मों के फलस्वरूप यह संसारवृक्ष कैसे वृद्धि को प्राप्त होता है, यह बताते हैं। समस्त प्राणियों में मनुष्यमात्र को कर्म का अधिकार है और मनुष्यों द्वारा किये गये कर्मों का फल ऊँची-नीची योनियों में जन्म लेने का, अथवा मुक्ति का भी, कारण है। अतएव मनुष्यों द्वारा किये गये कर्म 'कर्मानुबन्धी'—कर्मरूप अनुबन्धवाली हैं, अर्थात् कर्म का स्वरूप मनुष्य की उत्पत्ति का पीछा करनेवाला होता है। इस तरह राग-द्वेषादि वासनाओं और पाप-पुण्य कर्मों का फल संसार में प्रवृत्ति या उत्पत्ति होने के कारण होते हैं। मनुष्यलोक में मनुष्यों द्वारा किये गये ऐसे पापपुण्यरूपी कर्मानुबन्धी वासना की जड़ें नीचे तक फैली हुई हैं। आशय यह है कि मनुष्य अपने कर्मों द्वारा एकदम नीचे के लोक से लेकर ऊपर के उच्चतम लोक तक जन्म पाने का अधिकारी है ॥ २ ॥

न रूपमस्येह तथोपलभ्यते
नान्तो न चादिर्न च सम्प्रतिष्ठा ।

अश्वत्थमेनं सुविरूढमूल-
मसङ्गशस्त्रेण दृढेन छित्त्वा ॥ ३ ॥

न—न (तो), **रूपम्**—रूप, **अस्य**—इस संसारवृक्ष का, **इह**—इस (मनुष्य लोक में), **तथा**—वैसा, **उपलभ्यते**—पाया जाता है, **न अन्तः न च आदिः**—न उसका अन्त है और न आदि है, **न च सम्प्रतिष्ठा**—और न ही पूर्ण प्रतिष्ठा (आधार) है, **अश्वत्थम्**—संसारवृक्ष को, **एनम्**—इस, **सुविरूढमूलम्**—दृढ़मूलोंवाले, **असङ्गशस्त्रेण**—वैराग्यरूपी शस्त्र से, **दृढेन**—दृढ़, **छित्त्वा**—काटकर।

इस मनुष्य लोक में इस संसारवृक्ष का न तो वैसा रूप पाया जाता है, न उसका अन्त है और न आदि है और न ही पूर्ण प्रतिष्ठा ही है। इस दृढ़मूलोंवाले संसारवृक्ष को दृढ़ वैराग्यरूपी शस्त्र से काटकर।

दृढ़ ऊर्ध्वमूलवाले इस संसारवृक्ष का प्राणियों के कर्मफलरूप शाखा-प्रशाखा और विषयवासनारूप कोंपलों वाला विस्तार ऊपर बताया गया है। इस संसारवृक्ष की परम्परा यही है कि इसका कोई आदि नहीं है, अर्थात् यह अनादि काल से चला आ रहा है और इसका अन्त भी नहीं है, अर्थात् कब तक यह चलता रहेगा इसका पता नहीं है। क्षणभंगुर और विनाशशील होने के कारण इसकी कोई प्रतिष्ठा-स्थिति (आधार) भी नहीं है। इस तरह शास्त्र में बताये गये अनादि समय से चले आ रहे इस संसारवृक्षरूप से दृष्टिगोचर होता हुआ इस जगत् का बाह्यरूप तो संसारी-अज्ञानी मनुष्य को देखने-सुनने में सही लगता है, क्योंकि इसके वास्तविक स्वरूप का ज्ञान उसे नहीं है। वस्तुतः इसका वास्तविक स्वरूप भिन्न है।

प्रश्न उठता है कि ऐसे दृढ़मूल और अनादि काल से चले आ रहे संसारवृक्ष को कौन उखाड़ सकता है? इस संसारवृक्ष के जन्ममरणरूपी आवागमन की स्थिति कैसे दूर हो सकती है? यह विचारणीय है।

विचार करने पर इस संसारवृक्ष की उत्पत्ति और विस्तार का कारण 'अज्ञान' है। यह अज्ञान से उत्पन्न हुआ है तथा सांसारिक विषयों की कामना और आसक्ति से नित विस्तार को प्राप्त हुआ है और बलवान बना हुआ है, दुर्भेद-सा है। अज्ञानतावश अनात्म वस्तु में आत्मभाव के अहं से मनुष्य को यह समझ ही नहीं हो पाता कि संसारवृक्षरूप में अच्छी-बुरी योनियों में उत्पत्ति का कारण त्रिगुण का संग ही है (१३।२१) और यह कि गुणों के द्वारा उत्पन्न विषयभोगों में अनासक्ति से ही आश्चर्य की भाँति इसका विनाश होगा ! अतएव जन्ममरणरूपी संसारवृक्ष का अज्ञान से सिंचित जड़ को उखाड़ फेंकने का एकमात्र उपाय विवेकज्ञान है, अन्य कोई उपाय नहीं है।

अतएव स्त्री, पुत्र, धन तथा त्रिगुणोत्पन्न जगत् की अन्यान्य कामनाओं और विषयवासनाओं में अज्ञानजनित रागात्मक आसक्ति से असंग होकर वैराग्यरूपी शस्त्र से इस दृढ़मूलवाले संसारवृक्ष को समूल नष्ट कर उससे पूर्ण सम्बन्ध विच्छेद करके ॥ ३ ॥

तत्पश्चात् परम पद को खोजने की प्रेरणा देते हैं—

ततः पदं तत्परिमार्गितव्यं
यस्मिन्गता न निवर्तन्ति भूयः।
तमेव चाद्यं पुरुषं प्रपद्ये
यतः प्रवृत्तिः प्रसृता पुराणी ॥ ४ ॥

ततः—उसके पश्चात्, **पदम्**—परम पद की, **तत्**—उस, **परिमार्गितव्यम्**—खोज करनी चाहिए, **यस्मिन्**—जिसको, **गताः**—प्राप्त हुए (मनुष्य), **न**—नहीं, **निवर्तन्ति**—लौटकर संसार में आते हैं, **भूयः**—फिर, **तम् एव**—उसी, **च**—और, **आद्यम् पुरुषम्**—उसी आदिपुरुष के ही, **प्रपद्ये**—शरण मैं हूँ, **यतः**—जिससे, **प्रवृत्तिः**—प्रवृत्ति, **प्रसृता**—विस्तार को प्राप्त हुई है, **पुराणी**—पुरातन।

उसके पश्चात् उस परम पद की खोज करनी चाहिए, जिसको प्राप्त हुए मनुष्य फिर लौटकर संसार में नहीं आते हैं और जिससे पुरातन प्रवृत्ति विस्तार को प्राप्त हुई है। उसी आदिपुरुष के ही शरण मैं हूँ।

वैराग्य से युक्त होकर उस दृढ़मूलवाले संसारवृक्ष का मूलोच्छेदन कर सम्बन्ध विच्छेद करने के पश्चात् उस परम पद की जिससे इस संसारवृक्ष की सनातन प्रवृत्ति विस्तार को प्राप्त हुई है, खोज करनी चाहिए। उस स्वरूप को प्राप्त कर मनुष्य संसार में पुनः नहीं लौटता, जन्म-मरणरूप चक्र से सदैव के लिए मुक्त हो जाता है। उस आदिपुरुष में शरणागतभाव से उसका अन्वेषण करना चाहिए।

उस परम पद की खोज में ब्रह्मरूप सद्गुरु के उपदेश और निर्देश के अनुसार योगसाधना करते हुए सम्पूर्ण मनोभावों को एकमात्र उन्हीं में समर्पण करने के पश्चात् अन्ततः सुहृद् आदिपुरुष का शरण ग्रहण कर उसे प्राप्त करना होता है। आदिपुरुष तो परमेश्वर को अथवा ब्रह्म रूप से नारायण को तथा अविनाशी परम पद को विष्णुपद समझना चाहिए ॥ ४ ॥

उस परम पद को कौन पुरुष प्राप्त करते हैं, सो कहते हैं—

निर्मानमोहा जितसङ्गदोषा
अध्यात्मनित्या विनिवृत्तकामाः।

द्वन्द्वैर्विमुक्ताः सुखदुःखसञ्ज्ञै-
र्गच्छन्त्यमूढाः पदमव्ययं तत् ॥ ५ ॥

निर्मानमोहाः—मान और मोह से रहित, **जितसङ्गदोषाः**—संगदोष को जीत लेनेवाले, **अध्यात्मनित्याः**—सदा अध्यात्म में स्थित, **विनिवृत्तकामाः**—निवृत्त कामनाओंवाले (और), **द्वन्द्वैः विमुक्ताः**—द्वन्द्वों से मुक्त हुए, **सुखदुःखसञ्ज्ञैः**—सुख-दुःख नामक, **गच्छन्ति**—प्राप्त होते हैं, **अमूढाः**—ज्ञानी पुरुष, **पदम् अव्ययम्**—अविनाशी पद को, **तत्**—उस।

मान और मोह से रहित, संगदोष को जीत लेनेवाले, सदा अध्यात्म में स्थित, निवृत्त कामनाओंवाले और सुख—दुःख नामक द्वन्द्वों से मुक्त हुए ज्ञानी पुरुष उस अविनाशी पद को प्राप्त होते हैं।

'निर्मानमोहा:'-मान और मोह से जो रहित हैं, 'जितसङ्गदोषा:'-संगदोष को जिसने जीत लिया है, 'अध्यात्मनित्या:'-अध्यात्म अर्थात् आत्मज्ञान में जो सदैव स्थित है, 'विनिवृत्तकामा:'-कामनाओं से जो विशेष रूप से निवृत्त हो गया है, 'सुखदु:खसञ्ज्ञैः द्वन्द्वैः विमुक्ता:'-सुख-दु:ख नामक द्वन्द्वों से जो विमुक्त हैं और 'अमूढा'-जिनकी अविद्या निवृत्त हो गयी है, अर्थात् वे ज्ञानी पुरुष जो ज्ञान को प्राप्त हुए हैं। ऐसे उपर्युक्त गुणों से युक्त पुरुष उस अविनाशी परम पद को प्राप्त होते हैं (२।७०)।

अस्तु, जीवन में पुरुष को 'मान' की प्राप्ति से अभिमान होता है तथा 'मोह' की प्राप्ति से अज्ञान होता है। अभिमान और अज्ञान दोनों ही परमार्थ मार्ग में बाधक हैं। ऐसी ही स्थिति उन पुरुषों की भी होती है, जो कामना और द्वन्द्व भावों से युक्त हैं तथा परमात्मा में वे स्वभावत: अरुचि रखते हैं। ऐसे मान एवं मोह आदि से युक्त पुरुष परमार्थ मार्ग में प्रवृत्त नहीं हो पाते हैं, अतएव संसार में इनसे दूर ही रहना चाहिए ॥ ५ ॥

उस परम पद की विशेषता बताकर उसे अपना परम धाम कहते हैं—

न तद्भासयते सूर्यो न शशाङ्को न पावकः ।
यद्गत्वा न निवर्तन्ते तद्धाम परमं मम ॥ ६ ॥

न—न, **तत्**—उस परम पद को, **भासयते**—प्रकाशित करता है, **सूर्यः**—सूर्य, **न**—न, **शशाङ्कः**—चन्द्रमा (और), **न**—न, **पावकः**—अग्नि, **यत्**—जिसको, **गत्वा**—प्राप्त करके, **न निवर्तन्ते**—फिर संसार में नहीं लौटते, **तत्**—वह, **धाम**—धाम है, **परमम्**—परम, **मम**—मेरा।

उस परम पद को न सूर्य प्रकाशित करता है, न चन्द्रमा और न अग्नि। जिसको प्राप्त करके फिर संसार में नहीं लौटते, वह मेरा परम धाम है।

उस स्वयंप्रकाशित ज्योतिस्वरूप परम पद को न तो सूर्य, न चन्द्रमा और न अग्नि प्रकाशित करते हैं, अपितु ये सभी उसी के प्रकाश से ही प्रकाशित होते हैं। सूर्य, चन्द्रमा और अग्नि ये सभी सांसारिक वस्तुओं को प्रकाशित करके उसका बोध कराते हैं एवं इनकी पहुँच उस परम पद तक हो ही नहीं सकती है, जो केवल ज्ञान से ही प्रकाशित होता है। उस परम पद को प्राप्त करके मनुष्य पुनः पीछे संसार में नहीं लौटते हैं, उन्हें मोक्षरूपी परम शान्ति प्रदायक परम धाम प्राप्त हो जाता है (८।२१) ॥ ६ ॥

परम धाम को प्राप्त कर जीवात्मा के पुनरागमन न होने का कारण और उसके स्वरूप को अगले तीन श्लोकों में बताते हैं—

ममैवांशो जीवलोके जीवभूतः सनातनः ।
मनःषष्ठानीन्द्रियाणि प्रकृतिस्थानि कर्षति ॥ ७ ॥

मम—मेरा, **एव**—ही, **अंशः**—अंश, **जीवलोके**—इस जीवलोक में, **जीवभूतः**—जीवरूप, **सनातनः**—सनातन, **मनः**—मन सहित, **षष्ठानि**—छह, **इन्द्रियाणि**—इन्द्रियों को, **प्रकृतिस्थानि**—प्रकृति में स्थित हुआ, **कर्षति**—खींचता है।

मेरा ही जीवरूप सनातन अंश इस जीवलोक में प्रकृति में स्थित हुआ मन सहित छह इन्द्रियों को खींचता है।

यह जीवरूप अर्थात् जीवात्मा मेरा ही सनातन अंश है (१४।३-४)। इस जीवलोक में प्रकृति के परिणामस्वरूप प्राप्त शरीर में स्थित हुआ यह मेरा अंशी जीवात्मा अविद्या के कारण मन और पाँचों ज्ञानेन्द्रियों को संसार में यत्र-तत्र आकृष्ट करता है।

सुषुप्ति अथवा प्रलय के समय जीवमात्र का लय मेरी प्रकृति में होता है, किन्तु यह लय जीव की अविद्या के कारण मेरे शुद्ध स्वरूप में नहीं होता है। इसलिए पुनः संसार में प्रकट होने के लिए अज्ञानी जीव इन्द्रियों को आकृष्ट करता है, परन्तु इसके विपरीत अविद्या के नाश से ज्ञान की प्राप्ति होने पर जीवात्मा मेरी ओर आकृष्ट होकर मेरे धाम को प्राप्त कर पुनः संसार में नहीं लौटता है ॥ ७ ॥

शरीरं यदवाप्नोति यच्चाप्युत्क्रामतीश्वरः ।
गृहीत्वैतानि संयाति वायुर्गन्धानिवाशयात् ॥ ८ ॥

शरीरम्—शरीर में, **यत्**—जिस, **अवाप्नोति**—जाता है, **यत्**—जिस (शरीर को), **च**—और (उससे), **अपि**—भी, **उत्क्रामति**—छोड़ता है, **ईश्वरः**—देहादि का स्वामी जीवात्मा, **गृहीत्वा**—

ग्रहण कर, **एतानि**—(उसमें) इन इन्द्रियों को (वैसे ही), **संयाति**—ले जाता है, **वायुः**—वायु, **गन्धान्**—गन्ध को (ले जाता है), **इव**—जैसे, **आशयात्**—गन्ध के स्थानों से।

देहादि का स्वामी जीवात्मा भी जिस शरीर को छोड़ता है और उससे जिस शरीर में जाता है, उसमें इन इन्द्रियों को वैसे ही ग्रहण कर ले जाता है जैसे वायु गन्ध के स्थानों से गन्ध को ले जाता है।

देह और इन्द्रियों आदि के संघातरूप शरीर का स्वामी जीवात्मा जब एक शरीर को छोड़कर दूसरे नवीन शरीर में जाता है तो अपने साथ मन तथा इन्द्रियों के अभिव्यक्ति रूप सूक्ष्म शरीर को भी ले जाता है। यह अपने साथ इन इन्द्रियों को उसी तरह ग्रहण कर ले जाता है जिस तरह से वायु गन्ध के स्थान से गन्ध को ग्रहण कर दूसरे स्थान पर ले जाता है ॥ ८ ॥

श्रोत्रं चक्षुः स्पर्शनं च रसनं घ्राणमेव च ।
अधिष्ठाय मनश्चायं विषयानुपसेवते ॥ ९ ॥

श्रोत्रम्—श्रोत्र, **चक्षुः**—नेत्र, **स्पर्शनम्**—त्वचा, **च**—और, **रसनम्**—जिह्वा, **घ्राणम्**—नासिका को, **एव**—भी, **च**—तथा, **अधिष्ठाय**—आश्रय बनाकर, **मनः**—मन को, **अयम्**—यह जीवात्मा, **विषयान्**—विषयों का, **उपसेवते**—सेवन करता है।

श्रोत्र, नेत्र, त्वचा, जिह्वा और नासिका को तथा मन को भी आश्रय बनाकर यह जीवात्मा विषयों का सेवन करता है।

फिर इस नवीन शरीर में मन सहित पाँचों इन्द्रियों-श्रोत्र, चक्षु, त्वचा, रसना और नासिका को अपना आश्रय बनाकर यह जीवात्मा शब्दादि विषयों का सेवन-उपभोग करता है। यह वैसे ही है जैसे दीपक एक जगह बुझाकर दूसरी जगह ले जाकर जलाया जाय तो वह अपनी प्रभा को पूर्व की भाँति पुनः प्रकट करता है, वैसे ही शब्दादि विषय भी नवीन शरीर में प्रकट होते हैं ॥ ९ ॥

इस जगत् में मूढ और योगी पुरुष आत्मा को कैसे देखते हैं, सो अगले दो श्लोकों में कहते हैं—

उत्क्रामन्तं स्थितं वापि भुञ्जानं वा गुणान्वितम् ।
विमूढा नानुपश्यन्ति पश्यन्ति ज्ञानचक्षुषः ॥ १० ॥

उत्क्रामन्तम्—शरीर से निकलते हुए, **स्थितम्**—शरीर में स्थित हुए, **वा**—अथवा, **अपि**—भी, **भुञ्जानम्**—विषयों को भोगते हुए, **वा**—अथवा, **गुणान्वितम्**—तीनों गुणों से युक्त हुए (जीवात्मा को), **विमूढाः**—मूढ पुरुष, **न अनुपश्यन्ति**—नहीं देखते हैं, **पश्यन्ति**—देखते हैं, **ज्ञानचक्षुषः**—ज्ञान नेत्रवाले।

शरीर से निकलते हुए, शरीर में स्थित हुए अथवा विषयों को भोगते हुए अथवा तीनों गुणों से युक्त हुए भी जीवात्मा को मूढ पुरुष नहीं देखते हैं, ज्ञान नेत्रवाले देखते हैं।

देह और इन्द्रियों आदि के संघातरूप शरीर में स्थित जीवात्मा के कारण ही शरीर की स्थिति है। पूर्व शरीर को छोड़कर अर्थात् पूर्व शरीर के मृत अवस्था की प्राप्ति पर इसे छोड़कर जाते हुए जीवात्मा को अथवा मृत्यु के पूर्व तक उस शरीर में स्थित हुए को, अथवा शब्दादि विषयों को भोक्तारूप में भोग करते हुए को, अथवा सत्त्वादि गुणरूप सुख, दु:ख, मोहादि गुणों से युक्त हुए को- इन सब प्रकार से स्पष्ट रूप से दृष्टि में आते हुए भी इस आत्मा को मूढ चित्तवाले अर्थात् देहात्माभिमानी मनुष्यगण संसार के विषयों में लिप्त होकर विमूढ हुए नहीं देखते हैं। जगत् में आत्मसत्ता इतना प्रकट होते हुए भी विमूढ मनुष्यों की स्थिति कितना करुणामय है, उनकी यह दयनीय अवस्था कितने दु:ख की बात है ! परन्तु वहीं पर ज्ञान चक्षु से युक्त विवेकी पुरुष मोह से मुक्त होकर आत्मसत्ता को देखते और अनुभव करते हैं।

आशय यह है कि शरीर के जड़ होते हुए भी शरीर की स्थिति हेतु आत्मरूप में प्रतिष्ठित परमात्मा ही हैं (१३।३१)। यही अविनाशी आत्मा जब जीवभाव से शरीर से अपनेपन का सम्बन्ध जोड़ लेता है, तब वह शरीर में स्थित हुआ विषयों का भोक्ता है, सुख-दु:खादि से युक्त होता है और पूर्व शरीर छोड़कर सूक्ष्म और कारण शरीर के साथ अन्य शरीर में जन्म लेता है। यह आत्मा शरीर से सर्वथा पृथक् है, तथापि सम्बन्ध की आसक्ति से जीवभाव से शरीर में बँधता है। शरीर और आत्मा का यह भेद मूढ नहीं समझते हैं, किन्तु ज्ञानी समझते हैं ॥ १० ॥

यतन्तो योगिनश्चैनं पश्यन्त्यात्मन्यवस्थितम् ।
यतन्तोऽप्यकृतात्मानो नैनं पश्यन्त्यचेतसः ॥ ११ ॥

यतन्तः—यत्न करनेवाले, **योगिनः**—योगीजन, **च**—किन्तु, **एनम्**—इस आत्मा को, **पश्यन्ति**—देखते हैं, **आत्मनि**—(अपने) हृदय में, **अवस्थितम्**—स्थित, **यतन्तः**—यत्न करने पर भी, **अपि**—भी, **अकृत—आत्मानः**—अशुद्ध चित्तवाले, **न**—नहीं, **एनम्**—इसको, **पश्यन्ति**—देख पाते, **अचेतसः**—अविवेकी पुरुष।

यत्न करनेवाले योगीजन इस आत्मा को अपने हृदय में स्थित देखते हैं, किन्तु अशुद्ध चित्तवाले अविवेकी पुरुष यत्न करते रहने पर भी इसको नहीं देख पाते।

मेरे शरणागत होकर सत्कर्म करते हुए योगाभ्यास से निर्मल चित्त हुए योगीजन चित्त को हृदय में स्थित किये हुए प्रकरणगत आत्मा को हृदय में स्थित

हुआ देखते हैं, किन्तु जिनका चित्त विचार से शुद्ध नहीं हुआ है ऐसे अविवेकी पुरुषों का प्रयास चाहे जितना तीव्र व कठिन क्यों न हो, वे इस आत्मा को प्रत्यक्ष नहीं कर पाते हैं।

चित्त की निर्मलता और सत्-असत् तथा नित्य-अनित्य के निश्चय करने का विवेक तो आत्मसाक्षात्कार करने के लिए नितान्त आवश्यक है। कर्म की शुद्धता, भावपूर्वक भगवान् में समर्पण, संसार के विषयों से अनासक्ति और नित्य ध्यान व आराधना के अभ्यास से देह में स्थित आत्मस्वरूप परमात्मा प्रसन्न होकर कृपापूर्वक स्वयं प्रकाशमान आत्मा को प्रत्यक्ष प्रकाशित करके स्वयं का दर्शन निश्चित ही करा देते हैं ॥ ११ ॥

अगले चार श्लोकों में भगवान् अपनी विभूतियों का निरूपण करते हैं—

यदादित्यगतं तेजो जगद्भासयतेऽखिलम् ।
यच्चन्द्रमसि यच्चाग्नौ तत्तेजो विद्धि मामकम् ॥ १२ ॥

यत्—जो, **आदित्यगतम्**—सूर्य में स्थित, **तेजः**—तेज, **जगत्**—जगत् को, **भासयते**—प्रकाशित करता है, **अखिलम्**—समस्त, **यत्**—जो तेज, **चन्द्रमसि**—चन्द्रमा में है (तथा), **यत्**—जो, **च**—और, **अग्नौ**—अग्नि में (है), **तत्**—उस, **तेजः**—तेज को, **विद्धि**—जान, **मामकम्**—(तू) मेरा ही।

सूर्य में स्थित तेज जो समस्त जगत् को प्रकाशित करता है और जो तेज चन्द्रमा में है तथा जो अग्नि में है, उस तेज को तू मेरा ही जान।

सूर्य में स्थित जो विशुद्ध तेज है जिससे सम्पूर्ण जगत् प्रकाशित हो रहा है, उसमें मेरा ही ब्रह्मतेज है। संसार को चन्द्रमा का जो तेज स्निग्धता और शीतलता प्रदान करता है और अग्नि का जो दाहक तेज शीत को शान्त करनेवाला और प्राणियों के जीवन के लिए अन्न का परिपाक करता है, उस तेज को तू मेरा ही जान ॥ १२ ॥

गामाविश्य च भूतानि धारयाम्यहमोजसा ।
पुष्णामि चौषधीः सर्वाः सोमो भूत्वा रसात्मकः ॥ १३ ॥

गाम्—पृथ्वी में, **आविश्य**—प्रवेश करके, **च**—और, **भूतानि**—सब भूतों को, **धारयामि**—धारण करता हूँ, **अहम्**—मैं (ही), **ओजसा**—अपने ओज से, **पुष्णामि**—पुष्ट करता हूँ, **च**—तथा, **औषधीः**—ओषधियों को, **सर्वाः**—सारी, **सोमः**—चन्द्रमा, **भूत्वा**—होकर, **रसात्मकः**—रसस्वरूप।

और मैं ही पृथ्वी में प्रवेश करके अपने ओज से सब भूतों को धारण करता हूँ तथा रसस्वरूप चन्द्रमा होकर सारी ओषधियों को पुष्ट करता हूँ।

मैं ही पृथ्वी में प्रवेश करके अपने ओजबल से इस भारयुक्त पृथ्वी को, जिस पर सारे भूत स्थित हैं, धारण किये हुए हूँ, जिससे यह पृथ्वी गिरती नहीं है। मैं ही अमृतमय चन्द्रमा होकर पृथ्वी पर होनेवाले अन्न व औषधियों का पोषण करके उसे स्वादयुक्त तथा गुणयुक्त करता हूँ। इस प्रकार जगत् के सभी प्राणियों के जीवन हेतु अन्नादि वस्तुओं को उपलब्ध कराता हूँ ॥ १३ ॥

अहं वैश्वानरो भूत्वा प्राणिनां देहमाश्रितः ।
प्राणापानसमायुक्तः पचाम्यन्नं चतुर्विधम् ॥ १४ ॥

अहम्—मैं, **वैश्वानरः**—अग्निरूप वैश्वानर, **भूत्वा**—होकर (और), **प्राणिनाम्**—प्राणियों के, **देहम्**—शरीर में, **आश्रितः**—रहनेवाला, **प्राण अपान समायुक्तः**—प्राण-अपान के साथ युक्त होकर, **पचामि**—पचाता हूँ, **अन्नम्**—भोजन, **चतुर्विधम्**—चार प्रकार के।

मैं प्राणियों के शरीर में रहनेवाला अग्निरूप वैश्वानर होकर और प्राण-अपान के साथ युक्त होकर चार प्रकार के भोजन पचाता हूँ।

मैं ही प्राणियों के शरीर में खाये हुए अन्न को पचानेवाला अग्निरूप वैश्वानर होकर और प्राण तथा अपना वायु से संयुक्त होकर चार प्रकार के भोजन- भक्ष्य अर्थात् दाँतों से खाये जानेवाला, भोज्य-निगलकर खाये जानेवाला, लेह्य-चाटकर खाये जानेवाला और चोष्य-चूसकर खाये जानेवाले को पचाता हूँ ॥ १४ ॥

सर्वस्य चाहं हृदि सन्निविष्टो
मत्तः स्मृतिर्ज्ञानमपोहनं च ।
वेदैश्च सर्वैरहमेव वेद्यो
वेदान्तकृद्वेदविदेव चाहम् ॥ १५ ॥

सर्वस्य—सब प्राणियों के, **च**—तथा, **अहम्**—मैं (ही), **हृदि**—हृदय में, **सन्निविष्टः**—अन्तर्यामीरूप से स्थित हूँ, **मत्तः**—मुझसे ही, **स्मृतिः**—स्मरण शक्ति, **ज्ञानम्**—ज्ञान, **अपोहनम्**—विस्मृति, **च**—और, **वेदैः**—वेदों से, **च**—और, **सर्वैः**—सब, **अहम्**—मैं, **एव**—ही, **वेद्यः**—जानने योग्य हूँ, **वेदान्तकृत्**—वेदान्त का कर्त्ता, **वेदवित्**—वेदों को जाननेवाला हूँ, **एव**—ही, **च**—और, **अहम्**—मैं।

मैं ही सब प्राणियों के हृदय में अन्तर्यामीरूप से स्थित हूँ तथा मुझसे ही स्मृति, ज्ञान और विस्मृति होता है। सब वेदों से मैं ही जानने योग्य हूँ और मैं ही वेदान्त का कर्त्ता और वेदों का जाननेवाला हूँ।

मैं समस्त प्राणियों का आत्मा होकर उनके हृदय में अन्तर्यामीरूप से स्थित हूँ (१८।६१)। इसलिए अन्त:प्रतिष्ठित मुझ आत्मरूप द्वारा पुण्यकर्मा प्राणियों को स्मृति और ज्ञान प्राप्त होता है तथा पापकर्मा प्राणियों को स्मृति और ज्ञान का

'अपोहनम्'-विस्मृत या लोप होता है। उनके पाप-पुण्य कर्मानुसार ही उन्हें फल प्राप्त होता है। पुण्यकर्मा अपनी स्मृति और ज्ञान का प्रयोग कर मुझे प्राप्त करने के अधिकारी होते हैं।

समस्त वेदों के द्वारा मैं आत्मरूप परमात्मा ही जानने के योग्य हूँ (९।१७)। मैं ही वेदान्तरूप फल का कर्त्ता अर्थात् वेदोक्त फल को देनेवाला हूँ तथा वेदों के अर्थ को जाननेवाला भी मैं ही हूँ ॥ १५ ॥

अगले तीन श्लोकों के द्वारा भगवान् स्वयं को पुरुषोत्तम कहते हैं—

द्वाविमौ पुरुषौ लोके क्षरश्चाक्षर एव च ।
क्षरः सर्वाणि भूतानि कूटस्थोऽक्षर उच्यते ॥ १६ ॥

द्वौ—दो, **इमौ**—इस, **पुरुषौ**—पुरुष (हैं), **लोके**—संसार में, **क्षरः**—नाशवान, **च**—और, **अक्षरः**—अविनाशी, **एव**—भी, **च**—और, **क्षरः**—नाशवान हैं, **सर्वाणि भूतानि**—सब भूतप्राणी (तो), **कूटस्थः**—जीवात्मा, **अक्षरः**—अविनाशी, **उच्यते**—कहा जाता है।

इस संसार में दो पुरुष हैं—क्षर और अक्षर भी। सब भूतप्राणी तो क्षर हैं और जीवात्मा अक्षर कहा जाता है।

इस संसार में दो पुरुष कहे गये हैं—एक *'क्षर'* और दूसरा *'अक्षर'*। इन्हीं दो को क्रमशः *'अपरा'* और *'परा'* प्रकृति (७।४-५); 'अधिभूत' और 'अध्यात्म' (८।४); 'क्षेत्र' और 'क्षेत्रज्ञ' (१३।१) नाम से पूर्व के अध्यायों में कहा गया है।

क्षर पुरुष का सम्बन्ध नश्वर जड़ प्रकृति से है। ब्रह्मा से लेकर स्तम्भपर्यन्त जड़ के संसर्गरूप से समस्त भूतों का समुदाय, जो नाशवान है, क्षर कहलाता है।

अक्षर पुरुष नाशवान नहीं है, अपितु यह तो जड़ के संसर्ग से रहित एवं स्वरूप में स्थित मुक्तात्मा है, जिसे 'कूटस्थ' या अक्षर पुरुष कहते हैं। यह क्षर पुरुष के सम्पर्क से उत्पत्ति का बीज और आश्रय है। संसाररूपी वृक्ष का बीज होने के कारण यह अन्तरहित है, इसका नाश नहीं होता, जिससे इसे अक्षर कहते हैं। यह अविनाशी जीवात्मा है और कर्मजनित संस्कारों का आश्रय है। जीवरूपी कार्य का जो कारण है उसको अक्षर पुरुष समझना चाहिए ॥ १६ ॥

उत्तमः पुरुषस्त्वन्यः परमात्मेत्युदाहृतः ।
यो लोकत्रयमाविश्य बिभर्त्यव्यय ईश्वरः ॥ १७ ॥

उत्तमः पुरुषः—उत्तम पुरुष तो, **तु**—परन्तु, **अन्यः**—अन्य ही है, **परमात्मा**—परमात्मा, **इति**—ऐसा, **उदाहृतः**—कहलाता है (और), **यः**—जो, **लोकत्रयम्**—तीनों लोकों में, **आविश्य**—प्रवेश करके, **बिभर्ति**—सबको धारण करता है, **अव्ययः ईश्वरः**—अविनाशी ईश्वर।

परन्तु उत्तम पुरुष तो अन्य ही है, जो परमात्मा ऐसा कहलाता है और जो अविनाशी ईश्वर तीनों लोकों में प्रवेश करके सबको धारण करता है।

उत्तम पुरुष तो क्षर और अक्षर पुरुष से विलक्षण एक तीसरा पुरुष है, जो परमात्मा नाम से कहा गया है। वह सभी प्राणियों में आत्मरूप से व्याप्त है, अर्थात् सब प्राणियों का अन्तरात्मा है, इस कारण वेदवाक्यों में 'परमात्मा' कहा गया है। वह बद्ध पुरुष (जीव) तथा मुक्त पुरुष (आत्मा) दोनों से भिन्न है। कैसे भिन्न है? वह आगे बताते हैं—

वह तीनों लोकों-पृथ्वी, अन्तरिक्ष और स्वर्गलोक में प्रविष्ट कर अपनी महिमा व शक्ति से सबका धारण-पोषण करता है और वह अविनाशी ईश्वर है, अर्थात् उसका कभी नाश नहीं होता है। वह क्षय होनेवाली जड़प्रकृति व उससे सम्बन्ध रखनेवाले बद्ध जीव तथा निर्विकार अक्षर आत्मा से भी विलक्षण एवं सर्वथा भिन्न 'परमात्मा' है ॥ १७ ॥

यस्मात्क्षरमतीतोऽहमक्षरादपि चोत्तमः ।
अतोऽस्मि लोके वेदे च प्रथितः पुरुषोत्तमः ॥ १८ ॥

यस्मात्—क्योंकि, **क्षरम्**—क्षर से, **अतीतः**—अतीत, **अहम्**—मैं, **अक्षरात् अपि**—अक्षर से भी, **च**—और, **उत्तमः**—उत्तम (हूँ), **अतः**—इसलिए, **अस्मि**—हूँ, **लोके**—लोक, **वेदे**—वेद में, **च**—और, **प्रथितः**—प्रसिद्ध हूँ, **पुरुषोत्तमः**—'पुरुषोत्तम' नाम से।

क्योंकि मैं क्षर से अतीत और अक्षर से भी उत्तम हूँ। इसलिए लोक और वेद में 'पुरुषोत्तम' नाम से प्रसिद्ध हूँ।

मैं नाशवान क्षर की अपेक्षा निर्विकार नित्य स्थित हुआ तथा नित्यमुक्त हुआ क्षर से सर्वथा अतीत हूँ और नियन्ता होने के कारण अक्षर (जीवात्मा) अर्थात् चेतनवर्ग से भी उत्तम हूँ। इसलिए लोक में अर्थात् पुराण, स्मृति और शास्त्रों में तथा वेदों में 'पुरुषोत्तम' नाम से प्रसिद्ध हूँ।

जीवात्मा तो अविनाशी निर्विकार का अंश होने पर भी विकारवान क्षर से सम्बन्ध बना लेता है और इस कारण वह प्रकृति के अधीन उसके गुणोंवाला-सा हो जाता है, किन्तु वह परम तो निर्लिप्त नियामकरूप से नित्य सर्वत्र स्थित रहता है ॥ १८ ॥

पुरुषोत्तम को जानने का फल अगले दो श्लोकों में बताकर अध्याय का उपसंहार करते हैं—

यो मामेवमसम्मूढो जानाति पुरुषोत्तमम् ।
स सर्वविद्भजति मां सर्वभावेन भारत ॥ १९ ॥

यः—जो, **माम्**—मुझको, **एवम्**—इस प्रकार, **असम्मूढः**—अज्ञान से रहित पुरुष, **जानाति**—जानता है, **पुरुषोत्तमम्**—पुरुषोत्तम, **सः**—वह, **सर्ववित्**—सब कुछ जानता है (और), **भजति**—भजता है, **माम्**—मुझको, **सर्वभावेन**—सर्वभाव से, **भारत**—हे भारत।

हे भारत ! जो अज्ञान से रहित पुरुष इस प्रकार मुझको पुरुषोत्तम जानता है, वह सब कुछ जानता है और मुझको सर्वभाव से भजता है।

हे भारत ! जो 'असम्मूढः' अर्थात् अज्ञान से रहित पुरुष उपर्युक्त प्रकार से मुझे पुरुषोत्तम जानता है, अर्थात् वह यह जानता है कि मैं ही अविनाशी, सर्वव्याप्त, सबका नियामक, सबका धारण-पोषण करनेवाला और ऐश्वर्य आदि से युक्त हुआ क्षर व अक्षर से विलक्षण हूँ। तुम ऐसा समझो कि ऐसा वह मेरी प्राप्ति के साधन को यथार्थरूप से जानता है और सभी भूतों में स्थित मुझे ही सर्वभाव से-सबकी आत्मा मैं हूँ, ऐसे भाव से भजता है।

आशय यह है कि मेरे विषय के ज्ञान से और मेरा भजन करने से पुरुष में जो प्रेम होता है, वह प्रेम उसमें मुझ पुरुषोत्तम तत्त्व को जानकर ही हो जाता है ॥ १९ ॥

इति गुह्यतमं शास्त्रमिदमुक्तं मयानघ।
एतद्बुद्ध्वा बुद्धिमान्स्यात्कृतकृत्यश्च भारत ॥ २० ॥

इति—इस प्रकार, **गुह्यतमम्**—अति गोपनीय, **शास्त्रम्**—शास्त्र, **इदम्**—यह, **उक्तम्**—कहा गया है, **मया**—मेरे द्वारा, **अनघ**—हे निष्पाप, **एतत्**—इसे, **बुद्ध्वा**—जानकर, **बुद्धिमान्**—बुद्धिमान, **स्यात्**—हो जाता है, **कृतकृत्यः**—कृतार्थ, **च**—और, **भारत**—हे भारत (मनुष्य)।

हे निष्पाप ! इस प्रकार यह अति गोपनीय शास्त्र मेरे द्वारा कहा गया है। इसे जानकर हे भारत ! मनुष्य बुद्धिमान और कृतार्थ हो जाता है।

हे निष्पाप अर्जुन ! मैंने गुप्त रखने योग्य पदार्थों में गुह्यतम इस शास्त्र को तुम निष्पाप से कहा है, क्योंकि तू इसका श्रेष्ठ अधिकारी है। यद्यपि सम्पूर्ण *गीता* स्वयं में एक शास्त्र है तथापि पुरुषोत्तमविषयक शास्त्रज्ञान होने से पुरुष सब कुछ जान जाता है, वह वेदज्ञ हो जाता है। अतएव इस अध्याय को ही प्रमुखता से *'शास्त्र'* कहा गया है।

उपर्युक्त प्रकार से मुझ पुरुषोत्तमविषयक शास्त्रज्ञान को जानकर पुरुष बुद्धिमान व कृतकृत्य हो जाता है। आशय यह है कि मुझे जानने की इच्छावाले उस पुरुष को उत्तम बुद्धि की प्राप्ति हो जाती है तथा उसका जो कर्त्तव्य-कर्म है, वह सब

कुछ कर लिया हुआ हो जाता है एवं मेरे तत्त्वज्ञान से उसके कर्त्तव्य की पूर्ति स्वयमेव हो जाती है।

हे भारत ! तूने श्रद्धा व ध्यानपूर्वक पुरुषोत्तम विषयक तत्त्वज्ञान मुझसे सुना है, इसलिए तू बुद्धिमत्ता को प्राप्त है और कृतकृत्य हो गया है ॥ २० ॥

इति श्रीकृष्णार्जुनसंवादे पुरुषोत्तमयोगो नाम पञ्चदशोऽध्यायः ॥ १५ ॥

अध्याय १६

परमेश्वर को प्राप्त करने की इच्छावाले तथा शास्त्रानुकूल आचरण करनेवाले दैवी सम्पत्ति से युक्त होते हैं। शास्त्र के विपरीत आचरण करनेवाले आसुरी सम्पत्ति के होते हैं। इन्हीं दोनों सम्पत्तियों का विभागपूर्वक वर्णन इस अध्याय ***'दैवासुरसम्पद्विभागयोग'*** में किया गया है।

भगवान् सर्वप्रथम पुरुष में दैवी सम्पत्ति के लक्षणों का वर्णन करते हैं (१-३)। अब आसुरी सम्पत्ति को बताते हैं (४)। दैवी सम्पत्ति मोक्ष के लिए और आसुरी सम्पत्ति बन्धन के लिए बताते हैं तथा अर्जुन को दैवी सम्पदा में उत्पन्न हुआ कहते हैं (५)। इस लोक में भूतों की दैवी तथा आसुरी- ये दो प्रकार की सृष्टि भगवान् बताते हैं (६)। अब आसुरी सृष्टि का विस्तार से वर्णन करते हैं (७-१२)। आसुरी स्वभाववालों के मनोरथ का वर्णन करते हुए उनको नरक में गिरने तथा ईश्वर से द्वेषभाव रखनेवाला बतलाते हैं (१३-१८)। आसुरी स्वभाववालों को अधोगति प्राप्त होती है (१९-२०)। आसुरी सम्पदा में काम, क्रोध और लोभ को नरक का द्वार कहकर इन्हें आत्मा का पतन करनेवाला और इसलिए त्याज्य कहते हैं (२१)। इन तीनों अज्ञान के द्वाररूप आसुरी दोषों को त्यागकर कल्याण का आचरण करनेवाले को परम गति की प्राप्ति बताते हैं (२२)। शास्त्रविधि का त्यागकर स्वेच्छाचार करनेवाले को सिद्धि, सुख और परम गति कुछ भी प्राप्त नहीं होता है (२३)। इसलिए कार्य और अकार्य में शास्त्र ही प्रमाण है और शास्त्र के तत्त्व को समझकर कर्म करने के लिए अर्जुन से भगवान् कहते हैं (२४)।

पन्द्रहवें अध्याय में भगवान् द्वारा कहे गये तत्त्वज्ञान को दृढ़ करने के लिए शास्त्रानुसार व्यवहार करने की आवश्यकता होती है। ऐसा आचरण करनेवाले दैवी सम्पदा के धनी पुरुष संसार से मुक्ति पाते हैं, किन्तु इसके विपरीत आचरणवाले आसुरी सम्पदा के पुरुष संसार में बन्धन पाते हैं। इन दोनों सम्पदाओं का विस्तार से वर्णन करने के लिए सर्वप्रथम भगवान् दैवी सम्पदा का वर्णन अगले तीन श्लोकों में करते हैं—

श्रीभगवानुवाच

अभयं सत्त्वसंशुद्धिर्ज्ञानयोगव्यवस्थितिः ।
दानं दमश्च यज्ञश्च स्वाध्यायस्तप आर्जवम् ॥ १ ॥

श्रीभगवान् उवाच—श्रीभगवान् बोले, **अभयम्**—अभय, **सत्त्वसंशुद्धिः**—अन्तःकरण की निर्मलता, **ज्ञानयोगव्यवस्थितिः**—ज्ञान और योग में निरन्तर स्थिति, **दानम्**—दान, **दमः**—दम, **च**—और, **यज्ञः**—यज्ञ, **च**—और, **स्वाध्यायः**—स्वाध्याय, **तपः**—तप, **आर्जवम्**—सरलता।

श्रीभगवान् बोले—अभय, अन्तःकरण की निर्मलता, ज्ञान और योग में निरन्तर स्थिति और दान, दम, यज्ञ, स्वाध्याय, तप और सरलता।

अभयम्-इष्ट के वियोग और अनिष्ट के संयोगरूप दुःख के कारणों को आता हुआ देखकर मन में उत्पन्न होनेवाले भयरूपी कष्ट की निवृत्ति, *सत्त्वसंशुद्धिः*-सत्त्वगुण की वृद्धि से अन्तःकरण की निर्मलता, *ज्ञानयोगव्यवस्थितिः*-शास्त्र और गुरुपदेश से आत्मतत्त्व को जानना ज्ञान है और अभ्यास द्वारा उसका आत्मा में प्रत्यक्ष करना योग है, इन दोनों में निरन्तर स्थित हो जाना, *दानम्*-सत्प्रयास से अर्जित कमाई से प्रसन्नतापूर्वक निःस्वार्थभाव से सत्पात्र को द्रव्यादि देना, *दमः*-इन्द्रियों का विषयों की ओर से उपरामता, *यज्ञः*-फलासक्ति से रहित भगवान् की अराधना हेतु यज्ञादि का अनुष्ठान, *स्वाध्यायः*-इह लोक और परलोक के लाभ हेतु वेदों का अध्ययन करना, *तपः*-भगवान् की प्रसन्नता हेतु व्रतादि करना और *आर्जवम्*-मन, वाणी और कर्म द्वारा एकनिष्ठ वृत्ति से जीवन में व्यवहार करना ॥ १ ॥

अहिंसा सत्यमक्रोधस्त्यागः शान्तिरपैशुनम् ।
दया भूतेष्वलोलुप्त्वं मार्दवं ह्रीरचापलम् ॥ २ ॥

अहिंसा—अहिंसा, **सत्यम्**—सत्य, **अक्रोधः**—क्रोध का अभाव, **त्यागः**—त्याग, **शान्तिः**—शान्ति, **अपैशुनम्**—दूसरों में दोष दृष्टि न रखना, **दया**—दया, **भूतेषु**—प्राणियों पर, **अलोलुप्त्वम्**—अलोलुपता, **मार्दवम्**—कोमलता, **ह्रीः**—लज्जा, **अचापलम्**—अचपलता।

अहिंसा, सत्य, अक्रोध, त्याग, शान्ति, अपैशुन, प्राणियों पर दया, अलोलुपता, कोमलता, लज्जा और अचपलता।

अहिंसा-किसी को किसी भी प्रकार का मन, वाणी व कर्म से कष्ट न देना, *सत्यम्*-यथार्थ व प्रिय वचन कहना, *अक्रोधः*-सर्वहित भाव का उत्पन्न होना, *त्यागः*-आत्मकल्याण के विरुद्ध विषय या वस्तु को छोड़ना, *शान्तिः*-अन्तःकरण का संकल्परहित होना, *अपैशुनम्*-किसी के समक्ष किसी दूसरे का दोष प्रकट न करना, *दया*-दुःखी प्राणियों पर कृपा करना, *अलोलुप्त्वम्*-विषयों में इच्छा का न होना, *मार्दवम्*—अन्तःकरण की कोमलता, *ह्रीः*-लज्जा और *अचापलम्*-

आसक्तिविषयक पदार्थों में अथवा निष्प्रयोज्य स्थिति में स्वभाव की चपलता का न होना ॥ २ ॥

तेजः क्षमा धृतिः शौचमद्रोहो नातिमानिता ।
भवन्ति सम्पदं दैवीमभिजातस्य भारत ॥ ३ ॥

तेजः—तेज, **क्षमा**—क्षमा, **धृतिः**—धैर्य, **शौचम्**—शौच, **अद्रोहः**—अद्रोह, **न अतिमानता**—अत्यन्त मान का अभाव, **भवन्ति**—होते हैं, **सम्पदम्**—सम्पदा में, **दैवीम्**—(ये सब गुण) दैवी, **अभिजातस्य**—उत्पन्न हुए पुरुष में, **भारत**—हे भारत।

तेज, क्षमा, धैर्य, शौच, अद्रोह, अत्यन्त मान का अभाव, हे भारत ! ये सब गुण दैवी सम्पदा में उत्पन्न हुए पुरुष में होते हैं।

तेजः-प्रकाशित करनेवाली शक्ति का नाम, *क्षमा*-दूसरों के द्वारा कष्ट देने पर भी विकारहीन चित्त होना, *धृतिः*-बड़ी विपत्ति में भी कर्त्तव्य-कर्म करने की शक्ति, *शौचम्*-बाह्य और अन्त:करण की शुद्धि, *अद्रोहः*-दूसरों की क्षति या हिंसा करने का अभाव और *नातिमानिता*-अत्यन्त मान के भाव का अभाव।

हे भारत ! श्लोक एक में 'अभयं' से लेकर इस श्लोक तक बताये हुए गुण तो दैवी सम्पदा को साथ लेकर उत्पन्न हुए पुरुष में होते हैं। ऐसे पुरुष देवता की कृपा के पात्र हैं और उनका कल्याण होना सुनिश्चित है ॥ ३ ॥

अब अगले श्लोक में आसुरी सम्पदा बताते हैं—

दम्भो दर्पोऽभिमानश्च क्रोधः पारुष्यमेव च ।
अज्ञानं चाभिजातस्य पार्थ सम्पदमासुरीम् ॥ ४ ॥

दम्भः—दम्भ, **दर्पः**—दर्प, **अभिमानः**—अभिमान, **च**—और, **क्रोधः**—क्रोध, **पारुष्यम्**—कठोरता, **एव**—भी, **च**—तथा, **अज्ञानम्**—अज्ञान, **च**—और, **अभिजातस्य**—उत्पन्न हुए पुरुष में (होते हैं), **पार्थ**—हे पार्थ, **सम्पदम्**—सम्पदा में, **आसुरीम्**—(ये सब दुर्गुण) आसुरी।

हे पार्थ ! दम्भ, दर्प, अभिमान और क्रोध तथा कठोरता भी और अज्ञान, ये सब दुर्गुण आसुरी सम्पदा में उत्पन्न हुए पुरुष में होते हैं।

दम्भः-धार्मिकता की प्रसिद्धि हेतु किये गये धर्मानुष्ठान का भाव, *दर्पः*-कर्त्तव्य-अकर्त्तव्य का अविवेक और विषयोन्मत्तता, *अभिमानः*-अपनी स्थिति और योग्यता से अधिक का अभिमान, *क्रोधः*-दूसरे को पीड़ा देने हेतु चित्तविकार, *पारुष्यम्*-व्यंग्यात्मक व कठोर भाववाला स्वभाव और *अज्ञानम्* अर्थात् लोक-परलोक एवं कर्त्तव्य-अकर्त्तव्य के यथार्थ ज्ञान का अभाव। हे पार्थ ! ये सब लक्षण आसुरी सम्पदा में उत्पन्न हुए पुरुष में होते हैं ॥ ४ ॥

दोनों सम्पदाओं का कार्य बतलाते हैं—

दैवी सम्पद्विमोक्षाय निबन्धायासुरी मता ।
मा शुचः सम्पदं दैवीमभिजातोऽसि पाण्डव ॥ ५ ॥

दैवी—दैवी, **सम्पत्**—सम्पदा, **विमोक्षाय**—मोक्ष के लिए (और), **निबन्धाय**—बन्धन के लिए, **आसुरी**—आसुरी (सम्पदा), **मता**—मानी गयी है, **मा शुचः**—शोक मत कर, **सम्पदम्**—सम्पदा में, **दैवीम्**—(तू) दैवी, **अभिजातः असि**—उत्पन्न हुआ है, **पाण्डव**—हे पाण्डु पुत्र।

दैवी सम्पदा मोक्ष के लिए और आसुरी सम्पदा बन्धन के लिए मानी गयी है। हे पाण्डु पुत्र ! शोक मत कर, तू दैवी सम्पदा में उत्पन्न हुआ है।

दैवी सम्पदा जो मेरे आज्ञा के अनुसार है तथा आचरण करने योग्य है, वह तो मोक्षदायी है अर्थात् संसार-बन्धन से मुक्ति देनेवाली है और मुझे प्राप्त करा देनेवाली है, किन्तु आसुरी सम्पदा जो मेरी आज्ञा के प्रतिकूल और आचरण के विरुद्ध है वह तो संसार-बन्धन में बाँधनेवाली है, अर्थात् अधोगति को प्राप्त कराती है।

इतना कहने के बाद सद्गुरुरूप भगवान् श्रीकृष्ण अपने शिष्य अर्जुन के मन की दशा भाँपकर कहते हैं कि हे पाण्डु पुत्र ! तू शोक मत कर । तू तो दैवी सम्पदा से युक्त होकर उत्पन्न हुआ है। तुम्हारा कल्याण होगा।

सद्गुरु द्वारा शिष्य के मन का सम्पूर्ण भ्रम व सन्देह दूर करना उनकी अहैतुकी कृपा है। ऐसा इसलिए कि वह यह जानते हैं कि किसी भ्रम या सन्देह की स्थिति में शिष्य द्वारा कर्त्तव्य और आत्मतत्त्व ज्ञानरूपी साधना के पालन में कठिनाई होती है। अतएव गुरु अपने शिष्य के मन के सम्पूर्ण भ्रम तथा विघ्न को दूर करके एकमात्र आत्मतत्त्व के ज्ञान के साधन में लगे रहने के लिए परोक्ष और सूक्ष्म रूप से प्रेरित करते हैं ॥ ५ ॥

त्याज्यरूप आसुरी सृष्टि का श्लोक बारह तक विस्तार से वर्णन करते हैं—

द्वौ भूतसर्गौ लोकेऽस्मिन्दैव आसुर एव च ।
दैवो विस्तरशः प्रोक्त आसुरं पार्थ मे शृणु ॥ ६ ॥

द्वौ—दो प्रकार की (है), **भूतसर्गौ**—भूतों की सृष्टि, **लोके**—लोक में, **अस्मिन्**—इस, **दैवः**—दैवी, **आसुरः**—आसुरी, **एव**—ही, **च**—और, **दैवः**—दैवी सृष्टि (तो), **विस्तरशः**—विस्तारपूर्वक, **प्रोक्तः**—कही जा चुकी है, **आसुरम्**—(अब) आसुरी सृष्टि, **पार्थ**—हे पार्थ, **मे**—मुझसे, **शृणु**—सुन।

इस लोक में भूतों की सृष्टि दो ही प्रकार की है—दैवी और आसुरी । हे पार्थ ! दैवी सृष्टि तो विस्तारपूर्वक कही जा चुकी है, अब आसुरी सृष्टि मुझसे सुन।

इस लोक में अर्थात् कर्म का अधिकार प्राप्त मनुष्यलोक में भूतों की सृष्टि दो प्रकार की है—एक दैवी सम्पत्ति से युक्त और दूसरी आसुरी सम्पत्ति से युक्त। पार्थ ! दैवी सम्पत्ति से युक्त सृष्टि का वर्णन विस्तारपूर्वक किया जा चुका है। अब आसुरी सृष्टि के विषय में विस्तारपूर्वक मुझसे सुन जिससे निश्चय करके आसुरी आचरण का त्याग किया जा सके ॥ ६ ॥

प्रवृत्तिं च निवृत्तिं च जना न विदुरासुराः ।
न शौचं नापि चाचारो न सत्यं तेषु विद्यते ॥ ७ ॥

प्रवृत्तिम्—प्रवृत्त,**च**—और, **निवृत्तिम्**—निवृत्त को, **च**—भी, **जनाः**—लोग, **न**—नहीं, **विदुः**—जानते, **आसुराः**—आसुरी स्वभाव के, **न**—न, **शौचम्**—शौच, **न**—न, **अपि**—ही, **च**—और, **आचारः**—आचार (और), **न**—न, **सत्यम्**—सत्य, **तेषु**—उनमें, **विद्यते**—होता है।

आसुर स्वभाव के लोग प्रवृत्ति और निवृत्ति को भी नहीं जानते। उनमें न शौच, न आचार और न सत्य ही होता है।

आसुर स्वभाववाले मनुष्य तो यह भी नहीं जानते हैं कि लोक-कल्याण और परलोक कल्याण के साधनरूप किन कर्मों में उन्हें प्रवृत्त होना चाहिए तथा किन कर्मों से निवृत्त होना चाहिए अर्थात् वे 'प्रवृत्ति' और 'निवृत्ति' दोनों को नहीं जानते हैं। उनमें लौकिक और पारलौकिक दोनों दृष्टि से ही कल्याण-अकल्याण करनेवाले कर्मों का ज्ञान नहीं होता, जिससे वे स्वेच्छाचारी होते हैं। इसके अतिरिक्त उनमें न बाह्य और न भीतरी शुद्धता होती है, न सदाचार होता है और न सत्य भाषण ही होता है ॥ ७ ॥

असत्यमप्रतिष्ठं ते जगदाहुरनीश्वरम् ।
अपरस्परसम्भूतं किमन्यत्कामहैतुकम् ॥ ८ ॥

असत्यम्—असत्य, **अप्रतिष्ठम्**—आश्रयरहित (और), **ते**—वे, **जगत्**—जगत, **आहुः**—कहते हैं, **अनीश्वरम्**—ईश्वररहित है, **अपरस्पर**—एक-दूसरे के संयोग से, **सम्भूतम्**—उत्पन्न हुआ है, **किम् अन्यत्**—इसका दूसरा कारण क्या हो सकता है, **कामहैतुकम्**—काम के हेतु के (अतिरिक्त)।

वे कहते हैं जगत् असत्य, आश्रयरहित और ईश्वररहित है। एक-दूसरे के संयोग से उत्पन्न हुआ है। काम के हेतु के अतिरिक्त इसका दूसरा कारण क्या हो सकता है?

वे कहते हैं कि यह जगत् असत्य, आश्रयरहित और ईश्वररहित है। आशय यह है कि यह जगत् ईश्वर का कार्य है, ईश्वर ही संसार का आश्रय है और ईश्वर सम्पूर्ण जगत् में व्याप्त है—ऐसा सब कुछ वे नहीं मानते हैं।

काम की भावना से स्त्री व पुरुष के संयोग से इस जगत् में प्राणियों की उत्पत्ति हुई है, ऐसा वे मानते हैं। उनकी दृष्टि में कामभावना के अतिरिक्त अन्य कोई कारण प्राणियों की उत्पत्ति में नहीं है। वे इस बात को नहीं मानते कि ईश्वर की जड़प्रकृति और चेतनप्रकृति के संयोग से प्राणियों की उत्पत्ति होती है, इस तरह प्राणियों के अस्तित्व में आने में ईश्वर की चेतन सत्ता को वे नकारते हैं।

इस प्रकार आसुर स्वभाववाले मनुष्य धर्माधर्म और ईश्वर को बिलकुल नहीं मानते हैं। वे घोर मोहमय भौतिक दृष्टि ही रखते हैं ॥ ८ ॥

एतां दृष्टिमवष्टभ्य नष्टात्मानोऽल्पबुद्धयः ।
प्रभवन्त्युग्रकर्माणः क्षयाय जगतोऽहिताः ॥ ९ ॥

एताम्—इस प्रकार की, **दृष्टिम्**—दृष्टि का, **अवष्टभ्य**—सहारा लेकर (वे), **नष्ट आत्मानः**—नष्टात्मा, **अल्पबुद्धयः**—अल्पबुद्धि (और), **प्रभवन्ति**—उत्पन्न हुए हैं, **उग्रकर्माणः**—(वे) उग्र कर्म करनेवाले, **क्षयाय**—नाश के लिए (ही), **जगतः**—जगत् के, **अहिताः**—(और) अपकार करनेवाले मनुष्य।

इस प्रकार की दृष्टि का सहारा लेकर वे उग्र कर्म करनेवाले नष्टात्मा, अल्पबुद्धि और अपकार करनेवाले मनुष्य जगत् के नाश के लिए ही उत्पन्न हुए हैं।

नितान्त भौतिकवादी दृष्टि का आश्रय लेने से जिनकी आत्मा नष्ट हो गयी है, अर्थात् उन्हें केवल अनात्म तत्त्व का ही बोध है और वे अल्पबुद्धिवाले हैं, अर्थात् मात्र शरीर और उसकी सुखासक्ति को ही समझते हैं। शरीर से भिन्न द्रष्टा आत्मा उनकी बुद्धि में ही नहीं है। दूसरों का अपकार करने में ही उनकी रुचि है। ऐसे असुर स्वभाववाले उग्रकर्मी संसार का नाश करने के लिए ही उत्पन्न होते हैं ॥ ९ ॥

काममाश्रित्य दुष्पूरं दम्भमानमदान्विताः ।
मोहाद्गृहीत्वासद्ग्राहान्प्रवर्तन्तेऽशुचिव्रताः ॥ १० ॥

कामम्—कामनाओं का, **आश्रित्य**—आश्रय लेकर, **दुष्पूरम्**—कभी पूर्ण न होनेवाली, **दम्भ मान मद अन्विताः**—दम्भ, मान और मद से युक्त, **मोहात्**—मोह से, **गृहीत्वा**—ग्रहण करके, **असत्**—मिथ्या, **ग्राहान्**—सिद्धान्तों को, **प्रवर्तन्ते**—बरतते हैं, **अशुचिव्रताः**—अशुद्ध आचरण धारण करते हुए।

दम्भ, मान और मद से युक्त कभी पूर्ण न होनेवाली कामनाओं का आश्रय लेकर अशुद्ध आचरण धारण करते हुए मोह से मिथ्या सिद्धान्तों को ग्रहण करके बरतते हैं।

कभी पूरी न होनेवाली कामनाओं के कारण और उसी के आधार पर अपने समस्त कर्मप्रपञ्चों को संचालित करनेवाले घमण्ड, मान और मद में आकण्ठ डूबे हुए अशुद्ध आचरण करनेवाले आसुरी सम्पदा की श्रेणी वाले पुरुष मोहवश-अज्ञानवश मिथ्या सिद्धान्तों और दुराग्रह को ग्रहण कर जीवन में बरतते हैं ॥ १० ॥

चिन्तामपरिमेयां च प्रलयान्तामुपाश्रिताः ।
कामोपभोगपरमा एतावदिति निश्चिताः ॥ ११ ॥

चिन्ताम्—चिन्ताओं का, **अपरिमेयाम्**—असीम, **च**—तथा, **प्रलयान्ताम्**—मृत्युपर्यन्त तक, **उपाश्रित्य**—आश्रय लेनेवाले, **कामोपभोगपरमाः**—विषयों के उपभोग को श्रेष्ठ माननेवाले (और), **एतावत्**—बस इतना ही सब कुछ है, **इति**—ऐसा, **निश्चिताः**—निश्चय रखनेवाले पुरुष।

मृत्युपर्यन्त तक असीम चिन्ताओं का आश्रय लेनेवाले तथा विषयों के उपभोग को श्रेष्ठ माननेवाले और बस इतना ही सब कुछ है ऐसा निश्चय रखनेवाले मनुष्य।

मोह व दम्भ आदि इच्छाओं के वशीभूत हुए मृत्यु होने तक की अवस्था में असीम चिन्ताओं के आश्रय के अधीन वे आसुरी स्वभाववाले पुरुष रहते हैं। उनके मन में ऐसा निश्चय हुआ रहता है कि शब्दादि विषयभोगों का उपभोग ही इस जगत् में श्रेष्ठ है और इसके अतिरिक्त यहाँ कुछ नहीं है, बस यही सब कुछ है ॥ ११ ॥

आशापाशशतैर्बद्धाः कामक्रोधपरायणाः ।
ईहन्ते कामभोगार्थमन्यायेनार्थसञ्चयान् ॥ १२ ॥

आशा पाश शतैः—सैकड़ों आशा की फाँसों में, **बद्धाः**—बँधे हुए (और), **कामक्रोधपरायणाः**—काम-क्रोध के परायण हुए, **ईहन्ते**—चेष्टा किया करते हैं, **कामभोगार्थम्**—विषयभोगों को भोगने के लिए, **अन्यायेन**—अन्यायपूर्वक, **अर्थ सञ्चयान्**—धन संग्रह की।

सैकड़ों आशा की फाँसों में बँधे हुए और काम—क्रोध के परायण हुए विषयभोगों को भोगने के लिए अन्यायपूर्वक धन संग्रह की चेष्टा किया करते हैं।

आशा की सैकड़ों फाँसों में जकड़े हुए और काम-क्रोध में ही निष्ठा रखनेवाले उसी के परायण हुए अर्थात् बस इसी को अपना आश्रय मानते हुए, विषयभोगों में सुखासक्तिवाले तथा उसी को पुरुषार्थ समझनेवाले और उसी की ही प्राप्ति हेतु अन्यायपूर्वक दूसरों के हित की चिन्ता किये बिना एवं दूसरे को न्याय मिलने की दृष्टि न रखते हुए वे मात्र धन, आदि भोगार्थ वस्तुओं को इकट्ठा करने का प्रयास जीवन में किया करते हैं ॥ १२ ॥

आसुरी स्वभाववालों के मनोरथ अगले छह श्लोकों में वर्णन करते हुए उन्हें ईश्वर से द्वेष रखनेवाला तथा उनको नरक की प्राप्ति बताते हैं—

इदमद्य मया लब्धमिमं प्राप्स्ये मनोरथम् ।
इदमस्तीदमपि मे भविष्यति पुनर्धनम् ॥ १३ ॥

इदम्—यह, **अद्य**—आज, **मया**—मुझे, **लब्धम्**—मिल गया (और), **इमम्**—इस, **प्राप्स्ये**—प्राप्त करूँगा, **मनोरथम्**—मनोरथ को (मैं पुनः), **इदम्**—यह, **अस्ति**—(मेरा) है (और), **इदम्**—यह, **अपि**—ही, **मे**—मेरा, **भविष्यति**—हो जाएगा, **पुनः**—फिर, **धनम्**—धन।

यह मुझे आज मिल गया और इस मनोरथ को मैं पुनः प्राप्त करूँगा। यह धन मेरा है और फिर यह मेरा ही हो जाएगा।

वे यह समझते हैं कि धन व पुत्र आदि सब कुछ मैंने अपनी सामर्थ्य से प्राप्त किया है तथा इसमें कोई भी अन्य कारण नहीं है। वे मनोरथ करते हैं कि मैं पुनः इसे अपने बलबूते ही प्राप्त करूँगा तथा इसमें प्रारब्ध, भाग्य या ईश्वर की कोई भूमिका नहीं है। यह प्राप्त किया हुआ धन तो मेरा है ही, पुनः अपनी सामर्थ्य से इतना और मिलेगा जिससे मैं उत्तरोत्तर धनवान हो जाऊँगा ।

इस प्रकार आसुर स्वभाववाला मनुष्य पूरे जीवन 'मैं' और 'मेरा' के ही अहंभाव में बिताता है और इस कारण अन्धकार में ही रहता है। अहं तो सदैव अज्ञान का कारक है, यह परमात्मज्ञान को कभी नजदीक नहीं आने देता है ॥ १३ ॥

असौ मया हतः शत्रुर्हनिष्ये चापरानपि ।
ईश्वरोऽहमहं भोगी सिद्धोऽहं बलवान्सुखी ॥ १४ ॥

असौ—अमुक, **मया**—मेरे द्वारा, **हतः**—मार डाला गया, **शत्रुः**—शत्रु (तो), **हनिष्ये**—मैं मारूँगा, **च**—और, **अपरान्**—दूसरों को, **अपि**—भी, **ईश्वरः अहम्**—मैं ईश्वर (हूँ), **अहम् भोगी**—मैं भोगी हूँ (तथा), **सिद्धः अहम्**—मैं सिद्ध, **बलवान सुखी**—बलवान् और सुखी (हूँ)।

अमुक शत्रु तो मेरे द्वारा मार डाला गया और दूसरों को भी मैं मारूँगा। मैं ईश्वर हूँ, मैं भोगी हूँ तथा मैं सिद्ध, बलवान और सुखी हूँ।

मेरे द्वारा अमुक शत्रु मार डाला गया। इस तरह वे अपने को बलवान समझते हैं। दूसरे बलहीन और कमजोर लोगों को भी मैं मारूँगा, जैसे स्वयं की निश्चित मृत्यु से निर्द्वन्द्व हुए दूसरों को मृत्यु देने का अधिकार उन्हीं के हाथ में हो - मृत्यु के देवता वही हों, ऐसा अहंभाव वे रखते हैं।

अहं से भरे हुए वे यहाँ तक सोचते हैं कि वे ईश्वर हैं, अर्थात् वे सर्वसामर्थ्यवान सबके नियन्ता हैं। वे अपने को कहते हैं कि मैं भोगी हूँ अर्थात् भोग की सब वस्तुएँ स्वयं के भोग के लिए मैंने स्वयं प्राप्त किया है तथा मैं स्वयंसिद्ध हूँ। इसमें प्रारब्ध या ईश्वर कुछ नहीं करता है। मैं अपने द्वारा अर्जित किये हुए बल से बलवान हूँ एवं अर्जित किये गये धन आदि से सुखी हूँ ॥ १४॥

आढ्योऽभिजनवानस्मि कोऽन्योऽस्ति सदृशो मया ।
यक्ष्ये दास्यामि मोदिष्य इत्यज्ञानविमोहिताः ॥ १५ ॥

आढ्यः—(मैं) धनवान (हूँ), **अभिजनवान् अस्मि**—कुलीन हूँ, **कः**—कौन, **अन्यः**—दूसरा, **अस्ति**—है, **सदृशः**—समान, **मया**—मेरे, **यक्ष्ये**—यज्ञ करूँगा, **दास्यामि**—दान करूँगा (और), **मोदिष्ये**—मौज करूँगा, **इति**—इस प्रकार, **अज्ञान विमोहिताः**—अज्ञान से मोहित लोग समझते हैं।

मैं धनवान् हूँ, कुलीन हूँ, मेरे समान दूसरा कौन है?यज्ञ करूँगा, दान करूँगा और मौज करूँगा। इस प्रकार अज्ञान से मोहित लोग समझते हैं।

मैं अपने बल से अर्जित धन से धनवान हूँ और धन के मद में ही अपने को कुलीन परिवार में जन्मा हुआ समझते हैं। मदान्ध ऐसे लोगों को अपने समान दूसरा कोई दिखता नहीं है।

मैं यज्ञ करूँगा व दान करूँगा। भले ही यज्ञ और दान के तत्त्व का बोध उन्हें न हो, इससे उनका कोई प्रयोजन नहीं होता है। मैं मौज-मस्ती करूँगा और हर्षोन्मत्त रहूँगा। अज्ञान से मोहित ऐसा आसुरी स्वभाववाला पुरुष ईश्वर कृपा को न समझते हुए स्वयं के सामर्थ्य और विषयभोगरूपी सुख के मद में रहता है। इस प्रकार अज्ञान से विमोहित हुआ वह सदैव अज्ञानान्धकार में ही रहता है ॥ १५॥

अनेकचित्तविभ्रान्ता मोहजालसमावृताः ।
प्रसक्ताः कामभोगेषु पतन्ति नरकेऽशुचौ ॥ १६ ॥

अनेक—अनेक संकल्पों से, **चित्तविभ्रान्ताः**—अत्यन्त भ्रमित चित्तवाले, **मोहजालसमावृताः**—मोहजाल से घिरे हुए (और), **प्रसक्ताः**—अत्यन्त आसक्त पुरुष, **कामभोगेषु**—विषयभोगों में, **पतन्ति**—गिरते हैं, **नरके अशुचौ**—अपवित्र नरक में।

अनेक संकल्पों से अत्यन्त भ्रमित चित्तवाले, मोहजाल से घिरे हुए और विषयभोगों में अत्यन्त आसक्त पुरुष अपवित्र नरक में गिरते हैं।

ईश्वर की कृपा को महत्त्व न देकर स्वयं के बल के अहं से युक्त मन से किये जा रहे अनेक संकल्पों के कारण ऐसे पुरुष अत्यन्त भ्रमित चित्तवाले होते हैं (९।१२)। मोहरूपी अज्ञान से निकलने के सभी द्वार बन्द होने से उससे घिरे हुए और विषयभोगों में अत्यन्त आसक्त हुए आसुर स्वभाव के पुरुष अपवित्र नरक में गिरते हैं ॥ १६ ॥

आत्मसम्भाविताः स्तब्धा धनमानमदान्विताः ।
यजन्ते नामयज्ञैस्ते दम्भेनाविधिपूर्वकम् ॥ १७ ॥

आत्मसम्भाविताः—अपने-आप महान बने हुए, **स्तब्धाः**—विनयरहित, **धनमानमदान्विताः**—धन-मान के मद से युक्त पुरुष, **यजन्ते**—किया करते हैं, **नामयज्ञैः**—नाममात्र के यज्ञ को, **ते**—वे, **दम्भेन**—दम्भ से (और), **अविधिपूर्वकम्**—अविधिपूर्वक (वे)।

अपने-आप महान बने हुए, विनयरहित, धन—मान के मद से युक्त पुरुष नाममात्र के यज्ञ को दम्भ से और अविधिपूर्वक वे किया करते हैं।

वे 'आत्मसम्भाविताः' अर्थात् स्वयं ही अपने को महान माननेवाले होते हैं, भले ही अन्य श्रेष्ठ पुरुष उन्हें ऐसा मानें या न मानें। वे विनयरहित और धन तथा कुलीन आदि के मान के 'मद' से युक्त होते हैं। वे केवल नाम और प्रसिद्धि प्राप्त करने के लिए यज्ञ करते हैं और वह भी एक दम्भी के रूप में एवं शास्त्रोक्तविधि के विपरीत ही। ऐसे पुरुषों को यज्ञरूप कर्म करने का ज्ञान ही नहीं रहता है, वे घोर अन्धकार में ही जीवनयापन करते हैं ॥ १७ ॥

अहङ्कारं बलं दर्पं कामं क्रोधं च संश्रिताः ।
मामात्मपरदेहेषु प्रद्विषन्तोऽभ्यसूयकाः ॥ १८ ॥

अहङ्कारम्—अहंकार, **बलम्**—बल, **दर्पम्**—दर्प, **कामम्**—काम, **क्रोधम्**—क्रोध का, **च**—और, **संश्रिताः**—आश्रय लिए रहते हैं (तथा), **माम्**—मुझ ईश्वर से, **आत्मपरदेहेषु**—अपने और दूसरे के शरीर में स्थित, **प्रद्विषन्तः**—द्वेष करते हैं, **अभ्यसूयकाः**—दूसरे की निन्दा करनेवाले।

अहंकार, बल, दर्प, काम और क्रोध का आश्रय लिए रहते हैं तथा दूसरे की निन्दा करनेवाले अपने और दूसरे के शरीर में स्थित मुझ ईश्वर से द्वेष करते हैं।

सभी कर्मों में स्वयं के कर्तापन का अहंकार, सभी कार्यों को करने में अपनी सामर्थ्य और बल के दर्प का भाव, उचित-अनुचित काम का भाव और अहित

करनेवाले से बदला लेने का क्रोधभाव, इन सब भावों का आश्रय लेकर वे आसुरी स्वभाववाले होते हैं।

वे अपने आगे किसी अन्य की बड़ाई नहीं सुन सकते हैं। अतएव दूसरे की निन्दा करनेवाले होते हैं। अपने और दूसरे के शरीर में स्थित मुझ ईश्वर से वे द्वेषभाव करते हैं, क्योंकि ईश्वर का अस्तित्व उन्हें स्वीकार नहीं है ॥ १८ ॥

अब आसुरी स्वभाववालों को अधोगति की प्राप्ति अगले दो श्लोकों में बताते हैं—

तानहं द्विषतः क्रूरान्संसारेषु नराधमान् ।
क्षिपाम्यजस्रमशुभानासुरीष्वेव योनिषु ॥ १९ ॥

तान्—उन, **अहम्**—मैं, **द्विषतः**—(मुझसे) द्वेष करनेवाले, **क्रूरान्**—क्रूर, **संसारेषु**—संसार में, **नराधमान्**—नराधमों को, **क्षिपामि**—डालता हूँ, **अजस्रम्**—निरन्तर, **अशुभान्**—पापी, **आसुरीषु**—आसुरी, **एव**—ही, **योनिषु**—योनियों में।

उन मुझमें द्वेष करनेवाले क्रूर, पापी, नराधमों को मैं संसार में निरन्तर आसुरी योनियों में ही डालता हूँ।

ऐसे कुमार्गी और मुझ ईश्वर से द्वेष करनेवाले क्रूर और पापी नराधमों को इस जन्म-मृत्युरूप संसार में निरन्तर उनके स्वभाववाली व्याघ्र, सिंह आदि आसुरी स्वभाववाली योनियों में ही डालता हूँ। उन्हें उसी तरह की वृत्ति के ही लोगों के साथ उनके कर्मानुसार संयोग कराता हूँ। उनके कर्मानुसार ही उनकी दुर्गति होती है ॥ १९ ॥

आसुरीं योनिमापन्ना मूढा जन्मनि जन्मनि ।
मामप्राप्यैव कौन्तेय ततो यान्त्यधमां गतिम् ॥ २० ॥

आसुरीम्—आसुरी, **योनिम्**—योनियों की, **आपन्नाः**—प्राप्त होकर, **मूढाः**—वे मूढ लोग, **जन्मनि जन्मनि**—जन्म-जन्म में, **माम्**—मुझको, **अप्राप्य**—न पाकर, **एव**—ही, **कौन्तेय**—हे कुन्तीपुत्र, **ततः**—और भी, **यान्ति**—प्राप्त होते हैं, **अधमाम्**—नीच, **गतिम्**—गति को।

हे कुन्तीपुत्र ! आसुरी योनियों को प्राप्त होकर वे मूढ लोग मुझको न पाकर जन्म—जन्म में और भी नीच गति को प्राप्त होते हैं।

वे 'मूढ' अर्थात् अविवेकी आसुरी प्रकृतिवाले मेरी प्राप्ति के विरोधी आसुरी योनियों को प्राप्त करके और ऐसी योनियों में बार-बार जन्मते हुए मुझ ईश्वर को न पाकर अर्थात् मेरे द्वारा कहे हुए श्रेष्ठ मार्ग को न पाकर हे कौन्तेय ! पूर्व-पूर्व जन्मों की तुलना में और भी नीचे की गति प्राप्त करते रहते हैं ॥ २० ॥

आसुरी दोषों को त्याज्य कहते हैं—

त्रिविधं नरकस्येदं द्वारं नाशनमात्मनः ।
कामः क्रोधस्तथा लोभस्तस्मादेतत्त्रयं त्यजेत् ॥ २१ ॥

त्रिविधम्—तीन प्रकार के, **नरकस्य**—नरक के, **इदम्**—ये, **द्वारम्**—'द्वार', **नाशनम्**—पतन करनेवाले (हैं), **आत्मनः**—आत्मा का, **कामः**—काम, **क्रोधः**—क्रोध, **तथा**—तथा, **लोभः**—लोभ, **तस्मात्**—इसलिए, **एतत् त्रयम्**—इन तीनों को, **त्यजेत्**—त्याग देना चाहिए।

काम, क्रोध तथा लोभ—ये तीन प्रकार के नरक के 'द्वार' आत्मा का पतन करनेवाले हैं। इसलिए इन तीनों को त्याग देना चाहिए।

काम, क्रोध तथा लोभ ये तीनों आसुरी स्वभाववाले दोष नरक के तीन 'द्वार' हैं। इनका वरण करने पर आत्मा का पतन हो जाता है, नाश हो जाता है। इसलिए इन तीनों दोषों को मनुष्य को त्याग देना चाहिए, ये निश्चित ही त्याज्य हैं। इन दोषों से तो ऋषि-मुनियों का मन भी अशान्त हो जाता है ॥ २१ ॥[1]

उपर्युक्त तीनों आसुरी दोषों के त्याग का फल बताते हैं—

एतैर्विमुक्तः कौन्तेय तमोद्वारैस्त्रिभिर्नरः ।
आचरत्यात्मनः श्रेयस्ततो याति परां गतिम् ॥ २२ ॥

एतैः—इन, **विमुक्तः**—मुक्त हुआ, **कौन्तेय**—हे कौन्तेय, **तमः**—अज्ञान के, **द्वारैः**—द्वारों से, **त्रिभिः**—तीनों, **नरः**—पुरुष, **आचरति**—आचरण करता है, **आत्मनः**—अपने, **श्रेयः**—कल्याण का, **ततः**—इससे (वह), **याति**—प्राप्त होता है, **पराम् गतिम्**—परम गति को।

हे कौन्तेय ! अज्ञान के इन तीनों द्वारों से मुक्त हुआ पुरुष अपने कल्याण का आचरण करता है, इससे वह परम गति को प्राप्त होता है।

हे कौन्तेय ! मेरी प्राप्ति के विरोधी ये तीन अज्ञान के द्वाररूप दोष-काम, क्रोध और लोभ से मुक्त हुआ पुरुष अपने कल्याण मार्ग का आचरण करता है, अर्थात मेरी प्राप्तिविषयक ज्ञान से युक्त होने का अनुसरण करता है (५।२३)। ऐसा पुरुष परम गति अर्थात मुझ वासुदेव की गति को पा जाता है ॥ २२ ॥

शास्त्रविधि के त्याग और स्वेच्छाचारिता का कुफल कह रहे हैं—

यः शास्त्रविधिमुत्सृज्य वर्तते कामकारतः ।
न स सिद्धिमवाप्नोति न सुखं न परां गतिम् ॥ २३ ॥

---

१. तात तीनि अति प्रबल खल काम क्रोध अरु लोभ ।
मुनि बिग्यान धाम मन करहिं निमिष महुँ छोभ ॥ (श्रीरामचरितमानस ३।३८(क)।०)

यः—जो, **शास्त्रविधिम्**—शास्त्रविधि को, **उत्सृज्य**—परित्याग कर, **वर्तते**—बरतता है, **कामकारतः**—अपनी इच्छानुसार, **न सः सिद्धिम् आवाप्नोति**—वह न सिद्धि को प्राप्त होता है, **न सुखम्**—न सुख को (और), **न पराम् गतिम्**—न परम गति को ही।

जो शास्त्रविधि को परित्याग कर अपनी इच्छानुसार बरतता है, वह न सिद्धि को प्राप्त होता है, न सुख को और न परम गति को ही।

जो पुरुष शास्त्रविधि अर्थात् वेद के अनुशासन एवं वेद में बताये गये कल्याणमार्ग के साधनों को त्यागकर अपनी इच्छानुसार मनमाना आचरण करता है, वह न तो पारलौकिक सिद्धि प्राप्त करता है, न ही लौकिक सुख पाता है और न ही परम गति प्राप्त होती है। जब लौकिक और पारलौकिक हितसाधन नहीं सिद्ध होता है तो परम गति प्राप्ति का प्रश्न ही कहाँ उठता है? ॥ २३ ॥

अर्जुन को शास्त्रानुकूल कर्म करने का भगवान् निर्देश देते हैं—

तस्माच्छास्त्रं प्रमाणं ते कार्याकार्यव्यवस्थितौ ।
ज्ञात्वा शास्त्रविधानोक्तं कर्म कर्तुमिहार्हसि ॥ २४ ॥

तस्मात्—इसलिए, **शास्त्रम्**—शास्त्र (ही), **प्रमाणम्**—प्रमाण है, **ते**—तेरे लिए, **कार्य अकार्य व्यवस्थितौ**—कार्य और अकार्य की व्यवस्था में, **ज्ञात्वा**—समझकर, **शास्त्रविधान उक्तम्**—(अत: तुझे) शास्त्रविधान में कहे हुए (तत्त्व को), **कर्म कर्तुम् इह अर्हसि**—यहाँ कर्म करना चाहिए।

इसलिए कार्य और अकार्य की व्यवस्था में तेरे लिए शास्त्र ही प्रमाण है। अतः तुझे शास्त्रविधान में कहे हुए तत्त्व को समझकर यहाँ कर्म करना चाहिए।

कार्य और अकार्य अर्थात् कर्त्तव्य और अकर्त्तव्य की व्यवस्था में तुम्हारे लिए शास्त्र ही प्रमाण है। अत: ज्ञानप्राप्ति के साधनरूप शास्त्रविधान के अनुसार कार्य-अकार्य को तत्त्व से समझकर उस-उस के अनुसार ही तुझे यहाँ अर्थात् इस संसार में कर्म करना चाहिए।

आशय यह है कि अन्त:करण की शुद्धि, ज्ञान और मुक्ति की प्राप्ति में ईश्वर कृपा के साथ *कर्म* का अत्यन्त महत्त्व है और ऐसे कर्म के लिए शास्त्र ही प्रमाण है तथा संसार में शास्त्रसम्मत कर्म ही करणीय है ॥ २४ ॥

इति श्रीकृष्णार्जुनसंवादे दैवासुरसम्पद्विभागयोगो नाम षोडशोऽध्यायः ॥ १६ ॥

अध्याय १७

परमात्मा का अंशी 'आत्मा' मूलत: निर्विकार एवं 'निर्गुण' है। जब वह प्रथम बार जीवात्मा रूप से शरीर धारण करता है तो प्रकृति के गुणों के संग से उसके मूल स्वभाव में परिवर्तन होकर वह 'सगुण' स्वभाववाला हो जाता है और इस स्वभाव से अन्त:करण का निर्माण होता है। इस तरह वह अन्त:करण के गुणवाला होता है और जन्म लेने का क्रम प्रारम्भ हो जाता है। ऐसे अनेक जन्मों से सभी प्राणियों में, मनुष्य में भी, कर्मों से उत्पन्न हुए पूर्व संस्कारों से स्वभावजन्य श्रद्धा त्रिगुणात्मक अर्थात् सात्विकी, राजसी व तामसी ऐसी तीन प्रकार की होती है तथा यह श्रद्धा अन्त:करण के अनुरूप होती है। ऐसी तीन तरह की श्रद्धा का विस्तृत वर्णन इस अध्याय *'**श्रद्धात्रयविभागयोग**' में किया गया है।*

अर्जुन भगवान् से पूछता है कि जो लोग शास्त्रविधि को छोड़कर, किन्तु श्रद्धा से युक्त हुए देवों अदि को पूजते हैं उनकी निष्ठा क्या है—सत्त्व, रज या तम (१)? भगवान् स्वभावजन्य श्रद्धा तीन प्रकार की कहते हैं—सात्त्विकी, राजसी व तामसी (२)। अन्त:करण के गुणों के अनुरूप मनुष्यों में श्रद्धा होती है (३)। गुणभेद के अनुसार पुरुष के कार्य में भी भेद होता है (४)। शास्त्र विरुद्ध कार्य करनेवालों की निन्दा करते हैं (५-६)। भोजन, यज्ञ, तप और दान भी गुणों के अनुसार तीन-तीन प्रकार का कहते हैं (७)। अब तीन प्रकार के आहार का (८-१०); तीन प्रकार के यज्ञ का (११-१३); शारीरिक, वाचिक व मानसिक तप का (१४-१६); गुणानुसार तीन प्रकार के तप का (१७-१९) और तीन प्रकार के दान (२०-२२) का वर्णन करते हैं। अब ॐ, तत्, सत् का माहात्म्य बताते हैं (२३)। ॐ तथा तत् शब्द से यज्ञ, दान और तप को सद्गुण से युक्त बनाने को कहते हैं (२४-२५)। तत् शब्द का प्रयोग सद्गुण के लिए बताते हैं (२६-२७)। अन्त में श्रद्धा की प्रधानता कहते हैं और बिना श्रद्धा के किया गया हवन, दिया गया दान आदि असत् तथा निष्फल होता है (२८)।

सोलहवें अध्याय के अन्तिम दो श्लोकों में भगवान् ने अर्जुन को बताया कि जो शास्त्रविधि का त्याग करके स्वेच्छानुसार बरतता है वह सिद्धि, सुख तथा परम

गति इनमें से कुछ भी नहीं पाता है। अतएव कार्य और अकार्य की व्यवस्था में शास्त्र ही प्रमाण है, इसलिए तुम्हें शास्त्रविधान के अनुसार कर्म करना चाहिए। ऐसा सुनकर अर्जुन अपने मन में उठे प्रश्न का समाधान पाने हेतु भगवान् से पूछता है—

अर्जुन उवाच

ये शास्त्रविधिमुत्सृज्य यजन्ते श्रद्धयान्विताः ।
तेषां निष्ठा तु का कृष्ण सत्त्वमाहो रजस्तमः ॥ १ ॥

अर्जुनः उवाच—अर्जुन बोले, **शास्त्रविधिम्**—शास्त्रविधि को, **उत्सृज्य**—छोड़कर (जो), **यजन्ते**—देवादि को पूजते हैं, **श्रद्धया**—श्रद्धा से, **अन्विताः**—युक्त हुए, **तेषाम्**—उनकी, **निष्ठा**—निष्ठा, **तु**—फिर, **का**—क्या है, **कृष्ण**—हे कृष्ण, **सत्त्वम्**—सत्त्व, **आहो**—अथवा, **रजः**—रज, **तमः**—(अथवा) तम।

अर्जुन बोले—हे कृष्ण ! शास्त्रविधि को छोड़कर जो श्रद्धा से युक्त हुए देवादि को पूजते हैं, उनकी निष्ठा फिर क्या है? सत्त्व अथवा रज अथवा तम?

जो सामान्य मनुष्य शास्त्रविधि अर्थात् श्रुतियों व स्मृतियों में बताये गये नियमों को त्यागकर, उनका यह त्याग इसलिए होता है कि उन्हें शास्त्रविधि का वास्तव में ज्ञान ही नहीं है, श्रद्धा से युक्त होकर देवों आदि का पूजन करते हैं, उनकी निष्ठा-स्थिति क्या है? उनकी स्थिति सात्त्विकी है या राजसी है या तामसी? ॥ १ ॥

गुणानुसार तीन प्रकार की श्रद्धा भगवान् बताते हैं—

श्रीभगवानुवाच

त्रिविधा भवति श्रद्धा देहिनां सा स्वभावजा ।
सात्त्विकी राजसी चैव तामसी चेति तां शृणु ॥ २ ॥

श्रीभगवान् उवाच—श्रीभगवान् बोले, **त्रिविधा**—तीन प्रकार की, **भवति**—होती है, **श्रद्धा**—श्रद्धा, **देहिनाम्**—प्राणियों में, **सा**—वह, **स्वभावजा**—स्वभावजन्य, **सात्त्विकी**—सात्त्विकी, **राजसी**—राजसी, **च**—और, **एव**—ही, **तामसी**—तामसी, **च**—तथा, **इति**—ऐसी, **ताम्**—ऐसी, **ताम्**—उसको, **शृणु**—सुन।

श्रीभगवान् बोले—प्राणियों में वह स्वभावजन्य श्रद्धा सात्त्विकी और राजसी तथा तामसी ऐसी तीन प्रकार की ही होती है, उसको सुन।

मनुष्यों में अपने पूर्वजन्मों के पाप-पुण्यरूपी कर्मों के संस्कार उनके मृत्यु के समय प्रकट होते हैं और ये मृत्योपरान्त अगले जन्म में स्वाभाविक रूप से उत्पन्न

होते हैं, इसी को 'स्वभाव' कहते हैं। ऐसी स्वभावजन्य श्रद्धा मनुष्यों में तीन प्रकार की होती है—सात्त्विकी, राजसी और तामसी। ये तीनों मनुष्य के कार्य के स्वरूप से ही समझ में आते हैं कि कौन किस श्रद्धा से युक्त है ॥ २॥

गुणों के अनुसार ही पुरुष की श्रद्धा होती है—

सत्त्वानुरूपा सर्वस्य श्रद्धा भवति भारत।
श्रद्धामयोऽयं पुरुषो यो यच्छ्रद्धः स एव सः॥ ३॥

सत्त्वानुरूपा—अन्तःकरण के अनुरूप, **सर्वस्य**—सभी मनुष्यों की, **श्रद्धा**—श्रद्धा, **भवति**—होती है, **भारत**—हे भारत, **श्रद्धामयः**—श्रद्धामय है (इसलिए), **अयम्**—यह, **पुरुषः**—पुरुष, **यः**—जो पुरुष, **यत् श्रद्धः**—जैसी श्रद्धावाला है, **सः**—वह स्वयं, **एव**—भी, **सः**—वही है।

हे भारत ! सभी मनुष्यों की श्रद्धा अन्तःकरण के अनुरूप होती है। यह पुरुष श्रद्धामय है, इसलिए जो पुरुष जैसी श्रद्धावाला है वह स्वयं भी वही होता है।

मनुष्य के अन्तःकरण में पूर्वजन्म के फलस्वरूप सत्त्व, रज व तम में से जिन गुणों का आधिक्य होता है, उसी के अनुरूप उसकी श्रद्धा होती है। अमुक मनुष्य श्रद्धामय है, इसका आशय यह है कि वह जैसी श्रद्धावाला है वैसा ही वह स्वयं भी होता है और उसी श्रद्धा के अनुसार सामान्यतः उसके कर्म निर्धारित होते हैं एवं तदनुसार उसका फल मिलता है ॥ ३॥

गुण भेद के अनुसार पुरुष के कार्य में भी भेद बतलाते हैं—

यजन्ते सात्त्विका देवान्यक्षरक्षांसि राजसाः।
प्रेतान्भूतगणांश्चान्ये यजन्ते तामसा जनाः॥ ४॥

यजन्ते—पूजते हैं, **सात्त्विकाः**—सात्त्विक पुरुष, **देवान्**—देवताओं को, **यक्षरक्षांसि**—यक्ष और राक्षसों को, **राजसाः**—राजस लोग, **प्रेतान्**—प्रेतों को, **भूतगणान्**—भूतगणों को, **च**—और, **अन्ये**—अन्य, **यजन्ते**—पूजते हैं, **तामसाः जनाः**—तामस वृत्ति के लोग।

सात्त्विक पुरुष देवताओं को पूजते हैं, राजस लोग यक्ष और राक्षसों को तथा अन्य तामस वृत्ति के लोग प्रेतों और भूतगणों को पूजते हैं।

सात्त्विक गुणप्रधान पुरुष देवताओं की पूजा करते हैं, जो सुख का कारण होता है। राजस गुणप्रधान यक्ष और राक्षसों को पूजते हैं, जो अल्प सुख का कारण होता है। तामसी वृत्तिप्रधान प्रेतों और भूतों की पूजा करते हैं, जो दुःख और अत्यन्त अल्प सुख का कारण होता है ॥ ४॥

शास्त्रविरुद्ध पूजा करनेवालों की निन्दा अगले दो श्लोकों में करते हैं—

अशास्त्रविहितं घोरं तप्यन्ते ये तपो जनाः ।
दम्भाहङ्कारसंयुक्ताः कामरागबलान्विताः ॥ ५ ॥

अशास्त्रविहितम्—शास्त्रविरुद्ध, **घोरम्**—घोर, **तप्यन्ते**—तपते हैं (हुए), **ये**—जो, **तपः**—तप को, **जनाः**—मनुष्य, **दम्भ अहङ्कार संयुक्ताः**—दम्भ और अहंकार से युक्त (तथा), **काम राग बल अन्विताः**—कामना, आसक्ति और बल के अभिमान से युक्त हैं।

जो मनुष्य शास्त्रविरुद्ध घोर तप को तपते हैं, वे दम्भ और अहंकार से युक्त तथा कामना, आसक्ति और बल के अभिमान से युक्त हैं।

जो पुरुष 'अशास्त्रविहितम्' अर्थात् शास्त्र में जिसका विधान नहीं है, ऐसे शास्त्रविरुद्ध घोर तप को तपते हैं अर्थात् ऐसे यज्ञादि कर्म को करते हैं, वे पुरुष दम्भ, अहंकार, कामना, आसक्ति और बल के अभिमान से युक्त होते हैं, क्योंकि उनके मन में ईश्वर तत्त्व को उद्घाटित करनेवाले शास्त्रों में श्रद्धा नहीं है और इस प्रकार ईश्वर में भी वे श्रद्धारहित हैं ॥ ५ ॥

कर्षयन्तः शरीरस्थं भूतग्राममचेतसः ।
मां चैवान्तःशरीरस्थं तान्विद्ध्यासुरनिश्चयान् ॥ ६ ॥

कर्षयन्तः--कष्ट पहुँचाते हैं, **शरीरस्थम्**—शरीर में स्थित, **भूतग्रामम्**—भूतसमूह को, **अचेतसः**—अविवेकियों को (तू), **माम्**—मुझ परमात्मा को, **च**—और, **एव**—भी, **अन्तःशरीरस्थम्**—शरीर के भीतर स्थित, **तान्**—उन, **विद्धि**—जान, **आसुर निश्चयान्**—आसुरी निश्चयवाले।

जो शरीर में स्थित भूतसमूह को और शरीर के भीतर स्थित मुझ परमात्मा को भी कष्ट पहुँचाते हैं, उन अविवेकियों को तू आसुरी निश्चयवाले जान।

वे अविवेकी पुरुष कार्य-करणरूप संघात के फलरूप एवं चेतन के आधार 'शरीर' में स्थित पृथ्वी आदि भूतसमूह में क्षोभ उत्पन्न करते हैं और शरीर के भीतर अन्तरात्मा रूप में साक्षीभाव से स्थित मुझ परमात्मा को भी कष्ट पहुँचाते हैं। यह कष्ट कैसे होता है? शास्त्रविरुद्ध उपवास व अत्यन्त श्रमयुक्त यज्ञादि करने से और दम्भादि कारणों से पुरुष के युक्त होने से होता है। ऐसे उन अविवेकियों को तू आसुरी निश्चयवाला जान। इन अविवेकियों के संगत्याग का यहाँ आशय है, अर्थात् परमात्मा को कष्ट पहुँचाने वाले सर्वथा त्याग के योग्य हैं ॥ ६ ॥

तीन गुणों के अनुसार आहार आदि भी तीन प्रकार के होने को अगले चार श्लोकों में कहते हैं—

आहारस्त्वपि सर्वस्य त्रिविधो भवति प्रियः ।
यज्ञस्तपस्तथा दानं तेषां भेदमिमं शृणु ॥ ७ ॥

आहारः—भोजन, **तु**—और, **अपि**—भी, **सर्वस्य**—सबको, **त्रिविधः**—तीन प्रकार का, **भवति प्रियः**—प्रिय होता है, **यज्ञः**—यज्ञ, **तपः**—तप, **तथा**—वैसे ही, **दानम्**—दान (भी तीन प्रकार के होते हैं), **तेषाम्**—उनके, **भेदम्**—भेद को, **इमम्**—इस, **शृणु**—(तू) सुन।

भोजन भी सबको तीन प्रकार का प्रिय होता है। वैसे ही यज्ञ, तप और दान भी तीन प्रकार के होते हैं। उनके इस भेद को तू सुन।

भोजन करनेवाले मनुष्यों को उनकी अपनी वृत्ति के अनुसार तीन प्रकार का आहार प्रिय होता है और उसी तरह से यज्ञ, तप और दान भी उन्हें तीन प्रकार के प्रिय होते हैं। उनके स्वरूप भेद को अलग-अलग तू मुझसे सुन ॥ ७ ॥

आयुःसत्त्वबलारोग्यसुखप्रीतिविवर्धनाः ।
रस्याः स्निग्धाः स्थिरा हृद्या आहाराः सात्त्विकप्रियाः ॥ ८ ॥

आयुः—आयु, **सत्त्व**—बुद्धि, **बल**—बल, **आरोग्य**—आरोग्य, **सुख**—सुख (और), **प्रीति**—प्रीति को, **विवर्धनाः**—बढ़ानेवाले, **रस्याः**—रसदार, **स्निग्धाः**—चिकने, **स्थिराः**—स्थायी (और), **हृद्याः**—स्वभावतः मन को प्रिय लगनेवाले, **आहाराः**—आहार, **सात्त्विकप्रिया**—सात्त्विक पुरुषों को प्रिय होते हैं।

आयु, बुद्धि, बल, आरोग्य, सुख और प्रीति को बढ़ानेवाले रसदार, चिकने, स्थायी और स्वभावतः मन को प्रिय लगनेवाले आहार सात्त्विक पुरुषों को प्रिय होते हैं।

सात्त्विक पुरुषों को सात्त्विकगुण बढ़ानेवाले आहार प्रिय होते हैं। ऐसे आहार तो आयु, बुद्धि, बल, आरोग्य, सुख और भगवान् में प्रीति बढ़ानेवाले होते हैं तथा वे मधुर, रसयुक्त, स्निग्ध, स्थायी परिणाम देनेवाले और स्वभावानुसार मन को प्रसन्न करनेवाले होते हैं ॥ ८ ॥

कट्वम्ललवणात्युष्णतीक्ष्णरुक्षविदाहिनः ।
आहारा राजसस्येष्टा दुःखशोकामयप्रदाः ॥ ९ ॥

कटु अम्ल लवण अति—उष्ण तीक्ष्ण रुक्ष विदाहिनः—कड़वे, खट्टे, नमकीन, अति गरम, तीखे, रुखे और दाह प्रदान करनेवाले (तथा जो), **आहाराः**—आहार, **राजसस्य**—राजस पुरुष को, **इष्टाः**—प्रिय होते हैं, **दुःख शोक आमय प्रदाः**—दुःख, शोक और रोग उत्पन्न करनेवाले हैं (ऐसे)।

कड़वे, खट्‌टे, नमकीन अति गरम, तीखे, रुखे और दाह प्रदान करनेवाले तथा जो दु:ख, शोक और रोग उत्पन्न करनेवाले हैं, ऐसे आहार राजस पुरुष को प्रिय होते हैं।

कड़वे, खट्‌टे, नमकीन, अति गरम, तीखे, रूखे और दाह पैदा करनेवाले आहार राजसिक आहार कहे गये हैं और ये राजसी प्रकृति के पुरुषों को प्रिय होते हैं। ऐसे आहार दु:ख, शोक और रोग उत्पन्न करनेवाले हैं। ऐसे आहारों के सेवन से राजसिक वृत्ति की ही वृद्धि होती है ॥ ९ ॥

यातयामं गतरसं पूति पर्युषितं च यत्।
उच्छिष्टमपि चामेध्यं भोजनं तामसप्रियम्॥ १०॥

यातयामम्—अधपका, **गतरसम्**—रसरहित, **पूति**—दुर्गन्धयुक्त, **पर्युषितम्**—बासी, **च**—और, **यत्**—जो, **उच्छिष्टम्**—जूठा आहार है, **अपि**—भी है, **च**—तथा (जो), **अमेध्यम्**—यज्ञ के अयोग्य होने से अपवित्र, **भोजनम्**—वह भोजन, **तामसप्रियम्**—तामस पुरुष को प्रिय होता है।

जो अधपका, रसरहित, दुर्गन्धयुक्त, बासी और जूठा आहार है तथा जो अमेध्य भी हो, वह भोजन तामस पुरुष को प्रिय होता है।

तामसिक गुणवाले भोजन अधपके, रसरहित, दुर्गन्धयुक्त, बासी और जूठे होते हैं तथा 'अमेध्यम्' अर्थात् यज्ञ करने के योग्य न होने के कारण अपवित्र भी होते हैं। ऐसे ही अस्वास्थ्यकर और तामसिक गुणों की वृद्धि करनेवाले आहार तामस पुरुष को प्रिय होते हैं ॥ १० ॥

गुणों के अनुरूप तीन प्रकार के यज्ञ का अगले तीन श्लोकों में कथन—

अफलाकाङ्क्षिभिर्यज्ञो विधिदृष्टो य इज्यते।
यष्टव्यमेवेति मनः समाधाय स सात्त्विकः॥ ११॥

अफलाकाङ्क्षिभिः—फलाकांक्षा से रहित पुरुषों द्वारा, **यज्ञः**—यज्ञ, **विधि दृष्टः**—शास्त्रविधि के अनुसार, **यः**—जो, **इज्यते**—किया जाता है, **यष्टव्यम् एव**—'यज्ञ करना ही कर्त्तव्य है', **इति**—ऐसे भाव से, **मनः**—मन का, **समाधाय**—समाधान करके, **सः**—वह, **सात्त्विकः**—सात्त्विक होता है।

फलाकांक्षा से रहित पुरुषों द्वारा 'यज्ञ करना ही कर्त्तव्य है' ऐसे भाव से मन का समाधान करके जो यज्ञ शास्त्रविधि के अनुसार किया जाता है, वह सात्त्विक होता है।

फल की कामना से रहित पुरुषों द्वारा और शास्त्र में निर्दिष्ट मन्त्र व द्रव्यादि के द्वारा जो यज्ञ है, यह सोचकर कि यह करना ही कर्त्तव्य है और यह भगवान्

की आराधनास्वरूप है ऐसे भाव से मन का समाधान करके किया जाता है, वह सात्त्विक है ॥ ११ ॥

अभिसन्धाय तु फलं दम्भार्थमपि चैव यत्।
इज्यते भरतश्रेष्ठ तं यज्ञं विद्धि राजसम्॥ १२॥

अभिसन्धाय—लक्ष्य बनाकर, **तु**—परन्तु, **फलम्**—फल को, **दम्भ**—दम्भ, **अर्थम्**—के लिए, **अपि**—भी, **च**—और, **एव**—ही, **यत्**—जो यज्ञ के, **इज्यते**—किया जाता है, **भरतश्रेष्ठ**—हे भरतश्रेष्ठ, **तम्**—उस, **यज्ञम्**—यज्ञ को (तू), **विद्धि**—जान, **राजसम्**—राजस।

परन्तु हे भरतश्रेष्ठ ! जो यज्ञ के फल को ही लक्ष्य बनाकर और दम्भ के लिए भी किया जाता है, उस यज्ञ को तू राजस जान।

परन्तु अर्जुन ! जो यज्ञ के फल के उद्देश्य से ही और दम्भ भाव से भी किया जाता है, उस यज्ञ को तू राजस जान ॥ १२ ॥

विधिहीनमसृष्टान्नं मन्त्रहीनमदक्षिणम्।
श्रद्धाविरहितं यज्ञं तामसं परिचक्षते॥ १३॥

विधिहीनम्—शास्त्रविधिहीन, **असृष्टान्नम्**—अन्नदान से रहित, **मन्त्रहीनम्**—मन्त्रहीन, **अदक्षिणम्**—दक्षिणाहीन (और), **श्रद्धाविरहितम्**—श्रद्धारहित, **यज्ञम्**—यज्ञ को, **तामसम्**—तामस, **परिचक्षते**—कहते हैं।

शास्त्रविधिहीन, अन्नदान से रहित, मन्त्रहीन, दक्षिणाहीन और श्रद्धारहित यज्ञ को तामस कहते हैं।

जो यज्ञ शास्त्रोक्त विधि से रहित है और जो 'असृष्टान्न' अर्थात् शास्त्रविहित अन्नादि दान से रहित है, उचित और सही मन्त्र से रहित है, दक्षिणा से रहित है और श्रद्धापूर्वक न किया गया हो ऐसा यज्ञ तामस कहलाता है, तमोगुण से सम्पन्न किया हुआ कहलाता है ॥ १३ ॥

शारीरिक, वाचिक व मानसिक 'तप' के भेद अगले तीन श्लोकों में बतलाते हैं—

देवद्विजगुरुप्राज्ञपूजनं शौचमार्जवम्।
ब्रह्मचर्यमहिंसा च शारीरं तप उच्यते॥ १४॥

देव द्विज गुरु प्राज्ञपूजनम्—देव, ब्राह्मण, गुरु और ज्ञानी का पूजन, **शौचम्**—पवित्रता, **आर्जवम्**—सरलता, **ब्रह्मचर्यम्**—ब्रह्मचर्य, **अहिंसा**—अहिंसा (यह), **च**—और, **शारीरम्**—शारीरिक, **तपः**—तप, **उच्यते**—कहा जाता है।

देव, ब्राह्मण, गुरु और ज्ञानी का पूजन, पवित्रता, सरलता, ब्रह्मचर्य और अहिंसा—यह शारीरिक तप कहा जाता है।

देवता, ब्राह्मण, गुरु तथा ज्ञानी-इन सबका पूजन, शारीरिक पवित्रता, आर्जव-सरलता, ब्रह्मचर्य-शरीर सम्बन्धी कामुकता का त्याग और अहिंसा-प्राणियों को कष्ट न देना, ये सब प्रधानत: शरीर से होनेवाले 'तप' कहे जाते हैं। यहाँ पर गुरु शब्द अपने से श्रेष्ठ जनों यथा आचार्य, माता, पिता आदि के अर्थों में है ॥ १४॥

अनुद्वेगकरं वाक्यं सत्यं प्रियहितं च यत्।
स्वाध्यायाभ्यसनं चैव वाङ्मयं तप उच्यते ॥ १५ ॥

अनुद्वेगकरम्—उद्वेग न करनेवाले, **वाक्यम्**—वाक्य, **सत्यम्**—सत्य, **प्रिय**—प्रिय, **हितम्**—हितकारक, **च**—और, **यत्**—जो, **स्वाध्याय**—स्वाध्याय का, **अभ्यसनम्**—अभ्यास है (वह), **च**—तथा, **एव**—ही, **वाङ्मयम्**—वाणी सम्बन्धी, **तपः**—तप, **उच्यते**—कहलाता है।

उद्वेग न करनेवाले, सत्य, प्रिय और हितकारक वाक्य तथा जो स्वाध्याय का अभ्यास है, वह ही वाणी सम्बन्धी तप कहलाता है।

दूसरे को उद्वेग न पहुँचाने वाले एवं सत्य, प्रिय और हित करनेवाले-ये सभी वचन बोलना तथा स्वाध्याय अर्थात् शास्त्रों और भगवद्विषयक अध्ययन, वाचन, चिन्तन व स्तुति करना वाणी सम्बन्धी अर्थात् 'वाचिक' तप कहलाता है ॥ १५ ॥

मनःप्रसादः सौम्यत्वं मौनमात्मविनिग्रहः ।
भावसंशुद्धिरित्येतत्तपो मानसमुच्यते ॥ १६ ॥

मनःप्रसादः—मन की प्रसन्नता, **सौम्यत्वम्**—सौम्यता, **मौनम्**—मौन, **आत्मविनिग्रहः**—मन का निग्रह (और), **भावसंशुद्धिः**—अन्त:करण के भावों की शुद्धता, **इति**—इस प्रकार, **एतत्**—यह, **तपः**—तप, **मानसम्**—मानस, **उच्यते**—कहा जाता है।

मन की प्रसन्नता, सौम्यता, मौन, मन का निग्रह और अन्तःकरण के भावों की शुद्धता, इस प्रकार यह मानस तप कहा जाता है।

मन:प्रसाद: अर्थात् मन के विकारों से रहित और परमात्मा के प्रेम में रत हो जानेवाली प्रसन्नता, *सौम्यत्वम्*-अन्त:करण की निर्मल वृत्ति से मुख पर प्रकट होनेवाला शान्तिभाव, *मौनम्*-मन के द्वारा वाणी का संयम, *आत्मविनिग्रह:*-मन की वृत्ति का ध्येय परमात्मा में स्थिर करना तथा *भावसंशुद्धि:*-अन्त:करण के भावों की शुद्धता अर्थात् आत्मविषयक तत्त्व में ही चिन्तन, यह सब मानसिक तप कहा जाता है ॥ १६ ॥

अगले तीन श्लोकों में तप के तीन भेद गुणानुसार कहते हैं—

श्रद्धया परया तप्तं तपस्तत्त्रिविधं नरैः ।
अफलाकाङ्क्षिभिर्युक्तैः सात्त्विकं परिचक्षते ॥ १७॥

श्रद्धया—श्रद्धा से, **परया**—परम, **तप्तम्**—किये गये, **तपः**—तप को, **तत्**—उस (पूर्वोक्त), **त्रिविधम्**—तीन प्रकार के, **नरैः**—पुरुषों द्वारा, **अफलाकाङ्क्षिभिः**—फल की आकांक्षा न रखनेवाले, **युक्तैः**—युक्त, **सात्त्विकम्**—सात्त्विक, **परिचक्षते**—कहते हैं।

फल की आकांक्षा न रखनेवाले युक्त पुरुषों द्वारा परम श्रद्धा से किये गये उस तीन प्रकार के तप को सात्त्विक कहते हैं।

फल की आकांक्षा से रहित मुक्त पुरुषों अर्थात् योगी पुरुषों द्वारा परम श्रद्धा के साथ इस विचार से कि 'मेरा जो भी तप है वह परमपुरुष परमात्मा की आराधना ही है' ऐसे भाव से किये गये तप को सात्त्विक तप कहते हैं।

आशय यह है कि श्रेय फल की प्राप्ति हेतु परमात्मा की आराधना मन व इन्द्रियों सहित अन्तःकरण की शुद्धता के साथ श्रद्धाभाव से मन, वाणी और शरीर तीनों से अर्थात् मनसा, वाचा और कर्मणा करना चाहिए ॥ १७॥

सत्कारमानपूजार्थं तपो दम्भेन चैव यत् ।
क्रियते तदिह प्रोक्तं राजसं चलमध्रुवम् ॥ १८॥

सत्कार—सत्कार, **मान**—मान (और), **पूजार्थम्**—पूजा के लिए, **तपः**—तप, **दम्भेन**—दम्भ के साथ, **च**—तथा, **एव**—भी, **यत्**—जो, **क्रियते**—किया जाता है, **तत्**—वह, **इह**—यहाँ, **प्रोक्तम्**—कहलाता है, **राजसम्**—राजस, **चलम्**—क्षणिक (और), **अध्रुवम्**—अनिश्चित फलवाला तप।

जो तप सत्कार, मान और पूजा के लिए तथा दम्भ के साथ भी किया जाता है वह क्षणिक और अनिश्चित फल वाला तप यहाँ राजस कहलाता है।

जो तप फलाकांक्षा के साथ स्वयं के सत्कार-आदर करने के लिए, मान-प्रशंसा करने के लिए और पूजा-नमस्कारादि के लिए तथा दम्भ से युक्त होकर भी किया जाता है, उसका फल अनिश्चित-संशययुक्त है कि मिलेगा या नहीं और क्षणिक होता है, ऐसा तप यहाँ राजस तप कहलाता है। यह फल नाशवान् है, अतः अनित्य है ॥ १८॥

मूढग्राहेणात्मनो यत्पीडया क्रियते तपः ।
परस्योत्सादनार्थं वा तत्तामसमुदाहृतम् ॥ १९॥

मूढग्राहेण—मूढतापूर्वक आग्रह से, **आत्मनः**—आत्मा को, **यत्**—जो, **पीडया**—पीड़ा देकर, **क्रियते**—किया जाता है, **तपः**—तप, **परस्य**—दूसरे का, **उत्सादन—अर्थम्**—अनिष्ट करने के लिए, **वा**—अथवा, **तत्**—वह, **तामसम्**—तामस, **उदाहृतम्**—कहा गया है।

जो तप मूढतापूर्वक आग्रह से, आत्मा को पीड़ा देकर अथवा दूसरे का अनिष्ट करने के लिए किया जाता है, वह तामस कहा गया है।

जो तप मूढता अर्थात् अविवेकपूर्वक आग्रह से अपने 'आत्मनः' को अर्थात् मन, वाणी और शरीर को पीड़ा देकर अथवा दूसरे का अनिष्ट करने के लिए किया जाता है, वह तामस कहा गया है ॥ १९ ॥

तीन प्रकार के दान का अगले तीन श्लोकों में वर्णन—

दातव्यमिति यद्दानं दीयतेऽनुपकारिणे ।
देशे काले च पात्रे च तद्दानं सात्त्विकं स्मृतम् ॥ २० ॥

दातव्यम्—'दान देना ही कर्त्तव्य है', **इति**—ऐसे भाव से, **यत्**—जो, **दानम्**—दान, **दीयते**—दिया जाता है, **अनुपकारिणे**—अनुपकारी को, **देशे**—देश, **काले**—काल, **च**—तथा, **पात्रे**—पात्र में, **च**—और, **तत्**—वह, **दानम्**—दान, **सात्त्विकम्**—सात्त्विक, **स्मृतम्**—कहा जाता है।

'दान देना ही कर्त्तव्य है' ऐसे भाव से जो दान देश तथा काल और पात्र में अनुपकारी को दिया जाता है, वह दान सात्त्विक कहा जाता है।

जो दान फल की आकांक्षा से रहित और 'दान देना ही कर्त्तव्य है', ऐसे भाव से देश अर्थात् अभावग्रस्त अथवा पुण्य क्षेत्र में, काल-पुण्यकाल में और पात्र अर्थात् गरीबों को सेवार्थ अथवा वेदज्ञ ब्राह्मण आदि श्रेष्ठ पात्र को तथा अनुपकारी अर्थात् जिसमें प्रत्युपकार की क्षमता न हो अथवा जिससे प्रत्युपकार की इच्छा न हो ऐसे लोगों को दिया जाता है, वह दान 'सात्त्विक' कहा गया है ॥ २० ॥

यत्तु प्रत्युपकारार्थं फलमुद्दिश्य वा पुनः ।
दीयते च परिक्लिष्टं तद्दानं राजसं स्मृतम् ॥ २१ ॥

यत्—जो (दान), **तु**—परन्तु, **प्रत्युपकारार्थम्**—प्रत्युपकार के लिए, **फलम्**—फल के, **उद्दिश्य**—उद्देश्य से, **वा**—या, **पुनः**—पुनः, **दीयते**—दिया जाता है, **च**—तथा, **परिक्लिष्टम्**—क्लेशपूर्वक, **तत्**—वह, **दानम्**—दान, **राजसम्**—राजस, **स्मृतम्**—कहा जाता है।

परन्तु जो दान प्रत्युपकार के लिए या पुनः फल के उद्देश्य से तथा क्लेशपूर्वक दिया जाता है, वह दान राजस कहा जाता है।

जो दान प्रत्युपकार अर्थात् दिये हुए दान के बदले में प्राप्ति की आशा से दिया जाता है अथवा लोक-परलोक में किसी फल की प्राप्ति के उद्देश्य से मन के कष्ट के साथ दिया जाता है, वह राजस दान कहा जाता है। इस प्रकार प्रत्युपकार, फलाकांक्षा और कष्टपूर्वक दिया गया दान 'राजस' है ॥ २१ ॥

अदेशकाले यद्दानमपात्रेभ्यश्च दीयते ।

असत्कृतमवज्ञातं तत्तामसमुदाहृतम् ॥ २२ ॥

अदेशकाले—अयोग्य देश-काल में, **यत्**—जो, **दानम्**—दान, **अपात्रेभ्यः**—अपात्रों को, **च**—और, **दीयते**—दिया जाता है, **असत्कृतम्**—बिना सत्कार के, **अवज्ञातम्**—तिरस्कारपूर्वक, **तत्**—वह (दान), **तामसम्**—तामस, **उदाहृतम्**—कहा जाता है।

जो दान अयोग्य देश—काल में, बिना सत्कार के तिरस्कारपूर्वक और अपात्रों को दिया जाता है वह दान तामस कहा जाता है।

जो दान अयोग्य देश-काल में, बिना अच्छी प्रकार से आदर सत्कार किये हुए अपमानपूर्वक अपात्रों-कपटी, पाखण्डी, ठगी आदि नीच कर्म करनेवालों को दिया जाता है, वह दान 'तामस' कहा गया है ॥ २२ ॥

ॐ, तत्, सत् रूपी शब्द का माहात्म्य बतलाते हैं—

ॐ तत्सदिति निर्देशो ब्रह्मणस्त्रिविधः स्मृतः ।

ब्राह्मणास्तेन वेदाश्च यज्ञाश्च विहिताः पुरा ॥ २३ ॥

ॐ—ॐ, **तत्**—तत्, **सत्**—सत्, **इति**—ऐसे, **निर्देशः**—निर्देश (नाम), **ब्रह्मणः**—ब्रह्म का, **त्रिविधः**-तीन प्रकार का, **स्मृतः**—कहा गया है, **ब्राह्मणाः**—ब्राह्मण, **तेन**—उसी ब्रह्म से, **वेदाः**—वेद, **च**—तथा, **यज्ञाः**—यज्ञ, **च**—और, **विहिताः**—रचे गये हैं, **पुरा**—पहले।

ॐ, तत्, सत् – ऐसे तीन प्रकार का ब्रह्म का निर्देश कहा गया है। उसी ब्रह्म से पहले ब्राह्मण तथा वेद और यज्ञ रचे गये हैं।

ॐ, तत्, सत्-ऐसे तीन प्रकार का निर्देश (संकेत) ब्रह्म का है, अर्थात् ब्रह्म का तीन नाम है। उस ब्रह्म द्वारा ब्राह्मण का अर्थात् वेद के अनुसार चलनेवाले समस्त जन का, वेद का और यज्ञ जैसे उत्तम फल देनेवाले सभी शास्त्रविहित कर्मों का सृष्टि के आदिकाल में रचना की गयी।

ब्रह्म द्वारा वेद और यज्ञ की रचना करने से तथा उपर्युक्त तीनों नाम-ॐ, तत्, सत् ब्रह्म का ही नाम होने से इन तीनों का सम्बन्ध वैदिक यज्ञादि से होता है। वेद में दी गयी विधियों से यज्ञादि कार्यों को कराने का दायित्व वेदज्ञ ब्राह्मण का था। वैदिक कार्यों के प्रारम्भ में ब्रह्म के नामरूपी 'ॐ' के प्रयोग करने से यज्ञविधि में किसी त्रुटि का निराकरण ब्रह्म द्वारा होता है, ऐसा भाव है। जगत् का कारण ब्रह्म हैं, किन्तु अज्ञानी पुरुषों क़ी दृष्टि में यह नहीं आता है। अतः इस कारणरूप ब्रह्म के बोध के लिए 'तत्' शब्द भी ब्रह्मवाचक है। इसी प्रकार भगवत्स्वरूप 'सत्' का भी सम्बन्ध वैदिक कार्यों में परमार्थसत्ता, साधुत्व और पूज्य भाव प्रकट करने के लिए है ॥ २३ ॥

ॐ तथा तत् शब्द से यज्ञ, दान और तप को सद्‌गुण से युक्त बनाने को अगले दो श्लोकों में बताते हैं—

तस्मादोमित्युदाहृत्य यज्ञदानतपःक्रियाः ।
प्रवर्तन्ते विधानोक्ताः सततं ब्रह्मवादिनाम् ॥ २४ ॥

तस्मात्—इसलिए, **ओम्**—'ॐ', **इति**—ऐसा, **उदाहृत्य**—उच्चारण करके, **यज्ञदानतपःक्रियाः**—यज्ञ, तान और तप की क्रियाएँ, **प्रवर्तन्ते**—आरम्भ होती हैं, **विधान उक्ताः**—शास्त्रोक्त, **सततम्**—सदा, **ब्रह्मवादिनाम्**—वेदवादियों की।

इसलिए वेदवादियों की शास्त्रोक्त यज्ञ, दान और तप की क्रियाएँ सदा 'ॐ' ऐसा उच्चारण करके आरम्भ होती हैं।

ब्रह्मबोधक 'ॐ' शब्द का सम्बन्ध वैदिक यज्ञादि कार्यों से होने के कारण वेदपाठी ब्राह्मण शास्त्रों में बतलायी गयी यज्ञ, दान और तप, आदि की क्रियाओं में 'ॐ' इस प्रकार के उच्चारण के साथ प्रारम्भ करते हैं। ऊँकार के उच्चारण से वेद भी आरम्भ किये जाते हैं ॥ २४ ॥

तदित्यनभिसन्धाय फलं यज्ञतपःक्रियाः ।
दानक्रियाश्च विविधाः क्रियन्तेमोक्षकाङ्क्षिभिः ॥ २५ ॥

तत्—'तत्', **इति**—ऐसे ब्रह्म के नाम का भाव करके, **अनभिसन्धाय फलम्**—फल को न चाहकर, **यज्ञतपःक्रियाः**—यज्ञ, तप की क्रियाएँ, **दानक्रियाः**—दान की क्रियाएँ, **च**—और, **विविधाः**—नाना प्रकार की, **क्रियन्ते**—की जाती हैं, **मोक्षकाङ्क्षिभिः**—मोक्ष के आकांक्षी पुरुषों द्वारा।

'तत्' ऐसे ब्रह्म के नाम का भाव करके मोक्ष के आकांक्षी पुरुषों द्वारा नाना प्रकार की यज्ञ, तप और दान की क्रियाएँ फल को न चाहकर की जाती हैं।

मोक्ष के साधनरूप यज्ञ, तप और दान आदि विविध क्रियाएँ मोक्ष के आकांक्षी पुरुषों द्वारा की जाती हैं और सांसारिक फलाकांक्षा से रहित वे पुरुष ऐसी सभी क्रियाओं को ब्रह्मवाची 'तत्' के भाव से अर्थात् जो कुछ भी है और जो भी क्रियाएँ की जा रही हैं, सब 'तत्' नामवाले परमात्मा का ही है अपना कुछ नहीं है, ऐसे भाव से करते हैं ॥ २५ ॥

ॐ और तत् शब्द के प्रयोग के बाद अब सत् शब्द का प्रयोग सद्‌गुण के लिए अगले दो श्लोकों में बताते हैं—

सद्भावे साधुभावे च सदित्येतत्प्रयुज्यते ।
प्रशस्ते कर्मणि तथा सच्छब्दः पार्थ युज्यते ॥ २६ ॥

सद्भावे—सद्भाव में, **साधुभावे**—साधुभाव में, **च**—और, **सत्**—'सत्', **इति**—इस प्रकार, **एतत्**—यह, **प्रयुज्यते**—प्रयोग किया जाता है, **प्रशस्ते**—शुभ, **कर्मणि**—कर्म के लिए भी, **तथा**—तथा, **सत्**—सत्, **शब्दः**—शब्द का, **पार्थ**—हे पार्थ, **युज्यते**—प्रयोग किया जाता है।

'सत्' इस प्रकार यह सद्भाव और साधुभाव में प्रयोग किया जाता है, तथा हे पार्थ ! शुभ कर्म के लिए भी सत् शब्द का प्रयोग किया जाता है।

जो विद्यमान नहीं है उसके सद्भाव में अर्थात् उसकी सत्ता के होने, उसकी विद्यमानता के भाव में-जैसे किसी को पुत्र के न रहने पर उसके उत्पन्न होने के भाव में तथा साधुभाव में अर्थात् कल्याण के भाव में - जैसे कोई पुरुष बुरे आचरणवाला है वह सदाचरणवाला हो जाय ऐसे साधुभाव में, इस तरह की सभी स्थितियों में 'सत्' रूपी ब्रह्म के नाम का प्रयोग लोक में और वेद में किया जाता है। पुरुषों द्वारा विवाह आदि शुभ कार्यों में भी सत् शब्द का प्रयोग होता है ॥ २६ ॥

यज्ञे तपसि दाने च स्थितिः सदिति चोच्यते ।
कर्म चैव तदर्थीयं सदित्येवाभिधीयते ॥ २७ ॥

यज्ञे तपसि दाने च—यज्ञ, तप और दान में (जो), **स्थितिः**—स्थिति है, **सत्**—'सत्', **इति**—इस नाम से, **च**—और, **उच्यते**—कही गयी है, **कर्म**—कर्म, **च**—और, **एव**—भी, **तत् अर्थीयम्**—तदर्थ किये जानेवाले, **सत्**—'सत्', **इति एव**—इस नाम से ही, **अभिधीयते**—कहे जाते हैं।

तथा यज्ञ, तप और दान में जो स्थिति है, वह भी 'सत्' इस नाम से कही गयी है और तदर्थ किये जानेवाले कर्म भी 'सत्' इस नाम से ही कहे जाते हैं।

परमात्मतत्त्व के बोध हेतु जो सात्त्विक यज्ञ, तप और दान पुरुषों द्वारा श्रद्धाभाव एवं विवेक बुद्धि से जिस निष्ठा से किया जाता है, उसे 'स्थिति' कहते हैं, ऐसी स्थिति भी 'सत्' कही जाती है। तथा ॐ, तत्, सत् वाचक परमात्मा के लिए निःस्वार्थ भाव से कर्तृत्व के अहं को त्यागकर किया गया कार्य 'तदर्थीयम्' है, ऐसा कार्य भी सत् नाम से ही कहा जाता है।

आशय यह है कि परमात्मा की प्राप्ति हेतु प्रेमपूर्वक, निःस्वार्थ और निरहंकार होकर किये गये सारे कर्म और उन कर्मों में निष्ठा सत्रूप है। अन्य सारे कर्मों का फल अनित्य है, वह सत् नहीं है ॥ २७ ॥

श्रद्धा ही प्रधान है, बिना श्रद्धा के किया गया दान आदि भगवान् असत् व निष्फल कहते हैं—

अश्रद्धया हुतं दत्तं तपस्तप्तं कृतं च यत् ।
असदित्युच्यते पार्थ न च तत्प्रेत्य नो इह ॥ २८ ॥

अश्रद्धया—बिना श्रद्धा के किया हुआ, **हुतम्**—हवन, **दत्तम्**—दिया हुआ दान, **तपः**—तप, **तप्तम्**—तपा हुआ, **कृतम्**—किया हुआ कर्म है (वह समस्त), **च**—और, **यत्**—जो कुछ भी, **असत्**—'असत्', **इति**—ऐसा, **उच्यते**—कहा जाता है, **पार्थ**—हे पार्थ, **न**—न तो, **च**—और, **तत्**—वह कर्म, **प्रेत्य**—मरने पर, **नो**—न, **इह**—इस लोक में ही (लाभदायक है)।

हे पार्थ ! बिना श्रद्धा के किया हुआ हवन, दिया हुआ दान, तपा हुआ तप और जो कुछ भी किया हुआ कर्म है वह समस्त 'असत्' ऐसा कहा जाता है। वह कर्म न तो मरने पर और न इस लोक में ही लाभदायक है।

हे पार्थ ! शास्त्रविहित होते हुए भी बिना श्रद्धा के किया हुआ हवन, दिया हुआ दान और तपा हुआ तप तथा अन्य जो कुछ भी कार्य किया जाता है, वह सबका सब 'असत्' कहा जाता है, क्योंकि ऐसा कर्म सत्‌रूप मेरी प्राप्ति में अवरोधक है, फलतः असत् की ही ओर ले जानेवाला है। ऐसे कर्म न तो मरने पर और न ही इस लोक में जीवन रहते लाभदायक होते हैं, परन्तु श्रद्धा से की गयी तपसाधना, आदि परम शान्तिदायक है (४।३९)।

जीवन में लौकिक और पारलौकिक हित के सम्पूर्ण कर्म सर्वात्म परमात्मा के प्रीत्यर्थ उसमें श्रद्धा व प्रेम से युक्त होकर निःस्वार्थ, निरहंकार हुआ आत्मस्थभाव से करना चाहिए। ऐसा करने पर वह परमात्मा प्रसन्न होकर हृदय में प्रकट होकर प्रकाशमय आत्मस्वरूप का और परमात्मस्वरूप का भी बोध करा देता है। ऐसा दिव्य परिणाम देनेवाला कर्म ही सत् कर्म है और शेष सभी पारलौकिक दृष्टि से असत् कर्म हैं। सत्-असत् कर्म का यही एकमात्र यथार्थ भाव है। सत् और असत् कर्म का यह भाव हृदय में भलीभाँति प्रतिष्ठित कर लेने और तदनुसार व्यवहार करनेवाले पुरुष का परमात्म मार्ग निश्चित ही प्रशस्त हो जाता है और अन्ततः वह मुक्त हो जाता है ॥ २८ ॥

इति श्रीकृष्णार्जुनसंवादे श्रद्धात्रयविभागयोगो नाम सप्तदशोऽध्यायः ॥ १७ ॥

अध्याय १८

सर्वसंकल्प के त्यागरूप 'संन्यास' से सांख्ययोगी (ज्ञानयोगी) ज्ञाननिष्ठा से ज्ञान को प्राप्त करके 'मोक्ष' पाता है। वहीं पर कामना का त्याग करके कर्म व कर्मफल में आसक्तिरहित एवं निरहंकार होकर कर्म करता हुआ आत्मस्वरूप के अनुभव में संलग्न कर्मयोगी ध्यान व आराधना करते रहने से चित्त की शुद्धि प्राप्त कर ज्ञान लाभ करके मोक्ष पाता है। इस अध्याय ***'मोक्षसंन्यासयोग'*** में ईश्वर प्राप्तिरूपी मोक्ष से सम्बन्धित उपर्युक्त विषय पर त्रिगुण (सत्त्व, रज व तम) के अनुसार त्याग, ज्ञान, कर्म, कर्त्ता, बुद्धि, धृति और सुख के भेद एवं लक्षण, स्वभावजन्य गुणों के अनुसार वर्णव्यवस्था तथा वर्णों के स्वाभाविक कर्म का विवरण और भक्तियोग एवं *गीताशास्त्र* के माहात्म्य का वर्णन विस्तार से किया गया है। इस तरह पूर्व के सभी अध्यायों के उपदेशों का सार इस अध्याय में समाहित है।

भगवान् श्रीकृष्ण से 'संन्यास' और 'त्याग' के तत्त्व को पृथक्-पृथक् जानने की जिज्ञासा अर्जुन प्रकट करता है (१)। भगवान् सर्वप्रथम त्याग के विषय में पण्डितजन, विचारवान पुरुष और विद्वानों का अभिमत बताते हैं (२-३)। पुनः त्याग पर भगवान् अपना विचार व्यक्त करते हैं (४-६)। तीन गुणों के अनुसार तामस, राजस व सात्त्विक तीन प्रकार का त्याग बताते हैं (७-९)। अब सात्त्विक त्यागी पुरुष का लक्षण बतलाते हैं (१०-११)। कर्मफल के त्याग का फल बताकर (१२) भगवान् आसक्तिरहित निरहंकारी पुरुष को कर्म-बन्धन न होने की बात कहते हैं (१३-१७)। अब कर्मप्रेरणा और कर्मसंग्रह बताते हैं (१८)। गुणानुसार सात्त्विक, राजस और तामस ऐसे तीन-तीन प्रकार के ज्ञान, कर्म और कर्त्ता का वर्णन तथा इसी प्रकार बुद्धि, धृति और सुख को तीन-तीन तरह का होना बताते हैं (१९-३९)। अब तीनों गुणों का उपसंहार करते हैं (४०)। पुनः चार वर्णों की व्यवस्था स्वभावजन्य गुणों के आधार पर बताकर चारों वर्णों के स्वाभाविक कर्म का वर्णन करते हैं (४१-४४)। स्वधर्मपालन से संसिद्धि की प्राप्ति, उसकी सार्थकता तथा स्वधर्म त्याग का निषेध बताते हैं (४५-४८)। कौन से गुणों से युक्त पुरुष संन्यास द्वारा नैष्कर्म्य सिद्धि को प्राप्त करता है और जिसे प्राप्त करके वह ज्ञाननिष्ठारूप ब्रह्म को किस क्रम से पाता है, सो बताते हैं (४९-

५५)। संयमपूर्वक कर्मों द्वारा ध्यान और वैराग्य से प्राप्त ज्ञाननिष्ठा के फलस्वरूप प्राप्त पराभक्ति से भगवान् के प्राप्तिरूप मोक्ष लाभ की प्राप्ति हो जाने से शास्त्र के अभिप्राय का निश्चय दृढ़ करने के लिए उपसंहाररूप उसी भक्तियोग की प्रशंसा करते हैं (५६-५८)। कर्म करने में जीव की प्रकृतिगत विवशता बताकर ईश्वर को जीव का नियामक बताते हैं (५९-६१)। ईश्वर में शरणागत होने पर परम शान्ति एवं सनातन स्थान की प्राप्ति कहते हैं (६२)। भगवान् *गीता* के ज्ञान को गुह्यतम बताकर अर्जुन को अपनी इच्छानुसार कर्म करने को कहकर पुनः अपने अति गोपनीय श्रेष्ठ वचनों को सुनने के लिए कहते हैं (६३-६४)। भगवान् अब अर्जुन से कहते हैं कि **'मन्मना भव ..... प्रियोऽसि मे'** तुम मेरे में मनवाला हो, मेरा भक्त हो, मेरा पूजक और नमस्कार करनेवाला हो, फिर तुम मुझे ही प्राप्त होगा (६५)। भगवान् अब गीतोपदेश के उपसंहाररूप में सभी पापों से मुक्ति हेतु गुह्यतम परम ज्ञानतत्त्व-शरणागतरूपतत्त्व **'सर्वधर्मान्यपरित्यज्य .... मोक्षयिष्यामि मा शुचः'** बताकर अपने ही शरण में आने को कहते हैं (६६)। *गीता*शास्त्र को सुनने के अयोग्य लोगों को इस शास्त्र को कहने का निषेध करते हैं (६७)। भगवान् भक्तों में *गीता* शास्त्र को कहने, इस शास्त्र के अध्ययन करने और सुनने का फल बतलाते हैं (६८-७१)। गीतोपदेशोपरान्त भगवान् अर्जुन से पूछते हैं कि क्या उसका अज्ञानजनित सम्मोह नष्ट हो गया (७२)? अर्जुन अपने मोह के नाश और स्मृति लब्धता को बताता है (७३)। भगवान् तथा अर्जुन के रोमांचकारी संवाद को धृतराष्ट्र से बताकर अन्त में संजय अपनी सम्मति देता है (७४-७८)।

सत्रहवें अध्याय में कहा गया कि फल की इच्छा से रहित होकर शास्त्रविधि के अनुसार किये गये वेद वर्णित यज्ञ, आदि कर्म ब्रह्मरूप ॐ अक्षर से प्रारम्भ में सम्बोधित करने पर तथा तत् व सत् शब्द से वर्णित होने पर परमार्थ कल्याण के साधन होते हैं। अब अर्जुन इस परमार्थ ज्ञान के लिए 'संन्यास' और 'त्याग' के तत्त्व को पृथक्-पृथक् जानने की भगवान् से इच्छा व्यक्त करता है—

अर्जुन उवाच

सन्न्यासस्य महाबाहो तत्त्वमिच्छामि वेदितुम् ।
त्यागस्य च हृषीकेश पृथक्केशिनिषूदन ॥ १ ॥

अर्जुनः उवाच—अर्जुन बोले, **सन्न्यासस्य**—संन्यास, **महाबाहो**—हे महाबाहो, **तत्त्वम्**—तत्त्व को, **इच्छामि**—चाहता हूँ, **वेदितुम्**—जानना, **त्यागस्य**—त्याग के, **च**—और, **हृषीकेश**—हे हृषीकेश, **पृथक्**—पृथक्-पृथक्, **केशिनिषूदन**—हे केशिनिषूदन।

अर्जुन बोले—हे महाबाहो ! हे हृषीकेश ! हे केशिनिषूदन ! मैं संन्यास और त्याग के तत्त्व को पृथक्—पृथक् जानना चाहता हूँ।

हे महाबाहो ! हृषीकेश ! केशिनिषूदन ! मैं 'संन्यास' और 'त्याग' शब्दों के अर्थरूप यथार्थ स्वरूप को पृथक्-पृथक् जानना चाहता हूँ।

संन्यास का आशय 'ज्ञानयोग' से तथा त्याग का आशय कर्म में फल की आसक्ति के त्यागरूप 'कर्मयोग' से है। छलपूर्वक घोड़े का रूप धारण करनेवाले 'केशि' नामक असुर का वध भगवान् श्रीकृष्ण ने किया था। इसलिए केशिनिषूदन सम्बोधन अर्जुन ने किया है ॥ १ ॥

'त्याग' के विषय में अन्य के विचारों को भगवान् अगले दो श्लोकों में कहते हैं—

श्रीभगवानुवाच

काम्यानां कर्मणां न्यासं सन्न्यासं कवयो विदुः ।
सर्वकर्मफलत्यागं प्राहुस्त्यागं विचक्षणाः ॥ २ ॥

श्रीभगवान् उवाच—श्रीभगवान् बोले, **काम्यानाम्**—काम्य, **कर्मणाम्**—कर्मों के, **न्यासम्**—त्याग को, **सन्न्यासम्**—संन्यास, **कवयः**—पण्डितजन, **विदुः**—समझते हैं (और), **सर्वकर्मफलत्यागम्**—सब कर्मों के फलत्याग को, **प्राहुः**—कहते हैं, **त्यागम्**—त्याग, **विचक्षणाः**—विचारवान पुरुष।

श्रीभगवान् बोले—पण्डितजन काम्यकर्मों के त्याग को संन्यास समझते हैं और विचारवान पुरुष सब कर्मों के फलत्याग को त्याग कहते हैं।

कितने ही विद्वान लोग काम्यकर्मों को अर्थात् किसी उद्देश्य विशेष अथवा कामना की सिद्धि हेतु किये जानेवाले कर्मों को जैसे पुत्र प्राप्ति की इच्छा से यज्ञकर्म आदि के स्वरूपतः त्याग को 'संन्यास' समझते हैं।

कितने विचारवान् पुरुष तो *नित्यकर्म*-सन्ध्यावन्दन, उपासनादि तथा *नैमित्तिककर्म*-प्रयोजनवश करनेवाले कार्य जैसे श्राद्ध, जनेऊ, षोडशसंस्कार, यज्ञादि कर्म और *काम्यकर्म*-इन सब तरह के कर्मों के फल को छोड़ देने को 'त्याग' कहते हैं। अस्तु, चाहे काम्यकर्मों से संन्यास हो या सर्वकर्मफलरूप त्याग हो, संन्यास और त्याग इन दोनों ही शब्दों का आशय एकमात्र 'त्याग' ही है ॥ २ ॥

त्याज्यं दोषवदित्येके कर्म प्राहुर्मनीषिणः ।
यज्ञदानतपःकर्म न त्याज्यमिति चापरे ॥ ३ ॥

त्याज्यम्—त्याज्य हैं, **दोषवत्**—दोष की भाँति, **इति**—ऐसा, **एके**—कई एक, **कर्म**—कर्म, **प्राहुः**—कहते हैं (कि), **मनीषिणः**—विद्वान, **यज्ञदानतपःकर्म**—यज्ञ, दान और तपरूप कर्म, **न त्याज्यम्**—त्याज्य नहीं है, **इति**—ऐसा (कहते हैं कि), **च**—और, **अपरे**—दूसरे विद्वान्।

कई एक विद्वान् ऐसा कहते हैं कि कर्म दोष की भाँति त्याज्य हैं और दूसरे विद्वान् ऐसा कहते हैं कि यज्ञ, दान और तपरूप कर्म त्याज्य नहीं हैं।

कई विद्वान् कहते हैं कि सभी कर्म दोष से आवृत्त होने से बन्धनरूप होने के कारण राग- द्वेषादि दोषों की तरह त्याग करने के योग्य हैं और दूसरे विद्वान कहते हैं कि यज्ञ, दान और तपरूप कर्म त्याग करने के योग्य नहीं हैं।

यहाँ पर कर्मत्याग का प्रकरण कर्माधिकारी अज्ञानी मनुष्यों के लिए ही है। सभी कर्मों तथा भोगों से विरक्त हुए सांख्यनिष्ठावाले ज्ञानी संन्यासियों के लिए कर्मत्याग का सम्बन्ध नहीं है, क्योंकि वे अपनी निष्ठा के कारण सभी कर्मों के संन्यासरूप-त्यागरूप ज्ञाननिष्ठा से ही युक्त हैं, उनके लिए कर्मत्याग का विषय ही नहीं बनता है ॥ ३ ॥

त्याग के विषय में भगवान् अब अपना विचार अगले तीन श्लोकों में प्रकट करते हैं—

निश्चयं　श्रृणु मे तत्र त्यागे भरतसत्तम ।
त्यागो हि पुरुषव्याघ्र त्रिविधः सम्प्रकीर्तितः ॥ ४ ॥

निश्चयम्—निश्चय, **श्रृणु**—सुन, **मे**—मेरा, **तत्र**—उस, **त्यागे**—त्याग में, **भरतसत्तम**—हे भरतकुल श्रेष्ठ, **त्यागः**—त्याग, **हि**—क्योंकि, **पुरुषव्याघ्र**—पुरुषसिंह अर्जुन, **त्रिविधः**—तीन प्रकार का, **सम्प्रकीर्तितः**—कहा गया है।

हे भरतकुल श्रेष्ठ ! पुरुषसिंह अर्जुन ! उस त्याग में मेरा निश्चय सुन। क्योंकि त्याग तीन प्रकार का कहा गया है।

विद्वानों और विचारशील पुरुषों द्वारा त्याग एवं संन्यास सम्बन्धी विभिन्न विचार ऊपर के दो श्लोकों में दिये गये हैं। त्याग और संन्यास शब्दों का अभिप्राय 'त्याग' ही कहा जाता है, अतः भगवान् यहाँ त्याग के ही विषय में बताकर उत्तर देते हैं।

हे भरतकुल श्रेष्ठ अर्जुन ! उस त्याग के बारे में मेरा निश्चय-सिद्धान्त सुन। हे पुरुषसिंह ! शास्त्रों में उस त्याग को तीन प्रकार का बताया गया है ॥ ४ ॥

यज्ञदानतपःकर्म　न त्याज्यं कार्यमेव तत् ।
यज्ञो दानं तपश्चैव पावनानि मनीषिणाम् ॥ ५ ॥

यज्ञदानतपःकर्म—यज्ञ, दान और तपरूप कर्म, **न त्याज्यम्**—त्यागने के योग्य नहीं हैं (अपितु), **कार्यम् एव तत्**—वह तो करने के ही योग्य है (क्योंकि), **यज्ञः**—यज्ञ, **दानम्**—दान, **तपः**—तप, **च**—और, **एव**—भी, **पावनानि**—पवित्र करनेवाले हैं, **मनीषिणाम्**—बुद्धिमानों को।

यज्ञ, दान और तपरूप कर्म त्यागने के योग्य नहीं हैं, अपितु वह तो करने के ही योग्य है, क्योंकि यज्ञ, दान और तप बुद्धिमानों को भी पवित्र करनेवाले हैं।

यज्ञ, दान और तप जैसे वैदिककर्म त्यागने के योग्य नहीं हैं, अपितु मुमुक्षु पुरुषों को जीवनपर्यन्त इन्हें करना ही चाहिए। ऐसा इसलिए कि मनीषियों अर्थात् मनन करनेवाले बुद्धिमान पुरुषों के चित्त को तो यज्ञ, दान और तपरूप कर्म पवित्र करनेवाले होते हैं ॥ ५ ॥

एतान्यपि तु कर्माणि सङ्गं त्यक्त्वा फलानि च ।
कर्तव्यानीति मे पार्थ निश्चितं मतमुत्तमम् ॥ ६ ॥

एतानि—ये, **अपि**—भी, **तु**—इसलिए, **कर्माणि**—कर्म, **सङ्गम्**—आसक्ति, **त्यक्त्वा**—त्यागकर, **फलानि**—फलों को, **च**—और, **कर्तव्यानि**—करना चाहिए, **इति**—ऐसा, **मे**—मेरा, **पार्थ**—हे पार्थ (ये), **निश्चितम्**—निश्चय किया हुआ, **मतम्**—मत है, **उत्तमम्**—उत्तम।

इसलिए हे पार्थ ! ये कर्म भी आसक्ति और फलों को त्यागकर करना चाहिए। ऐसा मेरा निश्चय किया हुआ उत्तम मत है।

हे पार्थ ! ये मनीषियों को पवित्र करनेवाले कर्म जो मैंने यज्ञ, दान और तप बताया है, इन्हें मेरी आराधनारूप समझकर करना चाहिए। कैसे करना चाहिए? इन कर्मों में कर्म की आसक्ति और कर्मफलों को त्यागकर जीवनपर्यन्त करना चाहिए, ऐसा मेरा निश्चय किया हुआ उत्तम मत है।

उपर्युक्त यज्ञ, दान व तपकर्म भी कर्मासक्ति और फलेच्छा से करने पर निश्चय ही बन्धनकारक होते हैं। अतएव आसक्ति और इच्छा को त्यागकर मुमुक्षु पुरुषों को मरणपर्यन्त ये कर्म मेरी आराधनास्वरूप नित्य करना चाहिए ॥ ६ ॥

गुणानुसार तीन प्रकार के त्याग को अगले तीन श्लोकों में बताते हैं—

नियतस्य तु सन्न्यासः कर्मणो नोपपद्यते ।
मोहात्तस्य परित्यागस्तामसः परिकीर्तितः ॥ ७ ॥

नियतस्य—शास्त्रनियत, **तु**—परन्तु, **सन्न्यासः**—त्याग, **कर्मणः**—कर्म का, **न उपपद्यते**—नहीं बनता है (अतः), **मोहात्**—मोह से, **तस्य**—उसका, **परित्यागः**—त्याग करना, **तामसः**—तामस त्याग, **परिकीर्तितः**—कहा गया है।

परन्तु शास्त्रनियत कर्म का त्याग नहीं बनता है, अतः उसका मोह से त्याग करना तामस त्याग कहा गया है।

काम्यकर्म निश्चितरूप से बन्धनकारक होते हैं, अत: उनका त्यागना तो उचित ही है। शास्त्रविहित कर्म जैसे नित्य कर्म एवं नैमित्तिक कर्म का त्याग नहीं बनता इनका त्याग उचित नहीं है, क्योंकि ऐसे कर्म अन्त:करण की शुद्धि में सहायक होकर मोक्षप्रदायक होते हैं।

मोहवश या अज्ञानवश उत्पन्न हुए इस भाव से कि कर्म तो बन्धनस्वरूप होते हैं, अतएव ये नित्य तथा नैमित्तिक कर्म भी त्याज्य हैं, ऐसा त्याग मोह से किया हुआ 'तामस' त्याग कहलाता है। ऐसा मोहजनित कर्मत्याग तमोमूलक है और इसलिए बन्धनकारक है ॥ ७ ॥

दुःखमित्येव यत्कर्म कायक्लेशभयात्त्यजेत्।
स कृत्वा राजसं त्यागं नैव त्यागफलं लभेत् ॥ ८ ॥

दुःखम्—दुःखरूप, **इति**—ऐसा (समझकर जो कोई), **एव**—ही (हैं), **यत्**—यज्ञादि जो, **कर्म**—कर्म (हैं), **कायक्लेशभयात्**—शरीर के क्लेश के भय से (कर्म का), **त्यजेत्**—त्याग कर दे (तो), **सः**—वह, **कृत्वा**—करके, **राजसम् त्यागम्**—राजस त्याग, **न**—नहीं, **एव**—भी, **त्यागफलम्**—त्याग के यथार्थ फल को, **लभेत्**—पाता।

यज्ञादि जो कर्म हैं दुःखरूप ही हैं, ऐसा समझकर जो कोई शरीर के क्लेश के भय से कर्म का त्याग कर दे तो वह राजस त्याग करके त्याग के यथार्थ फल को भी नहीं पाता।

शास्त्रविहित यज्ञादि नित्य, नैमित्तिक कर्म मोक्ष के साधन होते हैं, किन्तु अज्ञान के कारण यह समझकर कि इनके करने से शारीरिक क्लेश होगा और द्रव्यादि का भी खर्च होगा, ऐसे भाव से जो कर्मों का त्याग कर देता है वह 'राजस' त्याग कहलाता है। ऐसे राजस त्याग से वह पुरुष कर्मत्यागरूप मोक्ष का फल नहीं पाता, क्योंकि उसका यह त्याग ज्ञानपूर्वक किया हुआ कर्मत्याग नहीं है जिसका फल मोक्ष होता है ॥ ८ ॥

कार्यमित्येव यत्कर्म नियतं क्रियतेऽर्जुन।
सङ्गं त्यक्त्वा फलं चैव स त्यागः सात्त्विको मतः ॥ ९ ॥

कार्यम्—उसे करना कर्त्तव्य है, **इति**—ऐसा समझकर, **एव**—ही, **यत्**—जो, **कर्म नियतम्**—शास्त्रनियत कर्म हैं, **क्रियते**—किया जाता है, **अर्जुन**—हे अर्जुन, **सङ्गम्**—आसक्ति, **त्यक्त्वा**—त्याग करके, **फलम्**—फल का, **च**—और, **एव सः**—वही, **त्यागः**—त्याग, **सात्त्विकः**—सात्त्विक, **मतः**—माना गया है।

हे अर्जुन ! जो शास्त्रनियत कर्म हैं उसे करना ही कर्त्तव्य है, ऐसा समझकर आसक्ति और फल का त्याग करके किया जाता है, वही त्याग सात्त्विक माना गया है।

जो वर्णाश्रम धर्म के अनुसार शास्त्रविहित नित्य, नैमित्तिक यज्ञादि कर्म हैं, वे भगवान् के आराधनास्वरूप हैं और उनको करना ही कर्त्तव्य है। ऐसा समझकर आसक्ति और कर्मफल का त्याग करके जो कर्म किया जाता है, वही त्याग 'सात्त्विक' त्याग माना गया है।

ऐसा त्याग सत्त्वगुण की वृद्धि का मूल है और सत्त्वगुण की वृद्धि से ज्ञान उत्पन्न होता है (१४।१७)। तत्पश्चात् ज्ञानोपलब्धि से मोक्ष का मार्ग प्रशस्त होता है ॥ ९ ॥

सात्त्विक त्यागी पुरुष का लक्षण अगले दो श्लोकों में बताते हैं—

न द्वेष्ट्यकुशलं कर्म कुशले नानुषज्जते ।
त्यागी सत्त्वसमाविष्टो मेधावी छिन्नसंशयः ॥ १० ॥

न द्वेष्टि—द्वेष नहीं करता (और), **अकुशलम्**—अकुशल, **कर्म**—कर्म से (जो), **कुशले**—कुशल कर्म में, **न अनुषज्जते**—आसक्त नहीं होता (वह), **त्यागी**—त्यागी पुरुष, **सत्त्व**—सत्त्वगुण से, **समाविष्टः**—व्याप्त, **मेधावी**—आत्मज्ञान रूप बुद्धि (और), **छिन्नसंशयः**—संशयरहित (रहता है)।

अकुशल कर्म से जो द्वेष नहीं करता और कुशल कर्म में आसक्त नहीं होता, वह त्यागी पुरुष सत्त्वगुण से व्याप्त, मेधावी और संशयरहित रहता है।

'अकुशलम् कर्म' अर्थात् काम्यकर्म जिनको करने से संसार में जन्ममरण का चक्र लगा रहता है, ऐसे अकुशल कर्म से जो द्वेष नहीं करता अर्थात् इन कर्मों से कोई प्रयोजन नहीं रखता तथा 'कुशले' अर्थात् शास्त्रविहित नित्य, नैमित्तिक यज्ञादि कर्म जिनके करने से सत्त्वगुण की वृद्धि के फलस्वरूप ज्ञान और मोक्ष की प्राप्ति होती है—ऐसे कर्मों में आसक्ति नहीं रखता, इनमें राग नहीं रखता है।

इस प्रकार जो पुरुष कुशल कर्मों में राग एवं अकुशल कर्मों में द्वेष से मुक्त है, ऐसा वह पुरुष निश्चय ही शास्त्रोक्त कर्मों में कर्मासक्ति तथा कर्मफल का त्याग करनेवाला होता है, यही सात्त्विक त्याग है (१८।९)। ऐसा वह त्यागी पुरुष सत्त्वगुण से व्याप्त है और इसलिए वह 'मेधावी' है, अर्थात आत्मज्ञानरूप बुद्धि से युक्त है एवं आत्मस्थ होना ही कल्याणकारक है—ऐसा निश्चयवाला होने से वह 'छिन्नसंशयः'—संशयरहित रहता है ॥ १० ॥

न हि देहभृता शक्यं त्यक्तुं कर्माण्यशेषतः ।
यस्तु कर्मफलत्यागी स त्यागीत्यभिधीयते ॥ ११ ॥

न—नहीं है, **हि**—क्योंकि, **देहभृता**—देहधारी प्राणी, **शक्यम्**—समर्थ, **त्यक्तुम्**—त्याग से, **कर्माणि**—समस्त कर्मों के, **अशेषतः**—सम्पूर्णता से, **यः**—जो, **तु**—किन्तु, **कर्मफलत्यागी**—कर्मफल का त्यागी है, **सः**—वही, **त्यागी**—त्यागी है, **इति**—ऐसा, **अभिधीयते**—कहा जाता है।

क्योंकि देहधारी प्राणी सम्पूर्णता से समस्त कर्मों के त्याग में समर्थ नहीं है। किन्तु जो कर्मफल का त्यागी है, वही त्यागी है, ऐसा कहा जाता है।

अज्ञानी देहधारी प्राणी में देहाभिमान रहता है, वह सभी कर्मों में सम्पूर्णता से त्याग करने में असमर्थ है, किन्तु जो कर्माधिकारी प्राणी (मनुष्य) शास्त्रविहित नित्यकर्मों को करता हुआ कर्मों के फल का अर्थात् कर्मफल की 'वासना' का त्याग करता है, वह कर्म करता हुआ भी त्यागी कहा जाता है (६।१)।

अभिप्राय यह है कि देह के अभिमान से रहित ज्ञानी संन्यासी ही सभी कर्मों का सम्पूर्णता से, निःशेषता से त्याग कर सकता है। केवल ऐसे पुरुष के लिए ही कर्मसंन्यास की बात कही गयी है ॥ ११ ॥

कर्मफल के त्याग का फल बतलाते हैं—

अनिष्टमिष्टं मिश्रं च त्रिविधं कर्मणः फलम् ।
भवत्यत्यागिनां प्रेत्य न तु सन्न्यासिनां क्वचित् ॥ १२ ॥

अनिष्टम्—बुरी योनि, **इष्टम्**—देवयोनि, **मिश्रम्**—मनुष्ययोनि, **च**—और, **त्रिविधिम्**—तीन प्रकार का, **कर्मणः फलम्**—कर्मफल, **भवति**—मिलता है, **अत्यागिनाम्**—कर्त्तापन और कर्मफल का त्याग न करनेवाले पुरुषों को, **प्रेत्य**—मृत्यु के पश्चात, **न**—नहीं (मिलता), **तु**—परन्तु, **सन्न्यासिनाम्**—त्यागियों को, **क्वचित्**—कभी।

अनिष्ट, इष्ट और मिश्रित—तीन प्रकार का कर्मफल अत्यागियों को मृत्यु के पश्चात् मिलता है, परन्तु त्यागियों को कभी नहीं मिलता।

अनिष्ट—नरक या पशु, पक्षी आदि की योनि, *इष्ट*—देवयोनि और *मिश्र*—मनुष्ययोनि, इन योनियों में पाप-पुण्य कर्मों का तीन प्रकार का कर्मफल 'अत्यागियों' को अर्थात् कर्त्तापन के अभिमान से आसक्ति और फल का त्याग न करनेवाले अज्ञानी एवं कर्म में निष्ठा रखनेवाले पुरुषों को मृत्यु के पश्चात् मिलता है, किन्तु ये फल त्यागियों को अर्थात् ज्ञाननिष्ठा में लगे हुए कर्मसंन्यासरूप त्यागियों के लिए नहीं हो सकते हैं, क्योंकि इनके कर्म विलीन होकर इन्हें सदैव मोक्षरूपी फल ही मिलते हैं।

कर्म में कर्त्तापन का त्याग और कर्मफल का त्याग यही शास्त्रसम्मत कर्मसंन्यासरूप त्याग है, जिसका फल शान्तिरूपी मोक्ष होता है (१२।१२)। कर्तृत्वाभिमानी कभी भी ऐसा त्याग करने में समर्थ ही नहीं है, ऐसा पुरुष अज्ञानी होता है और मोक्ष से वंचित ही रहता है ॥ १२ ॥

आसक्तिरहित निरहंकारी पुरुष को कर्म-बन्धन नहीं होता, यह अगले पाँच श्लोकों के माध्यम से कहते हैं—

पञ्चैतानि महाबाहो कारणानि निबोध मे।
साङ्ख्ये कृतान्ते प्रोक्तानि सिद्धये सर्वकर्मणाम् ॥ १३ ॥

पञ्च—पाँच, **एतानि**—ये, **महाबाहो**—हे महाबाहो, **कारणानि**—कारण, **निबोध मे**—मुझसे भलीभाँति समझ, **साङ्ख्ये**—सांख्यसिद्धान्त में, **कृतान्ते**—कर्मों के अन्त रूप (कृतान्त) आत्मज्ञान देनेवाले, **प्रोक्तानि**—कहे गये, हैं, **सिद्धये**—सिद्धि के लिए, **सर्वकर्मणाम्**—सब कर्मों की।

हे महाबाहो ! सब कर्मों की सिद्धि के लिए कर्मों के अन्तरूप (कृतान्त) आत्मज्ञान देनेवाले सांख्यसिद्धान्त में कहे गये ये पाँच कारण मुझसे भलीभाँति समझ।

सब कर्मों की सिद्धि के लिए अर्थात् कर्मों के होने के लिए पाँच कारण सांख्य में बताये गये हैं। जीवात्मा के कर्तृत्वाभिमान की निवृत्ति हेतु इन पाँचों कारणों को जानना चाहिए। उनको तू मुझसे समझ। जिससे सम्यक् ज्ञान हो वही 'सांख्य' है। जहाँ कर्मों की समाप्ति हो जाय वह 'कृतान्त' है। आत्मज्ञान के उत्पन्न होने पर कर्मों की समाप्ति हो जाती है। सांख्यसिद्धान्त यही बताता है ॥ १३ ॥

अधिष्ठानं तथा कर्ता करणं च पृथग्विधम्।
विविधाश्च पृथक्चेष्टा दैवं चैवात्र पञ्चमम् ॥ १४ ॥

अधिष्ठानम्—अधिष्ठान (आधार-शरीर), **तथा**—वैसे, **कर्त्ता**—जीवात्मा, **करणम्**—इन्द्रियाँ आदि, **च**—और, **पृथक्**—**विधम्**—पृथक्-पृथक् प्रकार के, **विविधाः**—विभिन्न प्रकार की, **च**—तथा, **पृथक्**—पृथक्-पृथक्, **चेष्टाः**—चेष्टाएँ, **दैवम्**—दैव है, **च**—एवं, **एव**—ही, **अत्र**—इसमें अर्थात् कर्मों की सिद्धि में, **पञ्चमम्**—पाँचवां (हेतु)।

कर्मों की सिद्धि में अधिष्ठान और कर्ता तथा पृथक्—पृथक् प्रकार के करण एवं विभिन्न प्रकार की पृथक्—पृथक् चेष्टाएँ और वैसे ही पाँचवाँ हेतु दैव है।

कर्मों की सिद्धि (सम्पादन) में पाँच कारण हैं—(१) 'अधिष्ठानम्'-शरीर जो सुख-दु:ख, ज्ञान, आदि का आश्रय स्थल है, (२) 'कर्त्ता'-जीवात्मा जो भोक्ता है और जिसका कर्त्तापन परमात्मा के अधीन है, (३) 'करणम्'-पृथक्-पृथक् प्रकार के श्रोत्रादि इन्द्रियों सहित बारह करण, (४) 'पृथक् चेष्टा:'-विभिन्न प्रकार की पृथक्-पृथक् चेष्टाएँ अर्थात् शरीर और इन्द्रियों को धारण करनेवाले श्वास व प्रश्वास, आदि अलग-अलग वायु से सम्बन्धित क्रियाएँ तथा शरीर व इन्द्रियादि की अन्य क्रियाएँ और (५) 'दैवम्'-चक्षु, आदि इन्द्रियों के देवता अथवा परमात्मा।

पाँच ज्ञानेन्द्रियाँ, पाँच कर्मेन्द्रियाँ और मन व बुद्धि ये उपर्युक्त बारह 'करण' हैं, क्योंकि कर्मों की सिद्धि में इनकी पृथक्-पृथक् क्रिया होती है। इन बारह करणों तथा पञ्चप्राण (प्राण, अपान, व्यान, उदान, समान) इनमें से प्रत्येक के अलग-अलग देवता हैं, जिनसे प्रेरित होकर शरीर तथा सभी इन्द्रियाँ कार्यरत होती हैं और स्थूल विषय को ग्रहण करती हैं। इन सभी देवताओं के आदि अन्तर्यामी परमात्मा हैं, जिनके अधीन सब कुछ है ॥ १४ ॥

शरीरवाङ्मनोभिर्यत्कर्म प्रारभते नरः ।
न्याय्यं वा विपरीतं वा पञ्चैते तस्य हेतवः ॥ १५ ॥

शरीर वाक् मनोभिः—शरीर, वाणी और मन के द्वारा, **यत्**—जो भी, **कर्म**—कर्म, **प्रारभते**—करता है, **नरः**—मनुष्य, **न्याय्यम्**—शास्त्रविहित, **वा**—अथवा, **विपरीतम् वा**—शास्त्रविरुद्ध, **पञ्च**—पाँच, **एते**—ये, **तस्य**—उसके, **हेतवः**—कारण हैं।

शरीर, वाणी और मन के द्वारा जो भी शास्त्रविहित अथवा शास्त्र विरुद्ध कर्म मनुष्य करता है, उसके ये पाँच कारण हैं।

शरीर, वाणी और मन इन तीनों के द्वारा 'न्याय्यम्'-न्याययुक्त (धर्मयुक्त या शास्त्रविहित) अथवा 'विपरीतम्'-अन्याययुक्त (अधर्मयुक्त या शास्त्रविरुद्ध) जो कुछ भी कर्म मनुष्य करता है, उन सबके श्लोक चौदह में वर्णित अधिष्ठान आदि पाँच हेतु हैं। इस तरह धर्म-अधर्म जो भी कर्म शरीरादि से मनुष्य द्वारा होता है उनमें ये ही उपर्युक्त पाँच कारण हैं ॥ १५ ॥

तत्रैवं सति कर्तारमात्मानं केवलं तु यः ।
पश्यत्यकृतबुद्धित्वान्न स पश्यति दुर्मतिः ॥ १६ ॥

तत्र—वहाँ, **एवम्**—ऐसा, **सति**—(कर्मों के) होने पर भी, **कर्तारम्**—कर्त्ता, **आत्मानम्**—आत्मा को ही, **केवलम्**—नि:संग, **तु**—परन्तु, **यः**—जो, **पश्यति**—देखता है, **अकृतबुद्धित्वात्**—

अशुद्ध बुद्धि होने के कारण, **न**—नहीं, **सः**—वह, **पश्यति**—यथार्थ देख पाता है, **दुर्मतिः**—दुर्बुद्धि।

परन्तु वहाँ ऐसा कर्मों के होने पर भी जो अशुद्धि बुद्धि होने के कारण निःसंग आत्मा को ही कर्त्ता देखता है, वह दुर्बुद्धि यथार्थ नहीं देख पाता है।

सब कर्मों की सिद्धि में तो अधिष्ठान आदि पाँच कारण हैं, परन्तु इस अधिष्ठान (शरीर) में जीवात्मा के कर्त्तापन का आभास जीवात्मा द्वारा शरीरादि से सम्बन्ध जोड़ लेने के कारण ही है। इस यथार्थ को न समझकर जो पुरुष शास्त्र और सद्गुरु द्वारा आत्मा के सम्बन्ध में दिये गये उपदेश की उपेक्षा करके तथा 'अकृतबुद्धित्वात्' अर्थात अशुद्धबुद्धि अथवा असंस्कृतिबुद्धि होने के कारण निःसंग, शुद्ध, निर्विकार 'आत्मा' को ही उन 'कारणों' से संगता मानकर अविद्यावश उन कर्मों का कर्त्तारूप देखता है, वह दुर्बुद्धि अर्थात् विपरीत बुद्धिवाला पुरुष आत्मा और कर्म का तत्त्व यथार्थ ढंग से नहीं समझता है ॥ १६ ॥

यस्य नाहङ्कृतो भावो बुद्धिर्यस्य न लिप्यते ।
हत्वापि स इमाँल्लोकान्न हन्ति न निबध्यते ॥ १७ ॥

यस्य—जिस पुरुष का, **न**—नहीं है (और), **अहङ्कृतः**—'मैं कर्त्ता हूँ' (ऐसा), **भावः**—भाव, **बुद्धिः**—बुद्धि, **यस्य**—जिसकी, **न लिप्यते**—लिप्त नहीं होती, **हत्वा अपि**—मारकर भी, **सः**—वह, **इमान लोकान्**—इन सब लोकों को, **न हन्ति**—न (तो) मारता है (और), **न निबध्यते**—न बन्धन को ही प्राप्त होता है।

जिस पुरुष का 'मैं कर्त्ता हूँ' ऐसा भाव नहीं है और जिसकी बुद्धि लिप्त नहीं होती, वह इन सब लोकों को मारकर भी न तो मारता है और न बन्धन को ही प्राप्त होता है।

'मैं कर्त्ता हूँ' इस प्रकार का भाव जिसमें नहीं है, अर्थात् जिसमें कर्तृत्वाभिमान अथवा शरीर में अहंता नहीं रहता है और ऐसा शास्त्र एवं गुरु के उपदेश के अभ्यास से शुद्ध हुए अन्तःकरण के कारण होता है। पुनश्च जिसकी बुद्धि इष्ट-अनिष्ट कर्मों में आसक्त नहीं होती, उदासीन की भाँति रहती है तथा कर्मफल की इच्छा अथवा उससे सम्बन्ध भी नहीं होता, इन सब में जिनकी पूर्ण निर्लिप्तता होती है।

ऐसा तत्त्वदर्शी ज्ञानीपुरुष इन समस्त लोकों को अर्थात् सभी प्राणियों को लौकिक दृष्टि से मारकर भी पारलौकिक एवं तात्त्विक दृष्टि से न तो मारता है और न ही मारने के पाप का भागी होता है और इसलिए बन्धन को भी नहीं प्राप्त होता है (९।९)।

यहाँ पर परोक्षरूप से भगवान् अर्जुन को इंगित करते हैं कि अकर्त्ता, अनहंकारता, अनासक्तता (निर्लिप्तता) के भाव से युक्त पुरुष कर्त्तव्य-कर्म रूप युद्ध में लोगों को मारने पर भी पापरूपी बन्धन को नहीं प्राप्त होता है ॥ १७॥

कर्मप्रेरणा और कर्मसंग्रह क्या है? सो कहते हैं—

ज्ञानं ज्ञेयं परिज्ञाता त्रिविधा कर्मचोदना।
करणं कर्म कर्तेति त्रिविधः कर्मसङ्ग्रहः ॥ १८ ॥

ज्ञानम्—ज्ञान, **ज्ञेयम्**—ज्ञेय (और), **परिज्ञाता**—जाननेवाला, **त्रिविधा**—यह तीन प्रकार की, **कर्मचोदना**—कर्मप्रेरणा है, **करणम्**—इन्द्रियाँ आदि, **कर्म**—कर्म (तथा), **कर्त्ता**—कर्त्ता, **इति**—यह, **त्रिविधः**—तीन प्रकार का, **कर्मसंग्रहः**—कर्मसंग्रह है।

ज्ञान, ज्ञेय और परिज्ञाता—यह तीन प्रकार की कर्मप्रेरणा है। करण, कर्म तथा कर्त्ता— यह तीन प्रकार का कर्मसंग्रह है।

कर्म की प्रेरणा से ही कर्म होते हैं और कर्म होने से कर्मसंग्रह अर्थात् कर्म के पाप-पुण्य का संग्रह होता है। सामान्यभाव से कर्मप्रेरणा और कर्मसंग्रह कैसे होता है? वह भगवान् बताते हैं—

'ज्ञानम्'-जिस वृत्ति के द्वारा किसी वस्तु को जाना जाय, 'ज्ञेयम्'-जानने में आनेवाली वस्तु, 'परिज्ञाता'-वस्तु को जाननेवाला, इस प्रकार ये तीनों 'कर्मचोदना' अर्थात् कर्म में प्रेरणा या प्रवृत्ति के हेतु हैं। इन तीनों का संयोग-सम्बन्ध ही मनुष्य को कर्म में प्रेरित या प्रवृत्त करता है, यह *'कर्मप्रेरणा'* है। अब कर्मसंग्रह बताते हैं—

'करणम्'-जिसके द्वारा (यहाँ श्रोत्रादि दस इन्द्रियाँ और मन, आदि अन्त:करण से आशय है) कर्म (क्रिया) किया जाय, 'कर्म'-जो क्रिया द्वारा सम्पादित हो और 'कर्त्ता'-श्रोत्र आदि करणों को अपने-अपने विषय में नियुक्त करनेवाला प्रकृतिस्थ-पुरुष अर्थात् उपाधिरूप 'जीव', इस प्रकार यह तीन तरह का *'कर्मसंग्रह'* है। करण, कर्म और कर्त्ता इन तीनों के संयोग से ही कर्मसंग्रह होता है, जिसमें कर्त्ता की मुख्य भूमिका है ॥ १८ ॥

ज्ञान, कर्म और कर्त्ता के तीन-तीन भेद के बारे में सुनने के लिए कहते हैं—

ज्ञानं कर्म च कर्ता च त्रिधैव गुणभेदतः।
प्रोच्यते गुणसङ्ख्याने यथावच्छृणु तान्यपि ॥ १९ ॥

ज्ञानम्—ज्ञान, **कर्म**—कर्म, **च**—और, **कर्त्ता**—कर्ता (के), **च**—तथा, **त्रिधा**—तीन-तीन प्रकार, **एव**—ही, **गुणभेदतः**—गुणों के भेद से, **प्रोच्यते**—कहे गये हैं, **गुणसङ्ख्याने**—गुणों

की संख्या करनेवाले शास्त्र में, **यथावत्**—यथावत्, **शृणु**—सुन, **तानि**—उनको, **अपि**—भी (तू मुझसे)।

गुणों की संख्या करनेवाले शास्त्र में गुणों के भेद से ज्ञान और कर्म तथा कर्ता के तीन—तीन प्रकार ही कहे गये हैं। उनको भी तू मुझसे यथावत् सुन।

यहाँ कर्म का आशय क्रिया से है। 'गुणसंख्याने' अर्थात् कपिलमुनि के सांख्य-शास्त्र के अनुसार तीनों गुणों सत्त्व, रज व तम के अनुसार सभी पदार्थों के भेदों की गणना से है। इस शास्त्र के अनुसार ही ज्ञान, कर्म और कर्त्ता का तथा इन तीनों में से प्रत्येक का सत्वादि तीनों गुणों के अनुसार किये गये तीन-तीन भेद उपर्युक्त शास्त्र के अनुसार यथावत् मुझसे सुन। उपर्युक्त श्लोक अट्ठारह में वर्णित परिज्ञाता और कर्ता एक ही है और वह है उपाधिरूप जीव ॥ १९ ॥

ज्ञान के तीन प्रकार (सात्त्विक, राजस व तामस) अगले तीन श्लोकों में बताते हैं—

सर्वभूतेषु येनैकं भावमव्ययमीक्षते ।
अविभक्तं विभक्तेषु तज्ज्ञानं विद्धि सात्त्विकम् ॥ २० ॥

सर्वभूतेषु—सब भूतों में, **येन**—जिस ज्ञान से (मनुष्य), **एकम्**—एक, **भावम्**—भाव को, **अव्ययम्**—अविनाशी, **ईक्षते**—देखता है, **अविभक्तम्**—विभागरहित, **विभक्तेषु**—विभक्त, **तत्**—उस, **ज्ञानम्**—ज्ञान को, **विद्धि सात्त्विकम्**—सात्त्विक जान।

जिस ज्ञान से मनुष्य सब विभक्त भूतों में एक अविभक्त अविनाशी भाव को देखता है, उस ज्ञान को सात्त्विक जान।

सभी चराचर भूतों में जो अनेक योनियों में हैं तथा विभिन्न रूप, आकार, कार्य व स्वभाववाले हैं, उन सब विभक्त भूतों में मनुष्य जिस ज्ञान से एकभाव अर्थात् एक आत्मवस्तु को देखता है, वह एकभाव-आत्मवस्तु कैसा है? सो बताते हैं—

वह प्रत्येक विभक्त शरीर में स्थित रहते हुए भी अविभक्त-विभागरहित एक समान है (१३।२७) और वह अविनाशी है, क्षय को नहीं प्राप्त होता है। ऐसे अद्वैतभाववाले ज्ञान को सात्त्विक ज्ञान तू जान ॥ २० ॥

पृथक्त्वेन तु यज्ज्ञानं नानाभावान्पृथग्विधान् ।
वेत्ति सर्वेषु भूतेषु तज्ज्ञानं विद्धि राजसम् ॥ २१ ॥

पृथक्त्वेन—पृथक्-पृथक् आकार के कारण, **तु**—परन्तु, **यत्**—जो, **ज्ञानम्**—ज्ञान, **नानाभावान्**—पृथक्-पृथक् भावों को, **पृथग्विधान**—विभिन्न प्रकार के, **वेत्ति**—जानता है,

सर्वेषु—सब, **भूतेषु**—भूतों में, **तत्**—वह, **ज्ञानम्**—ज्ञान को (तू), **विद्धि**—जान, **राजसम्**—राजस।

परन्तु जो ज्ञान पृथक्–पृथक् आकार के कारण सब भूतों में विभिन्न प्रकार के पृथक्–पृथक् भावों को जानता है, उस ज्ञान को तू राजस जान।

जिस ज्ञान के द्वारा मनुष्य भूतों के अलग-अलग आकार के कारण सब भूतों में विभिन्न तरह के तथा पृथक्-पृथक् भावों को अर्थात् पृथक्-पृथक् आत्मा को जानता है, अर्थात् अलग-अलग शरीरधारी प्राणियों में अलग-अलग और अपने से भिन्न आत्मा को देखता है, उस ज्ञान को तू राजस जान।

राजस ज्ञान में मनुष्य आत्मा की निर्विकारता, अविनश्वरता एवं सर्वात्मैकता नहीं देख पाता, वह अज्ञान में ही स्थित रहता है ॥ २१ ॥

यत्तु कृत्स्नवदेकस्मिन्कार्ये सक्तमहैतुकम् ।
अतत्त्वार्थवदल्पं च तत्तामसमुदाहृतम् ॥ २२ ॥

यत्—जो ज्ञान, **तु**—परन्तु, **कृत्स्नवत्**—सम्पूर्ण के सदृश, **एकस्मिन्**—एक, **कार्ये**—कार्य में, **सक्तम्**—आसक्त है (तथा), **अहैतुकम्**—हेतुरहित (और), **अतत्त्वार्थवत्**—तत्त्व के अर्थ से भी रहित है, **अल्पम्**—अल्प है, **च**—और, **तत्**—वह ज्ञान, **तामसम्**—तामस, **उदाहृतम्**—कहलाता है।

परन्तु जो ज्ञान एक कार्य में सम्पूर्ण के सदृश आसक्त है तथा हेतुरहित और तत्त्व के अर्थ से भी रहित है और अल्प है, वह ज्ञान तामस कहलाता है।

जो ज्ञान किसी एक कार्य में, जैसे शरीर में या किसी प्रतिमा आदि में सम्पूर्णवत् आसक्त है, अर्थात् वह शरीर को ही आत्मा अथवा प्रतिमामात्र में ही ईश्वर देखता है—ऐसे अविद्या से युक्त है।

तथा जो ज्ञान हेतुरहित-युक्तिरहित है, क्योंकि थोड़ी भी युक्ति अथवा थोड़ा भी विवेक रहने पर ऐसी अविद्या की स्थिति नहीं हो सकती और जो ज्ञान वास्तविक तत्त्व के अर्थ को न समझता हो और इन कारणों से वह ज्ञान अल्प फल देनेवाला है। ऐसा उपर्युक्त ज्ञान तामस ज्ञान कहलाता है (९।१२)। तामस ज्ञान निश्चय ही अधोगति का कारण होता है ॥ २२ ॥

कर्म के तीन प्रकार अगले तीन श्लोकों में कहते हैं—

नियतं सङ्गरहितमरागद्वेषतः कृतम् ।
अफलप्रेप्सुना कर्म यत्तत्सात्त्विकमुच्यते ॥ २३ ॥

नियतम्—शास्त्रनियत है, **सङ्गरहितम्**—कर्त्तापन के सम्बन्ध से रहित, **अरागद्वेषतः**—बिना राग-द्वेष के (तथा), **कृतम्**—किया गया है, **अफलप्रेप्सुना**—फल न चाहनेवाले पुरुष द्वारा, **कर्म**—कर्म, **यत्**—जो, **तत्**—वह, **सात्त्विकम्**—सात्त्विक, **उच्यते**—कहा जाता है।

जो कर्म शास्त्रनियत है और कर्त्तापन के सम्बन्ध से रहित, बिना राग—द्वेष के तथा फल न चाहनेवाले पुरुष द्वारा किया गया है, वह सात्त्विक कहा जाता है।

पुरुष द्वारा किया गया सात्त्विक कहा जानेवाला कर्म पूरे चार लक्षणों से युक्त होना चाहिए—(१) शास्त्रविधि से नियत हो अर्थात् नित्य करने योग्य हो, (२) कर्तृत्वाभिमान से रहित हो, (३) राग-द्वेषादि द्वन्द्वों से रहित हो तथा (४) फल की आकांक्षा से रहित पुरुष द्वारा निष्कामभाव से किया गया हो। अस्तु, पुरुष द्वारा किया गया ऐसा कार्य जो इन सभी चार लक्षणों से युक्त हो वह कार्य सात्त्विक कहा जाता है ॥ २३ ॥

यत्तु कामेप्सुना कर्म साहङ्कारेण वा पुनः।
क्रियते बहुलायासं तद्राजसमुदाहृतम् ॥ २४ ॥

यत्—जो, **तु**—परन्तु, **कामेप्सुना**—भोगों को चाहनेवाले पुरुष द्वारा, **कर्म**—कर्म, **साहङ्कारेण**—अहंकारयुक्त पुरुष द्वारा, **वा**—या, **पुनः**—तथा, **क्रियते**—किया जाता है, **बहुलायासम्**—बहुत परिश्रम से, **तत्**—वह, **राजसम्**—राजस, **उदाहृतम्**—कहलाता है।

परन्तु जो कर्म भोगों को चाहनेवाले पुरुष द्वारा या अहंकारयुक्त पुरुष द्वारा तथा बहुत परिश्रम से किया जाता है, वह राजस कहलाता है।

जो कर्म नाना प्रकार के भोगों की इच्छा रखनेवाले पुरुष द्वारा अथवा अहंकारी पुरुष द्वारा किया जाता है और अत्यन्त परिश्रम से जो साध्य हो, ऐसा कर्म राजस कहा जाता है।

ऐसा पुरुष वेदवेत्ता क्यों न हो और लोक दृष्टि से भले ही निरहंकारी कहा जाता हो, किन्तु उसमें भोगेच्छा और कर्तृत्व में अहंकार होने से उसके कार्य राजस ही हैं ॥ २४ ॥

अनुबन्धं क्षयं हिंसामनवेक्ष्य च पौरुषम् ।
मोहादारभ्यते कर्म यत्तत्तामसमुच्यते ॥ २५ ॥

अनुबन्धम्—भावी परिणाम, **क्षयम्**—हानि, **हिंसाम्**—प्राणियों की पीड़ा, **अनवेक्ष्य**—न देखकर, **च**—और, **पौरुषम्**—पौरुष को, **मोहात्**—केवल मोह से, **आरभ्यते**—आरम्भ किया जाता है, **कर्म**—कर्म, **यत्**—जो कर्म, **तत्**—वह, **तामसम्**—तामस, **उच्यते**—कहा जाता है।

जो कर्म भावी परिणाम, क्षय, हिंसा और पौरुष को न देखकर केवल मोह से आरम्भ किया जाता है वह कर्म तामस कहा जाता है।

जो भी कर्म *अनुबन्ध*-बाद में होनेवाला परिणाम, *क्षय*-हानि, *हिंसा*-प्राणियों की पीड़ा और कार्य में पौरुष-सामर्थ्य को बिना विचार किये केवल मोह से आरम्भ किया जाता है, वह तामस कहलाता है। तामस कर्मों का परिणाम अन्त में सदैव हर प्रकार से स्वयं के लिए एवं अन्य के लिए भी कष्टदायी होता है॥ २५ ॥

कर्त्ता के तीन प्रकार अगले तीन श्लोकों में कहते हैं—

मुक्तसङ्गोऽनहंवादी धृत्युत्साहसमन्वितः ।
सिद्ध्यसिद्ध्योर्निर्विकारः कर्ता सात्त्विक उच्यते ॥ २६ ॥

मुक्तसङ्गः—फल की आसक्ति से रहित, **अनहंवादी**—कर्तृत्वाभिमान से रहित, **धृति उत्साह समन्वितः**—धैर्य और उत्साह से युक्त (तथा), **सिद्ध्य असिद्ध्योः निर्विकारः**—सिद्धि और असिद्धि में निर्विकार रहनेवाला, **कर्ता**—कर्ता, **सात्त्विकः**—सात्त्विक, **उच्यते**—कहलाता है।

फल की आसक्ति से रहित, अनहंवादी, धैर्य और उत्साह से युक्त तथा सिद्धि और असिद्धि में निर्विकार रहनेवाला कर्ता सात्त्विक कहलाता है।

जो कर्ता 'मुक्तसङ्गः'-फलासक्ति से रहित, 'अनहंवादी'-कर्तृत्वाभिमान से रहित, 'धृति'-कर्म के प्रारंभ से अन्त तक धैर्यशील, 'उत्साह'-उद्यमी तथा कार्य की सिद्धि व असिद्धि में 'निर्विकार:'-हर्षविषाद से रहित है, वह कर्ता सात्त्विक कहा जाता है ॥ २६ ॥

रागी कर्मफलप्रेप्सुर्लुब्धो हिंसात्मकोऽशुचिः ।
हर्षशोकान्वितः कर्ता राजसः परिकीर्तितः ॥ २७ ॥

रागी—आसक्तिवाला, **कर्मफलप्रेप्सुः**—कर्मफल चाहनेवाला, **लुब्धः**—लोभी, **हिंसात्मकः**—पर पीड़ा देने की वृत्तिवाला, **अशुचिः**—अपवित्र (और), **हर्षशोकान्वितः**—हर्ष-शोक से युक्त, **कर्ता**—कर्त्ता, **राजसः**—राजस, **परिकीर्तितः**—कहा जाता है।

आसक्तिवाला, कर्मफल चाहनेवाला, लोभी, हिंसात्मक, अपवित्र और हर्ष-शोक से युक्त कर्ता राजस कहा जाता है।

जो कर्ता 'रागी'-आसक्ति वाला, 'कर्मफलप्रेप्सु:'-कर्मफल की कामनावाला, 'लुब्ध:'-लोभी अर्थात् दूसरे के धन की अभिलाषावाला, 'हिंसात्मक:'-परपीड़ा देने की वृत्तिवाला तथा 'अशुचि:'-बाह्य तथा अन्त:करण की शुद्धि से रहित है।

तथा जो 'हर्षशोकान्वितः'—इष्ट पदार्थ की प्राप्ति में हर्षित और अनिष्ट की प्राप्ति में शोकार्त रहनेवाला हो अर्थात् वह हर्ष-शोक वाला हो, ऐसा उपर्युक्त भाव वाला कर्त्ता राजस कहा जाता है ॥ २७॥

अयुक्तः प्राकृतः स्तब्धः शठो नैष्कृतिकोऽलसः ।
विषादी दीर्घसूत्री च कर्ता तामस उच्यते ॥ २८ ॥

अयुक्तः—अयुक्त, **प्राकृतः**—विद्यारहित, **स्तब्धः**—घमण्डी, **शठः**—धूर्त, **नैष्कृतिकः**—वञ्चक, **अलसः**—आलसी, **विषादी**—शोक करनेवाला, **दीर्घसूत्री**—कर्त्तव्य में विलम्ब करनेवाला है (वह), **च**—और, **कर्ता**—कर्ता, **तामसः**—तामस, **उच्यते**—कहलाता है।

जो कर्ता अयुक्त, विद्यारहित, घमण्डी, धूर्त, वञ्चक, आलसी, विषादी और दीर्घसूत्री है, वह तामस कहलाता है।

जो कर्त्ता 'अयुक्तः'-असमाहित चित्तवाला (असावधान), 'प्राकृतः'-संस्कारहीन (विद्याहीन, विवेकशून्य), 'स्तब्धः'-विनयहीन (घमण्डी), 'शठः'-दूसरे को ठगनेवाला धूर्त, 'नैष्कृतिकः'-दूसरों की जीविका का नाश करनेवाला वञ्चक या दूसरों का अपमान करनेवाला, 'अलसः' अर्थात् कर्त्तव्य-कर्म में अप्रवृत्ति वाला, 'विषादी'-शोक में डूबा रहनेवाला और 'दीर्घसूत्री'-कर्त्तव्य में अत्यन्त विलम्ब करनेवाला है, ऐसा वह कर्ता तामस कहा जाता है ॥ २८ ॥

बुद्धि और धृति के तीन-तीन प्रकार का होना कहते हैं—

बुद्धेर्भेदं धृतेश्चैव गुणतस्त्रिविधं शृणु ।
प्रोच्यमानमशेषेण पृथक्त्वेन धनञ्जय ॥ २९ ॥

बुद्धेः—बुद्धि के, **भेदम्**—भेद, **धृतेः**—धृति के, **च**—और, **एव**—भी (जो), **गुणतः**—गुणों के भेद से, **त्रिविधम्**—तीन प्रकार के हैं, **शृणु**—सुन, **प्रोच्यमानम्**—कहे हुए, **अशेषेण**—(मेरे द्वारा) सम्पूर्णता से, **पृथक्त्वेन**—विभागपूर्वक, **धनञ्जय**—हे धनंजय।

हे धनंजय ! बुद्धि के और धृति के भेद भी जो गुणों के भेद से तीन प्रकार के हैं, मेरे द्वारा सम्पूर्णता से विभागपूर्वक कहे हुए सुन।

हे धनंजय ! बुद्धि के और धृति अर्थात् मन की दृढ़ता या धारणा के भी सत्त्वादि तीन गुणों के अनुसार जो तीन-तीन प्रकार के भेद हैं, उन्हें मैं सम्पूर्णता से विभागपूर्वक कहूँगा, उसे सुन ॥ २९ ॥

सात्त्विकी, राजसी व तामसी 'बुद्धि' को क्रमशः अगले तीन श्लोकों में कहते हैं—

प्रवृत्तिं च निवृत्तिं च कार्याकार्ये भयाभये ।
बन्धं मोक्षं च या वेत्ति बुद्धिः सा पार्थ सात्त्विकी ॥ ३० ॥

प्रवृत्तिम्—प्रवृत्ति को, **च**—और, **निवृत्तिम्**—निवृत्ति को, **च**—तथा, **कार्याकार्ये**—कार्य और अकार्य को, **भयाभये**—भय और अभय को, **बन्धम् मोक्षम् च**—बन्धन और मोक्ष को, **या**—(इन सबको) जो, **वेत्ति**—जानती है, **बुद्धिः**—बुद्धि, **सा**—वह बुद्धि, **पार्थ**—हे पार्थ, **सात्त्विकी**—सात्त्विकी है।

प्रवृत्ति और निवृत्ति, कार्य और अकार्य, भय और अभय तथा बन्धन और मोक्ष — इन सबको जो बुद्धि जानती है, हे पार्थ ! वह बुद्धि सात्त्विकी है।

'प्रवृत्तिम्'-संसारबन्धन के कारणरूप कर्ममार्ग और 'निवृत्तिम्'-संसार से मोक्षरूप संन्यासमार्ग, 'कार्याकार्ये'-देशकाल आदि के अनुसार करने योग्य कर्म और देशकाल आदि के अनुसार न करने योग्य कर्म, 'भयाभये'-शास्त्रविरुद्ध आचरण और शास्त्रानुकूल आचरण तथा 'बन्धनम् मोक्षम् च'-संसार के बन्धन का यथार्थ स्वरूप और संसार-बन्धन से छूटने के यथार्थ उपाय, इन सबको जो बुद्धि जानती है, हे पार्थ ! वह बुद्धि सात्त्विकी है ॥ ३० ॥

यया धर्ममधर्मं च कार्यं चाकार्यमेव च ।
अयथावत्प्रजानाति बुद्धिः सा पार्थ राजसी ॥ ३१ ॥

यया—जिस बुद्धि से मनुष्य, **धर्मम् अधर्मम् च**—धर्म और अधर्म को, **कार्यम्**—कार्य, **च**—और, **अकार्यम्**—अकार्य को, **एव**—भी, **च**—तथा, **अयथावत्**—यथार्थरूप से नहीं, **प्रजानाति**—जानता है, **बुद्धिः**—बुद्धि, **सा**—वह, **पार्थ**—हे पार्थ, **राजसी**—राजसी है।

जिस बुद्धि से मनुष्य धर्म और अधर्म को तथा कार्य और अकार्य को भी यथार्थरूप से नहीं जानता है, हे पार्थ ! वह बुद्धि राजसी है।

जिस बुद्धि से मनुष्य *धर्म*-शास्त्रविहित धर्ममार्ग, *अधर्म*-शास्त्रनिषिद्ध अधर्ममार्ग तथा पूर्वोक्त कार्य और अकार्य के स्वरूप को यथार्थ रूप से नहीं जानता, हे पार्थ ! वह बुद्धि राजसी है ॥ ३१ ॥

अधर्मं धर्ममिति या मन्यते तमसावृता ।
सर्वार्थान्विपरीतांश्च बुद्धिः सा पार्थ तामसी ॥ ३२ ॥

अधर्मम्—अधर्म को, **धर्मम्**—धर्म, **इति**—ऐसा, **या**—जो बुद्धि, **मन्यते**—मानती है, **तमसा—आवृता**—तमोगुण से ढकी हुई, **सर्व—अर्थान्**—सब बातों को, **विपरीतान्**—विपरीत (मान लेती है), **च**—तथा, **बुद्धिः**—बुद्धि, **सा**—वह, **पार्थ**—हे पार्थ, **तामसी**—तामसी है।

तमोगुण से ढकी हुई जो बुद्धि अधर्म को धर्म मानती है तथा सब बातों को विपरीत मान लेती है, हे पार्थ ! वह बुद्धि तामसी है।

तामसी प्रवृत्ति के मनुष्य की बुद्धि तमोगुणी अर्थात् अन्धकार से ढके होने के कारण जगत् और शास्त्र की मान्यताओं के विपरीत भाववाली होती है। फलतः जो बुद्धि 'अधर्मम्'-शास्त्रनिषिद्ध कार्यों को 'धर्मम्'-शास्त्रविहित कार्य मानती है तथा देश-काल और अवस्था आदि के अनुसार अन्यान्य सभी मान्य बातों में विपरीत भाव रखती है, हे पार्थ ! वह बुद्धि तामसी है ॥ ३२ ॥

आगे के तीन श्लोकों में 'धृति' को तीन प्रकार का बताते हैं—

धृत्या यया धारयते मनःप्राणेन्द्रियक्रियाः ।
योगेनाव्यभिचारिण्या धृतिः सा पार्थ सात्त्विकी ॥ ३३ ॥

धृत्या—धृति से (पुरुष), **यया**—जिस, **धारयते**—धारण करता है, **मनः प्राण इन्द्रिय क्रियाः**—मन, प्राण और इन्द्रियों की क्रियाओं को, **योगेन**—योग के द्वारा, **अव्यभिचारिण्या**—अव्यभिचारिणी, **धृतिः**—धृति, **सा**—वह, **पार्थ**—हे पार्थ, **सात्त्विकी**—सात्त्विकी है।

जिस अव्यभिचारिणी धृति से पुरुष योग के द्वारा मन, प्राण और इन्द्रियों की क्रियाओं को धारण करता है, हे पार्थ ! वह धृति सात्त्विकी है।

मनुष्य 'धृतिः'-धारणशक्ति के द्वारा ही मन, प्राण और इन्द्रियों की क्रियाओं, चेष्टाओं, भावनाओं और वृत्तियों को धारण करता है। जिस अव्यभिचारिणी (अटल) धृति से युक्त होकर पुरुष योग के द्वारा अर्थात् मोक्ष के साधनरूप भगवत् उपासना में प्रवृत्त मन, प्राण और इन्द्रियों की सभी क्रियाओं के द्वारा शास्त्रविरुद्ध प्रवृत्ति से रोककर भगवतोन्मुखी करके धारण करता है, हे पार्थ ! वह धृति सात्त्विकी है ॥ ३३ ॥

यया तु धर्मकामार्थान्धृत्या धारयतेऽर्जुन ।
प्रसङ्गेन फलाकाङ्क्षी धृतिः सा पार्थ राजसी ॥ ३४ ॥

यया—जिस, **तु**—परन्तु, **धर्मकामार्थान्**—धर्म, काम और अर्थ को, **धृत्या**—धृति से, **धारयते**—धारण करता है, **अर्जुन**—हे अर्जुन, **प्रसङ्गेन**—आसक्तिपूर्वक, **फलाकाङ्क्षी**—फलाकांक्षी पुरुष, **धृतिः**—धृति, **सा**—वह, **पार्थ**—हे पार्थ, **राजसी**—राजसी है।

परन्तु हे अर्जुन ! फलाकांक्षी पुरुष जिस धृति से आसक्तिपूर्वक धर्म, काम और अर्थ को धारण करता है, हे पार्थ ! वह धृति राजसी है।

हे अर्जुन ! फल को चाहनेवाला सकामी पुरुष जिस धारणाशक्ति से अत्यन्त आसक्तिपूर्वक धर्म, अर्थ और कामरूपी फल को लौकिक दृष्टि से प्राप्त करने हेतु इनके साधनरूपी मन, प्राण और इन्द्रियों की क्रियाओं को अपने फलरूपी लक्ष्य (धर्म, अर्थ और काम) को धारण करता है और मोक्षसाधन की ओर तनिक भी धारणा नहीं रखता, हे पार्थ ! वह धृति राजसी है ॥ ३४ ॥

यया स्वप्नं भयं शोकं विषादं मदमेव च ।
न विमुञ्चति दुर्मेधा धृतिः सा पार्थ तामसी ॥ ३५ ॥

यया—जिस धृति से, **स्वप्नम्**—स्वप्न, **भयम्**—भय, **शोकम्**—शोक, **विषादम्**—विषाद, **मदम्**—मद को, **एव**—भी, **च**—और, **न**—नहीं, **विमुञ्चति**—त्यागता, **दुर्मेधाः**—दुर्बुद्धि मनुष्य, **धृतिः**—धृति, **सा**—वह, **पार्थ**—हे पार्थ, **तामसी**—तामसी है।

दुर्बुद्धि मनुष्य जिस धृति से स्वप्न, भय, शोक, विषाद और मद को भी नहीं त्यागता, हे पार्थ ! वह धृति तामसी है।

जिस धृति से मनुष्य 'स्वप्नम्'-निद्रा अर्थात् तमयुक्त मूढभाव, 'भयम्'-इष्ट की क्षति और अनिष्ट की प्राप्ति, 'शोकम्'-दुःचिन्तायें, 'विषादम्'-शोक से उत्पन्न ताप और 'मदम्'-धन व बल, आदि की उन्मत्त अवस्था- इन सबका परित्याग नहीं करता, अपितु अज्ञानतावश कर्त्तव्यरूप से धारण ही किये रहता है, ऐसे दुर्बुद्धि मनुष्य की धृति तामसी कही गयी है ॥ ३५ ॥

'सुख' को भी तीन प्रकार का होना बताते हैं—

सुखं त्विदानीं त्रिविधं शृणु मे भरतर्षभ ।
अभ्यासाद्रमते यत्र दुःखान्तं च निगच्छति ॥ ३६ ॥

सुखम्—सुख, **तु**—भी, **इदानीम्**—अब, **त्रिविधम्**—तीन प्रकार का, **शृणु मे**—मुझसे सुन, **भरतर्षभ**—हे भरतश्रेष्ठ, **अभ्यासात्**—अभ्यास से, **रमते**—रमता है, **यत्र**—जिसमें (साधक मनुष्य), **दुःखान्तम्**—दुःख के अन्त को, **च**—और, **निगच्छति**—प्राप्त होता है।

हे भरतश्रेष्ठ ! अब तीन प्रकार का सुख भी मुझसे सुन, जिसमें साधक मनुष्य अभ्यास से रमता है और दुःख के अन्त को प्राप्त होता है।

पूर्व में कहे गये ज्ञान, कर्म आदि से प्राप्त होनेवाले सुख भी गुणों के अनुसार तीन प्रकार के हैं, अब उस भेद को चित्त लगाकर मुझसे सुन।

कैसा सुख है वह? जिस सुख में साधक मनुष्य लम्बे समय तक अभ्यास से अतिशय प्रीति को प्राप्त होता है और जिससे दुःखों का भी निश्चित अन्त होता है (६।२७-२८) ॥ ३६ ॥

अगले तीन श्लोकों में क्रमश: सात्त्विक, राजस व तामस 'सुख' को बताते हैं—

यत्तदग्रे विषमिव परिणामेऽमृतोपमम्।
तत्सुखं सात्त्विकं प्रोक्तमात्मबुद्धिप्रसादजम्॥ ३७॥

यत्—जो (ऐसा सुख है), **तत्**—वह, **अग्रे**—पहले तो, **विषम्—इव**—विष के समान (किन्तु), **परिणामे**—परिणाम में, **अमृत—उपमम्**—अमृततुल्य है, **तत्**—वह, **सुखम्**—सुख, **सात्त्विकम्**—सात्त्विक, **प्रोक्तम्**—कहा जाता है, **आत्मबुद्धि-प्रसादजम्**—आत्मबुद्धि के प्रसाद से उत्पन्न होनेवाला।

जो ऐसा सुख है, वह पहले तो विष के समान किन्तु परिणाम में अमृततुल्य है। आत्मबुद्धि के प्रसाद से उत्पन्न होनेवाला वह सुख सात्त्विक कहा जाता है।

दु:खों का अन्त करनेवाला वह सुख प्रथमत: योगाभ्यास के आरम्भकाल में अर्थात् ध्यानादि के प्रारम्भिक समय में श्रमसाध्य होने से विषतुल्य (दु:खरूप) लगता है, परन्तु बाद के परिणाम में ज्ञानादि के उपलब्ध हो जाने पर वह सुख अमृततुल्य होता है (५।२१,२४)। आत्मविषयक बुद्धि के प्रसाद से रज और तम की निवृत्ति के फलस्वरूप प्राप्त होनेवाली सात्त्विक बुद्धि से उत्पन्न ऐसे 'सुख' को सात्त्विक कहा जाता है॥ ३७॥

विषयेन्द्रियसंयोगाद्यत्तदग्रेऽमृतोपमम्।
परिणामे विषमिव तत्सुखं राजसं स्मृतम्॥ ३८॥

विषयेन्द्रियसंयोगात्—विषय और इन्द्रियों के संयोग से (उत्पन्न होता है), **यत्**—जो सुख, **तत्**—वह, **अग्रे**—पहले, **अमृत—उपमम्**—अमृततुल्य (और), **परिणामे**—परिणाम में, **विषम्—इव**—विष के सदृश होता है, **तत्**—वह, **सुखम्**—सुख, **राजसम्**—राजस, **स्मृतम्**—कहा जाता है।

जो सुख विषय और इन्द्रियों के संयोग से उत्पन्न होता है, वह पहले अमृततुल्य और परिणाम में विष के सदृश होता है, वह सुख राजस कहा जाता है।

विषय और इन्द्रियों के संयोग से उत्पन्न होनेवाला सुख तो सर्वप्रथम सेवन करते समय क्षणिक रूप से सुखमय एवं अमृततुल्य लगता है, किन्तु बाद में परिणाम में विष के समान होता है, ऐसा सुख राजस कहा जाता है।

विषय और इन्द्रियजन्य सुख बल, वीर्य, मेधा व धन आदि की हानि तथा काम व क्रोधादि विषयों की उत्पत्ति का कारण बनता है एवं इहलोक और परलोक दोनों में दु:खस्वरूप ही होता है। ऐसे क्षणिक सुख से कभी तृप्ति नहीं

होती, अपितु वह अतृप्ति बढ़ती ही जाती है तथा भोगों में लिप्तता भी बढ़ती है (३।३९) जिससे इस जगत् में शान्ति और सुख नहीं मिल पाता एवं स्वास्थ्य आदि की भी हानि होती है। इसके अतिरिक्त योगाभ्यास में संलग्न अध्यात्ममार्गियों के लिए कामेच्छा की पूर्ति के लिए इस प्रकरणगत क्षणिक सुख की प्राप्ति हेतु हुए वीर्य की हानि से चेतन शक्ति के उत्थान में अत्यन्त बाधा भी आती है। इसी कारण से ब्रह्मचर्य के लिए मात्र सन्तानोत्पत्ति हेतु ही स्त्रीप्रसंग का हमारे शास्त्रों में बल दिया गया है। भगवान् से योग के लिए अभ्यास में लगे हुए साधक को ऐसे उपर्युक्त राजस सुख की इच्छा से दूर रहना चाहिए ॥ ३८ ॥

यदग्रे चानुबन्धे च सुखं मोहनमात्मनः ।
निद्रालस्यप्रमादोत्थं तत्तामसमुदाहृतम् ॥ ३९ ॥

यत्—जो सुख, **अग्रे**—पहले, **च—अनुबन्धे**—और परिणाम में, **च**—भी, **सुखम्**—सुख, **मोहनम्**—मोहित करनेवाला है (तथा), **आत्मनः**—आत्मा को, **निद्रा—आलस्य—प्रमाद—उत्थम्**—निद्रा, आलस्य और प्रमाद से उत्पन्न होता है, **तत्**—वह, **तामसम्**—तामस, **उदाहृतम्**—कहा गया है।

जो सुख पहले और परिणाम में भी आत्मा को मोहित करनेवाला है तथा निद्रा, आलस्य और प्रमाद से उत्पन्न होता है, वह तामस कहा गया है।

तामस सुख तो न भोगकाल में और न ही भोग के बाद के काल में सुखकारी होता है। जो सुख प्रारम्भ में और बाद में भी अर्थात् भोगकाल और भोगकाल के बाद भी आत्मा को मोहित (अज्ञानमय) करनेवाला होता है तथा जो निद्रा, आलस्य और प्रमाद से उत्पन्न होता है वह सुख तामस कहा जाता है (१४।८)।

निद्रा तो मोह का एक कारण है। आलस्य तो इन्द्रिय मन्दता है एवं प्रमाद ही कर्त्तव्य में लापरवाही है। अतएव निद्रा, आलस्य और प्रमाद ये तीनों ही मोह के कारण हैं। इसलिए इन्हें तामस कहा गया है।

अतएव मोक्ष के अभिलाषी पुरुषों को राजस व तामस सुख त्यागकर सात्त्विक सुख का संचय उचित है ॥ ३९ ॥

तीनों गुणों के प्रकरण का उपसंहार करते हैं—

न तदस्ति पृथिव्यां वा दिवि देवेषु वा पुनः ।
सत्त्वं प्रकृतिजैर्मुक्तं यदेभिः स्यात्त्रिभिर्गुणैः ॥ ४० ॥

न—नहीं, **तत्**—वह (ऐसा कोई भी), **अस्ति**—है, **पृथिव्याम्**—पृथ्वी में, **वा**—अथवा, **दिवि**—स्वर्ग में, **देवेषु**—देवताओं में, **वा**—अथवा, **पुनः**—तथा अन्य कहीं भी, **सत्त्वम्**—सत्त्व

(वस्तु), **प्रकृतिजैः**—प्रकृति से उत्पन्न, **मुक्तम्**—रहित, **यत्**—जो, **एभिः**—इन, **स्यात्**—हो, **त्रिभिः**—तीनों, **गुणैः**—गुणों से।

पृथ्वी में अथवा स्वर्ग में अथवा देवताओं में तथा अन्य कहीं भी वह ऐसा कोई भी सत्त्व (वस्तु) नहीं है जो प्रकृति से उत्पन्न इन तीनों गुणों से रहित हो।

पृथ्वी में अर्थात् पृथ्वी और उसके नीचे पाताल लोक तक में अथवा स्वर्ग में अर्थात् पृथ्वी के ऊपर स्वर्गादि लोकों में अथवा देवताओं में तथा अन्य कहीं भी ऐसा कोई सत्त्व (वस्तु) नहीं है, अर्थात् ऐसा कोई चर-अचर, जड़-चेतन वस्तुमात्र, प्राणयुक्त अथवा प्राणरहित नहीं है जो प्रकृति से उत्पन्न सत्त्व, रज व तम इन तीनों गुणों से रहित हो।

मनुष्य सहित जो भी प्राणिमात्र पूरे ब्रह्माण्ड में हैं, उनके जन्म का कारण प्रकृतिस्थ सत्त्वादि तीनों गुणों का संग ही है (१३।२१)। ऐसा हो भी क्यों न, वस्तुतः समस्त ब्रह्माण्ड ब्रह्म की त्रिगुणमयी माया की ही तो रचना है ! ॥ ४० ॥

चारों 'वर्ण' स्वभाव से उत्पन्न गुणों के आधार पर विभक्त हैं, सो कहते हैं—

ब्राह्मणक्षत्रियविशां शूद्राणां च परन्तप ।
कर्माणि प्रविभक्तानि स्वभावप्रभवैर्गुणैः ॥ ४१ ॥

ब्राह्मण—ब्राह्मण, **क्षत्रिय**—क्षत्रिय, **विशाम्**—वैश्य, **शूद्राणाम्**—शूद्रों के, **च**—और, **परन्तप**—हे परन्तप, **कर्माणि**—कर्म, **प्रविभक्तानि**—पृथक्-पृथक् विभक्त किये गये हैं, **स्वभावप्रभवैः**—(उनके) अपने-अपने स्वभाव से उत्पन्न हुए, **गुणैः**—गुणों से।

हे परन्तप ! ब्राह्मण, क्षत्रिय, वैश्य और शूद्रों के कर्म उनके अपने—अपने स्वभाव से उत्पन्न हुए गुणों से पृथक्—पृथक् विभक्त किये गये हैं।

मनुष्यों में पूर्व जन्मों में किये गये कर्मों से, जो ईश्वर की त्रिगुणात्मिका माया (प्रकृति) के अधीन होता है, 'संस्कार' बनता है। इसी संस्कार को *'स्वभाव'* कहते हैं। माया के अधीन कर्म होने के कारण ही मनुष्य में स्वभाव से सत्त्व, रज व तम - इन तीनों गुणों की न्यूनाधिक अवस्था होती है। अतएव संस्कार अथवा स्वभाव को मूल में रखते हुए सत्त्वादि तीनों गुणों के परिमाण (मात्रा) के आधार पर ही मनुष्य में चार वर्णों की व्यवस्था शास्त्र में किया गया है—

(१) जिनके स्वभाव में सत्त्वगुण का आधिक्य हो, अन्य दोनों गुण अत्यल्प मात्रा में हो वह ब्राह्मण होता है। अतः ब्राह्मण का स्वाभाविक कर्म शम आदि कहा गया है।

(२) जिसके स्वभाव में सत्त्वमिश्रित रजोगुण का आधिक्य हो, किन्तु तम अल्प मात्रा में हो वह क्षत्रिय कहलाता है, जिसका स्वाभाविक कर्म शूरता व वीरता आदि है।

(३) जिसके स्वभाव में तमोमिश्रित रजोगुण का आधिक्य हो, किन्तु सत्त्व अल्प मात्रा में हो वह वैश्य कहलाता है, जिसका स्वाभाविक कर्म व्यवसाय व कृषिकार्य, आदि है।

(४) जिसके स्वभाव में रजोमिश्रित तमोगुण का आधिक्य हो, किन्तु सत्त्व अल्प मात्रा में हो वह शूद्र कहलाता है, जिसका स्वाभाविक कार्य सेवा आदि है। सेवा का आशय यहाँ सामाजिक व्यवस्था के संचालन में अन्य बचे हुए कार्य हैं, जो इस वर्ग के जीविकोपार्जन का भी आधार है।

वस्तुतः इन चारों वर्णों का जो स्वाभाविक कर्म यहाँ कहा गया है उन कर्मों का वास्तविक स्वरूप उनसे सम्बन्धित प्रधान गुण में ही सन्निहित हैं, श्लोक (४।१३) में भी इसका वर्णन है।

उपर्युक्त चार वर्णों की व्यवस्था उन वर्णों के प्रधान गुण के आधार पर ही शास्त्रों में है, न कि जातिगत आधार है। समय के साथ समाज में वर्ण के स्थान पर जाति के आधार पर सामाजिक व्यवस्था आ गयी, यह दोष शास्त्रगत नहीं है। वर्णव्यवस्था का मूल आधार तो स्वभावजन्य गुण ही हैं। इन चारों वर्णों के स्वभावजन्य गुणवाले मनुष्य वर्तमान की हर जाति में हैं, पहले भी रहे हैं। सात्त्विकगुण सम्पन्न सन्त व महात्मा किसी भी जाति के रहे हों, पूज्य ही रहे हैं। उदाहरणार्थ- प्राचीनकाल के दुर्वासा, दधीचि, वाल्मीकि, कश्यप आदि तथा बाद के काल के रविदास, नामदेव, तुकाराम आदि वर्तमान जाति के आधार पर तो पिछड़ी जाति के रहे, किन्तु सत्त्वगुण की प्रधानता के कारण समाज में सभी वर्णों द्वारा पूजित रहे और कथित उच्चतर वर्णवाले शिष्यत्व भी स्वीकार किये हैं ॥ ४१ ॥

ब्राह्मण के स्वाभाविक कर्म बताते हैं—

शमो दमस्तपः शौचं क्षान्तिरार्जवमेव च।
ज्ञानं विज्ञानमास्तिक्यं ब्रह्मकर्म स्वभावजम् ॥ ४२ ॥

शमः—शम, **दमः**—दम, **तपः**—तप, **शौचम्**—अन्तःकरण की शुद्धि, **क्षान्तिः**—क्षमा, **आर्जवम्**—सरलता, **एव**—ही, **च**—और, **ज्ञानम्**—ज्ञान, **विज्ञानम्**—विज्ञान, **आस्तिक्यम्**—आस्तिकता (ये सब), **ब्रह्मकर्म**—ब्राह्मण के कर्म, **स्वभावजम्**—स्वाभाविक।

शम, दम, तप, शौच, क्षमा, आर्जव, ज्ञान, विज्ञान और आस्तिकता – ये सब ब्राह्मण के स्वाभाविक कर्म हैं।

'शमः'-चित्त को बाह्य विषयों से रोककर आत्मविषयक में स्थिर करना, 'दमः'-कर्म एवं इन्द्रियों को उनके विषयों से विरत कर अपने गोलकों (आधार) में स्थिर करके ईश्वरोन्मुख करना, 'तपः'-स्वधर्म पालन में कष्ट सहना, 'शौचम्'-बाह्य एवं अन्तःकरण को शुद्ध करके विषयों को दूर रखना, 'क्षान्तिः'-दूसरे के द्वारा अपने प्रति किये गये अपकार में भी उसे आत्मरूप समझकर निर्विकार रहना, 'आर्जवम्'-इन्द्रिय भाव व अन्तःकरण की सरलता, 'ज्ञानम्'-आत्मतत्त्व का बोध, 'विज्ञानम्'-आत्मतत्त्व का प्रत्यक्ष अनुभव एवं 'आस्तिक्यम्'-वेदशास्त्र तथा ईश्वर में दृढ़ विश्वास।

ये सब उपर्युक्त सत्वगुणयुक्त 'ब्रह्मकर्म स्वभावजम्'-ब्राह्मण के स्वाभाविक कर्म हैं। इनमें से कुछ गुणों का वर्णन श्लोक (१३।७) में भी ज्ञान के साधनरूप में किया गया है ॥ ४२ ॥

क्षत्रिय के स्वाभाविक कर्म बताते हैं—

शौर्यं तेजो धृतिर्दाक्ष्यं युद्धे चाप्यपलायनम् ।
दानमीश्वरभावश्च क्षात्रं कर्म स्वभावजम् ॥ ४३ ॥

शौर्यम्—युद्ध में निर्भयता, **तेजः**—तेज, **धृतिः**—धैर्य, **दाक्ष्यम्**—दक्षता, **युद्धे**—युद्ध से, **च**—और, **अपि**—भी, **अपलायनम्**—न भागना, **दानम्**—दान, **ईश्वरभावः**—ईश्वरभाव (ये सब), **च**—और, **क्षात्रम्**—क्षत्रिय के, **कर्म**—कर्म हैं, **स्वभावजम्**—स्वाभाविक।

शौर्य, तेज, धृति, दक्षता और युद्ध से भी न भागना, दान और ईश्वरभाव, ये सब क्षत्रिय के स्वाभाविक कर्म हैं।

'शौर्यम्'-युद्ध में निर्भयता, 'तेजः'-दूसरों को न दबाने का स्वभाव, 'धृतिः'-धैर्य, 'दाक्ष्यम्'-कार्य में कुशलता, 'अपलायनम्'-मृत्युभय पर भी (युद्ध से) न भागने का स्वभाव, 'दानम्'-अपना धन अन्य सुपात्र को निःस्वार्थभाव से प्रसन्नतापूर्वक देना और 'ईश्वरभावः'-सभी प्राणियों में ईश्वर तत्त्व समझते हुए न्यायानुसार नियमन व हित रक्षा, ये सब सत्त्वमिश्रित रजोगुण प्रधान क्षत्रिय के स्वभावजन्य (२।३१) कर्म हैं ॥ ४३ ॥

वैश्य और शूद्र के स्वाभाविक कर्म कहते हैं—

कृषिगौरक्ष्यवाणिज्यं वैश्यकर्म स्वभावजम् ।
परिचर्यात्मकं कर्म शूद्रस्यापि स्वभावजम् ॥ ४४ ॥

कृषिगौरक्ष्यवाणिज्यं—कृषि, गोरक्षा और व्यापार, **वैश्यकर्म**—ये वैश्य के कर्म हैं, **स्वभावजम्**—स्वाभाविक, **परिचर्यात्मकम् कर्म**—सेवारूप कर्म, **शूद्रस्य**—शूद्र का, **अपि**—भी, **स्वभावजम्**—स्वाभाविक (कर्म है)।

कृषि, गोरक्षा और व्यापार - ये वैश्य के स्वाभाविक कर्म हैं। सेवारूप कर्म शूद्र का भी स्वाभाविक कर्म है।

कृषि- अन्नादि उत्पन्न करने हेतु पृथ्वी को जोतना-बोना, गोरक्षा- पशुपालन और पशुओं में अत्यन्त कल्याणकारी 'गौ' की रक्षा व पालन, व्यापार- जीवनोपयोगी वस्तुओं का क्रय व विक्रय, ये सब तममिश्रित रजोगुण प्रधान वैश्य के स्वाभाविक कर्म हैं।

शूद्र वर्ण का भी उनके जीविकोपार्जन हेतु उनकी क्षमता एवं योग्यातानुसार समाज के अन्य कार्यों को सेवारूप से करना उनका स्वाभाविक कर्म कहा गया है।

उपर्युक्त सभी वर्णों के कार्य जाति आधारित न होकर उनके स्वभावानुसार थे एवं सामाजिक व्यवस्था के सुचारु संचालन एवं उन्नयन में सहायक थे ॥ ४४ ॥

अपने कर्म का पालन करनेवाले को संसिद्धि कैसे मिलती है? सो अगले दो श्लोकों में बताते हैं—

स्वे स्वे कर्मण्यभिरतः संसिद्धिं लभते नरः ।
स्वकर्मनिरतः सिद्धिं यथा विन्दति तच्छृणु ॥ ४५ ॥

स्वे स्वे—अपने-अपने, **कर्मणि**—कर्म में, **अभिरतः**—लगा हुआ, **संसिद्धिम्**—संसिद्धि को, **लभते**—पाता है, **नरः**—मनुष्य, **स्वकर्म**—अपने कर्म में, **निरतः**—लगा हुआ मनुष्य, **सिद्धिम्**—संसिद्धि, **यथा**—जिस प्रकार, **विन्दति**—पाता है, **तत्**—वह, **शृणु**—सुन।

अपने—अपने कर्म में लगा हुआ मनुष्य संसिद्धि को पाता है। अपने कर्म में लगा हुआ मनुष्य जिस प्रकार संसिद्धि पाता है वह सुन।

सभी वर्ण के कर्माधिकारी मनुष्य अपने-अपने वर्णधर्म के अनुसार कर्म करते हुए परम पद की प्राप्तिरूप संसिद्धि को पाता है, किन्तु संसिद्धि पाने हेतु किस प्रकार कार्य में लगना चाहिए वह तू सुन।

यहाँ भगवान् का स्पष्ट रूप से आशय है कि सभी वर्णधर्म के लोगों को अपना-अपना कर्त्तव्य-कर्म करते हुए संसिद्धि पाने का समान अधिकार है। संसिद्धि पाने में न तो वर्णभेद है, न कार्यभेद है और न लिंगभेद है। हाँ, किसी

भी वर्ण के मनुष्यों द्वारा कर्म को विशेष योग्यता से विवेकपूर्वक करने से ही संसिद्धि मिलती है ॥ ४५ ॥

यतः प्रवृत्तिर्भूतानां येन सर्वमिदं ततम्।
स्वकर्मणा तमभ्यर्च्य सिद्धिं विन्दति मानवः ॥ ४६ ॥

यतः—जिस परमेश्वर से, **प्रवृत्तिः**—उत्पत्ति हुई है (और), **भूतानाम्**—प्राणियों की, **येन**—जिससे, **सर्वम् इदम्**—यह सब जगत, **ततम्**—व्याप्त है, **स्वकर्मणा**—अपने कर्मों से, **तम्**—उसको, **अभ्यर्च्य**—पूजकर, **सिद्धिम्**—सिद्धि को, **विन्दति**—पाता है, **मानवः**—मनुष्य।

जिस परमेश्वर से प्राणियों की प्रवृत्ति हुई है और जिससे यह सब जगत् व्याप्त है, उसको अपने कर्मों से पूजकर मनुष्य सिद्धि को पाता है।

जिस परमेश्वर से सभी प्राणियों की उत्पत्ति आदि प्रवृत्ति हुई है और जिससे यह सम्पूर्ण जगत् व्याप्त है, उसको सभी वर्ण के मनुष्य अपने वर्णधर्म के अनुसार कर्त्तव्य-कर्मों से पूजा करके मेरी प्राप्तिरूप सिद्धि प्राप्त करते हैं। कर्मों द्वारा ईश्वर की पूजा कैसी है, किस भाव से है? कर्मों से ईश्वर की पूजा का आशय निम्नवत् है—

ईश्वर ही सभी प्राणियों के आधार, सुहृद और नियामक हैं (५।२९)। ऐसे भाव को धारण करके अपने वर्ण के अनुसार परहित में सम्पूर्ण कर्त्तव्य कर्मों को कर्तृत्वाभिमान से रहित हुआ कर्म की आसक्ति और फल की इच्छा त्यागकर ईश्वर के प्रीत्यार्थ ईश्वर को ही समर्पण करके उनके आराधनारूप से करते रहना ही ईश्वर की कर्मों द्वारा पूजा है। मनुष्य द्वारा ऐसी कर्मपूजा से एवं फलतः ईश्वर की प्रसन्नतारूप प्रसाद से ही उनकी प्राप्तिरूप सिद्धि बिना किसी लिंगभेद या वर्णभेद या सम्प्रदायभेद के अवश्य ही मिल जाती है ॥ ४६ ॥

स्वधर्म पालन की सार्थकता बतलाते हैं—

श्रेयान्स्वधर्मो विगुणः परधर्मात्स्वनुष्ठितात्।
स्वभावनियतं कर्म कुर्वन्नाप्नोति किल्बिषम् ॥ ४७ ॥

श्रेयान्—श्रेष्ठ है (क्योंकि), **स्वधर्मः**—अपना धर्म (स्वधर्म), **विगुणः**—गुणरहित होने पर भी, **परधर्मात्**—दूसरे के धर्म (परधर्म) से, **स्वनुष्ठितात्**—अच्छी प्रकार आचरण किये हुए, **स्वभावनियतम्**—स्वभाव से नियत, **कर्म**—कर्म, **कुर्वन्**—करता हुआ मनुष्य, **न आप्नोति**—नहीं प्राप्त होता है, **किल्बिषम्**—पाप को।

अपना धर्म (स्वधर्म) गुणरहित होने पर भी अच्छी प्रकार आचरण किये हुए दूसरे के धर्म (परधर्म) से श्रेष्ठ है, क्योंकि स्वभाव से नियत कर्म करता हुआ मनुष्य पाप को नहीं प्राप्त होता है।

अपने वर्ण के अनुसार किये जानेवाले कर्मों की, जो स्वभाव से गुणों के कारण ही नियत हैं, श्रेष्ठता भगवान् बता रहे हैं। अपने-अपने वर्ण, स्वभाव और परिस्थिति के अनुसार कर्त्तापन के त्याग से ईश्वर आराधनारूप कर्म ही *'स्वधर्म'* है। ऐसा स्वधर्म तो निर्गुण-गुणरहित होने पर भी अच्छी तरह से आचरित परधर्म, यहाँ परधर्म का आशय ऐसे कर्मों से है जो अन्य वर्णों में करणीय है किन्तु अपने वर्ण में निषेध है, की अपेक्षा श्रेष्ठ है। परधर्म तो भयावह तक कहा गया है (३।३५)। स्वधर्म आसानी से किया जा सकता है, क्योंकि वह अपने स्वभाव व वर्ण के अनुसार है, किन्तु दूसरे स्वभाव व वर्ण का कार्य करने में अपने स्वभाव के विपरीत होने से व्यावहारिक कठिनाई होती है, इसलिए भी स्वधर्म श्रेष्ठ है। अस्तु, सभी प्राणियों के हित में ईश्वरप्राप्तिरूप निःस्वार्थभाव से किए जानेवाले कर्म सभी वर्णों के लिए स्वधर्मरूप ही हैं जो निश्चय ही करणीय हैं।

मनुष्य एक क्षण भी बिना कर्म किये नहीं रह सकता (३।५)। श्वास लेना तक भी कर्म ही है। कर्म तो करना ही है। स्वभाव से नियत कर्म में मनुष्य को पाप का भी भागी नहीं होना होता है, क्योंकि वह उसका स्वधर्म है, किन्तु यदि परधर्म के सम्पादन में भूल से भी किसी जीव की हत्या आदि होती है तो पाप का भागी होना होगा। परोक्ष रूप से अर्जुन को स्वधर्मरूप युद्ध करने की प्रेरणा भगवान् श्रीकृष्ण देते हुए प्रतीत होते हैं ॥ ४७ ॥

स्वधर्म को त्याग करने का निषेध बतलाते हैं—

सहजं कर्म कौन्तेय सदोषमपि न त्यजेत् ।
सर्वारम्भा हि दोषेण धूमेनाग्निरिवावृताः ॥ ४८ ॥

सहजम्—सहज, **कर्म**—कर्म, **कौन्तेय**—हे कौन्तेय, **सदोषम् अपि**—दोषयुक्त होने पर भी (उसका), **न त्यजेत्**—त्याग नहीं करना चाहिए, **सर्वारम्भाः**—सभी कर्म, **हि**—क्योंकि, **दोषेण**—दोष से, **धूमेन**—धुँएँ से, **अग्निः इव**—अग्नि की भाँति, **आवृताः**—ढके हैं।

हे कौन्तेय ! सहज कर्म दोषयुक्त होने पर भी उसका त्याग नहीं करना चाहिए, क्योंकि धुँएँ से अग्नि की भाँति सभी कर्म दोष से ढके हैं।

अपने वर्ण और स्वभाव के अनुसार जो कर्म हैं, उसे *सहज कर्म* या स्वाभाविक कर्म कहेंगे। उस सहज कर्म के करने के प्रारम्भिक काल में यदि कुछ दोष हो तो भी हे कौन्तेय ! उस सहज कर्म का त्याग नहीं करना चाहिए। कर्मत्याग इसलिए भी नहीं करना चाहिए कि अज्ञानी मनुष्यों द्वारा कर्मत्याग सम्भव ही नहीं है (३।५), इनके लिए तो कर्मत्याग का कोई विधान भी कर्मसंन्यासियों की तरह है भी नहीं ।

'सर्वारम्भा:'-सभी आरम्भ का आशय यहाँ समस्त कर्म से है। सत्त्वादि तीनों गुणरूप दोष होने के कारण सभी कर्म तो उसी तरह से दोष से ढके हुए हैं, जैसे धुँएँ से अग्नि ढकी रहती है, अर्थात् जैसे अग्नि प्रज्वलित होने के प्रारम्भ में दोषरूप धुँएँ से ही ढका हुआ रहता है। अत: सहज कर्म का परित्याग नहीं करना चाहिए ॥ ४८ ॥

संन्यास द्वारा नैष्कर्म्य सिद्धि की प्राप्ति बतलाना—

असक्तबुद्धिः सर्वत्र जितात्मा विगतस्पृहः ।
नैष्कर्म्यसिद्धिं परमां सन्न्यासेनाधिगच्छति ॥ ४९ ॥

असक्तबुद्धिः—आसक्तिरहित बुद्धिवाला, **सर्वत्र**—सर्वत्र, **जितात्मा**—जीते हुए अन्त:करणवाला (और), **विगतस्पृहः**—तृष्णारहित पुरुष, **नैष्कर्म्यसिद्धिम्**—नैष्कर्म्यसिद्धि को, **परमाम्**—परम, **सन्न्यासेन**—संन्यास द्वारा, **अधिगच्छति**—प्राप्त होता है।

सर्वत्र आसक्तिरहित बुद्धिवाला, जीते हुए अन्तःकरणवाला और तृष्णारहित पुरुष संन्यास द्वारा नैष्कर्म्यसिद्धि को प्राप्त होता है।

जो सर्वत्र 'असक्तबुद्धि:' है, अर्थात् स्त्री, पुत्र व धनादि में सर्वत्र आसक्ति से रहित है, इन सभी में उसकी कोई प्रियता नहीं है। जो 'जितात्मा' है, अर्थात् जिसका अन्त:करण ईश्वरोन्मुखी करके सांसारिक कामनाओं से रहित होकर जीता हुआ है (वश में है) तथा जो 'विगतस्पृहा:' है, अर्थात् संसार के सभी विषयभोगों और शरीरादि में तृष्णा से रहित है।

ऐसा उपर्युक्त गुणों से युक्त संन्यासी-आत्मज्ञ पुरुष तो ब्रह्मज्ञान अर्थात् निष्क्रिय ब्रह्मरूप आत्मा का ज्ञान हो जाने के कारण मन से सम्पूर्ण कर्म के निवृत्त हो जाने के फलस्वरूप 'नैष्कर्म्यसिद्धि' अर्थात् नैष्कर्म्यतारूप सिद्धि को प्राप्त होता है। मन सम्बन्धी सभी कर्मों से उपरामता को प्राप्त हुआ ऐसा संन्यासी पुरुष ब्रह्मरूप यथार्थ ज्ञान को प्राप्त करता है ॥ ४९ ॥

नैष्कर्म्यसिद्धि को प्राप्त पुरुष किस प्रकार ज्ञाननिष्ठारूप ब्रह्म को पाता है, उस क्रम को अगले छह श्लोकों के माध्यम से कहते हैं—

सिद्धिं प्राप्तो यथा ब्रह्म तथाप्नोति निबोध मे ।
समासेनैव कौन्तेय निष्ठा ज्ञानस्य या परा ॥ ५० ॥

सिद्धिम्—उस सिद्धि को, **प्राप्तः**—प्राप्त हुआ पुरुष, **यथा**—जिस प्रकार से, **ब्रह्म**—ब्रह्म को, **तथा**—उस प्रकार को, **आप्नोति**—प्राप्त होता है, **निबोध**—समझ, **मे**—मुझसे, **समासेन**—संक्षेप में, **एव**—ही, **कौन्तेय**—हे कुन्तीपुत्र, **निष्ठा**—निष्ठा, **ज्ञानस्य**—ज्ञान की, **या**—जो, **परा**—परा।

उस सिद्धि को प्राप्त हुआ पुरुष जिस प्रकार से ज्ञान की परा निष्ठा ब्रह्म को प्राप्त होता है, हे कुन्तीपुत्र ! उस प्रकार को मुझसे संक्षेप में ही समझ।

शास्त्रविहित कर्त्तव्य-कर्म के अनुष्ठान द्वारा शुद्ध बुद्धि और अन्त:करण से ईश्वर आराधना रूप साधना करते हुए जो नैष्कर्म्यसिद्धि प्राप्त होती है और जिससे ज्ञान की परा निष्ठा रूप ब्रह्म की प्राप्ति होती है, हे कुन्तीपुत्र ! वह प्राप्तिक्रम संक्षेप में मुझसे ध्यानपूर्वक समझ ॥ ५० ॥

बुद्ध्या विशुद्धया युक्तो धृत्यात्मानं नियम्य च ।
शब्दादीन्विषयांस्त्यक्त्वा रागद्वेषौ व्युदस्य च ॥ ५१ ॥

बुद्ध्या—बुद्धि से, **विशुद्धया**—विशुद्ध, **युक्तः**—युक्त होकर, **धृत्या**—धृति से, **आत्मानम्**—शरीर को, **नियम्य**—वश में करके, **च**—और, **शब्दादीन्**—शब्दादि, **विषयान्**—विषयों को, **त्यक्त्वा**—त्यागकर, **रागद्वेषौ**—राग-द्वेष को, **व्युदस्य**—नष्ट करके, **च**—तथा।

विशुद्ध बुद्धि से युक्त होकर धृति से शरीर को वश में करके और शब्दादि विषयों को त्यागकर तथा राग—द्वेष को नष्ट करके।

'बुद्ध्या विशुद्धया'- विशुद्ध बुद्धि से अर्थात् आत्मतत्त्व विषय का निश्चय करनेवाली बुद्धि से युक्त होकर धैर्यपूर्वक 'आत्मानम्' अर्थात् कार्य-करग संघातरूप शरीर को (शरीर, मन और अन्त:करण को) वश में करते हुए केवल आत्मतत्त्व की ओर उन्मुख करके शब्दादि विषयों को त्यागकर और तद्विषयक राग-द्वेष को नष्ट करके (६।२४-२५)। आशय यह है कि केवल शरीर रक्षा मात्र के लिए आवश्यक विषयवस्तु से सम्बन्ध रखकर ॥ ५१ ॥

विविक्तसेवी लघ्वाशी यतवाक्कायमानसः ।
ध्यानयोगपरो नित्यं वैराग्यं समुपाश्रितः ॥ ५२ ॥

विविक्तसेवी—एकान्तसेवी, **लघु—आशी**—अल्पाहारी, **यत**—वश में करके, **वाक—काय—मानसः**—वाणी, शरीर और मन को, **ध्यानयोगपरः**—ध्यानयोग के परायण होकर (और), **नित्यम्**—नित्य, **वैराग्यम्**—वैराग्य का, **समुपाश्रितः**—भलीभाँति आश्रय लेकर।

एकान्तसेवी, अल्पाहारी, वाणी, शरीर और मन को वश में करके, नित्य ध्यानयोग के परायण होकर और वैराग्य का भलीभाँति आश्रय लेकर।

तथा 'विविक्तसेवी'-एकान्तसेवी अर्थात् आत्मध्यान में सहायक पहाड़, नदी, गुफा, आदि नैसर्गिक रूप से समृद्ध एकान्तदेश के सेवन का स्वभाववाला, थोड़ा और सन्तुलित भोजन करनेवाला तथा मन, वाणी और शरीर को वश में करते हुए

मृत्युकालपर्यन्त यहाँ नित्य ध्यानयोग के परायण होकर अर्थात् आत्मस्वरूप का चिन्तन करते हुए आत्मा में चित्त को एकाग्र करनेवाला होकर और 'वैराग्य समुपाश्रित:'-वैराग्य के आश्रित रहकर अर्थात् आत्मवस्तु के अतिरिक्त सभी अनात्म वस्तुओं में दोष देखते हुए उनमें वैराग्य भाव से भलीभाँति आश्रित रहनेवाला होकर ॥ ५२ ॥

अहङ्कारं बलं दर्पं कामं क्रोधं परिग्रहम् ।
विमुच्य निर्ममः शान्तो ब्रह्मभूयाय कल्पते ॥ ५३ ॥

अहङ्कारम्—अहंकार, **बलम्**—बल, **दर्पम्**—दर्प, **कामम्**—काम, **क्रोधम्**—क्रोध (और), **परिग्रहम्**—मन व इन्द्रिय के दोष को, **विमुच्य**—छोड़कर, **निर्ममः**—ममता से रहित होकर, **शान्तः**—शान्त पुरुष, **ब्रह्मभूयाय**—ब्रह्मभाव को, **कल्पते**—पात्र होता है।

अहंकार, बल, दर्प, काम, क्रोध और परिग्रह को छोड़कर ममता से रहित होकर शान्त पुरुष ब्रह्मभाव का पात्र होता है।

तथा 'अहङ्कारम्'—कार्य-करण के संघातरूप शरीर में अहंभाव, 'बलम्'—कामासक्ति से युक्त सामर्थ्य, यहाँ शारीरिक सामर्थ्य या बल का अभिप्राय नहीं है, 'दर्पम्'-अनात्म विषय में हर्षोन्माद और धर्मोल्लंघन का गर्व, 'कामम्'-अनात्मवस्तु की इच्छा, 'क्रोधम्'-अभीष्ट की अप्राप्ति से उत्पन्न दोष, 'परिग्रहम्'-मन व इन्द्रिय के दोषों का त्याग तथा 'निर्मम:'-ममतारहित अर्थात् सभी अनात्म वस्तुओं में आत्मीयता का त्याग करके 'शान्त:'-एकमात्र आत्मानुभव में लगा हुआ। ऐसा उपर्युक्त गुणों से युक्त होकर सुखी और शान्त ज्ञाननिष्ठ संन्यासी ब्रह्मभाव को प्राप्त होने के योग्य होता है ॥ ५३ ॥

ब्रह्मभूतः प्रसन्नात्मा न शोचति न काङ्क्षति ।
समः सर्वेषु भूतेषु मद्भक्तिं लभते पराम् ॥ ५४ ॥

ब्रह्मभूतः—ब्रह्म में स्थित, **प्रसन्नात्मा**—प्रसन्नात्मा पुरुष, **न शोचति**—न शोक करता है (और), **न काङ्क्षति**—न आकांक्षा करता है, **समः**—सम हुआ वह, **सर्वेषु भूतेषु**—सब भूतों में, **मत्**—मेरी, **भक्तिम्**—भक्ति को, **लभते**—प्राप्त होता है, **पराम्**—परा।

ब्रह्म में स्थित प्रसन्नात्मा पुरुष न शोक करता है और न आकांक्षा करता है। सब भूतों में सम हुआ, वह मेरी पराभक्ति को प्राप्त होता है।

फिर उस ब्रह्म में स्थित (ब्रह्म में एकीभाव हुए) अर्थात् ब्रह्म को प्राप्त हुए पुरुष की दृष्टि में एकमात्र ब्रह्म की ही सत्ता सम्पूर्ण जगत् में प्रतिष्ठित है, ऐसे भाव से युक्त हुआ उसका अन्त:करण सदैव प्रसन्न रहता है। ऐसा निर्लिप्त हुआ वह

पुरुष मेरे अतिरिक्त किसी भी वस्तु की अप्राप्ति में शोक नहीं करता है और न किसी अन्य वस्तु की प्राप्ति की अपेक्षा ही करता है (५।२४;६।२७)। ब्रह्म में स्थित पुरुष के लिए अन्य वस्तु की प्राप्ति-अप्राप्ति का अर्थ ही क्या है?

ऐसा पुरुष जो सभी भूतों में सम रहता है, अर्थात् सभी भूतों के सुख और दु:ख को अपने में अपने जैसे भाव से देखता है, यहाँ आत्मा को समभाव से देखने की बात नहीं है, ऐसा वह ज्ञाननिष्ठ ब्रह्मभूत पुरुष मुझ परमेश्वर में प्रेमरूप 'पराभक्ति' को प्राप्त करता है, जिसे प्राप्त करके कुछ पाना या जानना शेष नहीं रहता है ॥ ५४ ॥

भक्त्या मामभिजानाति यावान्यश्चास्मि तत्त्वतः ।
ततो मां तत्त्वतो ज्ञात्वा विशते तदनन्तरम् ॥ ५५ ॥

भक्त्या—भक्ति के द्वारा वह, **माम्**—मुझको, **अभिजानाति**—जान लेता है, **यावान् यः च अस्मि**—'(मैं) जितना हूँ और जो हूँ', **तत्त्वतः**—(वैसा) तत्त्व से, **ततः**—उस भक्ति से, **माम्**—मुझको, **तत्त्वतः**—तत्त्व से, **ज्ञात्वा**—जानकर, **विशते**—मुझमें ही प्रवेश कर जाता है, **तदनन्तरम्**—उसके बाद।

भक्ति के द्वारा वह मुझको, मैं जितना हूँ और जो हूँ वैसा तत्त्व से जान लेता है। मुझको तत्त्व से जानकर उसके बाद उस भक्ति से मुझमें ही प्रवेश कर जाता है।

तत्पश्चात् ज्ञान के लक्षणों से युक्त उस पराभक्ति के द्वारा वह मुझको 'यावान्'- मैं जितना हूँ, गुण और विभूति के कारण मैं जितना हूँ, अर्थात् मेरे सर्वव्यापी, सर्वात्मक, सगुण, निर्गुण आदि समग्ररूप **'वासुदेवः सर्वमिति'** (७।१९) को तथा 'यश्चास्मि'- मैं जो हूँ, स्वरूप और स्वभाव से मैं जो हूँ, ऐसे मेरे सच्चिदानन्दघन रूप को तत्त्वत: अर्थात् यथार्थत: जान लेता है (१४।२६)। मुझे तत्त्वत: और पूर्णत: जान लेने के पश्चात् उस पराभक्ति से मुझमें तत्काल प्रवेश कर जाता है अर्थात् मेरे स्वरूप को प्राप्त हो जाता है, मेरे आश्रय को पा जाता है (११।५४)।

भगवान् ने योगी को यद्यपि श्रेष्ठ बताया है (६।४६), तथापि योगी के ब्रह्मभाव की प्राप्ति होने पर भी कहीं-न-कहीं ब्रह्मबोध 'मैं ब्रह्म हूँ' ऐसा अहंभावरूप मल अन्तरतम में सम्भवत: विद्यमान रहकर शुष्कता का बोध-सा होता है। यह समय अन्त:करण में भक्तिरस के प्रवेश का होता है, जिससे ईश्वर से वास्तविक संयोगरूपी सुख की अनुभूति होती है। सम्भवत: उपर्युक्त शुष्कबोध

वाणी से व्यक्त न किया जा सके, किन्तु जीव में कहीं-न-कहीं जैसे पूरी तृप्ति में कुछ शेष-सा रह जाता है।

अस्तु, ब्रह्मभाव के साथ भक्ति के द्वारा भगवान् से संयोग यदि हो जाता है तो उनके प्रेमाभक्तिरूप रस से अन्तरतम में बची हुई कतिपय शुष्कता (यदि है) की पूर्ति होकर तैलधारावत प्रीतियुक्त स्थिति का एक आधार जैसे मिल जाता है और अन्त:करण के सारे मल विलीन हो जाते हैं।[१] वस्तुत: निराकार परमात्मा और साकार परमेश्वर दोनों तत्त्वत: एक ही हैं। प्रेमाभक्तिरूपी कृपाप्रसाद से उत्पन्न अश्रु से अन्तरतम के सूक्ष्म मल के भी धुल जाने से, समूल निर्मूल होने से ईश्वर के स्वरूप में स्थिति हो जाती है (८।१४)। ऐसी है भक्ति की महिमा।

मनुष्य के अन्त:करण में कई जन्मों के अनात्मविषयक अभ्यास का संस्कारमल जल की काई की भाँति जमा रहता है। सद्गुरु के उपदेशानुसार अभ्यासी साधक को अभ्यासकाल में इसका प्रत्यक्ष अनुभव विभिन्न प्रकार से होता है। ऐसे साधक में अभ्यासकाल में परम तत्त्व के प्रति प्रेम की प्रबल भावावस्था में हृदय में प्रेमरस के भर जाने से प्रस्फुटित प्रेमरूपी अश्रुधारा द्वारा पूर्व के संस्कारों से जमी हुई हृदय की काईरूपी मल की ग्रन्थियाँ धुल कर मिट जाती हैं और उपर्युक्त सूक्ष्म अहंभाव नष्ट हो जाता है, ऐसा योगाभ्यास में रत साधक स्वयं भी अनुभव करता है। तत्पश्चात् ब्रह्मभाव में अनिर्वचनीय प्रेमानन्द की प्राप्ति से पूर्ण तृप्ति हो जाती है। यही पराभक्ति से उस परम तत्त्व में मुक्त प्रवेश की स्थिति है। यही परम तत्त्व का यथार्थ बोध है, समग्ररूप का बोध भी यही है। इस श्लोक में प्रकारान्तर से भक्तियोग की श्रेष्ठता (६।४७; ११।५४) और भगवान् के आश्रय की महत्ता है (७।२९) ॥ ५५ ॥

अब भक्तियोग की प्रशंसा उपसंहाररूप से अगले तीन श्लोकों में करते हैं—

सर्वकर्माण्यपि सदा कुर्वाणो मद्व्यपाश्रयः ।
मत्प्रसादादवाप्नोति शाश्वतं पदमव्ययम् ॥ ५६ ॥

सर्वकर्माणि—सब कर्मों को, **अपि**—भी, **सदा कुर्वाण:**—सदा करता हुआ, **मत्–व्यपाश्रय:**—मेरा आश्रय ग्रहण करके (पुरुष), **मत्–प्रसादात्**—मेरे प्रसाद से, **अवाप्नोति**—पा जाता है, **शाश्वतम्**—नित्य (और), **पदम्**—पद को, **अव्ययम्**—अव्यय।

मेरा आश्रय ग्रहण करके पुरुष सब कर्मों को सदा करता हुआ भी मेरे प्रसाद से नित्य और अव्यय पद को पा जाता है।

---

१. प्रेम भगति जल बिनु रघुराई । अभिअंतर मल कबहुँ न जाई।। (श्रीरामचरितमानस ७।४८।३)

सभी कर्मों को अर्थात् नित्य, नैमित्तिक और काम्य कर्मों को सदैव मेरा आश्रय लेकर मुझे ही आधार मानते हुए अनन्यभाव के साथ करता हुआ, अर्थात् कर्मों को व कर्म के फल को मेरे ही आश्रित करता हुआ कामासक्ति को त्यागकर मेरी प्रसन्नता के लिए जो पुरुष करता है, वह मेरे प्रसाद से शाश्वत-नित्य और अव्यय-अविनाशी पद को प्राप्त करता है अर्थात् मुझे प्राप्त करता है ॥ ५६ ॥

चेतसा सर्वकर्माणि मयि सन्न्यस्य मत्परः ।
बुद्धियोगमुपाश्रित्य मच्चित्तः सततं भव ॥ ५७ ॥

चेतसा—चित्त से, **सर्वकर्माणि**—सब कर्मों को, **मयि**—मुझमें, **सन्न्यस्य**—अर्पण करके, **मत्परः**—मेरे परायण हुआ, **बुद्धियोगम्**—बुद्धियोग का, **उपाश्रित्य**—आश्रय लेकर, **मच्चित्तः**—मुझमें चित्त को लगानेवाला, **सततम्**—निरन्तर, **भव**—हो।

चित्त से सब कर्मों को मुझमें अर्पण करके मेरे परायण हुआ बुद्धियोग का आश्रय लेकर निरन्तर मुझमें चित्त को लगानेवाला हो।

अतएव समस्त कर्मों में कर्त्तापन को तथा कर्मफल की इच्छा सहित सभी कर्मों को चित्त से मुझमें अर्पण करके एवं मेरे परायण होकर अर्थात् मुझे ही अपना परम गति व परम पुरुषार्थ समझते हुए अपनी बुद्धि से निश्चय करके निरन्तर कर्म करते हुए और न करते हुए भी, दोनों ही स्थितियों में, मुझमें अपने चित्त को लगाये रखनेवाला हो। अभिप्राय यह है कि निरन्तर मेरे भाव में ही रहनेवाला हो ॥ ५७ ॥

मच्चित्तः सर्वदुर्गाणि मत्प्रसादात्तरिष्यसि ।
अथ चेत्त्वमहङ्कारान्न श्रोष्यसि विनङ्क्ष्यसि ॥ ५८ ॥

मच्चित्तः—मुझमें चित्त को लगानेवाला होकर, **सर्वदुर्गाणि**—समस्त कठिनाइयों से, **मत्-प्रसादात्**—मेरे प्रसाद से, **तरिष्यसि**—पार हो जाएगा, **अथ**—और, **चेति**—यदि, **त्वम्**—तू, **अहङ्कारात्**—अहंकार से, **न श्रोष्यसि**—न सुनेगा (तो), **विनङ्क्ष्यसि**—विनष्ट हो जाएगा।

मुझमें चित्त को लगानेवाला होकर मेरे प्रसाद से समस्त कठिनाइयों से पार हो जाएगा और यदि अहंकार से तू न सुनेगा तो विनष्ट हो जाएगा।

मुझमें चित्त को निरन्तर लगानेवाला होकर मेरी कृपा से मेरे प्रसाद से तू संसार की समस्त कठिनाइयों को अर्थात् जन्म-मरणरूप संसार के समस्त कारणों से पार हो जाएगा (९।३१), जिससे परम शान्ति की प्राप्ति होगी।

अहंकारवश कि 'मैं कर्त्ता और ज्ञाता हूँ, कर्त्तव्याकर्त्तव्य जानता हूँ' ऐसे भाव में रहते हुए यदि तू मेरे कथन को नहीं सुनेगा तो तू नष्ट हो जाएगा अर्थात् पुरुषार्थ से च्युत हो जायेगा।

यहाँ भगवान् अपने आदेश और अनुशासन में रहने की आज्ञा दे रहे हैं, जिसके पालन से सर्वसिद्धि होगी अन्यथा विनष्टता की स्थिति होगी। चयन मनुष्य को करना है कि भगवान् के अनुशासन में रहकर कार्य करे अथवा उससे पूर्ण स्वतन्त्र हो मनमाना करे। ऐसे चयन की स्वतन्त्रता मनुष्य को ही है, इसमें भगवान् स्वतः कोई सहायता नहीं करते हैं। भगवान् में प्रेमभक्ति रखकर उनके अनुशासन में यदि मनुष्य कर्म करे तो उनकी कृपाप्रसादरूपी परम शान्ति शीघ्र ही अवश्य प्राप्त होगी ॥ ५८ ॥

कर्म करने में जीव की प्रकृतिगत विवशता अगले दो श्लोकों में कहते हैं—

यदहङ्कारमाश्रित्य न योत्स्य इति मन्यसे ।
मिथ्यैष व्यवसायस्ते प्रकृतिस्त्वां नियोक्ष्यति ॥ ५९ ॥

यत्—जो, **अहङ्कारम्**—अहंकार का, **आश्रित्य**—आश्रय लेकर (तू), **न योत्स्य**—'मैं युद्ध नहीं करूँगा', **इति**—ऐसा, **मन्यसे**—मानता है कि, **मिथ्या**—मिथ्या है (क्योंकि), **एषः**—यह, **व्यवसायः ते**—तेरा निश्चय, **प्रकृतिः**—(तेरी) प्रकृति, **त्वाम्**—तुझे, **नियोक्ष्यति**—युद्ध में नियुक्त कर देगी।

जो अहंकार का आश्रय लेकर तू ऐसा मानता है कि 'मैं युद्ध नहीं करूँगा' तो यह तेरा निश्चय मिथ्या है, क्योंकि तेरी प्रकृति तुझे युद्ध में नियुक्त कर देगी।

तू मेरी बात का अनादर करके और अहंकार का आश्रय लेकर यदि अपनी यह सोच रखता है कि 'युद्ध नहीं करूँगा' तो यह मनमाना सोचा हुआ तुम्हारा मोहजनित निश्चय मिथ्या है, क्योंकि तुम्हारी प्रकृति (३।३३) एवं तुम्हारा क्षत्रियोचित स्वभाव तुम्हें युद्ध में बलात् लगा देगा ॥ ५९ ॥

स्वभावजेन कौन्तेय निबद्धः स्वेन कर्मणा ।
कर्तुं नेच्छसि यन्मोहात्करिष्यस्यवशोऽपि तत् ॥ ६० ॥

स्वभावजेन—स्वाभाविक, **कौन्तेय**—हे कौन्तेय, **निबद्धः**—बँधा हुआ, **स्वेन**—अपने, **कर्मणा**—कर्म से, **कर्तुम् न—इच्छसि**—नहीं करना चाहेगा, **यत्**—जो (युद्धरूप कर्म), **मोहात्**—मोह से, **करिष्यसि**—करेगा, **अवशः**—विवश हुआ, **अपि**—तो भी, **तत्**—उसे।

हे कौन्तेय ! अपने स्वाभाविक कर्म से बँधा हुआ जो युद्धरूप कर्म मोह से नहीं करना चाहेगा तो भी विवश हुआ उसे करेगा।

हे कौन्तेय ! तू अपने क्षत्रियोचित शौर्य आदि स्वाभाविक कर्मों से बँधा हुआ है। तू मोह-अज्ञान से यदि युद्ध नहीं करना चाहेगा तो भी दूसरों के द्वारा युद्ध के लिए ललकारने के असह्य अपमान के कारण विवश हुआ युद्ध करेगा ॥ ६० ॥

ईश्वर को जीव का नियामक बतलाते हैं—

ईश्वरः सर्वभूतानां हृद्देशेऽर्जुन तिष्ठति ।
भ्रामयन्सर्वभूतानि यन्त्रारूढानि मायया ॥ ६१ ॥

ईश्वरः—ईश्वर, **सर्वभूतानाम्**—सभी प्राणियों के, **हृद्देशे**—हृदय देश में, **अर्जुन**—हे अर्जुन, **तिष्ठति**—स्थित है (और), **भ्रामयन्**—घुमा रहा है, **सर्वभूतानि**—सभी प्राणियों को, **यन्त्र-आरूढानि**—यन्त्रारूढ़ हुए, **मायया**—अपनी माया से।

हे अर्जुन ! ईश्वर सभी प्राणियों के हृदय देश में स्थित है और यन्त्रारूढ हुए सभी प्राणियों को अपनी माया से घुमा रहा है।

हे अर्जुन ! सबका नियन्ता ईश्वर सभी प्राणियों के हृदय देश में, जो ज्ञानोत्पत्ति का स्थान है, स्थित है (१०।२०;१३।१७;१५।१५)। इस तरह स्थित हुआ वह क्या और कैसे करता है? वह ईश्वर शरीररूपी यन्त्र में स्थित हुआ प्राणियों को अपनी माया से उसी प्रकार उनके कर्मानुसार संचालित कर रहा है, जैसे यन्त्र पर आरूढ़ कठपुतलियों को सूत्रधार संचालित करता है (३।३३)।

मनुष्य कर्माधिकारी प्राणी है, इस बात में यहाँ के प्रकरण से कोई भ्रम नहीं होना चाहिए। मनुष्य का स्वाभाविक कर्म उसके प्रकृति-स्वभाव के अधीन होते हुए भी, परोक्षरूप से ईश्वर के ही अधीन है। इस अधीनता के होते हुए भी मनुष्य को शास्त्रानुकूल कर्म करने की पूर्ण स्वतन्त्रता है, जिससे वह मायाजनित पूर्वकृत कर्मों के संस्कार से मुक्त होकर मोक्ष की प्राप्ति कर सके। ऐसी स्वतन्त्रता क्या किसी अन्य प्राणी को प्राप्त है? नहीं प्राप्त है। ऐसे में इस मनुष्य जन्म में भगवत् आराधना करके इसे सफल बनाने की आवश्यकता है ॥ ६१ ॥

ईश्वर में शरणागत होने से परम शान्ति एवं सनातन स्थान की प्राप्ति बताते हैं—

तमेव शरणं गच्छ सर्वभावेन भारत ।
तत्प्रसादात्परां शान्तिं स्थानं प्राप्स्यसि शाश्वतम् ॥ ६२ ॥

तम एव—उस ईश्वर की ही, **शरणम्**—शरण में, **गच्छ**—जा, **सर्वभावेन**—सर्वभाव से, **भारत**—हे भारत, **तत् प्रसादात्**—उस (ईश्वर) की कृपा से (तुम), **पराम् शान्तिम्**—परम शान्ति को (और), **स्थानम्**—स्थान को, **प्राप्स्यसि**—प्राप्त होगा, **शाश्वतम्**-सनातन।

हे भारत ! सर्वभाव से उस ईश्वर की ही शरण में जा। उस ईश्वर की कृपा से तुम परम शान्ति को और सनातन स्थान को प्राप्त होगा।

हे भारत ! जो सबका नियन्ता है, सबका आधार है, अहैतुकी कृपा करनेवाला है और सबका सुहृद है, ऐसे ईश्वर की शरण में मन, वाणी और

शरीर से—सम्पूर्ण भाव से तू जा । तुम्हारे शरणागत होने पर शरणागतवत्सल ईश्वर की (मेरी स्वयं की) कृपा से अपने कर्त्तव्य-कर्मों को करता हुआ तू कर्म-बन्धन से मुक्त होकर परम शान्ति को और विष्णुरूप सनातन स्थान को (६।१५) प्राप्त होगा ॥ ६२ ॥

भगवान् अपने अतिगोपनीय श्रेष्ठ वचनों को पुनः श्रवण करने को अगले दो श्लोकों में अर्जुन से कहते हैं—

इति ते ज्ञानमाख्यातं गुह्याद्गुह्यतरं मया ।
विमृश्यैतदशेषेण यथेच्छसि तथा कुरु ॥ ६३ ॥

इति—इस प्रकार, **ते**—तुम्हारे प्रति, **ज्ञानम्**—ज्ञान, **आख्यातम्**—कहा गया, **गुह्यात्**—गुह्य से, **गुह्यतरम्**—गुह्यतर, **मया**—मेरे द्वारा, **विमृश्य**—भलीभाँति विचार कर, **एतत्**—इसको, **अशेषेण**—पूर्णतया, **यथा**—जैसा, **इच्छसि**—चाहता है, **तथा कुरु**—वैसा कर।

इस प्रकार गुह्य से गुह्यतर ज्ञान मेरे द्वारा तुम्हारे प्रति कहा गया। इसको पूर्णतया भलीभाँति विचार कर जैसा चाहता है वैसा कर।

अध्याय दो के ग्यारहवें श्लोक से लेकर अब तक मुमुक्षु पुरुषों के जानने योग्य और गुप्त से गुप्ततम ज्ञान को अर्थात् ज्ञानयोग, कर्मयोग और भक्तियोग विषयक ज्ञान को तथा मुझ भगवान् के स्वरूप, स्वभाव, गुण व विभूति को मेरे द्वारा पूरा-पूरा यथार्थरूप से तुम्हारे प्रति कहा गया। इस पर सम्पूर्णता से विचार कर तुम जो भी जैसा भी चाहते हो और जो तुम्हें अच्छा लगे, वही तुम करो। ऐसा कहकर भगवान् ने मनुष्य को अपने बुद्धि-विवेक का प्रयोग करके कर्म करने की स्वतन्त्रता की ओर पुनः इंगित किया है। बन्धन और मोक्ष का अधिकार स्वयं मनुष्य को अपने मन की साधना द्वारा प्राप्त होता है—*'मन एव मनुष्याणां कारणं बन्धमोक्षयोः'* ॥ ६३ ॥

सर्वगुह्यतमं भूयः शृणु मे परमं वचः ।
इष्टोऽसि मे दृढमिति ततो वक्ष्यामि ते हितम् ॥ ६४ ॥

सर्वगुह्यतमम्—समस्त गोपनीयों में गोपनीय, **भूयः**—फिर, **शृणु**—सुन (तू), **मे**—मेरा, **परमम्**—श्रेष्ठ, **वचः**—वचन को, **इष्टः**—प्रिय, **असि**—है, **मे**—मेरा, **दृढम्**—अत्यन्त, **इति**—यह, **ततः**—इसलिए, **वक्ष्यामि**—मैं कहूँगा, **ते**—तेरे, **हितम्**—हित की बात।

तू मेरा समस्त गोपनीयों में गोपनीय श्रेष्ठ वचन फिर सुन। तू मेरा अत्यन्त प्रिय है, इसलिए यह तेरे हित की बात मैं कहूँगा।

तू समस्त गोपनीय तत्त्वों में भी गोपनीय मेरे श्रेष्ठ वचन पुनः सुन, इसे मैं पहले भी अनेक बार कह चुका हूँ। तू मेरा अत्यन्त प्रिय है, इसलिए तुम्हारे हित में परम ज्ञान सम्बन्धी बात मैं कहूँगा।

अर्जुन को भगवान् अपना परम प्रिय शिष्य, सखा और लौकिक दृष्टि से सम्बन्धी समझकर उसके हित की इच्छा से परम गोपनीय बात अहैतुकी कृपा करके पुनः कहना चाहते हैं। भगवान् का मन जैसे भर न रहा हो, वे अपने भावों को अपने प्रिय शिष्य अर्जुन के अन्तरतम में विविध प्रकार से उँड़ेल करके दृढ़ करना चाह रहे हैं। ऐसा ही भाव एक सिद्धयोगी महात्मा का अपने शिष्य के प्रति पाया जाता है ॥ ६४॥

भगवान् का सारभूत उपदेश एवं भगवान् की प्रतिज्ञा—

मन्मना भव मद्भक्तो मद्याजी मां नमस्कुरु ।
मामेवैष्यसि सत्यं ते प्रतिजाने प्रियोऽसि मे ॥ ६५ ॥

मन्मनाः भव—मुझमें मन को लगानेवाला हो, **मद्भक्तः**—मेरा भक्त हो, **मद्याजी**—मेरी पूजा करनेवाला हो (और), **माम् नमस्कुरु**—मुझको नमस्कार कर (फिर तुम), **माम् एव एष्यसि**—मुझको ही प्राप्त होगा (यह मैं), **सत्यम्**—सत्य, **ते**—तुमसे, **प्रतिजाने**—प्रतिज्ञा करता हूँ (क्योंकि तू), **प्रियः**—प्रिय, **असि**—है, **मे**—मेरा।

मुझमें मन को लगानेवाला हो, मेरा भक्त हो, मेरी पूजा करनेवाला हो और मुझको नमस्कार कर, फिर तुम मुझको ही प्राप्त होगा। यह मैं तुमसे सत्य प्रतिज्ञा करता हूँ, क्योंकि तू मेरा प्रिय है।

मुझ सर्वाधार परमेश्वर में मन को लगानेवाला हो अर्थात् तुम्हारे मन में मेरी सदैव स्मृति बनी रहे, एक क्षण भी विस्मृत न हो (९।३४)। तुम मेरे भक्त बनो अर्थात् मुझे ही अपना स्वामी और परम गति समझते हुए अनन्य प्रेम से मेरा हो जाओ। मुझ सर्वव्यापी और सर्वात्मा की पूजा करनेवाला हो, मेरी आराधना के परायण हो और इसी रूप में सभी प्राणियों में सेवाभाव रख। समग्ररूप-निर्गुण या सगुण रूप मुझ वासुदेव को ही सब कुछ मानकर नमस्कार कर अर्थात् मेरे प्रति अत्यन्त विनम्र भाव को ग्रहण कर।

इस प्रकार बरतता हुआ तू मुझको ही प्राप्त होगा। यह मैं तुमसे सत्य प्रतिज्ञा करता हूँ, क्योंकि मुझसे अत्यधिक प्रीति रखनेवाला तू मुझे भी अत्यन्त प्रिय है (१२।२०) और प्रिय भक्त को मैं अवश्य प्राप्त होता हूँ।

उपर्युक्त भावों को भगवान ने पूर्व अध्यायों के विभिन्न श्लोकों (८।१४;९।२५-२८) में विस्तार से कहा भी है ॥ ६५॥

अब भगवद्गीता के उपदेश के उपसंहाररूप सभी पापों से मुक्ति हेतु गुह्यतम ज्ञानतत्त्व-शरणागततत्व अर्जुन से भगवान् कहते हैं—

सर्वधर्मान्परित्यज्य मामेकं शरणं व्रज।
अहं त्वा सर्वपापेभ्यो मोक्षयिष्यामि मा शुचः ॥ ६६ ॥

सर्वधर्मान्—सब धर्मों का, **परित्यज्य**—परित्याग करके, **माम्**—मुझ, **एकम्**—एक की, **शरणम्**—शरण में, **व्रज**—आ जा, **अहम्**—मैं, **त्वा**—तुझे, **सर्वपापेभ्यः**—सारे पापों से, **मोक्षयिष्यामि**—छुड़ा दूँगा, **मा शुचः**—शोक मत कर।

सब धर्मों का परित्याग करके मुझ एक की शरण में आ जा। मैं तुझे सारे पापों से छुड़ा दूँगा, शोक मत कर।

तुम सब धर्मों के आश्रय को त्यागकर, आशय यह है कि कर्म, ज्ञान तथा भक्ति से अब तक जो भी अर्जन हुआ है उन सबके साथ आसक्तिरहित होकर अपने सर्वभाव से और मुझमें अनन्य भाव से एकमात्र मुझ एक की ही शरण में आ जा। मैं तुम्हें धर्म-अधर्म के बन्धनों से मुक्त कर तुम्हारे सब पापों को छुड़ा दूँगा, तू किसी तरह शोक मत कर।

अध्याय दो के श्लोक ग्यारह से भगवान् ने अर्जुन के लिए अपने उपदेश का प्रारम्भ करके सम्पूर्ण *गीताशास्त्र* के अभिप्राय को अन्तिम अध्याय के इस श्लोक में कहा है। अस्तु, कर्मजन्य बन्धनरूप पापों से मुक्ति हेतु सर्वधर्म का परित्याग और भगवान् की शरणागति का स्वरूप क्या है?

सर्वधर्मों के परित्याग में भगवान् का आशय धर्मों का अथवा धर्मरूप कर्मों का स्वरूपतः त्याग नहीं है, क्योंकि कर्त्तव्यभाव से धर्मरूप कर्म करने का आदेश स्वयं भगवान् ने *गीता* में दिया है (२।३१-३८;३।४-९;१८।७)। अतएव धर्म का और धर्म के कर्मों के त्याग का भाव नहीं बनता है। भगवान् तो स्वयं धर्म के रक्षार्थ जगत् में प्रकट होते हैं (४।७-८)। तो फिर **'सर्वधर्मान्परित्यज्य'** का आशय क्या है? इस पर कहते हैं—

मनुष्य को चाहिए कि अपने वर्णाश्रम के धर्म के अनुसार और शास्त्रविहित कर्मों को करता हुआ शरीर और मन से किये जा रहे सारे कर्मों का, कर्मफल का तथा कर्तृत्व का, इन तीनों का और अभी तक जो भी धर्मरूप संचय है उन सबका परित्याग करके अर्थात् इनका आश्रय न लेता हुआ भगवान् में समर्पित करके (९।२७-२८;१२।६-७;१८।५७) उन्हीं को अपना आराध्य, आधार, कर्त्ता और प्राप्तव्य-परमगति मानकर और उनकी प्राप्ति हेतु साधनरूप से उन्हीं की ही कृपा और शरण को उपाय समझकर, अपने सर्वभाव से तथा भगवान् में अनन्य

भाव से उनकी शरण में चला जाय (१८।६२)। इस प्रकार सर्वथा प्रत्येक पल भगवान् में शरणागत भाव से रहे - यही सब धर्मों का शास्त्रीय त्याग है। इस तरह से भगवान् में आश्रय ले लेने पर, पूरे मन को उनकी ओर उन्मुख कर देने पर, अपने अन्तरतम को उनके प्रेम व भाव से भर देने पर, कर्मों को यज्ञरूप से उन्हीं में समर्पित कर देने पर, उन्हीं की इच्छानुसार कर्माचरण करने पर और यथाप्राप्ति में सन्तुष्ट रहने पर भगवान् मनुष्य के इस जीवन को आनन्दमय करते हुए पारलौकिक जीवन को मोक्षरूप अपनी प्राप्ति कराकर पूर्ण कर देते हैं।

भगवान् द्वारा अर्जुन को शरणागत होने के लिए प्रेरित करने के इस परम वचन में अन्तर्निहित भाव को समझा जा सकता है। एकमात्र भगवान् की शरण में सर्वभाव से जाने पर दुस्तर माया के अधीन संचालित मनुष्य के इन्द्रिय, शरीर और अन्त:करण की सम्पूर्ण त्रिगुणात्मक कर्म और उनका फल, किये हुए सम्पूर्ण पाप-पुण्य और सारी कामनाएँ व आसक्तियाँ भगवान् के अधीन होकर उन सबका प्रबन्धन और योग-क्षेम सीधे भगवान् के निर्देशन व नियन्त्रण में हो जाता है (७।१४;९।२२) और वे मनुष्य को संसार-सागर से पार कर देते हैं।

शिष्य रूप में शरण में आये हुए मोहग्रस्त अर्जुन को भगवान् श्रीकृष्ण उसके सम्पूर्ण कर्मों को उनमें ही समर्पण करके धर्मरूप युद्ध करने (३।३०), उनका ही स्मरण करते हुए मन-बुद्धि को उनमें अर्पण का भाव रखने पर भगवान् स्वयं की प्राप्ति होने (८।७) और युद्ध में शत्रुओं पर विजय पा लेने को कहते हैं (११।३४) तथा शोक, शंका एवं भय से मुक्त कर बन्धनरूप पूर्वकृत कर्मजन्य संस्कारों का क्षय करके पापमुक्त कर अपनी प्राप्तिरूप मोक्ष प्रदान करने को पूर्ण आश्वस्त करते हैं। ऐसा निर्भय करनेवाला, दृढ़ता प्रदान करनेवाला, पापमुक्त कर देनेवाला और कर्म, ज्ञान व भक्ति में पूर्णता प्रदान करने का सुनिश्चित आश्वासन शरणागत हुए शिष्य को कोई सिद्ध सद्‌गुरु ही दे सकता है और यहाँ तो साक्षात् भगवान् ही सद्‌गुरुरूप में स्वयं हैं, फिर तो कहना ही क्या है? ॥ ६६ ॥

गीताशास्त्र को सुनने के अयोग्य लोगों को इस शास्त्र को सुनाने का निषेध करते हैं—

इदं ते नातपस्काय नाभक्ताय कदाचन।
न चाशुश्रूषवे वाच्यं न च मां योऽभ्यसूयति ॥ ६७ ॥

इदम्—यह शास्त्र, **ते**—तुझे, **न**—न, **अतपस्काय**—तपहीन, **न**—न, **अभक्ताय**—भक्तिहीन, **कदाचन**—कभी, **न**—न (तो), **च**—और, **अशुश्रूषवे**—सुनने की इच्छा से रहित मनुष्य के प्रति, **वाच्यम्**—कहना चाहिए, **न च**—और न ही (उसके प्रति), **माम्**—मुझसे, **यः**—जो, **अभ्यसूयति**—दोषदृष्टि रखता है।

यह शास्त्र तुझे न कभी तपहीन, न भक्तिहीन, न तो सुनने की इच्छा से रहित मनुष्य के प्रति और न ही उसके प्रति कहना चाहिए, जो मुझसे दोषदृष्टि रखता है।

यह गीताशास्त्र जो भवबन्धन से मुक्त करनेवाला है और अत्यन्त गोपनीय है, इसे मैं तुम्हें अपना प्रेमी भक्त समझकर तुम्हारे हित के लिए सुनाया हूँ। इसे तुझे किसी 'अतपस्काय'-कष्ट या विपरीत दशा में असहिष्णु स्वभाववाले को नहीं सुनाना चाहिए। जो तपस्वी हो किन्तु 'अभक्ताय'-भक्ति के विरुद्ध भाव वाला अर्थात् गुरु और ईश्वर में श्रद्धा, भक्ति और विश्वास से रहित हो, उसको भी नहीं सुनाना चाहिए।

जो भक्त होने पर भी 'अशुश्रूषवे' अर्थात् शास्त्र को न सुनने की इच्छावाला हो उसको भी नहीं सुनाना चाहिए। जो मुझसे 'अभ्यसूय'-दोषदृष्टि रखनेवाला हो अर्थात् मुझे सामान्य मनुष्य समझकर मेरी निन्दा करनेवाला, मेरे ऐश्वर्य और महत्त्व को न सहन करनेवाला और मेरे अनुशासन को न माननेवाला हो, उसे भी नहीं सुनाना चाहिए।

आशय यह है कि उपर्युक्त चारों दुर्गुण जिसमें न हों उसी मनुष्य को इस शास्त्र को सुनाना चाहिए। भगवान् के प्रति मनुष्य की दृष्टि रखकर जो दोषदृष्टि रखनेवाला और निन्दा करनेवाला है वह इस शास्त्र के सुनने का अधिकारी नहीं है, उसे कदापि नहीं सुनाना चाहिए।

भगवान् ने आगे के चार श्लोकों में *गीताशास्त्र* का अत्यन्त माहात्म्य बताया है। शास्त्र का इतना माहात्म्य होने पर भी भगवान् ने अतपस्वी, अभक्त, अशुश्रुषु और अभ्यसूय को इस गोपनीय और पवित्र शास्त्र को न सुनाने को कहा है। उनके इस कथन में सार्थक और व्यावहारिक भाव है, कोई विपरीत भाव नहीं है। उपर्युक्त चारों दुर्गुणों में से किसी पुरुष के पास एक भी रहने पर इस पवित्र शास्त्र में उसकी श्रद्धा नहीं होगी, ऐसा व्यक्ति दूषित अन्तःकरणवाला एवं अहंकारी होगा, जिससे वह न तो ध्यान से सुनेगा और न ही अनुपालन करेगा, फलतः सब कुछ निष्फल होगा। इसके विपरीत इस शास्त्र को श्रद्धापूर्वक सुनकर भगवान् के मत का अनुसरण करनेवाला सम्पूर्ण कर्मजन्य बन्धन से (३।३१) छूट जाता है ॥ ६७॥

भगवान् के भक्तों से गीताशास्त्र कहने का फल अगले दो श्लोकों में कहते हैं—

य इमं परमं गुह्यं मद्भक्तेष्वभिधास्यति ।
भक्तिं मयि परां कृत्वा मामेवैष्यत्यसंशयः ॥ ६८ ॥

यः—जो, **इमम्**—इस, **परमम्**—परम, **गुह्यम्**—गुह्य शास्त्र को, **मत्**—मेरे, **भक्तेषु**—भक्तों में, **अभिधास्यति**—कहेगा (वह), **भक्तिम्**—भक्ति, **मयि**—मुझमें, **पराम्**—परा, **कृत्वा**—करके, **माम्**—मुझे, **एव**—ही, **एष्यति**—प्राप्त होगा, **असंशयः**—निःसन्देह।

जो इस परम गुह्य शास्त्र को मेरे भक्तों में कहेगा, वह मुझमें परा भक्ति करके निःसन्देह मुझे ही प्राप्त होगा।

जो मनुष्य इस परम गुह्य और कल्याणकारी शास्त्र को मुझमें प्रेम करनेवाले भक्तों में कहेगा, इसकी व्याख्या करके अर्थ को सही ढंग से समझाएगा, वह मुझ भगवान् की सेवारूप मेरी परा भक्ति करके मुझे ही निःसन्देह प्राप्त हो जाएगा ॥ ६८ ॥

न च तस्मान्मनुष्येषु कश्चिन्मे प्रियकृत्तमः ।
भविता न च मे तस्मादन्यः प्रियतरो भुवि ॥ ६९ ॥

न—नहीं है, **च**—भी, **तस्मात्**—उससे बढ़कर, **मनुष्येषु**—मनुष्यों में, **कश्चित्**—कोई, **मे**—मेरा, **प्रियकृत्तमः**—प्रिय कार्य करनेवाला, **भविता न**—होगा भी नहीं, **च**—तथा, **मे**—मेरा, **तस्मात्**—उससे, **अन्यः**—कोई दूसरा, **प्रियतरः**—प्रियतर, **भुवि**—इस पृथ्वी पर।

उससे बढ़कर मेरा प्रिय कार्य करनेवाला मनुष्यों में कोई नहीं है तथा उससे प्रियतर मेरा इस पृथ्वी पर कोई दूसरा होगा भी नहीं।

इस *गीताशास्त्र* के मर्म को मेरे भक्तों में कहनेवाले से बढ़कर मेरा प्रिय करनेवाला मनुष्यों में कोई नहीं है अर्थात् वह मुझे अत्यन्त प्रिय है। इतना ही नहीं, उससे बढ़कर मेरा प्रिय इस पृथ्वी पर दूसरा कोई नहीं होगा ।

भगवान् कितने सुहृद हैं ! वे चाहते हैं कि उनके भक्त इस गीताशास्त्र का पठन, श्रवण और मनन करके कल्याणमार्ग को प्राप्त करें। इस शास्त्र की व्याख्या करनेवाले को तो अपनी पराभक्ति का अमृतलाभ देकर स्वयं को प्राप्त कराकर मोक्ष प्रदान कर देने को कह रहे हैं। यह अहैतुकी कृपा कितनी अद्‌भुत है ! इस कृपा में मनुष्यमात्र के कल्याण का भाव सन्निहित है ॥ ६९ ॥

गीताशास्त्र का अध्ययन ज्ञानयज्ञ के तुल्य कहते हैं—

अध्येष्यते च य इमं धर्म्यं संवादमावयोः ।
ज्ञानयज्ञेन तेनाहमिष्टः स्यामिति मे मतिः ॥ ७० ॥

अध्येष्यते च—अध्ययन भी करेगा, **यः**—जो, **इमम्**—इस, **धर्म्यम्**—धर्ममय, **संवादम्**—संवाद का, **आवयोः**—हम दोनों के, **ज्ञानयज्ञेन**—ज्ञानयज्ञ के द्वारा, **तेन**—उससे, **अहम्**—मैं, **इष्टः**—पूजित, **स्याम्**—हो जाऊँगा, **इति मे मतिः**—ऐसी मेरी मति है।

जो हम दोनों के इस धर्ममय संवाद का अध्ययन भी करेगा, उससे मैं ज्ञानयज्ञ के द्वारा पूजित हो जाऊँगा—ऐसी मेरी मति है।

तुम्हारे और मेरे इस धर्मयुक्त और ज्ञानयुक्त संवादरूपी *गीताशास्त्र* का जो मनुष्य प्रेमपूर्वक अध्ययन करेगा अर्थात् इस शास्त्र का नित्य पाठ करते हुए जिज्ञासु भक्तों को यथार्थ समझाना, आदि कार्य करेगा तो यह समझना चाहिए कि ऐसा करके वह ज्ञानयज्ञ द्वारा ही मेरी पूजा कर रहा है, ऐसी मेरी यह मति है।

आशय यह है कि इस *गीताशास्त्र* के अध्ययन व वाचन मात्र से ही मनुष्य इसमें सन्निहित ज्ञान को प्राप्त होगा, ऐसा भगवान् का पूर्ण आश्वासन है ॥ ७० ॥

गीताशास्त्र सुनने का फल बताते हैं—

श्रद्धावाननसूयश्च शृणुयादपि यो नरः ।
सोऽपि मुक्तः शुभाँल्लोकान्प्राप्नुयात्पुण्यकर्मणाम् ॥ ७१ ॥

श्रद्धावान्—श्रद्धावान (और), **अनसूयः**—दोषदृष्टि से रहित, **च**—और, **शृणुयात् अपि**—श्रवण भी करता है, **यः**—जो, **नरः**—मनुष्य, **सः अपि**—वह भी, **मुक्तः**—मुक्त होकर, **शुभान्**—श्रेष्ठ, **लोकान्**—लोकों को, **प्राप्नुयात्**—प्राप्त हो जाता है, **पुण्यकर्मणाम्**—पुण्यकर्मा पुरुषों के।

श्रद्धावान और दोषदृष्टि से रहित जो मनुष्य इस शास्त्र का श्रवण भी करता है, वह भी मुक्त होकर पुण्यकर्मा पुरुषों के श्रेष्ठ लोकों को प्राप्त हो जाता है।

जो मनुष्य इस *गीताशास्त्र* को श्रद्धायुक्त और असूयारहित अर्थात् दोषदृष्टि से रहित होकर केवल विश्वासपूर्वक श्रवण करता है, वह भी श्रवणमात्र से भक्ति विरोधी कर्मफल अर्थात् पापों से मुक्त होकर पुण्यकर्म करनेवाले पुरुषों के श्रेष्ठ लोकों को प्राप्त हो जाता है। केवल श्रद्धापूर्वक सुनने वालों को भी ऐसा अद्भुत फल मिल जाता है ॥ ७१ ॥

उपदेशोपरान्त भगवान् अर्जुन से अपनी जिज्ञासा प्रकट करते हैं—

कच्चिदेतच्छ्रुतं पार्थ त्वयैकाग्रेण चेतसा ।
कच्चिदज्ञानसम्मोहः प्रनष्टस्ते धनञ्जय ॥ ७२ ॥

कच्चित्—क्या, **एतत्**—यह (उपदेश), **श्रुतम्**—सुना गया, **पार्थ**—हे पार्थ, **त्वया**—तेरे द्वारा, **एकाग्रेण चेतसा**—एकाग्रचित्त से, **कच्चित्**—क्या, **अज्ञानसम्मोहः**—अज्ञानजनित सम्मोह, **प्रनष्टः**—नष्ट हो गया है, **ते**—तेरा, **धनञ्जय**—हे धनंजय।

हे पार्थ ! क्या यह उपदेश तेरे द्वारा एकाग्रचित्त से सुना गया? हे धनंजय ! क्या तेरा अज्ञानजनित सम्मोह नष्ट हो गया है?

हे पार्थ ! मेरे द्वारा कहे हुए इस शास्त्र के दुर्लभ गोपनीय उपदेश को क्या तूने एकाग्रचित्त से सुना और बुद्धि में धारण किया? हे धनंजय ! तुम्हें अज्ञान के कारण जो सम्मोह हुआ था, जिससे तुमने युद्ध न करने का निर्णय दिया था, क्या वह सम्मोह नष्ट हो गया है?

अर्जुन युद्धक्षेत्र में अज्ञानजनित मोह से युक्त हो गया था। यद्यपि महाभारत का युद्ध धर्मयुद्ध था और कर्त्तव्य-कर्म की दृष्टि से करणीय भी था, किन्तु मोह के कारण ही भ्रम व अज्ञान से युक्त अर्जुन किंकर्त्तव्यविमूढ हो गया था। अर्जुन ने मोहवश भगवान् श्रीकृष्ण से कहा था कि दुर्योधन आदि धृतराष्ट्र के पुत्रों को और अन्य स्वजनों को मारकर पाप का भागी बनना होगा और इससे कैसे सुख मिल सकता है (१।३६-३७)! पितामह भीष्म और गुरु द्रोण पर कैसे बाण चलाऊँगा तथा गुरु को मारने से अच्छा है भिक्षावृत्ति से जीवनयापन करना (२।४-५)। अर्जुन युद्ध करने तथा न करने के औचित्य पर अनिश्चय में था, उसके मन में यह भी था कि हार या जीत किसकी होगी (२।६)? इसका भी निश्चय उसे नहीं था। ऐसे अन्यान्य कारणों से घोर मानसिक दबाव, चिन्ता और मोह से युक्त हुआ कायरतापूर्ण और धर्म के विषय में मोहितचित्त हुआ अर्जुन भगवान् की शरण में जाकर शिष्यत्व स्वीकार कर उनसे अपने लिए कल्याणकारक साधन के जानने की जिज्ञासा प्रकट किया था (२।७)।

अर्जुन के उपर्युक्त मोह को लक्ष्य करके ही भगवान् उससे पूछते हैं कि उसका अज्ञानजनित सम्मोह क्या नष्ट हो गया है? ॥ ७२ ॥

अर्जुन अपने मोह के नाश और स्मृति लब्धता को भगवान् से कहता है—

अर्जुन उवाच

नष्टो मोहः स्मृतिर्लब्धा त्वत्प्रसादान्मयाच्युत ।
स्थितोऽस्मि गतसन्देहः करिष्ये वचनं तव ॥ ७३ ॥

अर्जुनः उवाच—अर्जुन बोले, **नष्टः**—नष्ट हो गया है (और), **मोहः**—मोह, **स्मृतिः**—स्मृति (भी), **लब्धा**—पा ली है (अब मैं), **त्वत्—प्रसादात्**—आपके कृपारूप प्रसाद से (मेरा), **मया**—मैंने, **अच्युत**—हे अच्युत, **स्थितः**—स्थित, **अस्मि**—हूँ, **गतसन्देहः**—सन्देहरहित होकर, **करिष्ये**—पालन करूँगा, **वचनम्**—वचन का, **तव**—आपके।

अर्जुन बोले—हे अच्युत ! आपके कृपारूप प्रसाद से मेरा मोह नष्ट हो गया है और मैंने स्मृति भी पा ली है। अब मैं सन्देहरहित होकर स्थित हूँ। आपके वचन का पालन करूँगा।

हे अच्युत ! आपके कृपाप्रसाद से संसार के बन्धनरूप अज्ञानजनित अनर्थकारी मोह नष्ट हो गया है और मैं यथार्थ तत्त्वज्ञान सम्बन्धी स्मृति भी पा

लिया हूँ, जिससे मेरे मन और हृदय के अज्ञान की सारी ग्रन्थियाँ नष्ट हो गयी हैं और मैं सन्देहरहित हुआ अपने भाव में स्थित हूँ। मैं आपके वचन का पालन करूँगा। हे गुरुदेव भगवान् ! मैं आपकी कृपा से कृतार्थ अनुभव कर रहा हूँ।

आशय यह है कि भगवान् के उपदेशों से अर्जुन का मोह नष्ट हो जाने से नश्वर जड़ शरीर और अविनाशी चेतन आत्मतत्त्व का स्वरूप प्रत्यक्ष हो गया। जगत् में अनात्म और आत्मवस्तु का यथार्थ ज्ञान हो गया। जड़-चेतन सारा जगत् भगवान् का ही स्वरूप है। समस्त कर्म भगवान् की प्राप्ति के आराधनारूप उपाय हैं। ज्ञान, भक्ति और कर्म की परम गति और निर्गुण-सगुण सब कुछ भगवान् वासुदेव ही हैं। भगवान् ही उत्पत्ति, स्थिति और प्रलय के आधार हैं और सबके नियन्ता भी। भगवान् के स्वरूप, स्वभाव, गुण और विभूति का भी यथार्थ बोध हो गया। परमात्मा, परब्रह्म और परमेश्वर तत्त्वत: एक ही हैं और सब की प्रतिष्ठा भगवान् वासुदेव हैं। अर्जुन को ये सब उपर्युक्त तात्त्विक बोध भगवान् के अमृतमय उपदेशों से और विश्वरूप दर्शन से हो गया है और मोह नष्ट होकर ज्ञानोपलब्धि हो गयी है।

जगत् के सम्बन्धों में मोहासक्ति के फलस्वरूप स्नेहजनित करुणा से उत्पन्न अर्जुन का मोह व शोक दूर हो गया है। अब प्रज्ञायुक्त अर्जुन भगवान् श्रीकृष्ण के अधीन हुए उनकी शरण में रहते हुए युद्ध करने सहित उनके सभी वचनों का पालन करने के लिए उद्यत है ॥ ७३ ॥

भगवान् और अर्जुन के रोमांचक संवाद की बात संजय ने राजा धृतराष्ट्र से अगले श्लोकों में बताकर अपनी सम्मति अध्याय के अन्तिम श्लोक में कहता है—

सञ्जय उवाच

इत्यहं वासुदेवस्य पार्थस्य च महात्मनः ।
संवादमिममश्रौषमद्भुतं रोमहर्षणम् ॥ ७४ ॥

सञ्जयः उवाच—संजय बोले, **इति**—इस प्रकार, **अहम्**—मैंने, **वासुदेवस्य**—श्रीवासुदेव का, **पार्थस्य**—अर्जुन का, **च**—और, **महात्मनः**—महात्मा, **संवादम्**—संवाद (को), **इमम्**—यह, **अश्रौषम्**—सुना, **अद्भुतम्**—अद्भुत (और), **रोमहर्षणम्**—रोमांचकारी।

संजय बोले—इस प्रकार मैंने श्रीवासुदेव का और महात्मा अर्जुन का यह अद्भुत और रोमांचकारी संवाद को सुना।

मैंने इस प्रकार उपर्युक्त अद्भुत और रोमांचकारी संवाद जो श्री वासुदेव और अर्जुन के बीच हुआ, उसे सुना ॥ ७४ ॥

व्यासप्रसादाच्छ्रुतवानेतद्गुह्यमहं परम्।
योगं योगेश्वरात्कृष्णात्साक्षात्कथयतः स्वयम्॥ ७५॥

व्यासप्रसादात्—श्रीव्यासदेवजी के प्रसाद से, **श्रुतवान्**—सुना, **एतत्**—इस, **गुह्यम्**—परम गोपनीय, **अहम्**—मैंने, **परम्**—परम, **योगम्**—योग को, **योगेश्वरात्**—योगेश्वर, **कृष्णात्**—श्रीकृष्ण से, **साक्षात्**—साक्षात, **कथयतः**—कहते हुए, **स्वयम्**—स्वयं।

श्रीव्यासदेव जी के प्रसाद से इस परम गोपनीय योग को मैंने स्वयं योगेश्वर श्रीकृष्ण से साक्षात् कहते हुआ सुना।

श्रीव्यासदेवजी के प्रसाद से दिव्य नेत्र और श्रोत्र पाकर इस परम गोपनीय योगविषयक संवादरूप योग को मैंने योगेश्वर श्रीकृष्ण से साक्षात् स्वयं उनके द्वारा कहता हुआ सुना॥ ७५॥

राजन्संस्मृत्य संस्मृत्य संवादमिममद्भुतम्।
केशवार्जुनयोः पुण्यं हृष्यामि च मुहुर्मुहुः॥ ७६॥

राजन्—हे राजन्, **संस्मृत्य—संस्मृत्य**—पुनः-पुनः स्मरण कर (मैं), **संवादम्**—संवाद को, **इमम्**—इस, **अद्भुतम्**—अद्भुत, **केशव-अर्जुनयोः**—श्रीकृष्ण और अर्जुन के, **पुण्यम्**—पुण्यमय, **हृष्यामि**—हर्षित हो रहा हूँ, **च**—और, **मुहुः-मुहुः**—बार-बार।

हे राजन्! श्रीकृष्ण और अर्जुन के इस अद्भुत और पुण्यमय संवाद को पुनः-पुनः स्मरण कर मैं बार-बार हर्षित हो रहा हूँ।

हे राजन्! श्रीकृष्ण और अर्जुन के बीच हुए आत्मज्ञानप्रदायक संसार-बन्धन से मुक्त करनेवाला और भगवान् के अद्भुत गुण, प्रभाव, विभूति और स्वरूप को तथा कल्याणकारी व पुण्यमय संवाद को बारम्बार हृदय में स्मरण कर हर्ष प्राप्त हो रहा है॥ ७६॥

तच्च संस्मृत्य संस्मृत्य रूपमत्यद्भुतं हरेः।
विस्मयो मे महान् राजन्हृष्यामि च पुनः पुनः॥ ७७॥

तत्—उस, **च**—भी, **संस्मृत्य संस्मृत्य**—बारम्बार स्मरण करके, **रूपम्**—रूप को, **अति अद्भुतम्**—अत्यन्त अद्भुत, **हरेः**—श्रीहरि के, **विस्मयः**—आश्चर्य हो रहा है, **मे**—मुझे, **महान्**—महान, **राजन्**—हे राजन्, **हृष्यामि**—हर्षित हो रहा हूँ, **च**—और (मैं), **पुनः पुनः**—बार-बार।

हे राजन्! श्रीहरि के उस अत्यन्त अद्भुत रूप को भी बारम्बार स्मरण करके मुझे महान आश्चर्य हो रहा है और मैं बार—बार हर्षित हो रहा हूँ।

हे राजन्! अर्जुन के प्रत्यक्ष ज्ञान बोध हेतु प्रकट किये गये पापनाशक योगेश्वर भगवान् श्रीकृष्ण के उस अद्भुत विश्वरूप को मेरे द्वारा साक्षात् देखकर

और बारम्बार स्मरण करके मुझे महान आश्चर्य हो रहा है तथा मैं पुनः-पुनः हर्षित हो रहा हूँ ॥ ७७ ॥

यत्र योगेश्वरः कृष्णो यत्र पार्थो धनुर्धरः ।
तत्र श्रीर्विजयो भूतिर्ध्रुवा नीतिर्मतिर्मम ॥ ७८ ॥

यत्र—जहाँ, **योगेश्वरः**—योगेश्वर, **कृष्णः**—श्रीकृष्ण (और), **यत्र**—जहाँ, **पार्थः**—अर्जुन हैं, **धनुर्धरः**—धनुर्धर, **तत्र**—वहाँ, **श्रीः**—श्री, **विजयः**—विजय, **भूतिः**—विभूति (और), **ध्रुवा**—अचल, **नीतिः**—नीति (है), **मतिः मम**—यह मेरी सम्मति है।

जहाँ योगेश्वर श्रीकृष्ण और जहाँ धनुर्धर अर्जुन हैं, वहाँ श्री, विजय, विभूति और अचल नीति है। यह मेरी सम्मति है।

जिसके पक्ष में योगेश्वर-सब योगों के ईश्वर श्रीकृष्ण और गाण्डीवधारी धनुर्धर अर्जुन हैं, वहीं पर लक्ष्मी हैं, वहीं पर विजय है, वहीं पर विभूति अर्थात् उत्तरोत्तर धन आदि की वृद्धि और वहीं पर न्याय का अचल विचार भी है। यह मेरी सम्मति है। संजय ने अपना ऐसा मत और निष्कर्ष पुत्र मोह में विभ्रमित हुए महाराज धृतराष्ट्र को सम्पूर्ण युद्ध के वृत्तान्तों को सुनाने के बाद कहा ॥ ७८ ॥

इति श्रीकृष्णार्जुनसंवादे मोक्षसंन्यासयोगो नाम अष्टादशोऽध्यायः ॥ १८ ॥

सन्दर्भ ग्रन्थ

१. गीतातत्वामृत – *स्वामी विष्णुतीर्थ,* प्रकाशन–योगश्री पीठ, मुनिर्करिती (ऋषिकेश), उ०प्र०, द्वितीय संस्करण, वर्ष–१९९१

२. गीतातत्त्वालोक – *स्वामी श्री पूर्णानन्द तीर्थ (उड़िया बाबा जी),* सम्पादक–स्वामी सनातनदेव, प्रकाशन–श्री पूर्णानन्द तीर्थ (उड़िया बाबा) ट्रस्ट समिति, वृन्दावन, वर्ष–२०१२

३. गीता प्रेरणा – *गीता मनीषी स्वामी ज्ञानानन्द जी महाराज,* प्रकाशन–मनोज पब्लिकेशन्स, ७६१, मेन रोड, बुराड़ी, दिल्ली–११००८४, वर्ष–२०१९

४. गीता रहस्य – *लोकमान्य बाल गंगाधर तिलक* (मूल लेखक), अनुवादक–श्रीमान् माधवराव जी सप्रे, प्रकाशन–डायमंड पॉकेट बुक्स (प्रा०) लि०, X–३०, ओखला इंडस्ट्रियल एरिया, फेज–II, नई दिल्ली–११००२०, वर्ष–२०१८

५. तत्त्वबोध – *भगवान् शंकराचार्य कृत,* व्याख्याकार–स्वामी शंकरानन्द, प्रकाशन–सेन्ट्रल चिन्मय मिशन ट्रस्ट, सांदिपनी साधनालय, साकी विहार रोड, मुम्बई–४०००७२, अगस्त २०१५

६. पातंजलयोगदर्शन – *महर्षि पतंजलि* (मूल लेखक), टीकाकार–हरिकृष्णदास गोयन्दका, प्रकाशन – गीता प्रेस, गोरखपुर, चौदहवाँ संस्करण, संवत् – २०४०

७. भगवद्गीता – *डॉ० सर्वेपल्लि राधाकृष्णन,* प्रकाशन–हिन्द पॉकेट बुक्स, पेंगुइन रैंडम हाउस इण्डिया प्रा०लि०, सातवीं मंजिल, इनफिनिटी टॉवर सी, डी०एल०एफ० साइबर सिटी, गुड़गाँव १२२०२२, हरियाणा, भारत, हिन्दी संस्करण, वर्ष–२०१८

८. यथार्थ गीता – *श्री परमहंस स्वामी अड़गड़ानन्द जी महाराज,* प्रकाशन–श्री परमहंस स्वामी अड़गड़ानन्द जी आश्रम ट्रस्ट, न्यू अपोलो स्टेट, गाला नं०–५ एवं ११, मोगरा लेन (रेलवे सब वे के पास), अन्धेरी (पूर्व), मुम्बई–४०००६९, संशोधित संस्करण, जनवरी, २०२१

९. योग-उपनिषद:-*श्री उपनिषद्ब्रह्मयोगी* द्वारा व्याख्या, सम्पादन-पण्डित ए० महादेव शास्त्री, अड्यार पुस्तकालय के लिए प्रकाशित (थियोसॉफिकल सोसायटी), अड्यार, मद्रास, वर्ष १९२०

१०. योगचिन्तामणि - *श्रीमद्द्विषक्शिरोमणिश्रीहर्षकीर्तिनिर्मित* एवं माथुरवंशावतंस - श्रीयुतकन्हैय्यालाल - पाठकतनयदत्तरामकृत माथुरीमंजूषाभाषाटीकासहित, प्रकाशन - खेमराज श्रीकृष्णदास द्वारा बम्बई खेतवाडी ७वीं गली खम्बाटालैन निज "श्रीवेङ्कटेश्वर" स्टीम् मुद्रणालय में मुद्रित एवं प्रकाशित, संवत १९७४, शके १८३९

११. योगवाणी या सिद्धयोगोपदेश - *श्री श्री शंकरपुरुषोत्तमतीर्थ स्वामीजी महाराज* कृत, अनुवादक-रायबहादुर पंड्या बैजनाथ, प्रकाशक-श्रीमत् स्वामी नारायणतीर्थजी महाराज, सिद्धयोगाश्रम, छोटी गैबी, वाराणसी, षष्ठम संस्करण, वर्ष २००४

१२. विवेक-चूडामणि - *श्रीमदाद्यशंकराचार्यविरचित,* अनुवादक-मुनिलाल, प्रकाशन-गोविन्दभवन-कार्यालय, गीताप्रेस, गोरखपुर, चौबीसवाँ संस्करण, संवत-२०५२

१३. वेदान्तदर्शन (ब्रह्मसूत्र) - *श्रीमन्महर्षि वेदव्यासप्रणीत,* व्याख्याकार-हरिकृष्णदास गोयन्दका, प्रकाशन-गोविन्द भवन कार्यालय, गीता प्रेस, गोरखपुर, नवम संस्करण, संवत-२०४०

१४. श्रीमद्भगवद्गीता, ईश्वर-अर्जुन संवाद (भाग-I व II) - *श्री श्री परमहंस योगानन्द,* प्रकाशन- योगदा सत्संग सोसायटी आफ इण्डिया, योगदा सत्संग मठ, २१, यू०एन० मुखर्जी रोड, दक्षिणेश्वर, कोलकाता-७०००७६, दोनों भागों का द्वितीय मुद्रण, वर्ष-२०१८

१५. श्रीमद्भगवद्गीता, तत्त्वविवेचनी - *जयदयाल गोयन्दका,* प्रकाशन-गोविन्द भवन कार्यालय, गीता प्रेस, गोरखपुर; सोलहवाँ संस्करण, संवत्-२०४०

१६. श्रीमद्भगवद्गीता (पदच्छेद, अन्वय और साधारण भाषाटीकासहित), *जयदयाल गोयन्दका,* प्रकाशन-गीता प्रेस गोरखपुर (गोविन्दभवन कार्यालय, कोलकाता का संस्थान), ७४वाँ पुनर्मुद्रण, संवत् २०७३

१७. श्रीमद्भगवद्गीता, यथारूप - *श्री श्रीमद् ए०सी० भक्तिवेदान्त स्वामी प्रभुपाद,* प्रकाशन-भक्तिवेदान्त बुक ट्रस्ट, मुंबई, ३५वाँ मुद्रण, दिसम्बर, २००५

१८. श्रीमद्भगवद्गीता (प्रथम, द्वितीय व तृतीय खण्ड) - *योगिराज श्यामाचरण लाहिडी की आध्यात्मिक दीपिका* एवं श्री भूपेन्द्रनाथ सान्याल द्वारा व्याख्या, अनुवादक-पं० गौरीशंकर द्विवेदी शास्त्री, प्रकाशन-गुरुधाम प्रकाशन समिति, गुरुधाम ट्रस्ट स्टेट (पुरी मन्दार) गुरुधाम, मन्दार, पो०-बैंसी, जि०-भागलपुर (बिहार), प्रकाशन वर्ष :- प्रथम खण्ड, तृतीय संस्करण, संवत-२०३५; द्वितीय खण्ड, संवत-२०३७; तृतीय खण्ड, तृतीय संस्करण, संवत-२०४१

१९. श्रीमद्भगवद्गीता - *शंकरभाष्य* हिन्दी अनुवाद-सहित, अनुवादक-श्री हरिकृष्णदास गोयन्दका, प्रकाशन-गोविन्द भवन कार्यालय, गीता प्रेस, गोरखपुर, इक्कीसवाँ संस्करण, संवत-२०५५

२०. श्रीमद्भगवद्गीता (भाग १ व २) - *श्रीअरविन्द (मूल लेखन अंग्रेजी में),* हिन्दी व्याख्या-चन्द्रप्रकाश खेतान, हिन्दी अनुवाद व व्याख्या सम्पादन-पंकज बगड़िया, प्रकाशन-श्री अरविन्द डिवाइन लाइफ ट्रस्ट, श्री अरविन्द दिव्य जीवन आश्रम, खेतान मोहल्ला, झुन्झुनू-३३३००१, राजस्थान, दोनों भागों का प्रकाशन वर्ष-२०१९

२१. श्रीमद्भगवद्गीता - *श्रीधर स्वामी भाष्य* (मूल संस्कृत में), अनुवादक (अंग्रेजी में)-स्वामी वीरेश्वरानन्द, प्रकाशन-श्री रामकृष्ण मठ, मायलापुर, चेन्नई-६००००४, बारहवाँ मुद्रण, जनवरी २०१५

२२. श्रीमद्भगवद्गीता - *श्रीरामानुज-भाष्य हिन्दी अनुवादसहित,* अनुवादक-श्री हरिकृष्णदास गोयन्दका, प्रकाशन-गीताप्रेस, गोरखपुर-२७३००५, सत्रहवाँ पुनर्मुद्रण, संवत-२०७४

२३. श्रीमद्भगवद्गीता - *श्रील विश्वनाथ चक्रवर्ती ठाकुर विरचित,* सम्पादन-श्रीश्रीमद्भक्तिवेदान्त नारायण गोस्वामी महाराज, प्रकाशन- गौड़ीय वेदान्त प्रकाशन, तृतीय संस्करण, अगस्त, २०१९

२४. श्रीमद्भगवद्गीता - *श्री स्वामी शिवानन्द सरस्वती (मूल लेखक),* अनुवादिका-श्रीमती गुलशन सचदेव, प्रकाशन-द डिवाइन लाइफ सोसायटी, पो०-शिवानन्दनगर, जिला-टिहरी गढ़वाल, उत्तराखण्ड-२४९१९२, द्वितीय हिन्दी संस्करण, वर्ष-२०१६

२५. श्रीमद्भगवद्गीता, साधक संजीवनी - *स्वामी रामसुखदास,* प्रकाशन-गीता प्रेस, गोरखपुर-२७३००५, अट्ठासीवाँ पुनर्मुद्रण, संवत्-२०७२

२६. श्रीमद्भागवत महापुराण, प्रथम व द्वितीय खण्ड – *महर्षि वेदव्यास प्रणीत,* प्रकाशन गीता प्रेस, गोरखपुर–२७३००५, संवत् २०६६

२७. श्रीरामचरितमानस – *श्रीमद्गोस्वामी तुलसीदासजीविरचित,* टीकाकार– हनुमान प्रसाद पोद्दार, प्रकाशन– गीताप्रेस गोरखपुर–२७३००५, छियालीसवाँ पुनर्मुद्रण, संवत–२०७४

२८. सिद्धसिद्धान्तपद्धति – प्रणेता : *शिवगोरक्ष महायोगी गोरखनाथ,* टीकाकार तथा सम्पादक – रामलाल श्रीवास्तव, प्रकाशक – गोरखनाथ मन्दिर, गोरखपुर, संस्करण २०१९

२९. सिद्धसिद्धान्तसंग्रहः –*बलभद्रविरचितः,* लेखक – सुरेन्द्र कुमार शर्मा, प्रकाशक – ईस्टर्न बुक लिंकर्स, ५८२५, न्यू चन्द्रावल, जवाहर नगर, दिल्ली –११०००७, प्रथम संस्करण १९८६

३०. हठयोगप्रदीपिका – *स्वात्मारापयोगीन्द्रविरचिता,* संस्कृत टीका व भाषाटीका सहित– पण्डित मिहिरचन्द्र, मूल प्रकाशन – मे० खेमराज श्रीकृष्णदास, प्रोप्रा०–श्री वेंकटेश्वर प्रेस, ७वाँ– खेतवाड़ी, खम्वट्टा लेन, बाम्बे–४००००४, संस्करण : सन्–१९९२, संवत–२०४९

३१. हिन्दी ज्ञानेश्वरी – *सन्त शिरोमणि श्री ज्ञानेश्वर जी महाराज द्वारा विरचित,* अनुवादक–बाबू रामचन्द्र वर्मा, प्रकाशक–गौरव ग्रन्थ कुटीर, के० १६।७ हाथी गली, वाराणसी–२२१००१, पुनर्मुद्रित नवीन संस्करण, सन्–१९९५

श्लोकानुक्रमणिका

श्लोकारम्भ	अ०.श्लोक
अ	
अकीर्तिं चापि भूतानि	२.३४
अक्षरं ब्रह्म परमं	८.३
अक्षराणामकारोऽस्मि	१०.३३
अग्निर्ज्योतिरहः शुक्लः	८.२४
अच्छेद्योऽयमदाह्योऽयम्	२.२४
अजोऽपि सन्नव्ययात्मा	४.६
अज्ञश्चाश्रद्दधानश्च	४.४०
अत्र शूरा महेष्वासाः	१.४
अथ केन प्रयुक्तोऽयम्	३.३६
अथ चित्तं समाधातुं	१२.९
अथ चेत्त्वमिमं धर्म्यं	२.३३
अथ चैनं नित्यजातं	२.२६
अथ व्यवस्थितान्दृष्ट्वा	१.२०
अथवा बहुनैतेन	१०.४२
अथवा योगिनामेव	६.४२
अथैतदप्यशक्तोऽसि	१२.११
अदृष्टपूर्वं हृषितोऽस्मि	११.४५
अदेशकाले यद्दानम्	१७.२२
अद्वेष्टा सर्वभूतानां	१२.१३
अधर्मं धर्ममिति या	१८.३२
अधर्माभिभवात्कृष्ण	१.४१
अधश्चोर्ध्वं प्रसृतास्तस्य	१५.२
अधिभूतं क्षरो भावः	८.४
अधियज्ञः कथं कोऽत्र	८.२
अधिष्ठानं तथा कर्ता	१८.१४
अध्यात्मज्ञाननित्यत्वं	१३.११
अध्येष्यते च य इमं	१८.७०
अनन्तविजयं राजा	१.१६
अनन्तश्चास्मि नागाना	१०.२९
अनन्यचेताः सततं	८.१४
अनन्याश्चिन्तयन्तो मां	९.२२
अनपेक्षः शुचिर्दक्षः	१२.१६
अनादित्वान्निर्गुणत्वात्	१३.३१
अनादिमध्यान्तम्	११.१९
अनाश्रितः कर्मफलं	६.१
अनिष्टमिष्टं मिश्रं च	१८.१२
अनुद्वेगकरं वाक्यं	१७.१५
अनुबन्धं क्षयं हिंसाम्	१८.२५
अनेकचित्तविभ्रान्ताः	१६.१६
अनेकबाहूदरवक्त्रनेत्र	११.१६
अनेकवक्त्रनयनम्	११.१०
अन्तकाले च मामेव	८.५
अन्तवत्तु फलं तेषां	७.२३
अन्तवन्त इमे देहाः	२.१८
अन्नाद्भवन्ति भूतानि	३.१४
अन्ये च बहवः शूराः	१.९
अन्ये त्वेवमजानन्तः	१३.२५

श्लोकारम्भ	अ०.श्लोक
अपरं भवतो जन्म	४.४
अपरे नियताहाराः	४.३०
अपरेयमितस्त्वन्यां	७.५
अपर्याप्तं तदस्माकं	१.१०
अपाने जुह्वति प्राणं	४.२९
अपि चेत्सुदुराचारो	९.३०
अपि चेदसि पापेभ्यः	४.३६
अप्रकाशोऽप्रवृत्तिश्च	१४.१३
अफलाकाङ्क्षिभिर्यज्ञो	१७.११
अभयं सत्त्वसंशुद्धिः	१६.१
अभिसन्धाय तु फलं	१७.१२
अभ्यासयोगयुक्तेन	८.८
अभ्यासेऽप्यसमर्थोऽसि	१२.१०
अमानित्वमदम्भित्वम्	१३.७
अमी च त्वां धृतराष्ट्रस्य	११.२६
अमी हि त्वां सुरसङ्घाः	११.२१
अयनेषु च सर्वेषु	१.११
अयतिः श्रद्धयोपेतो	६.३७
अयुक्तः प्राकृतः स्तब्धः	१८.२८
अवजानन्ति मां मूढाः	९.११
अवाच्यवादांश्च बहून्	२.३६
अविनाशि तु तद्विद्धि	२.१७
अविभक्तं च भूतेषु	१३.१६
अव्यक्तादीनि भूतानि	२.२८
अव्यक्ताद्व्यक्तयः सर्वाः	८.१८
अव्यक्तोऽक्षर इत्युक्तः	८.२१
अव्यक्तोऽयमचिन्त्योऽयम्	२.२५
अव्यक्तं व्यक्तिमापन्नं	७.२४
अशास्त्रविहितं घोरं	१७.५
अशोच्यानन्वशोचस्त्वं	२.११
अश्रद्दधानाः पुरुषाः	९.३
अश्रद्धया हुतं दत्तं	१७.२८
अश्वत्थः सर्ववृक्षाणां	१०.२६
असक्तबुद्धिः सर्वत्र	१८.४९
असक्तिरनभिष्वङ्गः	१३.९
असत्यमप्रतिष्ठं ते	१६.८
असौ मया हतः शत्रुः	१६.१४
असंयतात्मना योगो	६.३६
असंशयं महाबाहो	६.३५
अस्माकं तु विशिष्टा ये	१.७
अहं क्रतुरहं यज्ञः	९.१६
अहङ्कारं बलं दर्पं	१६.१८
अहङ्कारं बलं दर्पं	१८.५३
अहमात्मा गुडाकेश	१०.२०
अहं वैश्वानरो भूत्वा	१५.१४
अहं सर्वस्य प्रभवो	१०.८
अहं हि सर्वयज्ञानां	९.२४
अहिंसा सत्यमक्रोधः	१६.२
अहिंसा समता तुष्टिः	१०.५
अहो बत महत्पापं	१.४५

आ

श्लोकारम्भ	अ०.श्लोक
आख्याहि मे को भवान्	११.३१
आचार्याः पितरः पुत्राः	१.३४
आढ्योऽभिजनवानस्मि	१६.१५
आत्मसम्भाविताः स्तब्धाः	१६.१७
आत्मौपम्येन सर्वत्र	६.३२
आदित्यानामहं विष्णुः	१०.२१
आपूर्यमाणमचलप्रतिष्ठं	२.७०
आब्रह्मभुवनाल्लोकाः	८.१६
आयुधानामहं वज्रं	१०.२८
आयुःसत्त्वबलारोग्य	१७.८

श्लोकारम्भ	अ०.श्लोक
आरुरुक्षोर्मुनेर्योगम्	६.३
आवृतं ज्ञानमेतेन	३.३९
आशापाशशतैर्बद्धाः	१६.१२
आश्चर्यवत्पश्यति	२.२९
आसुरीं योनिमापन्नाः	१६.२०
आहारस्त्वपि सर्वस्य	१७.७
आहुस्त्वामृषयः सर्वे	१०.१३
इ	
इच्छाद्वेषसमुत्थेन	७.२७
इच्छा द्वेषः सुखं	१३.६
इति गुह्यतमं शास्त्रम्	१५.२०
इति ते ज्ञानमाख्यातं	१८.६३
इति क्षेत्रं तथा ज्ञानं	१३.१८
इत्यर्जुनं वासुदेवः	११.५०
इत्यहं वासुदेवस्य	१८.७४
इदमद्य मया लब्धम्	१६.१३
इदं तु ते गुह्यतमं	९.१
इदं ते नातपस्काय	१८.६७
इदं शरीरं कौन्तेय	१३.१
इदं ज्ञानमुपाश्रित्य	१४.२
इन्द्रियस्येन्द्रियस्यार्थे	३.३४
इन्द्रियाणां हि चरतां	२.६७
इन्द्रियाणि पराण्याहुः	३.४२
इन्द्रियाणि मनो बुद्धिः	३.४०
इन्द्रियार्थेषु वैराग्यम्	१३.८
इमं विवस्वते योगं	४.१
इष्टान् भोगानन्हि	३.१२
इहैकस्थं जगत्कृत्स्नं	११.७
इहैव तैर्जितः सों	५.१९

श्लोकारम्भ	अ०.श्लोक
ई	
ईश्वरः सर्वभूतानां	१८.६१
उ	
उच्चैःश्रवसमश्वानां	१०.२७
उत्क्रामन्तं स्थितं वापि	१५.१०
उत्तमः पुरुषस्त्वन्यः	१५.१७
उत्सन्नकुलधर्माणां	१.४४
उत्सीदेयुरिमे लोकाः	३.२४
उदाराः सर्व एवैते	७.१८
उदासीनवदासीनः	१४.२३
उद्धरेदात्मनात्मानं	६.५
उपद्रष्टानुमन्ता च	१३.२२
ऊ	
ऊर्ध्वं गच्छन्ति सत्त्वस्थाः	१४.१८
ऊर्ध्वमूलमधः शाखम्	१५.१
ऋ	
ऋषिभिर्बहुधा गीतं	१३.४
ए	
एतच्छ्रुत्वा वचनं	११.३५
एतद्योनीनि भूतानि	७.६
एतन्मे संशयं कृष्ण	६.३९
एतान्न हन्तुमिच्छामि	१.३५
एतान्यपि तु कर्माणि	१८.६
एतां दृष्टिमवष्टभ्य	१६.९
एतां विभूतिं योगं च	१०.७
एतैर्विमुक्तः कौन्तेय	१६.२२
एवमुक्तो हृषीकेशः	१.२४
एवमुक्त्वार्जुनः सङ्ख्ये	१.४७

श्लोकारम्भ	अ०.श्लोक
एवमुक्त्वा ततो राजन्	११.९
एवमुक्त्वा हृषीकेशं	२.९
एवमेतद्यथात्थ त्वम्	११.३
एवं परम्पराप्राप्तम्	४.२
एवं प्रवर्तितं चक्रं	३.१६
एवं बहुविधा यज्ञा:	४.३२
एवं बुद्धेः परं बुद्‌ध्वा	३.४३
एवं सततयुक्ता ये	१२.१
एवं ज्ञात्वा कृतं कर्म	४.१५
एषा तेऽभिहिता साङ्ख्ये	२.३९
एषा ब्राह्मी स्थितिः पार्थ	२.७२

ओ

श्लोकारम्भ	अ०.श्लोक
ओमित्येकाक्षरं ब्रह्म	८.१३

ॐ

श्लोकारम्भ	अ०.श्लोक
ॐ तत्सदिति निर्देशो	१७.२३

क

श्लोकारम्भ	अ०.श्लोक
कच्चिन्नोभयविभ्रष्टः	६.३८
कच्चिदेतच्छ्रुतं पार्थ	१८.७२
कट्वम्ललवणात्युष्ण	१७.९
कथं न ज्ञेयमस्माभिः	१.३९
कथं भीष्ममहं सङ्ख्ये	२.४
कथं विद्यामहं योगिन्	१०.१७
कर्मजं बुद्धियुक्ता हि	२.५१
कर्मणः सुकृतस्याहुः	१४.१६
कर्मणैव हि संसिद्धिम्	३.२०
कर्मणो ह्यपि बोद्धव्यं	४.१७
कर्मण्यकर्म यः पश्येत्	४.१८
कर्मण्येवाधिकारस्ते	२.४७
कर्म ब्रह्मोद्भवं विद्धि	३.१५
कर्मेन्द्रियाणि संयम्य	३.६
कर्षयन्तः शरीरस्थं	१७.६
कविं पुराणमनुशासितारम्	८.९
कस्माच्च ते न नमेरन्	११.३७
काङ्क्षन्तः कर्मणां सिद्धिं	४.१२
काम एष क्रोध एष	३.३७
कामक्रोधवियुक्तानां	५.२६
काममाश्रित्य दुष्पूरं	१६.१०
कामात्मानः स्वर्गपराः	२.४३
कामैस्तैस्तैर्हृतज्ञानाः	७.२०
काम्यानां कर्मणां	१८.२
कायेन मनसा बुद्ध्या	५.११
कार्पण्यदोषोपहत	२.७
कार्यकरणकर्तृत्वे	१३.२०
कार्यमित्येव यत्कर्म	१८.९
कालोऽस्मि लोकक्षयकृत्	११.३२
काश्यश्च परमेष्वासः	१.१७
किरीटिनं गदिनं चक्रहस्तम्	११.४६
किरीटिनं गदिनं चक्रिणं	११.१७
किं कर्म किमकर्मेति	४.१६
किं तद्ब्रह्म किमध्यात्मं	८.१
किं पुनर्ब्राह्मणाः पुण्या	९.३३
कुतस्त्वा कश्मलमिदं	२.२
कुलक्षये प्रणश्यन्ति	१.४०
कृपया परयाविष्टो	१.२८
कृषिगौरक्ष्यवाणिज्यं	१८.४४
कैर्लिङ्गैस्त्रीन्गुणानेतान्	१४.२१
क्रोधाद्भवति सम्मोहः	२.६३
क्लेशोऽधिकतरस्तेषाम्	१२.५
क्लैब्यं मा स्म गमः पार्थ	२.३
क्षिप्रं भवति धर्मात्मा	९.३१
क्षेत्रक्षेत्रज्ञयोरेवम्	१३.३४
क्षेत्रज्ञं चापि मां विद्धि	१३.२

श्लोकारम्भ	अ०.श्लोक
ग	
गत सङ्गस्य मुक्तस्य	४.२३
गतिर्भर्ता प्रभुः साक्षी	९.१८
गाण्डीवं स्रंसते हस्तात्	१.३०
गामाविश्य च भूतानि	१५.१३
गुणानेतानतीत्य त्रीन्	१४.२०
गुरुनहत्वा हि महानुभावान्	२.५
च	
चञ्चलं हि मनः कृष्ण	६.३४
चतुर्विधा भजन्ते मां	७.१६
चातुर्वर्ण्यं मया सृष्टं	४.१३
चिन्तामपरिमेयां च	१६.११
चेतसा सर्वकर्माणि	१८.५७
ज	
जन्म कर्म च मे दिव्यम्	४.९
जरामरणमोक्षाय	७.२९
जातस्य हि ध्रुवो मृत्युः	२.२७
जितात्मनः प्रशान्तस्य	६.७
ज्ञानयज्ञेन चाप्यन्ये	९.१५
ज्ञानविज्ञानतृप्तात्मा	६.८
ज्ञानेन तु तदज्ञानं	५.१६
ज्ञानं कर्म च कर्ता च	१८.१९
ज्ञानं तेऽहं सविज्ञानं	७.२
ज्ञानं ज्ञेयं परिज्ञाता	१८.१८
ज्ञेयः स नित्यसन्यासी	५.३
ज्ञेयं यत्तत्प्रवक्ष्यामि	१३.१२
ज्यायसी चेत्कर्मणस्ते	३.१
ज्योतिषामपि तज्ज्योतिः	१३.१७

श्लोकारम्भ	अ०.श्लोक
त	
तच्च संस्मृत्य संस्मृत्य	१८.७७
ततः पदं तत्परिमार्गितव्यं	१५.४
ततः शङ्खाश्च भेर्यश्च	१.१३
ततः श्वेतैर्हयैर्युक्ते	१.१४
ततः स विस्मयाविष्टो	११.१४
तत्त्ववित्तु महाबाहो	३.२८
तत्र तं बुद्धिसंयोगं	६.४३
तत्र सत्त्वं निर्मलत्वात्	१४.६
तत्रापश्यत्स्थितान् पार्थः	१.२६
तत्रैकस्थं जगत्कृत्स्नं	११.१३
तत्रैकाग्रं मनः कृत्वा	६.१२
तत्रैवं सति कर्तारम्	१८.१६
तत्क्षेत्रं यच्च यादृक्च	१३.३
तदित्यनभिसन्धाय	१७.२५
तद्बुद्धयस्तदात्मानः	५.१७
तद्विद्धि प्रणिपातेन	४.३४
तपस्विभ्योऽधिको योगी	६.४६
तपाम्यहमहं वर्ष	९.१९
तमस्त्वज्ञानजं विद्धि	१४.८
तमुवाच हृषीकेशः	२.१०
तमेव शरणं गच्छ	१८.६२
तस्माच्छास्त्रं प्रमाणं ते	१६.२४
तस्मात्प्रणम्य प्रणिधाय	११.४४
तस्मात्त्वमिन्दियाण्यादौ	३.४१
तस्मात्त्वमुत्तिष्ठ	११.३३
तस्मात्सर्वेषु कालेषु	८.७
तस्मादसक्तः सततं	३.१९
तस्मादज्ञानसम्भूतं	४.४२
तस्मादोमित्युदाहृत्य	१७.२४
तस्माद्यस्य महाबाहो	२.६८

श्लोकारम्भ	अ०.श्लोक
तस्मान्नार्हा वयं हन्तुं	१.३७
तस्य सन्जनय हर्ष	१.१२
तं विद्याद दु:खसंयोगं	६.२३
तं तथा कृपयाविष्टम्	२.१
तानहं द्विषत: क्रूरान्	१६.१९
तानि सर्वाणि संयम्य	२.६१
तुल्यनिन्दास्तुतिर्मौनी	१२.१९
तेज: क्षमा धृति:	१६.३
ते तं भुक्त्वा स्वर्गलोकं	९.२१
तेषामहं समुद्धर्ता	१२.७
तेषामेवानुकम्पार्थम्	१०.११
तेषां सततयुक्तानां	१०.१०
तेषां ज्ञानी नित्ययुक्त:	७.१७
त्यक्त्वा कर्मफलासङ्गं	४.२०
त्याज्यं दोषवदित्येके	१८.३
त्रिभिर्गुणमयैर्भावै:	७.१३
त्रिविधा भवति श्रद्धा	१७.२
त्रिविधं नरकस्येदं	१६.२१
त्रैगुण्यविषया वेदा:	२.४५
त्रैविद्या मां सोमपा:	९.२०
त्वमक्षरं परमं वेदितव्यं	११.१८
त्वमादिदेव: पुरुष:	११.३८
द	
दण्डो दमयतामस्मि	१०.३८
दम्भो दर्पोऽभिमानश्च :...............	१६.४
दंष्ट्राकरालानि च ते	११.२५
दातव्यमिति यद्दानं	१७.२०
दिवि सूर्यसहस्रस्य	११.१२
दिव्यमाल्याम्बरधरं	११.११
दु:खमित्येव यत्कर्म	१८.८
दु:खेष्वनुद्विग्नमना:	२.५६
दूरेण ह्यवरं कर्म	२.४९
दृष्ट्वा तु पाण्डवानीकं	१.२
दृष्ट्वेदं मानुषं रूपं	११.५१
देवद्विजगुरुप्राज्ञ	१७.१४
देवाभावयतानेन	३.११
देही नित्यमवध्योऽयं	२.३०
देहिनोऽस्मिन्यथा देहे	२.१३
दैवमेवापरे यज्ञं	४.२५
दैवी ह्येषा गुणमयी	७.१४
दैवी सम्पद्विमोक्षाय	१६.५
दोषैरेतै: कुलघ्नानां	१.४३
द्यावापृथिव्योरिदम्	११.२०
द्यूतं छलयतामस्मि	१०.३६
द्रव्ययज्ञास्तपोयज्ञा:	४.२८
द्रुपदो द्रौपदेयाश्च	१.१८
द्रोणं च भीष्मं च	११.३४
द्वाविमौ पुरुषौ लोके	१५.१६
द्वौ भूतसर्गौ लोके	१६.६
ध	
धर्मक्षेत्रे कुरुक्षेत्रे	१.१
धूमो रात्रिस्तथा कृष्ण:	८.२५
धूमेनाव्रियते वह्नि:	३.३८
धृत्या यया धारयते	१८.३३
धृष्टकेतुश्चेकितान:	१.५
ध्यानेनात्मनि पश्यन्ति	१३.२४
ध्यायतो विषयान्पुंस:	२.६२
न	
न कर्तृत्वं न कर्माणि	५.१४
न कर्मणामनारम्भात्	३.४
न काङ्क्षे विजयं कृष्ण	१.३२
न च तस्मान्मनुष्येषु	१८.६९

श्लोकारम्भ	अ०.श्लोक
न च मत्स्थानि भूतानि	९.५
न च मां तानि कर्माणि	९.९
न चैतद्विद्मः कतरन्नो	२.६
न जायते म्रियते वा	२.२०
न तदस्ति पृथिव्यां वा	१८.४०
न तद्भासयते सूर्यो	१५.६
न तु मां शक्यसे द्रष्टुम्	११.८
न त्वेवाहं जातु नासं	२.१२
न द्वेष्ट्यकुशलं कर्म	१८.१०
न प्रहृष्येत्प्रियं प्राप्य	५.२०
न बुद्धिभेदं जनयेत्	३.२६
नभःस्पृशं दीप्तमनेकवर्णं	११.२४
नमः पुरस्तादथ	११.४०
न मां कर्माणि लिम्पन्ति	४.१४
न मां दुष्कृतिनो मूढाः	७.१५
न मे पार्थास्ति कर्तव्यं	३.२२
न मे विदुः सुरगणाः	१०.२
न रूपमस्येह तथोपलभ्यते	१५.३
न वेदयज्ञाध्ययनैः	११.४८
नष्टो मोहः स्मृतिर्लब्धा	१८.७३
नहि कश्चित्क्षणमपि	३.५
न हि देहभृता शक्यं	१८.११
न हि प्रपश्यामि	२.८
न हि ज्ञानेन सदृशं	४.३८
नात्यश्नतस्तु योगोऽस्ति	६.१६
नादत्ते कस्यचित्पापं	५.१५
नान्तोऽस्ति मम दिव्यानां	१०.४०
नान्यं गुणेभ्यः कर्तारं	१४.१९
नासतो विद्यते भावः	२.१६
नास्ति बुद्धिरयुक्तस्य	२.६६
नाहं प्रकाशः सर्वस्य	७.२५
नाहं वेदैर्न तपसा	११.५३

श्लोकारम्भ	अ०.श्लोक
निमित्तानि च पश्यामि	१.३१
नियतस्य तु सन्यासः	१८.७
नियतं कुरु कर्म त्वं	३.८
नियतं सङ्गरहितम्	१८.२३
निराशीर्यतचित्तात्मा	४.२१
निर्मानमोहा जितसङ्गदोषा	१५.५
निश्चयं श्रृणु मे तत्र	१८.४
निहत्य धार्तराष्ट्रान्नः	१.३६
नेहाभिक्रमनाशोऽस्ति	२.४०
नैते सृती पार्थ जानन्	८.२७
नैनं छिन्दन्ति शस्त्राणि	२.२३
नैव किञ्चित्करोमीति	५.८
नैव तस्य कृतेनार्थो	३.१८
प	
पञ्चैतानि महाबाहो	१८.१३
पत्रं पुष्पं फलं तोयं	९.२६
परस्तस्मात्तु भावोऽन्यो	८.२०
परं ब्रह्म परं धाम	१०.१२
परं भूयः प्रवक्ष्यामि	१४.१
परित्राणाय साधूनां	४.८
पवनः पवतामस्मि	१०.३१
पश्य मे पार्थ रूपाणि	११.५
पश्यादित्यान्वसून्	११.६
पश्यामि देवांस्तव देव	११.१५
पश्यैतां पाण्डुपुत्राणाम्	१.३
पाञ्चजन्यं हृषीकेशो	१.१५
पार्थ नैवेह नामुत्र	६.४०
पितासि लोकस्य	११.४३
पिताहमस्य जगतो	९.१७
पुण्यो गन्धः पृथिव्यां च	७.९
पुरुषः प्रकृतिस्थो हि	१३.२१

श्लोकारम्भ	अ०.श्लोक
पुरुषः स परः पार्थ	८.२२
पुरोधसां च मुख्यं मां	१०.२४
पूर्वाभ्यासेन तेनैव	६.४४
पृथक्त्वेन तु यज्ज्ञानं	१८.२१
प्रकाशं च प्रवृत्तिं च	१४.२२
प्रकृतिं पुरुषं चैव	१३.१९
प्रकृतिं स्वामवष्टभ्य	९.८
प्रकृतेः क्रियमाणानि	३.२७
प्रकृतेर्गुणसम्मूढाः	३.२९
प्रकृत्यैव च कर्माणि	१३.२९
प्रजहाति यदा कामान्	२.५५
प्रयत्नाद्यतमानस्तु	६.४५
प्रयाणकाले मनसा	८.१०
प्रलपन्विसृजन्गृह्णन्	५.९
प्रवृत्तिं च निवृत्तिं च जना	१६.७
प्रवृत्तिं च निवृत्तिन्य कार्याकार्ये	१८.३०
प्रशान्तमनसं ह्येनं	६.२७
प्रशान्तात्मा विगतभीः	६.१४
प्रसादे सर्वदुःखानां	२.६५
प्रह्लादश्चास्मि दैत्यानां	१०.३०
प्राप्य पुण्यकृतां लोकान्	६.४१

ब

श्लोकारम्भ	अ०.श्लोक
बन्धुरात्मात्मनस्तस्य	६.६
बलं बलवतां	७.११
बहिरन्तश्च भूतानाम्	१३.१५
बहूनां जन्मनामन्ते	७.१९
बहूनि मे व्यतीतानि	४.५
बाह्यस्पर्शेष्वसक्तात्मा	५.२१
बीजं मां सर्वभूतानां	७.१०
बुद्धियुक्तो जहातीह	२.५०
बुद्धिर्ज्ञानमसम्मोहः	१०.४
बुद्धेर्भेदं धृतेश्चैव	१८.२९
बुद्ध्या विशुद्धया युक्तो	१८.५१
बृहत्साम तथा साम्नां	१०.३५
ब्रह्मणो हि प्रतिष्ठाहम्	१४.२७
ब्रह्मण्याधाय कर्माणि	५.१०
ब्रह्मभूतः प्रसन्नात्मा	१८.५४
ब्रह्मार्पणं ब्रह्म हविः	४.२४
ब्राह्मणक्षीयविशां	१८.४१

भ

श्लोकारम्भ	अ०.श्लोक
भक्त्या त्वनन्यया	११.५४
भक्त्या मामभिजानाति	१८.५५
भयाद्रणादुपरतं	२.३५
भवान्भीष्मश्च कर्णश्च	१.८
भवाप्ययौ हि भूतानां	११.२
भीष्मद्रोणप्रमुखतः	१.२५
भूतग्रामः स एवायं	८.१९
भूमिरापोऽनलो वायुः	७.४
भूय एव महाबाहो	१०.१
भोक्तारं यज्ञतपसां	५.२९
भोगैश्वर्यप्रसक्तानां	२.४४

म

श्लोकारम्भ	अ०.श्लोक
मच्चित्तः सर्वदुर्गाणि	१८.५८
मच्चित्ता मद्गतप्राणाः	१०.९
मत्कर्मकृन्मत्परमो	११.५५
मत्तः परतरं नान्यत्	७.७
मदनुग्रहाय परमं	११.१
मनःप्रसादः सौम्यत्वं	१७.१६
मनुष्याणां सहस्रेषु	७.३
मन्मना युक्त्वैवम्	९.३४
मन्मना भव मद्भक्तो सत्यम्	१८.६५
मन्यसे यदि तच्छक्यं	११.४

श्लोकारम्भ	अ०.श्लोक
मम योनिर्महद्ब्रह्म	१४.३
ममैवांशो जीवलोके	१५.७
मया ततमिदं सर्वं	९.४
मयाध्यक्षेण प्रकृतिः	९.१०
मया प्रसन्नेन	११.४७
मयि चानन्ययोगेन	१३.१०
मयि सर्वाणि कर्माणि	३.३०
मय्यावेश्य मनो ये मां	१२.२
मय्यासक्तमनाः पार्थ	७.१
मय्येव मन आधत्स्व	१२.८
महर्षयः सप्त पूर्वे	१०.६
महर्षीणां भृगुरहं	१०.२५
महात्मानस्तु मां पार्थ	९.१३
महाभूतान्यहङ्कारो	१३.५
मा ते व्यथा मा च	११.४९
मात्रास्पर्शास्तु कौन्तेय	२.१४
मानापमानयोस्तुल्यः	१४.२५
मामुपेत्य पुनर्जन्म	८.१५
मां च योऽव्यभिचारेण	१४.२६
मां हि पार्थ व्यपाश्रित्य	९.३२
मुक्तसङ्गोऽनहंवादी	१८.२६
मूढग्राहेणात्मनो यत्	१७.१९
मृत्युः सर्वहरश्चाहम्	१०.३४
मोघाशा मोघकर्माणो	९.१२
य	
य इमं परमं गुह्यं	१८.६८
य एनं वेत्ति हन्तारं	२.१९
य एवं वेत्ति पुरुषं	१३.२३
यच्चापि सर्वभूतानां	१०.३९
यच्चावहासार्थम्	११.४२
यजन्ते सात्त्विका देवान्	१७.४
यज्ञ दानंतपःकर्म	१८.५
यज्ञशिष्टामृतभुजो	४.३१
यज्ञशिष्टाशिनः सन्तो	३.१३
यज्ञार्थात्कर्मणोऽन्यत्र	३.९
यज्ञे तपसि दाने च	१७.२७
यज्ज्ञात्वा न पुनर्मोहम्	४.३५
यततो ह्यपि कौन्तेय	२.६०
यतन्तो योगिनश्चैनं	१५.११
यतः प्रवृत्तिर्भूतानां	१८.४६
यतेन्द्रियमनोबुद्धिः	५.२८
यतो यतो निश्चरति	६.२६
यत्करोषि यदश्नासि	९.२७
यत्तदग्रे विषमिव	१८.३७
यत्तु कामेप्सुना कर्म	१८.२४
यत्तु कृत्स्नवदेकस्मिन्	१८.२२
यत्तु प्रत्युपकारार्थं	१७.२१
यत्र काले त्वनावृत्तिं	८.२३
यत्र योगेश्वरः कृष्णो	१८.७८
यत्रोपरमते चित्तं	६.२०
यत्साङ्ख्यैः प्राप्यते	५.५
यथाकाशस्थितो नित्यं	९.६
यथा दीपो निवातस्थो	६.१९
यथा नदीनां बहवो	११.२८
यथा प्रकाशयत्येकः	१३.३३
यथा प्रदीप्तं ज्वलनं	११.२९
यथा सर्वगतं सौक्ष्म्यात्	१३.३२
यथैधांसि समिद्धोऽग्निः	४.३७
यदग्रे चानुबन्धे च	१८.३९
यदङ्कारमाश्रित्य	१८.५९

श्लोकारम्भ	अ०.श्लोक	श्लोकारम्भ	अ०.श्लोक
यदक्षरं वेदविदो	८.११	यातयामं गतरसं	१७.१०
यदा ते मोहकलिलं	२.५२	या निशा सर्वभूतानां	२.६९
यदादित्यगतं तेजो	१५.१२	यान्ति देवव्रता देवान्	९.२५
यदा भूतपृथग्भावम्	१३.३०	यामिमां पुष्पितां वाचं	२.४२
यदा यदा हि धर्मस्य	४.७	यावत्सञ्जायते किञ्चित्	१३.२६
यदा विनियतं चित्तम्	६.१८	यावदेतान्निरीक्षेऽहं	१.२२
यदा सत्त्वे प्रवृद्धे तु	१४.१४	यावानर्थ उदपाने	२.४६
यदा संहरते चायं	२.५८	युक्तः कर्मफलं त्यक्त्वा	५.१२
यदा हि नेन्द्रियार्थेषु	६.४	युक्ताहारविहारस्य	६.१७
यदि मामप्रतीकारम्	१.४६	युञ्जन्नेवं सदात्मानं नयतमान	६.१५
यदि ह्यहं न वर्तेयं	३.२३	युञ्जन्नेवं सदाल्यानं	६.२८
यदृच्छया चोपपन्नं	२.३२	युधामन्युश्च विक्रान्तः	१.६
यदृच्छालाभसन्तुष्टो	४.२२	ये चैव सात्त्विका भावाः	७.१२
यद्यदाचरति श्रेष्ठः	३.२१	ये तु धर्म्यामृतमिदं	१२.२०
यद्यद्विभूतिमत्सत्त्वं	१०.४१	ये तु सर्वाणि कर्माणि	१२.६
यद्यप्येते न पश्यन्ति	१.३८	ये त्वक्षरमनिर्देश्यम्	१२.३
यया तु धर्मकामार्थान्	१८.३४	ये त्वेतदभ्यसूयन्तो	३.३२
यया धर्ममधर्मं च	१८.३१	येऽप्यन्यदेवता भक्ताः	९.२३
यया स्वप्नं भयं शोकं	१८.३५	ये मे मतमिदं नित्यम्	३.३१
यस्त्वात्मरतिरेव स्यात्	३.१७	ये यथा मां प्रपद्यन्ते	४.११
यस्तिवन्द्रियाणि मनसा	३.७	ये शास्त्रविधिमुत्सुज्य	१७.१
यस्मात्क्षरमतीतोऽहम्	१५.१८	येषामर्थे काङ्क्षितं नो	१.३३
यस्मान्नोद्विजते लोको	१२.१५	येषां त्वन्तगतं पापं	७.२८
यस्य नाहङ्कृतो भावो	१८.१७	ये हि संस्पर्शजा भोगाः	५.२२
यस्य सर्वे समारम्भाः	४.१९	योगयुक्तो विशुद्धात्मा	५.७
यं यं वापि स्मरभावं	८.६	योगसन्यस्तकर्माणं	४.४१
यं लब्ध्वा चापरं लाभम	६.२२	योगस्थः कुरु कर्माणि	२.४८
यं सन्यासमिति प्राहुः	६.२	योगिनामपि सर्वेषां	६.४७
यं हि न व्यथयन्त्यते	२.१५	योगी युञ्जीत सततम्	६.१०
यः शास्त्रविधिमुत्सृज्य	१६.२३	योत्स्यमानानवेक्षेऽहं	१.२३
यः सर्वत्रानभिस्नेह	२.५७	यो न हृष्यति न द्वेष्टि	१२.१७

श्लोकारम्भ	अ०.श्लोक

योऽन्त:सुखोऽन्तराराम: ५.२४
यो मामजमनादिं च १०.३
यो मामेवस्सम्मूढो १५.१९
यो मां पश्यति सर्वत्र ६.३०
यो यो यां यां तनुं भक्त: ७.२१
योऽयं योगस्त्वया प्रोक्त: ६.३३

र

रजस्तमश्चाभिभूय १४.१०
रजसि प्रलयं गत्वा १४.१५
रजो रागात्मकं विद्धि १४.७
रसोऽहमप्सु कौन्तेय ७.८
रागद्वेषवियुक्तैस्तु २.६४
रागी कर्मफलप्रेप्सु: १८.२७
राजन्संस्मृत्य संस्मृत्य १८.७६
राजविद्या राजगुह्यं ९.२
रुद्राणां शंकरश्चास्मि १०.२३
रुद्रादित्या वसवो ये च ११.२२
रूपं महत्ते बहुवक्त्रनेत्रं ११.२३

ल

लभन्ते ब्रह्म निर्वाणम् ५.२५
लेलिह्यसे ग्रसमान: ११.३०
लोकेऽस्मिन्द्विविधा ३.३
लोभ: प्रवृत्तिरारम्भ: १४.१२

व

वक्तुमर्हस्यशेषेण १०.१६
वक्त्राणि ते त्वरमाणा ११.२७
वायुर्यमोऽग्निवरुण: ११.३९
वासांसि जीर्णानि यथा २.२२
विद्याविनयसम्पन्ने ५.१८
विधिहीनमसृष्टान्नं १७.१३
विविक्तसेवी लघ्वाशी १८.५२
विषया विनिवर्तन्ते २.५९
विषयेन्द्रियसंयोगात् १८.३८
विस्तरेणात्मनो योगं १०.१८
विहाय कामान्य: २.७१
वीतरागभयक्रोधा: ४.१०
वृष्णीनां वासुदेवोऽस्मि १०.३७
वेदानां सामवेदोऽस्मि १०.२२
वेदाविनाशिनं नित्यं २.२१
वेदाहं समतीतानि ७.२६
वेदेषु यज्ञेषु तप:सु ८.२८
व्यवसायात्मिका बुद्धि: २.४१
व्यामिश्रेणेव वाक्येन ३.२
व्यासप्रसादाच्छ्रुतवान् १८.७५

श

शक्नोतीहैव य: सोढुं ५.२३
शनै: शनैरुपरमेत् ६.२५
शमो दमस्तप: शौचं १८.४२
शरीरं यदवाप्नोति १५.८
शरीरवाङ्मनोभिर्यत् १८.१५
शुक्लकृष्णे गती ह्येते ८.२६
शुचौ देशे प्रतिष्ठाप्य ६.११
शुभाशुभफलैरेवं ९.२८
शौर्यं तेजो धृतिर्दाक्ष्यं.................... १८.४३
श्रद्धया परया तप्तं १७.१७
श्रद्धावाननसूयश्च १८.७१
श्रद्धावाँल्लभते ज्ञानं ४.३९
श्रुतिविप्रतिपन्ना ते २.५३
श्रेयान्द्रव्यमयाद्यज्ञात् ४.३३

श्लोकारम्भ	अ०.श्लोक
श्रेयान्स्वधर्मो विगुणः	३.३५
श्रेयान् स्वधर्मो विगुणः	१८.४७
श्रेयो हि ज्ञानमभ्यासात्	१२.१२
श्रोत्रादीनीन्द्रियाण्यन्ये	४.२६
श्रोत्रं चक्षुः स्पर्शनं च	१५.९
श्वशुरान्सुहृदश्चैव	१.२७
स	
स एवायं मया तेऽद्य	४.३
सक्ताः कर्मण्यविद्वांसः	३.२५
सखेति मत्वा प्रसभं	११.४१
स घोषो धार्तराष्ट्राणां	१.१९
सततं कीर्तयन्तो मां	९.१४
स तया श्रद्धया युक्तः	७.२२
सत्कारमानपूजार्थं	१७.१८
सत्त्वं रजस्तम इति	१४.५
सत्त्वं सुखे सञ्जयति	१४.९
सत्त्वात्सञ्जायते ज्ञानं	१४.१७
सत्त्वानुरूपा सर्वस्य	१७.३
सदृशं चेष्टते स्वस्याः	३.३३
सद्भावे साधुभावे च	१७.२६
समदुःखसुखः स्वस्थः	१४.२४
समं कायशिरोग्रीवं	६.१३
समं पश्यन्हि सर्वत्र	१३.२८
समं सर्वेषु भूतेषु	१३.२७
समः शत्रौ च मित्रे च	१२.१८
समोऽहं सर्वभूतेषु	९.२९
सर्गाणामादिरन्तश्च	१०.३२
सर्वकर्माणि मनसा	५.१३
सर्वकर्माण्यपि सदा	१८.५६
सर्वगुह्यतमं भूयः	१८.६४
सर्वतः पाणिपादं तत्	१३.१३
सर्वद्वाराणि संयम्य	८.१२
सर्वद्वारेषु देहेऽस्मिन्	१४.११
सर्वधर्मान्परित्यज्य	१८.६६
सर्वभूतस्थमात्मानं	६.२९
सर्वभूतस्थितं यो मां	६.३१
सर्वभूतानि कौन्तेय	९.७
सर्वभूतेषु येनैकं	१८.२०
सर्वमेतदृतं मन्ये	१०.१४
सर्वयोनिषु कौन्तेय	१४.४
सर्वस्य चाहं हृदि	१५.१५
सर्वाणीन्द्रियकर्माणि	४.२७
सर्वेन्द्रियगुणाभासं	१३.१४
सहजं कर्म कौन्तेय	१८.४८
सहयज्ञाः प्रजाः सृष्ट्वा	३.१०
सहस्रयुगपर्यन्तम्	८.१७
सङ्करो नरकायैव	१.४२
सङ्कल्पप्रभवा कामां	६.२४
सन्तुष्टः सततं योगी	१२.१४
सनियम्येन्द्रियग्रामं	१२.४
सन्न्यासं कर्मणां कृष्ण	५.१
सन्न्यासस्तु महाबाहो	५.६
सन्न्यासस्य महाबाहो	१८.१
सन्न्यासः कर्मयोगश्च	५.२
साधिभूताधिदैवं मां	७.३०
साङ्ख्ययोगौ पृथग्बालाः	५.४
सिद्धिं प्राप्तो यथा	१८.५०
सीदन्ति मम गात्राणि	१.२९
सुखदुःखे समे कृत्वा	२.३८
सुखमात्यन्तिकं यत्तत्	६.२१

श्लोकारम्भ	अ०.श्लोक
सुखं त्विदानीं त्रिविधं	१८.३६
सुदुर्दर्शमिदं रूपं	११.५२
सुहृन्मित्रार्युदासीन	६.९
स्थाने हृषीकेश तव	११.३६
स्थितप्रज्ञस्य का भाषा	२.५४
स्पर्शान्कृत्वा बहिर्बाह्यां	५.२७
स्वधर्ममपि चावेक्ष्य	२.३१
स्वभावजेन कौन्तेय	१८.६०
स्वयमेवात्मना	१०.१५
स्वे स्वे कर्मण्यभिरत:	१८.४५

ह

श्लोकारम्भ	अ०.श्लोक
हतो वा प्राप्स्यसि	२.३७
हन्त ते कथयिष्यामि	१०.१९
हृषीकेशं तदा वाक्यम्	१.२१